प्रोफेसर रामशरण शर्मा अंतरराष्ट्रीय स्तर के इतिहासकार हैं। वे पटना, दिल्ली और टोरंटो विश्वविद्यालयों में इतिहास के प्रोफेसर रह चुके हैं। वे भारतीय इतिहास अनुसंधान परिषद् के संस्थापक-अध्यक्ष रहे हैं। भारतीय इतिहास कांग्रेस के भी अध्यक्ष। इसी संस्था द्वारा इतिहास लेखन और अनुसंधान के प्रति बहुमूल्य योगदान के लिए उन्हें 'वी. के. राजवाड़े लाइफटाइम एवार्ड' सन् 2002 में दिया गया।

प्रो० शर्मा की लगभग अस्सी पुस्तकें प्रकाशित हो चुकी हैं। इनकी पहली पुस्तक *विश्व इतिहास की भूमिका* (दो खंडों में) 1951-52 में निकली। तब से उन्होंने हिंदी और अंग्रेज़ी दोनों में किताबें लिखीं। उनकी पुस्तकें देशी और विदेशी 15 भाषाओं में उपलब्ध हैं। इनकी पुस्तकों के अनूदित संस्करणों की संख्या 75 से भी अधिक है। प्रस्तुत पुस्तक लेखक ने मूल हिंदी में लिखा है।

इनकी प्रसिद्ध पुस्तकें हैं: *Sudras in Ancient India, Material Culture and Social Formations in Ancient India, Aspects of Political Ideas and Institutions in Ancient India, Indian Feudalism, Early Medieval Indian Society: A study in Feudalization, Looking for the Aryans.*

प्रारंभिक भारत का परिचय

रामशरण शर्मा

ओरियंट ब्लैकस्वॉन

प्रारंभिक भारत का परिचय

ओरियंट ब्लैकस्वॉन प्राइवेट लिमिटेड

मुख्य कार्यालय
3-6-752 हिमायत नगर, हैदराबाद 500 029, (तेलंगाना), भारत
ई-मेल: centraloffice@orientblackswan.com

शाखाएँ
बंग्लुरु, चेन्नई, गुवाहाटी, हैदराबाद, कोलकाता,
मुंबई, नई दिल्ली, नोएडा, पटना

प्रथम प्रकाशित 2004
पुनर्मुद्रित 2004, 2005, 2006, 2007, 2008, 2009, 2010, 2011, 2012, 2013, 2014, 2015, 2016, 2017, 2018, 2019, 2020, 2021, 2022, 2024

ISBN: 978 81 250 2651 8

लेज़रटाइपसेटर
लेटरक्राफ्ट, पटना 800 006

मुद्रक
बी.बी. प्रेस, नोएडा

039279

प्रकाशक
ओरियंट ब्लैकस्वॉन प्राइवेट लिमिटेड
3-6-752 हिमायत नगर, हैदराबाद 500 029 (तेलंगाना), भारत
ई-मेल: info@orientblackswan.com

The external boundary and coastline of India as depicted in the maps in this book are neither correct nor authentic

विषय-सूची

मानचित्रों की सूची

प्राक्कथन

प्रस्तुत पुस्तक की नींव 1977 में *प्राचीन भारत* के प्रकाशन से पड़ी। *प्राचीन भारत* अभी तक नौ देशी और विदेशी भाषाओं में निकल चुकी है, तथा दो और भाषाओं में निकलने वाली है। 1980 से इसका विषय-वस्तु भी बदलता रहा है। प्रस्तुत पुस्तक में चार नए अध्याय जोड़े गए हैं। यह केवल राजनीतिक इतिहास तक ही सीमित नहीं है। इसमें आर्थिक, सामाजिक और सांस्कृतिक विषयों का भी प्रतिपादन है। इस पुस्तक में प्रारंभ से सातवीं सदी तक के भारतीय इतिहास का सर्वेक्षण है। इस काल में जो विभिन्न परिवर्तन हुए हैं उन्हें उजागर किया गया है। साथ ही साथ प्रारंभिक भारत की विरासत भी दर्शाई गई है।

प्रस्तुत पुस्तक के संशोधन में डॉ० सीताराम राय ने बड़ी सहायता दी है। इसके संपादन और प्रेस कॉपी तैयार करने का सारा श्रेय ओरियंट लॉंग्मैन के डॉ० संजय नाथ को है। मैं इन दोनों व्यक्तियों के प्रति अपना आभार प्रकट करता हूँ।

पटना, 25 मई 2004

रामशरण शर्मा

1

प्राचीन भारतीय इतिहास का महत्त्व

प्राचीन भारत के इतिहास का अध्ययन कई दृष्टियों से महत्त्वपूर्ण है। इससे हमें जानकारी मिलती है कि मानव समुदायों ने हमारे देश में प्राचीन संस्कृतियों का विकास कब, कहाँ और कैसे किया। यह बतलाता है कि उन्होंने कृषि की शुरुआत कैसे की जिससे कि मानव जीवन सुरक्षित और सुस्थिर हुआ। इससे ज्ञात होता है कि प्राचीन भारत के निवासियों ने किस तरह प्राकृतिक संपदाओं की खोज की और उनका उपयोग किया, तथा किस प्रकार उन्होंने अपनी जीविका के साधन जुटाए। हम यह भी जान पाते हैं कि उन्होंने खेती, कताई, बुनाई, धातुकर्म आदि की शुरुआत कैसे की, कैसे जंगलों की सफाई की और कैसे ग्रामों, नगरों तथा अंततः राज्यों की स्थापना की।

कोई समुदाय तब तक सभ्य नहीं समझा जाता जब तक वह लिखना न जानता हो। आज भारत में जो विभिन्न प्रकार की लिपियाँ प्रचलित हैं उन सबका विकास प्राचीन लिपियों से हुआ। हमारी आज की भाषाओं का भी वही हाल है। हमारी वर्तमान भाषाओं की जड़ें अतीत में हैं और वे कई युगों में विकसित हुई हैं।

अनेकता में एकता

प्राचीन भारत का इतिहास बड़ा रोचक है क्योंकि भारत अनेकानेक मानव प्रजातियों का संगम रहा है। प्राक्-आर्य, हिंद-आर्य, यूनानी, शक, हूण और तुर्क आदि अनेक प्रजातियों ने भारत को अपना घर बनाया। प्रत्येक प्रजाति ने भारतीय सामाजिक व्यवस्था, शिल्पकला, वास्तुकला और साहित्य के विकास में यथाशक्ति अपना-अपना योग दिया। ये सभी समुदाय और इनके सारे सांस्कृतिक वैशिष्ट्य इस तरह मिल गए कि आज उनमें से किसी को हम उनके मूल रूप में साफ-साफ पहचान भी नहीं सकते हैं।

प्राचीन भारतीय संस्कृति की विलक्षणता यह रही है कि इसमें उत्तर और दक्षिण के, तथा पूर्व और पश्चिम के, सांस्कृतिक उपादान समेकित हो गए हैं। आर्य सांस्कृतिक उपादान उत्तर के वैदिक और संस्कृतमूलक संस्कृति के अंग हैं तो प्राक्-आर्यजातीय उपादान दक्षिण की द्रविड और तमिल संस्कृति से आए हैं। लेकिन द्रविड, मुंडा और अनेक संस्कृतेतर भाषाओं के बहुत सारे शब्द उन वैदिक ग्रंथों में भी पाए

जाते हैं जिनका काल 1500-500 ईसा-पूर्व के बीच बताया जाता है। ये शब्द प्रायद्वीपीय एवं वैदिकेतर भारत से संबद्ध विचारों, संस्थाओं, उत्पादनों और निवासों के द्योतक हैं। इसी प्रकार, पालि और संस्कृत के बहुत शब्द जो गंगा के मैदानों में विकसित विचारों और संस्थाओं के द्योतक हैं, वे लगभग 300 ई० पू०-600 ई० के संगम नाम से प्रसिद्ध प्राचीनतम तमिल ग्रंथों में मिलते हैं। इसमें भारत के पूर्वांचल ने भी, जहाँ प्राक्-आर्य जातियाँ बसी हुई हैं, अपना योगदान किया है। यहाँ के लोग मुंडा या कोल भाषाएँ बोलते हैं। भाषा वैज्ञानिकों ने यह सिद्ध किया है कि हिंद-आर्य भाषाओं में फाहा, नौका, खंती (डिगिंग स्टिक) आदि के सूचक बहुत शब्द मिलते हैं। वे मुंडा भाषाओं से लिए गए हैं। यद्यपि छोटानागपुर के पठार में बहुत-से मुंडा परिसर हैं, फिर भी मुंडा संस्कृति का पुरावशेष उतना नहीं है जितना द्रविड संस्कृति का। द्रविड भाषा के भी अनेक शब्द हिंद-आर्य भाषाओं में पाए जाते हैं। ऐसा माना जाता है कि वैदिक भाषा में जो ध्वन्यात्मक और शब्दात्मक परिवर्तन लक्षित होते हैं उनकी व्याख्या मुंडा प्रभाव के आधार पर जितनी की जा सकती है, उतनी ही द्रविड प्रभाव के आधार पर।

भारत प्राचीन काल से ही विविध धर्मों का प्रांगण रहा है। प्राचीन भारत में हिंदू, जैन और बौद्ध धर्मों का उदय हुआ, परंतु इन सभी धर्मों और संस्कृतियों का पारस्परिक सम्मिश्रण और प्रभाव-प्रति-प्रभाव इस प्रकार हुआ कि लोग भले ही भिन्न-भिन्न भाषाएँ बोलते, भिन्न-भिन्न धर्मों को मानते और भिन्न-भिन्न सामाजिक रीति-रिवाजों पर चले हों, पर सारे देश में सभी की एक सामान्य जीवन पद्धति है। हमारे देश में विविधताओं के बावजूद भीतर से गहरी एकता झलकती है।

प्राचीन भारत के लोग एकता के लिए प्रयत्नशील रहे। उन्होंने इस विशाल उपमहाद्वीप को एक अखंड देश समझा। सारे देश को भरत नामक एक प्राचीन वंश के नाम पर **भारतवर्ष** (अर्थात् भरतों का देश) नाम दिया गया और इसके निवासियों को **भरत संतति** कहा गया। हमारे प्राचीन कवियों, दार्शनिकों और शास्त्रकारों ने इस देश को अखंड इकाई के रूप में देखा। हिमालय से समुद्र तक फैली इस भूमि की उन्होंने सार्वभौम (सकल देशव्यापी) राजा के द्वारा शासित क्षेत्र के रूप में कल्पना की है। हिमालय से कन्याकुमारी तक, पूर्व में ब्रह्मपुत्र की घाटी से पश्चिम में सिंधु-पार तक अपना राज्य फैलाने वाले राजाओं का व्यापक रूप से यशोगान किया गया है। ऐसे राजा **चक्रवर्तिन्** कहलाते थे । देश में इस प्रकार की राजनीतिक एकता कम से कम दो बार प्राप्त हुई थी। ईसा-पूर्व तीसरी सदी में अशोक ने अपना साम्राज्य सुदूर दक्षिणांचल को छोड़ सारे देश में फैलाया। फिर ईसा की चौथी सदी में समुद्रगुप्त की विजय-पताका गंगा की घाटी से तमिल देश के छोर तक पहुँची। सातवीं सदी में चालुक्य राजा पुलकेशिन ने हर्षवर्धन को हराया जो संपूर्ण उत्तर भारत का अधिपति

माना जाता था। राजनीतिक एकता के अभाव की स्थिति में भी, सारे देश में राजनीतिक ढाँचा कमोबेश एक जैसा रहा। विजेताओं और सांस्कृतिक नेताओं के मन में भारत का भान अखंड भूमि के रूप में ही हुआ है। भारत की इस एकता को विदेशियों ने भी सकारा है। वे सर्वप्रथम सिंधु तटवासियों के संपर्क में आए और इसलिए उन्होंने पूरे देश को ही **सिंधु** या **इंडस** नाम दे दिया। ईरानी भाषा में हिंद शब्द संस्कृत के **सिंधु** से निकला है। इस शब्द का प्रयोग छठी सदी ई० पू० के ईरानी अभिलेखों में सिंधु क्षेत्र के लिए किया गया है। कालक्रमेण हमारा देश **इंडिया** के नाम से मशहूर हुआ जो इसके यूनानी पर्याय के बहुत निकट है; यह फारसी और अरबी भाषाओं में **हिंद** नाम से विदित हुआ। हिंदुस्तान शब्द पहले-पहल तीसरी सदी में ईरान के सासानी शासकों के अभिलेखों में मिलता है। इसका प्रयोग भी सिंधु क्षेत्र के लिए हुआ था।

देश में भाषात्मक और सांस्कृतिक एकता स्थापित करने के लिए निरंतर प्रयास होते रहे हैं। ईसा-पूर्व तीसरी सदी में प्राकृत देश भर की संपर्क भाषा (लिंगुआ फ्रैंका) का काम करती थी। सारे देश के प्रमुख भागों में अशोक के शिलालेख प्राकृत भाषा और ब्राह्मी लिपि में लिखे गए थे। बाद में वह स्थान संस्कृत ने लिया और देश के कोने-कोने में राजभाषा के रूप में प्रचलित हुई। यह सिलसिला ईसा की चौथी सदी में आकर गुप्तकाल में और भी मजबूत हुआ। यद्यपि गुप्तकाल के बाद देश अनेक छोटे-छोटे राज्यों में बँट गया, फिर भी राजकीय दस्तावेज़ संस्कृत में ही लिखे जाते रहे।

यह भी उल्लेखनीय है कि प्राचीन महाकाव्य *रामायण* और *महाभारत* तमिलों के प्रदेश में भी वैसे ही आह्लाद और भक्ति-भाव से पढ़े जाते थे जैसे काशी और तक्षशिला की पंडित मंडलियों में। इन दोनों महाकाव्यों की रचना मूलतः संस्कृत में हुई थी। बाद में इन्हें विभिन्न स्थानीय भाषाओं में भी प्रस्तुत किया गया। परंतु भारत के सांस्कृतिक मूल्य और चिंतन चाहे जिस किसी भी रूप में प्रस्तुत किए जाएँ, उनका सारतत्त्व सारे देश में एक-सा रहा है।

भारतीय इतिहास की यह विशेषता है कि यहाँ एक विचित्र प्रकार की सामाजिक व्यवस्था उदित हुई है। उत्तर भारत में वर्ण व्यवस्था या जाति प्रथा का जन्म हुआ जो सारे देश में व्याप्त हो गई। प्राचीन काल में जो लोग बाहर से आए वे भी किसी-न-किसी वर्ण/ जाति में मिल गए। वर्णव्यवस्था ने ईसाइयों और मुसलमानों को भी प्रभावित किया। धर्म परिवर्तन करने वाले लोग किसी-न-किसी जाति के थे और वे हिंदू धर्म को छोड़ नए धर्म में दीक्षित हो जाने पर भी पूर्ववत् चलते रहे।

वर्तमान में अतीत की प्रासंगिकता

आधुनिक काल में हम जिन समस्याओं का सामना कर रहे हैं उनके संदर्भ में भारत के अतीत का अध्ययन का विशेष महत्त्व है। कुछ लोग प्राचीन संस्कृति और सभ्यता को फिर से लौटाना चाहते हैं, और भारत के उज्जवल अतीत का गुणगान करते नहीं अघाते हैं। उन्हें कला-कौशल की प्राचीन वस्तुओं के संरक्षण की उतनी चिंता नहीं है। वास्तव में वे समाज और संस्कृति का पुराना प्रतिमान स्थापित करना चाहते हैं। ऐसी स्थिति में अतीत को ठीक से समझना निहायत जरूरी है। बेशक, प्राचीन भारत के लोगों ने जीवन के विभिन्न क्षेत्रों में प्रगति की, पर केवल अतीत की प्रगति के बल पर ही हम आज के ज्ञान-विज्ञान की उपलब्धियों का मुकाबला नहीं कर सकते हैं। इसमें संदेह नहीं कि प्राचीन भारतीय समाज में सामाजिक अन्याय व्याप्त था। निचले वर्णों, विशेषतः शूद्रों और चांडालों, पर जिस तरह से अपात्रताएँ थोप दी गई थीं वह आज के विचार में बड़ा ही खेदजनक है। अगर पुरानी जीवन पद्धति में परिवर्तन न लाया जाए तो स्वभावतः वे सारी विषमताएँ भी सर उठाएँगी ही। भारत में सभ्यता के विकास की धारा इन सामाजिक भेदभावों की वृद्धि के साथ-साथ बही है। प्रकृतिमूलक और मानवमूलक कठिनाइयों पर विजय पाने में हमारे पूर्वजों को जो सफलता मिली है उससे हमें भविष्य के लिए प्रेरणा मिलती है, पर अतीत को पुनः लौटाने का अर्थ होगा उन सामाजिक विषमताओं को कायम रखना जिनके कारण हमारा देश चिरकाल से दुर्दशाग्रस्त रहा है। इसलिए सही ढंग से अतीत का मर्म समझना आवश्यक है।

प्राचीन, मध्य और उत्तरकाल की बहुत-सी रूढ़ियाँ वर्तमान काल में भी हमारा पीछा करती आई हैं। पुराने लोकाचार, मान्यताएँ, सामाजिक रीति-रिवाज और धार्मिक कर्मकांड विधियाँ लोगों के मन में इतनी गहराई तक पहुँची हुई हैं कि इनसे छुटकारा पाना आसान नहीं है। दुर्भाग्यवश ये पुराने दुराग्रह व्यक्ति और राष्ट्र दोनों के विकास को रोकते हैं। इस तरह की बातों को उपनिवेशीय परिस्थिति में जान-बूझकर बढ़ावा दिया जाता रहा। जब तक समाज से अतीत के ऐसे दुराग्रहों को दूर नहीं कर देंगे तब तक भारत तीव्र गति से आगे नहीं बढ़ सकेगा। जातिवाद और संप्रदायवाद देश की एकता कायम रखने और उसे प्रगति के रास्ते पर आगे ले जाने में बाधक बने हुए हैं। जाति प्रथा और पूर्वाग्रह पढ़े-लिखे लोगों के मन में भी शारीरिक श्रम की प्रतिष्ठा को घुसने नहीं देतीं और सामान्य हित में एकताबद्ध नहीं होने देतीं। महिलाओं को नागरिक अधिकार भले ही मिल गए हों, लेकिन समाज में युगों से दबी रहने के कारण वे अपनी भूमिका निभाने में समर्थ नहीं हुई हैं। निम्न वर्ण के लोगों का भी यही हाल है। प्राचीन भारत के अध्ययन से हम तह में पैठ कर पता लगा सकेंगे कि इन दुराग्रहों

की जड़ें कहाँ हैं, हम उन कारणों को ढूँढ़ निकाल सकेंगे जिन पर जाति प्रथा और महिला की पराधीनता टिकी हुई है और संकीर्ण संप्रदायवाद को बढ़ावा मिल रहा है।

अत: प्राचीन भारत का इतिहास केवल उन्हीं लोगों के लिए प्रासंगिक नहीं है जो जानना चाहते हैं कि अतीत का वह उज्ज्वल स्वरूप क्या है जिसे कुछ लोग फिर से लौटाना चाहते हैं, बल्कि उन लोगों के लिए भी है जो देश की प्रगति में बाधा डालने वाले तत्त्वों को पहचानना चाहते हैं।

कालक्रम

1500 ई० पू० से 500 ई० पू०	वैदिक मूलग्रंथों में द्रविड और असंस्कृत शब्दों का उल्लेख।
300 ई० पू० से 600 ई०	संगम इतिहास।
तीसरी शताब्दी ई० पू०	लोक भाषा के रूप में प्राकृत।
तीसरी शताब्दी ई०	सासानी अभिलेख में हिंदुस्तान शब्द।
चौथी शताब्दी ई० और उसके बाद	राजभाषा के रूप में संस्कृत।

2
प्राचीन भारतीय इतिहास के आधुनिक लेखक

उपनिवेशिवादियों के विचार और योगदान

यद्यपि शिक्षित भारतीयों ने हस्तलिखित महाकाव्यों, पुराणों और जीवनचरितों जैसे ग्रंथों के रूप में अपने पारंपरिक इतिहास को सँजोये रखा, तथापि प्राचीन भारत के इतिहास में आधुनिक ढंग से अनुसंधान अठारहवीं सदी के उत्तरार्द्ध में आकर आरंभ होता है। ब्रिटेन वालों ने जब यहाँ शासन कायम किया तब उन्हें औपनिवेशिक प्रशासन के हित में इसकी आवश्यकता प्रतीत हुई। जब 1765 में बंगाल और बिहार ईस्ट इंडिया कंपनी के शासन में आया तब शासकों को हिंदुओं के उत्तराधिकार की न्याय-व्यवस्था करने में कठिनाई का अनुभव हुआ। अतः 1776 में सबसे अधिक प्रामाणिक मानी जाने वाली *मनुस्मृति* का अंग्रेजी अनुवाद *ए कोड ऑफ जेन्टू लॉज* के नाम से कराया गया। हिंदुओं के दीवानी न्याय-कार्य में पंडित लोग और मुसलमानों के दीवानी न्याय-कार्य में मौलवी लोग ब्रिटिश जजों के साथ लगा दिए गए। प्राचीन कानूनों और रीति-रिवाजों को समझने के लिए प्रयास आरंभ हुआ, जो व्यापक रूप से अठारहवीं सदी तक चलता रहा, और इसी के परिणामस्वरूप 1784 में कोलकाता में **एशियाटिक सोसाइटी ऑफ बंगाल** नामक शोध संस्था की स्थापना हुई। इसकी स्थापना ईस्ट इंडिया कंपनी के सर विलियम जोन्स (1746-1794) नामक सिविल सर्वेंट ने की जिन्होंने 1789 में *अभिज्ञानशाकुंतलम्* नामक नाटक का अंग्रेजी में अनुवाद किया, जबकि *भगवद्गीता* का अंग्रेजी अनुवाद 1785 में विल्किन्स ने किया। 1804 में मुंबई में **एशियाटिक सोसाइटी** की स्थापना हुई, और 1823 में लंदन में **एशियाटिक सोसाइटी ऑफ ग्रेट ब्रिटेन** स्थापित हुई। विलियम जोन्स ने यह प्रतिपादित किया कि मूलतः यूरोपीय भाषाएँ संस्कृत और ईरानी भाषाओं से बहुत ही मिलती हैं। इस तथ्य की खोज ने जर्मनी, फ्रांस, रूस आदि यूरोपीय देशों में भारतीय विद्या के अध्ययन में गहरी रुचि जगाई। उन्नीसवीं सदी के पूर्वार्द्ध में इंग्लैंड तथा कई अन्य यूरोपीय देशों में संस्कृत के आचार्य-पद (चेयर्स) स्थापित हुए।

भारतीय विद्या के अध्ययन को सबसे अधिक बढ़ावा दिया जर्मनी के सपूत एफ० मैक्स मूलर (1823-1902) ने, जिनका अधिकांश जीवन इंग्लैंड में बीता। 1857 के

विद्रोह ने ब्रिटिश शासकों की आँखें खोल दी। उन्हें महसूस हो गया कि जिन विदेशी लोगों पर उन्हें शासन करना है उनके रीति-रिवाज़ों और सामाजिक व्यवस्था का उन्हें गहन ज्ञान प्राप्त करना होगा। इसी तरह क्रिश्चियन मिशनों के धर्म प्रचारकों ने भी हिंदू धर्म की दुर्बलताओं को जानना आवश्यक समझा ताकि वे धर्मपरिवर्तन करा सकें और इसके द्वारा ब्रिटिश साम्राज्य को मज़बूत बना सकें। इन आवश्यकताओं की पूर्ति के लिए मैक्स मूलर के संपादकत्व में विशाल मात्रा में प्राचीन धर्मग्रंथों का अनुवाद किया गया। ये अनुवाद *सेक्रेड बुक्स ऑफ द ईस्ट* सीरीज में कुल मिलाकर पचास खंडों में, जिनमें कई खंडों के अनेक भाग भी हैं, प्रकाशित हुए। यद्यपि इस सीरीज में कुछ चीनी और ईरानी ग्रंथ भी शामिल किए गए, पर वास्तव में प्राचीन भारतीय धर्मग्रंथ ही प्रमुख हैं।

उपर्युक्त अनुवादों की प्रस्तावनाओं में और उनके आधार पर लिखी गई पुस्तकों में पाश्चात्य विद्वानों ने प्राचीन भारत के इतिहास और समाज के स्वरूप के बारे में कई सामान्य निष्कर्ष स्थापित किए हैं। उनका मत है कि प्राचीन भारत के लोगों को इतिहास का, विशेषतः काल और तिथिक्रम का, बोध नहीं था। उन्होंने यह भी कहा है कि भारत के लोग स्वेच्छाचारी शासन के आदी रहे हैं, और वे आध्यात्मिक या पारलौकिक समस्याओं में ही डूबे रहे और ऐहलौकिक समस्याओं की चिंता नहीं करते थे। जाति प्रथा या वर्णव्यवस्था को सामाजिक भेदभाव का भारी कुचक्र माना गया। पाश्चात्य विद्वानों ने दृढ़तापूर्वक कहा कि भारतवासियों को न तो राष्ट्रीय भावना का एहसास था, न किसी प्रकार के स्वशासन का अनुभव।

ऐसे बहुत सारे निष्कर्ष विन्सेन्ट आर्थर स्मिथ (1843-1920) की पुस्तक *अर्ली हिस्ट्री ऑफ इंडिया* में प्रकाशित हैं। उन्होंने प्राचीन भारत का यह पहला सुव्यवस्थित इतिहास 1904 में तैयार किया। उन्होंने यह पुस्तक उपलब्ध स्रोतों के गहन अध्ययन के आधार पर लिखी और इसमें राजनीतिक इतिहास को प्रधानता दी। यह लगभग पचास वर्षों तक पाठ्यपुस्तक का काम देती रही और आज भी विद्वान लोग इसका उपयोग करते हैं। इतिहास के प्रति स्मिथ की दृष्टि साम्राज्यवादी थी। इंडियन सिविल सर्विस के निष्ठावान सदस्य के रूप में उन्होंने भारत में विदेशियों की भूमिका को उजागर किया। उनकी पुस्तक के एक-तिहाई भाग में केवल सिकंदर का आक्रमण वर्णित है। इसमें भारत को स्वेच्छाचारी शासनवाला देश कहा गया है, जिसे ब्रिटिश शासन की स्थापना से पहले कभी राजनीतिक एकता का अनुभव नहीं हुआ था। उन्होंने लिखा है, "वस्तुतः भारतीय इतिहासकारों का सरोकार शासन के एकमात्र स्वरूप तानाशाही से है।"

सारांश यह कि ब्रिटिश इतिहासकारों ने भारतीय इतिहास की जो व्याख्या की है, उसका लक्ष्य था भारत के चरित्र और उपलब्धियों को नीचा दिखाना और विदेशी

शासन को न्यायोचित ठहराना। इनमें कई निष्कर्ष कुछ-कुछ मान्य भी प्रतीत होते हैं। उदाहरण के लिए, चीनियों की तुलना में भारतवासियों ने तिथिक्रम का कोई प्रबल बोध नहीं दिखाया है, हालाँकि आरंभिक अवस्था में कुछ महत्त्वपूर्ण घटनाओं का काल-निर्देश गौतम बुद्ध की मृत्यु से किया हुआ मिलता है। फिर भी इन इतिहासकारों द्वारा प्रतिपादित निष्कर्ष या तो भ्रांत हैं या अत्युक्तिपूर्ण। ऐसे निष्कर्ष तो ब्रिटिश तानाशाही को कायम रखने की अच्छी प्रचार-सामग्री का काम दे सकते थे। भारत में एकछत्र या एकाधिकारी शासन की परंपरा थी, ऐसा कहकर उन्होंने अपनी उस शासन-पद्धति को न्यायोचित ठहराया जिसमें सभी शक्तियाँ वायसराय के हाथों में रहती थीं। इसी तरह, यदि भारत के लोग केवल परलोक की समस्याओं में डूबे रहते थे, तो उनके ऐहलौकिक जीवन की देखभाल ब्रिटिश उपनिवेशाधिकारी लोग नहीं करेंगे तो और कौन करेगा? भारतवासी जिन्हें अतीत में स्वशासन का कभी अनुभव ही नहीं रहा, भला वर्तमान काल मे अपना शासन आप कैसे कर पाएँगे? ऐसे सभी निष्कर्षों की भीतरी नीयत यही दिखाना था कि भारतवासी अपना शासन आप करने में असमर्थ हैं।

राष्ट्रवादियों की दृष्टि और योगदान

ये सारी बातें भारत के विद्वानों के लिए विशेषकर उनके लिए जो पाश्चात्य शिक्षा पाए हुए थे, भारी चुनौती बनकर आई। वे एक ओर उपनिवेशवादियों द्वारा इतिहास को तोड़-मरोड़ कर भारत की अतीत की छवि धूमिल किए जाने से चिढ़े हुए थे तो दूसरी ओर भारत के पतनोन्मुख सामंती समाज और इंग्लैंड के फूलते-फलते पूँजीवादी समाज के बीच घोर वैषम्य देखकर दुःखी थे। बहुतेरे विद्वान दृढ़ संकल्प के साथ मैदान में उतरे। उनका मिशन भारतीय समाज को सुधारना ही नहीं था, बल्कि यह भी था कि भारत के प्राचीन इतिहास का इस प्रकार पुनर्निमाण किया जाए कि उससे समाज को सुधारने में, और इससे भी बढ़कर, स्वराज्य प्राप्त करने में सहारा मिले। ऐसा करने में अधिकतर इतिहासकार तो हिंदू पुनर्जागरण की लहर में प्रवाहित हुए, किंतु ऐसे विद्वानों की भी कमी न थी जो तर्कनिष्ठ और वस्तुनिष्ठ रुख अपनाए रहे। इस द्वितीय कोटि में आते हैं राजेन्द्र लाल मित्र (1822-1891) जिन्होंने कई वैदिक मूलग्रंथ प्रकाशित किए और *इंडो-एरियन्स* नाम की पुस्तक लिखी। प्राचीन परंपरा के परम प्रेमी लाल ने प्राचीन समाज को तर्कनिष्ठ दृष्टि से देखा और एक ज़बरदस्त पुस्तिका लिखकर यह सिद्ध किया कि प्राचीन काल में लोग गोमांस खाते थे। कुछ अन्य विद्वानों ने यह सिद्ध करने का प्रयास किया कि अपनी विशेषताओं के बावजूद वर्णव्यवस्था श्रम-विभाजन पर आश्रित उस वर्ग प्रथा से मूलतः भिन्न नहीं है जो यूरोप के प्राक्-औद्योगिक और प्राचीन समाजों में पाई गई है।

महाराष्ट्र के रामकृष्ण गोपाल भंडारकर (1837-1925) और विश्वनाथ काशीनाथ राजवाड़े (1896-1926), दो समर्पित महापंडित निकले जिन्होंने देश के सामाजिक और राजनीतिक इतिहास के पुनर्निर्माण के लिए विभिन्न स्रोतों को बटोरा। आर० जी० भंडारकर ने सातवाहनों के दकन के इतिहास का और वैष्णव एवं अन्य संप्रदायों के इतिहास का पुनर्निर्माण किया। वे महान समाज सुधारक थे और उन्होंने अपने शोध के आधार पर विधवा विवाह का समर्थन किया और जाति प्रथा एवं बाल विवाह की कुप्रथा का खंडन किया। वी० के० राजवाड़े विशुद्ध अनुसंधान की धुन में संस्कृत की पांडुलिपियों और मराठा इतिहास के स्रोतों की खोज करते हुए महाराष्ट्र में गाँव-गाँव घूमे और ये स्रोत बाईस खंडों में प्रकाशित हुए। उन्होंने लिखा तो अधिक नहीं, किंतु 1926 में उन्होंने मराठी में विवाह प्रथा का जो इतिहास लिखा वह सदा चोटी पर रहेगा, क्योंकि वह वैदिक तथा अन्य शास्त्रों के ठोस आधार पर खड़ा है और उसमें भारत में विवाह के विकास के विभिन्न प्रक्रमों को लेखक ने गहरी पैठ के साथ बतलाया है। पांडुरंग वामन काणे (1880-1972) संस्कृत के प्रकांड पंडित और समाज सुधारक हुए । उन्होंने विद्वत्ता की चली आ रही परंपरा को आगे बढ़ाया। उनका विशाल कीर्तिस्तंभ *हिस्ट्री ऑफ धर्मशास्त्र* जो वर्तमान सदी में पाँच खंडों में प्रकाशित हुआ है, सामाजिक नियमों और आचारों का विश्वकोश है। इसके सहारे हम प्राचीन भारत में सामाजिक प्रक्रियाओं का अध्ययन कर सकते हैं ।

भारतीय विद्वानों ने राज्यव्यवस्था (पॉलिटी) और राजनीतिक इतिहास का गंभीर अध्ययन करके यह सिद्ध किया कि भारत का अपना राजनीतिक इतिहास है और भारतवासियों को प्रशासन की अच्छी जानकारी थी। इस विषय में श्रेय के अधिकारी हैं पुरालेखविद् देवदत्त रामकृष्ण भंडारकर (1875-1950) जिन्होंने अशोक पर तथा प्राचीन भारत की राजनीतिक संस्थाओं पर कई पुस्तकें प्रकाशित कीं। और भी अधिक महत्त्वपूर्ण कार्य किया है हेमचंद्र रायचौधरी (1892-1957) ने जिन्होंने भारत (महाभारत) काल से अर्थात ईसा-पूर्व दसवीं सदी से लेकर गुप्त साम्राज्य के अंत तक प्राचीन भारत के इतिहास का पुनर्निर्माण किया। वे चूँकि यूरोपीय इतिहास के अध्यापक थे इसलिए उन्होंने इस पुस्तक में कुछ नए तरीकों और तुलनात्मक दृष्टि को अपनाया है। रायचौधरी ने काल विभाजन की समस्या का विवेचन तो नहीं किया, लेकिन उनका प्राचीन भारत का इतिहास ईसा की छठी सदी तक आकर समाप्त हुआ है। प्राचीन भारतीय इतिहास के पुनर्निर्माण में वी० ए० स्मिथ के योगदान को सराहते हुए भी रायचौधरी ने उक्त ब्रिटिश विद्वान की कई बातों में आलोचना की है। उनके लेख त्रुटिहीन विद्वता के द्योतक हैं, किंतु जहाँ वे अशोक की शांति नीति की आलोचना करते हैं वहाँ घोर ब्राह्मणवाद का आग्रह प्रकट हो जाता है। हिंदू पुनर्जागरणवाद का इससे भी अधिक पुट आर० सी० मजूमदार (1888-1980) के

लेखों में मिलता है, जो बहुत लिखने वाले थे और अनेक खंडों में प्रकाशित *हिस्ट्री एंड कल्चर ऑफ इंडियन पीपुल* के महासंपादक थे।

प्राचीन भारतीय इतिहास के अधिकांश लेखकों ने दक्षिण भारत पर समुचित ध्यान नहीं दिया। यहाँ तक कि दक्षिण भारत में उत्पन्न हुए महान इतिहासविद् के० ए० नीलकंठ शास्त्री (1892-1975) ने भी अपने *ए हिस्ट्री ऑफ एन्शिएन्ट इंडिया* में इसी मार्ग का अनुसरण किया। परंतु उन्होंने *ए हिस्ट्री ऑफ साउथ इंडिया* लिखकर इस त्रुटि का परिमार्जन कर लिया। उनकी शैली तो कसी हुई है पर लेख प्रांजल है। उनके द्वारा प्रस्तुत तथ्य उसी तरह विश्वसनीय हैं जिस तरह रायचौधरी के। लेकिन उन्होंने दक्षिण भारत की राज्यव्यवस्था और समाज के स्वरूप के बारे में जो सामान्य निष्कर्ष दिए हैं, उन पर बहुत-से विद्वानों ने शंका प्रकट की है। नीलकंठ शास्त्री ने ब्राह्मणों की सांस्कृतिक उत्कृष्टता प्रतिपादित की है और इस बात को भी उजागर किया है कि पूर्वकालीन भारतीय समाज में अच्छी समरसता थी। उनके नेतृत्व में दक्षिण भारत के राजवंशीय इतिहास पर कई प्रबंध पुस्तकें लिखी गई हैं।

1960 तक अधिकाधिक भारतीय विद्वान राजनीतिक इतिहास की ओर आकृष्ट रहे, और उन्होंने अपने-अपने क्षेत्रों के राजवंशों की ऐतिहासिक गरिमा भी बखानी। जिन विद्वानों ने अखिल भारतीय स्तर पर इतिहास लिखा वे राष्ट्रीय भावना से प्रभावित रहे। जहाँ वी० ए० स्मिथ ने अपने इतिहास में सिकंदर के आक्रमण को लगभग एक-तिहाई स्थान दिया वहाँ भारतीय विद्वानों ने इस विषय को बहुत ही कम स्थान दिया। प्रत्युत उन्होंने सिकंदर के साथ पोरस की बातचीत को तथा भारत के पश्चिमोत्तर प्रांत को सेल्यूकस के हाथ से चंद्रगुप्त मौर्य द्वारा मुक्त कराने की बात को विशेष महत्त्व दिया है। के० पी० जायसवाल (1881-1937) और ए० एस० अलतेकर (1898-1959) जैसे कुछ विद्वानों ने देश को शकों और कुषाणों के शासन से मुक्त कराने में भारतीय राजवंशों की भूमिका बढ़ा-चढ़ाकर दिखाई, और इस बात को नजरअंदाज कर दिया कि मध्य एशियाई तथा कुछ अन्य कबीले भारतीय जीवन के अविभाज्य अंग हो गए थे और भारत से संपत्ति लूटकर अपने मूल देश नहीं ले गए।

फिर भी के० पी० जायसवाल का सबसे बड़ा श्रेय यह है कि भारतीय तानाशाही की कपोल-कल्पना का उन्होंने ही अंत किया। 1910-12 के बीच ही उन्होंने कई लेख प्रकाशित करके यह सिद्ध किया कि प्राचीन काल में यहाँ गणराज्यों का अस्तित्व था, जो अपना शासन आप चलाते थे। उनके मंतव्य 1924 में *हिंदू पॉलिटी* नामक पुस्तक के रूप में प्रकाशित हुए। यद्यपि जायसवाल पर यह आरोप लगाया जाता है कि उन्होंने प्राचीन संस्थाओं पर आधुनिक राष्ट्रीय भावना की कलई चढ़ा दी है और उन्होंने गणतंत्रीय प्रशासन का जो स्वरूप प्रस्तुत किया है, उस पर यू० एन० घोषाल

(1886-1969) सहित बहुत-से लेखकों ने आपत्ति की है, तथापि गणतांत्रिक प्रयोग की प्रथा के बारे में उनकी मूल धारणा व्यापक रूप से मान ली गई है और उनकी अग्रणी कृति *हिंदू पॉलिटी* क्लासिक रचना मानी जाती है।

अराजनैतिक इतिहास की ओर मोड़

ब्रिटिश इतिहासकार संस्कृतविद् ए० एल० बैशम (1914-1986) ने प्रश्न उठाया कि प्राचीन भारत को आधुनिक दृष्टि से देखना कहाँ तक उचित है। उनके पिछले लेखों से प्रकट होता है कि कुछ नास्तिक संप्रदायों के भौतिकवादी दर्शन में उनकी गहरी रुचि थी। बाद में उन्होंने यह विचार रखा कि अतीत का अध्ययन औत्सुक्यवश और आनंद के लिए होना चाहिए। उनकी पुस्तक *वंडर दैट वाज इंडिया* (1951) प्राचीन भारतीय संस्कृति और सभ्यता के विभिन्न पक्षों का सुव्यवस्थित सर्वेक्षण है और उन दृष्टिदोषों से रहित है जिनसे वी० ए० स्मिथ आदि ब्रिटिश लेखकों की कृतियाँ ग्रस्त हैं।

बैशम की यह पुस्तक राजनीतिक इतिहास की ओर से अराजनीतिक इतिहास की ओर भारी मोड़ दिखलाती है। यही मोड़ डी० डी० कोसंबी (1907-1966) की पुस्तक *ऐन इन्ट्रोडक्शन टू द स्टडी ऑफ इंडियन हिस्ट्री* (1957) में लक्षित होता है। उनके विचार *एन्शियएन्ट इंडियन कल्चर एंड सिविलाइजेशन: ए हिस्टोरिकल आउटलाइन* (1965) के द्वारा अधिक फैले। कोसंबी ने भारतीय इतिहास को नया रास्ता दिखलाया। वे अपना विवेचन इतिहास की उस भौतिकवादी व्याख्या के अनुसार करते हैं जो कार्ल मार्क्स के लेखों से निकाली जाती है। वे प्राचीन भारतीय समाज, अर्थतंत्र और संस्कृति के इतिहास को उत्पादन की शक्तियों और संबधों के विकास के अभिन्न अंग के रूप में प्रस्तुत करते हैं। सर्वप्रथम कोसंबी ने ही अपनी पुस्तक में जनजातियों और वर्गों की प्रक्रियाओं की दृष्टि से सामाजिक और आर्थिक विकास की अवस्थाओं का सर्वेक्षण किया। उनकी आलोचना बैशम सहित अनेक विद्वानों ने की है, लेकिन उनकी पुस्तक का उपयोग फिर भी व्यापक रूप से होता रहा है।

पिछले चालीस वर्षों के दौरान, प्राचीन भारत पर काम करने वाले विद्वानों की कार्यप्रणाली और दिशा में बदलाव आया है। वे अब सामाजिक, आर्थिक और सांस्कृतिक प्रक्रियाओं पर अधिक ज़ोर देते हैं और उनका संबंध राजनीतिक गतिविधियों से जोड़ने का प्रयास करते हैं। वे मूलग्रंथों के भीतरी स्तरीकरण (stratification) को देखते हैं और उनके पारंपरिक स्वरूप को पुरातात्त्विक एवं नृवैज्ञानिक साक्ष्यों से मिलाते हैं। ये सभी ऐतिहासिक अध्ययन के शुभ लक्षण हैं। दुर्भाग्यवश कुछ लेखक धर्म की भूमिका को अधिक महत्त्व देने लगे हैं और ऐसा समझने लगे हैं कि सारी अच्छी चीज़ों का उद्भव भारत में ही हुआ है। पश्चिम के

लेखक अब इस बात पर ज़ोर नहीं देते हैं कि भारत में हर अच्छी बात बाहर से आई है, किंतु उनमें कुछ लोग यह मानते हैं कि धार्मिक धारणाएँ, कर्मकांड, जाति (वर्ण), बंधुत्व और रूढ़ि ये ही भारतीय इतिहास की मुख्य शक्तियाँ हैं। वे तरह-तरह के विभाजनकारी तत्त्वों को उछालते हैं जो सामाजिक गतिरोध पैदा करते हैं। वे समाज की स्थिरता और निरंतरता की समस्या को गौर से देखते हैं। लगता है कि वे अनोखे और पुरातन तत्त्वों में रस लेते हैं और चाहते हैं कि वे तत्त्व यों ही बने रहें। इस तरह की दृष्टि का तो यही आशय होता है कि भारतीय समाज न तो बदला है और न ही बदला जा सकता है। इसका अर्थ होता है कि विकास की दौड़ में पिछड़ा रहना भारतीय चरित्र का अभिन्न अंग है।

इस प्रकार, अंध देशभक्त और परिमार्जित उपनिवेशवादी दोनों ही अतीत के अध्ययन का इस्तेमाल भारत की प्रगति को रोकने के लिए करते हैं। अतः यह परमावश्यक है कि प्राचीन भारत को संतुलित और वस्तुनिष्ठ ढंग से देखा जाए।

कालक्रम

अठारहवीं शताब्दी का उत्तरार्द्ध	प्राचीन भारत के इतिहास में आधुनिक शोध।
1765	बिहार और बंगाल ईस्ट इंडिया कंपनी के शासनाधीन हो गए।
1776	*ए कोड ऑफ जेन्टू लॉज* के रूप में *मनुस्मृति* का अंग्रेजी अनुवाद।
1784	कोलकाता में एशियाटिक सोसाइटी ऑफ बंगाल की स्थापना।
1785	पहले पहल भगवद्गीता का अंग्रेजी में अनुवाद।
1804	मुंबई में एशियाटिक सोसाइटी की स्थापना।
1823	लंदन में एशियाटिक सोसाइटी ऑफ ग्रेट ब्रिटेन स्थापित।
उन्नीसवीं शताब्दी का पूर्वार्द्ध	इंग्लैंड और अन्य यूरोपीय देशों में संस्कृत भाषा में अधिपीठ (चेयर्स) स्थापित।
1904	*अर्ली हिस्ट्री ऑफ इंडिया*, लेखक वी० ए० स्मिथ।
1924	*हिंदू पॉलिटी*, लेखक के० पी० जायसवाल।
1926	मराठी में द *हिस्ट्री ऑफ द इन्स्टिच्यूशन ऑफ मैरेज* (वैवाहिक संस्था का इतिहास), लेखक वी० के० राजवाड़े।
1951	द वंडर दैट *वाज इंडिया*, लेखक ए० एल० बैशम।
1957	*ऐन इन्ट्रोडक्शन टु द स्टडी ऑफ इंडियन हिस्ट्री*, लेखक डी० डी० कोसंबी।

1965	द *सिविलाइजेशन ऑफ एन्शिएन्ट इंडिया इन हिस्टॅरिकल आउटलाइन*, लेखक डी० डी० कोसंबी।

इतिहासकार

1837–1925	आर० जी० भंडारकर
1869–1926	वी० के० राजवाड़े
1875–1950	डी० आर० भंडारकर
1880–1972	पी० वी० कणे
1881–1937	के० पी० जायसवाल
1886–1969	यू० एन० घोषाल
1888–1980	आर० सी० मजुमदार
1892–1957	एच० सी० रायचौधरी
1892–1975	के० ए० नीलकंठ शास्त्री
1898–1959	ए० एस० अलतेकर
1907–1966	डी० डी० कोसंबी
1914–1986	ए० एल० बैशम

3

स्रोतों के प्रकार और इतिहास का निर्माण

भौतिक अवशेष

प्राचीन भारत के निवासियों ने अपने पीछे अनगिनत भौतिक अवशेष छोड़े हैं। दक्षिण भारत में पत्थर के मंदिर और पूर्वी भारत में ईंटों के विहार आज भी धरातल पर देखने को मिलते हैं, और उस युग का स्मरण कराते हैं जब देश में भारी संख्या में भवनों का निर्माण हुआ। परंतु इन भवनों के अधिकांश अवशेष सारे देश में बिखरे अनेकानेक टीलों के नीचे दबे हुए हैं। टीला धरती की सतह के उस उभरे हुए भाग को कहते हैं जिसके नीचे पुरानी बस्तियों के अवशेष रहते हैं। यह कई प्रकार का हो सकता है: एकल-संस्कृतिक, मुख्य-संस्कृतिक और बहु-संस्कृतिक। एकल-संस्कृतिक टीलों में सर्वत्र एक ही संस्कृति दिखाई देती है। कुछ टीले केवल चित्रित धूसर मृद्‌भांड अर्थात् पेंटेड ग्रे वेअर (पी० जी० डब्ल्यू०) संस्कृति के द्योतक हैं, कुछ सातवाहन संस्कृति के, और कुछ कुषाण संस्कृति के। मुख्य-संस्कृतिक टीलों में एक संस्कृति की प्रधानता रहती है और अन्य संस्कृतियाँ जो पूर्वकाल की भी हो सकती हैं और उत्तर काल की भी, विशेष महत्त्व की नहीं होतीं। बहु-संस्कृतिक टीलों में उत्तरोत्तर अनेक संस्कृतियाँ पाई जाती हैं जो कभी-कभी एक दूसरे के साथ-साथ चलती हैं। *रामायण* और *महाभारत* की भाँति, खोदे गए टीले का उपयोग हम संस्कृति के भौतिक और अन्य पक्षों के क्रमिक स्तरों को उजागर करने के लिए कर सकते हैं।

टीले की खुदाई दो तरह से की जा सकती है—अनुलंब या क्षैतिज। अनुलंब उत्खनन का अर्थ है सीधी खड़ी लंबवत् खुदाई करना जिससे कि विभिन्न संस्कृतियों का कालक्रमिक ताँता उद्‌घाटित हो। यह सामान्यत: स्थल के कुछ भाग में ही सीमित रहता है। क्षैतिज उत्खनन का अर्थ है सारे टीले की या उसके बृहत भाग की खुदाई। इस तरह की खुदाई से हम उस स्थल की काल विशेष की संस्कृति का पूर्ण आभास पा सकते हैं।

अधिकांश स्थलों की अनुलंब खुदाई होने के कारण उनसे हमें भौतिक संस्कृति का अच्छा-खासा कालानुक्रमिक सिलसिला मिल जाता है। क्षैतिज खुदाइयाँ खर्चीली होने के कारण बहुत कम की गई हैं। फलस्वरूप उत्खननों से प्राचीन भारतीय इतिहास की अनेक अवस्थाओं के भौतिक जीवन का पूर्ण और समग्र चित्र नहीं मिल पाता।

जिन टीलों का उत्खनन हुआ है उनके भी पुरावशेष विभिन्न अनुपातों में ही सुरक्षित हैं। सूखी जलवायु के कारण पश्चिमी उत्तर प्रदेश, राजस्थान और पश्चिमोत्तर भारत के पुरावशेष अधिक सुरक्षित बने रहे, परंतु मध्य गंगा के मैदान और डेल्टाई क्षेत्रों की नम और आर्द्र जलवायु में लोहे के औज़ार भी संक्षारित हो जाते हैं और कच्ची मिट्टी से बने भवनों के अवशेषों को खोजना कठिन होता है। नम और जलोढ़ क्षेत्रों में तो पक्की ईंटों और पत्थर के भवनों के काल में आकर ही हमें उत्कृष्ट और प्रचुर अवशेष मिल पाते हैं।

पश्चिमोत्तर भारत में हुए उत्खननों से ऐसे नगरों का पता चलता है जिनकी स्थापना लगभग 2500 ई० पू० में हुई थी। इसी प्रकार उत्खननों से हमें गंगा की घाटी में विकसित भौतिक संस्कृति के बारे में भी जानकारी मिली है। इससे पता चलता है कि उस समय के लोग जिन बस्तियों में रहते थे उनका ढाँचा कैसा था, वे किस प्रकार के मृद्‌भांड उपयोग में लाते थे, किस प्रकार के घरों में रहते थे, भोजन में किन अनाजों का इस्तेमाल करते थे और कैसे औज़ारों या हथियारों का प्रयोग करते थे। दक्षिण भारत के कुछ लोग मृत व्यक्ति के शव के साथ औज़ार, हथियार, मिट्टी के बरतन आदि चीजें भी कब्र में गाड़ते थे और इसके ऊपर एक घेरे में बड़े-बड़े पत्थर खड़े कर दिए जाते थे। ऐसे स्मारकों को **महापाषाण** (मेगालिथ) कहते हैं, हालाँकि सभी महापाषाण इस श्रेणी में नहीं आते। इनकी खुदाई बतलाती है कि लौह युग की शुरुआत होने पर दकन के लोग किस प्रकार का जीवन व्यतीत करते थे। जिस विज्ञान के आधार पर पुराने टीलों का क्रमिक स्तरों में विधिवत उत्खनन किया जाता है और प्राचीन काल के लोगों के भौतिक जीवन के बारे में जानकारी मिलती है, उसे **पुरातत्त्व (आर्किऑलजि)** कहते हैं।

उत्खनन और अन्वेषण के फलस्वरूप प्राप्त भौतिक अवशेषों का विभिन्न प्रकार से वैज्ञानिक परीक्षण किया जाता है। रेडियो कार्बन काल निर्धारण की विधि से यह पता लगाया जाता है कि वे किस काल के हैं। रेडियो कार्बन या कार्बन 14 (C^{14}) कार्बन का रेडियोधर्मी समस्थानिक (आइसोटोप) है जो सभी प्राणवान वस्तुओं में विद्यमान होता है। सभी रेडियोधर्मी पदार्थों की तरह इसका निश्चित/ समान गति से क्षय होता है। जब कोई वस्तु जीवित रहती है तो C^{14} के क्षय की प्रक्रिया के साथ हवा और भोजन की खुराक से उस वस्तु में C^{14} का समन्वय भी होता रहता है। परंतु जब वस्तु निष्प्राण हो जाती है तब इसमें विद्यमान C^{14} के क्षय की प्रक्रिया समान गति से जारी रहती है लेकिन यह हवा और भोजन से C^{14} लेना बंद कर देती है। किसी प्राचीन वस्तु में विद्यमान C^{14} में आई कमी को माप कर उसके समय का निर्धारण किया जा सकता है। यह इसलिए संभव है क्योंकि C^{14} का क्षय निश्चित गति से होता है, जैसा पहले बताया जा चुका है। यह ज्ञात है कि C^{14} का आधा जीवन 5568 वर्षों

का होता है। रेडियोधर्मी पदार्थ का आधा जीवन वह काल/ समय होता है जिसमें उस वस्तु की आधी रेडियोधर्मी धारिता लुप्त हो जाती है। इस प्रकार अगर कोई वस्तु 5568 वर्षों पहले निष्प्राण हो गई तो उसकी C^{14} धारिता उस समय की तुलना में आधी रह जाएगी जब वह जीवित थी और अगर वह 11,136 वर्ष पहले निष्प्राण हुई तो उसके C^{14} की धारिता उस समय की तुलना में चौथाई रह जाएगी जब वह जीवित थी।

पौधों के अवशेषों का परीक्षण कर विशेषत: पराग के विश्लेषण द्वारा जलवायु और वनस्पति का इतिहास बनता है। इसी आधार पर यह कहा जाता है कि राजस्थान और कश्मीर में कृषि का प्रचलन लगभग 7000-6000 ई० पू० में भी था। धातु की शिल्पवस्तुओं की प्रकृति और घटकों का वैज्ञानिक विश्लेषण किया जाता है और उसके परिणाम से पता चलता है कि वे जगहें कहाँ हैं जहाँ से ये धातुएँ प्राप्त की गई हैं और इसे धातु विज्ञान के विकास की अवस्थाओं का पता लगाया जाता है। पशुओं की हड्डियों का परीक्षण कर उनकी पहचान की जाती है, और उनके पालतू होने तथा तरह-तरह के काम में लाने का पता लगाया जाता है।

सिक्के

अनेक सिक्के और अभिलेख धरातल पर भी मिले हैं, पर इनमें से अधिकांश ज़मीन को खोदकर निकाले गए है। सिक्कों के अध्ययन को **मुद्राशास्त्र (न्यूमिस्मेटिक्स)** कहते हैं। आजकल की तरह प्राचीन भारत में कागज़ की मुद्रा का प्रचलन नहीं था, पर धातुधन या धातुमुद्रा (सिक्का) चलता था। पुराने सिक्के तांबे, चांदी, सोने और सीसे के बनते थे। पकाई गई मिट्टी के बने सिक्कों के साँचे बड़ी संख्या में मिले हैं। इनमें से अधिकांश साँचे कुषाण काल के अर्थात् ईसा की आरंभिक तीन सदियों के हैं। गुप्तोत्तर काल में ये साँचे लगभग लुप्त हो गए।

प्राचीन काल में आज जैसी बैंकिंग प्रणाली नहीं थी, इसलिए लोग अपना पैसा मिट्टी और कांसे के बरतनों में बड़ी हिफ़ाज़त से जमा रखते थे ताकि मुसीबत के दिनों में उस बहुमूल्य निधि का उपयोग कर सकें। ऐसी अनेक निधियाँ, जिनमें न केवल भारतीय सिक्के हैं बल्कि रोमन साम्राज्य जैसी विदेशी टकसालों में ढाले गए सिक्के भी हैं, देश के अनेक भागों में मिली हैं। ये निधियाँ अधिकतर कोलकाता, पटना, लखनऊ, दिल्ली, जयपुर, मुंबई और चेन्नई के संग्रहालयों में सुरक्षित हैं। बहुत-से भारतीय सिक्के नेपाल, बांग्लादेश, पाकिस्तान और अफगानिस्तान के संग्रहालयों में भी देखने को मिलते हैं। चूँकि ब्रिटेन ने भारत पर लंबे अरसे तक राज किया, इसलिए ब्रिटिश अधिकारी भी अपने निजी तथा सार्वजनिक संग्रहालयों में बहुत-सारे भारतीय सिक्के ले गए। प्रमुख राजवंशों के सिक्कों की सूचियाँ तैयार कर प्रकाशित की

गई हैं। कोलकाता के इंडियन म्यूज़ियम, लंदन के ब्रिटिश म्यूज़ियम आदि के सिक्कों की ऐसी सूचियाँ उपलब्ध हैं। परंतु बहुत-सारे सिक्कों की सूचियाँ बनाना और प्रकाशित करना अब भी बाकी ही है।

हमारे आरंभिक सिक्कों पर तो कुछेक प्रतीक मिले हैं, पर बाद के सिक्कों पर राजाओं और देवताओं के नाम तथा तिथि का भी उल्लेख है। इन सिक्कों के उपलब्धि स्थान बतलाते हैं कि उन स्थानों में इन सिक्कों का प्रचलन था। इस प्रकार प्राप्त सिक्कों के आधार पर कई राजवंशों के इतिहास का पुनर्निर्माण संभव हुआ है, विशेषतः उन हिंद-यवन शासकों के इतिहास का जो उत्तरी अफगानिस्तान से भारत पहुँचे और जिन्होंने ईसा-पूर्व दूसरी और पहली सदियों में यहाँ शासन किया।

चूँकि सिक्कों का काम दान-दक्षिणा, खरीद-बिक्री, और वेतन-मज़दूरी के भुगतान में पड़ता था, इसलिए सिक्कों से आर्थिक इतिहास पर महत्त्वपूर्ण प्रकाश पड़ता है। राजाओं से अनुमति लेकर व्यापारियों और स्वर्णकारों की श्रेणियों (व्यापारिक संघों) ने भी अपने कुछ सिक्के चलाए थे। इससे शिल्पकारी और व्यापार की उन्नतावस्था सूचित होती है। सिक्कों के सहारे बड़ी मात्रा में लेन-देन संभव हुआ और व्यापार को बढ़ावा मिला। सबसे अधिक सिक्के मौर्योत्तर कालों में मिले हैं जो विशेषतः सीसे, पोटिन, तांबे, कांसे, चांदी और सोने के हैं। गुप्त शासकों ने सोने के सिक्के सबसे अधिक जारी किए। इन सबसे पता चलता है कि व्यापार-वाणिज्य, विशेषतः मौर्योत्तर काल में और गुप्तकाल के अधिक भाग में, खूब ही बढ़ा। इसके विपरीत गुप्तोत्तर काल के बहुत कम सिक्के मिले हैं, जिससे यह प्रकट होता है कि उन दिनों व्यापार-वाणिज्य शिथिल हो गया था।

सिक्कों पर राजवंशों और देवताओं के चित्र, धार्मिक प्रतीक और लेख भी अंकित रहते हैं, जिनसे तत्कालीन कला और धर्म पर प्रकाश पड़ता है।

अभिलेख

सिक्कों से भी कहीं अधिक महत्त्व के हैं अभिलेख। इनके अध्ययन को **पुरालेखशास्त्र** (**एपिग्रेफी**) कहते हैं, और इनकी तथा दूसरे पुराने दस्तावेज़ों की प्राचीन तिथि के अध्ययन को **पुरालिपिशास्त्र (पेलिअॅग्रेफी)** कहते हैं । अभिलेख मुहरों, प्रस्तरस्तंभों, स्तूपों, चट्टानों और ताम्रपत्रों पर मिलते हैं तथा मंदिर की दीवारों और ईंटों या मूर्तियों पर भी।

समग्र देश में आरंभिक अभिलेख पत्थरों पर खुदे मिलते हैं। किंतु ईसा के आरंभिक शतकों में इस काम में ताम्रपत्रों का प्रयोग आरंभ हुआ। तथापि पत्थर पर अभिलेख खोदने की परिपाटी दक्षिण भारत में व्यापक स्तर पर जारी रही। दक्षिण भारत में मंदिर की दीवारों पर भी स्थायी स्मारकों के रूप में भारी संख्या में अभिलेख खोदे गए हैं।

सिक्कों की तरह अभिलेख भी देश के विभिन्न संग्रहालयों में सुरक्षित हैं। सबसे अधिक अभिलेख मैसूर में मुख्य पुरालेखशास्त्री के कार्यालय में संगृहीत हैं। आरंभिक अभिलेख प्राकृत भाषा में है और ये ईसा-पूर्व तीसरी सदी के हैं। अभिलेखों में संस्कृत भाषा ईसा की दूसरी सदी से मिलने लगती है, और चौथी-पाँचवी सदी में इसका सर्वत्र व्यापक प्रयोग होने लगा। तब भी प्राकृत का प्रयोग समाप्त नहीं हुआ। अभिलेखों में प्रादेशिक भाषाओं का प्रयोग नौवी-दसवीं सदी से होने लगा। मौर्य, मौर्योत्तर और गुप्तकाल के अधिकांश अभिलेख *कार्पस इन्सक्रिप्शनम इंडिकेरम्* नामक ग्रंथमाला में संकलित करके प्रकाशित किए गए हैं। परंतु गुप्तोत्तर काल के अभिलेख अभी तक इस प्रकार सुव्यवस्थित रूप से संकलित नहीं हुए हैं। दक्षिण भारत के अभिलेखों की स्थानक्रम सूचियाँ प्रकाशित हुई हैं। फिर भी 50,000 से भी अधिक अभिलेख, जिनमें अधिकांश दक्षिण भारत के हैं, प्रकाशन की प्रतीक्षा कर रहे हैं।

हड़प्पा संस्कृति के अभिलेख अभी तक पढ़े नहीं जा सके हैं। ये संभवत: ऐसी किसी भावचित्रात्मक लिपि में लिखे गए हैं जिसमें विचारों और वस्तुओं को चित्रों के रूप में व्यक्त किया जाता था। अशोक के शिलालेख ब्राह्मी लिपि में है। यह लिपि बाएँ से दाएँ लिखी जाती थी। उसके कुछ शिलालेख खरोष्ठी लिपि में भी हैं जो दाएँ से बाएँ लिखी जाती थी, लेकिन पश्चिमोत्तर भाग के अलावा भारत में भिन्न प्रदेशों में ब्राह्मी लिपि का ही प्रचार रहा। पाकिस्तान और अफगानिस्तान के अशोक के शिलालेखों में यूनानी और आरामाइक लिपियों का भी प्रयोग हुआ है। गुप्तकाल के अंत तक देश की प्रमुख लिपि ब्राह्मी ही रही। यदि ब्राह्मी और इसकी विभिन्न शैलियों का भली-भाँति ज्ञान हो जाए तो कोई भी पुरालेखविद् ईसा की आठवीं सदी तक के अधिकांश पुरालेखों को पढ़ सकता है। परंतु इसके बाद इस लिपि की प्रादेशिक शैलियों में भारी अंतर आ गया और इन्हें अलग-अलग नाम दे दिए गए।

सबसे पुराने अभिलेख हड़प्पा संस्कृति की मुहरों पर मिलते हैं। ये लगभग 2500 ई० पू० के हैं। इनका पढ़ना अब तक संभव नहीं हुआ है। देश के सबसे पुराने अभिलेख जो पढ़े जा चुके हैं, वे हैं ईसा-पूर्व तीसरी सदी के अशोक के शिलालेख। चौदहवीं सदी में फिरोज़शाह तुगलक को अशोक के दो स्तंभलेख मिले थे, एक मेरठ में और दूसरा हरियाणा के टोपरा नामक स्थान में। उसने इन्हें दिल्ली मंगवाया और अपने राज्य के पंडितों से पढ़वाने का प्रयास किया, पर कोई भी पंडित पढ़ नहीं पाया। अठारहवीं सदी के अंतिम चरण में अंग्रेजों ने इन्हें पढ़ने की कोशिश की तो उन्हें भी इसी कठिनाई का सामना करना पड़ा। इन अभिलेखों को पढ़ने में सर्वप्रथम 1837 में सफलता मिली जेम्स प्रिंसेप को जो उस समय बंगाल में ईस्ट इंडिया कंपनी की सेवा में ऊँचे पद पर थे।

अभिलेखों के अनेक प्रकार हैं। कुछ अभिलेखों में अधिकारियों और जनता के लिए जारी किए गए सामाजिक, धार्मिक तथा प्रशासनिक राज्यादेशों और निर्णयों की सूचनाएँ रहती हैं। अशोक के शिलालेख इसी कोटि के हैं। दूसरी कोटि में वे आनुष्ठानिक अभिलेख आते हैं जिन्हें बौद्ध, जैन, वैष्णव, शैव आदि संप्रदायों के अनुयायियों ने भक्तिभाव से स्थापित स्तंभों, प्रस्तरफलकों, मंदिरों और प्रतिमाओं पर उत्कीर्ण कराया है। तीसरी कोटि में वे प्रशस्तियाँ आती है जिनमें राजाओं और विजेताओं के गुणों और कीर्तियों का बखान तो है, पर उनकी पराजयों और कमज़ोरियों का कोई ज़िक्र नहीं है। समुद्रगुप्त की प्रयाग-प्रशस्ति इस कोटि का उदाहरण है। इन सभी के अलावा, बहुत-सारे ऐसे दान-पत्र मिलते हैं जिनमें न केवल राजाओं और राजपुत्रों द्वारा, बल्कि शिल्पियों और व्यापारियों द्वारा भी मुख्यतः धर्मार्थ, पैसा, मवेशी, भूमि आदि के दान अभिलिखित हैं।

मुख्यत: राजाओं और सामंतों द्वारा किए गए भूमिदान के अभिलेख विशेष महत्त्व के हैं, क्योंकि इनमें प्राचीन भारत की भूव्यवस्था और प्रशासन के बारे में उपयोगी सूचनाएँ मिलती हैं। ये अभिलेख अधिकतर ताम्रपत्रों पर उकेरे गए हैं। इनमें भिक्षुओं, ब्राह्मणों, मंदिरों, विहारों, जागीरदारों और अधिकारियों को दिए गए गाँवों, भूमियों और राजस्व के दानों का विवरण है। ये विभिन्न भाषाओं में लिखे मिलते हैं, जैसे प्राकृत, संस्कृत, तमिल, तेलुगु आदि।

साहित्यिक स्रोत

यद्यपि प्राचीन भारत के लोगों को लिपि का ज्ञान 2500 ई० पू० में भी था, परंतु हमारी प्राचीनतम उपलब्ध पांडुलिपियाँ ईसा की चौथी सदी के पहले की नहीं हैं और ये भी मध्य एशिया से प्राप्त हुई हैं। भारत में पांडुलिपियाँ भोजपत्रों और तालपत्रों पर लिखी मिलती हैं, परंतु मध्य एशिया में जहाँ भारत से प्राकृत भाषा फैल गई थी, ये पांडुलिपियाँ मेषचर्म तथा काष्ठफलकों पर भी लिखी गई हैं। इन्हें हम भले ही अभिलेख कह दें, परंतु हैं ये एक प्रकार की पांडुलिपियाँ हीं। उन दिनों मुद्रण कला का आविष्कार नहीं हुआ था, इसलिए ये पांडुलिपियाँ मूल्यवान समझी जाती थीं। वैसे तो समूचे भारत में संस्कृत की पुरानी पांडुलिपियाँ मिली हैं, परंतु इनमें से अधिकतर दक्षिण भारत, कश्मीर और नेपाल से प्राप्त हुई हैं। आजकल अधिकांश अभिलेख संग्रहालयों में और पांडुलिपियाँ पुस्तकालयों में संचित-सुरक्षित हैं।

अधिकांश प्राचीन ग्रंथ धार्मिक विषयों पर हैं। हिंदुओं के धार्मिक साहित्य में वेद, *रामायण*, *महाभारत*, पुराण आदि आते हैं। यह साहित्य प्राचीन भारत की सामाजिक एवं सांस्कृतिक स्थिति पर काफी प्रकाश डालता है। किंतु देश और काल के संदर्भ में इसका उपयोग करना बड़ा ही कठिन है। *ऋग्वेद* को 1500-1000 ई० पू० के लगभग

का मान सकते हैं। लेकिन *अथर्ववेद*, *यजुर्वेद*, ब्राह्मणों, आरण्यकों और उपनिषदों को 1000-500 ई० पू० के लगभग का माना जाएगा। प्राय: सभी वैदिक ग्रंथों में क्षेपक मिलता है जो सामान्यत: आदि या अंत में रहता है। यों ग्रंथ के बीच में भी क्षेपक का पाया जाना कोई असाधारण बात नहीं हैं। *ऋग्वेद* में मुख्यत: देवताओं की स्तुतियाँ हैं, परंतु बाद के वैदिक साहित्य में स्तुतियों के साथ-साथ कर्मकांड, जादूटोना और पौराणिक आख्यान भी हैं । हाँ, उपनिषदों में हमें दार्शनिक चिंतन मिलते हैं।

वैदिक मूलग्रंथ का अर्थ समझ में आए इसके लिए वेदांगों अर्थात् वेद के अंगभूत शास्त्रों का अध्ययन आवश्यक था। ये वेदांग हैं **शिक्षा** (उच्चारण-विधि), **कल्प** (कर्मकांड), **व्याकरण**, **निरूक्त** (भाषाविज्ञान), **छंद** और **ज्योतिष**। इनमें से प्रत्येक शास्त्र के चतुर्दिक प्रचुर साहित्य विकसित हुए हैं। यह साहित्य गद्य में नियम रूप में लिखा गया है। संक्षिप्त होने के कारण ये नियम **सूत्र** कहलाते हैं। सूत्र लेखन का सबसे विख्यात उदाहरण है पाणिनि का व्याकरण जो 450 ई० पू० के आसपास लिखा गया था। व्याकरण के नियमों का उदाहरण देने के क्रम में पाणिनि ने अपने समय के समाज, अर्थव्यवस्था और संस्कृति पर अमूल्य प्रकाश डाला।

महाभारत, *रामायण* और प्रमुख पुराणों का अंतिम रूप से संकलन 400 ई० के आसपास हुआ प्रतीत होता है। इनमें *महाभारत*, जो व्यास की कृति माना जाता है, संभवत: दसवीं सदी ईसा-पूर्व से चौथी सदी ईसवी तक की स्थिति का आभास देता है। पहले इसमें केवल 8800 श्लोक थे और इसका नाम *जयस* था जिसका अर्थ है विजय संबंधी संग्रह ग्रंथ। बाद में यह बढ़कर 24,000 श्लोक का हो गया और *भारत* नाम से प्रसिद्ध हुआ क्योंकि इसमें प्राचीनतम वैदिक जन भरत के वंशजों की कथा है। अंतत: इसमें एक लाख श्लोक हो गए और तदनुसार यह *शतसाहस्री संहिता* या *महाभारत* कहलाने लगा। इसमें कथोपकथाएँ हैं, वर्णन हैं और उपदेश भी हैं। इसकी मूल कथा, जो कौरवों और पांडवों के युद्ध की है, उत्तर वैदिक काल की हो सकती है। इसके विवरणात्मक अंश का उपयोग वेदोत्तर काल के संदर्भ में किया जा सकता है, और उपदेशात्मक अंश का सामान्यत: मौर्योत्तर काल और गुप्तकाल के संदर्भ में। इसी प्रकार, वाल्मीकि *रामायण* में मूलत: 6000 श्लोक थे, जो बढ़कर 12,000 श्लोक हो गए और अंतत: 24,000 श्लोक। यद्यपि यह महाकाव्य *महाभारत* की अपेक्षा अधिक ठोस है, तथापि इसमें भी कुछ ऐसे उपदेशात्मक भाग हैं जो बाद में जोड़ दिए गए हैं। इसकी रचना संभवत: ईसा-पूर्व पाँचवी सदी में शुरू हुई। तब से यह पाँच अवस्थाओं से गुजर चुकी है और इसकी पाँचवी अवस्था तो ईसा की बारहवीं सदी में आई है। मिलाजुलाकर इसकी रचना *महाभारत* के बाद हुई प्रतीत होती है। वैदिक काल के बाद कर्मकांड साहित्य की भरमार मिलती है। राजाओं के द्वारा और तीन उच्च वर्णों, धनाढ्य पुरुषों द्वारा अनुष्ठेय सार्वजनिक यज्ञों के विधि-विधान श्रौतसूत्रों

में दिए गए हैं, और इन्हीं में राज्याभिषेक के कई आडंबरपूर्ण अनुष्ठान भी वर्णित हैं। इसी तरह जातकर्म (जन्मानुष्ठान), नामकरण, उपनयन, विवाह, श्राद्ध आदि घरेलू या पारिवारिक अनुष्ठानों का विधि विधान गृह्यसूत्रों में पाया जाता है। श्रौतसूत्र और गृह्यसूत्र दोनों ईसा-पूर्व 600-300 के आसपास हैं। यहाँ शूल्वसूत्र भी उल्लेखनीय हैं जिनमें यज्ञवेदी के निर्माण के लिए विविध प्रकार के मापों का विधान है। ज्यामिति और गणित का अध्ययन वहीं से आरंभ होता है।

जैनों और बौद्धों के धार्मिक ग्रंथों में ऐतिहासिक व्यक्तियों और घटनाओं का उल्लेख मिलता है। प्राचीनतम बौद्ध ग्रंथ पालि भाषा में लिखे गए थे। यह भाषा मगध यानी दक्षिण बिहार में बोली जाती थी। इन ग्रंथों को अंततः संकलित तो किया गया श्रीलंका में, ईसा-पूर्व दूसरी सदी में, पर इनके धर्म-शिक्षात्मक अंश बुद्ध के समय की स्थिति बताते हैं। इन ग्रंथों में हमें न केवल बुद्ध के जीवन के बारे में, बल्कि उनके समय के मगध, उत्तर बिहार और पूर्वी उत्तर प्रदेश के कई शासकों के बारे में भी जानकारी मिलती है। बौद्धों के धार्मिकेतर साहित्य में सबसे महत्त्वपूर्ण और रोचक हैं गौतम बुद्ध के पूर्वजन्मों की कथाएँ। ऐसा विश्वास था कि गौतम के रूप में जन्म लेने से पहले बुद्ध 550 से भी अधिक पूर्वजन्मों से गुजरे थे और इनमें से कई जन्मों में उन्होंने पशु के जीवन पाए थे। पूर्वजन्मों की वे कथाएँ *जातक* कहलाती हैं और प्रत्येक कथा एक प्रकार की लोक कथा है। ये जातक ईसा-पूर्व पाँचवी सदी से दूसरी सदी ईसवी सन् तक की सामाजिक और आर्थिक स्थिति पर बहुमूल्य प्रकाश डालते हैं। प्रसंगवश ये कथाएँ बुद्धकालीन राजनीतिक घटनाओं की भी जानकारी देती हैं।

जैन ग्रंथों की रचना प्राकृत भाषा में हुई थी। ईसा की छठी सदी में गुजरात के वलभी नगर में इन्हें अंतिम रूप से संकलित किया गया था। फिर भी इन ग्रंथों में ऐसे अनेक अंश हैं जिनके आधार पर हमें महावीरकालीन बिहार और पूर्वी उत्तर प्रदेश के राजनीतिक इतिहास के पुनर्निर्माण में सहायता मिली है। जैन ग्रंथों में व्यापार और व्यापारियों के उल्लेख बार-बार मिलते हैं।

लौकिक साहित्य भी प्रचुर मात्रा में उपलब्ध हैं। विधि-ग्रंथों को उसी कोटि में रखा जा सकता है। उन ग्रंथों में धर्मसूत्र, स्मृतियाँ और टीकाएँ पड़ती हैं और इन तीनों को मिलाकर धर्मशास्त्र कहा जाता है। धर्मसूत्रों का संकलन 500-200 ई० पू० में हुआ था। मुख्य स्मृतियाँ ईसा की आरंभिक छह सदियों में संहिताबद्ध की गईं। इनमें विभिन्न वर्णों, राजाओं और पदाधिकारियों के कर्त्तव्यों का विधान किया गया है। इनमें संपत्ति के अर्जन, विक्रय और उत्तराधिकार के नियम सहित विवाह के विधान भी दिए गए हैं, तथा चोरी, हमला, हत्या, व्याभिचार आदि के लिए दंड विधान किया गया है।

कौटिल्य का *अर्थशास्त्र* अत्यंत महत्त्वपूर्ण विधिग्रंथ है। यह पंद्रह अधिकरणों या खंडों में विभक्त है जिनमें दूसरा और तीसरा अधिक पुराने हैं। लगता है कि इन

अधिकरणों की रचना विभिन्न लेखकों ने की है। इस ग्रंथ का वर्तमान रूप ईसवी सन् के आरंभ में दिया गया, परंतु इसके प्राचीनतम अंश मौर्यकालीन समाज और अर्थतंत्र की झलक देते हैं। इसमें प्राचीन भारतीय राज्यतंत्र तथा अर्थव्यवस्था के अध्ययन के लिए महत्त्वपूर्ण सामग्री मिलती है।

हमें भास, शूद्रक, कालिदास और बाणभट्ट की रचनाएँ भी प्राप्त हैं। इनका साहित्यिक मूल्य तो है ही, इनमें लेखकों के अपने-अपने समय की स्थितियाँ भी प्रतिबिंबित हैं। कालिदास ने काव्य और नाटक लिखे, जिनमें सबसे प्रसिद्ध है *अभिज्ञानशाकुंतलम्*। इन महान सर्जनात्मक कृतियों में गुप्तकालीन उत्तरी और मध्य भारत के सामाजिक एवं सांस्कृतिक जीवन की झलक मिलती है।

इन संस्कृत स्रोतों के अलावा, कुछ प्राचीनतम तमिल ग्रंथ भी है जो संगम साहित्य में संकलित हैं। राजाओं द्वारा संरक्षित विद्या केंद्रों में एकत्र होकर कवियों और भाटों ने तीन-चार सदियों में इस साहित्य का सृजन किया था। ऐसी साहित्यिक सभा को **संगम** कहते थे, इसलिए समूचा साहित्य संगम साहित्य के नाम से प्रसिद्ध हो गया। कहा जाता है कि इन कृतियों का संकलन ईसा की आरंभिक चार सदियों में हुआ, हालाँकि इनका अंतिम संकलन छठी सदी में हुआ जान पड़ता है।

संगम साहित्य के पद्य 30,000 पंक्तियों में मिलते हैं, जो आठ *एट्टत्तौके* अर्थात् संकलनों में विभक्त है। पद्य सौ-सौ के समूहों में संगृहीत हैं, जैसे *पुरनानूरु* (बाहर के चार शतक) आदि। मुख्य समूह दो हैं: *पटिनेडिकल पट्टिनेनकील कणक्कु* (अठारह निम्न संग्रह) और *पत्तपाट्ट* (दस गीत)। पहला दूसरे से पुराना माना जाता है, इसलिए लौकिक इतिहास के लिए महत्त्वपूर्ण समझा जाता है। संगम ग्रंथ बहुस्तरीय हैं, परंतु संप्रति शैली और विषयवस्तु के आधार पर उनका स्तर निर्धारण नहीं किया जा सकता है । जैसा कि आगे बताया गया है, इनके स्तरों का पता सामाजिक विकास की अवस्थाओं के आधार पर ही लगाया जा सकता है।

संगम ग्रंथ वैदिक ग्रंथों से, खासकर *ऋग्वेद* से, भिन्न प्रकार के हैं। ये धार्मिक ग्रंथ नहीं हैं। इनके मुक्तकों और प्रबंधकाव्यों की रचना बहुत-सारे कवियों ने की है, जिनमें बहुत-से नायकों (वीरपुरुषों) और नायिकाओं का गुणगान है। इस प्रकार ये लौकिक कोटि के हैं। ये आदिमकालीन गीत नहीं है, बल्कि इनमें परिष्कृत साहित्य का दर्शन होता है। अनेक काव्यों में योद्धा, सामंत या राजा का नामतः उल्लेख करके उनके वीरतापूर्ण कार्यों का सविस्तार वर्णन किया गया है। उनके द्वारा भाटों को दिए गए दानों की प्रशंसा की गई है। ये काव्य दरबारों में पढ़े जाते होंगे। इनकी तुलना होमर युग के वीरगाथा काव्यों से की जा सकती है, क्योंकि इनमें भी युद्धों और योद्धाओं के वीर युग का चित्रण है। इन ग्रंथों का उपयोग ऐतिहासिक प्रयोजन से करना आसान नहीं है। शायद इन काव्यों में उल्लिखित व्यक्तिवाचक नाम, उपाधि, वंश, क्षेत्र, युद्ध

आदि आंशिक रूप से ही यथार्थ हैं। संगम ग्रंथों में उल्लिखित चेर राजाओं के नाम दानकर्ता के रूप में ईसा की पहली और दूसरी सदी के दानपत्रों में भी आए हैं।

संगम ग्रंथों में बहुत-से नगरों का उल्लेख मिलता है। इनमें उल्लिखित कावेरीपट्टनम् का समृद्धिपूर्ण अस्तित्व पुरातात्त्विक साक्ष्य से समर्थित हुआ है। इनमें यह भी बताया गया है कि यवन लोग अपने-अपने पोतों पर आते, सोना देकर गोलमिर्च खरीदते और स्थानीय लोगों को सुरा और दासियाँ पहुँचाते थे। यह व्यापार हम केवल लैटिन और ग्रीक लेखों से ही नहीं, बल्कि पुरातात्त्विक साक्ष्यों से भी जानते हैं। ईसा की आरंभिक सदियों में प्रायद्वीपीय तमिलनाडु के लोगों के सामाजिक, आर्थिक और राजनीतिक जीवन के अध्ययन के लिए संगम साहित्य हमारा एकमात्र प्रमुख स्रोत है। व्यापार और वाणिज्य के बारे में इससे जो जानकारी मिलती है उसकी विदेशी विवरणों और पुरातात्त्विक प्रमाणों से भी पुष्टि होती है।

विदेशी विवरण

विदेशी विवरणों को देशी साहित्य का अनुपूरक बनाया जा सकता है। पर्यटक बनकर या भारतीय धर्म को अपनाकर अनेक यूनानी, रोमन और चीनी यात्री भारत आए और अपनी आँखों देखे भारत के विवरण लिख छोड़े। ध्यान देने योग्य बात है कि भारतीय स्रोतों में सिकंदर के हमले की कोई जानकारी नहीं मिलती। उसके भारतीय कारनामों के इतिहास के पुनर्निर्माण के लिए हमें पूर्णतः यूनानी स्रोतों पर आश्रित रहना पड़ता है।

यूनानी लेखकों ने 326 ई० पू० में भारत पर हमला करने वाले सिकंदर महान के समकालीन के रूप में सैंड्रोकोटस के नाम का उल्लेख किया है। यह सिद्ध किया गया है कि यूनानी विवरणों का यह सैंड्रोकोटस और चंद्रगुप्त मौर्य, जिनके राज्यारोहण की तिथि 322 ई० पू० निर्धारित की गई है, एक ही व्यक्ति थे। यह पहचान प्राचीन भारत के तिथिक्रम के लिए सुदृढ़ आधारशिला बन गई। चंद्रगुप्त मौर्य के दरबार में दूत बनकर आए मेगास्थनीज की *इंडिका* उन उद्धरणों के रूप में ही सुरक्षित है जो अनेक प्रख्यात लेखकों की रचनाओं में आए हैं। इन उद्धरणों को एक साथ मिलाकर पढ़ने पर न केवल मौर्य शासन व्यवस्था के बारे में ही बल्कि मौर्यकालीन सामाजिक वर्गों और आर्थिक क्रियाकलापों के बारे में भी मूल्यवान जानकारी मिलती है। *इंडिका* अतिरंजित बातों से मुक्त नहीं है, पर ऐसी बातें तो अन्यान्य प्राचीन विवरणों में भी पाई जाती हैं।

ईसा की पहली और दूसरी सदियों के यूनानी और रोमन विवरणों में भारतीय बंदरगाहों के उल्लेख मिलते हैं, और भारत तथा रोमन साम्राज्य के बीच होने वाले व्यापार की वस्तुओं की भी चर्चा मिलती है।

यूनानी भाषा में लिखी गई *पेरिप्लुस ऑफ द एरिथ्रियन सी* और टोलेमी की *ज्योग्राफी* नामक पुस्तकों में भी प्राचीन भूगोल और वाणिज्य के अध्ययन के लिए प्रचुर महत्त्वपूर्ण सामग्री मिलती है। इनमें पहली पुस्तक 80 और 115 ई० के बीच किसी समय किसी अज्ञात लेखक ने लिखी, जिसने लाल सागर, फारस की खाड़ी और हिंद महासागर में होने वाले रोमन व्यापार का वृत्तांत दिया है। दूसरी पुस्तक 150 ई० के आसपास की मानी जाती है। प्लिनी की *नेचुरलिस हिस्टोरिका* ईसा की पहली सदी की है। यह लैटिन भाषा में है और हमें भारत और इटली के बीच होने वाले व्यापार की जानकारी देती है।

चीनी पर्यटकों में प्रमुख हैं–फा-हियान और हुआन सांग। दोनों बौद्ध थे और बौद्ध तीर्थों का दर्शन करने तथा बौद्ध धर्म का अध्ययन करने भारत आए थे। फा-हियान ईसा की पाँचवी सदी के प्रारंभ में आया था और हुआन सांग सातवीं सदी के दूसरे चतुर्थांश में। फा-हियान ने गुप्तकालीन भारत की सामाजिक, धार्मिक और आर्थिक स्थिति पर प्रकाश डाला है, तो हुआन सांग ने इसी प्रकार की जानकारी हर्षकालीन भारत के बारे में दी है।

ऐतिहासिक दृष्टि

प्राचीन भारतीयों पर आरोप लगाया गया है कि उनमें ऐतिहासिक दृष्टि का अभाव था। यह तो स्पष्ट है कि उन्होंने वैसा इतिहास नहीं लिखा जैसा आजकल लिखा जाता है, और न वैसा ही लिखा जैसा यूनानियों ने लिखा है। फिर भी, हमें पुराणों में एक प्रकार का इतिहास अवश्य मिलता है। पुराणों की संख्या अठारह है; अठारह पारंपरिक पद हैं। विषयवस्तु की दृष्टि से पुराण विश्वकोश जैसे हैं, पर इनमें गुप्तकाल के आरंभ तक का राजवंशी इतिहास आया है। इनमें घटना के स्थलों का उल्लेख है और कभी-कभी घटना के कारणों और परिणामों का विवेचन भी किया गया है, परंतु यथार्थ में ये घटनाएँ विवरण लिखे जाने के काफी पहले हो चुकी थीं। इन पुराणों के लेखक परिवर्तन की धारणा से अनभिज्ञ थे, जो इतिहास का सारतत्त्व होती हैं। पुराणों में चार युग बताए गए हैं–**कृत, त्रेता, द्वापर** और **कलि**। इनमें हर युग अपने पिछले युग से घटिया बताया गया है और कहा गया है कि एक युग के बाद जब दूसरा युग आरंभ होता है तब नैतिक मूल्यों और सामाजिक मानदंडों का अध:पतन होता है। काल और स्थान, जो इतिहास के महत्त्वपूर्ण तत्त्व हैं, उनका महत्त्व इनमें बताया गया है। महाभारत के शांति पर्व में कहा गया है कि देश और काल के बदलने से अधर्म धर्म हो जाता है और धर्म अधर्म होता है। कई प्रकार के संवत् जिनके निर्देश के साथ घटनाएँ अभिलिखित होती थीं, प्राचीन भारत में ही शुरू हुए। विक्रम् संवत् का आरंभ 57-58 ई० पू० में हुआ, शक संवत् का 78 ई० में और गुप्त संवत् का

319 ई० में। उत्कीर्ण अभिलेखों में घटनाओं का उल्लेख काल और स्थान के संदर्भ में किया गया है। तीसरी सदी ई० पू० के दौरान अशोक के शिलालेखों में काफी ऐतिहासिक दृष्टि लक्षित होती है। अशोक ने 37 वर्ष शासन किया। उसके शिलालेखों में उसके शासनकाल के आठवें से लेकर सत्ताइसवें वर्ष तक की घटनाएँ वर्णित हैं। अभी तक उसके जो शिलालेख मिले हैं उनसे उसके शासनकाल के केवल नौ वर्षों की घटनाओं का पता चलता है। भविष्य में और अभिलेखों के मिलने पर उसके शासनकाल के शेष वर्षों की घटनाओं का भी पता चल सकता है। इसी तरह ईसा की पहली सदी में कलिंग के खारवेल ने हाथीगुम्फा अभिलेख में अपने जीवन की बहुत-सी घटनाओं का ज़िक्र वर्षवार किया है।

भारत के लोगों ने जीवनचरितात्मक रचनाओं में ऐतिहासिक दृष्टि का अच्छा परिचय दिया है। इसका सुंदर उदाहरण है *हर्षचरित*, जिसकी रचना बाणभट्ट ने ईसा की सातवीं सदी में की। यह लगभग जीवनचरित के ढंग का गद्यकाव्य है और अलंकारों से इतना जटिल है कि परवर्ती नकलचियों को निराश होना पड़ा। इसमें हर्षवर्धन के आरंभिक जीवन का वृत्तांत है। अत्युक्तियों की भरमार होते हुए भी यह हर्ष के दरबार की चहल-पहल और अपने युग के सामाजिक और धार्मिक जीवन का विलक्षण आभास देता है। बाद में कई और भी चरित लिखे गए। संध्याकर नंदी के *रामचरित* (बारहवीं सदी) में बताया गया है कि कैवर्त्त जाति के किसानों और पाल वंश के राजा रामपाल के बीच किस तरह लड़ाई हुई और किस तरह रामपाल विजयी हुए। विल्हण के *विक्रमांकदेवचरित* में कल्याण के चालुक्य राजा विक्रमादित्य पंचम् (1076-1127) के पराक्रमों का वृत्तांत है। बारहवीं-तेरहवीं सदी में गुजरात में तो कई सेठों के भी चरित (जीवनी) लिखे गए। इस तरह की ऐतिहासिक रचनाएँ दक्षिण भारत में भी हुई होंगी, लेकिन अभी तक ऐसा एक ही वृत्तांत प्रकाश में आया है। इसका नाम है *मूषिकवंश*, जिसकी रचना अतुल ने ग्यारहवीं सदी में की। इसमें मूषिक राजवंश का वृत्तांत है जिसका शासन उत्तरी केरल में था। परंतु आरंभिक ऐतिहासिक लेखन का सबसे अच्छा उदाहरण है *राजतरंगिणी* (राजाओं की धारा), जिसकी रचना कल्हण ने बारहवीं शताब्दी में की। यह कश्मीर के राजाओं के चरितों का संग्रह है। दरअसल, यह पहली कृति है जिसमें आज के अर्थ में इतिहास के बहुत कुछ लक्षण विद्यमान हैं।

इतिहास का निर्माण

अब तक प्रागैतिहासिक और ऐतिहासिक दोनों तरह के बहुत सारे पुरास्थलों की खुदाई और छानबीन की जा चुकी है, परंतु प्राचीन भारतीय इतिहास की मुख्य धारा में उसके परिणामों को स्थान नहीं मिल पाया है। भारत में सामाजिक विकास किन-किन

अवस्थाओं से गुजरा है इसका बोध तब तक नहीं हो सकता, जब तक प्रागैतिहासिक पुरातत्त्व के परिणामों की ओर ध्यान नहीं दिया जाएगा। इतिहासकालीन पुरातत्त्व भी उतने ही महत्त्व का है। यद्यपि प्राचीन इतिहास के काल के 150 से भी अधिक पुरास्थलों की खुदाई हो चुकी है, तथापि प्राचीन कालों के सामाजिक, आर्थिक और सांस्कृतिक प्रवृतियों के अध्ययन में उन खुदाइयों की प्रासंगिता का विवेचन सामान्य पुस्तकों में नहीं किया गया है। यह काम परम आवश्यक है; प्राचीन भारत के नगरीय इतिहास के संदर्भ में तो यह और भी जरूरी है। अब तक अधिकांशत: बौद्ध और कुछेक ब्राह्मणिक स्थलों के महत्त्व रेखांकित किए गए हैं, किंतु यह आवश्यक है कि धार्मिक इतिहास के अध्ययन में आर्थिक और सामाजिक पक्षों पर ध्यान दिया जाए।

प्राचीन इतिहास अभी तक मुख्यत: देशी या विदेशी साहित्यिक स्रोतों के आधार पर ही रचा गया है। सिक्कों और अभिलेखों की कुछ भूमिका अवश्य रही है, किंतु अधिक महत्त्व ग्रंथों को ही दिया गया है। अब नए-नए तरीकों की ओर ध्यान देना है। हमें एक ओर वैदिक युग और दूसरी ओर चित्रित धूसर मृद्भांड (पी० जी० डब्ल्यू०) तथा अन्य पुरातात्त्विक सामग्रियों के बीच पारस्परिक संबंध स्थापित करना है। इसी तरह, प्रारंभिक पालि ग्रंथों का सबंध उत्तरी काला पालिशदार मृद्भांड (एन० बी० पी० डब्ल्यू०) पुरातत्त्व के साथ जोड़ना होगा और, संगम साहित्य से प्राप्त सूचनाओं को उन सूचनाओं के साथ मिलाना है जो प्रायद्वीपीय भारत के आरंभिक महापाषाणीय पुरातत्त्व में मिलती हैं।

पुराणों में दी गई लंबी-लंबी वंशावलियों की अपेक्षा पुरातात्त्विक साक्ष्य को कहीं अधिक मूल्य दिया जाना चाहिए। पौराणिक अनुश्रुति के अनुसार, अयोध्या के राम का काल 2000 ई० पू० के आसपास भले ही मान लें, पर अयोध्या में की गई खुदाई और व्यापक छानबीन से तो यही सिद्ध होता है कि उस काल के आसपास वहाँ कोई बस्ती थी ही नहीं। इसी तरह *महाभारत* में कृष्ण की भूमिका भले ही महत्त्वपूर्ण हो, पर मथुरा में पाए गए 200 ई० पू० से 300 ई० तक के बीच के अभिलेखों और मूर्तिकला कृतियों से उनके अस्तित्व की पुष्टि नहीं होती है। इसी तरह की कठिनाइयों के कारण *महाभारत* और *रामायण* के आधार पर कल्पित महाकाव्य युग (एपिक एज) की धारणा त्यागनी होगी, हालाँकि अतीत में प्राचीन भारत पर लिखी गई लगभग सभी सर्वेक्षण-पुस्तकों में इसे एक अध्याय बनाया गया है। अवश्य ही *रामायण* और *महाभारत* दोनों में सामाजिक विकास के विभिन्न चरण ढूँढ़े जा सकते हैं। इसका कारण यह है कि ये महाकाव्य सामाजिक विकास की किसी एक अवस्था के द्योतक नहीं हैं, इनमें अनेक बार परिवर्तन हुए हैं जैसा कि इस अध्याय में पहले बताया जा चुका है।

कई अभिलेखों की उपेक्षा अब तक यह कहकर की जाती रही है कि उनका ऐतिहासिक मूल्य नाममात्र है। 'ऐतिहासिक मूल्य' का अर्थ यह मान लिया गया है कि ऐसी कोई जानकारी जो राजनीतिक इतिहास के पुनर्निर्माण के लिए अपेक्षित हो। पौराणिक अनुश्रुतियों की अपेक्षा अभिलेख निश्चय ही अधिक विश्वसनीय हैं, जैसे अनुश्रुति का सहारा सातवाहनों के आरंभ को पीछे ढकेलने में लिया जाता है, जबकि अभिलेखीय आधार पर उनका आरंभकाल ईसा-पूर्व पहली सदी है। अभिलेखों में किसी राजा का शासनकाल, उसकी विजय और उसका राज्य-विस्तार ये बातें मिल सकती हैं, पर साथ ही राज्यतंत्र, समाज, अर्थतंत्र और धर्म के विकास की प्रवृत्तियाँ भी तो दिखाई दे सकती हैं। इसलिए प्रस्तुत पुस्तक में अभिलेखों का सहारा केवल राजनीतिक या धार्मिक इतिहास के प्रसंग में ही नहीं लिया गया है। अभिलेखीय अनुदानपत्रों का महत्त्व केवल वंशावलियों और विजयावलियों के लिए नहीं है, बल्कि और भी विशेष रूप से ऐसी जानकारी के लिए है कि किन-किन नए राज्यों का उदय हुआ और सामाजिक तथा भूमि-व्यवस्था में, विशेषतः गुप्तोत्तर काल में क्या-क्या परिवर्तन हुए हैं। इसी तरह सिक्कों का सहारा केवल हिंद-यवनों, शकों, सातवाहनों और कुषाणों के इतिहास के पुनर्निर्माण के लिए ही नहीं लेना है, बल्कि व्यापार और नगरीय जीवन के इतिहास की झलक पाने के लिए भी लिया जाना आवश्यक है।

सारांश यह है कि इतिहास निर्माण के लिए ग्रंथों, सिक्कों, अभिलेखों, पुरातत्त्व आदि से निकली सारी सामग्री का ध्यान से संकलन होना परमावश्यक है। बताया जा चुका है कि इसमें विभिन्न स्रोतों के आपेक्षित महत्त्व की समस्या खड़ी होती है। जैसे, सिक्के, अभिलेख और पुरातत्त्व उन मिथक से अधिक मूल्यवान हैं जो हमें *रामायण*, *महाभारत* और पुराणों में मिलते हैं। पौराणिक मिथक प्रचलित मानकों का समर्थन करते हैं, लोकाचार को वैध बताते हैं, और जातियों या अन्य सामाजिक वर्गों में संगठित लोगों के विशेषाधिकारों और अपात्रताओं को न्यायोचित ठहराते हैं, परंतु उनमें वर्णित घटनाओं को यों ही सही नहीं मान लिया जा सकता है। अतीत के प्रचलनों की व्याख्या उनके वर्तमान अवशेषों से, या आदिम जनों के अध्ययन से प्राप्त अंतर्दृष्टि से भी की जा सकती है। कोई भी ठोस ऐतिहासिक पुनर्निर्माण अन्य प्राचीन समाजों में होने वाली हलचल से आँखें मूंद नहीं सकता। तुलनात्मक दृष्टि को अपनाने से प्राचीन भारत में पाई जाने वाली किसी बात को 'विरल' या 'अभूतपूर्व' मान लेने का दुराग्रह दूर हो सकता है और अध्येताओं को ऐसी प्रवृत्तियाँ भी दिखाई दे सकती हैं जो अन्य देशों के प्राचीन समाजों की प्रवृत्तियों से मिलती-जुलती हों।

❖ कालक्रम ❖

तीसरी सहस्राब्दी ई० पू०	सिंधु संस्कृति में लेखन की शुरुआत।
1500-1000 ई० पू०	*ऋग्वेद*।
1000-500 ई० पू०	*यजुर्वेद*, *अथर्ववेद*, ब्राह्मण, आरण्यक और उपनिषद।
600-300 ई० पू०	श्रौतसूत्र और गृह्यसूत्र।
छठी शताब्दी ई० पू०	साहित्य के अनुसार महावीर और बुद्ध।
500-200 ई० पू०	धर्मसूत्र।
पाँचवीं शताब्दी ई० पू०	पुरातत्त्व के अनुसार महावीर और बुद्ध।
450 ई० पू०	पाणिनि का व्याकरण।
326 ई० पू०	सिकंदर का आक्रमण।
322 ई० पू०	चंद्रगुप्त मौर्य का राज्यारोहण।
तीसरी शताब्दी ई० पू०	भारत में बोधगम्य लिखावट।
58-57 ई० पू०	विक्रम संवत्।
पहली शताब्दी ई० पू०	कलिंग के खारवेल का हाथीगुम्फा अभिलेख। श्रीलंका में प्राचीनतम पालि मूलग्रंथ संकलित।

ईसवी सन् की निम्नांकित तिथियाँ

78	शक संवत् प्रारंभ।
80-115	द *पेरिप्लुस ऑफ* द *एरिथ्रियन सी*।
150	टोलेमी की *ज्योग्राफी*।
319	गुप्त संवत् प्रारंभ।
400	*महाभारत, रामायण* और प्रमुख पुराणों का अंतिम रूप से संकलन।
चौथी शताब्दी	मध्य एशिया में प्राचीनतम भारतीय पांडुलिपि प्राप्त।
पाँचवीं शताब्दी	फा-हियान का भारत में आगमन।
छठी शताब्दी	वलभी में प्राकृत जैन मूलग्रंथ अंतिम रूप से संकलित।
सातवीं शताब्दी	हुआन सांग का भारत में आगमन। बाणभट्ट कृत *हर्षचरित*।
ग्यारहवीं शताब्दी	अतुल कृत *मूषिकवंश*।
ग्यारहवीं-बारहवीं शताब्दी	विल्हण कृत *विक्रमांकदेवचरित*।
बारहवीं शताब्दी	संध्याकर नंदी कृत *रामचरित*। कल्हण कृत *राजतरंगिणी*।
1837	जेम्स प्रिंसेप अशोक का अभिलेख पढ़ने में सफल हुआ।

4

भौगोलिक ढाँचा

लगभग चार करोड़ वर्ष पहले स्वतंत्र भौगोलिक इकाई के रूप में भारतीय उपमहादेश का आविर्भाव हुआ। प्रायद्वीपीय भारतीय क्षेत्र अंटार्टिका, अफ्रीका, अरब और दक्षिणी अमेरिका के साथ दक्षिणी वृहत महादेश का हिस्सा था। इस वृहत महादेश को **गोंडवानालैंड** कहते हैं। पहले गोंडवानालैंड उत्तरी वृहत महादेश **लारेशिया** के साथ मिला था। उत्तरी वृहत महादेश में ग्रीनलैंड, यूरोप और हिमालय के उत्तर स्थित एशिया के भाग शामिल थे। बाद में गोंडवानालैंड और लॉरेशिया पृथक इकाइयाँ बन गए। विवर्तनिक (टेकटोनिक) गतिविधियों के कारण गोंडवानालैंड से विभिन्न भाग टूटने लगे जिससे प्रायद्वीपीय भारत सहित कई पृथक भौगोलिक इकाइयाँ बन निकलीं। बिखराव की यह प्रक्रिया लगभग 22 करोड़ 50 लाख वर्ष पूर्व प्रारंभ हुई और लगभग चार करोड़ वर्ष पूर्व भारत पृथक इकाई बना। आज से लगभग पाँच करोड़ अस्सी लाख वर्ष पूर्व से लेकर तीन करोड़ सत्तर लाख वर्ष पूर्व के बीच में भारत यूरेशियाई महादेश में शामिल होने के लिए उत्तर की ओर बढ़ा। पूर्व की इन तिथियों की तुलना में भारत की हिमालयी सीमा बहुत नवीन है। हिमालय की ऊँचाई चार चरणों में बढ़ी। अंतिम चरण प्लाइस्टोसीन काल में विकसित हुआ। यह 20 लाख वर्ष ई० पू० से लेकर 12000 ई० पू० फैला था। सिंधु-गंगा के मैदान के निर्माण में हिमालय ने अपनी नदियों के द्वारा प्रमुख भूमिका निभाई जिससे प्लाइस्टोसीन काल में यहाँ कछारी मिट्टी का जमाव हो गया। भारतीय उपमहादेश उतना ही बड़ा है जितना बड़ा रूस के बिना यूरोप महादेश है। इसका कुल क्षेत्रफल 4,202,500 वर्ग किलोमीटर है। यह उपमहादेश पाँच देशों में बँटा है—भारत, बांग्लादेश, नेपाल, भूटान और पाकिस्तान। भारत में लगभग एक सौ करोड़ लोग हैं। इसमें अट्ठाईस राज्य और सात केंद्रशासित प्रदेश (राष्ट्रीय राजधानी दिल्ली सहित) हैं। भारत के कुछ राज्य यूरोप के कई देशों से बड़े हैं।

भारतीय उपमहाद्वीप स्पष्ट भौगोलिक इकाई है और इसका अधिकांश भाग उष्ण कटिबंध में पड़ता है। भारत के इतिहास में मानसून की महत्त्वपूर्ण भूमिका है। दक्षिण-पश्चिमी मानसून यहाँ जून से अक्तूबर तक रहता है और देश के अधिकांश क्षेत्र में विभिन्न मात्रा में पानी बरसता है। प्राचीन काल में सिंचाई का कोई विशेष महत्त्व नहीं था और खेती वर्षा पर ही निर्भर थी। आज जिसे हम उत्तर भारत में खरीफ

फसल कहते हैं वह प्राचीन काल में मुख्यत: दक्षिण-पश्चिमी मानसून पर आश्रित थी। पश्चिमी विक्षोभ से उत्तरी भारत में जाड़े में वर्षा होती है जहाँ उस समय गेहूँ, जौ, आदि प्रमुख फसलें होती हैं। प्रायद्वीपीय भारत के कुछ भाग, विशेष रूप से तमिलनाडु के तटीय क्षेत्र में ज़्यादातर वर्षा उत्तरी-पूर्वी मानसून से होती है जिसका समय मध्य अक्तूबर से लेकर मध्य दिसंबर तक होता है। जब से ईसा की पहली सदी के आसपास मानसून की दिशा मालूम हो गई, व्यापारी लोगों ने उत्तर-पश्चिमी मानसून के सहारे जहाज़ों पर सवार हो पश्चिम एशिया और भूमध्यसागरीय क्षेत्र से चलकर भारत और दक्षिण-पूर्व एशिया आना और फिर उत्तर-पूर्वी मानसून के उतरने पर पश्चिम की ओर लौट जाना शुरू कर दिया। मानसून के ज्ञान के फलस्वरूप भारत पश्चिम एशिया, भूमध्यसागरीय क्षेत्र और दक्षिण-पूर्व एशिया से व्यापार करने और सांस्कृतिक संपर्क स्थापित करने में समर्थ हो गया।

भारत उत्तर में हिमालय से और शेष तीन दिशाओं में समुद्रों से घिरा है। हिमालय साइबेरिया से चलकर मध्य एशिया को पार करने वाली उत्तरध्रुवीय ठंडी हवाओं को रोकता है और इस प्रकार हमारे देश की रक्षा करता है। यही कारण है कि उत्तर भारत की जलवायु लगभग पूरे साल काफी गर्म रहती है। मैदानों में अधिक जाड़ा नहीं पड़ने से यहाँ के लोगों को बहुत अधिक कपड़े नहीं पहनने पड़ते और वे खुले में अधिक समय तक रह सकते हैं। दूसरे, हिमालय बहुत ऊँचा होने के कारण उत्तर से होनेवाले हमलों से देश की रक्षा करता है। यह बात उन दिनों विशेष रूप से लागू थी जब औद्योगिक युग नहीं आया था और संचार-साधन इतने विकसित नहीं हुए थे। फिर भी उत्तर-पश्चिम में सुलेमान पर्वत-श्रृंखला जो दक्षिण की ओर हिमालय पर्वत-श्रृंखला की कड़ी है, खैबर, बोलन और गोमल दर्रे से पार की जा सकती थी। दक्षिण की ओर सुलेमान पर्वत-श्रृंखला बलूचिस्तान में किरथार पर्वत-श्रृंखला से जुड़ी है, जिसे बोलन दर्रे से पार किया जा सकता था। इन दर्रों से भारत और मध्य एशिया के बीच प्रागैतिहासिक काल से आवागमन होता आया है। ईरान, अफगानिस्तान और मध्य एशिया के अनेक लोग हमलावरों और आप्रवासियों के रूप में भारत आए और यहाँ से वहाँ गए। यहाँ तक कि हिमालय पर्वत-श्रृंखला का पश्चिमी विस्तार, जो हिंदूकुश कहलाता है, सिंधु और ऑक्सस के बीच पार कर लोग आते-जाते थे। ये दर्रे एक ओर भारत और दूसरी ओर मध्य एशिया और पश्चिमी एशिया के बीच व्यापारिक और सांस्कृतिक संबंध की स्थापना में बड़े सहायक हुए हैं।

हिमालय में ही कश्मीर और नेपाल की उपत्यकाएँ हैं। कश्मीर की घाटी चारों ओर से ऊँचे-ऊँचे पहाड़ों से घिरी हुई है। इससे उसने अपनी अलग तरह की जीवन-पद्धति विकसित कर ली। लेकिन यहाँ कई दर्रों द्वारा पहुँचा जा सकता था। इस घाटी में कड़ा जाड़ा पड़ता है, अत: यहाँ के अनेक लोगों को सर्दियों में नीचे

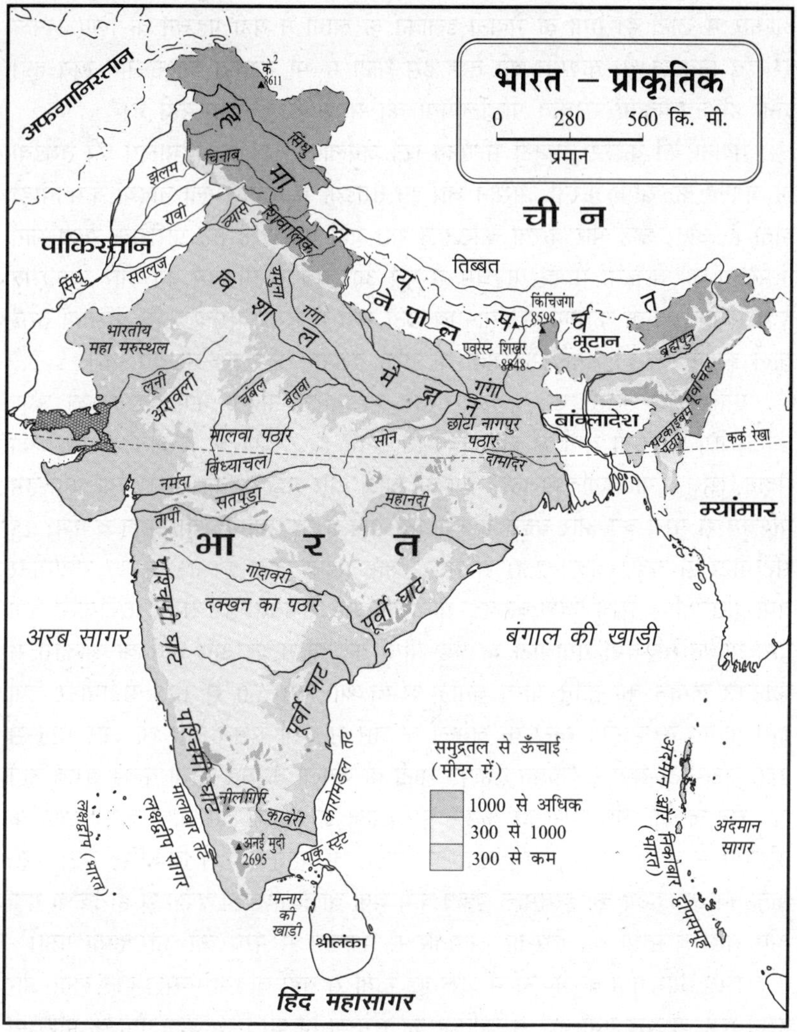
भारत – प्राकृतिक
0 280 560 कि. मी.
प्रमान
अफगानिस्तान
पाकिस्तान
चीन
तिब्बत
नेपाल
भूटान
बांग्लादेश
म्यांमार
श्रीलंका
भारत
हिमालय पर्वत
शिवालिक
के2 8611
किंचिंजंगा 8598
एवरेस्ट शिखर 8848
सिंधु
चिनाब
झेलम
रावी
व्यास
सतलुज
यमुना
गंगा
ब्रह्मपुत्र
भारतीय महा मरुस्थल
लूनी
अरावली
चंबल
बेतवा
विशाल मैदान
मालवा पठार
विंध्याचल
नर्मदा
सोन
छोटा नागपुर पठार
दामोदर
पटकाई बूम पठार
पूर्वांचल
कर्क रेखा
सतपुड़ा
ताप्ती
महानदी
गोदावरी
दक्खन का पठार
पश्चिमी घाट
पूर्वी घाट
अरब सागर
बंगाल की खाड़ी
कोरोमंडल तट
मालाबार तट
नीलगिरि
कावेरी
अनई मुदी 2695
पाक स्ट्रेट
मन्नार की खाड़ी
लक्षद्वीप सागर
लक्षद्वीप (भारत)
अंडमान और निकोबार द्वीपसमूह (भारत)
अंदमान सागर
हिंद महासागर
समुद्रतल से ऊँचाई (मीटर में)
1000 से अधिक
300 से 1000
300 से कम

मैदानों में उतर जाना पड़ता था और गर्मियों में मैदानों के भेड़-बकरी चराने वाले यहाँ चले आते थे। इस तरह मैदानों और इस घाटी के बीच आर्थिक एवं सांस्कृतिक आदान-प्रदान बना हुआ था। कश्मीर को मध्य एशिया के इलाकों में बौद्ध धर्म के प्रचार का केंद्रस्थल बनाने में पामीर का पठार कोई बाधक नहीं हुआ। नेपाल की घाटी आकार में छोटी है। गंगा के मैदानी इलाकों के लोगों ने यहाँ पहुँचने के लिए अनेक दर्रे ढूँढ़ निकाले थे। कश्मीर की तरह इस घाटी में भी संस्कृत की उन्नति खूब हुई। दोनों ही उपत्यकाएँ संस्कृत पांडुलिपियों का सबसे बड़ा भंडार रही हैं।

मैदानों की कछारी मिट्टी में पनपे घने जंगलों की अपेक्षा हिमालय की तराइयों के जंगलों को साफ करना आसान था। इन तराइयों में बहने वाली नदियाँ कम चौड़ी होती हैं, अत: उन्हें पार करना कठिन न था। यही कारण है कि प्रारंभिक यात्रा मार्ग हिमालय की तराइयों में ही पश्चिम से पूर्व और पूर्व से पश्चिम की ओर विकसित हुए। संभवत: इन्हीं कारणों से ईसा-पूर्व छठी सदी में सबसे पुरानी कृषि बस्तियाँ तराई वाले इलाकों में ही बनीं और यहीं के रास्ते व्यापार के लिए अपनाए गए।

ऐतिहासिक भारत का वक्षस्थल उन महत्त्वपूर्ण नदियों का क्षेत्र है जो उष्ण कटिबंधीय मानसूनी वर्षा से लबालब भरी रहती हैं। नदियों के ये क्षेत्र हैं–सिंधु का मैदान, सिंधु-गंगा जलविभाजक, गंगा की घाटी और ब्रह्मपुत्र की घाटी। ज्यों-ज्यों हम पश्चिम से पूरब की ओर बढ़ते हैं त्यों-त्यों पाते हैं कि वार्षिक वृष्टिमान क्रमश: 25 सेंटीमीटर से बढ़ते-बढ़ते 250 सेंटीमीटर तक पहुँच जाता है। 25 से 37 सेंटीमीटर वर्षा द्वारा पोषित सिंधु प्रदेश के पेड़-पौधों को और संभवत: 37 से 60 सेंटीमीटर वर्षा द्वारा पोषित पश्चिमी गंगाघाटी के पेड़-पौधों को भी पत्थर और तांबे के औज़ारों से काटकर जमीन को कृषि योग्य बनाना संभव था। परंतु 60 से 125 सेंटीमीटर वर्षा द्वारा पोषित मध्य गंगा घाटी के जंगलों के बारे में ऐसा संभव नहीं था और 125 से 250 सेंटीमीटर वर्षा से पोषित ब्रह्मपुत्र घाटी के जंगलों के बारे में तो कतई संभव नहीं था। घने जंगलों और साथ ही कठोर भूमि वाले इन प्रदेशों को साफ करना लोहे के औज़ारों से ही संभव था, परंतु लोहे के औज़ार तो बहुत बाद में विकसित हुए। अत: प्राकृतिक संपदाओं का इस्तेमाल पहले कम वर्षा वाले पश्चिमी प्रदेश में ही किया गया और बड़ी बस्तियों का विस्तार आमतौर से पश्चिम से पूरब की ओर होता गया।

सिंधु और गंगा के मैदानों में शुरू हुई खेती से यहाँ बढ़िया फसल होने लगी और इसने एक के बाद एक कई संस्कृतियों का संभरण किया। सिंधु और गंगा के पश्चिमी मैदानों में मुख्यत: गेहूँ और जौ की उपज होती थी, जबकि मध्य तथा निचले गंगा के मैदानों में मुख्यत: चावल पैदा किया जाता था। चावल गुजरात और विंध्य पर्वत के दक्षिण के लोगों का भी मुख्य भोजन बन गया। हड़प्पा संस्कृति का उद्भव और विकास सिंधु की घाटी में हुआ, वैदिक संस्कृति का उद्भव पश्चिमोत्तर प्रदेश और

पंजाब में हुआ और विकास पश्चिमी गंगा घाटी में। वैदिकोत्तर संस्कृति, जो मुख्यत: लोहे के प्रयोग पर आश्रित थी, मध्य गंगा घाटी में फूली-फली। निचली गंगा घाटी और उत्तरी बंगाल को वास्तव में गुप्तयुग में उत्कर्ष मिला। अंत में, असम सहित समूची ब्रह्मपुत्र घाटी को आंरभिक मध्ययुग में महत्त्व प्राप्त हुआ। प्रमुख शक्तियाँ इन घाटियों और मैदानों पर प्रभुत्व पाने के लिए आपस में लड़ती रहीं। इनमें भी ये शक्तियाँ गंगा-यमुना दोआब के लिए विशेष लोलुप रहीं और इसके लिए संघर्ष होते रहे।

नदियाँ वाणिज्य और संचार की मानों धमनियाँ थीं। प्राचीन काल में सड़क बनाना कठिन था, इसलिए आदमियों और वस्तुओं का आवागमन नावों से होता था। अत: नदी-मार्ग सैनिक और वाणिज्य संचार में बड़े ही साधक हुए। अशोक द्वारा स्थापित प्रस्तर स्तंभ नावों से ही देश के दूर-दूर स्थानों तक पहुँचाए गए। संचार साधन के रूप में नदियों की यह भूमिका 'ईस्ट इंडिया कंपनी' के दिनों तक कायम रही। इसके अलावा, नदियों की बाढ़ का पानी आसपास के क्षेत्रों में फैलता था और उन्हें उपजाऊ बनाता था। इन नदियों से नहरें भी निकाली गई थीं। किंतु नदियों की भारी बाढ़ से हर साल उत्तरी मैदानों के गाँव और शहर तबाह हो जाते थे। इस प्रकार अनेक प्राचीन इमारतें बाढ़ों में बहकर नष्ट हो गईं। फिर भी हस्तिनापुर, प्रयाग, वाराणसी और पाटलिपुत्र जैसे अनेक नगर और राजधानियाँ नदी तट पर बसी थीं। आजकल नए शहरों की स्थापना रेल मार्गों या सड़कों के संगम पर की जाती है अथवा औद्योगिक या खान वाले क्षेत्रों में। लेकिन औद्योगिक युग के आरंभ से पहले नगर अधिकतर नदी के तट पर स्थापित होते थे।

सब से बढ़कर, नदियों ने राजनीतिक और सांस्कृतिक सीमाओं का काम किया है। यह काम पर्वतों ने भी किया है। उदाहरणार्थ, भारतीय प्रायद्वीप के पूर्वी भाग में आज के उड़ीसा का समुद्रतटवर्ती प्रदेश जो कलिंग देश कहलाता था उसकी उत्तरी सीमा महानदी थी और दक्षिण सीमा गोदावरी। इसी प्रकार आंध्र प्रदेश के उत्तर में गोदावरी और दक्षिण में कृष्णा है। इन दोनों नदियों के मुहानों के मैदान को ईसवी सन् के आरंभकाल में अचानक ऐतिहासिक महत्त्व मिला। तब सातवाहनों और उनके उत्तराधिकारियों के शासनकाल में यहाँ अनेक नगर और बंदरगाह स्थापित हुए। फिर तमिलनाडु का अधिकतर भाग उत्तर में कृष्णा नदी और दक्षिण में कावेरी नदी से घिरा है। कावेरी घाटी दक्षिण में वैगई नदी और उत्तर में पेन्नार नदी तक फैली हुई है। यह स्वतंत्र भौगोलिक क्षेत्र था और ईसवी सन् के आरंभ के थोड़ा पहले यहाँ चोल शासन स्थापित हुआ था। यह प्रदेश उत्तरी तमिलनाडु से अलग था। इस उत्तरी तमिलनाडु ने, जो उच्च भूमिवाला प्रदेश था, पल्लव शासनकाल में ईसा की चौथी-छठी सदियों में प्रसिद्धि पाई। इसके प्रायद्वीप का पूर्वी भाग कोरोमंडल समुद्रतट से घिरा हुआ है। यद्यपि पूर्वी घाट समुद्रतट रेखा के पार्श्व में ही है, तथापि ये अधिक ऊँचे नहीं हैं। पूर्व की

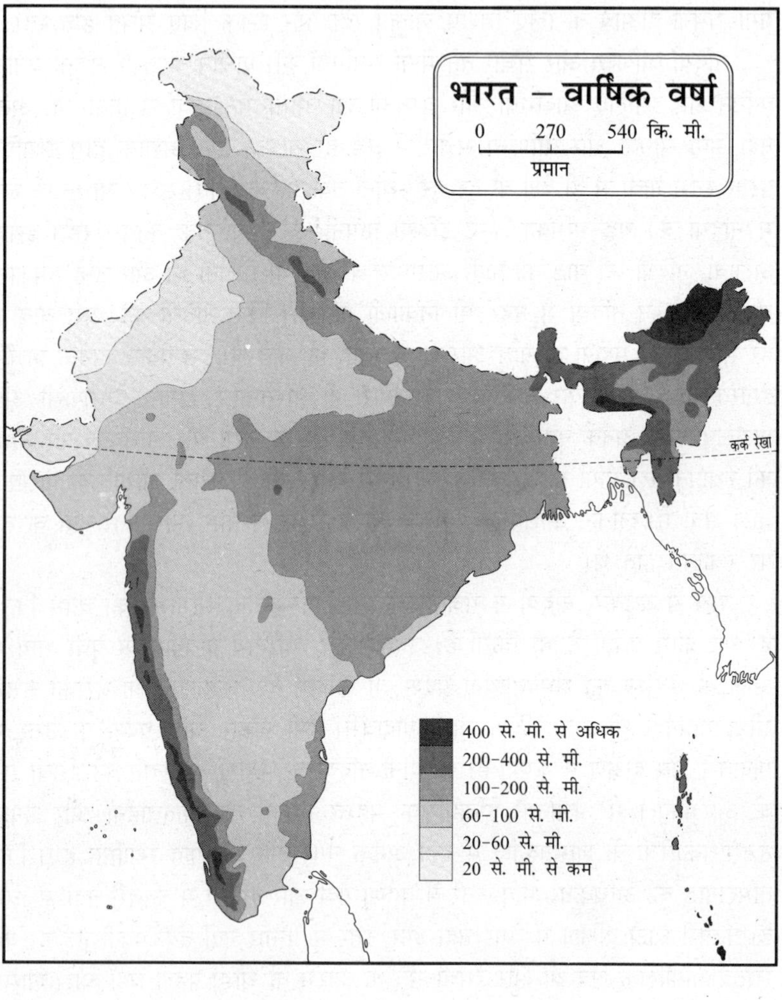
भारत – वार्षिक वर्षा
0 270 540 कि. मी.
प्रमान
कर्क रेखा
400 से. मी. से अधिक
200–400 से. मी.
100–200 से. मी.
60–100 से. मी.
20–60 से. मी.
20 से. मी. से कम

ओर बहकर बंगाल की खाड़ी में गिरने वाली नदियों ने इनमें अनेक रास्ते बना दिए हैं। इसलिए प्राचीन काल में पूर्वी समुद्रतट तथा आंध्र प्रदेश और तमिलनाडु के अन्य भागों के बीच आवागमन में कठिनाई नहीं थी, आरिकमेडु (आधुनिक नाम), महाबलिपुरम और कावेरीपट्टनम् के बंदरगाह कोरोमंडल पर ही अवस्थित थे।

प्रायद्वीप के पश्चिमी भाग में ऐसी संस्पष्ट प्रादेशिक इकाइयाँ नहीं हैं। परंतु उत्तर में ताप्ती (दमन गंगा) और दक्षिण में भीमा के बीच का प्रदेश महाराष्ट्र के रूप में पहचाना जा सकता है। उत्तर में भीमा और ऊपरी कृष्णा तथा दक्षिण में तुंगभद्रा के बीच का प्रदेश कर्नाटक के रूप में पहचाना जा सकता है। तुंगभद्रा के उत्तर और दक्षिण में स्थित युद्धरत व्यक्तियों के बीच इस नदी ने लंबे समय तक प्राकृतिक सीमा का काम किया। एक ओर बादामी के चालुक्यों और राष्ट्रकूटों को तुंगभद्रा नदी के दक्षिण में अपनी सत्ता फैलाने में कठिनाई हुई, तो दूसरी ओर पल्लवों और चोलों को इस नदी के उत्तर में राज्य-विस्तार करने में कठिनाई हुई। प्रायद्वीप के सुदूर दक्षिण-पश्चिम के तटीय प्रदेश में आजकल का केरल राज्य है। प्रायद्वीप का समुद्र तटवर्ती पश्चिमी भाग मालाबार तट कहलाता है जिसके इस तट पर कई बंदरगाह और छोटे-छोटे राज्य स्थापित हुए। फिर भी इस तटीय प्रदेश और समीप के महाराष्ट्र, कर्नाटक और केरल के प्रदेशों के बीच आवागमन में ऊँचे पश्चिमी घाट कठिनाइयाँ पैदा करते थे क्योंकि इनके दर्रों को पार करना आसान नहीं था।

उत्तर में सिंधु और गंगा की नदी-प्रणालियाँ और दक्षिण में विंध्यपर्वत श्रृंखला, इन दोनों के बीच का विस्तृत प्रदेश अरावली पर्वतों द्वारा दो भागों में बँटा हुआ है। अरावली पर्वतों से पश्चिम का भू-भाग थार मरुभूमि में पड़ता है, हालाँकि राजस्थान का हिस्सा भी इस क्षेत्र में पड़ता है। प्राचीन काल में इस विस्तृत मरुभूमि में बस्तियाँ संभव नहीं थीं। फिर भी इस मरुभूमि में कुछ उर्वर मरुद्यान थे, जहाँ कहीं-कहीं बस्तियाँ थीं और आरंभकाल से ही ऊँटों के सहारे इस मरुभूमि को पार करना संभव था। राजस्थान का दक्षिण-पूर्वी भाग प्राचीन काल से ही अपेक्षाकृत उपजाऊ रहा है। इसके अलावा, खेत्री की तांबे की खानें भी उसी क्षेत्र में होने से वहाँ ताम्रपाषाण युग से ही बस्तियाँ बनती रही हैं।

राजस्थान की सीमा गुजरात के उपजाऊ मैदानों में जा मिलती है। नर्मदा, ताप्ती, माही और साबरमती नदियाँ इस प्रदेश को पार करती हुई समुद्र में गिरती हैं। दकनी पठार के पश्चिमोत्तर छोर पर स्थित इस गुजरात प्रदेश में कम वर्षा वाला क्षेत्र काठियावाड़ वाला प्रायद्वीप भी शामिल है। इस राज्य का तटीय क्षेत्र काफी दंतुर होने के कारण यहाँ कई बंदरगाह बने है। यही कारण है कि प्राचीन काल से ही गुजरात समुद्रतटीय और विदेशी व्यापार के लिए प्रसिद्ध रहा है, और यहाँ के लोगों ने अपने को उद्यमशील व्यापारी सिद्ध किया है।

गंगा-यमुना दोआब के दक्षिण में मध्य प्रदेश राज्य है जो पश्चिम में चंबल नदी, पूर्व में सोन नदी और दक्षिण में विंध्य पर्वत और नर्मदा नदी से घिरा है। इसके उत्तरी भाग में उपजाऊ मैदान है। यह मोटे तौर पर पूर्वी और पश्चिमी दो भागों में बाँटा जा सकता है। पूर्वी भाग को, जो ज़्यादातर विंध्य पर्वत से घिरा है, गुप्त वंश के समय (ईसा की चौथी-पाँचवी सदियों) में ऐतिहासिक महत्त्व मिला था। परंतु पश्चिमी मध्य प्रदेश में मालवा का वह भू-भाग शामिल है जो ईसा-पूर्व छठी सदी से ऐतिहासिक क्रियाकलापों का क्षेत्र रहा है। गुजरात के बंदरगाहों के लिए मालवा महत्त्वपूर्ण पृष्ठ प्रदेश (भीतरी प्रदेश) था, और इसीलिए मालवा तथा गुजरात पर अधिकार स्थापित करने के लिए दकन और उत्तरी शक्तियों के बीच अनेक युद्ध हुए। इस महत्त्वपूर्ण क्षेत्र पर अधिकार जमाने के लिए ईसा की पहली और दूसरी सदियों में शकों और सातवाहनों ने लड़ाइयाँ लड़ीं, और अठारहवीं सदी में मराठों और राजपूतों ने भी ऐसी लड़ाइयाँ लड़ीं।

नदियों द्वारा, कहीं-कहीं पर्वतों द्वारा घिरा और कहीं-कहीं डेल्टा या पठार रूप वाला ऐसा प्रत्येक प्रदेश एक-एक राजनीतिक और प्रशासनिक इकाई था, जहाँ विभिन्न राजवंशों के शासन का उत्थान-पतन होता रहा। विशाल देश में यातायात की कठिनाइयों को और प्राकृतिक सीमाओं की मजबूती को देखते हुए शासक वर्ग के लिए यह आसान नहीं था कि अन्य सारे प्रदेशों पर भी अपना शासन स्थापित कर सके। शनैः शनैः प्रत्येक प्रदेश ने ऐसी पृथक सांस्कृतिक इकाई का रूप धारण किया जिसकी अपनी अलग भाषा और जीवन-पद्धति थी। परंतु उत्तरी और पश्चिमी भारत की अधिकांश भाषाएँ एक ही मूल हिंद-आर्य भाषा से विकसित हुई हैं, और इसीलिए इनमें बहुत ही तात्त्विक समानता दिखाई देती हैं। एक और भी महत्त्व की बात है कि लगभग सारे देश में संस्कृत का विकास होने लगा और वह समझी जाने लगी।

विंध्य पर्वतशृंखला देश को पूरब से पश्चिम तक बीचों-बीच विभक्त करती है और इस प्रकार उत्तर भारत और दक्षिण भारत की विभाजक रेखा बनी हुई है। द्रविड भाषा बोलने वाले लोग विंध्य के दक्षिण में रहते और भारतीय आर्यभाषा बोलने वाले इसके उत्तर में। दोनों के बीच विंध्य क्षेत्र में आदिवासी लोग रहते थे, जहाँ वे आज भी हैं। पश्चिमी और पूर्वी घाटों के तटवर्ती क्षेत्रों में आप्रवासी तथा व्यापारी लोग आ बसे। दक्षिण में विदेशी व्यापार खूब चला। विंध्य की यह सीमा अलंघ्य नहीं है। प्राचीन काल में संचार व्यवस्था की कठिनाइयों के बावजूद, उत्तर के लोग दक्षिण पहुँचते और दक्षिण के लोग उत्तर। संस्कृति और भाषा का आदान-प्रदान हुआ। उत्तर की शक्तियों ने बार-बार दक्षिण में प्रवेश किया और दक्षिण के शासकों ने उत्तर में। धर्मप्रचारकों और सांस्कृतिक नेताओं, विशेषतः ब्राह्मणों पर भी यही बात लागू होती

है। दोनों ओर का यह आवागमन निरंतर जारी रहा और इसने सामाजिक संस्कृति के विकास में योग दिया।

यद्यपि देश के अधिकांश प्रदेशों की अपनी सुनिश्चित प्राकृतिक सीमाएँ थीं, परंतु प्रत्येक प्रदेश में जीवन-यापन के लिए अपेक्षित समुचित संपदा नहीं थी। इसलिए प्रागैतिहासिक काल से ही धातुओं और अन्य आम जरूरतों की पूर्ति के लिए देश के विभिन्न क्षेत्रों में पारस्परिक संबंधों का जाल बिछ गया था।

प्राकृतिक संपदा के उपभोग का देश के इतिहास में विशिष्ट महत्त्व है। जब तक लोगों की बस्तियाँ बड़े पैमाने पर फैली नहीं थीं, भारी वर्षा की बदौलत भारत के मैदानों का बहुत बड़ा हिस्सा घने जंगलों से भरा था। इन जंगलों से शिकार के अलावा, पशुओं का चारा, ईंधन और लकड़ी प्राप्त होती थी। प्राचीन काल में जब पकाई हुई ईंटों का अधिक इस्तेमाल नहीं होता था, लकड़ी के मकान और लकड़कोट बनाए जाते थे। इनके अवशेष पाटलिपुत्र में मिले हैं जहाँ देश की पहली प्रमुख राजधानी स्थापित हुई थी। मकान और औज़ार बनाने के लिए सभी किस्म के पत्थर, बलुआ पत्थर भी, देश में उपलब्ध थे। सहज ही, भारत में सबसे पुरानी बस्तियाँ पहाड़ी इलाकों में और पहाड़ों के बीच की नदी घाटियों में स्थापित हुई थीं। ऐतिहासिक युगों में पत्थर के मंदिरों और प्रस्तर-मूर्तियों का निर्माण उत्तर भारत के मैदानों की अपेक्षा दकन तथा दक्षिण भारत में अधिक संख्या में हुआ है।

तांबा देश भर में व्यापक रूप से बिखरा है। तांबे की समृद्ध खानें झारखंड के पठार में, विशेषकर सिंहभूम ज़िले में पाई जाती है। तांबे की यह पट्टी 130 कि० मी० लंबी है और पता चलता है कि प्राचीन काल में यहाँ से तांबा निकाला जाता था। तांबे के औज़ारों का इस्तेमाल करने वाले झारखंड के सबसे पुराने निवासियों ने सिंहभूमि और हज़ारीबाग के तांबे की इन खानों का उपयोग किया था। झारखंड और मध्य प्रदेश के कुछ क्षेत्रों में तांबे के बहुत-से औज़ार मिले हैं। तांबे के विपुल भंडार राजस्थान के खेत्री खानों में भी मिले हैं। इनका उपयोग पाकिस्तान, राजस्थान, गुजरात और गंगा-यमुना दोआब में रहने वाले प्राक्-वैदिक और वैदिक दोनों ही लोगों ने किया है। खेत्री इलाके में तांबे के बहुत-से सेल्ट (आदिम कुल्हाड़े) पाए गए हैं और वे लगभग 1000 ई० पू० से पहले की अवधि के प्रतीत होते हैं । चूँकि तांबा उपयोग में लाई गई पहली धातु थी, इसलिए हिंदू इस धातु को पवित्र मानने लगे और ताम्र-पात्रों का धार्मिक अनुष्ठानों में व्यवहार होने लगा।

आज हमारे देश में टिन का उत्पादन नहीं होता है। प्राचीन काल में भी यह धातु कम ही उपलब्ध थी। कुछ साक्ष्य मिलते हैं कि यह धातु राजस्थान और बिहार में पाई जाती थी, परंतु अब इसके भंडार समाप्त हैं। चूँकि तांबे और टिन को मिलाने से ही कांसा बनता है, इसलिए हमें प्रागैतिहासिक काल की कांस्य-वस्तुएँ अधिक

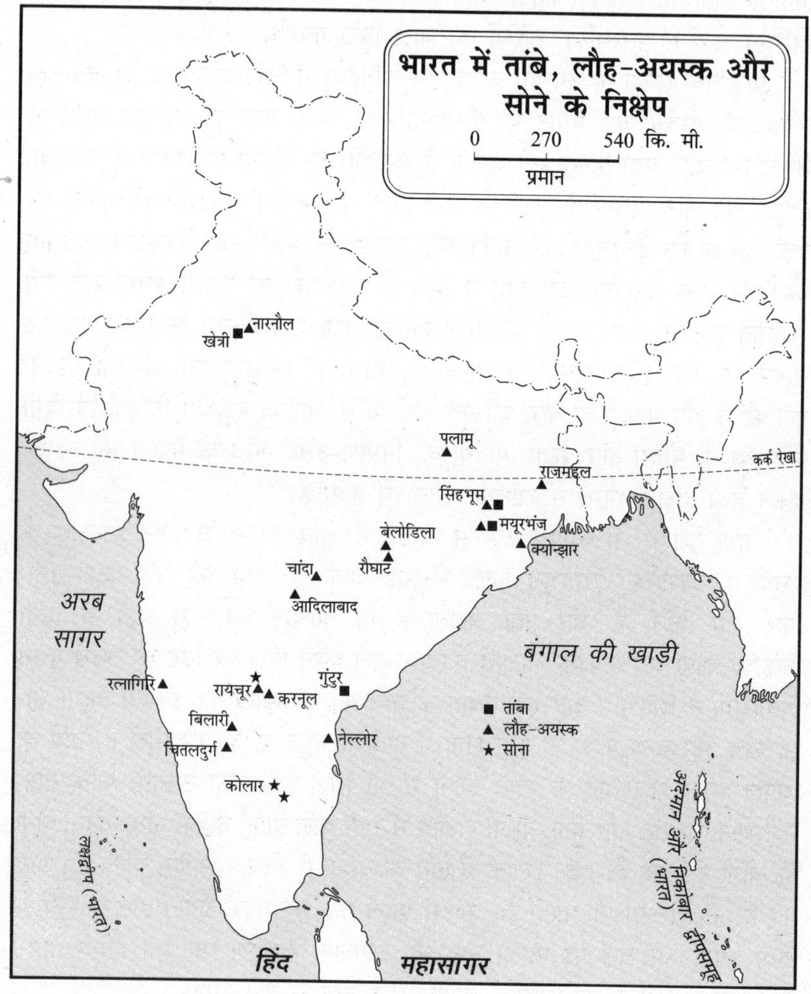
भारत में तांबे, लौह-अयस्क और सोने के निक्षेप
0 270 540 कि. मी.
प्रमान
नारनौल
खेत्री
पलामू
कर्क रेखा
राजमहल
सिंहभूम
मयूरभंज
बेलोडिला
क्योन्झार
चांदा
रौघाट
आदिलाबाद
अरब सागर
बंगाल की खाड़ी
रत्नागिरि
रायचूर
करनूल
गुंटुर
बिलारी
चितलदुर्ग
नेल्लोर
कोलार
तांबा
लौह-अयस्क
सोना
लक्षद्वीप (भारत)
अंडमान और निकोबार द्वीपसमूह (भारत)
हिंद महासागर

नहीं मिलतीं। हड़प्पा संस्कृति के लोग संभवतः राजस्थान से कुछ टिन प्राप्त करते थे, परंतु वे टिन का आयात मुख्यतः अफगानिस्तान से करते थे, और वह भी सीमित मात्रा में ही। यही कारण है कि हड़प्पाई लोग कांसे के औज़ारों का प्रयोग तो करते थे लेकिन यहाँ पर ऐसे औज़ार पश्चिमी एशिया, मिस्र और क्रीट की अपेक्षा कम ही मिले हैं और जो मिले हैं उनमें टिन की मात्रा कम है। अतः भारत के अधिकतर हिस्से में, कांस्य युग, अर्थात् ऐसा युग जिसमें औज़ार और हथियार अधिकतर कांसे के होते, ठीक से आया ही नहीं। ईसवी सन् के आरंभिक शतकों से ही भारत का घना संपर्क बर्मा और मलय प्रायद्वीपों के साथ कायम हुआ, जहाँ टिन के विपुल भंडार हैं। फलस्वरूप बड़े पैमाने पर कांसे का इस्तेमाल होने लगा, विशेषतः दक्षिण भारत में बनने वाली देवप्रतिमाओं में। बिहार में मिली पालकालीन कांस्य प्रतिमाओं के लिए टिन संभवतः हज़ारीबाग और राँची से प्राप्त किया गया था, क्योंकि हज़ारीबाग में पिछली सदी के मध्यकाल तक टिन के अयस्क को गलाने का काम होता था।

भारत लौह अयस्क में समृद्ध रहा है। यह मुख्यतः झारखंड, पूर्वी मध्य प्रदेश और कर्नाटक में पाया जाता है। एक बार अयस्क गलाने की विधि, धौंकनी का इस्तेमाल (इस्पात बनाने की कला) सीख लेने पर, युद्ध के काम में लोहे का प्रयोग करना संभव हो गया। परंतु लोहा इससे कहीं अधिक उपयोगी सिद्ध हुआ जंगल को साफ करने और गहरी और नियमित खेती करने में। मगध में ईसा-पूर्व छठी-चौथी सदियों में जो पहला साम्राज्य स्थापित हुआ उसका प्रमुख कारण यही बताया जाता है कि इस प्रदेश के ठीक दक्षिण में लोहा उपलब्ध था। बड़े पैमाने पर लोहे का उपयोग करके ही अवंति, जिसकी राजधानी उज्जयिनी में थी, ईसा-पूर्व छठी-पाँचवीं सदियों का महत्त्वपूर्ण राज्य बन पाई थी। सातवाहनों ने और विंध्य के दक्षिण में उदित हुई अन्य सत्ताओं ने भी शायद आंध्र और कर्नाटक के लौह अयस्कों का इस्तेमाल किया था।

आंध्र प्रदेश में सीसा भी मिलता है। यही कारण है कि ईसा की दो आरंभिक सदियों में आंध्र और महाराष्ट्र के कुछ हिस्सों पर शासन करने वाले सातवाहनों ने बड़ी संख्या में सीसे के सिक्के जारी किए थे। सीसा राजस्थान के ज़ोमवार से भी प्राप्त किया गया होगा।

हमारे देश के सबसे पहले के सिक्के, जिन्हें आहत (या पंच-मार्क्ड) सिक्के कहते हैं, मुख्यतः चांदी के हैं, यद्यपि देश में यह धातु विरल मिलती है। परंतु प्राचीन काल में मुंगेर जिले की खड़कपुर पहड़ियों में चांदी की खानें मौजूद थीं। अकबर के समय तक इन खानों के उल्लेख मिलते हैं। यही कारण है कि बिहार में मिले सबसे पुराने आहत सिक्के चांदी के हैं ।

प्रचुर स्वर्णकण नदी-धाराओं से बने जमावों से चुने जाते थे, जहाँ वे हिमालय से जल-धाराओं में बहकर मैदान में आते थे। ऐसे जमावों को प्लेसर्स कहते हैं। सोना

कर्नाटक की कोलार खानों में मिलता है। सोने का सबसे पुराना अवशेष 1800 ई० पू० के आसपास के कर्नाटक के एक नवपाषाणयुगीन स्थल से मिलता है। इन खानों से सोना निकाले जाने के बारे में हमें ईसा की दूसरी सदी के आरंभ तक कोई जानकारी नहीं मिलती। कोलार दक्षिण कर्नाटक के गंगवंशियों की प्राचीनतम राजधानी माना जाता है। प्राचीन काल में उपयोग में लाया गया अधिकांश सोना मध्य एशिया और रोमन साम्राज्य से प्राप्त किया गया था। इसलिए स्वर्णमुद्रा का नियमित प्रचलन ईसा की आरंभिक पाँच सदियों में हुआ था। पर लंबी अवधि तक स्वर्ण मुद्रा चलाते रहने के लिए यहाँ पर्याप्त स्रोत नहीं था, इसलिए बाहर से सोने का आयात बंद होते ही स्वर्ण मुद्रा दुर्लभ होती गई।

प्राचीन भारत में, विशेषतः मध्य भारत, उड़ीसा और दक्षिण भारत में भाँति-भाँति के रत्नों और मोतियों का भी उत्पादन होता था। ईसा की आरंभिक सदियों में रोमन भारत की जिन व्यापार-वस्तुओं के लिए लालायित रहते थे, उनमें रत्नों का प्रमुख स्थान था।

❖ कालक्रम ❖

आज से चार करोड़ वर्ष पूर्व	भारतीय उपमहादेश का आविर्भाव।
आज से बीस लाख और 1200 वर्ष पूर्व के बीच	हिमालय के उत्थापन का अंतिम संस्तर।
1800 ई० पू०	कर्नाटक में सोने के भंडार का पता।
1000 ई० पू०	खेत्री में तांबे के क्षेत्र की प्राचीनतम तिथि।
पहली शताब्दी ई०	मानसून (बरसाती पवन) की दिशा की खोज।

5
पारिस्थितिकी और पर्यावरण

इस समय अनेक देशों में बढ़ते उद्योगीकरण और जनसंख्या के विस्फोट के कारण प्राकृतिक पर्यावरण के, अर्थात् वनस्पतियों, पशुओं, जल संसाधन, मिट्टी, धातुओं इत्यादि के संरक्षण की समस्या ने विश्वस्तर पर ध्यान आकर्षित किया है। प्राकृतिक पर्यावरणों और मानव आबादी के बीच का पारस्परिक प्रभाव महत्त्वपूर्ण विषय माना जाता है। इन्हीं सब को पारिस्थितिकी और पर्यावरण की समस्या कहते हैं।

पारिस्थितिकी

अंग्रेजी शब्द 'इकॉलाजी' (अर्थात् पारिस्थितिकी) 1869 ई० में गढ़ा गया। यह अपेक्षाकृत नया विज्ञान है। हाल तक इसे जीव विज्ञान की शाखा समझा जाता था, लेकिन अब यह स्वतंत्र विषय माना जाता है। फिर भी, यह जीव विज्ञान से घनिष्ठ संबंध रखता है। यह विषय पौधों, पशुओं और मानवों जैसे अनेक जीवधारियों के बीच पारस्परिक प्रभाव पर विचार करता है। मानवों के आविर्भाव के साथ ही भोजन, आश्रय और परिवहन की आवश्यकता सामने आई। प्राचीन काल में मनुष्य जंगली पैदावार को एकत्रित कर तथा पक्षियों और पशुओं का शिकार कर जीवनयापन करता था। लेकिन औद्योगिक युग में मनुष्य का पौधों और पशुओं के साथ संबंध बहुत बदल गया है और अब बहुत-से जीव-जंतु मनुष्य के प्रयत्न से सुरक्षित हैं।

पर्यावरण और मानव प्रगति

पर्यावरण का अर्थ होता है प्राकृतिक और मानवनिर्मित दोनों प्रकार के परिवेश। प्राकृतिक तत्त्वों में मिट्टी, हवा और पानी हैं जिनके सहारे पशु, पौधे और मनुष्य जीवित रहते हैं। मानवनिर्मित पर्यावरण से भोजन, आश्रय और परिवहन की सुविधाएँ मिलती हैं, जैसे सड़कें, पुल, बाँध और आवास की तरह प्रयोग में आनेवाली अनेक प्रकार की संरचनाएँ। पर्यावरण के अंतर्गत ग्रामीण, शहरी, सामाजिक-आर्थिक, सांस्कृतिक और राजनीतिक अवस्थाएँ भी आती हैं।

पर्यावरण मानवीय प्रयासों को दिशा प्रदान करता है। लेकिन इसे पर्यावरण नियतिवाद बतलाना गलत होगा, क्योंकि मानवीय प्रयास पर्यावरण को भी प्रभावित करते हैं।

इस प्रकार हम देखते हैं कि जलवायु और नदी मार्गों में परिवर्तन होने से जहाँ एक ओर जातियों का परित्याग हुआ और आबादियों का स्थानांतरण हुआ, वहीं दूसरी ओर मानव द्वारा जंगलों की कटाई होने से अनाजों का उत्पादन संभव हुआ और बड़ी-बड़ी बस्तियाँ बस पाईं। यद्यपि 9000 ई० पू० से विश्व के पैमाने पर जलवायु संबंधी बड़े परिवर्तन नहीं हुए हैं, तथापि कुछ क्षेत्रों में महत्त्वपूर्ण परिवर्तन हुए हैं। इसलिए प्राचीन जलवायु के ज़्यादातर विद्वानों का मत है कि ई० पू० तीसरी और दूसरी सहस्राब्दियों में मध्य एशिया में घोर सूखापन था तथा बहुत ठंडा तापमान था। द्वितीय सहस्राब्दी ई० पू० के आरंभ से यहाँ कड़ाके की ठंड पड़ने लगी जिसके कारण दक्षिण मध्य एशिया के बहुत सारे लोग कम ठंड वाले इलाके की खोज में भारतीय उपमहादेश की ओर चल पड़े। इन लोगों में हिंद-आर्य भाषाभाषी तथा ऋग्वैदिक लोग भी थे।

प्राचीन काल से ही मनुष्य अपनी प्रगति के लिए प्राकृतिक संसाधनों के उपयोग पर निर्भर रहा है। भारत में प्राचीनतम मानव बस्तियों की स्थापना प्रायः पहाड़ी, पठारी और जंगली क्षेत्रों में झीलों और नदियों के नजदीक हुई जहाँ लोग शिकार करने के लिए पत्थर और हड्डी के औज़ार बना सकते थे। इन औज़ारों से कृषि के लिए ज़मीन भी जोती जाती थी। साथ ही, आवासों को खड़ा करने हेतु समतल ज़मीन तैयार की जाती थी।

पर्यावरण और मानव बस्तियाँ

गंगा के मैदान में जंगलों की कटाई और कड़ी कछारी भूमि की जुताई के बिना बड़ी कृषक बस्तियों की स्थापना होनी असंभव थी। यह सब 500 ई० पू० से लोहे की कुल्हाड़ी और लोहे के फाल के प्रयोग से ही प्रभावकारी ढंग से संभव हो सका। इसके लिए लोहे की खानों की खोज करना और निष्कर्षण की प्रौद्योगिकी तथा लौहशिल्प की तकनीक को विकसित करना जरूरी था, क्योंकि मध्य गंगा के मैदान की कड़ी कछारी मिट्टी, विंध्य क्षेत्र की लाल मिट्टी और दकन तथा पश्चिमी भारत की कपास पैदा करनेवाली काली मिट्टी की कारगर जुताई के लिए लोहे के फालों की आवश्यकता थी।

आजकल पर्यावरण के संरक्षण पर बल दिया जाता है। फिर भी, जंगलों की कटाई के बावजूद सोलहवीं-सत्रहवीं सदियों तक दोआब के जंगल बरकरार रहे और वहाँ पशुओं के शिकार होते रहे। जंगलों की भारी कटाई से होने वाला पारिस्थितिकीय परिवर्तन आधुनिक समय की घटना है। बहरहाल, मानव समाज का प्रारंभिक विकास वनस्पतियों और पशुओं की कीमत पर हुआ। लेकिन जबसे मनुष्य ने वनस्पतियों का उत्पादन और पशुपालन शुरू किया, इससे दोनों की वृद्धि हुई।

मानव बस्तियों के स्थान और आकार पर्यावरण संबंधी घटकों द्वारा निर्धारित होते थे। वासस्थल का चुनाव मिट्टी और जलवायु पर बहुत हद तक निर्भर करता था। अनुकूल वर्षावाले क्षेत्र, जहाँ नदियाँ, झीलें, जंगल, पहाड़ियाँ, धातुएँ और उपजाऊ मिट्टियाँ होती थीं, लोगों को बसने के लिए आकर्षित करते थे। इसके विपरीत जल संसाधन रहित शुष्क मरुस्थल लोगों को वहाँ बसने से हतोत्साह करते थे। इस प्रकार गंगा के मैदान मानव बस्ती के आकर्षक क्षेत्र बन गए। इनमें 500 ई० पू० के बाद के काल में बहुसंख्यक और उसके पहले बहुत कम बस्तियाँ दिखती हैं। उसी काल में, दोआब और मध्य गंगा के मैदानों में बहुत-से नगर मिलते हैं। सड़कों और रेलमार्गों की तरह नदियाँ परिवहन के मार्ग बनीं। इनकी बाढ़ें जंगली तटों को साफ कर देती थीं और वहाँ फिर से जंगलों को उगने से रोकती थीं। इसके अतिरिक्त, वे कृषकों के लिए न सिर्फ भूमि तैयार करती थीं, बल्कि उस भूमि की सिंचाई भी करती थीं।

लगभग 2500 ई० पू० में नदियों के मार्गों में दिशा परिवर्तन होने से मानव बस्तियों पर प्रभाव पड़ा। घग्घर-हकरा की समरूपा नदी सरस्वती यमुना और सतलज से मिल गई, और तीनों ने मिलकर हड़प्पा संस्कृति के विकास में योगदान किया। लेकिन 1700 ई० पू० में सतलज और संभवत: यमुना पूरब की ओर बढ़ गईं। इसका हड़प्पा संस्कृति की बस्तियों पर प्रतिकूल प्रभाव पड़ा।

नदियों के संगम प्रारंभिक मानव बस्तियों के रूप में उभरे। नदियों के संगम ने जंगलों का प्रभावी ढंग से सफाया किया और मनुष्य के बसने में सहायता की। यह भारत के प्रथम महानगर पाटलिपुत्र के विषय में कहा जा सकता है। पाटलिपुत्र गंगा और सोन के संगम पर स्थित था। उत्तर में गंडक और घाघरा नदियाँ गंगा से मिलती थीं और पुनपुन नदी दक्षिण में मिलती थी। ये संगम स्थल शहर से ज़्यादा दूर नहीं थे। तीन दिशाओं में नदियों की उपस्थिति ने पाटलिपुत्र को प्राय: जल-दुर्ग बना दिया और इसे महान राजधानी बनने का गौरव भी प्राप्त हुआ। यद्यपि पाटलिपुत्र गंगा और सोन के संगम पर अवस्थित था, तथापि सोन नदी बाद में पश्चिम की ओर खिसक गई। प्रागैतिहासिक काल में पाटलिपुत्र से उत्तर गंगातट पर स्थित चिराँद महत्त्वपूर्ण हो गया, क्योंकि यह वास्तव में गंगा और घाघरा के संगम पर अवस्थित था। ऐसा लगता है कि इसके आसपास के क्षेत्र में जंगल थे। इसका संकेत चिराँद में प्राप्त नवपाषाणयुगीन उपकरणों से मिलता है। इनमें अधिकांश हरिण की सींगों के बने हैं जिससे संकेत मिलता है कि निकटवर्ती जंगल में हरिणों का शिकार होता था।

यद्यपि वास के लिए नदियों के निकट के क्षेत्रों को तरजीह दी जाती थी, तथापि लोग झीलों और तालाबों के निकट भी बसते थे। हमें इस तरह के स्थल दूसरी सहस्राब्दी ई० पू० में पूर्वी उत्तर प्रदेश और उत्तरी बिहार में मिलते हैं। जलस्रोतों के पास बसने का रिवाज आज भी बरकरार है।

वर्षा और मानवीय प्रयास

अध्याय-4 में वर्षा की मूलभूत प्रासंगिकता की चर्चा है। यहाँ हम वर्षा और मानवीय प्रयासों के बीच के संबंध का परीक्षण कर सकते हैं। यद्यपि हड़प्पा संस्कृति शुष्क, अर्द्ध-मरुस्थलीय कटिबंध में पाई गई है, तथापि हड़प्पा संस्कृति के उद्‌भव और विकास का श्रेय अच्छी वर्षा को ही दिया जाता है। वैज्ञानिकों के अनुसार, तीसरी सहस्राब्दी ई० पू० में हड़प्पा संस्कृति के क्षेत्र में यथेष्ट वर्षा होती थी। लेकिन जैसे-जैसे वर्षा की मात्रा में कमी आने लगी, वैसे-वैसे हड़प्पा संस्कृति पर उसका प्रतिकूल प्रभाव पड़ने लगा। महाराष्ट्र के इनामगाँव से प्राप्त वनस्पतियों और पशुओं के अवशेषों से 1000 ई० पू० में अत्यंत शुष्क अवस्था की शुरुआत का संकेत मिलता है। इससे कृषकों को अपना घर छोड़कर पशुचारी खानाबदोशी जीवन अपनाना पड़ा।

वर्षा निश्चित रूप से मानव समाज को खेती करने और बस्तियाँ बसाने में सहयोग देती थी। लेकिन उष्णकटिबंधीय क्षेत्र में भारी वर्षा लोगों को नियमित काम करने से रोक देती थी। गौतम बुद्ध प्रतिवर्ष वर्षाकाल में चार माह के लिए उपदेश देने एवं पर्यटन करने का कार्यक्रम स्थगित करके किसी स्थान पर वर्षावास करते थे। वे वर्षावास के लिए राजगृह, वैशाली और श्रावस्ती जैसे स्थानों में ठहर जाते थे। कहा जाता है कि उन्होंने श्रावस्ती में 26 वर्षावास किए। यह धारणा अभी भी कुछ लोगों को प्रभावित करती है और भादो महीने, अर्थात् जुलाई-अगस्त, में विवाह संपन्न नहीं होते हैं।

कुछ अन्य प्राकृतिक संकट भारी वर्षा से कहीं अधिक अनर्थकारी होते हैं। इनके अंतर्गत बाढ़, तूफान और भूकंप का उल्लेख किया जा सकता है। हम प्राक्-मौर्ययुगीन अकाल के बारे में सुनते हैं, जिसके फलस्वरूप कुछ जैन धर्मावलंबी मगध छोड़कर दक्षिण भारत चले गए थे। शोधकर्ताओं को अभी भी उन स्रोतों का पता लगाना चाहिए जिनमें अकाल और अन्य प्राकृतिक संकटों का उल्लेख हो।

प्राचीन काल में पर्यावरण संबंधी चेतना

प्राचीन भारत में नदियाँ ईश्वरतुल्य मानी जाती थीं। *ऋग्वेद* में सरस्वती नदी को देवी के रूप में चित्रित किया गया है। लेकिन वैदिकोत्तर काल में गंगा को मातृदेवी कहा गया और ऐसी परंपराएँ आज तक बरकरार हैं। चूँकि पृथ्वी और जल दोनों से वनस्पतियों और पशुओं का संपोषण होता था, इसलिए इन्हें माता का दर्जा दिया गया। हालाँकि इनमें से किसी को सुरक्षित रखने के लिए योजनाएँ बनाई गईं हों, ऐसा कोई प्रमाण नहीं मिलता है।

अनेक वृक्ष, जिनमें नीम, पीपल, वट, शमी और तुलसी शामिल हैं, पवित्र माने जाते हैं। जड़ी-बूटियों के विषय में भी, जिनमें घास शामिल हैं, यही बात लागू होती

है। औषधीय विशेषताओं के कारण इन सबका महत्त्व है। अतएव इनकी सुरक्षा की जाती है और इनकी पूजा होती है। बड़े और छोटे वृक्षों के संरक्षण की कामना अनेक प्राचीन ग्रंथों में की गई है। वृक्ष संरक्षण की अभिलाषा आज तक बरकरार है। आज भी बड़े-बड़े यज्ञों और छोटे-छोटे धार्मिक अनुष्ठानों के अंत में पुरोहित तथा उपासक जंगली वृक्षों और सामान्य वनस्पतियों की उन्नति तथा शांति की कामना करते हैं।

इससे भी अधिक महत्त्वपूर्ण बात यह है कि अधिकांश प्राचीन मूलग्रंथ गोहत्या की निंदा करते हैं। गौतम बुद्ध पहले व्यक्ति थे जिन्होंने *सुत्तनिपात* नामक धार्मिक मूलग्रंथ में गायों की सुरक्षा की आवश्यकता पर बल दिया। उन्होंने गोपालन के सद्गुणों का विस्तारपूर्वक वर्णन किया। उनके अनुसार गायें वनस्पतियों के बढ़ने और मनुष्यों को भोजन और बल देने में सहायता करती हैं। इसलिए उन्होंने लोगों से गोहत्या नहीं करने को कहा। ईसा की प्रारंभिक शताब्दियों में ब्राह्मण मूलग्रंथों ने बौद्ध धर्म की शिक्षा को धार्मिक रंग दे दिया। इनमें गाय की हत्या करनेवालों के लिए अगले जन्म में भयानक परिणामों का उल्लेख है। बाद में हाथी तक की भी पूजा होने लगी।

पारिस्थितिकी और पर्यावरण की जानकारी प्राचीन भारत के अध्ययन में सहायक हो सकती है। यह खासकर प्रागैतिहासिक काल के अध्ययन में उपयोगी हो सकती है। लेकिन प्रकृति के विरुद्ध मानव के संघर्ष को रोक कर मानव समाज का विकास नहीं हो सकता है। प्राचीनकाल में इस संघर्ष का लक्ष्य मुख्यतः वनस्पतियों और पशुओं के विरुद्ध निदेशित था। जैसे ही इन जीवों पर नियंत्रण हुआ, वैसे ही वनस्पतियों और पशुओं दोनों की संख्या बढ़ाने के लिए प्रयास होने लगे। इतिहास मुख्यतः समय और स्थान के संदर्भ में मनुष्यों के बीच पारस्परिक संबंधों पर विचार करता है। लेकिन इतिहास का सही निर्माण तब तक नहीं हो सकता है जब तक इतिहासकार मानवीय प्रयासों और प्राकृतिक शक्तियों के क्रियाकलापों के बीच होते रहे पारस्परिक प्रभाव पर विचार नहीं करते हैं।

कालक्रम

9000 ई० पू० और उसके बाद	विश्व भर में जलवायु-विषयक कोई बड़ा परिवर्तन नहीं हुआ।
तीसरी-दूसरी सहस्राब्दी ई० पू०	मध्य एशिया में अत्यंत सूखा और ठंडा तापमान।
500 ई० पू० और उसके बाद	गंगा के मैदानों में लोहे के उपकरणों का व्यापक प्रयोग और मानव-बस्तियों में वृद्धि।
300 ई० पू०	मगध में अकाल और जैनियों का मगध से दक्षिण भारत में जाकर बसना।

ईसा की सोलहवीं-सत्रहवीं शताब्दियाँ	जंगलों की कटाई के बावजूद दोआब में घने जंगल।
1869 ई०	एकॉलॉजी (पारिस्थितिकी) शब्द का प्रचलन।
2500 ई० पू०	घग्घर-हकरा की समरुपा नदी सरस्वती यमुना और सतलज से मिल गई। तीनों ने मिलकर हड़प्पा संस्कृति के विकास में येगदान किया।
1700 ई० पू०	सतलज और संभवत: यमुना पूरब की ओर बढ़ गई। इसका हड़प्पा संस्कृति की बस्तियों पर प्रतिकूल प्रभाव पड़ा।
1000 ई० पू०	हड़प्पा संस्कृति के क्षेत्र में घोर सूखापन का संकेत।

6

भाषाई ढाँचा

मुख्य भाषाई वर्ग

भारत बहुसंख्यक भाषाओं का देश है। *भारतीय भाषाई सर्वेक्षण* (द लिंग्विस्टिक सर्वे ऑफ इंडिया) के संपादक ग्रियर्सन के अनुसार भारतीयों द्वारा लगभग 180 भाषाएँ और प्रायः 550 बोलियाँ बोली जाती हैं। ये भाषाएँ चार महत्त्वपूर्ण वर्गों के अर्थात् ऑस्ट्रोएशियाटिक (Austro-Asiatic), तिब्बती-बर्मी (Tibeto-Burmese), द्रविड (Dravidian) और हिंद-आर्य (Indo-Aryan) वर्गों के अंतर्गत हैं। भारत में ऑस्ट्रोएशियाटिक भाषाएँ प्राचीनतम प्रतीत होती हैं और सामान्यतया मुंडा बोली के कारण जानी जाती हैं। इन भाषाओं के बोलने वाले पूरब में आस्ट्रेलिया तक और पश्चिम में अफ्रीका के पूर्वी समुद्रतट के निकट मैडागास्कर तक पाए जाते हैं। नृविज्ञानियों के विचारानुसार लगभग 40,000 ई० पू० में ऑस्ट्रियाई लोग ऑस्ट्रेलिया में आए। इसलिए यह अधिक संभव है कि वे लोग 50,000 वर्ष पहले भारतीय उपमहादेश होते हुए अफ्रीका से दक्षिण-पूर्वी एशिया और आस्ट्रेलिया गए। ऐसा लगता है कि उस समय तक भाषा का जन्म हो चुका था।

ऑस्ट्रोएशियाटिक

ऑस्ट्रियाई भाषा परिवार दो उपपरिवारों में बँटा है-(1) भारतीय उपमहादेश में बोली जानेवाली ऑस्ट्रोएशियाटिक और (2) ऑस्ट्रेलिया और दक्षिण-पूर्वी एशिया में बोली जानेवाली ऑस्ट्रोनेशियन (Austronesian)। ऑस्ट्रोएशियाटिक परिवार की मुंडा और मोन-खमेर दो शाखाएँ हैं। मोन-खमेर शाखा खासी भाषा का प्रतिनिधित्व करती है, जो उत्तर-पूर्वी भारत में मेघालय अंतर्गत खासी और जामितिया पहाड़ियों में और निकोबारी द्वीपों में भी बोली जाती है। लेकिन मुंडा अपेक्षाकृत बहुत विस्तृत क्षेत्र में बोली जाती है। मुंडा भाषा झारखंड, बिहार, पश्चिमी बंगाल और उड़ीसा में संथालियों द्वारा बोली जाती है। संथाल इस उपमहादेश की सबसे बड़ी जनजाति है। मुंडों, संथालों, होओं इत्यादि में प्रचलित बोलियाँ भी मुंडारी भाषा के रूप में जानी जाती हैं। ये पश्चिमी बंगाल, झारखंड और मध्य भारत में बोली जाती हैं।

तिब्बती-बर्मी

भाषा का दूसरा वर्ग, अर्थात् तिब्बती-बर्मी, चीनी-तिब्बती परिवार की शाखा है। यदि हम चीन और अन्य देशों पर ध्यान देते हैं, तो पता चलता है कि इस परिवार की भाषाओं के बोलनेवालों की संख्या ऑस्ट्राई परिवार की, यहाँ तक कि हिंद-आर्य परिवार की भाषाओं के बोलनेवालों की संख्या से भी बहुत अधिक है। भारतीय उपमहादेश में तिब्बती-बर्मी बोलियाँ हिमालय के किनारे-किनारे उत्तर-पूर्वी असम से उत्तर-पूर्वी पंजाब तक फैली हैं। ये बोलियाँ भारत के उत्तर-पूर्वी पंजाब तक फैली हैं। ये बोलियाँ भारत के उत्तर-पूर्वी राज्यों में प्रचलित हैं, और बहुत लोग इस क्षेत्र में तिब्बती-बर्मी भाषा के विभिन्न रूप बोलते हैं। अनेक जनजातियों द्वारा इस भाषा की 116 बोलियों का प्रयोग किया जाता है। जिन उत्तर-पूर्वी राज्यों में ये बोलियाँ बोली जाती हैं उनमें त्रिपुरा, सिक्किम, असम, मेघालय, अरुणाचल प्रदेश, नगालैंड, मिजोरम और मणिपुर शामिल हैं। तिब्बती-बर्मी भाषा पश्चिम बंगाल के दार्जिलिंग क्षेत्र में भी प्रचलित है। यद्यपि आस्ट्रियाई और तिब्बती-बर्मी दोनों बोलियाँ द्रविड और हिंद-आर्य बोलियों से बहुत पुरानी हैं, फिर भी इनका अपना साहित्य विकसित नहीं हो सका, क्योंकि इनकी अपनी किसी प्रकार की लिखावट नहीं थी। स्वभावतः मुंडा और तिब्बती-बर्मी भाषाओं में लिखित सामग्री का अभाव है। बोलनेवाले जो दंतकथाएँ और परंपराएँ मौखिक रूप से जानते थे, वे पहले-पहल उन्नीसवीं सदी में ईसाई धर्मप्रचारकों द्वारा लिपिबद्ध की गईं। यह महत्त्वपूर्ण बात है कि 'बुरुंजी' नामक तिब्बती-बर्मी शब्द मध्यकाल में अहोमों के द्वारा वंश-वृक्ष के प्रलेख के अर्थ में प्रयुक्त होता था। यह संभव है कि मैथिली शब्द 'पंजी' का, जिसका अर्थ वंश-वृक्ष होता है, संपर्क उक्त तिब्बती-बर्मी शब्द से हो।

द्रविड भाषा परिवार

देश में बोली जानेवाली भाषाओं का तीसरा परिवार द्रविड भाषाओं का है। यह बोली लगभग पूरे दक्षिण भारत में व्याप्त है। द्रविड बोली का प्राचीनतम रूप भारतीय उपमहादेश के पाकिस्तान स्थित उत्तर-पश्चिमी भाग में पाया जाता है। ब्रहुई को द्रविड भाषा का प्राचीनतम रूप माना जाता है। भाषा विज्ञान के विद्वान द्रविड भाषा की उत्पत्ति का श्रेय एलम, अर्थात् दक्षिण-पश्चिमी ईरान को देते हैं। इस भाषा की तिथि चौथी सहस्राब्दी ई० पू० निर्धारित की जाती है, ब्रहुई इसके बाद का रूप है। यह अभी भी ईरान, तुर्कमेनिस्तान, अफगानिस्तान और पाकिस्तान के बलूचिस्तान और सिंध राज्यों में बोली जाती है। यह कहा जाता है कि द्रविड भाषा पाकिस्तानी क्षेत्र होते हुए दक्षिण भारत पहुँची, जहाँ इससे तमिल, तेलुगु, कन्नड़ और मलयालम जैसी इसकी मुख्य शाखाओं की उत्पत्ति हुई, लेकिन तमिल दूसरी भाषाओं से कहीं अधिक

द्रविड है। झारखंड और मध्य भारत में बोली जानेवाली ओराँव अथवा कुरुख भाषा भी द्रविड है, लेकिन यह मुख्यत: ओराँव जनजाति के सदस्यों द्वारा बोली जाती है।

हिंद-आर्य

चौथा भाषा वर्ग हिंद-आर्य है जो हिंद-यूरोपीय परिवार का है। यह कहा जाता है कि हिंद-यूरोपीय परिवार की पूर्वी अथवा आर्य शाखा हिंद-ईरानी, दर्दी और हिंद-आर्य नामक तीन उपशाखाओं में बँट गई। ईरानी, जिसे हिंद-ईरानी भी कहते हैं, ईरान में बोली जाती है, और इसका प्राचीनतम नमूना *अवेस्ता* में मिलता है। दर्दी भाषा पूर्वी अफगानिस्तान, उत्तरी पाकिस्तान और कश्मीर की है, यद्यपि अधिकतर विद्वान दर्दी बोली को हिंद-आर्य की शाखा मानते हैं। हिंद-आर्य भाषा पाकिस्तान, भारत, बांग्लादेश, श्रीलंका और नेपाल में बहुसंख्यक लोगों द्वारा बोली जाती है। लगभग 500 हिंद-आर्य भाषाएँ उत्तर और मध्य भारत में बोली जाती हैं।

प्राचीन हिंद-आर्य भाषा के अंतर्गत वैदिक संस्कृत भी है। लगभग 500 ई० पू० से 1000 ई० तक मध्य हिंद-आर्य भाषाओं के अंतर्गत प्राकृत, पालि और अपभ्रंश भाषाएँ आती हैं, यद्यपि पालि और अपभ्रंश को भी प्राकृत माना जाता है। प्राकृत और शास्त्रीय संस्कृत दोनों का विकास प्रारंभिक मध्यकाल के दौरान भी होता रहा और 600 ई० से अनेक अपभ्रंश शब्दों का प्रचलन हुआ। हिंदी, बंगला, असमी, ओड़िया, मराठी, गुजराती, पंजाबी, सिंधी और कश्मीरी जैसी आधुनिक हिंद-आर्य क्षेत्रीय भाषाओं का विकास मध्यकाल में अपभ्रंश भाषा से हुआ। यह बात नेपाली भाषा के मामले में भी है। कश्मीरी मूलत: दर्दी है, लेकिन यह गहरे रूप में संस्कृत से और परवर्त्ती प्राकृत से प्रभावित रही है। यद्यपि भारत में भाषाओं के चार वर्ग हैं, तथापि उनके बोलनेवालों की अलग-अलग इकाइयाँ नहीं हैं। पूर्व में अनेक भाषा वर्गों के बीच पारस्परिक प्रभाव पड़ता रहा है। फलस्वरूप एक भाषा वर्ग के शब्द दूसरे भाषा वर्ग में प्रकट होते रहे हैं। यह प्रक्रिया बहुत पहले वैदिक काल में ही शुरू हो गई थीं। मुंडा और द्रविड दोनों के बहुसंख्यक शब्द *ऋग्वेद* में मिलते हैं। फिर भी अंतत: हिंद-आर्य भाषाभाषियों ने अपने सामाजिक-आर्थिक प्राबल्य के कारण अपनी भाषा को जनजातीय भाषाओं पर लाद दिया। यद्यपि हिंद-आर्य प्रशासनिक वर्ग अपनी ही भाषा का प्रयोग करते थे, तथापि वे जनजातीय बोलियों के प्रयोग के बिना जनजातीय साधन और मानव शक्ति का उपयोग नहीं कर सकते थे। इसके कारण शब्दों का पारस्परिक लेन-देन हुआ।

मानवजातीय समूह और भाषा परिवार

उपर्युक्त चार भाषा वर्गों को भारतीय उपमहाद्वीप के चार मानवजातीय समूहों की अलग-अलग भाषा बताया जाता है। ये चार समूह हबशीनुमा (नेग्रिटो), ऑस्ट्रालाई (ऑस्ट्रेलॉयड्स), मंगोलीय (मोंगोलॉयड्स) और कॉकेसीय (कॉकेसॉयड्स) हैं। नाटा कद, छोटा चेहरा और छोटा होंठ हबशीनुमा (नेग्रिटो) की प्रमुख विशेषताएँ हैं। वे अंडमान द्वीप और तमिलनाडु की नीलगिरि पहाड़ियों में रहते हैं। वे केरल और श्रीलंका के भी माने जाते हैं। यह समझा जाता है कि वे कोई ऑस्ट्रियाई (ऑस्ट्रिक) भाषा बोलते हैं। ऑस्ट्रालाई (आस्ट्रालॉयड्स) भी नाटे कद के होते हैं, यद्यपि ये हबशीनुमा (नेग्रिटो) से लंबे होते हैं। इनका भी रंग काला होता है और शरीर पर बहुत रोंगटे होते हैं। वे मुख्यतः मध्य और दक्षिणी क्षेत्रों में रहते हैं, यद्यपि वे हिमालयी क्षेत्रों में भी दिखाई पड़ते हैं। वे ऑस्ट्रियाई अथवा मुंडा भाषाएँ बोलते हैं। मंगोलीय नाटे कदवाले अल्प रोंगटेयुक्त शरीरवाले और चिपटी नाकवाले होते हैं। वे उपहिमालयी और उत्तरी-पूर्वी क्षेत्रों में रहते हैं। वे तिब्बती-बर्मी भाषाएँ बोलते हैं। कॉकेसीय लोग साधारणतया लंबे कदवाले, पूर्ण विकसित दाढ़ीयुक्त लंबे चेहरेवाले, गोरे चमड़े युक्त और संकुचित सुस्पष्ट नाकवाले होते हैं। वे द्रविड और हिंद-आर्य दोनों भाषाएँ बोलते हैं। इस प्रकार कोई भाषा परिवार किसी खास मानवजातीय समूह तक सीमित नहीं रहता है।

❖ कालक्रम ❖

50000 वर्ष पूर्व	ऑस्ट्रियाई लोग भारत पहुँचे।
500 ई० पू०	मध्य हिंद-आर्य भाषा, जिसमें प्राकृत, पालि और अपभ्रंश भाषाएँ शामिल हैं, की शुरुआत।
उन्नीसवीं शताब्दी ई०	ईसाई धर्मप्रचारकों के द्वारा मुंडा और तिब्बती-बर्मी भाषाओं की दंतकथाएँ और परंपराएँ लिखी गईं।

7

मानव का उद्‌भव और विकास: प्राचीन प्रस्तर युग

मानव प्रजाति के अफ्रीकी पूर्वज

पृथ्वी चार अरब साठ करोड़ वर्षों से अधिक पुरानी है। इसकी परत के विकास से चार अवस्थाएँ प्रकट होती हैं। चौथी अवस्था चातुर्थिकी (क्वाटर्नरी) कहलाती है, जिसके दो भाग हैं, अतिनूतन (प्लाइस्टोसीन) और अद्यतन (होलोसीन)। पहला 20 लाख ई० पू० से 12,000 ई० पू० के बीच था और दूसरा लगभग 12,000 ई० पू० से शुरू होकर आज तक जारी है।

पृथ्वी पर जीवोत्पत्ति लगभग तीन अरब पचास करोड़ वर्ष पूर्व हुई। करोड़ों वर्षों तक जीवन पौधों और पशुओं तक सीमित रहा। मानव धरती पर पूर्व-प्लाइस्टोसीन काल और प्लाइस्टोसीन काल के आरंभ में उत्पन्न हुआ। लगभग साठ लाख वर्ष पूर्व मानवसम (होमिनिड) का दक्षिणी और पूर्वी अफ्रीका में आविर्भाव हुआ। आदिमानव, जो बंदरों से बहुत भिन्न नहीं थे, लगभग तीन करोड़ वर्ष पूर्व पृथ्वी पर प्रकट हुए।

मानव के उद्‌भव में **ऑस्ट्रालॉपिथेकस** का आविर्भाव सबसे महत्त्वपूर्ण घटना है। ऑस्ट्रालॉपिथेकस लैटिन शब्द है जिसका अर्थ है दक्षिणी वानर। यह नर वानर था और इस प्रजाति में वानर और मनुष्य दोनों के लक्षण विद्यमान थे। ऑस्ट्रालॉपिथेकस का उद्‌भव लगभग 55 लाख वर्ष पूर्व से लेकर 15 लाख वर्ष पूर्व हुआ। यह दो पैरों वाला और उभरे पेट वाला था। इसका मस्तिष्क बहुत छोटे आकार (लगभग 400 cubic centimetre) का था। ऑस्ट्रालॉपिथेकस में कुछ ऐसे लक्षण विद्यमान थे जो 'होमो' अथवा मानव में पाए जाते हैं। ऑस्ट्रालॉपिथेकस सबसे अंतिम पूर्वमानव (होमिनिड) था। अत: इसे **प्रोटो-मानव** अथवा **आद्यमानव** भी कहते हैं।

20 लाख से 15 लाख वर्ष पूर्व पूर्वी और दक्षिणी अफ्रीका में प्रथम मानव कहे जाने वाले मानव **होमो हैविलिस** का प्रादुर्भाव हुआ। होमो हैविलिस का अर्थ है हाथवाला मानव अथवा कारीगर मानव। इस प्रथम वास्तविक मानव ने पत्थरों को टुकड़ों में तोड़कर और उन्हें तराशकर उनका औज़ार के रूप में इस्तेमाल किया। इसलिए जहाँ भी होमो हैविलिस की हड्डियाँ पाई गई हैं, वहाँ पत्थर के टुकड़े भी मिले हैं। होमो हैविलिस का मस्तिष्क हल्का (500-700 cc) था।

18-16 लाख वर्ष पूर्व पृथ्वी पर सीधे मानव अथवा **होमो इरेक्टस** का आविर्भाव हुआ। पत्थर का हस्तकुठार (हैंड-एक्स) के निर्माण तथा अग्नि के आविष्कार का श्रेय इसी को दिया जाता है। होमो हैविलिस के विपरीत होमो इरेक्टस लंबी दूरी की यात्राएँ करते थे। इनके अवशेष अफ्रीका के अलावा चीन, दक्षिण एशिया और दक्षिण-पूर्व एशिया में मिले हैं।

मानव के उद्भव में अगला महत्त्वपूर्ण कदम था पृथ्वी पर **होमो सेपीयन्स** (बुद्धिमान मानव) का आविर्भाव। आधुनिक मानव का उद्भव होमो सेपीयन्स से ही हुआ है। जर्मनी में मिले नियंडर्थल मानव से इसकी काफी समानताएँ हैं। होमो सेपीयन्स का काल 2,30,000 से 30,000 वर्ष पूर्व निर्धारित किया जा सकता है। इसका शरीर छोटा और ललाट संकीर्ण था, लेकिन इसके मस्तिष्क का आकार बड़ा (1200-1800 cc) था।

आधुनिक मानव अथवा **होमो सेपीयन्स सेपीयन्स** 115,000 वर्ष पूर्व ऊपरी पुरापाषाण काल में दक्षिणी अफ्रीका में प्रकट हुआ। अन्य होमिनिडों की अपेक्षा इसका ललाट बड़ा था और हड्डियाँ पतली थीं। आधुनिक मानव ने विभिन्न प्रकार के कार्यों के लिए अनेक प्रकार के पत्थर के औज़ार बनाए। लेकिन यह स्पष्ट नहीं है कि उसमें बोल पाने की क्षमता थी अथवा नहीं। अभी हाल तक यह माना जाता रहा है कि लगभग 35,000 ई० पू० में भाषा का जन्म हुआ, लेकिन अब भाषा के जन्म का समय 50,000 ई० पू० माना जाता है। आधुनिक मानव का मस्तिष्क अपेक्षाकृत अधिक बड़ा (लगभग 1200-2000 cc) था। मस्तिष्क बड़ा होने की वजह से आधुनिक मानव ज़्यादा बुद्धिमान था और उसमें अपने परिवेश को बदल पाने की क्षमता मौजूद थी।

भारत में मानव प्रजाति

भारतीय उपमहाद्वीप में शिवालिक पहाड़ी इलाके में पाकिस्तान के पंजाब प्रांत के अंतर्गत पोतवार के पठार में मानव खोपड़ियों के अत्यंत प्राचीन जीवाश्म मिले हैं। इन मानव खोपड़ियों को **रामापिथेकस** और **शिवापिथेकस** कहा गया। इनमें होमिनिड की लाक्षणिक विशेषताएँ तो हैं, लेकिन ये वानरों का ही प्रतिनिधित्व करते हैं। रामापिथेकस स्त्री-खोपड़ी है, हालाँकि दोनों एक ही वर्ग के हैं। इसी वर्ग का प्रतिनिधित्व करने वाला एक अन्य जीवाश्म, जो यूनान में प्राप्त हुआ है, लगभग एक करोड़ वर्ष पुराना माना गया है। यह रामापिथेकस और शिवापिथेकस के तिथि-निर्धारण में सहायक हो सकता है, अन्यथा इन खोपड़ियों को 22 लाख वर्ष पुराना माना जाता है। जो कुछ भी हो, इस बात का कोई प्रमाण नहीं मिलता है कि इस जाति का प्रसारण भारतीय उपमहाद्वीप के अन्य भागों में भी हुआ हो। ऐसा प्रतीत होता है कि शिवालिक पहाड़ी इलाके में मिले होमिनिड से भारतीय उपमहाद्वीप में मानव का उद्भव न हो सका और यह प्रजाति लुप्त हो गई।

1982 ई० में मध्य प्रदेश के नर्मदा घाटी अंतर्गत हथनौरा नामक स्थल से होमिनिड की लगभग संपूर्ण खोपड़ी प्राप्त हुई है। इसे **होमो इरेक्टस** अथवा सीधे मानव की खोपड़ी बताया गया। लेकिन इसका शारीरिक परीक्षण करने के बाद अब इसे **आद्य होमो सेपीयन्स** माना जाता है।

अब तक होमो सेपीयन्स के अवशेष भारतीय उपमहाद्वीप में कहीं से भी नहीं प्राप्त हुए हैं, हालाँकि श्रीलंका में होमो सेपीयन्स सेपीयन्स के जीवाश्म मिले हैं। यह जीवाश्म लगभग 34,000 वर्ष पूर्व का बताया जाता है। श्रीलंका में यह काल ऊपरी प्लाइस्टोसीन और आरंभिक होलोसीन काल के शिकारी और खाद्य संग्राहक जीवन का है। ऐसा लगता है कि आधुनिक मानव (होमो सेपीयन्स सेपीयन्स) इसी समय दक्षिण भारत में अफ्रीका से समुद्रतट होते हुए पहुँचा। यह घटना प्राय: 35,000 वर्ष पूर्व हुई।

पुरापाषाण युग की अवस्थाएँ

भारतीय पुरापाषाण युग को, मानव द्वारा इस्तेमाल किए जाने वाले पत्थर के औज़ारों के स्वरूप और जलवायु में होने वाले परिवर्तनों के आधार पर, तीन अवस्थाओं में बाँटा जाता है। पहली को आरंभिक या निम्न पुरापाषाण युग, दूसरी को मध्य पुरापाषाण युग और तीसरी को ऊपरी पुरापाषाण युग कहते हैं। लेकिन जब तक महाराष्ट्र के बोरी नामक स्थान से मिले शिल्प सामग्रियों के बारे में पर्याप्त जानकारी नहीं मिल जाती, तब तक मोटे तौर पर पहली अवस्था को 600,000 ई० पू० और 150,000 ई० पू० के बीच; दूसरी अवस्था को 150,000 ई० पू० और 35,000 ई० पू० के बीच; और तीसरी को 35,000 ई० पू० और 10,000 ई० पू० के बीच रख सकते हैं, पर 40,000 ई० पू० और 15,000 ई० पू० के बीच दकन के पठार में मध्य पुरापाषाणयुग तथा ऊपरी पुरापाषाण युग दोनों के औज़ार मिलते हैं।

अधिकांश आरंभिक पुरापाषाण युग हिमयुग में गुजरा है। अफ्रीका में आरंभिक पुरापाषाण युग संभवत: 20 लाख वर्ष पूर्व शुरू हुआ। लेकिन भारत में आरंभिक पुरापाषाण युग 6 लाख वर्ष से अधिक पुराना नहीं है। यह तिथि महाराष्ट्र के बोरी नामक स्थान को दिया गया है जो भारत में किसी भी आरंभिक पुरापाषाण स्थल के लिए प्राचीनतम तिथि है। यहाँ के लोग कुल्हाड़ी या हस्तकुठार (हैंड-एक्स), विदारणी (क्लीवर) और खंडक (चोपर) का उपयोग करते थे। भारत में पाई गई कुल्हाड़ी काफी हद तक वैसी ही है जैसी पश्चिम एशिया, यूरोप और अफ्रीका में मिली है। पत्थर के औज़ार से मुख्यत: काटने, खोदने और छीलने का काम लिया जाता था। आरंभिक पुरापाषाण युग के स्थल अब पाकिस्तान में पड़ी पंजाब की सोअन या सोहन नदी की घाटी में पाए जाते हैं। कई स्थल कश्मीर और थार मरुभूमि में मिले

हैं। आरंभिक पुरापाषाणकालीन औज़ार उत्तर प्रदेश के मिर्ज़ापुर जिले में बेलन घाटी में भी पाए गए हैं। जो औज़ार राजस्थान की मरुभूमि के दिदवाना क्षेत्र में, बेलन और नर्मदा की घाटियों में तथा मध्य प्रदेश के भोपाल के पास भीमबेटका की गुफाओं और शैलाश्रयों (चट्टानों से बने आश्रयों) में मिले हैं वे मोटा-मोटी 100,000 ई० पू० के हैं। शैलाश्रयों का उपयोग मानवों के ऋतुकालिक बसेरे के रूप में किया जाता होगा। हस्तकुठार द्वितीय हिमालयीय अंतर्हिमावर्तन (इंटरग्लेसिएशन) के समय के जमाव में मिले हैं। इस अवधि में जलवायु में नमी कम हो गई थी।

मध्य पुरापाषाण युग में लोग मुख्यतः पत्थर की पपड़ी बनाते थे। ये पपड़ियाँ सारे भारत में पाई गई हैं और इनमें क्षेत्रीय अंतर भी पाए गए हैं। मुख्य औज़ार हैं पपड़ियों के बने विविध प्रकार के फलक, वेधनी, छेदनी और खुरचनी। मध्य पुरापाषाण स्थल जिस क्षेत्र में मिलते हैं मोटे तौर पर उसी क्षेत्र में प्रारंभिक पुरापाषाण स्थल भी पाए जाते हैं। यहाँ हम एक प्रकार के सरल बाटिकाश्म उद्योग (पत्थर के गोलों से वस्तुओं का निर्माण) देखते हैं जो तृतीय हिमालयीय हिमावर्तन के समकाल में चलता है। इस युग की शिल्प-सामग्री नर्मदा नदी के किनारे-किनारे कई स्थानों पर और तुंगभद्रा नदी के दक्षिणवर्ती कई स्थानों पर भी पाई जाती है।

भारत में ऊपरी पुरापाषाण काल के 566 स्थल पाए गए हैं। ऊपरी पुरापाषाणीय अवस्था में आर्द्रता कम थी। इस अवस्था में विस्तार हिमयुग की उस अवस्था में हुआ जब जलवायु अपेक्षाकृत गर्म हो गई थी। विश्वव्यापी संदर्भ में इसकी दो विशेषताएँ हैं--नए चकमक उद्योग की स्थापना और आधुनिक प्रारूप के मानव (होमो सेपीयन्स) का उदय। भारत में फलकों (ब्लेड्स) और तक्षणियों (ब्युरिन्स) का इस्तेमाल देखा जाता है, जो आंध्र, कर्नाटक, महाराष्ट्र, केंद्रीय मध्य प्रदेश, दक्षिणी उत्तर प्रदेश, बिहार के पठार में और उनके इर्द-गिर्द पाए गए हैं। मानवों के उपयोग के लायक ऊपरी पुरापाषाणीय गुफाएँ और शैलाश्रय भोपाल से दक्षिण में 40 किलोमीटर दूर भीमबेटका में मिले हैं। गुजरात के टिब्बों के ऊपरी तलों पर ऊपरी पुरापाषाणीय भंडार भी मिला है जिसकी विशेषता है शल्कों (flakes), फलकों (blades), तक्षणिओं (burins) और खुरचनियों (scrapers) का अपेक्षाकृत अधिक मात्रा।

इस प्रकार देश के अनेकों पहाड़ी ढलानों और नदी घाटियों में पुरापाषाणीय स्थल पाए जाते हैं। किंतु सिंधु और गंगा के कछारी मैदानों में इनका पता नहीं है।

मध्यपाषाण (मिसोलिथिक) युगः आखेटक और पशुपालक

ऊपरी पुरापाषाण युग का अंत 10,000 ई० पू० के आसपास हिमयुग के अंत के साथ ही हुआ, और जलवायु गर्म व शुष्क हो गई। जलवायु के बदलने के साथ ही पेड़-पौधों और जीव-जंतुओं में भी परिवर्तन हुए, और मानव के लिए नए क्षेत्रों की

ओर अग्रसर होना संभव हुआ। 9000 ई० पू० से जलवायु की स्थिति में कोई बड़ा परिवर्तन नहीं हुआ है। प्रस्तरयुगीन संस्कृति में 9000 ई० पू० में मध्यवर्ती अवस्था का आरंभ हुआ जो मध्यपाषाण युग कहलाती है। यह पुरापाषाण युग और नवपाषाण युग के बीच का संक्रमण काल है। मध्यपाषाण युग के लोग शिकार करके, मछली पकड़कर और खाद्य वस्तुएँ बटोर कर पेट भरते थे। आगे चलकर वे कुछ पशुपालन भी करने लगे। इनमें शुरू के तीन पेशे तो पुरापाषाण युग से ही चले आ रहे थे, पर अंतिम पेशा नवपाषाण संस्कृति से जुड़ा है।

मध्यपाषाण युग के विशिष्ट औज़ार हैं सूक्ष्मपाषाण या पत्थर के बहुत छोटे औज़ार (माइक्रोलिथ्स)। राजस्थान, दक्षिणी उत्तर प्रदेश, मध्य और पूर्वी भारत में मध्यपाषाण स्थल काफी मात्रा में पाए जाते हैं, तथा दक्षिण भारत में कृष्णा नदी के दक्षिण में पाए जाते हैं। इनमें से राजस्थान में बागोर स्थल का उत्खनन भली-भाँति हुआ है। यहाँ सुस्पष्ट सूक्ष्मपाषाण फलकों का उद्योग था और यहाँ के निवासियों की जीविका शिकार और पशुपालन से चलती थी। इस स्थल पर बस्ती ईसा-पूर्व पाँचवी सहस्राब्दी के आरंभ से 5000 वर्षों तक रही। मध्य प्रदेश में आज़मगढ़ और राजस्थान में बागोर पशुपालन का प्राचीनतम साक्ष्य प्रस्तुत करते हैं, जिसका समय लगभग 5000 ई० पू० हो सकता है। राजस्थान के पुराने नमक-झील सांभर के जमावों के अध्ययन से प्रतीत होता है कि 7000-6000 ई० पू० के आसपास पौधे लगाए जाते थे।

अभी तक मध्यपाषाण युग की कुछ ही उपलब्धियों का वैज्ञानिक काल-परीक्षण हो पाया है। मध्यपाषाण संस्कृति का महत्त्व मोटे तौर पर 9000 ई० पू० से 4000 ई० पू० तक बना रहा। इसमें संदेह नहीं कि इसने नवपाषाण संस्कृति का मार्ग प्रशस्त किया।

प्राचीनतम कलाकृतियाँ

पुरापाषाण और मध्यपाषाण युग के लोग चित्र बनाते थे। प्रागैतिहासिक कलाकृतियाँ तो कई स्थानों में पाई जाती हैं, परंतु मध्य प्रदेश का भीमबेटका स्थल अद्‌भुत है। यह भोपाल से 45 किलोमीटर दक्षिण विंध्यपर्वत पर अवस्थित है। इसमें 10 वर्ग किलोमीटर क्षेत्र में बिखरे 500 से भी अधिक चित्रित गुफाएँ हैं। इन गुफाओं के चित्र पुरापाषाण काल से मध्यपाषाण काल तक के बने हुए हैं, और कुछ श्रृंखलाओं में तो हाल के समय तक के हैं। परंतु इनमें अनेकों गुफाएँ मध्यपाषाण काल के लोगों से संबद्ध हैं। इनमें बहुत सारे पशु, पक्षी और मानव चित्रित हैं। स्पष्टत: इन कलाकृतियों में चित्रित अधिकांश पशु-पक्षी वे हैं जिनका शिकार जीवन-निर्वाह के लिए किया जाता था। अनाज पर जीने वाले पर्चिंग (perching) पक्षी उन आरंभिक चित्रों में नहीं पाए जाते हैं, क्योंकि वे चित्र अवश्य ही आखेट / खाद्य-संग्रह पर आश्रित अर्थव्यवस्था से संबद्ध होंगे।

❖ कालक्रम ❖

मानव का उद्‌भव और विकास

चार अरब साठ करोड़ वर्ष पुरानी	पृथ्वी।
तीन अरब पचास करोड़ वर्ष पूर्व	पृथ्वी पर जीवोत्पत्ति।
तीन करोड़ वर्ष पूर्व	आदिमानव का (जो बंदरों से बहुत भिन्न नहीं थे) पृथ्वी पर आविर्भाव।
साठ लाख वर्ष पूर्व	मानवसम (होमिनिड) का पृथ्वी पर आविर्भाव।
55 लाख वर्ष से लेकर 15 लाख वर्ष पूर्व के बीच	पृथ्वी पर ऑस्ट्रालॉपिथेकस का आविर्भाव।
22 लाख वर्ष पूर्व	शिवालिक पहाड़ी इलाके में पाकिस्तान के पंजाब के अंतर्गत पोतवार के पठार में रामापिथेकस और शिवापिथेकस की खोपड़ियाँ।
20 लाख वर्ष पूर्व	अफ्रीका में निम्न पुरापाषाण काल।
20 लाख–15 लाख वर्ष पूर्व	पृथ्वी पर होमो हैविलिस का आविर्भाव।
18–16 लाख वर्ष पूर्व	पृथ्वी पर सीधे मानव (होमो इरेक्टस) का आविर्भाव।
700000 वर्ष पूर्व	नर्मदा घाटी से आद्य होमो सेपीयन्स की खोपड़ी प्राप्त।
230000–30000 वर्ष पूर्व	होमो सेपीयन्स (बुद्धिमान मानव) का आविर्भाव।
115000 वर्ष पूर्व	दक्षिणी अफ्रीका में होमो सेपीयन्स सेपीयन्स (आधुनिक मानव) का प्रकटन।
34000 वर्ष पूर्व	श्रीलंका में होमो सेपीयन्स सेपीयन्स के जीवाश्म। भारत में पाषाणकाल।

प्राचीन प्रस्तर युग

600000 ई० पू०–150000 ई० पू०	भारत में निम्न पुरापाषाण काल।
150000 ई० पू०–35000 ई० पू०	भारत में मध्य-पुरापाषाण काल।
50000 ई० पू०	भाषा की शुरुआत।
35000 ई० पू०–10000 ई० पू०	भारत में ऊपरी पुरापाषाण काल।
12000 ई० पू० से आज तक	नूतन युग (हिमोत्तर काल)।

8

नवपाषाण युगः प्रथम खाद्य उत्पादक एवं पशुपालक

विश्वस्तरीय संदर्भ में नवपाषाण युग (नियोलिथिक) 9000 ई० पू० से आरंभ होता है। भारतीय उपमहाद्वीप में नवपाषाण युग की एक ऐसी बस्ती मिली है जिसका समय लगभग 7000 ई० पू० बताया जाता है। यह पाकिस्तान के बलूचिस्तान प्रांत में अवस्थित मेहरगढ़ में है। मेहरगढ़ बलूचिस्तान के 'ब्रेड बास्केट' नाम से प्रसिद्ध कोची मैदान में बोलन नदी के तट पर अवस्थित था। यहाँ के प्राचीनतम निवासी पशुपालन करते थे और अनाज उपजाते थे। लेकिन 5550 ई० पू० के लगभग बाढ़ों के कारण वे तबाह हो गए। लगभग 5000 ई० पू० में पत्थर और हड्डी दोनों के बने औज़ारों की सहायता से कृषि और अन्य गतिविधियाँ फिर से शुरू की गईं। इस क्षेत्र के नवपाषाणयुगीन लोग शुरू से ही गेहूँ और जौ उपजाते थे। वे प्रारंभिक चरण में गाय, भेड़ और बकरी पालते थे। आरंभ में बकरियों की संख्या ज़्यादा रही, लेकिन अंततः गायों की संख्या बकरियों और भेड़ों दोनों से अधिक हो गई। इससे अवश्य ही कृषि को लाभ पहुँचा होगा। अनाज अच्छी मात्रा में उपजाए जाते थे और अन्नागारों में रखे जाते थे। अधिकतर अन्नागार कच्ची ईंटों से, जिनसे आवासीय संरचनाएँ बनाई जाती थीं, बनाए जाते थे। कच्ची ईंटों की अनेक संरचनाएँ, जिनमें खाने बने हैं, अन्नागार मालूम पड़ती हैं। 4500–3500 ई० पू० के काल में कोची मैदानी क्षेत्र से सिंधु नदी के मैदानी क्षेत्र तक कृषि का पर्याप्त विस्तार हुआ। 5000 ई० पू० तक लोग चाक से मृद्भांड नहीं बनाते थे, लेकिन 4500 ई० पू० के बाद कुम्हार के चाक की जानकारी हो गई। मिट्टी के बरतनों की संख्या तेजी से बढ़ी और उन पर चित्रकारी होने लगी। सिंधु की सहायक नदी हकरा की सूखी घाटी में 47 उत्तर नवपाषाणकालीन बस्तियाँ मिली हैं। स्पष्टतः इनसे हड़प्पा संस्कृति के उद्भव का मार्ग प्रशस्त हुआ।

विंध्य पर्वत के उत्तरी पृष्ठों पर पाए गए कुछ नवपाषाण स्थलों को 5000 ई० पू० तक पुराना बताया जाता है। किंतु सामान्यतया दक्षिण भारत में पाई गई नवापाषाण बस्तियाँ 2500 ई० पू० से अधिक पुरानी नहीं है; भारत के कुछ दक्षिणी और पूर्वी भागों में ऐसे स्थल महज 1000 ई० पू० के हैं।

इस युग के लोग पालिशदार पत्थर के औज़ारों और हथियारों का प्रयोग करते थे। वे खास तौर से पत्थर की कुल्हाड़ियों का इस्तेमाल किया करते थे। ये कुल्हाड़ियाँ

देश के पहाड़ी इलाकों के अनेक भागों में विशाल मात्रा में पाई गई हैं। काटने के इस औज़ार से लोग कई तरह के काम लेते थे तथा पौराणिक कथाओं में परशुराम तो कुल्हाड़ी से लड़ने वाले महान योद्धा हो गए हैं।

नवपाषाण युग के निवासियों द्वारा व्यवहृत कुल्हाड़ियों के आधार पर हम उनकी बस्तियों के तीन महत्त्वपूर्ण क्षेत्र देखते हैं—उत्तर-पश्चिमी, उत्तर-पूर्वी और दक्षिणी। उत्तर-पश्चिमी समूह के नवपाषाण औज़ारों में वक्र धार की आयताकार कुल्हाड़ियाँ हैं। उत्तर-पूर्वी समूह की कुल्हाड़ियाँ पालिशदार पत्थर की होती थीं जिनमें आयताकार दस्ता लगा रहता था और कभी-कभी कंधेदार खंतियाँ (शोलडर्ड हो) भी लगी होती थीं। दक्षिणी समूह की कुल्हाड़ियों की बगलें अंडाकार होती थीं और हत्था नुकीला रहता था।

उत्तर-पश्चिम में, कश्मीरी नवपाषाण संस्कृति की कई विशेषताएँ हैं जैसे गर्तावास (गड्ढा-घर), मृद्भांड की विविधता, पत्थर तथा हड्डी के तरह-तरह के औज़ारों का प्रयोग तथा सूक्ष्मपाषाण का पूरा अभाव। इसका महत्त्वपूर्ण स्थल है बुर्ज़होम, जिसका अर्थ होता है भुर्ज वृक्ष का स्थान। यह श्रीनगर से उत्तर-पश्चिम की ओर 16 कि० मी० दूर है। वहाँ नवपाषाणयुगीन लोग एक झील के किनारे ज़मीन के नीचे घर बनाकर रहते थे, और शिकार और मछली पर जीते थे। लगता है, वे खेती से परिचित थे। श्रीनगर से दक्षिण-पश्चिम की ओर 41 कि० मी० दूर एक अन्य नवपाषाण स्थल है गुफकराल, जहाँ के लोग कृषि और पशुपालन का धंधा करते थे। कश्मीर में नवपाषाणयुगीन लोग न केवल पत्थर के पालिशदार औज़ारों का प्रयोग करते थे, अपितु वे हड्डी के बहुत सारे औज़ारों और हथियारों का भी प्रयोग करते थे।

भारत में चिराँद ही एक और स्थान है जहाँ हड्डी के उपकरण पाए गए हैं। यह स्थान गंगा के उत्तरी किनारे पर पटना से 40 कि० मी० पश्चिम में है। यहाँ के उपकरण हरिण सींगों के हैं और परवर्ती नवपाषाण परिवेश में 100 सेंटीमीटर वर्षा वाले क्षेत्र में पाए गए हैं। यहाँ बस्ती इसलिए संभव हुई कि गंगा, सोन, गंडक और घाघरा इन चार नदियों का संगमस्थल होने के कारण यहाँ खुली ज़मीन उपलब्ध थी। पर यहाँ की नवपाषाण संस्कृति में पत्थर के औज़ारों की कमी ध्यान देने योग्य है।

बुर्ज़होम के लोग रूखड़े, धूसर मृद्भांडों का प्रयोग करते थे। यह रोचक बात है कि यहाँ क़ब्रों में पालतू कुत्ते भी अपने मालिकों के शवों के साथ दफनाए जाते थे। पालतू कुत्तों को उनके मालिकों की कब्रों में दफनाने की प्रथा भारत के अन्य किसी भी भाग में नवपाषाणयुगीन लोगों में शायद नहीं थी। बुर्ज़होम वासस्थान की सबसे पूर्व की तिथि 2700 ई० पू० है, किंतु चिराँद में मिली हड्डियों की तिथि 2000 ई० पू० से बहुत पहले नहीं रखी जा सकती है, और संभवतः यहाँ के औज़ार पछेती नवपाषाण काल के हैं।

नवपाषाण युग के लोगों का दूसरा समूह दक्षिण-भारत में गोदावरी नदी के दक्षिण में रहता था। वे लोग आमतौर से नदी के किनारे ग्रेनाइट की पहाड़ियों के ऊपर या पठारों में बसते थे। वे पत्थर की कुल्हाड़ियों का और कई तरह के प्रस्तर-फलकों का भी प्रयोग करते थे। पकी मिट्टी की मूर्तिकाओं (फिगरिन्स) से प्रकट होता है कि वे बहुत-से जानवर पालते थे। उनके पास गाय-बैल, भेड़ और बकरी होती थीं। वे सिलबट्टे का प्रयोग करते थे जिससे प्रकट होता है कि वे अनाज पैदा करना जानते थे।

तीसरा क्षेत्र जहाँ नवपाषाण युग के औज़ार मिले हैं, असम की पहाड़ियों में पड़ता है। नवपाषाण औज़ार भारत की उत्तर-पूर्वी सीमा पर मेघालय की गारो पहाड़ियों में भी पाए गए हैं। इसके अतिरिक्त, हम विंध्य के उत्तर, मिर्ज़ापुर और इलाहाबाद जिलों में भी कई नवपाषाण स्थल पाते हैं। इलाहाबाद जिले के नवपाषाण स्थलों के विषय में बतलाया गया है कि यहाँ ईसा-पूर्व पाँचवीं सहस्राब्दी में भी चावल का उत्पादन होता था, पर इसकी तिथि 1500 ई० पू० भी बतलाई जाती है।

जिन कई नवपाषाण स्थलों का या नवपाषाण परतों वाले स्थलों का उत्खनन हुआ है, उनमें प्रमुख हैं—कर्नाटक में मस्की, ब्रह्मगिरि, हल्लुर, कोडक्कल, पिक्लीहल, संगेनकल्लु, टी. नरसीपुर और तैक्कलकोट तथा तमिलनाडु में पैयमपल्ली। उतनूर आंध्र प्रदेश का महत्त्वपूर्ण नवपाषाण स्थल है। जान पड़ता है, दक्षिण भारत में नवपाषाणावस्था 2000 ई० पू० से 1000 ई० पू० तक जारी रही।

कर्नाटक के पिक्लीहल के नवपाषाणयुगीन निवासी पशुपालक थे और गाय, बैल, बकरी, भेड़, आदि पालते थे। वे मौसमी शिविरों में रहते थे। वे अपने शिविर के चारों ओर खंभे और खूँटे गाड़कर मवेशी के बाड़े बनाते जिनमें वे मवेशियों को रखते और गोबर जमा करते थे। फिर वे उस सारे शिविर स्थल में आग लगाकर उसे साफ कर देते थे ताकि अगले मौसम में फिर शिविर लगाए जाएँ। पिक्लीहल में राख के ढेर और निवास स्थान दोनों मिले हैं।

नवपाषाण युग के निवासी सबसे पुराने कृषक समुदाय के थे। वे पत्थर की कुदालों (हो) और खोदने के डंडों से ज़मीन खोदते थे। डंडों में एक ओर एक से आधे किलोग्राम वजन के पत्थर के छल्ले लगे रहते थे। पत्थर के पालिशदार औज़ारों के अलावा वे सूक्ष्म पाषाण-फलकों का भी प्रयोग करते थे। वे मिट्टी और सरकंडों के बने गोलाकार या आयाताकार घरों में रहते थे। बताया जाता है कि गोलाकार घरों में रहनेवालों की संपत्ति पर सामुदायिक स्वामित्व होता था। जो भी हो, इतना तो निश्चित है कि नवपाषाणयुगीन लोग स्थायी रूप से घर बना कर रहने लगे। ये रागी और कुल्थी पैदा करते थे।

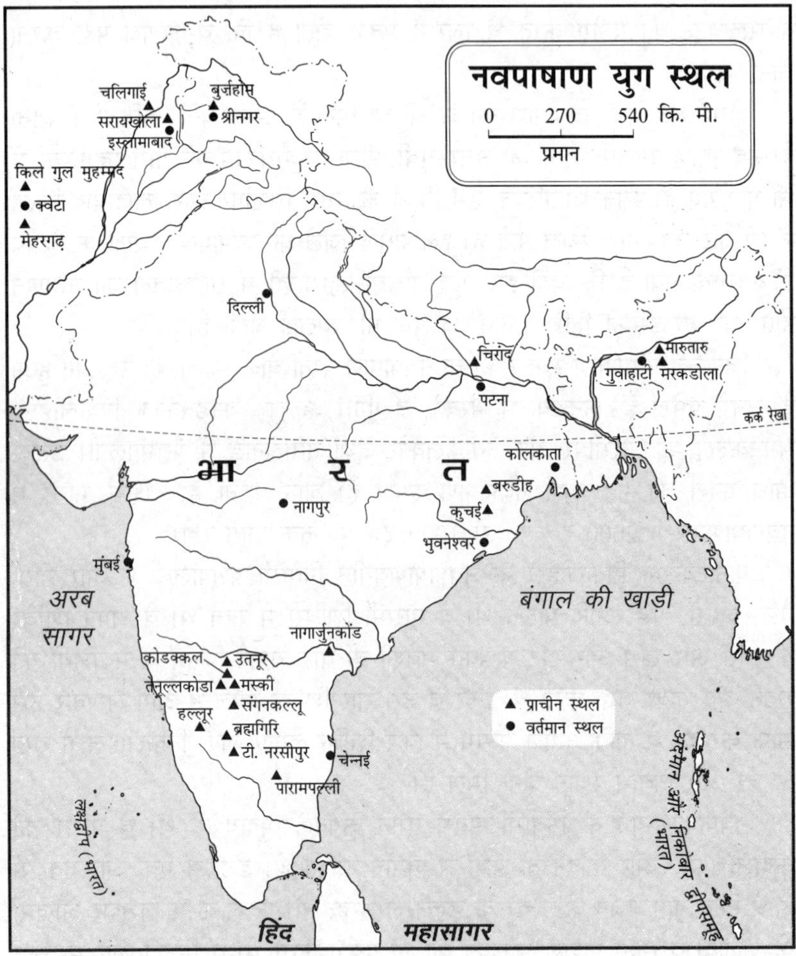
नवपाषाण युग स्थल
0 270 540 कि. मी.
प्रमान
चलिगाई
सरायखोला
इस्लामाबाद
बुर्ज़होम
श्रीनगर
किले गुल मुहम्मद
क्वेटा
मेहरगढ़
दिल्ली
चिरांद
पटना
मारुताऊ
गुवाहाटी
मरकडोला
कर्क रेखा
भारत
कोलकाता
बरुडीह
कुचई
नागपुर
भुवनेश्वर
मुंबई
अरब सागर
बंगाल की खाड़ी
नागार्जुनकोंड
कोडक्कल
उतनूर
तेतुल्लकोडा
मस्की
संगनकल्लू
हल्लूर
ब्रह्मगिरि
टी. नरसीपुर
चेन्नई
पारामपल्ली
प्राचीन स्थल
वर्तमान स्थल
लक्षद्वीप (भारत)
अंडमान और निकोबार द्वीपसमूह (भारत)
हिंद महासागर

मेहरगढ़ में बसने वाले नवपाषाण युग के लोग अधिक उन्नत थे। वे गेहूँ, जौ और रूई उपजाते थे और कच्ची ईंटों के घरों में रहते थे।

चूँकि नवपाषाण अवस्था के कई लोग अनाजों की खेती करते थे और पशु पालते थे इसलिए उन्हें अनाज रखने के बरतनों की जरूरत हुई। फिर पकाने, खाने, और पीने के पात्रों की भी आवश्यकता हुई। अंतः कुंभकारी सबसे पहले इसी अवस्था में दिखाई देती है। आरंभ में हाथ से बनाए गए मृद्‌भांड मिलते हैं। बाद में मिट्‌टी के बरतन चाक पर बनने लगे। इन बरतनों में पालिशदार काला मृद्‌भांड, धूसर मृद्‌भांड और चटाई की छाप वाले मृद्‌भांड शामिल हैं।

नवपाषाण युग के सेल्ट, कुल्हाड़ियाँ, बसूले, छेनी आदि औज़ार उड़ीसा और छोटानागपुर के पहाड़ी इलाकों में भी पाए गए हैं। परंतु मध्य प्रदेश के कुछ भागों में तथा उत्तरी दकन के कई प्रदेशों में नवपाषाण बस्तियों का आभास आमतौर से बहुत कम मिलता है, जिसका कारण यह है कि वहाँ ऐसे पत्थर नहीं थे जिन्हें आसानी से खराद कर चिकना किया जा सके।

9000 ई० पू० और 3000 ई० पू० के बीच की अवधि में पश्चिम एशिया में भारी तकनीकी प्रगति हुई, क्योंकि इसी अवधि में लोगों ने खेती, बुनाई, कुंभकारी, भवन-निर्माण, पशुपालन, लेखन आदि का कौशल विकसित किया । परंतु भारत में यह सारा विकास कुछ विलंब से हुआ। फिर भी, भारतीय उपमहाद्वीप में नवपाषाण युग ईसा-पूर्व छठी सहस्राब्दी के आसपास शुरू हुआ। गेहूँ, जौ आदि सहित कई महत्त्वपूर्ण फसलें इस उपमहाद्वीप में इसी अवधि से उपजाई जाने लगीं और संसार के इस भाग में कई गाँव बसे। लगता है, यहाँ आकर मानव ने सभ्यता के द्वार पर पाँव रखा।

प्रस्तर युग के लोगों की एक भारी लाचारी थी। वे पूर्णतः पत्थर के ही औज़ारों और हथियारों पर आश्रित थे, इसलिए वे पहाड़ी इलाकों से दूर जाकर बस्तियाँ नहीं बना सकते थे। वे पहाड़ियों की ढलानों पर, गुफाओं में और पहाड़ियों से युक्त नदी घाटियों में ही अपना निवास बना सके। साथ ही, काफी प्रयास के बावजूद ये सिर्फ उतना ही अनाज पैदा कर सकते थे जितने से किसी तरह अपना जीवन बसर कर सकें।

कालक्रम

9000 ई० पू०	पश्चिमी एशिया में नवपाषाण युग की शुरुआत।
7000 ई० पू०	भारतीय उपमहादेश में नवपाषाणयुगीन बस्ती।
5000 ई० पू०	विंध्य के उत्तर में नवपाषाणयुगीन स्थल।

4500 ई० पू० और उसके बाद	कुम्हार का चाक।
2700 ई० पू०	कश्मीर में नवपाषाणयुगीन बस्तियों की प्राचीनतम तिथि।
2500 ई० पू०	दक्षिण भारत में प्राचीनतम नवपाषाणयुगीन बस्तियाँ।
2000 ई० पू०	चिराँद के नवपाषाणयुगीन अवस्था की प्राचीनतम तिथि।
1000 ई० पू०	दक्षिणी और पूर्वी भारत में नवपाषाणयुगीन बस्तियों के नवीनतम साक्ष्य।

९

ताम्रपाषाण कृषक संस्कृतियाँ

ताम्रपाषाण युग की बस्तियाँ

नवपाषाण युग का अंत होते-होते धातुओं का इस्तेमाल शुरू हो गया। धातुओं में सबसे पहले तांबे का प्रयोग हुआ। कई संस्कृतियों का जन्म पत्थर और तांबे के उपकरणों का साथ-साथ प्रयोग करने के कारण हुआ। इन संस्कृतियों को ताम्रपाषाणिक (कैल्कोलिथिक) कहते हैं, जिसका अर्थ है पत्थर और तांबे के उपयोग की अवस्था। तकनीकी दृष्टि से ताम्रपाषाण अवस्था हड़प्पा की कांस्ययुगीन संस्कृति से पहले की है। पर कालक्रमानुसार भारत में हड़प्पा की कांस्य संस्कृति पहले आती है और देश के अधिकांश भागों में ताम्रपाषाणयुगीन संस्कृतियाँ बाद में। यहाँ हम सर्वप्रथम ताम्रपाषाणिक संस्कृति पर ही विचार कर रहे हैं। ताम्रपाषाण युग के लोग अधिकांशतः पत्थर और तांबे की वस्तुओं का प्रयोग करते थे, किंतु कभी-कभी वे घटिया किस्म के तांबे का भी प्रयोग करते थे। वे मुख्यतः ग्रामीण समुदाय बनाकर रहते थे और देश के ऐसे विशाल भागों में फैले थे जहाँ पहाड़ी ज़मीन और नदियाँ थीं। इसके विपरीत, हड़प्पाई लोग कांसे का प्रयोग करते थे और सिंधु घाटी के बाढ़ वाले मैदानों में हुई उपज की बदौलत नगर निवासी हो गए थे। भारत में ताम्रपाषाण अवस्था की बस्तियाँ दक्षिण-पूर्वी राजस्थान, मध्य प्रदेश के पश्चिमी भाग, पश्चिमी महाराष्ट्र तथा दक्षिण-पूर्वी भारत में पाई गई हैं। दक्षिण-पूर्वी राजस्थान में दो पुरास्थलों की खुदाई हुई है, एक अहार में और दूसरा गिलुंद में। ये पुरास्थल बनास घाटी के सूखे अंचलों में हैं। पश्चिमी मध्य प्रदेश में मालवा, कयथा और एरण की खुदाई हुई है। मध्य और पश्चिमी भारत की मालवा ताम्रपाषाण संस्कृति की विलक्षणता है मालवा मृद्भांड, जो ताम्रपाषाण मृद्भांडों में उत्कृष्टतम माना गया है। इसके कुछ मृद्भांड और अन्य संस्कृति सामग्री महाराष्ट्र में भी पाई गई है।

परंतु सबसे विस्तृत उत्खनन पश्चिमी महाराष्ट्र में हुए हैं। जहाँ उत्खनन हुए हैं वे पुरास्थल हैं–अहमदनगर ज़िले में जोरवे, नेवासा और दैमाबाद; पुणे ज़िले में चंदोली, सोनगाँव और इनामगाँव, प्रकाश और नासिक। ये सभी पुरास्थल जोरवे संस्कृति के हैं। यह नाम जोरवे के आधार पर दिया गया है, जो अहमदनगर ज़िले में गोदावरी नदी की शाखा-नदी प्रवरा के बाएँ तट पर अवस्थित प्रारूपिक पुरास्थल (टाईप साइट) है। जोरवे संस्कृति ने मालवा संस्कृति से बहुत कुछ ग्रहण किया है, किंतु इसमें दक्षिणी नवपाषाण संस्कृति के तत्त्व भी हैं।

ईसा-पूर्व 1400-1700 के आसपास की जोरवे संस्कृति विदर्भ के कुछ भाग को तथा कोंकण के तट-प्रदेश को छोड़ सारे महाराष्ट्र में फैली थी। यों तो जोरवे संस्कृति ग्रामीण थी, फिर भी इसकी कई बस्तियाँ, जैसे दैमाबाद और इनामगाँव नगरीकरण के स्तर तक पहुँच-सी गई थीं। महाराष्ट्र के सभी पुरास्थल अधिकतर काली-भूरी मिट्टी वाले ऐसे अर्धशुष्क क्षेत्रों में हैं जहाँ बेर और बबूल के पेड़ थे, परंतु ये नदी-तट वाले क्षेत्र में पड़ते थे। इनके अलावा नवदाटोली पुरास्थल भी है जो नर्मदा के तट पर है। अधिकांश ताम्रपाषाणिक तत्त्व दक्षिण भारत के नवपाषाण स्थलों में भी घुस गए थे।

कई ताम्रपाषाण स्थल इलाहाबाद ज़िले के विंध्य क्षेत्र में पाए गए हैं। पूर्वी भारत में गंगातटवर्ती चिराँद के अलावा, बर्दवान ज़िले के पांडु राजार ढिबि और पश्चिम बंगाल के बीरभूम ज़िले में महिषदल उल्लेखनीय हैं। कुछ और पुरास्थलों की खुदाई हुई है, जिनमें उल्लेखनीय हैं–बिहार में सेनुवार, सोनपुर और ताराडीह तथा पूर्वी उत्तर प्रदेश में खैराडीह और नरहन।

इस संस्कृति के लोग पत्थर के छोटे-छोटे औज़ारों और हथियारों का इस्तेमाल करते थे, जिनमें पत्थर के फलकों और फलकियों का महत्त्वपूर्ण स्थान था। अनेक स्थानों में, खासकर दक्षिण भारत में, प्रस्तर-फलक उद्योग बढ़ा और पत्थर की कुल्हाड़ी भी चलती रही। ज़ाहिर है कि ऐसे क्षेत्र पहाड़ियों से अधिक दूर नहीं थे। कई बस्तियों में तांबे की वस्तुएँ बहुतायत से मिली हैं। यही हाल अहार और गिलुंद का भी प्रतीत होता है, जो राजस्थान की बनास घाटी के कमोबेश शुष्क इलाकों में पड़ते हैं। अन्यान्य समकालिक ताम्रपाषाणिक कृषक संस्कृतियों के विपरीत, अहार में वास्तव में सूक्ष्मपाषाण औज़ारों का इस्तेमाल नहीं होता था; यहाँ पत्थर की कुल्हाड़ियों या फलकों का लगभग अभाव ही है। यहाँ कई सपाट कुल्हाड़ियाँ, चूड़ियाँ और पत्तरें मिली हैं, जो सभी तांबे की हैं, हालाँकि एक चादर कांसे की भी पाई गई है। तांबा पास ही उपलब्ध था। अहार के लोग शुरू से ही धातुकर्म जानते थे। अहार का प्राचीन नाम **तांबवती** अर्थात् तांबावाली जगह है। अहार संस्कृति का काल 2100 और 1599 ई० पू० के बीच कहीं रखा जाता है और गिलुंद उस संस्कृति का स्थानीय केंद्र माना जाता है। गिलुंद में तांबे के टुकड़े ही मिलते हैं। यहाँ एक प्रस्तर-फलक उद्योग भी पाया गया है। महाराष्ट्र के जोरवे और चंदोली में सपाट आयताकार ताम्र-कुठार पाए गए हैं और चंदोली में तांबे की छेनी भी मिली है।

ताम्रपाषाण काल के लोग विभिन्न प्रकार के मृद्भांडों का व्यवहार करते थे। इनके एक किस्म के बरतन काले-व-लाल रंग के हैं और लगता है इनका प्रयोग लगभग 2000 ई० पू० से व्यापक तौर पर होता आया है। ये चाकों पर बनते थे और कभी-कभी इन पर सफेद रैखिक आकृतियाँ बनी रहती थीं। यह बात केवल राजस्थान, मध्य प्रदेश और महाराष्ट्र के बारे में ही नहीं है, बल्कि बिहार और पश्चिम

बंगाल में पाई गई बस्तियों के बारे में भी है। महाराष्ट्र, मध्य प्रदेश और बिहार में रहने वाले लोग टोंटी वाले जलपात्र, गोड़ीदार तश्तरियाँ और गोड़ीदार कटोरे बनाते थे। ऐसा समझना गलत होगा कि काले-व-लाल मृद्भांड का व्यवहार करने वाले सभी लोग एक ही संस्कृति के हैं। महाराष्ट्र, मध्य प्रदेश और राजस्थान वाले मृद्भांड चित्रित हैं, पर पूर्वी भारत में ऐसे मृद्भांड बहुत कम हैं।

दक्षिण-पूर्वी राजस्थान, पश्चिमी मध्य प्रदेश, पश्चिमी महाराष्ट्र और अन्यत्र रहने वाले ताम्रपाषाण युग के लोग मवेशी पालते और खेती करते थे। वे गाय, भेड़, बकरी, सुअर और भैंस रखते थे, और हरिण का शिकार करते थे। ऊँट के भी अवशेष मिले हैं। सामान्यत: वे घोड़े से भी परिचित नहीं थे। कुछ अवशेषों की पहचान घोड़े या गधे या जंगली गधे के अंग के रूप में की गई है। लोग गोमांस तो अवश्य खाते थे, किंतु सुअर का मांस अधिक नहीं खाते थे। ध्यानाकर्षक बात यह है कि वे लोग गेहूँ और चावल उपजाते थे। इन मुख्य अनाजों के अतिरिक्त वे बाजरे की भी खेती करते थे। वे मसूर, उड़द, और मूँग आदि कई दलहन और मटर भी पैदा करते थे। लगभग ये सभी अनाज महाराष्ट्र में नर्मदा नदी के तट पर स्थित नवदाटोली में भी पाए गए हैं। खुदाई के परिणामस्वरूप इतने सारे अनाज भारत में अन्य किसी भी स्थान में शायद नहीं मिले हैं। नवदाटोली के लोग बेर और अलसी भी उपजाते थे। दकन की काली मिट्टी में कपास की पैदावार होती थी। निचले दकन में रागी, बाजरा और इस तरह के अन्य अनाजों की खेती होती थी। पूर्वी भारत में, बिहार और पश्चिम बंगाल में मछली पकड़ने के काँटे (बंसी) मिले हैं, जहाँ हम चावल भी पाते हैं। इससे मालूम होता है कि मछली और भात पूर्वांचल के लोगों का आहार था, जो देश के उस भाग में आज भी प्रचलित भोजन है। राजस्थान की बनास घाटी की अधिकांश बस्तियाँ छोटी हैं, किंतु अहार और गिलुंद लगभग चार हेक्टर क्षेत्र में फैले हैं।

ताम्रपाषाण युग के लोग प्राय: पकी ईंटों से परिचित नहीं थे, जिनका इस्तेमाल कभी-कभी ही होता था, जैसे गिलुंद में 1500 ई० पू० के आसपास पकी ईंटों का इस्तेमाल हुआ। यदा-कदा वे अपना घर कच्ची ईंटों से बनाते, पर अधिकतर गीली मिट्टी थोप कर बनाते और लगता है घरों पर छप्पर भी दिए जाते थे। लेकिन अहार के लोग पत्थर के बने घरों में रहते थे। अब तक पता चले 200 जोरवे स्थलों में गोदावरी का दैमाबाद सबसे बड़ा है। यह लगभग 20 हेक्टर में फैला है जिसमें लगभग 4000 लोग रह सकते थे। यह पत्थर और मलबे के बुर्जों वाली कच्ची दीवार से घेर कर गढ़ जैसा बनाया प्रतीत होता है। दैमाबाद की ख्याति भारी संख्या में कांसे की वस्तुओं की उपलब्धि के लिए है। इनमें से कुछ वस्तुओं पर हड़प्पा संस्कृति का प्रभाव लक्षित होता है।

पश्चिमी महाराष्ट्र में आरंभिक ताम्रपाषाण अवस्था के इनामगाँव स्थल पर चूल्हों सहित बड़े-बड़े कच्ची मिट्टी के मकान और गोलाकार गड्ढे वाले मकान मिले हैं। बाद की अवस्था (1300-1000 ई० पू०) में पाँच कमरों वाला एक मकान मिला है जिसमें चार कमरे आयताकार हैं और एक वृत्ताकार। यह मकान बस्ती के केंद्र में है और किसी सरदार का मकान रहा होगा। इसके निकट में ही जो कोठार है उसमें राजस्व के रूप में वसूला गया अनाज जमा किया जाता होगा। इनामगाँव ताम्रपाषाण युग की बड़ी बस्ती थी। इसमें सौ से अधिक घर और कई कब्रें पाई गई हैं। यह बस्ती किलाबंद है और खाई से घिरी हुई है।

ताम्रपाषाण युग के लोगों की कला और शिल्प के बारे में बहुत-से तथ्य ज्ञात हैं। वे तांबे के शिल्पकर्म में निस्संदेह बड़े दक्ष थे और पत्थर का काम भी अच्छा करते थे। हमें तांबे के औज़ार, हथियार और कंकण मिले है। वे कार्नेलियन, स्टेटाइट और क्वार्टज क्रिस्टल जैसे अच्छे पत्थरों के मनके या गुटिकाएँ भी बनाते थे। वे लोग कताई और बुनाई जानते थे, क्योंकि मालवा में चरखे और तकलियाँ मिली हैं। महाराष्ट्र में कपास, सन और सेमल की रूई से बने धागे भी मिले हैं। इससे यह सिद्ध होता है कि वे लोग वस्त्र निर्माण से सुपरिचित थे। अनेक स्थलों पर प्राप्त इन वस्तुओं के शिल्पियों के अतिरिक्त हमें इनामगाँव में कुंभकार, धातुकार, हाथी दाँत के शिल्पी, चूना बनाने वाले और खिलौने की मिट्टी की मूरतें (टेराकोटा) बनाने वाले कारीगर भी दिखाई देते हैं।

ताम्रपाषाण अवस्था में अनाज, भवन, मृद्भांड आदि में क्षेत्रीय अंतर भी दिखाई देते हैं। पूर्वी भारत चावल उपजाता था, तो पश्चिमी भारत जौ और गेहूँ। तिथिक्रम से देखें तो मालवा और मध्य भारत की कई बस्तियाँ, जैसे कयथा एवं एरण पहले की प्रतीत होती हैं, जबकि पश्चिमी महाराष्ट्र और पूर्वी भारत की बस्तियाँ बहुत बाद की।

उनके शव संस्कारों और पूजा पद्धति का कुछ आभास मिलता है। महाराष्ट्र में लोग मृतक को कलश में रखकर अपने घर में फर्श के अंदर उत्तर-दक्षिण स्थिति में गाड़ते थे। हड़प्पाई लोगों की तरह अलग-अलग कब्रिस्तान नहीं होते थे। कब्र में मिट्टी की हंडियाँ और तांबे की कुछ वस्तुएँ भी रखी जाती थीं, जो ज़ाहिर है कि परलोक में मृतक के इस्तेमाल के लिए होती थीं।

मिट्टी की स्त्री-मूर्तियों से प्रतीत होता है कि ताम्रपाषाण युग के लोग मातृदेवी की पूजा करते थे। कई कच्ची मिट्टी की नग्न मूर्तिकाएँ भी पूजी जाती थीं। इनामगाँव में मातृदेवी की प्रतिमा मिली है जो पश्चिमी एशिया में पाई जाने वाली ऐसी प्रतिमा से मिलती है। मालवा और राजस्थान में मिली रूढ़ शैली में बनी मिट्टी की वृषभ-मूर्तिकाएँ यह सूचित करती हैं कि वृषभ (साँड़) धार्मिक पंथ का प्रतीक था।

बस्ती के ढाँचों और शव संस्कार विधि दोनों से पता चलता है कि ताम्रपाषाण समाज में असमानता आरंभ हो चुकी थी। महाराष्ट्र में पाई गई कई जोरवे बस्तियों में एक तरह का निवासगत अधिक्रम (ऊँच-नीच का क्रम) दिखाई देता है। कुछ बस्तियाँ तो बीस हेक्टर तक की बड़ी-बड़ी हैं, जबकि कुछ केवल पाँच हेक्टर या उससे भी छोटी हैं। इससे द्विस्तरीय निवास का आभास मिलता है। बस्तियों के विस्तार में अंतर का अर्थ है कि बड़ी-बड़ी बस्तियों का दबदबा छोटी-छोटी बस्तियों पर रहता था। लेकिन बड़ी और छोटी दोनों तरह की बस्तियों में सरदार और उनके नातेदार आयताकार मकानों में रहते थे और गोल झोंपड़ियों में रहने वाले पर प्रभुत्व रखते थे। इनामगाँव में शिल्पी या पंसारी लोग पश्चिमी छोर पर रहते थे, जबकि सरदार प्रायः केंद्रस्थल में रहता था। इससे निवासियों के बीच सामाजिक दूरी ज़ाहिर होती है। पश्चिमी महाराष्ट्र की चंदोली और नेवासा बस्तियों में पाया गया है कि कुछ बच्चों के गलों में तांबे के मनकों का हार पहना कर उन्हें दफनाया गया है, जबकि अन्य बच्चों की कब्रों में सामान के तौर पर कुछ बरतन मात्र हैं। इनामगाँव में एक व्यस्क आदमी मृद्भांडों और कुछ तांबे के साथ दफनाया गया है। कयथा के एक घर में तांबे के 29 कंगन और दो अद्वितीय ढंग की कुल्हाड़ियाँ पाई गई हैं। इसी स्थान में स्टेटाइट और कार्नेलियन जैसे कीमती पत्थरों की गोलियों के हार पात्रों में जमा पाए गए हैं। यह स्पष्ट है कि जिनके पास ये वस्तुएँ थीं वे धनी थे।

तिथिक्रमिक दृष्टि से गणेश्वर स्थल विशेष रूप से अवलोकनीय है। यह राजस्थान में खेत्री ताम्र-पट्टी के सीकर-झुँझनू क्षेत्र के तांबे की समृद्ध खानों के निकट पड़ता है। इस क्षेत्र से खुदाई में निकली तांबे की वस्तुएँ हैं–तीर के नोंक, बरछे के फल, बंसियाँ, सेल्ट, कंगन, छेनी आदि। इनमें से कुछ की आकृतियाँ सिंधु स्थलों में मिली इन वस्तुओं की आकृतियों से मिलती हैं। पकी मिट्टी की एक ऐसी पिंडिका मिली है जो सिंधु-टाईप से मिलती-जुलती है। इस स्थान में बहुत-से पत्थर के छोटे-छोटे औज़ार (माइक्रोलीथ्स) मिले हैं जो ताम्रपाषाण संस्कृति के परिचायक हैं। यहाँ गैरिक मृद्भांड (ओ० पी० सी०) भी पाया गया है। यह लाल अनुलेपित भांड है जो अक्सर काले रंग से रंगा रहता है और मुख्यतः कलश की शक्लों में होता हैं। चूँकि गणेश्वर के जमाव को 2800-2200 ई० पू० का माना जाता है, इसलिए इसकी बहुत-सी वस्तुएँ परिपक्व हड़प्पा संस्कृति से पूर्व की हैं। गणेश्वर मुख्यतः हड़प्पा को तांबे की वस्तुओं की आपूर्ति करता था, पर उससे उसने कोई खास तत्त्व प्राप्त नहीं किया है। गणेश्वर के लोग अंशतः कृषि-जीवी और मुख्यतः शिकार-जीवी थे। यद्यपि उनका मुख्य शिल्प तांबे की वस्तुएँ बनाना था, तथापि वे वैसे नगरीय तत्त्वों को विकसित नहीं कर पाए जो बाढ़-सिंचित मैदानों की उपज पर आश्रित हड़प्पाई अर्थव्यवस्था में दिखाई देते हैं। अतः गणेश्वर की पुरावस्तुओं को

वास्तविक गैरिक-मृद्भांड ताम्र-निधि संस्कृति की कोटि में नहीं रखा जा सकता है। इसकी सूक्ष्मपाषाण वस्तुओं तथा अन्य पाषाण उपकरणों को देखते हुए गणेश्वर संस्कृति को प्राक्-हड़प्पाई ताम्रपाषाण संस्कृति कहा जा सकता है; जिसकी भित्ति पर परिपक्व हड़प्पाई संस्कृति खड़ी हुई।

तिथिक्रम की दृष्टि से भारत में ताम्रपाषाण बस्तियों की कई शृंखलाएँ हैं। कुछ प्राक्-हड़प्पीय हैं, कुछ हड़प्पा संस्कृति के समकालीन हैं तथा कुछ हड़प्पोत्तर हैं। हड़प्पा अंचल के कुछ स्थलों के प्राक्-हड़प्पीय स्तरों को आरंभिक हड़प्पा संस्कृति भी कहते हैं ताकि इसे परिपक्व नगरीय सिंधु सभ्यता से पृथक किया जा सके। इस तरह राजस्थान के कालीबंगा और हरियाणा की बनावली की प्राक्-हड़प्पीय अवस्था स्पष्टतः ताम्रपाषाणिक है। यही बात पाकिस्तान के सिंध राज्य के कोटदीजी स्थल के बारे में भी है। प्राक्-हड़प्पीय और हड़प्पोत्तर ताम्रपाषाण संस्कृतियाँ तथा हड़प्पा संस्कृति की समकालीन ताम्रपाषाण संस्कृतियाँ भी उत्तरी, पश्चिमी और मध्य भारत में पाई जाती हैं। एक उदाहरण है कयथा संस्कृति (लगभग 2000-1800 ई० पू०) जो हड़प्पा संस्कृति की कनिष्ठ समकालीन है। इसके मुद्भांडों में कुछ प्राक्-हड़प्पीय लक्षण हैं, पर साथ ही इस पर हड़प्पाई प्रभाव भी दिखाई देता है। इस क्षेत्र में कई हड़प्पाई ताम्रपाषाणीय संस्कृतियाँ हड़प्पा संस्कृति की नगरोत्तर अवस्था से प्रभावित हैं।

कई अन्य ताम्रपाषाण संस्कृतियाँ परिपक्व हड़प्पा संस्कृति से उम्र में छोटी होते हुए भी सिंधु सभ्यता से जुड़ी नहीं हैं, जैसे नवदाटोली, एरण और नगदा में पाई गई मालवा संस्कृति (1700-1200 ई० पू०) हड़प्पा संस्कृति से पृथक मानी जाती है। जोरवे संस्कृति (1400-700 ई० पू०) जो अंशतः विदर्भ और कोंकण को छोड़ सारे महाराष्ट्र में छाई हुई है, उसके बारे में भी यही बात है। देश के दक्षिणी और पूर्वी भागों में ताम्रपाषाण बस्तियाँ हड़प्पा संस्कृति से स्वतंत्र रही हैं। दक्षिण भारत में ऐसी बस्तियाँ हमेशा नवपाषाणयुगीन बस्तियों के बाद लगातार चलती हैं। विंध्य क्षेत्र, पूर्वी उत्तर प्रदेश, बिहार और पश्चिम बंगाल की ताम्रपाषाण बस्तियाँ भी हड़प्पा संस्कृति से असंबद्ध थीं।

यह स्पष्ट है कि कई प्रकार की प्राक्-हड़प्पीय ताम्रपाषाण संस्कृतियाँ सिंध, बलूचिस्तान, राजस्थान आदि प्रदेशों में कृषक समुदायों के प्रसार में प्रेरक हुईं और उनसे हड़प्पा की नगर सभ्यता के उदय के लिए अनुकूल अवसर बना। इस प्रसंग में सिंध के अमरी और कोटदीजी तथा राजस्थान के कालीबंगा और गणेश्वर का भी नाम लिया जा सकता है। प्रतीत होता है कि ताम्रपाषाण युग के कुछ कृषक समुदाय सिंधु के बाढ़ वाले मैदानों की ओर बढ़े, कांसे का तकनीकी ज्ञान प्राप्त किया और नगरों की स्थापना में सफल हुए।

भारत के मध्य और पश्चिमी भागों में ताम्रपाषाण संस्कृतियाँ 1200 ई० पू० में या 1000 ई० पू० आते-जाते लुप्त हो गईं; केवल जोरवे संस्कृति 700 ई० पू० तक जीवित रही। फिर भी देश के कई भागों में ताम्रपाषाणयुगीन काले-व-लाल मृद्‌भांड का बनना ऐतिहासिक काल में भी ई० पू० दूसरी सदी तक जारी रहा। परंतु कुल मिलाकर मध्य तथा पश्चिमी भारत की आरंभिक ऐतिहासिक संस्कृति तथा उनकी ताम्रपाषाण संस्कृति के बीच लगभग चार से छह शताब्दियों का व्यवधान रहा होगा। पश्चिमी भारत और पश्चिम मध्य प्रदेश में ताम्रपाषाण बस्तियों के लुप्त होने का कारण लगभग 1200 ई० पू० के बाद से वर्षा की कमी मानी जाती है। पर मध्य गंगा क्षेत्र और पश्चिम बंगाल में ये बस्तियाँ बाद तक चलती रहीं। ऐसा लगता है कि पश्चिमी भारत में ताम्रपाषाणयुग के लोग ऐसी काली चिकनी मिट्‌टी वाले क्षेत्र में थे जहाँ सूखे मौसम में ज़मीन गोड़ना कठिन होता है। अतः वे अपने ज़मीन खोदने वाले डंडे के सहारे ज़्यादा दिनों तक टिक नहीं सके। लेकिन लाल मिट्‌टी वाले क्षेत्रों में, खासकर पूर्वी भारत में ताम्रपाषाण अवस्था के तुरंत बाद, बिना किसी व्यवधान के, लौह अवस्था आ धमकी और उसने धीरे-धीरे लोगों को पूरा खेतिहर बना दिया।

यही बात मध्य गंगा के मैदान में स्थित ताम्रपाषाण संस्कृतियों पर लागू होती है। इसी तरह दक्षिणी भारत के कई स्थलों पर ताम्रपाषाण संस्कृति ने लोहे का इस्तेमाल करने वाली महापाषाण संस्कृति का रूप ले लिया।

ताम्रपाषाण अवस्था का महत्त्व

जलोढ़ मिट्‌टी वाले मैदानों और घने जंगल वाले क्षेत्रों को छोड़ प्रायः देश भर में ताम्रपाषाण संस्कृतियों के अवशेष मिले हैं। जलोढ़ मिट्‌टी वाले मैदानों में भी जलाशय के किनारे कई ताम्रपाषाण बस्तियाँ मिली हैं। पर सामान्यतः ताम्रपाषाणिक लोगों ने अधिकतर नदी-तटों पर पहाड़ियों से कम दूरी पर गाँव बसाए। जैसा कि पहले बताया जा चुका है, ये लोग सूक्ष्मपाषाणों और पत्थर के अन्य औज़ारों के साथ-साथ तांबे के भी कुछ औज़ारों का प्रयोग करते थे। जान पड़ता है कि इनमें से अधिकतर लोग तांबे को पिघलाने की कला जानते थे। पर मध्य गंगा क्षेत्र की ताम्रपाषाण संस्कृति में तांबे के औज़ार बहुत कम मिलते हैं; पश्चिमी भारत और मध्य भारत की संस्कृतियों में वे अधिक मिलते हैं। लगभग सभी ताम्रपाषाण समुदाय चाकों पर बने काले-व-लाल मृद्‌भांड का प्रयोग करते थे। उनके विकास की प्राक्-कांस्य अवस्था को देखते हुए हम पाते हैं कि चित्रित मृद्‌भांडों का सबसे पहले इस्तेमाल करने वाले वे ही हैं। वे पकाने, खाने, पीने और सामान रखने के लिए इन भांडों का प्रयोग करते थे। वे लोटा और थाली दोनों का प्रयोग करते थे। दक्षिण भारत में नवपाषाण अवस्था अलक्षित रूप से ही ताम्रपाषाण अवस्था में परिणत हो गई, अतः इन संस्कृतियों को **नवपाषाणीय**

ताम्रपाषाण संस्कृति का नाम दे दिया गया। अन्य भागों में, विशेषकर पश्चिमी महाराष्ट्र और राजस्थान में ताम्रपाषाण संस्कृति के लोग बाहर से आकर बसे प्रतीत होते हैं। उनकी सबसे पुरानी बस्तियाँ संभवत: मालवा और मध्य भारत में थीं, जैसे कयथा और एरण की बस्तियाँ। पश्चिमी महाराष्ट्र की बस्तियाँ बाद की मालूम होती हैं, और बिहार तथा पश्चिम बंगाल की बस्तियाँ तो और भी बाद में बसी हैं।

सर्वप्रथम ताम्रपाषाण जनों ने ही प्रायद्वीपीय भारत में बड़े-बड़े गाँव बसाए और वे नवपाषाण जनों के बारे में जितना ज्ञात है उससे कहीं अधिक अनाज उपजाते थे। विशेषकर वे पश्चिमी भारत में जौ, गेहूँ और मूँग तथा दक्षिणी और पूर्वी भारत में चावल पैदा करते थे। वे अन्न के साथ-साथ मछली भी खाते थे। पश्चिम भारत में पशुओं का मांस अधिक चलता था, पर पूर्वी भारत के भोजन में मछली और भात का प्रमुख स्थान था। पश्चिमी महाराष्ट्र, पश्चिमी मध्य प्रदेश और दक्षिणी-पूर्वी राजस्थान में बस्तियों के और भी अवशेष मिले हैं। मध्य प्रदेश में कयथा और एरण की और पश्चिमी महाराष्ट्र में इनामगाँव की बस्तियाँ किलाबंद हैं। इसके विपरीत, पूर्वी भारत के चिराँद और पांडु राजार ढिबि की सरंचना के अवशेष कम हैं; उनसे सिर्फ खंभों, खाइयों और गोलाकार घरों की जानकारी मिलती है। शव संस्कार विधियाँ भिन्न थीं। महाराष्ट्र में मृतक उत्तर-दक्षिण सीध में रखा जाता था, किंतु दक्षिण भारत में पूरब-पश्चिम सीध में। पश्चिमी भारत में लगभग संपूर्ण (एक्सटेंडेड बरिअल) शवाधान प्रचलित था, जबकि पूर्वी भारत में आंशिक शवाधान (फ्रक्शनल बरिअल) चलता था।

ताम्रपाषाण संस्कृतियों की दुर्बलताएँ

ताम्रपाषाण युग के लोग मवेशी (भेड़/बकरे) पालते थे और उन्हें अपने आँगन में ही बाँध कर रखते थे। शायद वे पशुपालन मांस के लिए करते थे, दूध पीने के लिए या घी आदि बनाने के लिए उनको दुहते नहीं थे। कई जनजातियों के लोग, जैसे बस्तर के गोंड मानते हैं कि पशुओं का दूध केवल पशुओं के बच्चों के लिए है, इसलिए वे दुहते नहीं हैं। इस कारण ताम्रपाषाण युग के लोग पशुओं से पूरा फायदा नहीं उठा सके और ताम्रपाषाण युग के जो लोग मध्य और पश्चिमी भारत के काली कपास-मिट्टी वाले क्षेत्र में रहते थे, गहन या विस्तृत पैमाने पर खेती नहीं कर पाए। ताम्रपाषाण स्थलों में न हल और न फावड़ा (हो) ही पाया गया है। वे अपने ज़मीन खोदने वाले डंडे (डिगिंग स्टिक) में पत्थर का छिद्रित चक्का दबाव के लिए लटका देते थे और इससे केवल झूम खेती कर पाते थे। ऐसी खनन-यष्टि से तो केवल राख में ही खेती करनी संभव थी। काली मिट्टी में गहन और व्यापक खेती करने के लिए लोहे के उपकरणों का प्रयोग आवश्यक था, जिनका स्थान ताम्रपाषाण

संस्कृति में था ही नहीं। पूर्वी भारत में लाल मिट्टी वाले इलाकों में रहने वाले ताम्रपाषाणिक लोगों की भी यही कठिनाई थी।

पश्चिमी महाराष्ट्र में बड़ी संख्या में बच्चों के शवाधानों से ताम्रपाषाण संस्कृतियों की आम दुर्बलता प्रकट होती है। खाद्य-उत्पादक अर्थव्यवस्था के होते हुए भी बच्चों के मरने की दर बहुत ऊँची थी। पोषाहार की कमी, चिकित्सा के ज्ञान का अभाव या महामारी का प्रकोप इसका कारण हो सकता है। जो भी हो, ताम्रपाषाण संस्कृति का सामाजिक और आर्थिक ढाँचा आयुवर्धक नहीं हुआ।

ताम्रपाषाण संस्कृति तत्त्वतः ग्रामीण पृष्ठभूमि पर खड़ी थी। इसके जीवन की सारी अवधि में तांबा सीमित मात्रा में ही उपलब्ध रहा और धातु के रूप में तांबा कुछ सीमित ही काम दे सकता था। यों भी तांबे का बना औज़ार लचीला होता था। लोग तांबे में टिन को मिश्रित करके कांसा बनाना नहीं जानते थे जो तांबे से अधिक मज़बूत और उपयोगी होता है। कांसे के औज़ारों के इस्तेमाल से क्रीट, मिस्र और मेसोपोटामिया में और सिंधु घाटी में भी प्राचीनतम सभ्यताओं के विकास में बड़ी सुविधा मिली थी।

ताम्रपाषाण युग के लोग लिखने की कला नहीं जानते थे और न ही वे नगरों में रहते थे, जबकि कांस्य युग के लोग नगरवासी हो गए थे। सभ्यता के ये सभी तत्त्व हमें भारतीय उपमहादेश के सिंधु क्षेत्र के अधिकतर भाग में विद्यमान दिखाई पड़ते हैं। अधिकांश ताम्रपाषाण संस्कृतियाँ उम्र में सिंधु घाटी सभ्यता के बाद की हैं। फिर भी ये संस्कृतियाँ सिंधु घाटी सभ्यता के लोगों के उन्नत तकनीकी ज्ञान से कोई ठोस फायदा नहीं उठा पाईं।

ताम्र-निधियाँ और गैरिक मृद्भांड अवस्था

अस्सी से भी अधिक ताम्र-निधियाँ (ताम्र उपकरणों के जखीरे), जिनमें अंगूठी, सेल्ट, कुठारी, खड्ग, हार्पून, शूल, आदमी जैसी मूरतें आदि चीजें हैं, पूरब में बंगाल और उड़ीसा से लेकर पश्चिम में गुजरात और हरियाणा तक, तथा दक्षिण में आंध्र प्रदेश से लेकर उत्तर प्रदेश तक के विशाल भू-भाग में बिखरी पाई गई हैं। सबसे बड़ी निधि मध्य प्रदेश के गुंगेरिया से प्राप्त हुई है। इसमें 424 तांबे के औज़ार और हथियार, तथा 102 चांदी के पतले पत्तर हैं। लेकिन इन ताम्र-निधियों में से लगभग आधी गंगा-यमुना दोआब में केंद्रित हैं, अन्य क्षेत्रों में जहाँ-तहाँ तांबे के हार्पून, दुसिंगी तलवार, और मानव-मूर्तियाँ मिलती हैं। ये शिल्प-वस्तुएँ कई तरह के काम देती थीं। ये केवल मछली पकड़ने, शिकार करने या लड़ाई करने के लिए ही नहीं थीं, बल्कि शिल्पकर्म और कृषिकर्म के लिए भी उपयोगी थीं। इन उपकरणों से यह स्वतः सिद्ध होता है कि तांबे के कारीगरों को अच्छी तकनीकी जानकारी प्राप्त हो चुकी थी, और वे वस्तुएँ खानाबदोश लोगों या आदिम कारीगरों की कृति नहीं हो सकती हैं। पश्चिमी

उत्तर प्रदेश के दो स्थानों में की गई खुदाई में इनमें से कुछ वस्तुएँ गैरिक मृद्भांडों और कच्ची मिट्टी के घर-द्वारों के साथ मिली हैं। एक स्थान में कहीं-कहीं पकी ईंट के टुकड़े भी पाए गए हैं। खुदाई में पत्थर के औज़ार भी मिले हैं। इन बातों से यह प्रकट होता है कि ताम्र-निधियों में पत्थर के औज़ारों के साथ मिले तांबे के इन उपकरणों का प्रयोग करने वाले लोग स्थायी जीवन बिताने वाले थे, और उन ताम्रपाषाण कृषकों और शिल्पियों में थे जो दोआब के बड़े भाग में सबसे पहले बसे। अधिकांश गैरिक मृद्भांड स्थल दोआब के ऊपरी हिस्से में पड़ते हैं, लेकिन छिटपुट ताम्र-निधियाँ बिहार और अन्य प्रदेशों के पठार क्षेत्रों में मिली हैं। बहुत-से ताम्र सेल्ट राजस्थान के खेत्री अंचल में भी पाए गए हैं।

गैरिक मृद्भांड संस्कृति का काल आठ वैज्ञानिक तिथि निर्धारणों के आधार पर मोटे तौर पर 2000 ई० पू० और 1500 ई० पू० के बीच रखा जा सकता है। जब गैरिक मृद्भांड बस्तियाँ समाप्त हुईं, उस समय से लगभग 1000 ई० पू० तक दोआब में कोई खास बस्तियाँ नहीं दिखाई देतीं। हमें काले-व-लाल-मृद्भांड वाले लोगों की कुछ बस्तियों का अस्तित्व मालूम है, लेकिन उनके पास अवशेषों का जमाव इतना पतला है और पुरावस्तुएँ इतनी कम हैं कि उनसे लोगों के सांस्कृतिक साधनों की कोई स्पष्ट और विशिष्ट छवि नहीं मिलती है। जो भी हो, दोआब के ऊपरी भाग में गैरिक मृद्भांड वाले लोगों के उदय के साथ ही बस्ती आरंभ होती है। हरियाणा और राजस्थान की सीमा पर अवस्थित जोधपुरा में गैरिक मृद्भांड का सबसे मोटा जमाव देखा गया है जो 1.1 मीटर है। फिर भी प्रतीत होता है कि किसी भी स्थान पर ये बस्तियाँ लगभग सौ बरस से अधिक नहीं टिकीं, और न ये आकार में बड़ी हैं, न तो विस्तृत क्षेत्र में फैली ही हैं। पता नहीं कि ये बस्तियाँ क्यों और कैसे समाप्त हो गईं। कहा जाता है कि एक विशाल क्षेत्र में बाढ़ आने और उसके बाद वहाँ जल-जमाव हो जाने के कारण वह इलाका मानव निवास के लिए अनुपयुक्त हो गया होगा। कुछ विद्वानों के अनुसार, गैरिक मृद्भांड के गठन में जो अभी ढीलापन पाया जाता है वह दीर्घकाल तक पानी में रहने के कारण हो सकता है।

गैरिक मृद्भांड वाले लोग हड़प्पाई लोगों के कनीय समसामयिक थे और वे जिस गैरिक मृद्भांड वाले क्षेत्रों में रहते थे, वह हड़प्पाई क्षेत्र से बहुत दूर नहीं हैं। इसलिए हम गैरिक मृद्भांड वाले लोगों और कांसे का प्रयोग करने वाले हड़प्पाई लोगों के बीच कुछ आदान-प्रदान का अनुमान कर सकते हैं।

❖ कालक्रम ❖

2800–2200 ई० पू०	गणेश्वर (राजस्थान) के निक्षेप की तिथि।
2100–1500 ई० पू०	अहार (बनास घाटी, राजस्थान) ताम्रपाषाण संस्कृति।
2000 ई० पू० और उसके बाद	काला और लाल मृद्‌भांड का व्यापक प्रयोग।
2000–1800 ई० पू०	कयथा (मध्य प्रदेश) की ताम्रपाषाण संस्कृति।
2000–1500 ई० पू०	गैरिक मृद्‌भांड संस्कृति।
1700–1200 ई० पू०	मध्य प्रदेश अंतर्गत नवदाटोली, एरण और नगद में मालवा संस्कृति।
1500 ई० पू०	गिलुंद (राजस्थान) में ताम्रपाषाणकालीन पकी ईंटें।
1400–700 ई० पू०	जोरवे संस्कृति (महाराष्ट्र)।
1200 ई० पू०	मध्य और पूर्वी भारत में अनेक ताम्रपाषाणकालीन स्थल।
1200 ई० पू० और उसके बाद	मध्य और पूर्वी भारत में अनेक ताम्रपाषाणकालीन बस्तियों का लोप।
द्वितीय शताब्दी ई० पू० तक	ताम्रपाषाणकालीन काला और लाल मृद्‌भांड बरकरार।

10
हड़प्पा संस्कृतिः कांस्ययुगीन नगरीकरण

प्रस्तावना

पाकिस्तानी पंजाब स्थित हड़प्पा में प्राप्त कांस्ययुगीन नगरीय संस्कृति महान खोज थी। 1853 ई० में ब्रिटिश अभियंता अलेक्जेंडर कनिंघम ने, जो महान उत्खनक और अन्वेषक हुए, हड़प्पा संस्कृति की मोहर देखी। मोहर के ऊपर वृषभ और कुल छह अक्षर अंकित थे, लेकिन उन्होंने उसका महत्त्व नहीं समझा। बहुत बाद में, 1921 ई० में जब भारतीय पुरातत्त्वविद् दयाराम साहनी ने हड़प्पा की खुदाई शुरू की तब इसकी संभावनाओं की चर्चा होने लगी। प्रायः उसी समय इतिहासकार राखालदास बनर्जी ने सिंध में मोहेंजोदड़ो की खुदाई की। दोनों ने मृण्पात्र और अन्य पुरावशेष खोज निकाले जिनसे विकसित सभ्यता का संकेत मिलता था।

1926 से 1934 ई० तक एम० एस० वत्स ने हड़प्पा की खुदाई की; इसकी खुदाई ई० जे० एच० मैके के द्वारा भी हुई। 1934 ई० से जॉन मार्शल ने मोहेंजोदड़ो की खुदाई का भार अपने ऊपर ले लिया। 1946 ई० में मॉर्टिमर ह्वीलर ने हड़प्पा की खुदाई की। इस प्रकार स्वतंत्रता और विभाजन के पहले के उत्खनन द्वारा हड़प्पा संस्कृति के अनेक स्थलों के, जहाँ कांसे का इस्तेमाल होता था, महत्त्वपूर्ण पुरावशेष प्रकाश में लाए गए।

स्वतंत्रता के बाद के समय में भारत और पाकिस्तान दोनों के पुरातत्त्वविदों ने हड़प्पाई और उससे जुड़े स्थलों की खुदाई की। सूरज भान, एम० के० धावलिकर, जे० पी० जोशी, बी० बी० लाल, एस० आर० राव, बी० के० थापर, आर० एस० बिष्ट और कुछ अन्य पुरातत्त्वविदों ने इस सिलसिले में गुजरात, हरियाणा और राजस्थान में काम किया।

एफ० ए० खान ने पाकिस्तान में सिंधु घाटी के अंतर्गत कोटदीजी नामक स्थल की खुदाई की और एम० आर० मुगल ने हकरा तथा प्राक्-हकरा संस्कृतियों की खुदाई पर अधिक ध्यान दिया। ए० एच० दानी ने पाकिस्तान के उत्तर-पश्चिमी सीमांत प्रदेश में गंधार के मकबरों की खुदाई की। अमरीकी, ब्रिटिश, फ्रांसीसी और इतालवी पुरातत्त्वविदों ने हड़प्पा सहित अनेक स्थलों पर काम किया।

अब हमारे पास प्रचुर मात्रा में हड़प्पाई सामग्रियाँ हैं, यद्यपि उत्खनन और अन्वेषण अभी भी जारी हैं। सभी विद्वान हड़प्पा संस्कृति के नगरीय स्वरूप पर एकमत हैं।

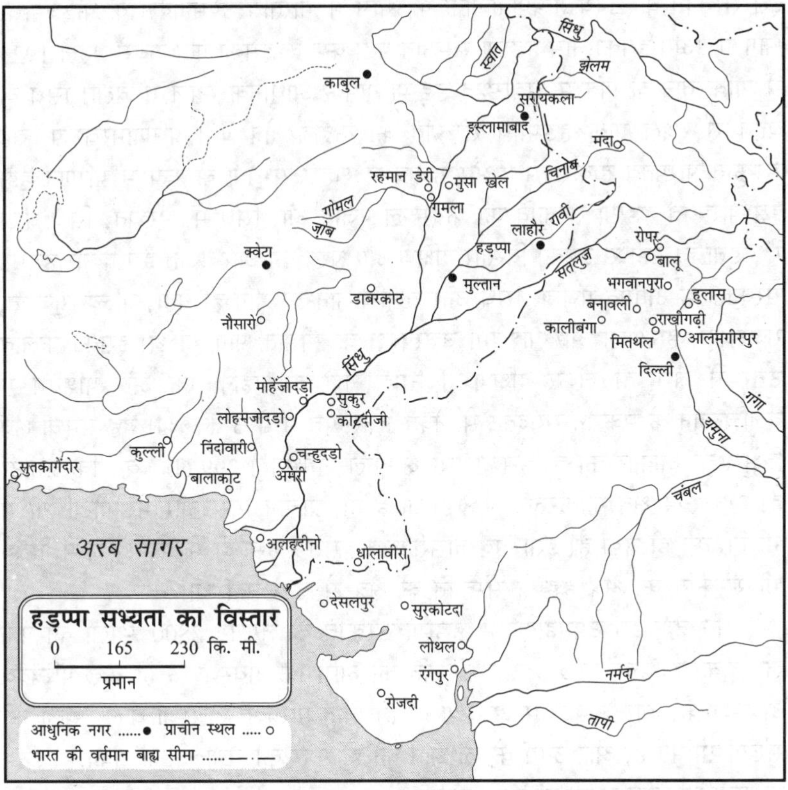
सिंधु
स्वात
झेलम
काबुल
सरायकला
इस्लामाबाद
मंदा
चिनोब
रहमान डेरी
मुसा खेल
गुमला
गोमल
ज़ोब
लाहौर
रावी
हड़प्पा
रोपर
बालू
क्वेटा
मुल्तान
सतलुज
भगवानपुरा
हुलास
डाबरकोट
बनावली
राखीगढ़ी
नौसारो
कालीबंगा
मितथल
आलमगीरपुर
दिल्ली
मोहेंजोदड़ो
सुकुर
गंगा
लोहमजोदड़ो
कोटदीजी
यमुना
निंदोवारी
कुल्ली
चन्हुदड़ो
सुतकागेंदोर
अमरी
बालाकोट
चंबल
अरब सागर
अलहदीनो
धोलावीरा
देसलपुर
सुरकोटदा
हड़प्पा सभ्यता का विस्तार
0 165 230 कि. मी.
प्रमान
लोथल
रंगपुर
नर्मदा
रोजदी
ताप्ती
आधुनिक नगर ......● प्राचीन स्थल ..... ○
भारत की वर्तमान बाह्य सीमा ...... —·—

लेकिन हकरा-घग्गर नदी से शिनाख्त हुई सरस्वती नदी की भूमिका और इस संस्कृति के निर्माता की पहचान पर भिन्न-भिन्न मत हैं। हम प्रस्तुत अध्याय में इस पर विचार करेंगे।

भौगोलिक विस्तार

सिंधु या हड़प्पा संस्कृति उन अनेकों ताम्रपाषाण संस्कृतियों से पुरानी है जिनका वर्णन पूर्व में किया जा चुका है, लेकिन यह उन संस्कृतियों से कहीं अधिक विकसित है। इस संस्कृति का उदय ताम्रपाषाणिक पृष्ठभूमि में भारतीय उपमहादेश के पश्चिमोत्तर भाग में हुआ। इसका नाम हड़प्पा संस्कृति पड़ा क्योंकि इसका पता सबसे पहले 1921 में पाकिस्तान के प्रांत में अवस्थित हड़प्पा नामक आधुनिक स्थल में चला। सिंध के बहुत-से स्थल प्राक्-हड़प्पीय संस्कृति का केंद्रीय क्षेत्र बने। परिणामस्वरूप, वह संस्कृति परिपक्व होकर सिंधु और पंजाब में शहरी सभ्यता के रूप में परिणत हुई। इस परिपक्व हड़प्पा संस्कृति का केंद्रस्थल पंजाब और सिंध में, मुख्यत: सिंधु घाटी में पड़ता है। यहीं से इसका विस्तार दक्षिण और पूरब की ओर हुआ। इस प्रकार हड़प्पा संस्कृति के अंतर्गत पंजाब, सिंध और बलूचिस्तान के भाग ही नहीं, बल्कि गुजरात, राजस्थान, हरियाणा और पश्चिमी उत्तरप्रदेश के सीमांत भाग भी थे। इसका फैलाव उत्तर में जम्मू से लेकर दक्षिण में नर्मदा नदी के मुहाने तक और पश्चिम में बलूचिस्तान के मकरान समुद्रतट से लेकर उत्तर-पूर्व में मेरठ तक था। यह समूचा क्षेत्र त्रिभुज के आकार का है। इसका पूरा क्षेत्रफल लगभग 1,299,600 वर्ग किलोमीटर है। अत: यह क्षेत्र पाकिस्तान से बड़ा तो है ही, प्राचीन मिस्र और मेसोपोटामिया से भी निश्चय ही बड़ा है। ईसा-पूर्व तीसरी और दूसरी सहस्राब्दी में संसार भर में किसी भी संस्कृति का क्षेत्र हड़प्पा संस्कृति के क्षेत्र से बड़ा नहीं था।

अब तक इस उपमहादेश में हड़प्पा संस्कृति के लगभग 2800 स्थलों का पता लग चुका है। इनमें कुछ हड़प्पा संस्कृति की आरंभिक अवस्था के हैं, कुछ परिपक्व अवस्था के, और कुछ उत्तर अवस्था के हैं। किंतु परिपक्व अवस्था वाले स्थलों की संख्या सीमित है, और उनमें केवल सात को ही नगर की संज्ञा दी जा सकी है। इनमें दो सर्वाधिक महत्त्व के नगर थे-पंजाब में हड़प्पा और सिंध में मोहेंजोदड़ो (अर्थात् प्रेतों का टीला)। दोनों पाकिस्तान में पड़ते हैं। दोनों एक-दूसरे से 483 किलोमीटर दूर थे और सिंधु नदी द्वारा जुड़े हुए थे। तीसरा नगर सिंध में मोहेंजोदड़ो से 130 किलोमीटर के करीब दक्षिण में चन्हुदड़ो स्थल पर था और चौथा नगर गुजरात में खंभात की खाड़ी के ऊपर लोथल स्थल पर। पाँचवाँ नगर उत्तरी राजस्थान में कालीबंगा (अर्थात् काले रंग की चूड़ियाँ) और छठा नगर बनावली, हरियाणा के हिसार ज़िले में था। कालीबंगा की तरह इसने भी दो सांस्कृतिक अवस्थाएँ देखीं-

हड़प्पा-पूर्व और हड़प्पाकालीन। कच्ची ईंटों के चबूतरों, सड़कों और मोरियों के अवशेष हड़प्पाकालीन हैं। इन छहों स्थलों पर परिपक्व और उन्नत हड़प्पा संस्कृति के दर्शन होते हैं। सुतकागेंडोर और सुरकोटदा के समुद्रतटीय नगरों में भी इस संस्कृति की परिपक्व अवस्था दिखाई देती है। इन दोनों की विशेषता है एक-एक नगर-दुर्ग का होना। इसके अतिरिक्त, गुजरात के कच्छ क्षेत्र में अवस्थित धोलावीरा में भी किला है, और इस स्थल पर हड़प्पा संस्कृति की तीनों अवस्थाएँ मिलती हैं। ये तीनों अवस्थाएँ राखीगढ़ी में भी मिलती हैं जो घग्गर नदी पर हरियाणा में स्थित है और धोलावीरा से बड़ा है। उत्तर हड़प्पा अवस्था गुजरात के काठियावाड़ प्रायद्वीप में रंगपुर और रोजदी स्थलों पर पाई गई है।

नगर-योजना और संरचनाएँ

हड़प्पा संस्कृति की विशेषता थी इसकी नगर-योजना प्रणाली। हड़प्पा और मोहेंजोदड़ो दोनों नगरों के अपने-अपने दुर्ग थे जहाँ शासक वर्ग के लोग रहते थे। प्रत्येक नगर में दुर्ग के बाहर एक-एक उससे निम्न स्तर का शहर था जहाँ ईंटों के मकानों में सामान्य लोग रहते थे। इन नगरों में भवनों के बारे में विशिष्ट बात यह थी कि ये जाल (ग्रिड) की तरह व्यवस्थित थे। तदनुसार सड़कें एक दूसरे को समकोण बनाते हुए काटती थीं और नगर अनेक खंडों में विभक्त थे। यह बात सभी सिंधु बस्तियों पर लागू थी, चाहे वे छोटी हों या बड़ी। बड़े-बड़े भवन हड़प्पा और मोहेंजोदड़ो दोनों की विशेषता है; दूसरा तो भवनों में और भी समृद्ध है। उनके स्मारक बतलाते हैं कि वहाँ के शासक मज़दूर जुटाने और कर-संग्रह में परम कुशल थे। ईंटों की बड़ी-बड़ी इमारतें देखकर सामान्य लोगों को यह भी लगता होगा कि उनके शासक कितने प्रतापी और प्रतिष्ठावान हैं।

मोहेंजोदड़ो का शायद सबसे महत्त्वपूर्ण सार्वजनिक स्थल है विशाल स्नानागार; जिसका जलाशय दुर्ग के टीले में है। यह ईंटों के स्थापत्य का सुंदर उदाहरण है। यह 11.88 मी० लंबा, 7.01 मी० चौड़ा और 2.43 मी० गहरा है। दोनों सिरों पर तल तक सीढ़ियाँ बनी हुई हैं। बगल में कपड़े बदलने के कमरे हैं। स्नानागार का फर्श पकी ईंटों का बना है। पास के कमरे में बड़ा-सा कुआँ है। इससे पानी निकालकर हौज़ में डाला जाता था। हौज़ के कोने में निर्गम-मुख है जिससे पानी बहकर नाले में जाता था। बताया जाता है कि यह विशाल स्नानागार धर्मानुष्ठान संबंधी स्नान के लिए बना होगा, जो भारत में हर धार्मिक कर्म में आवश्यक रहा है।

मोहेंजोदड़ो की सबसे बड़ी इमारत है अनाज रखने का कोठार, जो 45.71 मी० लंबा और 15.23 मी० चौड़ा है। पर हड़प्पा के दुर्ग में छह कोठार मिले हैं जो ईंटों के बने चबूतरों पर दो पाँतों में खड़े हैं। प्रत्येक कोठार 15.23 मी० लंबा और 6.09

मी० चौड़ा है और नदी के किनारे से कुछेक मीटर की दूरी पर है। इन बारह इकाइयों का समूचा क्षेत्र लगभग 838.1025 वर्गमीटर होता है, जो लगभग उतना ही होता है जितना मोहेंजोदड़ों के कोठार का है। हड़प्पा के कोठारों के दक्षिण में खुला फर्श है और इस पर दो कतारों में ईंट के वृत्ताकार चबूतरे बने हुए हैं। स्पष्ट है कि इनका उपयोग फसल दावने के काम में होता था, क्योंकि फर्श की दरारों में गेहूँ और जौ के दाने मिले हैं। हड़प्पा में दो कमरे वाले बैरक भी हैं, जो शायद मज़दूरों के रहने के लिए बने थे।

कालीबंगा में भी नगर के दक्षिण भाग में ईंटों के चबूतरे मिले हैं जो शायद कोठारों के लिए बने होंगे। इस प्रकार यह स्पष्ट होता है कि कोठार हड़प्पा संस्कृति के महत्त्वपूर्ण अंग थे।

हड़प्पा संस्कृति के नगरों में पकी ईंटों का इस्तेमाल विशेष बात है, क्योंकि मिस्र के समकालीन भवनों में धूप में सुखाई गई ईंटों का ही प्रयोग हुआ था। समकालीन मेसोपोटामिया में पकी ईंटों का प्रयोग बहुत ही बड़े पैमाने पर हुआ है।

मोहेंजोदड़ो की जल निकास प्रणाली अद्‌भुत थी। लगभग सभी नगरों के हर छोटे या बड़े मकान में प्रागंण और स्नानागार होते थे। कालीबंगा के अनेक घरों में अपने-अपने कुएँ थे। घरों का पानी बहकर सड़कों तक आता जहाँ इनके नीचे मोरियाँ बनी हुई थीं। अक्सर ये मोरियाँ ईंटों और पत्थर की सिल्लियों से ढकी रहती थीं। सड़कों की इन मोरियों में नरमोखे (मैनहोल) भी बने थे। सड़कों और मोरियों के अवशेष बनावली में भी मिले हैं। कुल मिलाकर स्नानघरों और मोरियों की व्यवस्था अनोखी है। हड़प्पा की निकास प्रणाली तो और भी विलक्षण है। शायद कांस्य युग की दूसरी किसी भी सभ्यता ने स्वास्थ्य और सफाई को इतना महत्त्व नहीं दिया जितना कि हड़प्पा संस्कृति के लोगों ने दिया।

कृषि

सिंधु प्रदेश में आज पहले की अपेक्षा बहुत ही कम वर्षा होती है, इसलिए यह प्रदेश अब उतना उपजाऊ नहीं रहा। यहाँ के समृद्ध देहातों और शहरों को देखने से प्रकट होता है कि प्राचीन काल में यह प्रदेश खूब उपजाऊ था। अब यहाँ केवल 15 सेटींमीटर वर्षा होती है। ईसा-पूर्व चौथी सदी में सिकंदर का एक इतिहासकार बता गया है कि सिंध इस देश के उपजाऊ भागों में गिना जाता था। पूर्वकाल में सिंधु प्रदेश में प्राकृतिक वनस्पति-संपदा अधिक थी, जिसके कारण यहाँ अधिक वर्षा होती थी। यहाँ के वनों से ईंटें पकाने और इमारत बनाने के लिए लकड़ी बड़े पैमाने पर इस्तेमाल में लाई जाती थी। लंबे अरसे तक खेती का विस्तार, बड़े पैमाने पर चराई और ईंधन के लिए लकड़ी की खपत होते रहने से यहाँ की प्राकृतिक वनस्पति-संपदा

क्षीण होती गई। इस प्रदेश की उर्वरता का विशेष कारण शायद सिंधु नदी से हर साल आने वाली बाढ़ थी। गाँव की रक्षा के लिए खड़ी की गई पकी ईंट की दीवारों से प्रकट होता है कि बाढ़ हर साल आती थी। सिंधु नदी मिस्र की नील नदी की अपेक्षा कहीं अधिक जलोढ़ मिट्टी बहाकर लाती थी और इसे बाढ़ वाले मैदानों में छोड़ जाती थी। जैसे नील ने मिस्र का निर्माण और वहाँ के लोगों का भरण-पोषण किया, वैसे ही सिंधु नदी ने सिंध क्षेत्र का निर्माण और वहाँ के लोगों का भरण-पोषण किया। सिंधु सभ्यता के लोग बाढ़ उतर जाने पर नवंबर के महीने में बाढ़ वाले मैदानों में बीज बो देते थे और अगली बाढ़ के आने से पहले अप्रैल महीने में गेहूँ और जौ की अपनी फसल काट लेते थे। यहाँ कोई फावड़ा या फाल तो नहीं मिला है, लेकिन कालीबंगा की प्राक्-हड़प्पा अवस्था में जो कूँड (हलरेखा) देखे गए हैं, उनसे अनुमान लगाया जाता है कि हड़प्पा काल में राजस्थान में हल जोते जाते थे। हड़प्पाई लोग शायद लकड़ी के हलों का प्रयोग करते थे। इस हल को आदमी खींचते थे या बैल, इस बात का पता नहीं है। फसल काटने के लिए शायद पत्थर के हँसियों का प्रयोग होता था। गबरबंदों या नालों को बाँधों से घेरकर जलाशय बनाने की परिपाटी बलूचिस्तान और अफगानिस्तान के कुछ हिस्सों की विशेषता रही है, किंतु लगता है कि नहरों या नालों से सिंचाई की परिपाटी नहीं थी। हड़प्पाई गाँव, जो अधिकतर बाढ़ वाले मैदानों में थे, प्रचुर अन्न उपजा लेते थे, जो न केवल उनकी अपनी आवश्यकता की पूर्ति के लिए बल्कि खेती के काम से मतलब न रखने वाले नगरनिवासी शिल्पियों, व्यापारियों और सामान्य नागरिकों की जरूरत पूरी करने के लिए भी पर्याप्त होता था।

सिंधु सभ्यता के लोग गेहूँ, जौ, राई, मटर आदि अनाज पैदा करते थे। वे दो किस्म का गेहूँ और जौ उगाते थे। बनावली में मिला जौ बढ़िया किस्म का है। इनके अलावा वे तिल और सरसों भी उपजाते थे। परंतु हड़प्पाकालीन लोथल में रहनेवाले हड़प्पाइयों की स्थिति भिन्न रही है। लगता है कि लोथल के लोग 1800 ई० पू० में ही चावल उपजाते थे जिसका अवशेष वहाँ पाया गया है। मोहेंजोदड़ो और हड़प्पा में और शायद कालीबंगा में भी अनाज बड़े-बड़े कोठारों में जमा किया जाता था। संभवत: किसानों से राजस्व के रूप में अनाज लिया जाता था और वह पारिश्रमिक चुकाने और संकट की घड़ियों में काम के लिए कोठारों में जमा किया जाता था। यह बात हम मेसोपोटामिया के नगरों के दृष्टांत से कह सकते हैं जहाँ मज़दूरी में जौ दिया जाता था। सबसे पहले कपास पैदा करने का श्रेय सिंधु सभ्यता के लोगों को है। चूँकि कपास का उत्पादन सबसे पहले सिंधु क्षेत्र में ही हुआ, इसलिए यूनान के लोग इसे सिन्डन (Sindon) कहने लगे जो सिंधु शब्द से निकला है।

पशुपालन

कृषि पर निर्भर होते हुए भी हड़प्पाई लोग बहुत-सारे पशु पालते थे। वे बैल-गाय, भैंस, बकरी, भेड़ और सूअर पालते थे। उन्हें कूबड़ वाला साँड़ विशेष प्रिय था। कुत्ते शुरू से ही पालतू जानवरों में थे। बिल्ली भी पाली जाती थी। कुत्ता और बिल्ली दोनों के पैरों के निशान मिले हैं। वे गधे और ऊँट भी रखते थे और शायद इन पर बोझा ढोते थे। घोड़े के अस्तित्व का संकेत मोहेंजोदड़ो की एक ऊपरी सतह से तथा लोथल में मिली एक संदिग्ध मूर्तिका (टेराकोटा) से मिला है। गुजरात के पश्चिम में अवस्थित सुरकोटड़ा में घोड़े के अवशेषों के मिलने की रिपोर्ट आई है और वे 2000 ई० पू० के आसपास के बताए गए हैं, परंतु पहचान संदेहग्रस्त है। जो भी हो, इतना तो स्पष्ट है कि हड़प्पाई सभ्यता अश्वकेंद्रित नहीं थी। हड़प्पा संस्कृति के आरंभिक और परिपक्व अवस्था में न तो घोड़े की हड्डियाँ और न ही उसके प्रारूप मिले हैं।

हड़प्पाई लोगों को हाथी का ज्ञान था। वे गैंडे से भी परिचित थे। मेसोपोटामिया के समकालीन सुमेर के नगरों के लोग भी इन्हीं लोगों की तरह अनाज पैदा करते थे और उनके पालतू पशु भी प्राय: वही थे जो इनके थे। परंतु गुजरात में बसे हड़प्पाई लोग चावल उपजाते थे और हाथी पालते थे। ये दोनों बातें मेसोपोटामिया के नगरवासियों पर लागू नहीं होती हैं।

शिल्प और तकनीकी ज्ञान

हड़प्पा संस्कृति कांस्य युग की है। यों तो इस संस्कृति के लोग पत्थर के बहुत-सारे औज़ारों और उपकरणों का प्रयोग करते थे, लेकिन वे कांस्य के निर्माण और प्रयोग से भी भली-भाँति परिचित थे। सामान्यत: कांसा, तांबे में टिन मिलाकर धातुशिल्पियों द्वारा बनाया जाता था। पर, दोनों में एक भी धातु हड़प्पाई लोगों को आसानी से उपलब्ध नहीं थी। इसलिए हड़प्पा में कांसे के औज़ार बहुतायत से नहीं मिलते हैं। अयस्कों (ताम्र-खनिजों) की अशुद्धियों से लगता है कि वह तांबा राजस्थान की खेत्री ताम्र-खानों से मँगाया जा सकता था, हालाँकि बलूचिस्तान से भी मँगाया जा सकता था। टिन शायद अफगानिस्तान से कठिनाई के साथ मँगाया जाता था, यद्यपि बताया गया है कि टिन की कुछ पुरानी खदानें हजारीबाग और बस्तर में पाई गई हैं। हड़प्पाई स्थलों में जो कांसे के औज़ार और हथियार मिले हैं उनमें टिन की मात्रा कम है। फिर भी ये जो कांसे की वस्तुएँ छोड़ गए हैं वे नगण्य नहीं हैं। इन वस्तुओं से संकेत मिलता है कि हड़प्पा समाज के शिल्पियों में कसेरों (कांस्य-शिल्पियों) के समुदाय का महत्त्वपूर्ण स्थान था। वे प्रतिमाओं और बरतनों के साथ-साथ कई तरह के औज़ार और हथियार भी बनाते थे, जैसे कुल्हाड़ी, आरी, छुरा और बरछा। हड़प्पाई शहरों में कई अन्य महत्त्वपूर्ण शिल्प भी चलते थे। मोहेंजोदड़ो से बने हुए सूती कपड़े का एक

टुकड़ा निकला है, और कई वस्तुओं पर कपड़े की छाप देखने में आई है। कताई के लिए तकलियों का इस्तेमाल होता था। बुनकर ऊनी और सूती कपड़ा बुनते थे। ईंटों की विशाल इमारतें बताती हैं कि स्थापत्य (राजगीरी) महत्त्वपूर्ण शिल्प था। इससे राजगीरों (स्थापतियों) के वर्ग के अस्तित्व का भी आभास मिलता है। हड़प्पाई लोग नाव बनाने का काम भी करते थे। जैसा कि आगे बताया जाएगा, मिट्टी की मुहरें बनाना और मिट्टी की पुतलियाँ बनाना भी महत्त्वपूर्ण शिल्प थे। स्वर्णकार चांदी, सोना और रत्नों के आभूषण बनाते थे। सोना, चांदी संभवत: अफगानिस्तान से और रत्न दक्षिण भारत से आते थे। हड़प्पाई कारीगर मणियों के निर्माण में भी निपुण थे। कुम्हार के चाक का खूब प्रचलन था और हड़प्पाई लोगों के मृद्भांडों की अपनी खास विशेषताएँ थीं। ये भांडों को चिकने और चमकीले बनाते थे।

व्यापार

सिंधु सभ्यता के लोगों के जीवन में व्यापार का बड़ा महत्त्व था। इसकी पुष्टि हड़प्पा, मोहेंजोदड़ो और लोथल में अनाज के बड़े-बड़े कोठारों के पाए जाने से ही नहीं होती, बल्कि बड़े भू-भाग में ढेर सारी मिट्टी की मुहरों (सील), एकरूप लिपि और मानकीकृत माप-तौलों के अस्तित्व से भी होती है। हड़प्पाई लोग सिंधु-सभ्यता क्षेत्र के भीतर पत्थर, धातु, हड्डी आदि का व्यापार करते थे। लेकिन वे जो वस्तुएँ बनाते थे उनके लिए अपेक्षित कच्चा माल उनके नगरों में उपलब्ध नहीं था। वे धातु के सिक्कों का प्रयोग नहीं करते थे। संभव है कि वे सारे आदान-प्रदान विनिमय द्वारा करते हों। अपने तैयार माल और संभवत: अनाज भी नावों और बैलगाड़ियों पर लाद कर पड़ोस के इलाकों में ले जाते और उन वस्तुओं के बदले धातुएँ ले आते। वे अरब सागर के तट पर जहाज़रानी करते थे। वे पहिया से परिचित थे, और हड़प्पा में ठोस पहियों वाली गाड़ियाँ प्रचलित थीं। लगता है कि हड़प्पाई लोग किसी-न-किसी प्रकार के आज के इक्के का इस्तेमाल करते थे, पर उनमें आरेदार पहिए नहीं थे।

हड़प्पाई लोगों का व्यापारिक संबंध राजस्थान के एक क्षेत्र से था और अफगानिस्तान और ईरान से भी। उन्होंने उत्तरी अफगानिस्तान में अपनी वाणिज्य-बस्ती स्थापित की थी जिसके सहारे उनका व्यापार मध्य एशिया के साथ चलता था। उनके नगरों का व्यापार दजला-फरात प्रदेश के नगरों के साथ चलता था। बहुत-सी हड़प्पाई मुहरें मेसोपोटामिया की खुदाई में निकली हैं और प्रतीत होता है कि हड़प्पाई लोगों ने मेसोपोटामियाई नागरिकों के कई प्रसाधनों का अनुकरण किया है।

हड़प्पाई लोगों ने लाजवर्द मणि (लापिस लाजूली) का सुदूर व्यापार चलाया था। अवश्य ही इस मणि से शासक वर्ग की सामाजिक प्रतिष्ठा बढ़ती होगी। 2350 ई० पू० के आसपास और उसके आगे के मेसोपोटामियाई अभिलेखों में मेलुहा के साथ

व्यापारिक संबंध की चर्चा है; मेलुहा सिंधु क्षेत्र का प्राचीन नाम है। मेसोपोटामिया के पुरालेखों में दो मध्यवर्ती व्यापार केंद्रों का उल्लेख मिलता है–दिलमन और मकन। ये दोनों मेसोपोटामिया और मेलुहा के बीच में है। दिलमन की पहचान शायद फ़ारस की खाड़ी के बहरैन से की जा सकती है। उस बंदरगाह नगर में हज़ारों कब्रें खुदाई का इंतज़ार कर रही हैं।

राजनीतिक संगठन

हमें हड़प्पा के राजनीतिक संगठन का कोई स्पष्ट आभास नहीं है। किंतु यदि सिंधु सभ्यता की सांस्कृतिक एकता पर ध्यान दिया जाए तो ऐसी एकता किसी केंद्रित सत्ता के बिना संभव नहीं हुई होगी। यदि हड़प्पाई सांस्कृतिक अंचल को राजनीतिक अंचल भी समझा जाए तो इस उपमहादेश ने मौर्य साम्राज्य की स्थापना से पूर्व इतनी बड़ी राजनीतिक इकाई कभी नहीं देखी। इस इकाई की अद्‌भुत दृढ़ता इसी से स्पष्ट हो जाती है कि यह लगभग 600 वर्षों तक निरंतर कायम रही।

मिस्र और मेसोपोटामिया के नितांत विपरीत किसी भी हड़प्पाई स्थल पर मंदिर नहीं पाया गया है। किसी भी प्रकार का कोई भी धार्मिक भवन नहीं मिला है। इसका अपवाद विशाल स्नानागार हो सकता है, जिसका उपयोग नहाने-धोने (शुद्धि या सफाई) के लिए किया जाता होगा। हड़प्पा अंचल में धार्मिक विश्वासों और आचारों में एकरूपता नहीं है। इसलिए यह सोचना गलत होगा कि हड़प्पा में पुरोहितों का वैसा ही शासन था, जैसा कि निचले मेसोपोटामिया के नगरों में था। ऐसा संकेत मिलता है कि उत्तर हड़प्पाई अवस्था में गुजरात के लोथल में शायद अग्नि पूजा की परंपरा चली, किंतु इसके लिए मंदिरों का उपयोग नहीं होता था। शायद हड़प्पाई शासकों का ध्यान विजय की ओर उतना नहीं था जितना वाणिज्य की ओर और हड़प्पा का शासन संभवतः वणिक वर्ण के हाथ में था। ध्यान रहे कि सिंधु सभ्यता में अस्त्र-शस्त्र का अभाव है।

धार्मिक प्रथाएँ

हड़प्पा में पकी मिट्टी की स्त्री-मूर्तिकाएँ भारी संख्या में मिली हैं। एक मूर्तिका में स्त्री के गर्भ से निकलता पौधा दिखाया गया है। यह संभवतः पृथ्वी देवी की प्रतिमा है, और इसका निकट संबंध पौधों के जन्म और वृद्धि से रहा होगा। इसलिए मालूम होता है कि हड़प्पाई लोग धरती को उर्वरता की देवी समझते थे और इसकी पूजा उसी तरह करते थे जिस तरह मिस्र के लोग नील नदी की देवी आइसिस् की पूजा करते थे। लेकिन हड़प्पाई लोग मिस्रवासियों की तरह मातृ-सत्तात्मक थे या नहीं, इसके बारे में कुछ नहीं कहा जा सकता। मिस्र में राज्य या संपत्ति का उत्तराधिकार

कन्या को मिलता था, किंतु हड़प्पा समाज में उत्तराधिकार का स्वरूप क्या था यह हमें ज्ञात नहीं है।

कुछ वैदिक सूक्तों में पृथ्वी माता की स्तुति है, किंतु उसको कोई प्रमुखता नहीं दी गई है। सुदीर्घकाल के बाद ही हिंदू धर्म में इस मातृदेवी को उच्च स्थान मिला है। ईसा की छठी सदी और उसके बाद से ही दुर्गा, अंबा, काली, चंडी आदि विविध मातृदेवियों को पुराणों और तंत्रों में आराध्य देवियों का स्थान मिला। कालक्रमेण प्रत्येक गाँव की अपनी अलग-अलग देवी हो गई।

सिंधु घाटी के पुरुष देवता

पुरुष देवता एक मुहर पर चित्रित किया गया है। उसके सिर पर तीन सींग हैं। वह एक योगी की ध्यान मुद्रा में एक टाँग पर दूसरी टाँग डाले बैठा (पद्मासन लगाए) दिखाया गया है। उसके चारों ओर एक हाथी, एक बाघ और एक गैंडा है, आसन के नीचे एक भैंसा है और पांवों पर दो हरिण हैं। मुहर पर चित्रित देवता को पशुपति महादेव बतलाया जाता है। पर यह संदेहास्पद लगता है, क्योंकि सींग वाले देवता अन्य प्राचीन सभ्यताओं में भी पाए गए हैं। निस्संदेह हम लिंग-पूजा का भी प्रचलन पाते हैं, जो कालांतर में शिव की पूजा से गहन रूप से जुड़ गई थी। हड़प्पा में पत्थर पर बने लिंग और योनि के अनेकों प्रतीक मिले हैं। संभवत: ये पूजा के लिए बने थे। *ऋग्वेद* में लिंग-पूजक अनार्य जातियों की चर्चा है। लिंग-पूजा हड़प्पा काल में शुरू हुई और आगे चलकर हिंदू समाज में पूजा की विशिष्ट विधि मानी जाने लगी।

वृक्षों और पशुओं की पूजा

सिंधु क्षेत्र के लोग वृक्ष-पूजा भी करते थे। एक मुहर (सील) पर पीपल की डालों के बीच विराजमान देवता चित्रित हैं। इस वृक्ष की पूजा आज तक जारी है।

हड़प्पा काल में पशु-पूजा का भी प्रचलन था। कई पशु मुहरों पर अंकित हैं। इनमें सबसे महत्त्व का है एक सींग वाला जानवर (यूनीकार्न) जो गैंडा हो सकता है। उसके बाद महत्त्व का है कूबड़ वाला साँड़। आज भी जब ऐसा साँड़ बाज़ार की गलियों में चलता है तो धर्मात्मा हिंदू इसे रास्ता दे देते हैं। इसी तरह सींग वाले देवता के चतुर्दक पशुओं की उपस्थिति से प्रकट होता है कि उनकी भी पूजा होती थी।

इन बातों से स्पष्ट होता है कि सिंधु प्रदेश के निवासी वृक्ष, पशु और मानव के स्वरूप में देवताओं की पूजा करते थे, परंतु वे अपने इन देवताओं के लिए मंदिर नहीं बनाते थे, जैसा कि प्राचीन मिस्र और मेसोपोटामिया में बनाया जाता था। धर्मोपासना सूचक वस्तुओं के रहते हुए भी हड़प्पा के नगरीकरण को धर्म से जोड़ना ठीक न होगा, जो बात कांस्य युग के अन्य नगरीय समाजों पर भी लागू होती है। जब तक

सिंधु लिपि पढ़ी नहीं जाती तब तक हड़प्पाई लोगों के धार्मिक विश्वासों के बारे में कुछ नहीं कहा जा सकता है। तावीज़ बड़ी तादाद में मिले हैं। शायद हड़प्पाई लोग विश्वास करते थे कि भूत-प्रेत उनका अनिष्ट कर सकते हैं, और इसीलिए उनसे बचने के लिए तावीज़ पहनते थे। आर्येतर परंपरा से संबद्ध माने जाने वाले *अथर्ववेद* में अनेकों तंत्र-मंत्र या जादू-टोने दिए गए हैं और रोगों का तथा भूत-प्रेतों को भगाने के लिए तावीज़ बताए गए हैं।

हड़प्पाई लिपि

प्राचीन मेसोपोटामियाइयों की तरह हड़प्पाई लोगों ने भी लेखन-कला का आविष्कार किया था। यद्यपि हड़प्पाई लिपि का सबसे पुराना नमूना 1853 में मिला था और 1923 तक पूरी लिपि प्रकाश में आ गई, किंतु वह अभी तक पढ़ी नहीं जा सकी है। कुछ लोग इसे द्रविड या आद्य-द्रविड भाषा से जोड़ने का प्रयास करते हैं, कुछ लोग संस्कृत से, तो कुछ लोग सुमेरी भाषा से, परंतु इन पठनों में से कोई भी संतोषप्रद नहीं है। लिपि न पढ़े जाने के कारण साहित्य में हड़प्पाई लोगों का क्या योगदान रहा, कुछ कहा नहीं जा सकता। हम उनके विचारों और विश्वासों के बारे में भी कुछ नहीं कह सकते हैं।

पत्थर की मुहरों और अन्य वस्तुओं पर हड़प्पाई लेखन के लगभग 4000 नमूने हैं। हड़प्पाइयों के अभिलेख उतने लंबे-लंबे नहीं है जितने मिस्रियों और मेसोपोटामियाइयों के हैं। अधिकांश अभिलेख मुहरों पर हैं और हर एक में दो-चार ही शब्द हैं। इन मुहरों का प्रयोग धनाढ्य लोग अपनी निजी संपत्ति को चिह्नित करने और पहचानने के लिए करते होंगे। इस लिपि में कुल मिलाकर 250 से 400 तक चित्राक्षर (पिक्टोग्राफ) हैं और चित्र के रूप में लिखा हर अक्षर किसी ध्वनि, भाव या वस्तु का सूचक है। हड़प्पा लिपि वर्णनात्मक नहीं, बल्कि मुख्यतः चित्रलेखात्मक है। मेसोपोटामिया और मिस्र की समकालीन लिपियों के साथ इसकी तुलना करने के प्रयास किए गए हैं। परंतु यह तो सिंधु प्रदेश का आविष्कार है, और पश्चिम एशिया के लिपियों से इसका कोई संबंध दिखाई नहीं देता है।

माप-तौल

लिपि का ज्ञान हो जाने से निजी संपत्ति का लेखा-जोखा रखना आसान हो गया होगा। सिंधु क्षेत्र के नगरवासियों को व्यापार और अन्य आदान-प्रदानों में माप-तौल की आवश्यकता हुई और उन्होंने इसका प्रयोग भी किया। बाट के रूप में व्यवहृत बहुत-सी वस्तुएँ पाई गई हैं । उनसे प्रकट होता है कि तौल में 16 या उसके आवर्त्तकों का व्यवहार होता था, जैसे 16, 64, 160, 320 और 640। दिलचस्प बात यह है

कि सोलह के अनुपात की यह परंपरा भारत में आधुनिक काल तक चलती रही है। हाल तक एक रुपया सोलह आने का होता था। हड़प्पाई लोग मापना भी जानते थे। ऐसे डंडे पाए गए हैं जिन पर माप के निशान लगे हुए हैं। इनमें एक डंडा कांसे का भी है।

मृद्भांड

हड़प्पाई लोग कुम्हार के चाक का उपयोग करने में बड़े कुशल थे। उनके अनेक बरतनों पर विभिन्न रंगों की चित्रकारी देखने को मिलती है। हड़प्पा-भांडों पर आमतौर से वृत्त या वृक्ष की आकृतियाँ मिलती है। कुछ ठीकरों पर मनुष्य की आकृतियाँ भी दिखाई देती हैं।

मुहरें (सीलें)

हड़प्पा संस्कृति की सर्वोत्तम कलाकृतियाँ हैं उसकी मुहरें। अब तक लगभग 2000 सीलें प्राप्त हुई हैं। इनमें से अधिकांश सीलों पर लघु लेखा के साथ-साथ एकसिंगी जानवर भैंस, बाघ, बकरी और हाथी की आकृतियाँ उकेरी हुई हैं।

प्रतिमाएँ

हड़प्पाई शिल्पी धातु की खूबसूरत मूर्तियाँ बनाते थे। कांसे की नर्तकी उनकी मूर्तिकला का सर्वश्रेष्ठ नमूना है। पूरी मूर्ति गले में पड़े हार के अलावा एकदम नग्न है। कुछ हड़प्पाई प्रस्तर प्रतिमाएँ मिली हैं। सेलखड़ी की एक मूर्ति के बाएँ कंधे तथा दाएँ हाथ के नीचे अलंकृत वस्त्र हैं और सिर के पीछे उसके बालों की छोटी लटें बनी हुई पट्टिका द्वारा संवारी गई हैं।

मृण्मूर्तिकाएँ

सिंधु प्रदेश में भारी संख्या में आग में पकी मिट्टी की बनी मूर्तिकाएँ (जो टेराकोटा कहलाती हैं) मिली हैं। इनका प्रयोग या तो खिलौने के रूप में या पूज्य प्रतिमाओं के रूप में होता था। इनमें पक्षी, कुत्ते, भेड़, गाय-बैल और बंदर की प्रतिकृतियाँ मिलती हैं। पुरुषों और स्त्रियों की प्रतिकृतियाँ भी मिली हैं, जिनमें पुरुषों से स्त्रियों की संख्या अधिक है। जहाँ मुहरें और प्रतिमाएँ मंजी दक्षता के साथ बनाई गई हैं, वहीं ये मृण्मूर्तियाँ बहुत ही सरल कलाकृतियाँ हैं। इन दोनों कोटियों के शिल्पों के बीच जो अंतर है वह इनका इस्तेमाल करने वाले वर्गों के बीच अंतर का सूचक है। प्रथम कोटि की कलाकृतियों का उपयोग उच्च वर्ग के लोगों में होता था और द्वितीय कोटि का जनसामान्य में। प्रस्तर-शिल्प में हड़प्पा संस्कृति पिछड़ी हुई थी। प्राचीन मिस्र और मेसोपोटामिया की तरह यहाँ हम कोई महान प्रस्तर-प्रतिमा नहीं पाते हैं।

उद्भव, उत्थान और अवसान

परिपक्व हड़प्पा संस्कृति का अस्तित्व मोटे तौर पर 2550 ई० पू० और 1900 ई० पू० के बीच रहा। लगता है, अपने अस्तित्व की पूरी अवधि भर यह संस्कृति एक ही प्रकार के औज़ारों, हथियारों और घरों का प्रयोग करती रही। सारी जीवन-पद्धति में एकरूपता बनी रही। वही नगर-योजना, वही मुहरें, वही मृण्मूर्तियाँ और लंबे-लंबे चर्ट-फलक दिखाई देते रहे। लेकिन इस अपरिवर्तनीयता पर बहुत अधिक ज़ोर देना ठीक नहीं होगा। हमें मोहेंजोदड़ो की मृद्भांड कला में समय-समय पर परिवर्तन भी दिखाई देते हैं। ईसा-पूर्व उन्नीसवीं सदी में आकर इस संस्कृति के दो महत्त्वपूर्ण नगर हड़प्पा और मोहेंजोदड़ो लुप्त हो गए, लेकिन अन्य स्थानों में हड़प्पा संस्कृति धीरे-धीरे क्षीण हुई और क्षीण होते-होते भी गुजरात, राजस्थान, हरियाणा और पश्चिम उत्तर प्रदेश के अपने सीमांत क्षेत्रों में लंबे समय तक जीवित रही।

हड़प्पा संस्कृति का उद्भव जानना जितना कठिन है उतना ही कठिन उसका अंत जानना है। कई हड़प्पा-पूर्व बस्तियों के अवशेष पाकिस्तान के निचले सिंध और बलूचिस्तान प्रांत में तथा राजस्थान के कालीबंगा में मिले हैं। हड़प्पा-पूर्व किसान उत्तर गुजरात के नागवाड़ा में भी रहते थे। परंतु किस तरह इन देशी बस्तियों से परिपक्व हड़प्पा संस्कृति उद्भूत हुई, यह बात स्पष्ट नहीं है। न ही हमें इस बात का कोई स्पष्ट प्रमाण मिलता है कि इस उपमहादेश के हड़प्पाई नगरों के पनपने में किसी बाहरी प्रभाव का हाथ था। हो सकता है कि हड़प्पा की शहरी संस्कृति के विकास में मेसोपोटामिया के नगरों से कुछ प्रेरणा मिली हो। परंतु हड़प्पा संस्कृति देशी ढंग की थी इस बात में कोई शंका नहीं है। इसमें कई ऐसे तत्त्व हैं जो इसे पश्चिम एशिया की समकालीन संस्कृतियों से पृथक करते हैं। सिंधु सभ्यता के नगरों की योजना जाल-पद्धति की है और इसमें सड़कों, नालियों और मलकुंडों की अच्छी व्यवस्था है। दूसरी ओर मेसोपोटामिया के नगरों में बेतरतीब बढ़ते जाने की प्रवृत्ति देखी जाती है। हड़प्पा संस्कृति के सभी नगरों में सभी मकान आयताकार हैं जिनमें पक्का स्नानघर और सीढ़ीदार कुआँ संलग्न है। पश्चिम एशिया के नगरों में इस तरह की नगर योजना नहीं पाई गई है। संभवत: क्रीट द्वीप के नोसस (Knossos) नगर को छोड़ प्राचीन युग के किसी भी अन्य नगर में जल-निकास का ऐसा उत्तम प्रबंध देखने को नहीं मिला। हड़प्पाई लोगों ने पकी ईंटों के इस्तेमाल में जिस कौशल का परिचय दिया है, वैसा पश्चिम एशिया वाले नहीं दे पाए। हड़प्पाइयों के मृद्भांड और उनकी मुहरें अपने खास ढंग की हैं, और इन पर अंकित पशु-मंडल स्थानीय है। सबसे बड़ी बात यह है कि उन्होंने अपनी एक खास लिपि बनाई, जिसका मिस्र और मेसोपोटामिया की लिपि से कोई साम्य नहीं है। यद्यपि हड़प्पा संस्कृति कांस्ययुगीन संस्कृति थी, तथापि इसमें कांसे का सीमित उपयोग हुआ और ज़्यादातर पत्थर के औज़ार ही चलते रहे।

अंत में, हड़प्पा संस्कृति का क्षेत्र जितना विशाल था उतना विशाल और किसी भी समकालीन संस्कृति का नहीं था। हड़प्पा नगर की संरचना पाँच किलोमीटर के घेरे में फैली हुई है, और इस तरह कांस्य युग में अपने ढंग की बृहत्तम संरचनाओं में आती है। अभी तक हड़प्पा जैसा नगर विस्तार अन्यत्र कहीं भी देखने को नहीं मिला है।

मेसोपोटामिया की प्राचीन सभ्यताएँ तो 1900 ई० पू० के बाद भी टिकीं रहीं, लेकिन हड़प्पा की नगरीय संस्कृति लगभग उसी समय लुप्त हो गई । इसके बहुत-से कारण बताए जाते हैं। कहा जाता है कि सिंधु क्षेत्र में वर्षा की मात्रा 3000 ई० पू० के आसपास तनिक-सी बढ़ी और फिर ईसा-पूर्व दूसरी सहस्राब्दी के आरंभ भाग में कम हो गई। इससे खेती और पशुपालन पर बुरा असर पड़ा। कुछ लोगों का मत है कि पड़ोस के रेगिस्तान के फैलने से मिट्टी में लवणता बढ़ गई और उर्वरता घटती गई, इसी से सिंधु सभ्यता का पतन हो गया। दूसरा मत यह है कि ज़मीन धँस गई या ऊपर उठ गई जिससे इसमें बाढ़ का पानी जमा हो गया, भूकंप के कारण सिंधु नदी की धारा बदल गई जिसके फलस्वरूप मोहेंजोदड़ो का पृष्ठ प्रदेश वीरान हो गया। यह भी मत है कि हड़प्पा संस्कृति को आर्यों ने नष्ट किया पर इसका साक्ष्य बहुत कम है।

कांस्य युग की इस विशालतम सांस्कृतिक सत्ता के विघटन के क्या-क्या परिणाम हुए, यह अभी तक स्पष्ट नहीं हुआ है। हम नहीं जानते हैं कि क्या नगर के उजड़ जाने से वणिक और शिल्पी लोग देहात की ओर चले गए और वहाँ हड़प्पा के तकनीकी कौशलों को फैलाया। हमें सिंधु, पंजाब और हरियाणा की नगरोत्तर काल की स्थिति के बारे में काफी जानकारी नहीं है। सिंधु क्षेत्र के भीतर हम खेतिहरों की बस्तियाँ तो पाते हैं, लेकिन पूर्वकाल की संस्कृति के साथ उनका संबंध स्पष्ट नहीं होता है। हमें स्पष्ट और पर्याप्त जानकारी की अपेक्षा है।

हड़प्पा संस्कृति की नगरोत्तर अवस्था

हड़प्पा संस्कृति शायद 1900 ई० पू० तक जीती-जागती रही। बाद में इसकी नगरीय अवस्था लुप्त-सी हो गई। परिपक्व संस्कृति के परिचायक थे सुव्यवस्थित नगर-निवेश, व्यापक स्तर पर ईंटों की संरचनाएँ, लेखन-कला, मानक बाट-माप, दुर्गनगर और निम्नस्तरीय शहरों के बीच अंतर, कांसे के औज़ारों का इस्तेमाल और काले रंग की आकृतियों से चित्रित लाल मृद्‌भांड का निर्माण। इसकी शैलीगत एकरूपता समाप्त हो गई और शैली में भारी विविधता आ गई।

नगरोत्तर हड़प्पा संस्कृति के कुछ लक्षण पाकिस्तान में, मध्य एवं पश्चिमी भारत में तथा पंजाब, राजस्थान, हरियाणा, जम्मू और कश्मीर, दिल्ली और पश्चिम उत्तर प्रदेश में भी दिखाई देते हैं। इनका काल लगभग 1900 ई० पू० से 1200 ई० पू०

तक हो सकता है। हड़प्पा संस्कृति की नगरोत्तर अवस्था को उपसिंधु संस्कृति भी कहते हैं। पहले इस संस्कृति को हड़प्पोत्तर बताया जाता था, पर अब यह उत्तर-हड़प्पा संस्कृति के नाम से अधिक जाना जाता है।

उत्तर-हड़प्पा संस्कृतियाँ मूलतः ताम्रपाषाणिक हैं, जिनमें पत्थर और तांबे के औज़ारों का उपयोग होता था। इनमें धातु के ऐसे ही उपकरण बनते थे जिनकी ढलाई आसान है। फिर भी कुल्हाड़ी, छेनी, कंगन, वक्र अस्तूरा, बंसी और बरछा मिलते हैं। ताम्रपाषाण संस्कृति के लोग हड़प्पा संस्कृति की उत्तर अवस्था में गाँवों में बस गए, और खेती, पशुपालन, शिकार और मछली पकड़ने का धंधा करने लगे। शायद देहातों में धातु संबंधी तकनीकी जानकारी के फैलने से खेती करने और बस्तियाँ बन पाने में सहूलियत हुई। गुजरात के प्रभास पाटन (सोमनाथ) और रंगपुर जैसे कुछ स्थान तो हड़प्पा संस्कृति के मानो औरस पुत्र हैं। किंतु उदयपुर के निकटवर्ती अहार में हड़प्पाई तत्त्व कुछेक ही पाए जाते हैं। गिलुंद में, जो अहार संस्कृति का स्थानीय केंद्र जैसा लगता है, ईंटों की संरचनाएँ भी मिली हैं, जिन्हें लगभग 2000 ई० पू० और 1500 ई० पू० के बीच रखा जा सकता है। हालाँकि, पकाई हुई ईंटों के मिलने की खबर भगवानपुरा की उत्तर हड़पाई अवस्था के बारे में दी गई है, पर ईंट वाले स्तर का काल-निर्धारण संदेहास्पद है। हाँ, पश्चिमी उत्तर प्रदेश में बुलंदशहर ज़िले के लाल किला के गैरिक मृद्‌भांड (ओ० सी० पी०) स्थल पर चंद ईंटें मिली हैं। फिर भी, हड़प्पाई तत्त्व का प्रभाव मालवा की उस ताम्रपाषाण संस्कृति (लगभग 1700-1200 ई० पू०) पर, जिसकी सबसे बड़ी बस्ती नवदाटोली में है, बहुत कम है। जोरवे स्थलों पर भी जो तापी, गोदावरी और भीमा की घाटी में पाए गए हैं, यही बात लागू होती है। जोरवे बस्तियों में सबसे बड़ी है दैमाबाद की बस्ती, जो करीब 22 हेक्टर में बसी है और जहाँ 4000 आबादी हो सकती है। इसका स्वरूप आद्य नगरीय कहा जा सकता है। लेकिन अधिकांश जोरवे बस्तियाँ गाँव ही हैं।

नगरोत्तर हड़प्पाई बस्तियाँ स्वात घाटी में मिली है। यहाँ वे लोग पशुचारण के साथ-साथ अच्छी खेती और पशुपालन भी करते थे। वे मंद चाल वाले चाक पर बने काला-धूसर ओपदार मृद्‌भांडों का प्रयोग करते थे। ये मृद्‌भांड ईसा-पूर्व तीसरी सहस्राब्दी और उसके बाद के उन मृद्‌भांडों से मिलते हैं जो उत्तरी ईरान के पठार से प्राप्त हुए हैं। स्वात घाटी के निवासी भी चाक पर लाल-पर-काले रंग वाले मृद्‌भांड तैयार करते थे जो आरंभिक नगरोत्तर काल के मृद्‌भांडों से निकट संबंध जताते थे। इनसे प्रकट होता है कि हड़प्पा से संबंद्ध नगरोत्तर संस्कृति से इनका संबंध था। इसलिए स्वात घाटी को उत्तर-हड़प्पा संस्कृति का उत्तरी छोर मान सकते हैं। भारत स्थित पंजाब, हरियाणा, उत्तर प्रदेश और जम्मू में भी कई उत्तर-हड़प्पा स्थलों की खुदाई हुई है। इनमें जम्मू में मंडा, पंजाब में चंडीगढ़ और संघोल, हरियाणा में दौलतपुर

और उत्तर प्रदेश में आलमगीरपुर और हुलास उल्लेखनीय हैं। जान पड़ता है कि हड़प्पाई लोगों ने चावल की खेती तब शुरू की जब वे हरियाणा में दौलतपुर और उत्तरप्रदेश के सहारनपुर ज़िले में हुलास पहुँचे। रागी उत्तर भारत के किसी भी हड़प्पा स्थल में अभी तक नहीं देखा गया है। आलमगीरपुर में उत्तर-हड़प्पाई लोग संभवत: कपास भी उपजाते थे जैसा कि हड़प्पा के मृद्भांडों पर मिले कपड़े की छापों से अनुमान लगाया जा सकता है।

उत्तरी और पूर्वी क्षेत्रों के उत्तर-हड़प्पा स्थलों में जो चित्रित हड़प्पाई मृद्भांड पाए गए हैं उनमें आकृतियाँ अपेक्षाकृत सरल हो गई हैं, हालाँकि कुछ नए पात्र-प्रकार भी मिलते हैं। कुछ उत्तर-हड़प्पा पात्र-प्रकार भगवानपुरा के चित्रित धूसर मृद्भांड अर्थात् पेंटेड ग्रे वेअर (पी० जी० डब्ल्यू०) अवशेषों से सम्मिश्रित पाए गए हैं, लेकिन इस काल में हड़प्पा संस्कृति पूर्ण विघटन की अवस्था में आ चुकी प्रतीत होती है।

उत्तर-हड़प्पा अवस्था में लंबाई मापने की कोई वस्तु नहीं पाई गई है। गुजरात के उत्तर काल में पत्थर के घनाकार बाट और पकी मिट्टी की पिंडिकाएँ (टेराकोटा केक) नहीं मिलते हैं। आमतौर से सभी उत्तर-हड़प्पा स्थलों में मानव मूर्तिकाओं और वैशिष्ट्य सूचक चित्राकृतियों का अभाव है। यद्यपि गुजरात में वाग्दत्र (फायंस) अप्रचलित हो चुका था, तथापि उत्तर भारत में यह खूब चलता था। नगरोत्तर अवस्था में पहुँचने पर पश्चिम एशियाई केंद्रों से हड़प्पाइयों का व्यापार समाप्त हो गया। लाजवर्द मणि, चर्ट, इंद्रगोप मणि (कार्नेसियन बीड) तथा तांबे और कांसे के पात्र व्यापार-वस्तुओं में या तो लुप्त हो चुके थे या विरल हो गए थे। यह सब स्वाभाविक था, क्योंकि पंजाब, हरियाणा और उत्तर प्रदेश में उत्खनित अधिकांश उत्तरकालीन हड़प्पा स्थल देहाती बस्तियाँ ही हैं।

सिंधु घाटी में नए लोगों का आगमन

हड़प्पा संस्कृति की उत्तरकालीन अवस्थाओं में कुछ बाहरी औज़ार और मृद्भांड पाए गए हैं, जिनसे संकेत मिलता है कि सिंधु घाटी में बाहर के लोग धीरे-धीरे प्रवेश करने लगे थे। मोहेंजोदड़ो की अंतिम अवस्था में असुरक्षा और अशांति के कुछ लक्षण दिखाई देते हैं। आभूषणों की निधियाँ स्थान-स्थान पर गड़ी मिली हैं और एक स्थान पर आदमी की खोपड़ियों का ढेर मिला है। मोहेंजोदड़ो की ऊपरी सतहों पर नई किस्म की कुल्हाड़ियाँ, छुरे और पसलीदार और सपाट चूलवाली छुरियाँ मिली हैं। ये कुछ बाहरी आक्रमण के संकेत देती हैं। हड़प्पा की अंतिम अवस्था के एक कब्रिस्तान में नए लोगों के अवशेष मिले हैं जहाँ नवीनतम स्तरों पर नए प्रकार के मृद्भांड हैं। नए प्रकार के मृद्भांड बलूचिस्तान के कुछ स्थलों पर भी मिलते हैं। पंजाब और हरियाणा के कई स्थलों पर लगभग 1200 ई० पू० के उत्तरकालीन हड़प्पा

मृद्भांडों के साथ-साथ धूसर मृद्भांड (ग्रे वेअर) और चित्रित धूसर मृद्भांड (पी० जी० डब्ल्यू०) पाए गए हैं जो आमतौर से वैदिक लोगों से जुड़े हैं। ये सारे काम उन अश्वारोही लोगों के हो सकते हैं जो ईरान अथवा दक्षिण मध्य एशिया से पहाड़ियों के रास्ते आए होंगे। लेकिन अधिकांश नए लोग पंजाब और सिंधु के हड़प्पाई नगरों के तहत-नहस होने के बाद आए। यद्यपि वैदिक आर्य अधिकांशत: उसी सप्त-सिंधु प्रदेश में बसे जहाँ एक समय हड़प्पा संस्कृति विराजमान थी, तथापि हमें ऐसा कोई पुरातात्त्विक साक्ष्य नहीं मिलता है कि सुदृढ़ हड़प्पाइयों और आर्यों के बीच कोई भारी संग्राम हुआ था। 1500 ई० पू० और 1200 ई० पू० के बीच उत्तर-हड़प्पा संस्कृति वाले लोगों के साथ वैदिक संस्कृति वाले जत्थों का कहीं-कहीं सामना हुआ होगा।

हड़प्पा उत्पत्ति की समस्या

लगभग 4000 ई० पू० में पाकिस्तान के अंतर्गत चोलिस्तान की मरुभूमि में हकरा नदी के इलाके में हड़प्पा संस्कृति के पहले की अनेक कृषक बस्तियाँ मिलती हैं। लेकिन कृषक बस्तियाँ मृद्भांड पूर्व नवपाषाण युग में सिंधु घाटी के किनारे बलूचिस्तान के पूर्वी छोर पर लगभग 7000 ई० पू० में प्रकट हुईं। इसी समय से लोग बकरियाँ, भेड़ और मवेशी पालने लगे। वे गेहूँ और जौ भी उपजाने लगे। पाँचवीं सहस्राब्दी ई० पू० से, जब अन्नागार का प्रचलन हुआ, जीविका उपार्जित करने की ये प्रक्रियाएँ विस्तृत हुईं। पाँचवीं और चौथी सहस्राब्दियाँ ई० पू० में कच्ची ईंटों का प्रयोग शुरू होने लगा। चित्रित मिट्टी के बरतन और मिट्टी की स्त्री-मूर्तियाँ भी बनने लगीं। बलूचिस्तान के उत्तरी भाग में रहमान डेरी नामक स्थल पर नियोजित सड़कों और आवासों की व्यवस्था हुई, और वह प्राचीनतम नगर के रूप में विकसित हुआ। यह स्थल पश्चिम में प्राय: हड़प्पा के समानांतर अवस्थित था। प्रत्यक्षत: प्रारंभिक और परिपक्व हड़प्पा संस्कृतियाँ बलूचिस्तानी बस्तियों से उत्पन्न हुईं।

कभी-कभी हड़प्पा संस्कृति के उद्भव का श्रेय मुख्यत: प्राकृतिक पर्यावरण को दिया जाता है। आज हड़प्पा क्षेत्र का पर्यावरण शिल्प और कृषि के लिए अनुकूल नहीं है। लेकिन तीसरी सहस्राब्दी ई० पू० में वहाँ का वातावरण शुष्क नहीं था। हमारे पास इन बातों के साक्ष्य हैं कि 3000-2000 ई० पू० में सिंधु में भारी वर्षा होती थी और सिंधु नदी और उसकी सहायक नदी सरस्वती में, जिसकी पहचान सिंधु की सूखी नदी हकरा से की जाती है, पानी का अच्छा बहाव था। कभी-कभी सिंधु संस्कृति को सरस्वती संस्कृति कहते हैं। लेकिन हड़प्पाई हकरा में पानी का बहाव यमुना और सतलज की देन था। ये दोनों नदियाँ हिमालय में विवर्तनिक परिवर्धन के कारण कुछ शताब्दियों तक सरस्वती से मिली रहीं। इसलिए हड़प्पा संस्कृति को बढ़ावा देने का

श्रेय सिंधु के साथ इन दोनों नदियों को भी मिलना चाहिए, न कि केवल सरस्वती को। इसके अतिरिक्त, सिंधु क्षेत्र में भारी वर्षा होने के साक्ष्य को नकारा नहीं जा सकता है।

क्या हड़प्पा संस्कृति वैदिक थी?

कभी-कभी हड़प्पा संस्कृति को ऋग्वैदिक कहते हैं। लेकिन इस संस्कृति की मुख्य विशेषताओं का उल्लेख *ऋग्वेद* में नहीं मिलता है। नियोजित नगर, शिल्प, वाणिज्य और ईंटों की बनी बड़ी-बड़ी संरचनाएँ परिपक्व हड़प्पा संस्कृति की विशेषताएँ है। *ऋग्वेद* में ये विशेषताएँ नहीं हैं। जैसा कि आगे देखेंगे, प्रारंभिक वैदिकजन कृषि के साथ पशुपालन करते थे। वे ईंटों का प्रयोग नहीं करते थे। प्रारंभिक वैदिकजन हड़प्पा संस्कृति के प्रायः संपूर्ण क्षेत्र में रहते थे, लेकिन वे लोग अफगानिस्तान में भी रहते थे।

हड़प्पा संस्कृति की परिपक्व नगर अवस्था 2500 ई० पू० से 1900 ई० पू० तक बनी रही। लेकिन *ऋग्वेद* का काल लगभग 1500 ई० पू० माना जाता है। इसके अतिरिक्त, हड़प्पा संस्कृति के लोगों और वैदिक लोगों को बिल्कुल समान वनस्पतियों और पशुओं की जानकारी थी, ऐसा कोई प्रमाण नहीं मिलता। *ऋग्वेद* में केवल जौ का उल्लेख है, लेकिन हड़प्पा संस्कृति के लोगों को गेहूँ, तिल और मटर की भी जानकारी थी। हड़प्पा संस्कृति के लोग गैंडा से परिचित थे, लेकिन यह वैदिक लोगों को अज्ञात था। बाघ के साथ भी यही बात है। वैदिकजन के मुखिया अश्व सवार होते थे। यही कारण है कि इस पशु का *ऋग्वेद* में 215 बार उल्लेख हुआ है। लेकिन हड़प्पा नगरवासियों को घोड़ों की जानकारी शायद ही थी। हड़प्पाई मृण्मूर्तिकाओं में हाथी मिलता है, लेकिन प्राचीनतम वेद में यह घोड़े की तुलना में महत्त्वहीन है।

हड़प्पा संस्कृति के लोगों को लेखन-कला ज्ञात थी। उनकी लिखाई को, जिसे 'सिंधु लिपि' कहते हैं, अभी तक पढ़ा नहीं जा सका है। इस प्रकार हड़प्पा संस्कृति के लोगों की भाषा के बारे में हमें स्पष्ट अनुमान नहीं है, लेकिन प्रारंभिक वैदिकजन हिंद-आर्य भाषा बोलते थे जिसके भिन्न-भिन्न रूप अभी भी दक्षिण एशिया में प्रचलित हैं।

निरंतरता की समस्या

कुछ विद्वान हड़प्पा संस्कृति के बने रहने की चर्चा करते हैं और दूसरे विद्वान इसके नगरीकरण से देहातीकरण में परिवर्तन पर विचार करते हैं। चूँकि नगरीय संस्कृति हड़प्पा संस्कृति की मौलिक विशेषता थी, अतएव उसके समाप्त हो जाने पर हम इस

संस्कृति के बने रहने की बात नहीं सोच सकते हैं। इसी प्रकार, हड़प्पा संस्कृति के नगरों का देहातीकरण साधारण रूपांतरण नहीं है। इसका अर्थ यह हुआ कि 1500 वर्षों के लिए नगर, लिपि और पकी ईंटों का लोप हो गया। ध्यान देने योग्य बात यह है कि ये तत्त्व उत्तर भारत में कुषाणकाल के नगरों के अंत के बाद लुप्त नहीं हुए थे।

कहा जाता है कि उत्तर भारत के गंगा के मैदानों और अन्य क्षेत्रों में हड़प्पा संस्कृति 1900 ई० पू० में अपने अंत के बाद भी बरकरार रही। लेकिन प्रथम सहस्राब्दी के प्रथमार्द्ध की मानी जानेवाली चित्रित धूसर मृद्‌भांड (पी० जी० डब्ल्यू०) की संस्कृति में हड़प्पा संस्कृति की कोई प्रमुख विशेषता नहीं मिलती है। चित्रित धूसर मृद्‌भांड की संस्कृति में बड़ी इमारतें, पकी ईंटें, कांसा, नगरीकरण और लिखावट नहीं मिलती हैं। दूसरी ओर, इस संस्कृति की अपनी विशिष्ट मृद्‌भांड है। यद्यपि लगभग 1500 ई० पू० के एक-दो पकी ईंटों के दृष्टांत प्रस्तुत किए जाते हैं, तथापि उत्तर भारत में लगभग 300 ई० पू० में उत्तरी काले पालिशदार मृद्‌भांड (नादर्न ब्लैक पालिश्ड वेयर) में ही पकी ईंटें मिलती हैं। इसी प्रकार, हड़प्पा संस्कृति के अंत के बाद लिखावट ब्राह्मी लिपि के रूप में उत्तरी काले पालिशदार मृद्‌भांड की संस्कृति में प्रकट हुई। लेकिन यह लिपि बाएँ से दाहिने लिखी जाती थी, जबकि हड़प्पाई लिपि दाहिने से बाएँ लिखी जाती थी। इसी प्रकार, उत्तरी काले पालिशदार मृद्‌भांड की उत्पत्ति हड़प्पा संस्कृति के मृद्‌भांड से नहीं हो सकती है। उत्तरी काले पालिशदार मृद्‌भांड की अवस्था में पाँचवीं शताब्दी ई० पू० में मध्य गंगा के मैदानों में लोहे के प्रभावकारी प्रयोग ने नई सामाजिक-आर्थिक संरचना को जन्म दिया। लेकिन लोहे और सिक्के, जो उत्तरी काले पालिशदार मृद्‌भांड के साथ मिलते हैं, हड़प्पा संस्कृति के अंग नहीं हैं। यद्यपि हड़प्पा संस्कृति के कुछ छुट-फुट मनके गंगा के मैदानों में पहुँच गए, तथापि इन्हें हड़प्पा संस्कृति का प्रमुख तत्त्व नहीं माना जा सकता है। इसी प्रकार हड़प्पा संस्कृति के मृद्‌भांड और मृण्मूर्तियाँ 2000 ई० पू० के बाद तक बनती रहीं, लेकिन केवल ये ही वस्तुएँ परिपक्व हड़प्पा संस्कृति का प्रतिनिधित्व नहीं करती हैं। फिर भी, हड़प्पा संस्कृति के छुट-फुट तत्त्व राजस्थान, मालवा, गुजरात और ऊपरी दकन की ताम्रपाषाण संस्कृतियों में बरकरार रहे। ऐसा लगता है कि 1900 ई० पू० में नगरीय हड़प्पा संस्कृति के अंत के बाद हिंद-आर्य और तत्कालीन मौजूदा संस्कृतियों के बीच कुछ आदान-प्रदान होते रहे। हड़प्पा संस्कृति के लोगों की मानी गई मुंडा और प्राक्-द्रविड भाषाएँ जारी रहीं। पारस्परिक आदान-प्रदान के कारण आर्य तथा प्राक्-आर्य दोनों भाषाएँ समृद्ध हुईं। हालाँकि संस्कृत में मिट्टी के बरतन और कृषि के लिए प्राक्-आर्य शब्द पाते हैं, लेकिन हिंद-आर्यों की भाषा के ही, जो इस उपमहाद्वीप के बड़े हिस्से में फैली थी, अधिक शब्द पाते हैं।

❖ कालक्रम ❖

7000 ई० पू०	बलूचिस्तान में प्राचीनतम कृषक बस्तियाँ।
पाँचवीं सहस्राब्दी ई० पू०	अन्नागारों का अस्तित्व। कच्ची ईंटों का प्रयोग।
4000 ई० पू०	चोलिस्तान (पाकिस्तान) में प्राक्-हड़प्पाई बस्तियाँ।
3000–2000 ई० पू०	भारी वर्षा की कालावधि और सिंधु तथा सरस्वती में अच्छा जल प्रवाह।
2500 ई० पू०–1900 ई० पू०	परिपक्व हड़प्पा संस्कृति।
1900 ई० पू०–1500 ई० पू०	गुजरात, राजस्थान, हरियाणा और पश्चिमी उत्तर प्रदेश में हड़प्पा संस्कृति की अद्यःपतित अवस्था।
1900 ई० पू०–1200 ई० पू०	नगरोत्तर हड़प्पा संस्कृति।
1800 ई० पू०	लोथल में चावल का प्रयोग।
1700 ई० पू०	यमुना और सतलज नदियाँ सरस्वती नदी को छोड़ देती हैं। घोड़ों और बैक्ट्रियाई ऊँटों की बलूचिस्तान में उपस्थिति।
1500 ई० पू०–1200 ई० पू०	भारतीय उपमहादेश में वैदिक लोगों के उत्तरोत्तर दलों का प्रवेश।
300 ई० पू०	उत्तरी भारत में पकी ईंटों का प्रयोग। ब्राह्मी लिपि में लिखावट।

हड़प्पाई पुरातत्त्व का कालक्रम

1853 ई०	अलेक्जेंडर कनिंघम को हड़प्पा संस्कृति की मुहर प्राप्त होना।
1921 ई०	दयाराम साहनी ने हड़प्पा में खुदाई शुरू की।
1922 ई०	राखालदास बनर्जी ने मोहेंजोदड़ो में सिंधु संस्कृति की खोज की।
1926–1931 ई०	मोहेंजोदड़ो में ई० जे० एच० मैके के द्वारा अतिरिक्त खुदाई।
1931 ई०	मोहेंजोदड़ो में इस तिथि तक खुदाई जारी रही। *मोहेंजोदड़ो एंड द इंडस सिविलाइजेशन*, तीन जिल्दों में प्रकाशित, लेखक जॉन मार्शल और अन्य, लंदन।
1938 ई०	*फरदर एक्सकेवेशन एट मोहेंजोदड़ो*, दो जिल्दों में प्रकाशित, लेखक ई० जे० एच० मैके।

1946 ई०	मार्टिमर ह्वीलर ने हड़प्पा की खुदाई की।
1947 ई० के बाद का काल	सूरज भान, एम० के० धावलिकर, जे० पी० जोशी, बी० बी०लाल, एस० आर० राव, बी० के० थापर, आर० एस० बिष्ट तथा अन्य ने हड़प्पा संस्कृति तथा उससे संबद्ध स्थलों की खुदाई की।

11
आर्य संस्कृति की पहचान

वैदिक, ईरानी और यूनानी ग्रंथों के आधार पर तथा विभिन्न आद्य हिंद-यूरोपीय भाषाओं में पाए जाने वाले सजातीय शब्दों की सहायता से आर्य संस्कृति की प्रमुख विशेषताओं को निर्धारित किया जा सकता है। प्राचीन ग्रंथों में *ऋग्वेद*, *ज़ेंद अवेस्ता* और होमर रचित *इलियड* तथा *ओडिसी* आते हैं। इनके तिथि निर्धारण की कसौटियों के बारे में विशेषज्ञों के बीच मतभेद हैं, किंतु हमलोग उन तिथियों का सहारा ले सकते हैं जिन्हें विद्वानों ने सामान्यत: स्वीकार किया है। इस दृष्टि से *ऋग्वेद* को 1500 ई० पू० में रखा जाता है यद्यपि इसके कुछ अंश 1000 ई० पू० तक आते हैं। *ज़ेंद अवेस्ता* की तिथि 1400 ई० पू० में रखी जाती है और होमर की रचनाओं को 900-800 ई० पू० के निकट रखा जाता है। इन ग्रंथों में ऐसे विवरण नहीं हैं जिन्हें इतिहास की कोटि में रखा जा सकता है। किंतु तो भी इनसे इतिहास की सामग्री प्राप्त हो सकती है। ये ग्रंथ विभिन्न भौगोलिक क्षेत्रों के हैं तो भी वे ऐसे काल में लिखे गए थे जब तांबे और कांसे का प्रयोग चल रहा था। होमर की रचनाओं के परवर्ती अंशों में लोहे की भी चर्चा है। सामान्यत: ग्रंथों से पता चलता है कि लोगों की जीविका मुख्यत: खेती और पशुपालन से चलती थी। ग्रंथों और सजातीय शब्दों से आर्य संस्कृति के प्रमुख लक्षण जाने जाते हैं। आर्य जन शीतोष्ण जलवायु में रहते थे। वे घोड़े पालते थे जिनका प्रयोग छकड़ा चलाने और सवारी करने दोनों में होता था। कुछ ग्रंथों से पता चलता है कि वे छकड़े में आरे वाली पहियों का इस्तेमाल करते थे। वे तीर-धनुष से लड़ते थे और तीरों को तरकस में रखते थे। उनके समाज में पुरुष की प्रधानता थी। वे शव को गाड़ते थे, किंतु जलाते भी थे। ईरान और भारत में रहने वाले हिंद-यूरोपीय भाषाभाषी अग्नि-पूजा करते थे और सोमरस का पान करते थे। सभी हिंद-यूरोपीय समुदायों में पशुबलि प्रचलित थी। पर आर्य संस्कृति की सबसे प्रमुख विशेषता हिंद-यूरोपीय भाषा थी।

प्रश्न उठता है कि इन विशेषताओं को कहाँ और कब की पुरातात्त्विक संस्कृति में खोजा जाए। जहाँ तक प्राचीन ग्रंथों में वर्णित आर्य संबंधी विषयवस्तु का संबंध है, उसे उत्तर नवपाषाण युग तथा प्रारंभिक कांस्य युग में रखा जा सकता है। भूगोल की दृष्टि से हम पूर्वी यूरोप एवं मध्य एशिया पर विचार कर सकते हैं क्योंकि इनका भौगोलिक संबंध भारत, पाकिस्तान, अफगानिस्तान, ईरान, इराक, अनातोलिया और

यूनान से है। प्राचीन काल से ही इस विशाल क्षेत्र में विभिन्न समुदाय के लोग हिंद-यूरोपीय भाषा बोलते थे। सजातीय शब्दों से जिस प्रकार के जलवायु, पशु-पक्षी जगत और वृक्षों का पता चलता है उनके आधार पर हम यह कल्पना नहीं कर सकते हैं कि प्रारंभिक आर्य जन गर्म क्षेत्रों में रहते थे। अतएव आर्य संस्कृति की खोज में हमें पूर्वी यूरोप और मध्य एशिया के विशाल क्षेत्र को ध्यान में रखना है।

अश्व पालन और प्रसारण की प्रक्रिया

आर्य संस्कृति की पहचान में घोड़े का स्थान बहुत ऊँचा है। हिंद-यूरोपीयों के प्रारंभिक जीवन में इसकी महत्त्वपूर्ण भूमिका है। *अश्व* और इसके सजातीय शब्द संस्कृत, *अवेस्ता* की भाषा, यूनानी, लैटिन और अन्य हिंद-यूरोपीय भाषाओं में मिलते हैं। *वेद* और *अवेस्ता* की भाषा में बहुत-से व्यक्तियों के नाम अश्वकेंद्रित हैं। 1000 ईसा-पूर्व के पहले वैदिक काल में हमें इस प्रकार के पचास घोड़े वाले नाम मिलते हैं और तीस रथ वाले। हिरोडोतस ने कुछ ईरानी जनजातियों के नाम बतलाए हैं जो घोड़े के नाम पर हैं। उसी प्रकार 17वीं सहस्राब्दी ई० पू० में बेबिलोनिया पर हमला करने वाले कस्सियों के नाम का संबंध भी घोड़े से है। विभिन्न रूपों में *ऋग्वेद* में अश्व की चर्चा 215 बार है। किसी दूसरे जानवर की चर्चा इतनी बार नहीं है। गो की चर्चा 176 बार है और वृषभ (बैल) की चर्चा 170 बार है। गो और वृषभ के बारंबार उल्लेख से जीवनयापन के लिए पशुपालन की प्रधानता प्रतीत होती है। किंतु जहाँ तक सामाजिक संरचना का प्रश्न है गोपालकों पर अश्वधारियों का वर्चस्व था। उल्लेखनीय है कि *ऋग्वेद* पर मध्य एशियाई प्रभाव होने के कारण उष्णकटिबंध क्षेत्रों के कई जानवरों की चर्चा नहीं है। इसमें बाघ और गैंडे के नाम नहीं मिलते हैं। गाय, बैल और घोड़े के उल्लेखों की तुलना में सिंह, हाथी और भैंस की चर्चा बहुत कम हुई है।

ऋग्वेद के दो पूरे सूक्तों में घोड़े की प्रशंसा की गई है। लगभग सारे वैदिक देवताओं का संबंध घोड़े से है और यह विशेषत: इंद्र और उनके साथी मरुतों पर लागू होता है। यद्यपि वैदिक जन बहुधा प्रजा (संतति) और पशु के लिए प्रार्थना करते हैं, तथापि वे स्पष्ट रूप से घोड़े की कामना करते हैं और कभी-कभी एक हज़ार घोड़े माँगते हैं। *अवेस्ता* में पशु धन अधिक महत्त्व का दिखाई पड़ता है किंतु घोड़े का अपना स्थान है। मिथ्र देवता की प्रार्थना में घोड़े और रथ के उल्लेख बार-बार आते हैं। सूर्य के विषय में कहा जाता है कि उनके पास तेज़ चाल वाले घोड़े हैं। बहुत बाद भारत की मूर्तिकला में सात रथ वाले सूर्य की प्रतिमा बहुत जगहों पर दिखाई पड़ती है। अपाम् नपात् नामक दूसरे देवता को भी *अवेस्ता* में तेज़ घोड़े वाला बतलाया जाता है। इस देवता का उल्लेख *ऋग्वेद* में भी है। ईरानी धर्म प्रवर्तक जरथुष्ट्र युवा राजा विस्तास्प को आशीर्वाद देते हैं कि उसके पास अनेक घोड़े हों। वे देवताओं से प्रार्थना

करते हैं कि युवा राजा को तेज घोड़े और शक्तिशाली सुपुत्र प्राप्त हों। यह भी ध्यान रखने का विषय है कि विस्तास्प के नाम में ही केवल अस्प अर्थात् अश्व शब्द का प्रयोग नहीं होता है, बल्कि यह शब्द कई और सरदारों और योद्धाओं के नाम में पाया जाता है। ये नाम हैं: पोरसास्प (जरथुष्ट्र के पिता) करेसास्प, गुश्तास्प और गमास्प। ईरान के शासक वर्ग के जीवन में घोड़ा ऐसा अभिन्न अंग बन गया था कि धार्मिक अथवा अन्य अपराधों के लिए जिस कोड़े से अपराधियों को मारा जाता था वह अस्फे-अस्त्र कहलाता था। *गाथा* को *अवेस्ता* का सबसे प्राचीनतम अंश माना जाता है। पर *अवेस्ता* में इसके कुछ ही अंश पाए जाते हैं, और इनमें घोड़े के उल्लेख अधिक नहीं हैं। किंतु सामान्यतया घोड़े से *अवेस्ता* का अच्छा परिचय है। साथ-ही-साथ इसमें रथ में लगाने वाले घोड़े और सवारी करने वाले घोड़े के उल्लेख खास तौर पर हैं।

घोड़े और घोड़े वाले रथ दोनों होमर की रचनाओं में समान रूप से महत्त्वपूर्ण हैं। इक्वेरी पद वाला सरदार के घोड़े की देखरेख करता था और इस पद का नाम *ओडिसी* में बार-बार आता है। अतएव वैदिक, ईरानी और यूनानी ग्रंथों से स्पष्ट है कि प्राचीन हिंद-यूरोपीय भाषाभाषी घोड़े से भली-भांति परिचित थे। इसकी पुष्टि पश्चिमी एशिया में दूसरी सहस्राब्दी ई० पू० के कुछ अभिलेखों से भी होती है।

अश्वपालन का प्राचीनतम पुरातात्त्विक साक्ष्य भारतीय महादेश से काफी दूरी पर मिलता है। पश्चिम में नीपर नदी और पूरब में वोल्गा नदी के बीच पालतू घोड़ों की सबसे बड़ी संख्या मिलती है। पुरातत्त्व बतलाता है कि घोड़ा पहले-पहल दक्षिण यूराल क्षेत्र में 6000 ई० पू० के आसपास मिलता है। प्रसिद्ध पुरातत्त्वविद मेरिजा गिंबुटस का कहना है कि वोल्गा स्टेप के गड़ेरियों ने संभवत: पहले-पहल घोड़े को पालतू बनाया था, यद्यपि उसी काल में घोड़े के अवशेष काला सागर के इलाके में भी मिलते हैं। काला सागर के निकट होने के कारण घोड़ा चौथी सहस्राब्दी ईसा-पूर्व अनातोलिया में पाया जाता है। तीसरी सहस्राब्दी ई० पू० आते-आते घोड़े काफी संख्या में साइबेरिया में मिलते हैं। दक्षिणी-पूर्वी ईरान में तीसरी सहस्राब्दी ई० पू० के प्रारंभ में एलम की लिपि में घोड़े का भाव-चित्र मिलता है। सुमेर की लिपि में भी इस प्रकार का भाव-चित्र 2500 ई० पू० के आसपास मिलता है। किंतु पश्चिमी एशिया के जीवन में चौथी सहस्राब्दी ई० पू० और तीसरी सहस्राब्दी ई० पू० के प्रथमार्द्ध में घोड़े की कोई महत्त्व की भूमिका दिखायी नहीं पड़ती है। ऐसा लगता है कि तीसरी सहस्राब्दी ई० पू० के अंत में घोड़े की जानकारी दक्षिणी-पूर्वी ईरान के स्याल्क-111 नामक स्थान और दक्षिणी अफगानिस्तान के मुंडिगक नामक स्थान में भी थी। ऐसा लगता है कि पालतू होने के बाद भी घोड़े का व्यापक इस्तेमाल बहुत दिनों के बाद ही हुआ। यद्यपि घोड़े की जानकारी छठी सहस्राब्दी ई० पू० में दक्षिण यूराल और काला सागर

के बीच वाले क्षेत्र में हुई, इसका आम इस्तेमाल 2000 ई० पू० के आसपास आकर हुआ। इसमें संदेह नहीं है कि प्रारंभिक अवस्था में आद्य-ईरानी और आद्य-वैदिक भाषा के बोलने वाले लोग इसका व्यापक इस्तेमाल करते थे। इन्हीं के संपर्क में आने के कारण अन्य कबीलों ने घोड़े को अपनाया। हत्तियों के अभिलेख में तथा हिब्रू, अकाड्डी और कॉकेसी भाषाओं में जो घोड़े के लिए शब्द मिलते हैं उनका संबंध अश्व से है। 19वीं शताब्दी ई० पू० के उत्तरार्द्ध में पश्चिमी एशिया में घोड़े के प्रयोग के अभिलेखीय साक्ष्य मिलते हैं। घोड़े पर सवार होकर लोग इराक की सीमा पर हमला करते थे। इस संदर्भ में कस्सियों का उल्लेख नहीं है। यद्यपि उन्हीं के आगमन के कारण 17वीं शताब्दी ई० पू० में इस क्षेत्र में घोड़े आए। बेबीलोनिया में जब पहले-पहल घोड़ा आया तो वहाँ के लोग उसे पहाड़ी गधा के नाम से पुकारते थे।

युद्ध-रथ

हिंद-यूरोपीय रथ चलाने में घोड़ों का प्रयोग खूब करते थे और इस बात की जानकारी वैदिक ग्रंथ *अवेस्ता* और होमर की रचनाओं से मिलती है। परवर्ती वैदिक ग्रंथों में वर्णित वाजपेय यज्ञ में रथों की जिस दौड़ की चर्चा की गई है, वह दौड़ यूनान में भी प्रचलित थी और होमर ने इसका पूरा वर्णन किया है। आद्य हिंद-यूरोपीय भाषा में रथ के लिए दो शब्द मिलते हैं। उनमें से प्रत्येक आधे दर्जन हिंद-यूरोपीय भाषाओं में प्रचलित हैं। उसी प्रकार धुरी, जोत और नाभि के लिए जो सजातीय शब्द हैं वे छह हिंद-यूरोपीय भाषाओं में पाए जाते हैं। कई हिंद-यूरोपीय भाषाओं में घोड़े पर चढ़ने के लिए एक ही प्रकार की क्रिया मिलती है। उसी तरह हत्ती और संस्कृत में रथ जोतने के लिए जिन शब्दों का व्यवहार होता है, वे एक प्रकार के हैं। आद्य हिंद-यूरोपीय भाषा में पहिए के लिए दो अलग-अलग शब्द हैं। संभवत: दो में से एक शब्द उनका अपना नहीं है। इसे व्यापार और दूसरे प्रकार के अन्य संपर्क के कारण हिंद-यूरोपीयों ने पश्चिमी एशिया से सीखा। किंतु पहिया वाली गाड़ी स्टेपवासियों के जीवन में इस तरह समा गई कि इसके लिए जो उधार लिया हुआ शब्द है, वह भी कई हिंद-यूरोपीय भाषाओं में फैल गया। यह कहा जाता है कि चौथी सहस्राब्दी ई० पू० में पश्चिम एशिया में चक्केवाला रथ का आरंभ हुआ, और उसी समय यह दक्षिण रूस के स्टेपों में पहुँचा। दक्षिण रूस की खुदाइयों में 3000 ई० पू० से रथ होने का प्रमाण मिलता है। तीसरी सहस्राब्दी ई० पू० में दो या तीन पहिएवाले रथ मिलते हैं। मितानी शासकों के नाम से पता चलता है कि 1400 ई० पू० के आसपास वे रथों का प्रयोग करते थे। बहुत-से ऐसे शब्द मिलते हैं, जैसे "दौड़ते रथों का स्वामित्व", "रथों का सामना करना" और "बड़े घोड़ों का स्वामित्व"। हिंद-ईरानी उपाधि "रथ चालक" की भी चर्चा है। एक मितानी राजा का

नाम दशरथ है जिसका अर्थ होता है दस रथों को रखनेवाला। भारत के बाहर काठ के पहिए मिलते हैं, किंतु 2000 ई० पू० तक साधारणत: उनमें आरे नहीं होते थे। हड़प्पाई संदर्भ में मिट्टी के बने खिलौने में पहिए मिलते हैं, किंतु उनका तिथि-निर्धारण ठीक से नहीं हो सकता है। ऐसा लगता है कि वे 2000 ई० पू० के पहले के नहीं हैं।

आरे वाले पहिए

उत्तर-पूर्वी ईरान में स्थित हिसार नामक स्थान में और उत्तरी कॉकेसस क्षेत्र में 2300 ई० पू० के लगभग आरे वाले पहिए मिलते हैं। बेलना जैसे मुहर पर छह आरे वाले पहिए का रथ हिसार में मिला है और इसका समय 1800 ई० पू० है। यह कहा जाता है कि 19वीं शताब्दी ई० पू० में हत्ती लोगों ने अनातोलिया जीतने के लिए ऐसे रथों का इस्तेमाल किया जिनमें आरे वाले पहिए थे। आगे बतलाया जायेगा कि ऐसे रथ पश्चिमी कज़ाखस्तान के बगल में दक्षिण यूराल क्षेत्र में इसी समय के लगभग मिलते हैं। 1500 ई० पू० आते-आते पूर्वी यूरोप और पश्चिमी एशिया के कई स्थानों में आरे वाले पहिए मिलने लगते हैं।

हड़प्पा और मोहेंजोदड़ो में मिट्टी के बने खिलौने के चक्के में आरे नहीं मिलते हैं। हरियाणा के हिसार जिले में अवस्थित बनावली नामक स्थान में हड़प्पाकालीन आरे वाले पहियों के होने की बात कही जाती है। इस स्थान के उत्खनक आर० एस० बिष्ट बतलाते हैं कि मिट्टी के पहिए पर कुछ लकीरें हैं जो आरे जैसे लगते हैं। अतएव वास्तव में ये आरे नहीं माने जा सकते हैं। यह भी ध्यान रहे कि बनावली का हड़प्पा चरण 2425-1250 ई० पू० तक रखा गया है। इस लंबे काल में आरे का प्रयोग कब हुआ, यह भी नहीं बतलाया गया है। यह भी उल्लेखनीय है कि बिष्ट के प्रकाशित लेखों में इन आरे वाले पहियों की चर्चा नहीं है। सूरज भान भी हिसार जिले के मिथल स्थान में मिट्टी की छोटी चकती के ऐसे टुकड़े का उल्लेख करते हैं जिसमें पाए गए लकीरों से आरे का बोध होता है। वे इस चकती का समय 1800 ईसा-पूर्व रखते हैं। किंतु उनकी पुस्तक में दिए गए प्लेट नं०-21 पर जो लकीरें दिखलाई गई हैं वे अलंकरण जैसा दिखती हैं। जो भी हो, हिसार ज़िले के दोनों स्थानों में आरे वाले चक्के तब मिलते हैं, जब परिपक्व हड़प्पाई संस्कृति का अंत हो गया था। लगता है कि हिंद-आर्यों के संपर्क में आने के कारण 2000 ई० पू० के बाद आरे वाले पहिए मिलने लगे।

दूसरी सहस्राब्दी ई० पू० में घोड़े के अवशेष दक्षिण मध्य एशिया, ईरान और अफगानिस्तान में पाए जाते हैं। 1500 ई० पू० आते-आते घोड़े और रथ की आकृतियाँ किरगिजिया, अल्ताई क्षेत्र, मंगोलिया, पामीर पहाड़ और सबसे बढ़कर तजिकिस्तान में मिलती है।

भारतीय उपमहादेश में घोड़े के अवशेष

तीसरी सहस्राब्दी ई० पू० वाले घोड़े के कुछ अवशेषों की उपमहादेश में होने की चर्चा की जाती है, किंतु ये सभी संदेहास्पद लगते हैं। रिचर्ड मिडो नामक अमेरिकी पुरातत्त्वविद् ने अवशेषों का ठीक से अध्ययन किया है और उनके अनुसार 2000 ई० पू० तक उपमहादेश में घोड़े की हड्डियों के मिलने का स्पष्ट प्रमाण नहीं है। उनका कहना है कि बलूचिस्तान के कोची मैदान में अवस्थित पिराक में सच्चे घोड़े के मिलने का प्राचीनतम साक्ष्य मिलता है। जिम जे० शैफर का भी यही विचार है, और उनके अनुसार पिराक I-II की तिथि 2000 से 1300 ई० पू० तक पड़ती है। घुड़सवारों की मिट्टी की बनी आकृतियाँ पिराक में पाई गई हैं, और उनका समय 1800 से 1300 ई० पू० तक है। घोड़े के अवशेष और उसके साज-बाज स्वात घाटी में अवस्थित गंधार संस्कृति में 1400 ई० पू० और उसके बाद मिलते हैं। पिराक, गोमल घाटी और स्वात घाटी में घोड़े के आगमन का संबंध इसके प्रसार से है। हड़प्पाई और चित्रित धूसर भांड संस्कृतियों का सम्मिश्रण हरियाणा के भगवानपुरा स्थल में मिलता है जहाँ घोड़े की हड्डियाँ पाई गई हैं। जिन स्तरों में हड्डियाँ पाई गई हैं उनका समय 1400–1000 ई० पू० है। संभवत: सुरकोटदा में पाया गया घोड़ा पिराकी घोड़े का समकालीन था। नगरोत्तर हड़प्पाई चरण में मोहेंजोदड़ो, हड़प्पा, लोथल और रोपड़ में घोड़ा मिलता है। इधर हड़प्पा की खुदाई 1980 से 1993 तक हुई और धोलावीरा की भी खुदाई चल रही है, पर कहीं भी घोड़े के अवशेष मिलने की खबर नहीं है। इसी प्रकार हड़प्पा के नगरीय चरण में आरे वाले पहिए भी नहीं मिलते हैं। यह ध्यान रहे कि हड़प्पा की बाद वाली संस्कृतियों में अथवा गैर-हड़प्पाई संस्कृतियों में घोड़े का महत्त्व था, जैसे गोमल और स्वात की घाटियाँ तथा धूसर भांड वाले स्थान। हस्तिनापुर के चित्रित धूसर भांड वाले स्तर में घोड़े की हड्डियाँ लगभग 500 ई० पू० में मिलती हैं, और इसी भांड वाले स्तरों में उत्तर भारत के कई अन्य स्थानों पर भी मिट्टी के घोड़े मिलते हैं।

दाह-संस्कार

घोड़े के व्यवहार के साथ-साथ दाह-संस्कार भी आर्य संस्कृति की विशेषता बन गई। वैदिक, अवेस्ताई और होमर वाले साहित्य में इस प्रथा की चर्चा है। यह प्रथा परिपक्व हड़प्पाई संस्कृति में नहीं पाई जाती है। हड़प्पाई लोग मुर्दों को ज़मीन में गाड़ते थे। फिर इसमें बहुत बदलाव आया। यह बदलाव 1500 ई० पू० के आसपास हड़प्पा स्थित सिमेटरी-एच के पाए गए बरतन में मुर्दे को रखकर गाड़ने की प्रथा से प्रारंभ होता है। कुछ ऐसे भी उदाहरण हैं जिनमें समाधियों में जली हुई हड्डियाँ मिलती हैं। पहले लोग सोचते थे कि सिमेटरी-एच की संस्कृति केवल हड़प्पा तक सीमित थी, किंतु अब

72 ऐसे स्थल हैं जहां सिमेटरी-एच वाली सामग्रियाँ पाई जाती हैं। सर मार्टिमर ह्वीलर सिमेटरी-एच वाली संस्कृति को हड़प्पोत्तर काल में रखते हैं। विद्वान आमतौर पर स्वीकार करते हैं कि सिमेटरी-एच प्रथा से नए लोगों के आगमन की सूचना मिलती है।

दाहोपरांत समाधि बनाने की प्रथा गुजरात की हड़प्पाई संस्कृति में मिलती है, किंतु इस प्रथा का तिथि निर्धारण कठिन है। सुरकोटदा का साक्ष्य संदेहास्पद है। अधिक-से-अधिक हम उस प्रथा को 2000 ई० पू० से पहले नहीं रख सकते हैं, और इसी समय से हड़प्पा के नगरोत्तर चरण का प्रारंभ होता है। संभवतः इस प्रथा का प्रारंभ उपमहादेश में बाहरी संपर्क के कारण हुआ। यह ठीक है कि हड़प्पाई संस्कृति में चिड़ियों और जानवरों की हड्डियाँ जलाकर गाड़ी जाती थीं, किंतु इसके आधार पर यह नहीं कहा जा सकता है कि मनुष्य का शरीर भी जलाया जाता था जैसा कुछ लोगों का विचार है।

दाह-संस्कार की प्रथा पाँचवी सहस्राब्दी ई० पू० में प्रारंभ हुई। 5000-4000 ई० पू० में इसके उदाहरण पोलैंड, जर्मनी, पूर्वी यूरोप, इराक और उत्तरी मध्य एशिया के कज़ाखस्तान में मिलते हैं। किंतु अभी तक यह स्पष्ट नहीं हुआ है कि घोड़े पालने वाले लोगों ने कब और कहाँ दाह-संस्कार की प्रथा को उपनाया। जो भी हो, इसमें संदेह नहीं कि 1500 ई० पू० आते-आते यह प्रथा यूरोप एवं एशिया दोनों में चल गई और यह पूर्वी मध्य एशिया के चीनी भाग में पहुँच गई। भारतीय उपमहादेश में घोड़े पालनेवालों ने पहले-पहल स्वात की घाटी में इस प्रथा की शुरुआत की। बाहरी संपर्क के कारण कुछ हड़प्पाई लोगों ने भी इसे अपनाया होगा, पर इसका स्पष्ट प्रमाण अभी तक नहीं मिला है। यह भी ध्यान रहे कि स्वात की घाटी से 500 कि० मी० की दूरी पर दक्षिण एशिया के तजिकिस्तान देश में यह प्रथा 1400 ई० पू० के लगभग पाई जाती है।

अग्नि-पूजा

अग्नि-पूजा हिंद-आर्यों और हिंद-ईरानियों की विशेषता मानी जाती है। *ऋग्वेद* में वेदि की चर्चा है और *ज़ेंद-अवेस्ता* में अग्नि-पूजा को बहुत महत्त्व दिया गया है। कुछ लोग अग्नि-पूजा को हड़प्पाई मानते हैं, किंतु जो 'अग्नि-वेदियाँ' गुजरात के लोथल नामक स्थान और राजस्थान के कालीबंगा में पाई गई हैं उनके उत्खनक भी उन्हें सच्ची वेदियाँ नहीं मानते हैं। एस० आर० राव के विचार में लोथल की वेदियाँ चूल्हे हो सकती हैं। कालीबंगा में आग रखने की जगह को बी० बी० लाल वेदि इसलिए बतलाते हैं क्योंकि इसके लिए कोई और समुचित शब्द उन्हें नहीं मिलता है। जो भी हो, इतना तो स्पष्ट है कि हड़प्पाई संदर्भ में जिस प्रकार की वेदिकाएँ मिली हैं उनका वर्णन न तो प्राचीन ग्रंथों में मिलता है और न ही उनकी आकृति प्राचीन परंपराओं के अनुरूप है। अग्नि-पूजा प्राचीन काल में अनेक समाजों में होती होगी और इसमें

सैंधव सभ्यता को शामिल किया जा सकता है। लेकिन यह स्थापित नहीं किया जा सकता कि हड़प्पा की वेदिकाओं का रूप वैदिक वेदियों जैसा है। यह उल्लेखनीय है कि दक्षिण यूक्रेन में 4000-3500 ई० पू० में कुछ ऐसे अग्नि-स्थल मिले हैं जिनसे अग्नि-पूजा होने का तो अनुमान होता है, पर उन्हें वैदिक अग्नि-वेदी की संज्ञा दी जा सकती है।

पशु-बलि

पशु-बलि आर्य संस्कृति का महत्त्वपूर्ण अनुष्ठान था, किंतु इस तरह से यह पशुचारी जनजातीय समाज में हर जगह पाई जाती है। अतएव इससे कोई बड़ा निष्कर्ष नहीं निकाला जा सकता है। प्राचीनतम पशुपालक दूध और इससे बनी चीजों को पाने के लिए गाय नहीं पालते थे। द्रविड भाषाभाषी गोंड जनजाति के एक समुदाय का अभी भी यह विश्वास है कि दूध पर वास्तव में बछड़े का हक बनता है, अतएव प्राचीन पशुपालक गाय और अन्य पशुओं को मांस खाने के लिए पालते थे, दूध पीने के लिए नहीं। ऐसा लगता है कि मांसाहारी भोजन प्राप्त करने के लिए पशु-बलि की अनुष्ठान का विकास किया गया। यूक्रेन और दक्षिण रूस के कब्रों में चौथी और तीसरी सहस्राब्दी ईसा-पूर्व के श्राद्धकर्म में पशु-बलि के अनेक उदाहरण मिलते हैं। दक्षिण मध्य एशिया में दूसरी सहस्राब्दी ईसा-पूर्व और उसके बाद भी इसी तरह के उदाहरण मिलते हैं। ऐसा लगता है कि लागों के जीवनकाल में पशु-बलि प्रचलित थी। मरणोपरांत भी यह अनुष्ठान इसलिए किया जाता था कि मृतकों को परलोक में भोजन मिलता रहे।

वैदिक समाज में अवश्मेध का विशिष्ट स्थान था। किंतु वेदों के फ्रांसीसी विद्वान लुई नू का मानना है कि अवश्मेध हिंद-यूरोपीय अनुष्ठान था। यह प्रथा प्राचीन रोम और मध्यकालीन आयरलैंड में प्रचलित थी। अश्व-बलि संबंधी प्राचीनतम पुरातात्त्विक प्रमाण उसी प्रकार का है जैसा पशु-बलि के संबंध में है। यूक्रेन और दक्षिण रूस के अनेक कब्रगाहों में एक से अधिक घोड़े की बलि का उदाहरण है। इस प्रथा का जन्म पाँचवी सहस्राब्दी ईसा-पूर्व के परवर्ती भाग में हुआ। बाद की सदियों में यह काफी फैल गई और मध्य एशिया में मध्यकाल तक चलती रही। भारत में वैदिक युग में इसे अवश्मेध का रूप दिया गया जिसका वर्णन परवर्ती वैदिक ग्रंथों में विस्तार से है। उपमहादेश में प्राक्-वैदिक काल में भी शायद पशु-बलि होती होगी। किंतु अभी तक इसका पुरातात्त्विक साक्ष्य नहीं प्राप्त हुआ है। चूंकि 18वीं शताब्दी ई० पू० तक भारत में घोड़े के मिलने का पक्का प्रमाण नहीं है, इसलिए इसकी बलि का प्रश्न ही नहीं उठता है। पूर्व मध्यकालीन भारत में शक्ति के विभिन्न रूपों की पूजा में भैंसे का बलिदान बड़ा अनुष्ठान बन गया। परंतु यह जानवर पूर्वी यूरोप एवं मध्य एशिया में शायद ही मिलता

था, और इसलिए उन क्षेत्रों में भैंसे के मारने का अनुष्ठान प्रचलित नहीं था।

सोमपान की प्रथा

सोमपान की प्रथा केवल ईरानी और वैदिक जनों में प्रचलित थी। "स" का "ह" में बदल जाने के कारण *अवेस्ता* में सोम के बदले होम शब्द का प्रयोग होता है। सोम के पौधे की पहचान पर बहुत दिनों से विवाद चल रहा है। किंतु अब **इफेड्रा** नामक पौधे की पहचान कुछ लोग सोम से करते हैं। इफेड्रा की छोटी-छोटी टहनियाँ बरतनों में दक्षिण-पूर्वी तुर्कमेनिस्तान में तोगोलोक-21 नामक मंदिर के परिसर में पाए गए हैं। इन बरतनों का व्यवहार सोमपान के अनुष्ठान में होता था। यद्यपि इस पहचान की मान्यता बढ़ रही है, तो भी निर्णायक साक्ष्य के लिए खोज जारी है।

स्वस्तिक

स्वस्तिक (卐) आर्यत्व का चिह्न माना जाता है। जब जर्मनी में नात्सियों ने इसे विशुद्ध आर्यत्व का प्रतीक घोषित किया तो इसका विश्वव्यापी महत्त्व हो गया। वैदिक साहित्य में स्वस्तिक की चर्चा नहीं है। यह शब्द ईसवी सन् की प्रारंभिक शताब्दियों के ग्रंथों में मिलता है, जबकि धार्मिक कला में इसका प्रयोग शुभ माना जाता है। किंतु ओरेल स्टाइन का मत है कि यह प्रतीक पहले-पहल बलूचिस्तान स्थित शाही टुम्प की धूसर भांडवाली संस्कृति में मिलता है जिसे हड़प्पा से पहले का जाना जाता है और जिसका संबंध दक्षिण ईरान की संस्कृति से स्थापित किया जाता है। स्टाइन की दृष्टि में स्वस्तिक का प्रतीक अनोखा है क्योंकि ऐसा प्रतीक भारतीय और पश्चिमी एशिया के संस्कृतियों में नहीं मिलता है। किंतु अरनेस्ट मैके के अनुसार यह सबसे पहले एलम अर्थात् आर्य-पूर्व दक्षिण ईरान में प्रकट होता है। स्वस्तिक वाले ठप्पे हड़प्पाई संस्कृति में और अल्तीन-टेपे में पाए गए हैं और उनका समय 2300-2000 ई० पू० है। शाही टुम्प में स्वस्तिक प्रतीक का प्रयोग श्राद्ध वाले बरतनों पर होता था, और 1200 ई० पू० के लगभग दक्षिण ताजिकिस्तान मे जो कब्रगाह मिले हैं उनमें कब्र की जगह पर इस प्रकार का चिह्न मिलता है।

800 ई० पू० के आसपास अलंकरण के रूप में प्रतीक धूसर चित्रित भांडों पर मिलता है जो घरेलू काम में लगाए जाते थे। इसलिए स्वस्तिक को प्राक्-वैदिक और प्राक्-हड़प्पाई कहा जा सकता है। ऐसा लगता है कि यह एलम से चलकर बलूचिस्तान, सिंधु घाटी और तुर्कमेनिस्तान में पहुंचा। संभवतः यह तुर्कमेनिस्तान से तजिकिस्तान गया। मौर्य और मौर्योत्तर कला में इसका कैसे प्रयोग हुआ, इस विषय की छानबीन की जानी चाहिए।

भाषा और अभिलेख

हिंद-यूरोपीय भाषा आर्य संस्कृति की प्रमुखतम विशेषता मानी जाती है। भाषाशास्त्रियों ने आद्य हिंद-यूरोपीय भाषा का रूप तैयार किया है। उनके अनुसार इसका प्रारंभ सातवीं अथवा छठी सहस्राब्दी ई० पू० में हुआ। हिंद-यूरोपीय भाषा पूर्वी एवं पश्चिमी शाखाओं में बाँटी जाती है, और लगभग 4500 ई० पू० से पूर्वी शाखा के उच्चारण संबंधी विकास में कई चरण बतलाए जाते हैं। इस शाखा की भाषा को आद्य हिंद-ईरानी भाषा कहा जाता है। किंतु अभिलेखीय साक्ष्य की दृष्टि से आद्य हिंद-ईरानी भाषा, जिसमें हिंद-आर्य भाषा भी सम्मिलित है, 2300 ई० पू० के पहले नहीं मिलती है। इस भाषा के प्राचीनतम उदाहरण इराक के अगेड वंश के पाटिया पर लिखे मिलते हैं। उसमें अरिसेन और सोमसेन नामक दो नाम मिलते हैं और हंगरी के भाषाशास्त्री जे० हरमट्टा ने इनका समय 2300-2100 ई० पू० के लगभग रखा है। अनातोलिया के हत्ती अभिलेख बतलाते हैं कि वहाँ हिंद-यूरोपीय भाषा की पश्चिमी शाखा के बोलनेवाले 19वीं से 17वीं शताब्दी ई० पू० के बीच मौजूद थे। पूर्वी शाखा के बोलनेवाले की उपस्थिति मेसोपोटामिया में 16वीं से 14वीं शताब्दी ई० पू० तक कस्सियों और मितानियों के अभिलेख से सिद्ध होती है। पर भारतवर्ष में इस प्रकार के अभिलेख नहीं मिलते हैं। अतएव अभिलेखों के अभाव में यह कहना कि हिंद-आर्य भाषा बोलनेवाले लोग भारत से मेसोपोटामिया गए, अनर्गल लगता है। हरमट्टा का यह विचार है कि आद्य हिंद-ईरानी भाषा में कॉकेसस क्षेत्र की भाषाओं से शब्द उधार लिए गए हैं, और साथ-ही-साथ फीनिश उग्राइक भाषाओं के शब्द भी लिए गए हैं। इससे पता चलता है कि हिंद-ईरानी भाषा का विकास पश्चिम में फीनलैंड और पूरब में कॉकेसस क्षेत्र के बीच कहीं पर हुआ।

प्रसिद्ध पुरातत्त्वविद् गॉर्डन चाइल्ड ने पहले यह विचार रखा था कि अनातोलिया हिंद-यूरोपीयों का उद्‌गम स्थान है। कछ रूसी भाषाशास्त्री भी इसी प्रकार का मत प्रकट करते हैं। उनके अनुसार हिंद-यूरोपीय भाषा का मूल स्थान कॉकेसस के दक्षिण वाले क्षेत्र में हो सकता है। इस क्षेत्र में पूर्वी अनातोलिया और उत्तरी मेसोपोटामिया पड़ते हैं। यद्यपि अनातोलिया घोड़े वाले काला सागर क्षेत्र के निकट है, तथापि यहाँ छठी-पाँचवी सहस्राब्दी ई० पू० में न तो घोड़े मिलते हैं और न हिंद-यूरोपीय संस्कृति के कोई अन्य तत्त्व। रूसी भाषाशास्त्रियों के निष्कर्ष से ब्रिटिश पुरातत्त्वविद् रेनफ्रू की इस परिकल्पना को बल मिलता है कि पूर्वी अनातोलिया आर्यों का मूल निवास स्थान था। उनके अनुसार वहाँ पहले-पहल खेती का प्रारंभ सातवीं सहस्राब्दी ई० पू० में हुआ और इसके फैलने से हिंद-यूरोपीय भाषा विभिन्न दिशाओं में फैली। किंतु हम जानते हैं कि प्रारंभिक नेतुफियन अर्थात् फिलिस्तीन के इलाके में 10,000 ई० पू० के आसपास अनाज पैदा

किए जाने लगे और 7000 ई० पू० के लगभग फिलिस्तीन में जमकर खेती होने लगी। सातवीं और छठी सहस्राब्दी ईसा-पूर्व में खेती इराक, ईरान और पाकिस्तानी बलूचिस्तान में भी मिलती है। अतएव कृषि का उदय केवल पूर्वी अनातोलिया ही में नहीं हुआ। यह भी याद रहे कि हिंद-यूरोपीय भाषा के सबसे पुराने बोलनेवालों के जीवन में खेती का कोई बड़ा स्थान नहीं था। संकेत मिलता है कि जहाँ-जहाँ हिंद-यूरोपीय गए वहाँ की खेती की पद्धति उन्होंने अपनाई। यह भी सोचने की बात है कि अपने उद्‌गम स्थान से आर्य भाषा क्यों लुप्त हो गई। यह भी ध्यान रखना चाहिए कि रेनफ्रू विकल्प के रूप में मध्य एशिया को भी आर्यों का उद्‌गम स्थान बतलाते हैं। प्रसारवादी पुरातत्त्वविद् नहीं होने पर भी वे आर्य समस्या की व्याख्या प्रसारवादी सिद्धांत के आधार पर करते हैं।

मध्य एशिया से प्रसारण

मध्य एशिया से मानव प्रसारण की पुष्टि जीवविज्ञानियों के हाल के शोध से होती है। मानव शरीर की रक्त कोशिकाओं (cells) में उत्पत्ति संबंधी संकेतों की खोज हुई है। इन्हें DNA का नाम दिया जाता है। उत्पत्ति संबंधी संकेत आनुवंशिक होते हैं, और वे पुश्त-दर-पुश्त चलते रहते हैं। विज्ञानियों के अनुसार कुछ खास तरह के संकेत मध्य एशिया के एक छोर से दूसरी छोर तक 8000 ई० पू० के आसपास मिलते हैं। इन उत्पत्ति संबंधी संकेतों का नाम M 17 दिया गया है, और ये मध्य एशिया के 40% से अधिक लोगों में मिलते हैं। खोजने पर दिल्ली के 35% से अधिक हिंदी भाषाभाषियों में M 17 मिला है, पर द्रविड भाषाभाषियों के केवल 10% आबादी में मिला है। इससे स्पष्ट है कि हिंद-आर्य भाषाभाषी मध्य एशिया से भारत पहुँचे। जीवविज्ञानी हिंद-आर्य भाषाभाषियों के मध्य एशिया से भारत पहुँचने का समय 8000 ई० पू० के बाद रखते हैं, पर कोई तिथि निश्चित नहीं करते हैं। पुरातात्त्विकों के अनुसार यह समय 2000 ई० पू० से आरंभ होता है। भाषाविज्ञानी भी हिंद-आर्य भाषियों का भारत प्रवेश इसी समय के लगभग रखते हैं।

❖ कालक्रम ❖

10000 ई० पू०	जेरूसलम के निकट मध्यपाषाणयुगीन स्थल पर अनाज की पहली खेती।
8000 ई० पू०	मध्य एशिया वासियों के शरीर में उत्पत्ति संबंधी संकेत।
7000 ई० पू०	फिलिस्तीनी क्षेत्र में पूर्ण विकसित कृषि।
छठी सहस्राब्दी ई० पू०	दक्षिणी यूराल के क्षेत्र और काले समुद्र के इलाके में घोड़ों का अस्तित्व।

5000–4000 ई० पू०	हॉलैंड, जर्मनी, पूर्वी यूरोप, इराक और मध्य एशिया अंतर्गत कज़खस्तान में दाह-संस्कार।
4500 ई० पू०	युक्रेन के अश्व-प्रयोगक ज़मीनी आवासों के अतिरिक्त अर्द्धभूमिगत आवासों में रहते थे।
पाँचवीं सहस्राब्दी ई० पू०	हिंद-यूरोपीयों में संभवतः अश्व-बलि की शुरुआत।
चौथी-तीसरी सहस्राब्दी ई० पू०	यूराल-वोल्गा क्षेत्र में गर्तावास। यूक्रेन और दक्षिणी रूस में अंत्येष्टि क्रिया में पशु-बलि की प्रथा प्रचलित।
3000 ई० पू० और उसके बाद	दक्षिणी रूस में उत्खनन के फलस्वरूप रथ के अस्तित्व के पर्याप्त साक्ष्य।
तीसरी सहस्राब्दी ई० पू०	दक्षिण साइबेरिया में अनेक घोड़े। दक्षिण रूस में दो या तीन पहियों वाले रथ। भारतीय उपमहादेश में घोड़ों के कुछ अवशेष।
2500 ई० पू०	हड़प्पा संस्कृति के प्रसंग में मृण्मय पहिए।
2300 ई० पू०	ईरान अंतर्गत हिस्सार और उत्तरी कॉकेसस में आरेदार पहिए।
2200 ई० पू०	इराक के अगेड राजवंश के अभिलेख में हिंद-ईरानी अथवा हिंद-आर्य भाषा।
2000 ई० पू०	यूरेशिया में घोड़ों का व्यापक प्रयोग। भारत के बाहर लकड़ी के ठोस बने पहिए ज्ञात। हड़प्पा संस्कृति में स्वस्तिक प्रतीक। गुजरात अंतर्गत उत्तर हड़प्पा संस्कृति में दाहोपरांत कब्र।
द्वितीय सहस्राब्दि ई० पू०	मध्य एशिया से हिंद-आर्य भाषियों का भारत प्रवेश। स्वात घाटी में घोड़ा, गर्तावास और दाहोपरांत कब्र। मध्य एशिया की अन्द्रोनोवो संस्कृति में गर्तावास। दक्षिण मध्य एशिया, ईरान और अफगानिस्तान में घोड़ों के अवशेष।
उन्नीसवीं शताब्दी ई० पू०	हत्तियों द्वारा हल्के पहियादार रथों का प्रयोग।
उन्नीसवीं-सत्रहवीं शताब्दी ई० पू०	अनातोलिया अंतर्गत हत्तियों के अभिलेखों में हिंद-यूरोपीय भाषा की पश्चिमी शाखा उपलब्ध।
1850 ई० पू० और उसके बाद	अनातोलिया में घोड़े का प्राचीनतम अभिलेखीय साक्ष्य।
1800 ई० पू०	हिस्सार की मुहर पर छह आरेदार पहियों वाले रथ का चित्रण।
1700 ई० पू०	दक्षिण एशिया अंतर्गत पिराक समूह से प्राचीनतम असली घोड़े का पता मिलता है।
1600–1000 ई० पू०	भगवानपुरा (हरियाणा) में चित्रित धूसर भांड और हड़प्पा

	संस्कृतियों के परस्पर व्याप्त संस्तरों में घोड़ों की हड्डियाँ मिलती हैं।
1595 ई० पू०	बेबीलोन के कस्सी आक्रमण में घोड़ों का प्रभावी प्रयोग।
1500 ई० पू०	पूर्वी यूरोप और पश्चिमी एशिया में आरेदार पहिये। किरगिजिया, अल्ताई क्षेत्र, मंगोलिया, पामीर पर्वतमालाओं और दक्षिण तजिकिस्तान में घोड़े और रथ का प्रतिनिधित्व।
1400 ई० पू०	ज़ेंद *अवेस्ता* की तिथि।
1400 ई० पू० और उसके बाद	मितानी शासकों के नामों से अश्वचालित रथों के संकेत। स्वात घाटी में गांधार-समाधि-संस्कृति की कब्रों में घोड़ों और उनके साज-सामानों के अवशेष।
चौदहवीं शताब्दी ई० पू०	यूनान में हिंद-यूरोपीय भाषा की पश्चिमी शाखा के भाषाभाषियों के अभिलेख।
1200 ई० पू०	दक्षिणी तजिकिस्तान में स्वस्तिक।
1000 ई० पू०	ऋग्वेदोत्तर संस्तर।
900–800 ई० पू०	होमर कृत *इलियड* एवं *ओडिसी*।

12

ऋग्वैदिक युग

हिंद-आर्यों का आगमन

हिंद-ईरानी, जिनमें हिंद-आर्य और ईरानी शामिल हैं, मध्य एशिया के दो इलाकों से चले। पहले इलाके को पुरातात्त्विक दृष्टि से अंद्रोनोवो संस्कृति का क्षेत्र कहते हैं। अंद्रोनोवो संस्कृति द्वितीय सहस्राब्दी ई० पू० में मध्य एशिया के लगभग समूचे भाग में फैली हुई थी। दूसरे इलाके को पुरातात्त्विक दृष्टि से बैक्ट्रिया-मार्जिआना पुरातात्त्विक क्षेत्र (बी० एम० ए० सी० अर्थात् बैक्ट्रिया-मार्जिआना ऑर्किअलॉजिकल कमप्लेक्स) कहते हैं और इसकी तिथि 1900 ई० पू० से 1500 ई० पू० के बीच आँकी जाती है। इस सांस्कृतिक क्षेत्र का विस्तार दक्षिणी मध्य एशिया में था। इस इलाके के अंदर बैक्ट्रिया अथवा अफगानिस्तान को लेते हुए बल्ख और तुर्कमेनिस्तान और उजबेकिस्तान को लेते हुए मार्जिआना शामिल हैं। दक्षिणी उजबेकिस्तान और उत्तरी अफगानिस्तान से उपलब्ध कुछ मिट्टी के बरतन गंधार की मकबरा संस्कृति (गंधार ग्रेव कल्चर) में प्राप्त मिट्टी के बरतनों से मेल खाते हैं। अंद्रोनोवो संस्कृति में आर्यों के जीवन के सभी महत्त्वपूर्ण तत्त्व दिखते हैं। इनमें पशुपालन, घोड़ों का व्यापक इस्तेमाल, आरेदार पहिए, शवों को जलाने की प्रथा, फूस और लकड़ी से छाए हुए गड्ढेवाले घर तथा सोम पेय शामिल हैं। अतएव यह संस्कृति आद्य हिंद-ईरानी मानी जाती है। यह संस्कृति आखिरकार ईरान और भारतीय उपमहादेश के उत्तरी भाग में फैल गई।

लगभग 1500 ई० पू० में बैक्ट्रिया-मार्जिआना पुरातात्त्विक समूह में पालतू घोड़े, आरेदार पहियों के साथ रथ, शवों का आंशिक दहन और स्वस्तिक चिह्न दीखते हैं। आधे दर्जन कब्रिस्तानों से पशुचारी लोगों की गतिविधि का संकेत मिलता है। बैक्ट्रिया-मार्जिआना पुरातात्त्विक क्षेत्र में प्राक्-आर्यों के समय के आद्य नगर संस्कृति के अवशेषों से भी मालूम होता है कि जिन पशुचारी लोगों ने इस संस्कृति को क्षति पहुँचाई थी, वे इस इलाके से भारतीय उपमहादेश की सीमाओं की ओर गए। यही कारण है जिससे लगभग 1400 ई० पू० से स्वात घाटी में घोड़ों के अवशेष और दाहकर्म वाले बहुत-से कब्र मिले हैं। दक्षिणी मध्य एशिया के लगभग उसी समय के कुछ मिट्टी के बरतन स्वात क्षेत्र से प्राप्त तत्कालीन मिट्टी के बरतनों से मेल खाते हैं।

जिन तीन इलाकों में बैक्ट्रिया-मार्जिआना पुरातात्त्विक क्षेत्र फैला हुआ था, उनमें बैक्ट्रिया का उल्लेख भारतीय परंपराओं में पाते हैं। इसे वाह्लिक कहते हैं, जिसका अर्थ 'बाहरी देश' होता है और जिसकी पहचान आधुनिक बल्ख से की जाती है। यद्यपि इस शब्द का उल्लेख *ऋग्वेद* में नहीं है, फिर भी यह उत्तर वैदिक मूलग्रंथों में मिलता है। एक ऐसे ही मूलग्रंथ में इसे राजा का नामांश बतलाया गया है। चौथी शताब्दी के एक गुप्तकालीन अभिलेख में सात नदियों को पारकर वाह्लिक विजय का उल्लेख है। वास्तविक विजय भले ही नहीं हुई हो, लेकिन गुप्तकाल में बैक्ट्रिया के अस्तित्व की जानकारी है। बाद के स्रोतों में पंजाब को वाह्लिक माना जाता था और इसे प्राच्य अथवा पूर्वी भारत से अलग माना जाता था। बैक्ट्रिया में अफगानिस्तान का बड़ा भाग शामिल था जिससे *ऋग्वेद* सुपरिचित था। इस देश में बहनेवाली अनेक नदियों का इसमें उल्लेख है। आर्य भाषाभाषी अफगानिस्तान में बसने के लिए आए, इसका संकेत नदियों के आर्य-नामों से मिलता है। इस देश का एक भाग 'अरैय' अथवा 'हरैय' कहलाता है, जिससे 'हरात' की उत्पत्ति है।

प्राचीनतम आर्य भाषाभाषी पूर्वी अफगानिस्तान, उत्तर-पश्चिमी सीमांत प्रदेश, पंजाब और पश्चिमी उत्तर प्रदेश के सीमावर्ती स्थानों तक फैले हुए थे। अफगानिस्तान की कुछ नदियाँ जैसे कुभा नदी और सिंधु नदी तथा उसकी पाँच शाखाएँ *ऋग्वेद* में उल्लिखित हैं। सिंधु नदी, जिसकी पहचान अंग्रेजी के 'इंडस' से की जाती है, आर्यों की विशिष्ट नदी है, और इसका बारंबार उल्लेख होता है। दूसरी नदी 'सरस्वती' *ऋग्वेद* में सबसे अच्छी नदी (नदीतम) कही गई है। इसकी पहचान हरियाणा और राजस्थान में स्थित घग्गर-हकरा की धारा से की जाती है। लेकिन इसके ऋग्वैदिक वर्णन से पता चलता है कि यह *अवेस्ता* में अंकित हरख्वती नदी है जो आजकल दक्षिण अफगानिस्तान की हेलमंद नदी है। यहाँ से सरस्वती नाम भारत में स्थानांतरित किया गया। भारतीय उपमहादेश के अंतर्गत जहाँ आर्य भाषाभाषी पहले पहल बसे वह संपूर्ण क्षेत्र सात नदियों का देश कहलाता है।

ऋग्वेद से हम भारतीय आर्यों के बारे में जानते हैं। *ऋग्वेद* में आर्य शब्द का 36 बार उल्लेख है, और इससे सामान्यतया हिंद-आर्य भाषा बोलने वाले सांस्कृतिक समाज का संकेत मिलता है। *ऋग्वेद* हिंद-आर्य भाषाओं का प्राचीनतम ग्रंथ है। यह वैदिक संस्कृत में लिखा गया है लेकिन इसमें अनेक मुंडा और द्रविड शब्द भी मिलते हैं। शायद ये शब्द हड़प्पा लोगों की भाषाओं से *ऋग्वेद* में चले आए।

ऋग्वेद में अग्नि, इंद्र, मित्र, वरूण आदि देवताओं की स्तुतियाँ संगृहीत हैं जिनकी रचना विभिन्न गोत्रों के ऋषियों और मंत्रस्रष्टाओं ने की है। इसमें दस मंडल या भाग हैं, जिनमें मंडल 2 से 7 तक प्राचीनतम अंश हैं। प्रथम और दशम मंडल सबसे बाद में जोड़े गए मालूम होते हैं। *ऋग्वेद* की अनेक बातें *अवेस्ता* से मिलती हैं। *अवेस्ता*

ईरानी भाषा का प्राचीनतम ग्रंथ है। दोनों ग्रंथों में बहुत-से देवताओं और सामाजिक वर्गों के नाम भी समान हैं।

पर हिंद-यूरोपीय भाषा का सबसे पुराना नमूना इराक में पाए गए लगभग 2200 ई० पू० के एक अभिलेख में मिला है। बाद में इस तरह के नमूने अनातोलिया (तुर्की) में उन्नीसवीं से सत्रहवीं सदी ईसा-पूर्व के हत्ती (Hittite) अभिलेखों में मिलते हैं। इराक में मिले लगभग 1600 ई० पू० के कस्सी (Kassite) अभिलेखों में तथा सीरिया में मितानी (Mitanni) अभिलेखों में आर्य नामों का उल्लेख मिलता है। उनसे पश्चिम एशिया में आर्य भाषाभाषियों की उपस्थिति का पता चलता है। लेकिन भारत में अभी तक इस तरह का कोई अभिलेख नहीं मिला है।

भारत में आर्य जन कई खेपों में आए। सबसे पहले की खेप में जो आए वे हैं ऋग्वैदिक आर्य, जो इस उपमहादेश में 1500 ई० पू० के आसपास दिखाई देते हैं। उनका **दास, दस्यु** आदि नाम के स्थानीय जनों से संघर्ष हुआ। चूँकि दास जनों का उल्लेख प्राचीन ईरानी साहित्य में भी मिलता है, इसलिए प्रतीत होता है कि वे पूर्ववर्ती आर्यों की ही एक शाखा में पड़ते थे। ऋग्वेद में कहा गया है कि भरत वंश के राजा दिवोदास ने शंबर को हराया। यहाँ दास शब्द दिवोदास के नाम में लगता है। ऋग्वेद में जो दस्यु कहे गए हैं वे संभवतः इस देश के मूलवासी थे और आर्यों के जिस राजा ने उन्हें पराजित किया था, वह त्रसदस्यु कहलाया। वह राजा दासों के प्रति तो कोमल था, पर दस्युओं का परम शत्रु था। ऋग्वेद में दस्युहत्या शब्द का बार-बार उल्लेख मिलता है, पर दासहत्या का नहीं। दस्यु लोग शायद लिंगपूजक थे और दूध के लिए पशुपालन नहीं करते थे।

जनजातीय संघर्ष

हम यह तो नहीं जानते कि आर्यों के शत्रुओं के हथियार कैसे थे, पर यह ज्ञात होता है कि इंद्र ने आर्यों के शत्रुओं को बार-बार पराजित किया। ऋग्वेद में इंद्र को पुरंदर कहा गया है जिसका अर्थ है दुर्गों को तोड़ने वाला। लेकिन आर्य-पूर्व जनों के इन दुर्गों का हमें कोई पता नहीं है। हो सकता है इनमें कुछ दुर्ग अफगानिस्तान में रहे हों। आर्य जन हर जगह जीतते गए क्योंकि उनके पास अश्वचालित रथ थे। उन्होंने पश्चिम एशिया और भारत में पहले-पहल इन रथों को प्रचलित किया। आर्य सैनिकों के पास शायद कवच (वर्मन्) और अन्य अच्छे अस्त्र भी थे।

वैदिक आर्यों को दो तरह के संघर्षों का सामना करना पड़ाः एक ओर उनकी आर्य-पूर्व जनों से लड़ाई हुई तो दूसरी ओर अपने ही लोगों के बीच। आंतरिक जनजातीय संघर्षों से आर्य समुदाय दीर्घकाल तक जर्जर रहे। परंपरानुसार तो आर्यों के पाँच कबीले, अर्थात् जन थे, जिनका समुदाय **पंचजन** कहलाता था, लेकिन और भी

जन रहे होंगे। ये जन आपस में लड़ते थे और कभी-कभी इसके लिए आर्येत्तर जनों का भी सहारा लेते थे। भरत और त्रित्सु आर्यों के शासक वंश थे और पुरोहित वसिष्ठ दोनों वंशों के समर्थक थे। बाद में चलकर इस देश का नाम इसी भरत कुल के आधार पर भारतवर्ष पड़ा। इस कुल या कबीले का उल्लेख सबसे पहले ऋग्वेद में मिलता है। भरत राजवंश का दस राजाओं के साथ विरोध था जिनमें पाँच आर्य जनों के प्रधान थे और शेष आर्येतर जनों के। भरत और दस राजाओं के बीच जो लड़ाई लड़ी गई वह **दशराज्ञ युद्ध** (दस राजाओं के बीच लड़ाई) के रूप में विदित है। यह युद्ध परुष्णी नदी के तट पर हुआ, जिसकी पहचान आज की रावी नदी से की जाती है। इसमें सुदास की जीत हुई और इस प्रकार भरतों की प्रभुता स्थापित हुई। पराजित जनों में पुरु जन सबसे महान थे। कालांतर में भरतों और पुरुओं के बीच मैत्री हो गई और दोनों ने मिलकर नया शासक कुल बनाया जो कुरु के नाम से प्रसिद्ध हुआ। फिर कुरु जनों ने पंचालों के साथ मिलकर उच्च गंगा मैदान में अपना संयुक्त राज्य स्थापित किया। यहाँ कुरु-पंचालों ने उत्तर वैदिक काल में बड़ा महत्त्व प्राप्त किया।

भौतिक जीवन

ऋग्वैदिक आर्यों के भौतिक जीवन का कुछ आभास मिलता है। भारत में उनकी सफलता के कारण थे घोड़े, रथ और संभवतः कांसे के कुछ बेहतर हथियार भी, जिनके बारे में हमें पुरातात्त्विक प्रमाण नाममात्र के मिले हैं। संभवतः उन्होंने आरा वाला पहिया भी चलाया जो सबसे पहले कॉकेसस क्षेत्र में 2300 ई० पू० में प्रयोग में लाया गया। जब वे इस उपमहादेश के पश्चिमी भाग में बसे तब उन्हें राजस्थान की खेत्री खानों से तांबा मिलता रहा होगा। ऋग्वैदिक लोगों को खेती की बेहतर जानकारी थी। ऋग्वेद के प्राचीनतम भाग में फाल का उल्लेख मिलता है, हालाँकि कुछ विद्वान इसे प्रक्षिप्त पाठ मानते हैं। शायद वह फाल लकड़ी की रही होगी। उन्हें बोवाई, कटाई और दावनी का ज्ञान था। विभिन्न ऋतुओं के बारे में भी उन्हें जानकारी थी। जहाँ वैदिक जन बसे थे उन प्रदेशों के आर्य-पूर्व जनों को भी खेती का अच्छा ज्ञान था। पर खेती का उपयोग शायद चारा पैदा करने के लिए अधिक हुआ।

ऋग्वेद में गाय और साँड़ की इतनी चर्चा है कि ऋग्वैदकि आर्यों को मुख्य रूप से पशुचारक कहा जा सकता है। उनकी अधिकांश लड़ाइयाँ गाय को लेकर हुई हैं। ऋग्वेद में युद्ध का पर्याय गविष्टि (गाय का अन्वेषण) है। गाय सबसे उत्तम धन मानी जाती थी। जहाँ कहीं पुरोहितों को दी जाने वाली दक्षिणा की बात आई है उसमें आमतौर से गायें और दासियाँ होती और भूमि कभी न होती। ऋग्वैदिक लोग गाय चराने, खेती करने और बसने के लिए ज़मीन पर कब्जा करते होंगे, परंतु भूमि निजी संपत्ति नहीं होती थी।

ऋग्वेद में बढ़ई, रथकार, बुनकर, चर्मकार, कुम्हार आदि शिल्पियों के उल्लेख मिलते हैं। इससे पता चलता है कि आर्य लोगों में इन सभी शिल्पों का प्रचलन था। तांबे या कांसे के अर्थ में 'अयस्' शब्द के प्रयोग से प्रकट होता है कि उन्हें धातुकर्म की जानकारी थी। परंतु नियमित व्यापार के होने का कोई स्पष्ट प्रमाण नहीं मिलता है। आर्य जन या वैदिक जन का अधिक संबंध स्थल मार्ग से था क्योंकि ऋग्वेद में उल्लिखित समुद्र शब्द मुख्यत: जलराशि का वाचक है। जो भी हो, आर्य जन शहरों में नहीं रहते थे। संभवत: वे किसी-न-किसी तरह का गढ़ बनाकर मिट्टी के घरवाले गाँवों में रहते थे और पुरातत्त्वेत्ताओं को अभी तक ऐसी गढ़ वाली बस्तियों का पता नहीं लगा है। वे पहाड़ी में स्थित गुफाओं से भी परिचित थे।

हाल में हरियाणा के भगवानपुरा में एक और पंजाब में तीन स्थलों की खुदाई हुई है। इन सभी स्थलों में उत्तरकालीन हड़प्पाई मृद्भांडों के साथ चित्रित धूसर मृद्भांड (पी० जी० डब्ल्यू०) प्राप्त हुए हैं। भगवानपुरा में प्राप्त वस्तुओं का काल 1600 ई० पू० से 1000 ई० पू० निर्धारित किया गया है। लगभग यही काल ऋग्वेद का भी है। इन चार स्थलों का भौगोलिक क्षेत्र भी वही है जो ऋग्वेद के पर्याप्त अंश में मिलता है। यद्यपि इन सभी स्थलों में चित्रित धूसर मृद्भांड (पी० जी० डब्ल्यू०) मिले हैं, तथापि लोहे की वस्तु और अनाज का पता नहीं है। इसलिए हम ऋग्वैदिक अवस्था के समान काल में चित्रित धूसर मृद्भांड संस्कृति (पी० जी० डब्ल्यू०) के अंतर्गत लौह-पूर्व अवस्था की कल्पना कर सकते हैं। यह बात रोचक है कि भगवानपुरा में तेरह कमरों वाला एक मिट्टी का घर मिला है। इसका काल निर्धारण पक्का नहीं है। या तो यह किसी बहुत बड़े परिवार का निवासगृह होगा या कबीला-सरदार का आवास। इन सभी स्थलों पर गोरूओं की हड्डियाँ भारी तादाद में मिली हैं और भगवानपुरा में घोड़ों की भी हड्डियाँ मिली हैं।

जनजातीय राज्यव्यवस्था

ऋग्वैदिक काल में आर्यों का प्रशासन तंत्र कबीले के प्रधान के हाथों चलता था, क्योंकि वही युद्ध का सफल नेतृत्व करता था। वह **राजन्** (अर्थात् राजा) कहलाता था। प्रतीत होता है कि ऋग्वैदिक काल में राजा का पद आनुवंशिक हो चुका था। राजा एक प्रकार का सरदार था, पर उसके हाथ में असीमित अधिकार नहीं रहता था क्योंकि उसे कबायली संघटनों से सलाह लेनी पड़ती थी। हमें इस बात का भी आभास मिला है कि कबीले की आम सभा, जो समिति कहलाती थी, अपने राजा को चुनती थी। राजा को अपने कबीले का रक्षक कहा जाता था। वह कबीले के मवेशी की रक्षा करता था, युद्ध में लड़ता था और कबीले की ओर से देवताओं की प्रार्थना करता था।

ऋग्वेद में कबीलों या कुलों के आधार पर बने बहुत-से संघटनों के उल्लेख मिलते हैं, जैसे **सभा, समिति, विदथ, गण**। ये संघटन विचार-विमर्श करते थे, तथा सैनिक और धार्मिक कार्य देखते थे। ऋग्वैदिक काल में स्त्रियाँ भी **सभा** और **विदथ** में भाग लेती थीं। **सभा** और **समिति** ये दोनों संघटन इतने महत्त्वपूर्ण थे कि प्रधान या राजा भी समर्थन के लिए इनका मुँह जोहते रहते थे।

दैनिक प्रशासन में कुछ अधिकारी राजा की सहायता करते थे। सबसे महत्त्वपूर्ण अधिकारी **पुरोहित** होता था। ऋग्वेद काल में वसिष्ठ और विश्वामित्र दो महान पुरोहित हुए। वसिष्ठ रूढ़िवादी थे और विश्वामित्र उदार। लोगों को आर्य बनाने के लिए विश्वामित्र ने गायत्री मंत्र की रचना की। पुरोहित राजा को कर्त्तव्य का उपदेश देते थे, उनका गुणगान करते थे, और बदले में गायों और दासियों के रूप में प्रचुर दान-दक्षिणा पाते थे। पुरोहित के बाद शायद **सेनानी** का स्थान था जो भाला, कुठार, तलवार आदि शस्त्र चलाना जानता था। हमें ऐसे किसी अधिकारी का पता नहीं चलता जो कर वसूलता हो। संभवत: प्रजा स्वयं राजा को उसका अंश स्वेच्छा से देती थी। इस अंश का नाम **बलि** (अर्थात् चढ़ावा) था। युद्ध में प्राप्त भेंट और लूट की वस्तुएँ वैदिक **सभा** में बाँट दी जाती थी। ऋग्वेद में किसी तरह के न्यायाधिकारी का उल्लेख नहीं है। लेकिन वह कोई आदर्श समाज नहीं था कि जहाँ इसकी जरूरत न रही हो। चोरी और सेंधमारी होती थी, और गायों की चोरी तो विशेष रूप से होती थी। ऐसी समाज विरोधी हरकतों को रोकने के लिए गुप्तचर रखे जाते थे।

अधिकारियों के पदनामों से नहीं लगता कि वे भू-भाग पर शासन करते थे । फिर भी लगता है कि अधिकारी क्षेत्रों से जुड़े थे। चारागाहों और आबाद गाँवों पर उनके विशेष अधिकार थे। चारागाह या बड़े जत्थे का प्रधान **व्राजपति** कहलाता था। वही परिवारों के प्रधानों को, जो **कुलपा** कहलाते थे, अथवा लड़ाकू दलों के प्रधानों को, जो **ग्रामणी** कहलाते थे, साथ करके युद्ध में ले जाता था। आरंभ में ग्रामणी छोटी-सी कबायली लड़ाकू टोली का मुखिया होता था। पर बाद में जब ऐसी टोली स्थिरवासी हो गई तब ग्रामणी सारे गाँव का मुखिया हो गया, और कालांतर में वही **व्रजपति** बन गया।

राजा कोई नियमित या स्थायी सेना नहीं रखता थे, लेकिन युद्ध के समय स्वजनों की सेना (मिलिशिया) संगठित कर लेता था। **व्रात, गण, ग्राम** और **सर्ध** नाम से विदित विभिन्न कबायली टोलियाँ लड़ाई लड़ती थीं। कुल मिलाकर यह कबायली ढंग का शासन था जिसमें सैनिक तत्त्व प्रबल होता था। नगरीय शासन या प्रादेशिक प्रशासन जम नहीं पा रहा था क्योंकि लोग निरंतर स्थान बदलते और फैलते जाते थे।

कबीला और परिवार

सामाजिक संगठन का आधार गोत्र या जन्ममूलक संबंध था। जैसा कि कई ऋग्वैदिक राजाओं के नामों से ज्ञात होता है, व्यक्ति की पहचान उसके कुल या गोत्र से होती थी। लोगों की सबसे अधिक आस्था अपने-अपने कबीले के प्रति रहती थी, जिसे **जन** कहा जाता था। एक पुरानी ऋचा में दो जनों की संयुक्त युद्ध क्षमता इक्कीस बताई गई है। इससे लक्षित होता है कि किसी जन में सदस्यों की संख्या कुल मिलाकर 100 से अधिक नहीं रहती होगी। ऋग्वेद में जन शब्द का उल्लेख लगभग 275 बार हुआ है, पर **जनपद** (अर्थात् राज्यक्षेत्र) शब्द एक बार भी नहीं आया है। लोग कबीले के अंग थे, क्योंकि उन दिनों राज्यक्षेत्र या राज्य स्थापित नहीं हो पाया था।

ऋग्वेद में दूसरा महत्त्वपूर्ण शब्द जो कबीले के अर्थ में मिलता है वह है **विश्**। इसका अनुवाद गोत्र या क्लैन भी किया जा सकता है। ऋग्वेद में इसका उल्लेख 170 बार हुआ है। संभवत: विश् को लड़ाई के उद्देश्य से **ग्राम** नामक टोलियों में बाँटा गया था। उस समय ग्राम से स्वजनों के छोटे समूह का बोध होता था। जब ये ग्राम आपस में टकरा जाते थे तो **संग्राम** या युद्ध हो जाता था। वैश्य नामक बहुसंख्यक वर्ण का उदय इसी विश् या कबायली जनसमूह से हुआ है।

ऋग्वेद में परिवार वाचक **कुल** शब्द का प्रयोग विरल है। इसमें केवल माता, पिता, पुत्र, दास आदि ही नहीं आते थे, बल्कि और भी लोग आते थे। प्रतीत होता है कि आरंभिक वैदिक अवस्था में परिवार के अर्थ में **गृह** शब्द था, जो ऋग्वेद में बार-बार आया है। प्राचीनतम हिंद-यूरोपीय भाषाओं में पोते, नाती, भांजे, भतीजे आदि सबके लिए एक ही शब्द था। इसका अर्थ हुआ कि पृथक कुटुंबों की स्थापना की दिशा में पारिवारिक संबंधों का विभेदीकरण बहुत अधिक नहीं हुआ था और कुटुंब एक बड़ी सम्मिलित इकाई था। रोमन समाज की तरह यह पितृतंत्रात्मक परिवार था जिसमें पिता मुखिया होता था। जान पड़ता है कि परिवार की अनेक पीढ़ियाँ एक घर में साथ-साथ रहती थीं। निरंतर युद्ध में लगे पितृतंत्रात्मक समाज में लोग हमेशा वीर पुत्रों की प्राप्ति के लिए देवता से प्रार्थना करते थे। ऋग्वेद में बेटी के लिए कामना कहीं व्यक्त नहीं की गई है, जबकि प्रजा (संतान) और पशु की कामना सूक्तों में बार-बार आई है।

स्त्रियाँ सभा-समितियों में भाग ले सकती थीं। वे पतियों के साथ यज्ञों में आहुतियाँ दे सकती थीं। सूक्तों की रचना करने वाली पाँच महिलाएँ ज्ञात हैं। बाद के ग्रंथों में तो ऐसी 20 स्त्रियों के उल्लेख मिले हैं। निस्संदेह सूक्तों की रचना मौखिक होती थी, और उस काल का कोई लेख नहीं मिला है।

विवाह संस्था कायम हो चुकी थी, यद्यपि कुछ आदिम प्रथाओं के अवशेष का भी आभास मिलता है। जुड़वाँ भाई-बहन यम और यमी की कहानी हमें मालूम है। यमी ने यम से विवाह का प्रस्ताव रखा, यम ने अस्वीकार कर दिया। बहुपति-प्रथा के भी कुछ संकेत मिले हैं। उदाहरणार्थ, मरुतों ने रोदसी को मिलकर भोगा और सूर्य की पुत्री सूर्या दोनों भाई अश्विन् के साथ रहती थी। लेकिन ऐसे उदाहरण बहुत नहीं हैं। शायद ये मातृतंत्रात्मक स्थिति के द्योतक अवशेष हैं; और हम माता के नाम पर पुत्रों का नामकरण भी पाते हैं, जैसे मामतेय।

ऋग्वेद में नियोग-प्रथा और विधवा-विवाह के प्रचलन का भी आभास मिलता है। बाल-विवाह का कोई उदाहरण नहीं है। जान पड़ता है ऋग्वैदिक काल में सोलह-सत्रह वर्ष की आयु में विवाह होता था।

सामाजिक वर्गीकरण

ऋग्वेद में हमें 1500-1000 ई० पू० के आसपास के पश्चिमोत्तर भारत के लोगों के शारीरिक रूप-रंग की चेतना का कुछ आभास मिलता है। वर्ण शब्द का प्रयोग रंग के अर्थ में होता था, और प्रतीत होता है कि आर्य भाषाभाषी गौर वर्ण के थे और मूलवासी लोग काले रंग के। हो सकता है कि सामाजिक वर्ग-विन्यास में रंग को परिचायक चिह्न बनाया गया हो, लेकिन रंगभेददर्शी पश्चिमी लेखकों ने रंग की धारणा को बढ़ा-चढ़ा कर प्रस्तुत किया है। वास्तव में, समाज में वर्गों के सृजन का सबसे बड़ा कारण हुआ स्थानीय निवासियों पर आर्यों का आधिपत्य। आर्यों द्वारा जीते गए **दास** और **दस्यु** जन **दास** (गुलाम) और **शुद्र** हो गए। ऋग्वेद में आर्य वर्ण और दास वर्ण का उल्लेख है। जीती गई वस्तुओं में कबीले के सरदारों और पुरोहितों को अधिक हिस्सा मिलता था और स्वभावतः वे अपने गोतियों और भाई-बंधुओं को वंचित करते हुए अधिकाधिक संपन्न होते गए। इससे कबीले में सामाजिक असमानता का सृजन हुआ। धीरे-धीरे कबायली समाज तीन वर्गों में बँट गया—योद्धा, पुरोहित और सामान्य जन (प्रजा)। इसी तरह का विभाजन ईरान में भी हुआ था। चौथा वर्ग, जो शुद्र कहलाता था, ऋग्वेद काल के अंत में दिखाई पड़ता है, क्योंकि इसका सर्वप्रथम उल्लेख ऋग्वेद के दशम मंडल में है, जो सबसे बाद में जोड़ा गया है।

पुरोहितों को दक्षिणा में दास दिए जाने की बात बार-बार आई है। मुख्य रूप से दासियाँ दी जाती थीं जिनसे घरेलू काम कराया जाता था। इससे साफ ज़ाहिर होता है कि ऋग्वेद काल में दास प्रत्यक्षतः खेती के काम में या अन्य उत्पादनात्मक कार्य में नहीं लगाए जाते थे।

ऋग्वेद के युग में ही व्यवसाय के आधार पर समाज में विभेदीकरण आरंभ हुआ। किंतु उन दिनों यह विभेदकीरण बहुत कड़ा नहीं हुआ था। ऋग्वेद में किसी परिवार

का एक सदस्य कहता है, "मैं कवि हूं, मेरे पिता वैद्य हैं और माता चक्की चलाने वाली है, भिन्न-भिन्न व्यवसायों से जीविकोपार्जन करते हुए हम एक साथ रहते हैं ...।" गायें, रथ, घोड़े, दास-दासियाँ दान में दिए जाते थे। युद्ध में हाथ लगी संपत्ति का असमान वितरण होने के कारण समाज में असमानता आई और इससे सामान्य कबायली लोगों को वंचित करते हुए राजाओं और पुरोहितों को आगे बढ़ने में सहायता मिली। लेकिन चूँकि मुख्य आर्थिक आधार पशुचारण था इसलिए प्रजा से नियमपूर्वक कर (राजस्व) वसूलने की गुंजाइश बहुत कम थी। हमें दान में भूमि मिलने का उल्लेख नहीं मिलता है, और अन्नदान का भी विरल वर्णन ही मिलता है, और हम दास-दासियाँ पाते हैं, लेकिन मज़दूर (अर्थात् मज़दूरी पर खटने वाले श्रमिक) नहीं देखते हैं। समाज में कबायली तत्त्व प्रबल थे, तथा कर-संग्रह और भूमि-संपदा के स्वामित्व पर आश्रित सामाजिक वर्गीकरण नहीं हुआ था। समाज अब भी कबायली और काफी हद तक समतानिष्ठ था।

ऋग्वैदिक देवता

हर समुदाय को अपना धर्म का आलोक अपने ही परिवेश में मिलता है। वर्षा का होना, सूर्य और चंद्र का उदय, नदी-पर्वत आदि का अस्तित्व, ये सब बातें वैदिक लोगों के लिए पहेली जैसी थीं। अतः उन लोगों ने इन प्राकृतिक शक्तियों को अपने मन में दैहिक रूप देकर इन्हें प्राणियों के रूप में देखा और इनमें मानव और पशु के गुण आरोपित किए। ऐसे बहुत-से देवताओं के दर्शन हमें *ऋग्वेद* में मिलते हैं, जिसमें इन देवताओं की स्तुति में विभिन्न ऋषियों के रचे सूक्त भरे पड़े हैं। ऋग्वेद में सबसे अधिक प्रतापी देवता इंद्र है, जिसे **पुरंदर** अर्थात् किले या आवास संग्रह को तोड़ने वाला कहा गया है। इंद्र आर्यों के युद्ध नेता के रूप में चित्रित है, जिसने असुरों से लड़ने में आर्य सैनिकों का नेतृत्व किया और उन्हें विजय दिलाई। इंद्र पर 250 सूक्त हैं। वह बादल का देवता माना गया है जो वर्षा देता है। अग्नि का दूसरा स्थान है। उस पर 200 सूक्त हैं। आदिम अवस्था के लोगों में अग्नि की भूमिका बड़े महत्त्व की रही, क्योंकि इससे वे जंगलों को जलाना, खाना पकाना आदि काम लेते थे। अग्नि की उपासना न केवल भारत में, अपितु ईरान में भी होती थी। वैदिक काल में अग्नि ने देवताओं और मानवों के बीच मध्यस्थ का काम किया है। समझा जाता था कि अग्नि में डाली जाने वाली आहुतियाँ धुआँ बनकर आकाश में जाती हैं और अंततः देवताओं को मिल जाती हैं। तीसरा स्थान वरूण का है जो जल या समुद्र का देवता माना गया है। उसे ऋतु अर्थात् प्राकृतिक संतुलन का रक्षक कहा गया है, और समझा जाता था कि जगत में जो भी घटना होती है वह उसी की इच्छा का परिणाम है। सोम वनस्पतियों का अधिपति माना गया है और एक मादक रस का नाम उसी के नाम

पर पड़ा है। *ऋग्वेद* के बहुत-से सूक्तों में एक प्रकार के पौधे से, जिसकी पहचान अभी तक पक्की नहीं हो पाई है। सोमरस बनाने की विधि बताई गई है। मरुत आँधी के देवता हैं। इस प्रकार हमें इसमें ऐसे बहुत सारे देवताओं के उल्लेख मिलते हैं जो किसी-न-किसी रूप में प्रकृति की विभिन्न शक्तियों के प्रतिरूप हैं और साथ ही मानवोचित व्यवहार भी करते हैं।

देवताओं में कुछ देवियाँ भी हैं, जैसे अदिति और उषा, जो प्रभात समय के प्रतिरूप हैं। किंतु ऋग्वेद काल में देवियों की प्रमुखता नहीं थी। उस काल के पितृतंत्रात्मक समाज में देवों का बोलबाला देवियों से कहीं अधिक था।

देवताओं की उपासना की मुख्य रीति थी स्तुतिपाठ करना और यज्ञ-बलि (चढ़ावा) अप्रित करना। ऋग्वैदिक काल मैं स्तुतिपाठ पर अधिक ज़ोर था। स्तुतिपाठ सामूहिक भी होता था और अलग-अलग भी। सामान्यतः हर कबीले या गोत्र का अपना अलग देवता होता था। लगता है कि स्तुतिपाठ कबीले या गोत्र भर के लोग समवेत स्वर में करते थे। यज्ञाहुतियों में भी यही बात होती थी। इंद्र और अग्नि समस्त जन द्वारा दी गई बलि ग्रहण करने के लिए आहूत होते थे। बलि या यज्ञाहुति में शाक, जौ आदि वस्तुएँ दी जाती थीं। परंतु ऋग्वैदिक काल में ये वस्तुएँ चढ़ाते समय कोई आनुष्ठानिक या याज्ञिक मंत्र नहीं पढ़े जाते थे। उन दिनों शब्द में किसी जादुई असर का होना उतना नहीं माना जाता था जितना उत्तर वैदिक काल में माना जाने लगा। ऋग्वैदिक काल के लोग देवाराधना क्यों करते थे? वे लोग आध्यात्मिक उत्थान या जन्म-मृत्यु के कष्टों से मुक्ति के लिए ऐसा नहीं करते थे। वे अपने देवताओं से संतति, पशु, अन्न, धान्य, आरोग्य आदि पाने की कामना से उनकी उपासना करते थे।

कालक्रम

2300 ई० पू०	कॉकेसस क्षेत्र में आरेदार पहिए की उपलब्धि।
द्वितीय सहस्राब्दी ई० पू०	पूरे मध्य एशिया में हिंद-ईरानी अंद्रोनोवो संस्कृति फैल पाई।
1900-1700 ई० पू०	अनातोलिया अंतर्गत हत्तियों के अभिलेखों में हिंद-यूरोपीय भाषा की बानगियाँ मिलती हैं।
1900-1500 ई० पू०	दक्षिण मध्य एशिया में बैक्ट्रिया-मार्जिआना पुरातात्त्विक समूह।
1600 ई० पू०	इराक से प्राप्त कस्सी अभिलेखों में आर्यपरक नाम मिलते हैं।
1600-1000 ई० पू०	भगवानपुरा से प्राप्त चित्रित धूसर भांड और हड़प्पान्त मृद्‌भांड की निर्धारित तिथि।
1500 ई० पू०	भारतीय उपमहादेश में *ऋग्वेद* की प्रतिनिधि प्राचीनतम आर्यों का आगमन। बैक्ट्रिया-मार्जिआना पुरातात्त्विक समूह में पालतू

	घोड़े, आरेदार पहियों वाले रथ, आंशिक दाह-संस्कार और स्वस्तिक प्रतीक उपलब्ध।
1400 ई० पू०	यूनान के माइकेनियन अभिलेख में हिंद-यूरोपीय भाषा की बागनियाँ मिलती हैं।
1400 ई० पू०	स्वात घाटी में घोड़ों के अवशेष और दाहोत्तर कब्रें। मध्य एशिया और उसके बाद से प्राप्त मृद्भांड स्वात घाटी से प्राप्त मृद्भांड के सदृश।
चौदहवीं शताब्दी ई० पू०	सिरिया से प्राप्त मितानी अभिलेखों में आर्यपरक नाम उपलब्ध। तजिकिस्तान में दाह-संस्कार प्रचलित।

13

उत्तर वैदिक अवस्थाः राज्य और वर्णव्यवस्था की ओर

उत्तर वैदिक काल (1000-500 ई० पू०) में आर्यों का विस्तार

उत्तर वैदिक काल का इतिहास मुख्यतः उन वैदिक ग्रंथों पर आधारित है जिनकी रचना ऋग्वैदिक काल के बाद हुई। वैदिक सूक्तों या मंत्रों के संग्रह को **संहिता** कहते हैं। *ऋग्वेद संहिता* सबसे पुराना वैदिक ग्रंथ है। इसी के आधार पर हमने आरंभिक वैदिक युग का वर्णन किया है। गाने के लिए ऋग्वैदिक सूक्तों को चुनकर धुन में बाँधा गया, और इस पुनर्विन्यस्त संकलन का नाम *सामवेद संहिता* पड़ा। ऋग्वेदोत्तर काल में सामवेद के अतिरिक्त और दो संकलन तैयार किए गए। वे हैं *यजुर्वेद संहिता* और *अथर्ववेद संहिता*। *यजुर्वेद* में केवल ऋचाएँ ही नहीं, उन्हें गाते समय किए जाने वाले अनुष्ठान भी दिए गए हैं। इन अनुष्ठानों से तत्कालीन सामाजिक और राजनीतिक परिस्थिति का परिचय मिलता है। *अथर्ववेद* में विपत्तियों और व्याधियों के निवारण के लिए तंत्र-मंत्र संगृहीत हैं। इसमें आए तथ्यों से आर्येतर लोगों के विश्वासों और रूढ़ियों पर प्रकाश पड़ता है। वैदिक संहिताओं के बाद कई ग्रंथ लिखे गए जिन्हें **ब्राह्मण** कहते हैं। इनमें वैदिक अनुष्ठान की विधियाँ संगृहीत हैं और उन अनुष्ठानों की सामाजिक एवं धार्मिक व्याख्या भी की गई हैं। ये सभी उत्तरकालीन वैदिक ग्रंथ लगभग 1000-500 ई० पू० में उत्तरी गंगा के मैदान में रचे गए। उत्खनन और अनुसंधान के फलस्वरूप, इसी काल और इसी क्षेत्र के लगभग 700 स्थल प्रकाश में आए हैं, जहाँ सबसे पहले बस्तियाँ कायम हुई थीं। इन्हें चित्रित धूसर मृद्भांड (पी० जी० डब्ल्यू० अर्थात् पेंटेड ग्रे वेअर) स्थल कहते हैं, क्योंकि यहाँ के निवासी मिट्टी के चित्रित और भूरे रंग के कटोरों और थालियों का प्रयोग करते थे। वे लोहे के हथियारों का भी प्रयोग करते थे। उत्तरकालीन वैदिक ग्रंथ और चित्रित धूसर मृद्भांड लौह अवस्था के पुरातत्त्व, इन दोनों के संयुक्त साक्ष्य से ईसा-पूर्व प्रथम सहस्राब्दी के पूर्वार्द्ध में पश्चिमी उत्तर प्रदेश में और पंजाब, हरियाणा तथा राजस्थान के संलग्न क्षेत्रों में बसने वाले लोगों के जीवन का पता चलता है।

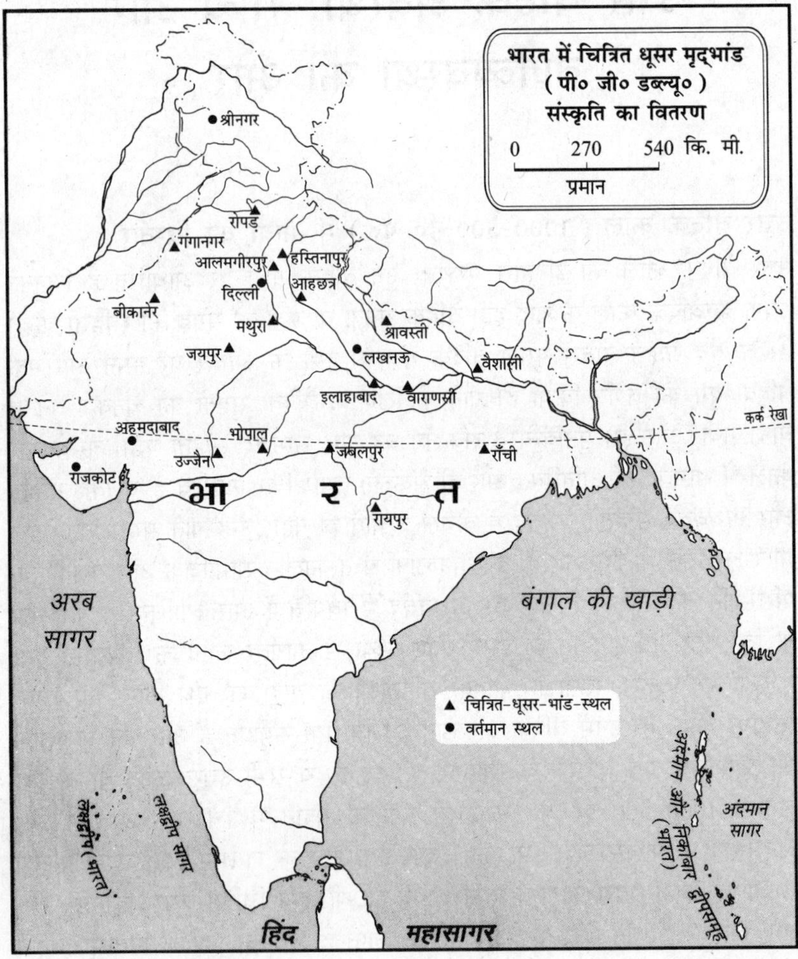
भारत में चित्रित धूसर मृद्भांड
(पी० जी० डब्ल्यू०)
संस्कृति का वितरण
0 270 540 कि. मी.
प्रमान
श्रीनगर
रोपड़
गंगानगर
आलमगीरपुर
हस्तिनापुर
दिल्ली
आहछत्र
बीकानेर
मथुरा
श्रावस्ती
जयपुर
लखनऊ
वैशाली
इलाहाबाद
वाराणसी
कर्क रेखा
अहमदाबाद
भोपाल
जबलपुर
राँची
उज्जैन
राजकोट
भा र त
रायपुर
अरब
सागर
बंगाल की खाड़ी
चित्रित-धूसर-भांड-स्थल
वर्तमान स्थल
अंडमान और निकोबार द्वीपसमूह (भारत)
अंदमान
सागर
लक्षद्वीप (भारत)
लक्षद्वीप सागर
हिंद
महासागर

उक्त ग्रंथों से प्रकट होता है कि पंजाब से आर्यजन गंगा-यमुना दोआब के अंतर्गत संपूर्ण पश्चिमी उत्तर प्रदेश में फैल गए थे। दो प्रमुख कबीले भरत और पुरु एक होकर कुरु कहलाए। आरंभ में वे लोग दोआब के ठीक छोर पर सरस्वती और दृषद्वती नदियों के प्रदेश में बसे। शीघ्र ही कुरुओं ने दिल्ली क्षेत्र और दोआब के ऊपरी भाग पर अधिकार जमाया, जो कुरुक्षेत्र नाम से प्रसिद्ध हुआ। धीरे-धीरे वे पंचालों से भी मिल गए जो दोआब के मध्य भाग पर काबिज़ थे। इस प्रकार कुरु-पंचालों की सत्ता दिल्ली क्षेत्र पर और दोआब के ऊपरी और मध्य भागों पर फैल गई। तब उन्होंने हस्तिनापुर को अपनी राजधानी बनाया जो मेरठ ज़िले में पड़ता है। कुरु कुल का इतिहास भारत युद्ध को लेकर मशहूर है जिस पर *महाभारत* नाम का विख्यात महाकाव्य है। यह माना जाता है कि भारत युद्ध 950 ई० पू० के आसपास कौरवों और पांडवों के बीच हुआ था, हालाँकि ये दोनों कुरु कुल के ही थे। इस युद्ध के फलस्वरूप वस्तुत: सारे कुरुवंशियों का नाश हो गया।

हस्तिनापुर में मिली सामग्रियों से, जिनकी तिथि 900 ई० पू० से 500 ई० पू० आँकी जा सकती है, वहाँ की बस्तियों का और नगर जीवन के धुँधले आरंभ का पता चलता है। किंतु *महाभारत* में हस्तिनापुर का जो वर्णन है उससे इसका कोई भी मेल नहीं है, क्योंकि इस महाकाव्य की रचना बहुत बाद में ईसा की चौथी सदी के आसपास हुई है, जब भौतिक जीवन में काफी प्रगति हो चुकी थी। उत्तर वैदिक काल में लोग पकाई हुई ईंट का प्रयोग शायद ही जानते थे। हस्तिनापुर की खुदाई में जो कच्ची संरचनाएँ मिली हैं वे न भव्य ही कही जा सकती हैं, और न टिकाऊ ही। प्राचीन कथाओं के अनुसार हम जानते हैं कि हस्तिनापुर बाढ़ में बह गया और कुरुवंश में जो जीवित रहे वे इलाहाबाद के पास कौशांबी जाकर बस गए।

आज के बरेली, बदायूं और फर्रुखाबाद ज़िलों में फैला पंचाल राज्य उत्तर वैदिक साहित्य में वर्णित अपने दार्शनिक राजाओं और तत्त्वज्ञानी ब्राह्मणों को लेकर विख्यात था।

उत्तर वैदिक काल का अंत होते-होते 600 ई० पू० के आसपास वैदिक लोग दोआब से पूरब की ओर पूर्वी उत्तर प्रदेश के कोसल और उत्तरी बिहार के विदेह में फैले। यद्यपि कोसल राम की कथा से जुड़ा है, तथापि वैदिक साहित्य में रामकथा का कोई उल्लेख नहीं मिलता है। इन वैदिक लोगों का पूर्वी उत्तर प्रदेश और उत्तरी बिहार में ऐसे लोगों से संपर्क हुआ जो तांबे के औज़ारों और काले-व-लाल मृद्भांडों का इस्तेमाल करते थे। पश्चिमी उत्तर प्रदेश में इनका सामना संभवत: उन लोगों से हुआ जो तांबे के औज़ारों और गेरुवे या लाल रंग के मृद्भांडों का इस्तेमाल करते थे। उन्हें संभवत: ऐसे लोगों की भी बस्तियाँ जहाँ-तहाँ मिलीं जो काले-व-लाल मृद्भांडों का प्रयोग करते थे। कहा जाता है कि कुछ स्थानों पर उनका मुकाबला उत्तर हड़प्पाई

संस्कृति को अपनाने वाले लोगों से भी हुआ। परंतु लगता है कि ये लोग मिश्रित संस्कृति वाले थे, जिसमें संभवतः कुछ हड़प्पाई अंश भी थे। उत्तर वैदिक लोगों के शत्रु चाहे जो भी रहे हों, उनका किसी भी बड़े और संलग्न क्षेत्र पर जमाव नहीं था और उत्तरी गंगा मैदान में उनकी संख्या भी बहुत अधिक नहीं थी। विस्तार के दूसरे दौर में वैदिक लोग इसलिए सफल हुए कि उनके पास लोहे के हथियार और अश्वचालित रथ थे।

चित्रित धूसर मृद्भांड (पी० जी० डब्ल्यू०): लौहावस्था संस्कृति और उत्तर वैदिक अर्थव्यवस्था

लगभग 1000 ई० पू० में लोहा कर्नाटक के धारवाड ज़िले में मिलता है। यह स्पष्ट नहीं है कि यहाँ से यह कैसे फैला, पर उसी समय से पाकिस्तान के गंधार क्षेत्र में लोहे का प्रयोग होने लगा। मृतकों के साथ कब्रों में गाड़े गए लोहे के औज़ार भारी मात्रा में खुदाई से निकले हैं। ऐसे औज़ार बलूचिस्तान में भी मिले हैं। लगभग इसी काल में पूर्वी पंजाब, पश्चिमी उत्तर प्रदेश, राजस्थान और मध्य प्रदेश में भी लोहे का प्रयोग पाया गया है। खुदाई से ज्ञात होता है कि तीर के नोक, बरछे के फाल आदि लौहास्त्रों का प्रयोग लगभग 800 ई० पू० से पश्चिमी उत्तर प्रदेश में आमतौर से होने लगा था। लोहे के इन हथियारों से वैदिक लोगों ने ऊपरी दोआब में सामने आए अपने बचे-खुचे शत्रुओं को परास्त कर दिया होगा। ऊपरी गंगा के मैदानों के जंगलों को साफ करने में लोहे की कुल्हाड़ी से काम लिया होगा, हालाँकि वर्षा केवल 35 सेंटीमीटर से 65 सेंटीमीटर तक होने के कारण ये जंगल ज़्यादा घने नहीं रहे होंगे। वैदिक काल के अंतिम दौर में लोहे का ज्ञान पूर्वी उत्तर प्रदेश और विदेह में फैल गया था। इन प्रदेशों में जो सबसे पुराने लौहास्त्र पाए गए हैं वे ईसा-पूर्व सातवीं सदी के हैं, और उत्तर वैदिक ग्रंथों में इस धातु को **श्याम** या **अयस्** कहा गया है।

यद्यपि लोहे के कृषि औज़ार कम पाए गए हैं, तथापि इसमें संदेह नहीं कि उत्तर वैदिक काल के लोगों की मुख्य जीविका खेती हो चली थी। वैदिक ग्रंथों में छह, आठ, बारह और चौबीस तक बैल हल में जोते जाने की चर्चा है। इसमें कुछ अत्युक्ति हो सकती है। जुताई लकड़ी के फाल वाले हल से होती थी, जिसमें ऊपरी गंगा के मैदानों की हल्की मिट्टी में संभवतः काम लिया जा सकता था। यज्ञों में पशु-बलि के प्रचलन के कारण बैल पर्याप्त संख्या में उपलब्ध नहीं रहे होंगे। इसलिए खेती आरंभिक अवस्था में थी, किंतु इसके व्यापक प्रचलन में संदेह नहीं है। *शतपथ ब्राह्मण* में हल संबंधी अनुष्ठान का लंबा वर्णन आया है। कहा गया है कि सीता के पिता और विदेह के राजा जनक ने हल चलाया था। उन दिनों राजा और राजकुमार भी शारीरिक श्रम करने में हिचकिचाते नहीं थे। कृष्ण का भाई बलराम हलधर कहलाता

था क्योंकि हल उसका हथियार था। उत्तर वैदिक काल में हल चलाना उच्च वर्णों के लिए वर्जित हो गया।

वैदिक काल के लोग जौ तो उपजाते ही रहे, पर इस काल में चावल और गेहूँ उनकी मुख्य फसलें हो गए। बाद में चलकर गेहूँ पंजाब और पश्चिमी उत्तर प्रदेश में मुख्य खाद्य हो गया। वैदिक लोगों का चावल से परिचय सबसे पहले दोआब में हुआ। वैदिक ग्रंथों में इसका नाम **व्रीहि** है। चावल का अवशेष हस्तिनापुर में मिला है। वह ईसा-पूर्व आठवीं सदी का है। इसी समय के आसपास एटा ज़िले में स्थित अतरंजीखेड़ा में भी चावल मिला है। वैदिक अनुष्ठानों में चावल के प्रयोग का विधान है, पर गेहूँ के प्रयोग का कदाचित् ही। उत्तर वैदिक काल के लोग कई प्रकार के तेलहन भी पैदा करते थे।

उत्तर वैदिक काल में भी बहुत प्रकार की कलाओं और शिल्पों का उदय हुआ। हमें लुहारों और धातुकारों के बारे में जानकारी मिलती है, अवश्य ही वे लोग 1000 ई० पू० के आसपास से कुछ-न-कुछ लोहे का काम करते होंगे। तांबे से उनका परिचय वैदिक काल के आंरभ से ही था। 1500 ई० पू० के पहले के तांबे के बहुत सारे औज़ार के ज़खीरे पश्चिमी उत्तर पदेश और बिहार में मिले हैं। उनसे प्रकट होता है कि वैदिकेतर समाज में भी ताम्रशिल्पी थे। वैदिक लोग संभवत: राजस्थान की खेत्री की तांबे की खानों का उपयोग करते थे। जो भी हो, वैदिक काल के लोगों ने जिन धातुओं का इस्तेमाल किया उनमें तांबा पहला रहा होगा। तांबे की वस्तुएँ चित्रित धूसर मृद्भांड स्थलों में पाई गई हैं। इन वस्तुओं का उपयोग मुख्यत: लड़ाई और शिकार तथा आभूषण के रूप में भी किया जाता था।

बुनाई केवल स्त्रियाँ करती थीं, किंतु यह काम बड़े पैमाने पर होता था। चमड़े, मिट्टी और लकड़ी के शिल्पों में भारी प्रगति हुई। उत्तर वैदिक काल के लोग चार प्रकार के मृद्भांडों से परिचित थे-काला-व-लाल मृद्भांड, काली पालिशदार मृद्भांड, चित्रित धूसर मृद्भांड और लाल मृद्भांड। इनमें अंतिम प्रकार का मृद्भांड उनके बीच सबसे अधिक प्रचलित था और लगभग समस्त पश्चिमी उत्तर प्रदेश में पाया गया है। लेकिन चित्रित धूसर मृद्भांड उनके सर्वोपरि वैशिष्ट्य सूचक हैं। इनमें कटोरे और थालियाँ मिली हैं जिनका व्यवहार शायद उदीयमान उच्च वर्णों के लोग धार्मिक कृत्यों में या भोजन में या दोनों कामों में करते थे। चित्रित धूसर मृद्भांड वाले स्तरों मे जो कांच की निधियाँ और चूड़ियाँ मिली हैं उनका उपयोग प्रतिष्ठावर्धक वस्तुओं के रूप में इने-गिने लोग ही करते होंगे। कुल मिलाकर वैदिक ग्रंथ और उत्खनन दोनों से शिल्प-वस्तुओं के विशेषीकृत उत्पादन का संकेत मिलता है। उत्तर वैदिक ग्रंथों में स्वर्णकारों या आभूषण के निर्माताओं का भी उल्लेख है, जो संभवत: समाज के संपन्न वर्ग की आवश्यकता की पूर्ति करते होंगे।

खेती और विविध शिल्पों की बदौलत अब उत्तर वैदिक काल के लोग स्थायी जीवन अपनाने में समर्थ हो गए। उत्खननों और अनुसंधानों से हमें कुछ आभास मिलता है कि उत्तर वैदिक काल की बस्तियाँ कैसी थीं। चित्रित धूसर मृद्भांड स्थल न केवल कुरु-पंचाल क्षेत्र अर्थात् पश्चिमी उत्तरप्रदेश और दिल्ली में ही व्यापक रूप से फैले पाए गए हैं, बल्कि मद्र क्षेत्र अर्थात् पंजाब और हरियाणा के संलग्न भागों में और मत्स्य क्षेत्र अर्थात् राजस्थान के संलग्न भागों में भी मिले हैं। इन स्थलों की संख्या कुल मिलाकर 700 के करीब हो सकती है जो अधिकतर ऊपरी गंगा घाटी में पड़ते हैं। इनमें इने-गिने स्थलों का ही उत्खनन हो पाया है, जैसे हस्तिनापुर, अतरंजीखेड़ा, जखेड़ा और नोह। चूँकि बस्ती के भौतिक अवशेषों का जमाव एक मीटर तक है, इसलिए मालूम पड़ता है कि ये बस्तियाँ एक से तीन सदियों तक टिकी रही होंगी। काफी स्थल नए वास के थे, जहाँ ठीक पहले कोई नहीं बसे थे। लोग कच्ची ईंटों के घरों में लकड़ी के खंभों पर टिके मिट्टी के घरों में रहते थे। उनके घर तो निम्न कोटि के हैं फिर भी उनके चूल्हों और अनाजों (धान) से प्रकट होता है कि चित्रित धूसर मृद्भांड काल के लोग, जो उत्तर वैदिक लोग ही हैं, कृषिजीवी और स्थिरवासी थे। लेकिन चूँकि किसान सामान्यतः काठ के फाल वाले हल से खेती करते थे, इसलिए वे इतना अन्न नहीं उपजा सकते थे कि खेती से भिन्न व्यवसायों में लगे लोगों की आवश्यकता पूरी कर सकें। अतः किसान नगरों के उदय में हाथ नहीं बँटा सके।

उत्तर वैदिक ग्रंथों में नगर शब्द आया तो है पर उत्तर वैदिक काल के अंतिम दौर में आकर हम नगरों के आरंभ का मंद आभास ही पाते हैं। हस्तिनापुर और कौशांबी (इलाहाबाद के पास) तो वैदिक काल के अंत के महज गर्भावस्था वाले नगर थे। इन्हें आद्य नगरीय स्थल (प्रोटो अर्बन साइट) ही कहा जा सकता है। वैदिक ग्रंथों में समुद्र और समुद्रयात्रा की भी चर्चा है। इससे किसी-न-किसी तरह के वाणिज्य का संकेत मिलता है, जिसे नई-नई कलाओं और शिल्पों के उदय से बल मिला होगा।

कुल मिलाकर उत्तर वैदिक अवस्था में लोगों के भौतिक जीवन में भारी प्रगति हुई। पशुचारी और यायावरी जीवन-प्रणाली बहुत घट गई, खेती जीविका का मुख्य साधन बन गई और जीवन स्थानीय तथा खूंटे में बँधा जैसा हो गया। विविध शिल्पों और कलाओं से लैस होकर वैदिक लोग उत्तरी गंगा के मैदानों में स्थिर रूप से बस गए। मैदानों में बसने वाले किसान अपने निर्वाह के लिए तो काफी अनाज पैदा कर ही लेते थे, अपनी उपज का कुछ हिस्सा अपने मुखियों, राजाओं और पुरोहितों के निर्वाह के लिए भी बचा लेते थे।

राजनीतिक संगठन

उत्तर वैदिक काल में ऋग्वैदिक सभा-समितियों के दिन लद गए और उनकी जगह राजकीय प्रभुत्व ने ले ली। **विदथ** का नामोनिशान नहीं रहा। **सभा** और **समिति** अपनी जगह जीती तो रहीं, पर उनका रंग-ढंग बदल गया। उनमें राजाओं और अभिजात्यों का बोलबाला हो गया। अब सभा में स्त्रियों का प्रवेश निषिद्ध हो गया और कुलीनों तथा ब्राह्मणों का प्राबल्य हो गया।

राज्यों की आकार वृद्धि से मुखिया या राजा अधिकाधिक शक्तिशाली होता गया। सत्ता धीरे-धीरे जनजातीय से प्रादेशिक होती गई। राजा या सरदार कबीलों पर शासन करते थे और उनके प्रमुख कबीले के नाम पर प्रदेशों का नाम पड़ा, भले ही उस प्रदेश के भीतर प्रमुख कबीलों से भिन्न लोग भी बसते हों। आरंभ में हर प्रदेश का नाम वहाँ पर सबसे पहले बसने वाले कबीले के नाम से प्रसिद्ध हुआ। उदाहरणार्थ, पहले पंचाल एक जन या कबीले का नाम था। बाद में यह प्रदेश विशेष का नाम हो गया। राष्ट्र शब्द जिसका अर्थ प्रदेश या क्षेत्र होता है, पहले पहल इसी समय मिलने लगा है।

उत्तर वैदिक ग्रंथों में संकेत मिलता है कि राज्य के प्रधान या राजा का निर्वाचन होता था। जो व्यक्ति शारीरिक और अन्य गुणों में सर्वश्रेष्ठ समझा जाता था वही राजा चुना जाता था। वह अपने सामान्य कुलजनों या अन्य जनों से, जो विश् कहलाते थे, स्वेच्छा से दी गई भेंट प्राप्त करता था, जो **बलि** अथवा चढ़ावा कहलाती थी। परंतु राजा ने भेंट प्राप्त करने की प्रथा को अपना अधिकार बना लिया। इस अधिकार और अपने पद की अन्य सुविधाओं को कायम रखने के उद्देश्य से उसने राजा के पद को आनुवंशिक बना लिया; इस प्रकार राजा का पद सामान्यत: उसके ज्येष्ठ पुत्र को मिलने लगा। लेकिन उत्तराधिकार का यह क्रम हमेशा निर्विघ्न रूप से नहीं चला। *महाभारत* में कहा गया है कि युधिष्ठिर के छोटे भाई दुर्योधन ने उसका राज्य हड़प लिया। राज्य की खातिर हुए युद्ध ने पांडवों और कौरवों के कुल का विनाश किया। इस युद्ध से स्पष्ट हो जाता है कि सत्ता के आगे स्वजन कुछ नहीं हैं।

कर्मकांड के विधानों से राजा और भी प्रभावशाली बना दिया गया। राजा **राजसूय** यज्ञ करता था, जिससे यह समझा जाता था कि उसे दिव्य शक्ति मिल गई। वह **अश्वमेध** यज्ञ करता था। इस यज्ञ में राजा का छोड़ा गया घोड़ा जिन-जिन क्षेत्रों से बेरोक गुजरता था, उन सारे क्षेत्रों पर उस राजा का एकछत्र राज्य माना जाता था। वह **वाजपेय** यज्ञ (रथदौड़) भी करता था, जिसमें राजा का रथ उसके अन्य सभी बंधुओं के रथों से आगे निकलता था। इन सारे अनुष्ठानों से प्रजा के चित्त पर राजा की बढ़ती हुई शक्ति एवं महिमा की गहरी छाप पड़ती थी।

ऐसा लगता है कि इस काल में कर और नज़राना (ट्रिब्यूट) का संग्रह प्रचलित हो गया था। इनके संग्रह और संचालन के लिए एक अधिकारी रहता था जो **संग्रीहीतृ** कहलाता था। *रामायण* और *महाभारत* से ज्ञात होता है कि बड़े-बड़े यज्ञों के अवसर पर राजा भारी मात्रा में दान और उपहार बाँटता था और हर वर्ग के लोगों को उत्तम भोजन कराता था। राजा अपने कर्तव्य के संपादन में पुरोहित, सेनापति, पटरानी, और कई अन्य उच्च कोटि के अधिकारियों की सहायता लेता था। निचले स्तर में, प्रशासन का भार संभवतः ग्राम सभाओं पर रहता था, जिनपर प्रमुख कुलों के प्रधानों का नियंत्रण रहता था। ये सभाएँ स्थानीय वाद-विवादों का फैसला भी करती थीं। लेकिन उत्तर वैदिक काल में भी राजा कोई स्थायी सेना नहीं रखता था। युद्ध के समय कबीले के जवानों के दल भरती कर लिए जाते थे; और कर्मकांड के अनुष्ठान के अनुसार, युद्ध में विजय पाने की कामना से राजा को एक ही थाली में अपने भाई-बंधुओं (विश्) के साथ खाना पड़ता था।

सामाजिक संगठन

उत्तर वैदिक काल का समाज चार वर्णों में विभक्त था—ब्राह्मण, राजन्य या क्षत्रिय, वैश्य और शूद्र। यज्ञ का अनुष्ठान अत्यधिक बढ़ गया था, जिससे ब्राह्मणों की शक्ति में अपार वृद्धि हुई। आरंभ में सोलह प्रकार के पुरोहितों में ब्राह्मण केवल एक प्रकार के पुरोहित होते थे, किंतु धीरे-धीरे ब्राह्मण अन्य पुरोहित वर्गों को दबाते गए और स्वयं प्रमुख वर्ग बन गए। उनकी यह प्रमुखता विलक्षण बात है जो भारत से बाहर के आर्यों के समाज में नहीं पाई जाती है। लगता है कि ब्राह्मण वर्ग की स्थापना में आर्येतर तत्त्वों का कुछ हाथ रहा होगा। ब्राह्मण लोग अपने यजमानों के लिए और अपने लिए भी धार्मिक अनुष्ठान और यज्ञ करते थे और कृषि कार्यों से जुड़े पर्वों या त्योहारों में यजमानों का प्रतिनिधित्व करते थे और उसके बदले में राजा से अभयदान प्राप्त करते थे। कभी-कभी ब्राह्मण अपनी श्रेष्ठता जताने के लिए राजन्यों से भिड़ जाते थे, जिनमें राजा के बांधव भी होते थे और क्षत्रिय वर्ग के नेता भी। लेकिन निचले दो वर्गों से सामना होने की स्थिति में ऊपर के ये दोनों वर्ग तुरंत आपसी झगड़ा भूल जाते। उत्तर वैदिक काल के अंत से इस बात पर बल दिया जाने लगा कि ब्राह्मणों और क्षत्रियों के बीच परस्पर सहयोग रहना चाहिए ताकि समाज के शेष भाग पर उन दोनों का प्रभुत्व बना रहे।

राजाओं के परिजन होते हुए भी वैश्य जनसामान्य की कोटि में रखे गए और उन्हें उत्पादन संबंधी काम सौंपा गया, जैसे कृषि, पशुपालन आदि। उनमें कुछ लोग पंसारी या शिल्पी का काम भी करते थे। वैदिक काल का अंत होते-होते वे व्यापार को अपनाने लगे। लगता है, उत्तर वैदिक काल में केवल वैश्य ही राजस्व चुकाते थे।

ब्राह्मण और क्षत्रिय दोनों वैश्यों से वसूले राजस्व पर ही जीते थे। आम कबायली लोगों को वश में लाकर उन्हें करदाता बनाने की प्रक्रिया लंबे समय तक चलती रही। ऐसे कई अनुष्ठान ज्ञात हैं जो दुर्दम लोगों को (विश् या वैश्यों को) राजा तथा उसके निकट बंधुओं (राजन्यों) के वश में लाने की कामना से किए जाते थे। यह अनुष्ठान वे ही पुरोहित कराते थे जो स्वयं प्रजा या वैश्यों को खसोट कर जीते थे। ऊपर के तीन वर्णों की सामान्य विशेषता यह थी कि वे ऐसे उपनयन संस्कार के अधिकारी थे अर्थात् वे वैदिक मंत्रों के साथ जनेऊ धारण का अनुष्ठान करा सकते थे। चौथा वर्ण उपनयन संस्कार का अधिकारी नहीं था, वह गायत्री का उच्चारण नहीं कर सकता था और यहीं से उपनयन का अभाव शूद्र की दासता का द्योतक बन गया।

राजा राजन्यों या क्षत्रियों का अगुआ था, और वह अन्य तीनों वर्णों पर अपना प्रभुत्व जमाए रखने की चेष्टा करता था। उत्तर वैदिक काल के अंत भाग में लिखे गए *ऐतरेय ब्राह्मण* नामक वैदिक ग्रंथ में कहा गया है कि ब्राह्मण जीविका चाहने वाला और दान लेने वाला है, लेकिन राजा जब भी चाहे उसे हटा सकता है। वैश्य के बारे में कहा गया है कि वह राजस्व का देनदार है और राजा जब चाहे उसका दमन कर सकता है। सबसे बुरी स्थिति शूद्रों की थी। शूद्र को अन्य वर्णों का सेवक बतलाया गया है। वह दूसरे की इच्छा के अनुसार काम करने वाला है और मार खाने वाला है।

सामान्यत: उत्तर वैदिककालीन ग्रंथों में तीन उच्च वर्णों और शूद्रों के बीच विभाजक रेखा देखने को मिलती है। फिर भी, राज्याभिषेक संबंधी ऐसे कई सार्वजनिक अनुष्ठान होते थे जिनमें शूद्र, शायद मूल आर्य जातीय कबीलों के बचे हुए सदस्यों की हैसियत से, भाग लेते थे। शिल्पियों में **रथकार** आदि जैसे कुछ वर्गों का स्थान ऊँचा था और उन्हें यज्ञोपवीत पहनने का अधिकार प्राप्त था। इस प्रकार दिखाई देता है कि उत्तर वैदिक काल में भी वर्णभेद अधिक प्रखर नहीं हुआ था।

परिवार स्तर पर, हम देखते हैं कि पिता का अधिकार बढ़ता गया। वह अपने पुत्र को उत्तराधिकार से वंचित कर सकता था। राजपरिवार में ज्येष्ठाधिकार का प्रचलन प्रबल होता गया। पूर्व पुरुषों की पूजा होने लगी। स्त्रियों का दर्जा सामान्यत: गिरा, यद्यपि कुछ महिलाओं ने शास्त्रार्थों में भाग लिया और कुछ रानियाँ पति के राज्याभिषेक अनुष्ठानों में साथ रहीं, पर सामान्यत: स्त्रियों का स्थान पुरुषों के नीचे और अधीनस्थ माना जाने लगा।

उत्तर वैदिक काल में गोत्र प्रथा स्थापित हुई। गोत्र शब्द का मूल अर्थ है गोष्ठ या वह स्थान जहाँ समूचे कुल का गोधन पाला जाता था, परंतु बाद में इसका अर्थ एक ही मूल पुरुष से उत्पन्न लोगों का समुदाय हो गया। फिर गोत्र से बाहर विवाह करने की प्रथा चल पड़ी। तदनुसार एक ही गोत्र या मूल पुरुष वाले लोगों के बीच

आपस में विवाह निषिद्ध हो गया।

वैदिक काल में **आश्रम** अर्थात् जीवन के चार चरण सुप्रतिष्ठत नहीं हुए थे। वैदिकोत्तर काल के ग्रंथों में हमें चार आश्रम स्पष्ट दिखाई देते हैं: **ब्रह्मचर्य** या छात्रावस्था, **गार्हस्थ** या गृहस्थावस्था, **वानपप्रस्थ** या वनवासावस्था और **संन्यास** या सांसारिक जीवन से विरत होकर रहने की अवस्था। उत्तर वैदिक ग्रंथों में आदि से केवल तीन आश्रमों का उल्लेख है। अंतिम या चतुर्थ आश्रम उत्तर वैदिक काल में सुप्रतिष्ठि नहीं हुआ था, हालाँकि संन्यास अज्ञात नहीं था। वैदिकोत्तर काल में भी केवल गार्हस्थ आश्रम सभी वर्णों में सामान्यत: प्रचलित था।

देवता, अनुष्ठान और दर्शन

उत्तर वैदिक काल में उत्तरी दोआब ब्राह्मणों के प्रभाव में आर्य संस्कृति का केंद्र स्थल बन गया। लगता है सारा उत्तर वैदिक साहित्य कुरु-पंचालों के इसी प्रदेश में विकसित हुआ। यज्ञ इस संस्कृति का मूल था और यज्ञ के साथ-साथ अनेकानेक अनुष्ठान और मंत्र विधियाँ प्रचलित हुईं।

देवताओं में दो सबसे बड़े देवता इंद्र और अग्नि अब उतने प्रमुख नहीं रहे। इनकी जगह उत्तर वैदिक देवमंडल में सृजन के देवता प्रजापति को सर्वोच्च स्थान मिला। ऋग्वैदिक काल के कुछ अन्य गौण देवता भी प्रमुख हुए। पशुओं के देवता रुद्र ने उत्तर वैदिक काल में महत्ता पाई। जो लोग ऋग्वैदिक काल के अपने अर्द्ध खानाबदोशी जीवन को छोड़ स्थानीय रूप से बस गए थे, वे लोग विष्णु को अपना पालक और रक्षक मानने लगे। इसके अलावा, देवताओं के प्रतीक के रूप में कुछ वस्तुओं की भी पूजा प्रचलित हुई। उत्तर वैदिक काल में मूर्तिपूजा के आरंभ का कुछ आभास मिलने लगता है। चूँकि समाज ब्राह्मण, राजन्य, वैश्य और शूद्र इन चार वर्णों में विभक्त हो गया था, इसलिए कुछ वर्णों के अपने देवता भी हो गए। पूषन् जो पशुओं की रक्षा करने वाला माना जाता था, शूद्रों का देवता हो गया, हालाँकि ऋग्वेद युग में पशुपालन सारी आर्य जाति का मुख्य व्यवसाय था।

देवताओं की आराधना के जो भौतिक उद्देश्य पूर्व में थे, वे ही इस काल में भी रहे। लेकिन आराधना की रीति में महान अंतर आया। स्तुतिपाठ पहले की तरह चलते रहे, लेकिन वे देवताओं को प्रसन्न करने की प्रमुख रीति नहीं रहे; प्रत्युत यज्ञ करना कहीं अधिक महत्त्वपूर्ण हो गया और यज्ञ के सार्वजनिक तथा घरेलू दोनों रूप प्रचलित हुए। सार्वजनिक यज्ञ राजा अपनी सारी प्रजा के साथ करता था और प्रजा में अक्सर एक ही कबीले के लोग होते। निजी यज्ञ अलग-अलग व्यक्ति अपने-अपने घर में करते थे, क्योंकि इस काल में वैदिक लोग स्थायी निवासों में रहते थे और उनके नियमित कुटुंब होते थे। घर का प्रत्येक व्यक्ति अग्नि में आहुति देता था और

ऐसा प्रत्येक कर्म अनुष्ठान या यज्ञ का रूप धारण कर लेता था। यज्ञ में बड़े पैमाने पर पशुबलि दी जाती थी, जिससे खास तौर से पशुधन का ह्रास होता गया। अतिथि **गोघ्न** कहलाते थे क्योंकि उन्हें गोमांस खिलाया जाता था।

यज्ञों में कर्म के साथ मंत्र पढ़े जाते थे। यज्ञकर्ताओं को इन मंत्रों का उच्चारण बड़ी सतर्कता से करना होता था । यज्ञ करनेवाला **यजमान** कहलाता था और यज्ञ का फल बहुत कुछ इस पर निर्भर करता था कि यज्ञ में मंत्रों का उच्चारण कितनी शुद्धता से किया गया। वैदिक आर्यों में प्रचलित बहुत-से अनुष्ठान हिंद-यूरोपीय भाषाभाषियों के कर्मकांड से मिलते हैं, लेकिन कुछ हिंद-भूमि में विकसित प्रतीत होते हैं।

इन सारे मंत्रों और यज्ञों का सृजन, अंगीकरण और विस्तारण पुरोहितों ने किया, जो ब्राह्मण कहलाते थे। ब्राह्मण धार्मिक ज्ञान-विज्ञान पर अपना एकाधिकार समझते थे। उन्होंने बहुत-सारे अनुष्ठानों को चलाया, जिनमें कुछ आर्येतर लोगों से भी लिए। इतने सारे अनुष्ठानों को चलाने और उनको विस्तृत बनाने का क्या कारण रहा होगा यह तो पता नहीं चलता, लेकिन इस संभावना से इंकार नहीं किया जा सकता है कि इसके पीछे धन लोलपुता की भावना रही होगी। कहा गया है कि राजसूय यज्ञ कराने वाले पुरोहित को दक्षिणा में 240,000 गायें मिलती थीं।

यज्ञ की दक्षिणा में सामान्यत: गायें और दासियाँ तो दी ही जाती थीं, साथ-साथ सोना, कपड़ा और घोड़े भी दिए जाते थे। कभी-कभी पुरोहित दक्षिणा में राज्य का कुछ भाग भी माँग लेते थे। किंतु यज्ञ की दक्षिणा में भूमि का दिया जाना उत्तर वैदिक काल में प्रचलित नहीं हुआ था। *शतपथ ब्राह्मण* में कहा गया है कि अश्वमेध यज्ञ में पुरोहित को उत्तर, दक्षिण, पूरब और पश्चिम चारों दिशाएँ दे देनी हैं। यदि वास्तव में ऐसा हो तो राजा के पास क्या बचा होगा? अत: इसका यही अर्थ लगाया जा सकता है कि पुरोहित जहाँ तक संभव हो अधिक-से-अधिक भूमि हड़पना चाहते थे। परंतु यथार्थ में भूमि अधिक मात्रा में ब्राह्मणों के हाथ नहीं गई होगी। एक जगह इस बात का भी उल्लेख है कि भूमि जब ब्राह्मण को दी जाने लगी तो उसने ब्राह्मण के हाथ जाना अस्वीकार कर दिया।

वैदिक काल के अंतिम दौर में, पुरोहितों के प्रभुत्व के विरुद्ध तथा यज्ञ और कर्मकांडों के विरुद्ध प्रबल प्रतिक्रिया प्रारंभ हुई। यह प्रतिक्रिया पंचालों और विदेह के राज्य में विशेषकर हुई, ज़हाँ 600 ई० पू० के आसपास उपनिषदों का संकलन हुआ था। इन दार्शनिक ग्रंथों ने कर्मकांड की निंदा की और सम्यक् विश्वास एवं ज्ञान पर बल दिया। उपनिषदों ने आत्मा को पहचानने और आत्मा तथा ब्रह्म के संबंध को सही रूप में समझने पर बल दिया। तत्कालीन शक्तिशाली राजाओं की तरह ब्रह्म की परिकल्पना परम सत्ता के रूप में की गई। पंचाल और विदेह के कई क्षत्रिय राजाओं

ने भी इस प्रकार के चिंतन को अपनाया और ब्राह्मण धर्म में सुधार लाने के लिए उपयुक्त वातावरण बनाया। उनके उपदेशों से स्थायित्व और अखंडता की भावना को बल मिला। आत्मा अपरिवर्ती, अविनाशी और अमर है इस बात पर बल देने से उस स्थायित्व की भावना को बल मिला, जिसकी अत्यधिक आवश्यकता क्षत्रिय शासकों के अधीन उदीयमान राजसत्ता को थी। आत्मा और परमात्मा (ब्रह्म) के बीच संबंध की भावना से प्रजा में राजा के प्रति भक्ति जगी।

उत्तर वैदिक काल में कई महत्त्वपूर्ण परिवर्तन हुए। प्रदेशाश्रित राज्यों की शुरुआत हुई। युद्ध केवल पशुओं को हथियाने के लिए ही नहीं, बल्कि राज्यक्षेत्र पर कब्जा करने के लिए भी होने लगे। कौरवों और पांडवों के बीच हुआ प्रख्यात महाभारत युद्ध इसी काल की स्थिति का प्रतिबिंब माना जा सकता है। आरंभिक वैदिक काल का प्रधान पशुचारी समाज अब कृषि-प्रधान हो गया। पूर्व के कबायली पशुचारक अब किसान बन गए और बार-बार राजस्व या नज़राना दे-देकर अपने राजा का भरण-पोषण करने में समर्थ हो गए। राजा कबायली किसानों के बूते पर समृद्ध होते गए और उन पुरोहितों को प्रचुर दान-दक्षिणा देते रहे जो वैश्य कोटि अर्थात् आम जनता के विरुद्ध हमेशा अपने दाता का पक्ष लेते थे। शूद्र इस काल में भी छोटा सेवक वर्ग बना रहा। कबायली समाज टूट कर वर्णों में विभक्त नया समाज बन गया। किंतु वर्णमूलक भेदभावों पर अत्यधिक बल नहीं दिया जा सका। ब्राह्मणों के सहयोग के बावजूद राजन्य या क्षत्रिय राजतंत्र की स्थापना नहीं कर पाए थे। तब तक कोई राज्य कैसे चल सकता है जब तक कोई निर्यात कर-प्रणाली न हो, और वेतनभोगी सेना न हो। सेना करों के भरोसे ही रखी जा सकती थी। परंतु खेती के प्रचलित तरीके में पर्याप्त कर और राजस्व उगाहने की गुंजाइश नहीं थी।

❖ कालक्रम ❖

छठी सहस्राब्दी ई० पू०	काले समुद्र के क्षेत्र में पालतू घोड़ा।
तीसरी सहस्राब्दी ई० पू०	अनातोलिया में लोहे का पता।
द्वितीय सहस्राब्दी का उत्तरार्द्ध	राजस्थान और कर्नाटक में ताम्र-पाषाणकालीन लोहा उपलब्ध।
प्राक्-1000 ई० पू०	पश्चिमी उत्तर प्रदेश और बिहार में तांबे के उपकरण प्राप्त।
1000 ई० पू०	गंधार क्षेत्र, बलूचिस्तान, पूर्वी पंजाब, पश्चिमी उत्तर प्रदेश, मध्य प्रदेश और राजस्थान में लोहे का प्रयोग।
1000-500 ई० पू०	उत्तर वैदिक मूलग्रंथ (जैसे ब्राह्मण) ऊपरी गांगेय द्रोणी में संकलित। लगभग 700 चित्रित धूसर भांडवाले स्थलों का अस्तित्व।

	लोग लोहे के हथियारों का प्रयोग करते थे और मुख्य अनाज के रूप में चावल और गेहूँ की खेती करते थे।
950 ई० पू०	महाभारत का युद्ध।
900–500 ई० पू०	हस्तिनापुर में शहरी जीवन की हल्की झलक।
800 ई० पू०	पश्चिमी उत्तर प्रदेश में लोहे का आम व्यवहार।
700 ई० पू०	पूर्वी उत्तर प्रदेश में लोहे के प्राचीनतम हथियारों की खोज।
600 ई० पू०	पंचाल और विदेह में उपनिषद् संकलित।
500 ई० पू०	वैदिक जनों का कोसल और विदेह में फैलाव।
द्वितीय शताब्दी ई०	बैलों द्वारा संचालित हल चलाते भगवान बुद्ध की प्रतिमा।
चौथी शताब्दी ई०	*महाभारत* अंतिम रूप से संकलित।

14

जैन और बौद्ध धर्म

ईसा-पूर्व छठी सदी के उत्तरार्द्ध में मध्य गंगा के मैदानों में अनेक धार्मिक संप्रदायों का उदय हुआ। इस युग के करीब 62 धार्मिक संप्रदाय ज्ञात हैं। इनमें से कई संप्रदाय पूर्वोत्तर भारत में रहने वाले विभिन्न समुदायों में प्रचलित धार्मिक प्रथाओं और अनुष्ठान-विधियों पर आधारित थे। इनमें जैन संप्रदाय और बौद्ध संप्रदाय सबसे प्रमुख थे। शक्तिशाली धार्मिक सुधार आंदोलनों के रूप में इनका उत्थान हुआ।

उद्भव के कारण

वैदिकोत्तर काल में समाज स्पष्टतः चार वर्णों में विभाजित था-ब्राह्मण, क्षत्रिय, वैश्य और शूद्र। हर वर्ण के कर्त्तव्य अलग-अलग निर्धारित थे, और इस पर ज़ोर दिया जाता था कि वर्ण जन्ममूलक है और दो उच्च वर्णों को कुछ विशेषाधिकार दिए गए। ब्राह्मण, जिन्हें पुरोहितों और शिक्षकों का कर्त्तव्य सौंपा गया था, समाज में अपना स्थान सबसे ऊँचा होने का दावा करते थे। वे कई विशेषाधिकारों के दावेदार थे, जैसे दान लेना, करों से छुटकारा, दंडों की माफी आदि। उत्तर वैदिक ग्रंथों में ऐसे अनेक उदाहरण मिलते हैं जहाँ ब्राह्मणों ने ऐसे अधिकारों का लाभ उठाया। वर्णक्रम में क्षत्रियों का स्थान दूसरा था। वे युद्ध करते थे, शासन करते थे और किसानों से उगाहे गए करों पर जीते थे। वैश्य खेती, पशुपालन और व्यापार करते थे और ये ही मुख्य करदाता थे, यद्यपि इन्हें दो उच्च वर्णों के साथ द्विज नामक समूह में स्थान मिला था। द्विज को जनेऊ पहनने और वेद पढ़ने का अधिकार था, पर शूद्र को इससे वंचित रखा गया था। शूद्रों का कर्त्तव्य ऊपर के तीनों वर्णों की सेवा करना था, और स्त्रियों की भाँति उन्हें भी वेद पढ़ने के लिए अधिकार से अलग रखा गया था। वैदिकोत्तर काल में वे गृहदास, कृषिदास, शिल्पी और मज़दूर के रूप में दिखाई देते हैं। वे स्वभाव से ही क्रूरकर्मा, लोभी और चोर कहे गए हैं, और उनमें से कुछ अस्पृश्य भी माने जाते थे। वर्णव्यवस्था में जो जितने उँचे वर्ण का होता था वह उतना ही शुद्ध और सुविधाधिकारी समझा जाता था। अपराधी जितने ही नीच वर्ण का होता उसके लिए सज़ा उतनी ही अधिक कठोर होती थी।

यह स्वाभाविक ही था कि इस तरह के वर्ण विभाजन वाले समाज में तनाव पैदा होता और वैश्यों और शूद्रों में इसकी कैसी प्रतिक्रिया थी यह जानने का कोई

साधन नहीं है। परंतु क्षत्रिय लोग, जो शासक के रूप में काम करते थे, ब्राह्मणों के धर्म विषयक प्रभुत्व पर प्रबल आपत्ति करते थे, और लगता है कि उन्होंने वर्णव्यवस्था को जन्ममूलक मानने के विरुद्ध आंदोलन छेड़ दिया था। विविध विशेषाधिकारों का दावा करने वाले पुरोहितों या ब्राह्मणों की श्रेष्ठता के विरुद्ध क्षत्रियों का खड़ा होना नए धर्मों के उद्‌भव का अन्यतम कारण हुआ। जैन धर्म के संस्थापक वर्धमान महावीर और बौद्ध धर्म के संस्थापक गौतम बुद्ध दोनों क्षत्रिय थे और दोनों ने ब्राह्मणों की मान्यता को चुनौती दी।

परंतु इन धर्मों के उद्‌भव का यथार्थ कारण है पूर्वोत्तर भारत में नई कृषिमूलक अर्थव्यवस्था का विस्तार। पूर्वी उत्तर प्रदेश और उत्तरी एवं दक्षिणी बिहार सहित पूर्वोत्तर भारत में वर्षा की दर लगभग 100 सेंटीमीटर है। बड़े पैमाने पर बस्तियाँ स्थापित होने से पहले यहाँ घने जंगल थे। इन घने जंगलों को लोहे की कुल्हाड़ियों के बिना साफ कर पाना संभव नहीं था। यद्यपि 600 ई० पू० के पहले भी इस क्षेत्र में लोग रहते थे, तथापि वे पत्थर और तांबे के औज़ारों का इस्तेमाल करते थे। वे नदीतट अथवा नदी संगम के समीप के क्षेत्रों में बड़ी कठिनाई का जीवन बिताते थे। 600 ई० पू० के आसपास जब इधर लोहे का इस्तेमाल होने लगा, मध्य गंगा के मैदानों में लोग भारी संख्या में बसने लगे। इस क्षेत्र की मिट्टी में नमी अधिक होने के कारण पूर्वकाल के लोहे के बहुत-से औज़ार तो बच नहीं सके, फिर भी कुछेक कुल्हाड़ियाँ लगभग 600-500 ई० पू० के स्तर से निकली हैं।

लोहे के औज़ारों के इस्तेमाल की बदौलत जंगलों की सफाई, कृषि और बड़ी-बड़ी बस्तियों की स्थापना संभव हुई। लोहे के फाल वाले हलों पर आधारित कृषिमूलक अर्थव्यवस्था में बैलों का इस्तेमाल जरूरी था, पर पशुपालन के बिना बैल आएँ कहाँ से। दूसरी ओर, वैदिक कर्मकांड के अनुसार यज्ञों में पशु अंधाधुंध मारे जाने लगे। असंख्य यज्ञों में बछड़ों और साँड़ों के लगातार मारे जाते रहने से पशुधन क्षीण होता गया। यह कृषि की प्रगति में बाधक सिद्ध हुआ। मगध के दक्षिणी और पूर्वी छोरों पर बसे कबायली लोग भी पशुओं को मार-मार कर खाते गए, लेकिन यदि इस नई कृषिमूलक अर्थव्यवस्था को चलाना था तो इस पशुवध को रोकना आवश्यक ही था।

इस काल में पूर्वोत्तर भारत में अनेक नगरों की स्थापना हुई। उदाहरणार्थ, कौशांबी (प्रयाग के समीप), कुशीनगर (ज़िला देवरिया, उत्तर प्रदेश), वाराणसी, वैशाली (इसी नाम का नवस्थापित ज़िला, उत्तर बिहार), चिराँद (सारन ज़िला) और राजगीर (पटना से लगभग 100 किलोमीटर दक्षिण-पूर्व)। अन्यान्य नगरों के अतिरिक्त इन नगरों में बहुत-से शिल्पी और व्यापारी रहते थे, जिन्होंने सर्वप्रथम सिक्के चलाए। सबसे पुराने सिक्के ईसा-पूर्व पाँचवीं सदी के हैं, और वे पंचमार्क्ड या आहत सिक्के कहलाते हैं। आरंभ में उनका प्रचलन पूर्वी उत्तर प्रदेश और बिहार में हुआ। स्वभावतः

सिक्कों के प्रचलन से वाणिज्य-व्यापार बढ़ा और उससे वैश्यों का महत्त्व बदा। ब्राह्मण-प्रधान समाज में वैश्यों का स्थान तृतीय कोटि में था, प्रथम और द्वितीय कोटियों में क्रमश: ब्राह्मण और क्षत्रिय आते थे। स्वभावत: वे ऐसे किसी धर्म की खोज में थे जहाँ उनकी सामाजिक स्थिति सुधरे। क्षत्रियों के अतिरिक्त वैश्यों ने महावीर और गौतम बुद्ध दोनों की उदारतापूर्वक सहायता की। वणिकों ने, जो सेट्ठि कहलाते थे, गौतम बुद्ध और उनके शिष्यों को प्रचुर दान दिए। इसके कई कारण थे। पहला यह कि जैन और बौद्ध धर्म की आरंभिक अवस्था में तत्कालीन वर्णव्यवस्था को कोई महत्त्व नहीं दिया गया। दूसरे, वे अहिंसा का उपदेश देते थे जिससे विभिन्न राजाओं के बीच होने वाले युद्धों का अंत हो सकता था और उसके फलस्वरूप वाणिज्य-व्यापार में उन्नति हो सकती थी। तीसरे, ब्राह्मणों की कानून संबंधी पुस्तकों में, जो धर्मसूत्र कहलाती थी, सूद पर धन लगाने के कारोबार को निंदनीय समझा जाता था और सूद पर जीने वाले को अधम कहा जाता था। अत: जो वैश्य वाणिज्य-व्यापार में वृद्धि होने के कारण महाजनी करते थे वे आदर नहीं पाते थे और अपनी सामाजिक प्रतिष्ठा बढ़ाना चाहते थे।

दूसरी ओर, तरह-तरह की निजी संपत्ति के संचय के विरुद्ध भी कड़ी प्रतिक्रिया थी। पुराने विचार के लोग सिक्कों को, जो अवश्य ही चांदी और तांबे के होते थे, इस्तेमाल में लाना या जमा करना पसंद नहीं करते थे। वे लोग नए-नए ढंग के निवासों और परिधानों से, नई परिवहन प्रणालियों से परहेज करते थे, तथा युद्ध और हिंसा से घृणा करते थे। संपत्ति के नए-नए प्रकारों से समाज में असमानता पनपी। इसके कारण आम लोगों का जीवन दुख-दर्द से भर गया था। इसलिए सामान्य लोग कामना करते थे कि आदिम जीवन लौट आए। वे फिर उस संन्यास के आदर्श की ओर जाना चाहते थे जिसमें संपत्ति के नए-नए प्रकारों और जीवन की नई पद्धति का अभाव था। बौद्ध और जैन दोनों संप्रदाय सरल, शुद्ध और संयमित जीवन के पक्षधर थे। बौद्ध और जैन दोनों भिक्षुओं को आदेश था कि वे जीवन में विलास की वस्तुओं का उपभोग नहीं करें। उन्हें सोना और चांदी छूना मना था। उन्हें अपने दाताओं से उतना ही ग्रहण करना था जितने से उनकी प्राण-रक्षा हो। इसलिए उन्होंने गंगा घाटी के नए जीवन में विकसित भौतिक सुख-सुविधाओं का विरोध किया। दूसरे शब्दों में, ईसा-पूर्व छठी-पाँचवीं सदी में मध्य गंगा के मैदान में हम भौतिक जीवन में हुए परिवर्तनों के विरुद्ध उसी प्रकार की प्रतिक्रिया देखते हैं जैसी प्रतिक्रिया आधुनिक काल में औद्योगिक क्रांति से आए परिवर्तनों के विरुद्ध देख रहे हैं। औद्योगिक क्रांति ने जिस प्रकार बहुत लोगों के मन में यंत्र-पूर्व युग के जीवन में लौट जाने की चाह जगाई है, उसी प्रकार अतीत के लोग भी लौह युग के पूर्व की जिंदगी में लौट जाना चाहते थे।

वर्धमान महावीर और जैन संप्रदाय

जैन धर्मावलंबियों का विश्वास है कि उनके सबसे महान धर्मोपदेष्टा महावीर के पहले तेईस और आचार्य हुए हैं जो **तीर्थंकर** कहलाते थे। यदि महावीर को अंतिम या चौबीसवाँ तीर्थंकर मानें तो जैन धर्म का उद्भव काल ईसा-पूर्व नवीं सदी ठहरता है। कुछ जैनियों का विश्वास है कि ऋषभदेव प्रथम तीर्थंकर थे और जैन धर्म के शिक्षक थे। उनका संबंध अयोध्या से था जो ई० पू० 500 में आबाद हुआ। आरंभ के अधिकतर तीर्थंकर, अर्थात् पंद्रहवें तीर्थंकर तक, पूर्वी उत्तर प्रदेश और बिहार में उत्पन्न बताए गए हैं, इसलिए उनकी ऐतिहासिकता नितांत संदिग्ध है। मध्य गंगा के मैदान का कोई भी भाग ईसा-पूर्व छठी सदी से पहले ठीक से आबाद नहीं हुआ था। स्पष्ट है कि इन तीर्थंकरों की, जो अधिकतर मध्य गंगा के मैदान में उत्पन्न हुए और जिन्होंने बिहार में **निर्वाण** प्राप्त किया, मिथक कथा जैन संप्रदाय की प्राचीनता सिद्ध करने के लिए गढ़ ली गई है। जैन धर्म के प्राचीनतम सिद्धांतों के उपदेष्टा तेईसवें तीर्थंकर पार्श्वनाथ माने जाते हैं जो वाराणसी के निवासी थे। वे राज्य सुख को छोड़ संन्यासी हो गए, किंतु यथार्थ में जैन धर्म की स्थापना उनके आध्यात्मिक शिष्य वर्धमान महावीर ने की।

महान सुधारक वर्धमान महावीर और गौतम बुद्ध का ठीक-ठीक समय निश्चित करना कठिन है। एक परंपरा के अनुसार वर्धमान महावीर का जन्म 540 ई० पू० में वैशाली के पास किसी गाँव में हुआ। वैशाली की पहचान उत्तर बिहार में इसी नाम के नवस्थापित ज़िले में अवस्थित बसाढ़ से की गई है। उनके पिता सिद्धार्थ क्षत्रिय कुल के प्रधान थे। उनकी माता का नाम त्रिशला था जो बिंबिसार के ससुर लिच्छवि नरेश चेतक की बहन थी। इस प्रकार महावीर के परिवार का संबंध मगध के राजपरिवार से था। इस संबंध के कारण अपने धर्म प्रसार के क्रम में उन्हें राजाओं और राजसचिवों के साथ संपर्क करना आसान हुआ।

आरंभ में महावीर गार्हस्थ जीवन में थे, किंतु सत्य की खोज में वे 30 वर्ष की अवस्था में सांसारिक जीवन का परित्याग करके यती (संन्यासी) हो गए। 12 वर्षों तक वे जहाँ-तहाँ भटकते रहे। वे एक गाँव में एक दिन से अधिक और एक शहर में पाँच दिन से अधिक न टिकते थे। कहा जाता है कि अपनी बारह साल की लंबी यात्रा के दौरान उन्होंने एक बार भी अपने वस्त्र नहीं बदले, किंतु जब 42 वर्ष की अवस्था में उन्हें **कैवल्य** प्राप्त हो गया तो उन्होंने वस्त्र का एकदम परित्याग कर दिया। कैवल्य द्वारा उन्होंने सुख-दुख पर विजय प्राप्त की। इसी विजय के कारण वे **महावीर** अर्थात् महान शूर, या **जिन** अर्थात् विजेता कहलाए और उनके अनुयायी जैन कहलाते हैं। कोसल, मगध, मिथिला, चंपा आदि प्रदेशों में घूम-घूम कर वे अपने धर्म का प्रचार 30 वर्षों तक करते रहे। उनका निर्वाण 468 ई० पू० में बहत्तर साल की उम्र में आज

के राजगीर के समीप पावापुरी में हुआ। दूसरी परंपरा के अनुसार उनका देहांत 527 ई० पू० में हुआ।

परंतु पुरातात्त्विक साक्ष्य के आधार पर उन्हें निश्चित रूप से छठी शताब्दी ई० पू० में नहीं रखा जा सकता है। जिन नगरों और अन्य वासस्थानों से उनका संबंध था उनका उदय 500 ई० पू० तक नहीं हुआ था।

जैन धर्म के सिद्धांत

जैन धर्म के पांच व्रत हैं: (1) **अहिंसा** या हिंसा नहीं करना, (2) **अमृषा** या झूठ न बोलना, (3) **अचौर्य** या चोरी नहीं करना, (4) **अपरिग्रह** या संपत्ति अर्जित नहीं करना, और (5) **ब्रह्मचर्य** या इंद्रिय निग्रह करना। कहा जाता है कि इनमें चार व्रत पहले से चले आ रहे थे, महावीर ने केवल पाँचवाँ व्रत जोड़ा। जैन धर्म में अहिंसा या किसी प्राणी को न सताने के व्रत को सबसे अधिक महत्त्व दिया गया है। कभी-कभी इस व्रत के विचित्र परिणाम दिखाई देते हैं, जैसे कुछ जैन धर्मावलंबी राजा पशु की हत्या करने वालों को फाँसी पर चढ़ा देते थे। महावीर के पूर्व तीर्थंकर पार्श्व ने तो अपने अनुयायियों को निचले और ऊपरी अंगों को वस्त्र से ढकने की अनुमति दी थी, पर महावीर ने वस्त्र का सर्वथा त्याग करने का आदेश दिया। इसका आशय यह था कि वे अपने अनुयायियों के जीवन में और भी अधिक संयम लाना चाहते थे। इसके चलते, बाद में जैन धर्म दो संप्रदायों में विभक्त हो गया– **श्वेतांबर** अर्थात् सफेद वस्त्र धारण करने वाले, और **दिगंबर** अर्थात् नग्न रहने वाले।

जैन धर्म में देवताओं का अस्तित्व स्वीकार किया गया है, पर उनका स्थान जिन से नीचे रखा गया है। बौद्ध धर्म में वर्णव्यवस्था की जो निंदा है वह इस धर्म में नहीं है। महावीर के अनुसार, पूर्वजन्म में अर्जित पुण्य या पाप के अनुसार ही किसी का जन्म उच्च या निम्न कुल में होता है। महावीर ने चांडालों में भी मानवीय गुणों का होना संभव बताया है। उनके मत में शुद्ध और अच्छे आचरण वाले निम्न जाति के लोग भी मोक्ष पा सकते हैं। जैन धर्म में मुख्यत: सांसारिक बंधनों से छुटकारा पाने के उपाय बताए गए हैं। ऐसा छुटकारा या मोक्ष पाने के लिए कर्मकांडीय अनुष्ठान की आवश्यकता नहीं है, यह सम्यक् ज्ञान, सम्यक् ध्यान और सम्यक् आचरण से प्राप्त किया जा सकता है। ये तीनों जैन धर्म का **त्रिरत्न** अर्थात् तीन जौहर माने जाते हैं।

जैन धर्म में युद्ध और कृषि दोनों वर्जित हैं, क्योंकि दोनों में जीवों की हिंसा होती है। फलत: जैन धर्मावलंबियों में व्यापार और वाणिज्य करने वाले की संख्या अधिक हो गई।

जैन धर्म का प्रसार

जैन धर्म के उपदेशों के प्रचार-प्रसार के लिए महावीर ने अपने अनुयायियों का संघ बनाया जिसमें स्त्री और पुरुष दोनों को स्थान मिला। महावीर के अनुयायियों की संख्या 14,000 बताई गई है, जो कोई बड़ी संख्या नहीं है। चूँकि जैन धर्म ने अपने को ब्राह्मण धर्म से स्पष्टत: पृथक् नहीं किया, इसलिए आरंभ में उसे अधिक लोगों ने नहीं अपनाया। ऐसा रहते हुए भी जैन धर्म धीरे-धीरे दक्षिण और पश्चिम भारत में फैला जहाँ ब्राह्मण धर्म कमज़ोर था। एक परवर्ती परंपरा के अनुसार, कर्नाटक में जैन धर्म का प्रचार सम्राट् चंद्रगुप्त मौर्य (322-298 ई० पू०) ने किया। उसने जैन धर्म को अपना लिया, राज्य को त्याग दिया और अपने जीवन के अंतिम वर्ष जैन साधु होकर कर्नाटक में जैन धर्म का प्रचार करते हुए बिताए। लेकिन इस परंपरा की पुष्टि अन्य किसी स्रोत से नहीं होती है। दक्षिण भारत में जैन धर्म के फैलने का दूसरा कारण यह बताया जाता है कि महावीर के निर्वाण के 200 वर्ष बाद मगध में भारी अकाल पड़ा। अकाल बारह वर्षों तक रहा, अत: बहुत-से जैन बाहुभद्र के नेतृत्व में प्राण बचाने के लिए दक्षिणापथ चले गए, शेष जैन लोग स्थलबाहु के नेतृत्व में मगध में ही रह गए। प्रवासी जैनों ने दक्षिण भारत में जैन धर्म का प्रचार किया। अकाल समाप्त होने पर जब वे मगध लौट आए तो स्थानीय जैनों से उनका मतभेद हो गया। दक्षिण से लौटे जैनों का दावा था कि अकाल की अवधि में भी उन लोगों ने अपने धार्मिक नियमों का पालन किया है, लेकिन जो मगध में रहे उन्होंने नियमों का उल्लंघन किया और शिथिल हो गए। इस मतभेद को दूर करने के लिए और जैन धर्म के मुख्य उपदेशों को संकलित करने के लिए पाटलिपुत्र (आधुनिक पटना) में एक परिषद् का आयोजन किया गया। पर दक्षिणी जैनों ने इस परिषद् का बहिष्कार किया और इसके निर्णयों को नहीं माना। तब से दक्षिणी जैन **दिगंबर** कहलाए और मगध के जैन **श्वेतांबर**। अकाल होने की परंपरा बाद की होने से संदेहास्पद मानी जाती है। किंतु इसमें कोई संदेह नहीं है कि जैन दो संप्रदायों में बँट गए थे।

परंतु कर्नाटक में जैन धर्म के फैलने का पुरातात्त्विक साक्ष्य ईसा की तीसरी सदी से पहले का नहीं मिलता है। बाद की सदियों में, विशेषकर पाँचवीं सदी में कर्नाटक में बहुत सारे जैन मठ स्थापित हुए जो **बसदि** कहलाते थे, और उनके भरणपोषण के लिए उन्हें राजाओं से भूमिदान मिले।

कलिंग या उड़ीसा में जैन धर्म का प्रचार ईसा-पूर्व चौथी सदी में हुआ; और ईसा-पूर्व पहली सदी में इसे आंध्र और मगध के राजाओं को पराजित करने वाले कलिंग-नरेश खारवेल का संरक्षण मिला। ईसा-पूर्व दूसरी और पहली सदी में जैन धर्म तमिलनाडु के दक्षिणी भागों में भी पहुँच गया था। बाद के सदियों में जैन धर्म मालवा, गुजरात और राजस्थान में फैला, और इन क्षेत्रों में आज भी जैन धर्मावलंबियों

की संख्या अधिक है, तथा मुख्यत: वे व्यापार और वाणिज्य में लगे हुए हैं। यद्यपि जैन धर्म को उतना राजाश्रय नहीं मिला जितना बौद्ध धर्म को, और पूर्वकाल में इसका प्रसार भी उतना तेज नहीं हुआ, तथापि यह जहाँ-कहीं पहुँचा अपना अस्तित्व बनाए हुए है। इसके विपरीत बौद्ध धर्म तो मानों भारतीय उपमहादेश से लुप्त ही हो गया।

जैन धर्म का योगदान

जैन धर्म ने ही सबसे पहले वर्णव्यवस्था और वैदिक कर्मकांड की बुराइयों को हटाने के लिए गंभीर प्रयास किया। आरंभ में जैनों ने मुख्यत: ब्राह्मणों द्वारा संपोषित संस्कृत भाषा का परित्याग किया और अपने धर्मोपदेश के लिए आम लोगों की बोलचाल की प्राकृत भाषा को अपनाया। उनके धार्मिक ग्रंथ अर्धमागधी भाषा में लिखे गए और ये ग्रंथ ईसा की छठी सदी में गुजरात में वलभी नामक स्थान में, जो एक महान विद्या-केंद्र था, अंतिम रूप से संकलित किए गए। जैनों ने प्राकृत को अपनाया, इससे प्राकृत भाषा और साहित्य की समृद्धि हुई। प्राकृत भाषा से कई क्षेत्रीय भाषाएँ विकसित हुईं। इनमें विशेष उल्लेखनीय है-शौरसेनी, जिससे मराठी भाषा निकली है। जैनों ने अपभ्रंश भाषा में पहली बार कई महत्त्वपूर्ण ग्रंथ लिखे और इसका पहला व्याकरण तैयार किया। जैन साहित्य में महाकाव्य, पुराण, आख्यायिका और नाटक हैं। जैन लेखों का बहुत बड़ा भाग आज भी पांडुलिपि के रूप में पड़ा है और अप्रकाशित है। गुजरात और राजस्थान के जैन मठों में ऐसी पांडुलिपियाँ पाई जाती हैं। जैनों ने मध्यकाल के आरंभ में संस्कृत का भी खूब प्रयोग किया और इसमें बहुत-से ग्रंथ लिखे। अंतत: जैनों ने कन्नड़ के विकास में भी यथेष्ठ योगदान दिया; इस भाषा में उन्होंने प्रचुर लेखन किया है।

बौद्धों की तरह जैन लोग भी आरंभ में मूर्तिपूजक नहीं थे। बाद में वे महावीर और तीर्थंकरों की भी पूजा करने लगे। इसके लिए सुंदर और कभी-कभी विशाल प्रस्तर प्रतिमाएँ विशेषकर कर्नाटक, गुजरात, राजस्थान और मध्य प्रदेश में निर्मित हुईं। प्राचीन काल की जैन कला उतनी उत्कृष्ट नहीं है जितनी बौद्ध कला, किंतु मध्यकाल की कला और स्थापत्य में जैनों का प्रशंसनीय योगदान है।

गौतम बुद्ध और बौद्ध धर्म

गौतम बुद्ध या सिद्धार्थ महावीर के समकालीन थे। परंपरा के आधार पर कहा जाता है कि उनका जन्म 563 ई० पू० में शाक्य नामक क्षत्रिय कुल में कपिलवस्तु के निकट नेपाल तराई में अवस्थित लुंबिनी में हुआ था। कपिलवस्तु की पहचान बस्ती ज़िले में पिपरहवा से की गई है। प्रतीत होता है कि गौतम के पिता कपिलवस्तु के निर्वाचित राजा और गणतांत्रिक शाक्यों के प्रधान थे। उनकी माता कोसल राजवंश की

कन्या थी। इस प्रकार, महावीर की तरह वह भी उच्च कुल वाले थे। गणराज्य में उत्पन्न होने के कारण उनमें कुछ समतावादी भावना आई थी।

बचपन से ही गौतम का ध्यान आध्यात्मिक चिंतन की ओर था। शीघ्र ही उनका विवाह करा दिया गया, पर दांपत्य-जीवन में उनका मन नहीं रमा। वे लोगों के सांसारिक दुःख देख-देखकर द्रवित हो जाते और ऐसे दुःखों के निवारण का उपाय सोचने लगते। 29 वर्ष की उम्र में महावीर की ही तरह वे घर से निकल पड़े। सात वर्षों तक भटकते रहने के बाद 35 वर्ष की उम्र में बोधगया में एक पीपल के वृक्ष के नीचे उन्हें ज्ञान प्राप्त हुआ। तब से वे बुद्ध अर्थात् प्रज्ञावान कहलाने लगे।

गौतम बुद्ध ने अपने ज्ञान का प्रथम प्रवचन वाराणसी के सारनाथ नामक स्थान में किया। उन्होंने लंबी-लंबी यात्रा कर अपना धर्म-संदेश दूर-दूर तक पहुँचाया। वह शरीर से खूब तगड़े थे, इसलिए वे एक दिन में 20 से 30 किलोमीटर तक पैदल चल लेते थे। वे लगातार चालीस साल तक उपदेश देते, चिंतन-मनन करते, घूमते और भटकते रहे; केवल बरसात में ही एक स्थान पर टिके रहते थे। इस लंबी अवधि में उनका ब्राह्मणों सहित बहुत-से प्रतिद्वंद्वी कट्टरपंथियों से मुकाबला हुआ, पर वे शास्त्रार्थ में सभी को पराजित करते गए। उनके धर्मप्रचार के कार्यों में ऊँच-नीच, अमीर-गरीब और स्त्री-पुरुष के बीच कोई भेदभाव नहीं रहता था। एक परंपरा के अनुसार गौतम बुद्ध 80 वर्ष की उम्र में 483 ई० पू० में कुशीनगर नामक स्थान में स्वर्गवासी हुए। इस स्थान की पहचान पूर्वी उत्तर प्रदेश के देवरिया ज़िले के कसिया नामक गाँव से की जाती है। किंतु पुरातत्त्व के आधार पर वर्धमान महावीर और गौतम बुद्ध को निश्चित रूप से छठी शताब्दी ईसा-पूर्व में रखना कठिन है। दोनों का संबंध नगरों से है जिनका उदय 500 ई० पू० तक नहीं हुआ था।

बौद्ध धर्म के सिद्धांत

गौतम बुद्ध बड़े व्यावहारिक सुधारक थे। उन्होंने अपने समय की वास्तविकताओं को खुली आँखों से देखा। वे उन निरर्थक वादविवादों में नहीं उलझे जो उनके समय में **आत्मा** (जीव) और **परमात्मा** (ब्रह्म) के बारे में ज़ोरों से चल रहे थे। उन्होंने अपने को सांसारिक समस्याओं में लगाया। उन्होंने कहा कि संसार दुःखमय है, और लोग केवल काम (इच्छा, लालसा) के कारण दुःख पाते हैं। यदि काम अर्थात् लालसा पर विजय पाई जाए तो निर्वाण प्राप्त हो जाएगा, जिसका अर्थ है कि जन्म और मृत्यु के चक्र से मुक्ति मिल जाएगी।

गौतम बुद्ध ने दुःख की निवृत्ति के लिए **अष्टांगिक मार्ग** (अष्टविध साधन) बताया। यह अष्टांगिक मार्ग ईसा-पूर्व तीसरी सदी के आसपास के एक ग्रंथ में बुद्ध का बताया हुआ कहा गया है। ये आठ साधन हैं—सम्यक् दृष्टि, सम्यक् संकल्प,

सम्यक् वाक, सम्यक् कर्मांत, सम्यक् आजीव, सम्यक् व्यायाम, सम्यक् स्मृति और सम्यक् समाधि। यदि कोई व्यक्ति इन आठ मार्गों का अनुसरण करे तो वह पुरोहितों के फेर में नहीं पड़ेगा और वह अपना लक्ष्य प्राप्त कर लेगा। उनकी शिक्षा है कि न अत्यधिक विलास करना चाहिए न अत्यधिक संयम ही। वे मध्यम मार्ग के प्रशंसक थे।

जैन तीर्थंकरों की तरह बुद्ध ने भी अपने अनुयायियों के लिए आचार-नियम (विनय) निर्धारित किए। इस आचार-संहिता के मुख्य नियम हैं–(1) पराये धन का लोभ नहीं करना, (2) हिंसा नहीं करना, (3) नशे का सेवन न करना, (4) झूठ नहीं बोलना और (5) दुराचार से दूर रहना। सामाजिक आचरण के ये नियम सामान्य रूप से प्रायः सभी धर्मों में निर्धारित हैं।

बौद्ध धर्म की विशेषताएँ और इसके प्रसार के कारण

बौद्ध धर्म ईश्वर और आत्मा को नहीं मानता है। इस बात को हम भारत के धर्मों के इतिहास में क्रांति कह सकते हैं। बौद्ध धर्म शुरू में दार्शनिक वाद-विवादों के जंजाल में फँसा नहीं था, इसलिए यह सामान्य लोगों को भाया। यह विशेष रूप से निम्न वर्णों का समर्थन पा सका, क्योंकि इसमें वर्ण व्यवस्था की निंदा की गई है। बौद्ध संघ का दरवाज़ा हर किसी के लिए खुला रहता था चाहे वह किसी भी जाति का क्यों न हो। संघ में प्रवेश का अधिकार स्त्रियों को भी था, जिससे उन्हें पुरुषों की बराबरी प्राप्त होती थी। ब्राह्मण धर्म की तुलना में बौद्ध धर्म अधिक उदार और अधिक जनतांत्रिक था।

बौद्ध धर्म वैदिक क्षेत्र के बाहर के लोगों को अधिक भाया, और वे लोग आसानी से इस धर्म में दीक्षित हुए। मगध के निवासी इस धर्म की ओर तुरंत उन्मुख हुए, क्योंकि कट्टर ब्राह्मण उन्हें नीच मानते थे और मगध आर्यों की पुण्य भूमि आर्यावर्त्त अर्थात आधुनिक उत्तर प्रदेश की सीमा के बाहर पड़ता था। अभी भी उत्तर बिहार के लोग गंगा के दक्षिण मगध में मरना पसंद नहीं करते हैं।

बुद्ध के व्यक्तित्व और धर्मोपदेश की प्रणाली दोनों ही बौद्ध धर्म के प्रचार में सहायक हुए। वे भलाई करके बुराई को भगाने तथा प्रेम करके घृणा को भगाने का प्रयास करते थे। निंदा और गाली से उन्हें क्रोध नहीं आता था। कठिन स्थितियों में भी वे धीर और शांत बने रहते थे, और अपने विरोधियों का सामना चातुर्य और प्रत्युत्पन्नमति से करते थे। कहा जाता है कि एक बार एक अज्ञानी व्यक्ति ने उन्हें गालियाँ दीं। वे चुपचाप सुनते रहे। उस व्यक्ति का गाली देना बंद हुआ तो उन्होंने पूछा, "वत्स, यदि कोई दान को स्वीकार नहीं करे तो उस दान का क्या होगा?" विरोधी ने उत्तर दिया, "वह देने वाले के पास ही रह जाएगा।" तब बुद्ध ने कहा, "वत्स, मैं तुम्हारी गालियाँ स्वीकार नहीं करता।"

जनसाधारण की भाषा पालि को अपनाने से भी बौद्ध धर्म के प्रचार में बल मिला। इससे आम जनता बौद्ध धर्म सुगमता से समझ पाई। गौतम बुद्ध ने **संघ** की स्थापना की, जिसमें हर व्यक्ति जाति या लिंग के भेद के बिना प्रवेश कर सकता था। भिक्षुओं के लिए एक ही शर्त थी कि उन्हें **संघ** के नियमों का निष्ठापूर्वक पालन करना होगा। बौद्ध संघ में शामिल होने के बाद इसके सदस्यों को इंद्रियनिग्रह, अपरिग्रह (धनहीनता) और श्रद्धा का संकल्प लेना पड़ता था। इस प्रकार बौद्ध धर्म के तीन प्रमुख अंग थे: **बुद्ध, संघ** और **धम्म**। संघ के तत्त्वावधान में सुगठित प्रचार की व्यवस्था होने से बुद्ध के जीवनकाल में ही बौद्ध धर्म ने तेजी से प्रगति की। मगध, कोसल और कौशांबी के राजाओं, अनेक गणराज्यों और उनकी जनता ने बौद्ध धर्म को अपना लिया।

बुद्ध के निर्वाण के दो सौ साल बाद प्रसिद्ध मौर्य सम्राट् अशोक ने बौद्ध धर्म ग्रहण किया। यह युग-प्रवर्त्तक घटना सिद्ध हुई। अशोक ने अपने धर्मदूतों के द्वारा इस धर्म को मध्य एशिया, पश्चिमी एशिया और श्रीलंका में फैलाया और इसे विश्व धर्म का रूप दिया। आज भी श्रीलंका, बर्मा और तिब्बत में तथा चीन और जापान के कुछ भागों में बौद्ध धर्म प्रचलित है। अपनी जन्मभूमि से तो यह धर्म लुप्त हो गया, परंतु दक्षिण एशिया, दक्षिण-पूर्व एशिया और पूर्वी एशिया के देशों में जीता-जागता है।

बौद्ध धर्म के ह्रास के कारण

ईसा की बारहवीं सदी तक बौद्ध धर्म भारत से लगभग लुप्त हो चुका था। परिवर्तित रूप में यह धर्म बंगाल और बिहार में ग्यारहवीं सदी तक रहा, किंतु उसके बाद देश से यह पूर्णतः लुप्त हो गया। ऐसा क्यों हुआ? हम देखते हैं कि आरंभ में हर धर्म सुधार की भावना से प्रेरित होता है, परंतु कालक्रमेण वह उन्हीं कर्मकांडों और अनुष्ठानों के जाल में फँस जाता है जिनकी वह आरंभ में निंदा करता है। बौद्ध धर्म में भी स्वरूप-परिवर्तन का ऐसा ही चक्र चला। इसमें भी ब्राह्मण धर्म की वे बुराइयाँ घुस गईं जिनके विरुद्ध इसने आरंभ में लड़ाई छेड़ी थी। बौद्ध धर्म की चुनौती का मुकाबला करने के लिए ब्राह्मणों ने अपने धर्म को सुधारा। उन्होंने गोधन की रक्षा पर बल दिया तथा स्त्रियों और शूद्रों के लिए भी धर्म का मार्ग प्रशस्त किया। दूसरी ओर बौद्ध धर्म में विकृतियाँ आती गईं। धीरे-धीरे बौद्ध भिक्षु जनजीवन की मुख्य धारा से कटते गए। उन्होंने जनसामान्य की भाषा पालि को छोड़ दिया और संस्कृत को ग्रहण कर लिया जो केवल विद्वानों की भाषा थी। ईसा की पहली सदी से वे बड़ी मात्रा में प्रतिमा-पूजन करने लगे और उपासकों से खूब चढ़ावा लेने लगे। इस चढ़ावे के अतिरिक्त बौद्ध विहारों को राजाओं से भी भारी-भारी संपत्ति के दान मिलने लगे।

इन सभी से बौद्ध भिक्षुओं का जीवन सुख का जीवन बन गया। नालंदा जैसे बौद्ध विहार तो दो-दो सौ गाँवों से कर तहसीलते थे। सातवीं सदी के आते-आते बौद्ध विहार विलासी लोगों के प्रभुत्व में आ गए और कुकर्मों के केंद्र बन गए जिनका गौतम बुद्ध ने कड़ाई से निषेध किया था। बौद्ध धर्म का यह नया रूप **वज्रयान** नाम से प्रसिद्ध हुआ। विहारों में अपार संपत्ति और स्त्रियों के प्रवेश होने से उनकी स्थिति और भी बिगड़ी। बौद्ध भिक्षु नारी को भोग की वस्तु समझने लगे। कहा गया है कि एक समय बुद्ध ने अपने प्रिय शिष्य आनंद से कहा था, "यदि विहारों में स्त्रियों का प्रवेश न हुआ होता तो यह धर्म हज़ार वर्ष टिकता, लेकिन जब स्त्रियों को प्रवेशाधिकार दे दिया गया है, तो अब यह धर्म केवल पाँच सौ वर्ष टिकेगा।"

कहा जाता है कि ब्राह्मण शासक पुष्यमित्र शुंग ने बौद्धों को सताया। सताए जाने के कई उदाहरण ईसा की छठी-सातवीं सदियों में मिलते हैं। शैव संप्रदाय के हूण राजा मिहिरकुल ने सैकड़ों बौद्धों को मौत के घाट उतारा। गौड़ देश के शिवभक्त शशांक ने बोधगया में उस बोधिवृक्ष को काट डाला जिसके नीचे बुद्ध को ज्ञान प्राप्त हुआ था। हुआन सांग ने लिखा है कि 1600 स्तूप और विहार तोड़ डाले गए और हज़ारों भिक्षुओं और उपासकों को मार डाला गया। इसमें कुछ-न-कुछ सच्चाई अवश्य होगी। इस पर बौद्धों की प्रतिक्रिया कई देवमालाओं में देखी जा सकती हैं जहाँ बोधिसत्वों को हिंदू देवताओं के ऊपर खड़ा दिखाया गया है। मध्यकाल के आरंभ में दक्षिण भारत में शैव और वैष्णव दोनों संप्रदायों के लोगों ने जैनों और बौद्धों का कड़ा विरोध किया। ऐसे संघर्षों से बौद्ध धर्म अवश्य कमज़ोर हुआ होगा।

विहारों में अपार संपत्ति को देखकर तुर्की हमलावरों की ललचाई नज़र उन पर पड़ी। ये विहार उन लोभी हमलावरों के विशेष लक्ष्य हो गए। तुर्कों ने विहार में अनेक बौद्ध भिक्षुओं का संहार किया यद्यपि कुछ भिक्षु जान बचाकर नेपाल और तिब्बत भाग गए। बारहवीं सदी तक बौद्ध धर्म अपनी जन्मभूमि से लगभग गायब हो चुका था।

बौद्ध धर्म का महत्त्व और प्रभाव

संघबद्ध बौद्ध धर्म अंततः लुप्त हो जाने पर भी भारत के इतिहास में अपनी अमिट छाप छोड़ गया। ईसा-पूर्व छठी सदी में पूर्वोत्तर भारत की जनता के सामने जो समस्याएँ खड़ी थीं, उनकी ओर बौद्धों ने प्रबल जागरूकता दिखाई। लोहे के फालवाले हल से चली खेती, व्यापार और सिक्कों के प्रचलन से व्यापारियों और अमीरों को धन संचित करने का मौका मिला, अस्सी कोटि धन वाले व्यक्ति की भी चर्चा मिलती है। इन सभी से स्वभावतः सामाजिक और आर्थिक असमानता भारी मात्रा में उत्पन्न हुई। इसलिए बौद्ध धर्म ने घोषणा की कि धन संचय नहीं करना चाहिए। इस धर्म के अनुसार घृणा, क्रूरता और हिंसा से दरिद्रता जन्म लेती है। इन बुराइयों को दूर

करने के लिए बुद्ध ने उपदेश दिया कि किसानों को बीज और अन्य सुविधाएँ मिलनी चाहिए, व्यापारियों को धन मिलना चाहिए और श्रमिकों को मज़दूरी मिलनी चाहिए। उन उपायों की अनुशंसा सांसारिक दरिद्रता को दूर करने के लिए की गई। बौद्ध धर्म यह भी उपदेश देता है कि जो दरिद्र व्यक्ति भिक्षुओं को भीख देगा वह अगले जन्म में धनवान होगा।

भिक्षुओं के आचरण के लिए बनाई गई नियम संहिता ईसा-पूर्व छठी और पाँचवीं सदी वाले पूर्वोत्तर भारत की भौतिक स्थिति के प्रति हो रही प्रतिक्रिया की झलक देती है। इसमें भिक्षुओं के भोजन, परिधान और यौन संबंध पर अंकुश लगाए गए हैं। भिक्षु सोना और चांदी ग्रहण नहीं कर सकते थे, खरीद-बिक्री नहीं कर सकते थे। ये नियम तो बुद्ध की मृत्यु के बाद शिथिल कर दिए गए; परंतु आरंभिक नियम एक प्रकार के आदिम साम्यवाद की ओर लौटने का संकेत देते हैं, जो साम्यवाद हमें व्यापार और उन्नत खेती न करने वाले कबायली समाज में लक्षित होता है। भिक्षुओं के लिए बनाए गए ये आचार-नियम पूर्वोत्तर भारत में ईसा-पूर्व पाँचवीं सदी में विकसित मुद्रा के प्रचलन, निजी संपत्ति और विलासपूर्ण जीवन के विरुद्ध आंशिक विद्रोह की झलक देते हैं। उन दिनों मुद्रा और संपत्ति विलास की वस्तुएँ मानी जाती थीं।

बौद्ध धर्म में ईसा-पूर्व पाँचवीं सदी के भौतिक जीवन में उत्पन्न बुराइयों को दूर करने का प्रयत्न किया गया और साथ ही लोगों के सामाजिक एवं आर्थिक जीवन में हुए परिवर्तनों को स्थायी बनाने की ओर भी कदम उठाया गया। **संघ** में कर्ज़दारों का प्रवेश वर्जित कर दिया गया। इससे स्पष्टतः महाजनों और धनवानों को लाभ हुआ, क्योंकि कर्ज़दार अब संघ में शामिल होकर उनके शिकंजे से मुक्त नहीं हो सकते थे। इसी प्रकार संघ ने दासों के प्रवेश-निषेध का नियम बनाया जो दासों के स्वामियों के लिए लाभकर हुआ। इस प्रकार, गौतम बुद्ध के उपदेशों और नियमों में भौतिक जीवन में आए परिवर्तनों को ध्यान में रखा गया और सैद्धांतिक रूप से उसे दृढ़ बनाया गया।

यों तो बौद्ध भिक्षु संसार से विरक्त रहते और बार-बार लोभी ब्राह्मणों की निंदा करते थे, फिर भी कई मामलों में ब्राह्मणों से उनका साम्य था। दोनों उत्पादन में प्रत्यक्ष रूप से भाग नहीं लेते थे, और समाज से मिली भीख या दान पर जीते थे। दोनों ही बताते थे कि परिवार का पालन करना, निजी संपत्ति की रक्षा करना और राजा का आदर करना अच्छा है। दोनों वर्गमूलक समाज व्यवस्था के समर्थक थे। भेद इतना ही था कि भिक्षु वर्ण को गुण और कर्म के अनुसार मानते थे, पर ब्राह्मण जन्म के आधार पर।

निस्संदेह बौद्ध धर्म का लक्ष्य था मानव को मुक्ति या निर्वाण का मार्ग दिखाना। जो लोग पुराने कबायली समाज के विघटन और निजी संपत्ति के प्रचलन से उत्पन्न

हुई घोर समाजिक असमानताओं को बर्दाश्त नहीं कर सकते थे, उन्हें बौद्ध धर्म में कुछ राहत मिली। किंतु ऐसी राहत तो भिक्षुओं के लिए ही संभव थी, गृहस्थ अनुयायियों के लिए तो छुटकारे का कोई उपाय नहीं था। अत: उन्हें मौजूदा स्थिति से समझौता कर लेने का ही उपदेश दिया गया।

बौद्ध धर्म ने स्त्रियों और शूद्रों के लिए अपना द्वार खोलकर समाज पर गहरा प्रभाव जमाया। ब्राह्मण धर्म ने स्त्रियों और शूद्रों को एक ही दर्जे में रखा और उनके लिए न यज्ञोपवीत संस्कार का विधान किया और न वेदाध्ययन का। बौद्ध धर्म ग्रहण करने पर उन्हें इस अधिकारहीनता से मुक्ति मिल गई।

बौद्ध धर्म ने अहिंसा और जीवमात्र के प्रति दया की भावना जगाकर देश में पशुधन की वृद्धि की। प्राचीनतम बौद्ध ग्रंथ *सुत्तनिपात* में गाय को भोजन, रूप और सुख देने वाली (**अन्नदा वन्नदा सुखदा**) कहा गया है और इस कारण उसकी रक्षा करने का उपदेश दिया गया है। यह उपदेश ऐन मौके पर आया जब आर्येतर लोग माँस के लिए और आर्य लोग धर्म के लिए पशुधन का संहार करते जा रहे थे। ब्राह्मण धर्म में गाय की पूजनीयता और अहिंसा पर ज़ोर पड़ने का कारण स्पष्टत: बौद्ध धर्म के उपदेशों का प्रभाव था।

बौद्ध धर्म ने बौद्धिक और साहित्यिक जगत में भी चेतना जगाई। इसने लोगों को यह सुझाया कि किसी वस्तु को यों ही नहीं, बल्कि भली-भांति गुणदोष का विवेचन करके ग्रहण करें। बहुत हद तक अंधविश्वास का स्थान तर्क ने ले लिया। इससे लोगों में बुद्धिवाद पनपा। अपने नए धर्म के सिद्धांतों का प्रतिपादन करने के लिए बौद्धों ने नए प्रकार से साहित्यसर्जना की। उन्होंने अपने लेखन से पालि को समृद्ध किया। आरंभिक पालि साहित्य तीन कोटियों में बाँटा जा सकता है। प्रथम कोटि में बुद्ध के वचन और उपदेश हैं, दूसरी में संघ के सदस्यों द्वारा पालनीय नियम आते हैं, और तीसरी में धम्म का दार्शनिक विवेचन है।

ईसा की प्रथम तीन सदियों में पालि और संस्कृत को मिला कर बौद्धों ने एक नई भाषा चलाई जिसे मिश्रित (hybrid) संस्कृत कहते हैं। बौद्धों की साहित्यिक गतिविधियाँ मध्ययुग में भी चलती रहीं। पूर्वी भारत की कुछ प्रख्यात अपभ्रंश कृतियाँ बौद्धों की देन हैं। बौद्ध विहार महान विद्याकेंद्र हो गए, जिन्हें आवासी विश्वविद्यालय की संज्ञा दी जा सकती है। इनमें बिहार में नालंदा और विक्रमशिला तथा गुजरात में वलभी उल्लेखनीय हैं।

प्राचीन भारत की कला पर बौद्ध धर्म का स्पष्ट प्रभाव है। भारत में पूजित पहली मानव-प्रतिमाएँ शायद बुद्ध की ही हैं। श्रद्धालु उपासकों ने बुद्ध के जीवन की अनेक घटनाओं को पत्थरों में उकेरा। बिहार के गया में और मध्य प्रदेश के साँची और भरहुत में जो चित्रफलक (पैनल) मिले हैं वे बौद्ध कला के उत्कृष्ट नमूने हैं। ईसा की पहली

सदी से गौतम बुद्ध की फलक-प्रतिमाएँ बनने लगीं। भारत के पश्चिमोत्तर सीमांत में यूनान और भारत के मूर्तिकारों ने मिलकर एक नई प्रकार की कला को, जिसे गांधार कला कहते हैं, जन्म दिया। इस प्रदेश में बनी प्रतिमाओं में देशी और विदेशी दोनों प्रभाव स्पष्ट हैं। भिक्षुओं के निवास के लिए चट्टानों को काटकर कमरे बनाए जाने लगे और इस प्रकार गया की बराबर पहाड़ियों में और पश्चिम भारत में नासिक के आसपास की पहाड़ियों में गुहास्थापत्य की शुरुआत हुई। बौद्ध कला दक्षिण में कृष्णा डेल्टा में और उत्तर में मथुरा में फूली-फली।

कालक्रम

प्राक् 600 ई० पू०	उत्तर-पूर्वी भारत में लोग झीलों और नदियों के तटों पर रहते थे और पत्थर, हड्डी तथा तांबे के उपकरणों का इस्तेमाल करते थे।
छठी शताब्दी ई० पू० का अंत	मध्य गंगा के मैदानों में आवासों में वृद्धि।
600-500 ई० पू०	मध्य गंगा के मैदानों में कुछ लोहे की कुल्हाड़ियाँ प्राप्त।
छठी-पाँचवीं शताब्दी ई० पू०	भौतिक जीवन में परिवर्तन के विरुद्ध प्रतिक्रिया। मध्य गंगा के मैदानों में अनेक धार्मिक संप्रदायों का उदय।
567 ई० पू०	गौतम बुद्ध की पारंपरिक जन्मतिथि।
540 ई० पू०	एक परंपरा के अनुसार महावीर की जन्मतिथि।
527 ई० पू०	महावीर की पारंपरिक निर्वाणतिथि।
500 ई० पू०	कौशांबी, श्रावस्ती, वाराणसी, वैशाली और राजगृह।
487 ई० पू०	एक परंपरा के अनुसार 80 वर्ष की उम्र में बुद्ध के महापरिनिर्वाण की तिथि।
468 ई० पू०	एक परंपरा के अनुसार 72 वर्ष की उम्र में महावीर के महापरिनिर्वाण की तिथि।
चौथी शताब्दी ई० पू०	उड़ीसा अंतर्गत कलिंग में जैन धर्म का फैलाव।
322-298 ई० पू०	पछेती परंपरा के अनुसार कर्नाटक में जैन धर्म के फैलाव का श्रेय चंद्रगुप्त मौर्य को दिया जाता है।
तीसरी शताब्दी ई० पू०	एक मूलग्रंथ में बुद्ध का अष्टांगिक मार्ग अंकित। मगध में अकाल के कारण जैन धर्म का दक्षिण भारत में फैलाव।
द्वितीय-पहली शताब्दी ई० पू०	जैन धर्म को कलिंग नरेश खारवेल का संरक्षण प्राप्त।

पहली शताब्दी ई० पू०	बौद्धों ने मूर्तिपूजा की प्रथा अपनाई। बुद्ध की प्रतिमाएँ फलक पर बनने लगीं।
पहली शताब्दी ई० और उसके बाद	कर्नाटक में जैन धर्म के फैलाव के अभिलेखीय साक्ष्य।
छठी शताब्दी	अर्धमागधी में लिखित जैन मूलग्रंथ गुजरात अंतर्गत वलभी में अंतिम रूप से संकलित।
	आरामप्रिय लोगों द्वारा अधिकृत बौद्ध मठ गौतम बुद्ध द्वारा निषेध की गई प्रक्रियाओं का केंद्र बन गए।
सातवीं शताब्दी	ब्राह्मणवादियों (शैव और वैष्णव दोनों) के बौद्धों पर लगातार आक्रमण धन के लोभी तुर्कों ने बिहारशरीफ के अंतर्गत बौद्ध विहारों का विनाश किया।
बारहवीं शताब्दी	बौद्ध भिक्षु नेपाल और तिब्बत भाग गए।

15

जनपद राज्य और प्रथम मगध साम्राज्य

ईसा-पूर्व छठी सदी से पूर्वी उत्तर प्रदेश और पश्चिमी बिहार में लोहे का व्यापक प्रयोग होने से बड़े-बड़े प्रादेशिक या जनपद राज्यों के निर्माण के लिए उपयुक्त परिस्थिति बन गई। लोहे के हथियारों का इस्तेमाल होने के कारण योद्धा-वर्ग महत्त्वपूर्ण भूमिका अदा करने लगा। खेती के नए औज़ारों और उपकरणों की मदद से किसान आवश्यकता से अधिक अनाज पैदा करने लगे। अब राजा अपने सैनिक और प्रशासनिक प्रयोजनों के लिए इस अतिरिक्त अनाज को एकत्र कर सकता था। यह अतिरिक्त अनाज उन शहरों को भी मिल सकता था जो ईसा-पूर्व छठी-पाँचवीं सदियों में उदित हुए थे। इन भौतिक लाभों के कारण किसानों का अपनी ज़मीन से चिपक जाना स्वाभाविक था। साथ ही वे अपने पड़ोस के नए क्षेत्रों में भी फैलने लगे। शहरों को अपने कार्यकलाप का आधार बनाकर राज्यों को खड़े होते देख लोगों में क्षेत्रीय भावना प्रबल हुई। लोगों का जो लगाव अपने **जन** या कबीले से था वह पहले अपने गाँव-घर से हुआ और बाद में अपने **जनपद** या स्वसंबद्ध भू-भाग से हुआ। 450 ई० पू० के लगभग पाणिनि ने 40 जनपदों का उल्लेख किया है। ये उत्तर भारत में थे, और अफगास्तिान तथा उसके पड़ोस में मध्य एशिया में भी थे।

महाजनपद

पालि पुस्तकों से पता चलता है कि जनपद बढ़कर महाजनपद बन गए। बुद्ध के समय में हम 16 बड़े-बड़े राज्य पाते हैं जो महाजनपद कहलाते थे। इनमें अधिकतर राज्य विंध्य के उत्तर में थे और पश्चिमोत्तर सीमाप्रांत से बिहार तक फैले हुए थे। इनमें मगध, कोसल, वत्स और अवंति अधिक शक्तिशाली थे। पूरब से शुरू करने पर पहले अंग जनपद मिलता है जिसमें आधुनिक मुंगेर और भागलपुर ज़िले पड़ते हैं। इसकी राजधानी चंपा थी, जहाँ ईसा-पूर्व छठी सदी से आबादी होने के प्रमाण मिलते हैं। यहाँ पाँचवीं सदी ईसा-पूर्व के लगभग मिट्टी का किला मिला है। अंततोगत्वा अंग जनपद को पड़ोस के शक्तिशाली मगध राज्य ने अपने में मिला लिया।

मगध जनपद में आधुनिक पटना और गया ज़िला तथा शाहाबाद का कुछ हिस्सा पड़ता था। यह अपने समय का सबसे प्रमुख राज्य निकला। गंगा के उत्तर में आज के तिरहुत प्रमंडल में वज्जियों का राज्य था। यह आठ जनों का संघ था। इनमें सबसे

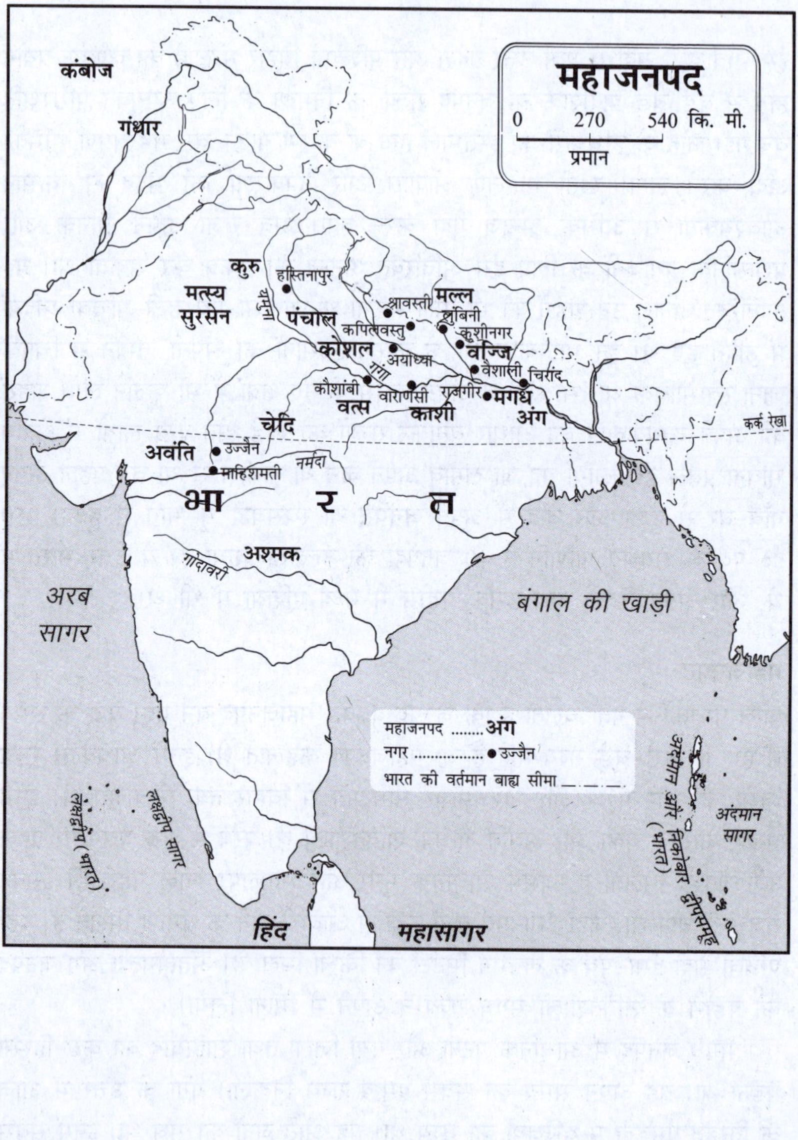
महाजनपद
0 270 540 कि. मी.
प्रमान
कंबोज
गंधार
कुरु
हस्तिनापुर
मत्स्य
सुरसेन
यमुना
पंचाल
श्रावस्ती
मल्ल
लुंबिनी
कपिलवस्तु
कुशीनगर
कोशल
अयोध्या
वज्जि
गंगा
वैशाली
चिरांद
कौशांबी
वाराणसी
राजगीर
मगध
वत्स
काशी
अंग
चेदि
कर्क रेखा
अवंति
उज्जैन
नर्मदा
माहिशमती
भा र त
अश्मक
गोदावरी
अरब सागर
बंगाल की खाड़ी
महाजनपद ....अंग
नगर ....उज्जैन
भारत की वर्तमान बाह्य सीमा
लक्षद्वीप (भारत)
लक्षद्वीप सागर
अंडमान और निकोबार द्वीपसमूह (भारत)
अंदमान सागर
हिंद महासागर

प्रबल लिच्छवि थे जिनकी राजधानी वैशाली थी। इसकी पहचान आधुनिक वैशाली ज़िले के बसाढ़ गाँव से की जाती है। पुराण वैशाली को अधिक प्राचीन नगरी बताते हैं, परंतु पुरातत्त्व के अनुसार बसाढ़ की स्थापना ईसा-पूर्व छठी सदी से पहले नहीं हुई थी।

इसके पश्चिम में काशी जनपद था, जिसकी राजधानी वाराणसी थी। राजघाट में की गई खुदाई से पता चलता है कि सबसे पुराना वास वहाँ लगभग 500 ई० पू० का था, और उस समय नगर मिट्टी के बाँध से घिरा हुआ था। जान पड़ता है कि आरंभ में काशी सबसे शक्तिशाली राज्य था। परंतु बाद में उसने कोसल की शक्ति के सामने आत्मसमप्रण कर दिया।

कोसल जनपद में पूर्वी उत्तर प्रदेश पड़ता था। इसकी राजधानी श्रावस्ती थी, जिसकी पहचान उत्तर प्रदेश के गोंडा और बहराइच ज़िलों की सीमा पर के सहेत-महेत स्थान से की जाती है। खुदाई से जानकारी मिली है कि ईसा-पूर्व छठी सदी में यहाँ कोई बड़ी बस्ती नहीं थी। लेकिन हम वहाँ मिट्टी के किले की शुरुआत पाते हैं। कोसल में महत्त्वपूर्ण नगरी अयोध्या भी थी, जिसका संबंध रामकथा से जोड़ा जाता है। परंतु उत्खनन से पता चलता है कि 500 ई० पू० के पहले यहाँ आबादी नाममात्र की थी। कोसल में शाक्यों का कपिलवस्तु गणराज्य भी शामिल था। कपिलवस्तु राजधानी की पहचान बस्ती ज़िले के पिपरहवा स्थान से की गई है। पिपरहवा 500 ई० पू० के पहले आबाद नहीं दिखाई पड़ता है। शाक्यों की दूसरी राजधानी पिपरहवा से 15 किलोमीटर दूर नेपाल में लुंबिनी नामक स्थान पर थी। अशोक के एक अभिलेख में इसे गौतम बुद्ध का जन्मस्थान कहा गया है। नेपाल के लुंबिनी नामक स्थान में बुद्ध का जन्म हुआ और यहाँ उनका लालन-पालन हुआ।

कोसल के पड़ोस में मल्लों का गणराज्य था। इसकी सीमा वज्जि राज्य की उत्तरी सीमा से जुड़ी थी। मल्लों की राजधानी कुसीनारा में थी, जहाँ बुद्ध की मृत्यु हुई थी। कुसीनारा की पहचान देवरिया ज़िले के कसिया नामक स्थान से की गई है।

पश्चिम की ओर, यमुना के तट पर वत्स जनपद था। इसकी राजधानी इलाहाबाद के पास कौशांबी में थी। वत्स लोग वही कुरुजन थे जो हस्तिनापुर छोड़कर कौशांबी में आकर बसे थे। उन्होंने कौशांबी को इसलिए पसंद किया कि वह स्थल गंगा-यमुना के संगम के नज़दीक था। जैसा कि उत्खननों से पता चला है, ईसा-पूर्व पाँचवीं सदी में राजधानी कौशांबी की मिट्टी से किलेबंदी की गई थी।

हमें पश्चिमी उत्तर प्रदेश में प्राचीन कुरु-पंचाल जनपदों के अस्तित्व का भी पता चला है, परंतु उत्तर वैदिक काल की तरह अब उनका राजनीतिक महत्त्व नहीं रह गया था।

अवंति राज्य मध्य मालवा और मध्य प्रदेश के सीमावर्ती नगरों में फैला था। इस राज्य के दो भाग थे, उत्तर भाग की राजधानी उज्जैन थी और दक्षिण भाग की महिष्मती। उत्खननों से पता चलता है कि ये दोनों नगर ईसा-पूर्व छठी सदी से महत्त्व प्राप्त करते गए, और अंततोगत्वा उज्जैन ने महिष्मती को पछाड़ दिया। यहाँ बड़े पैमाने पर लौहकर्म का विकास हुआ और इसकी मज़बूत किलेबंदी की गई।

ईसा-पूर्व छठी सदी के आगे के भारत का राजनीतिक इतिहास इन राज्यों के बीच प्रभुत्व के लिए संघर्ष का इतिहास है। अंततः मगध राज्य सबसे शक्तिशाली बन गया और साम्राज्य स्थापित करने में सफल हुआ।

मगध साम्राज्य की स्थापना और विस्तार

बिंबिसार के शासनकाल में मगध ने विशिष्ट स्थान प्राप्त किया। वह हर्यंक कुल का था तथा बुद्ध का समकालीन था। उसके द्वारा विजय और विस्तार की शुरू की गई नीति अशोक के कलिंग विजय के साथ समाप्त हुई। बिंबिसार ने अंग देश पर अधिकार कर लिया और इसका शासन अपने पुत्र अजातशत्रु को सौंप दिया। बिंबिसार ने वैवाहिक संबंधों से भी अपनी स्थिति को मज़बूत किया। उसने तीन विवाह किए। उसकी प्रथम पत्नी कोसलराज की पुत्री और प्रसेनजित् की बहन थी। उसके साथ दहेज के रूप में प्राप्त काशी ग्राम से उसे एक लाख की आय होती थी। इससे पता चलता है कि राजस्व सिक्कों में वसूल किया जाता था। इस विवाह से कोसल के साथ उसकी शत्रुता समाप्त हो गई और इससे यह संभव हो गया कि वह दूसरे राज्यों के साथ निपट सके। उसकी दूसरी पत्नी वैशाली की लिच्छवि राजकुमारी चेल्लणा थी जिसने अजातशत्रु को जन्म दिया, और तीसरी रानी पंजाब के मद्र कुल के प्रधान की पुत्री थी। विभिन्न राजकुलों से वैवाहिक संबंधों के कारण बिंबिसार को बड़ी राजनीतिक प्रतिष्ठा मिली और इस प्रकार मगध राज्य को पश्चिम और उत्तर की ओर फैलाने का मार्ग प्रशस्त हो गया।

मगध की असली शत्रुता अवंति से थी, जिसकी राजधानी उज्जैन में थी। इसके राजा चंडप्रद्योत महासेन की बिंबिसार से लड़ाई हुई थी, किंतु दोनों ने अंत में दोस्त बन जाना ही उपयुक्त समझा। बाद में जब प्रद्योत को पीलिया रोग हो गया तो बिंबिसार ने अवंति राज के अनुरोध पर अपने राजवैद्य जीवक को उज्जैन भेजा था। गंधार के राजा के साथ हुए युद्ध में प्रद्योत को विजय नहीं मिली थी, किंतु गंधार के इसी राजा ने बिंबिसार के पास एक पत्र और दूतमंडल भेजा था। इस प्रकार, विजय और कूटनीति से बिंबिसार ने मगध को ईसा-पूर्व छठी सदी में सबसे अधिक शक्तिशाली राज्य बना दिया था। बताया जाता है कि उसके राज्य में 80,000 गाँव थे, पर यह संख्या अतिरंजित मालूम पड़ती है।

मगध की पहली राजधानी राजगीर में थी। उस समय इसे गिरिव्रज कहते थे। यह स्थल पाँच पहाड़ियों से घिरा हुआ था और उनके खुले भागों को पत्थरों की दीवारों से चारों ओर से घेर दिया गया था। इस तरह राजगीर अभेद्य दुर्ग हो गया था।

बौद्ध ग्रंथों के अनुसार बिंबिसार ने लगभग 544 से 492 ई० पू० तक बावन साल शासन किया। उसके बाद उसका पुत्र अजातशत्रु (492-460 ई० पू०) सिंहासन पर बैठा। अजातशत्रु ने अपने पिता की हत्या करके सिंहासन पर कब्जा किया था। उसके शासनकाल में बिंबिसार राजकुल का वैभव चरमोत्कर्ष पर पहुँच गया। उसने दो लड़ाइयाँ लड़ी, और तीसरी के लिए तैयारियाँ की थीं। अपने समूचे शासनकाल में उसने विस्तार की आक्रामक नीति को चलाया। इस कारण काशी और कोसल ने मिलकर उसका मुकाबला किया। मगध और कोसल के बीच लंबे समय तक संघर्ष जारी रहा। अंत में अजातशत्रु की विजय हुई। कोसल नरेश को अजातशत्रु के साथ अपनी पुत्री का ब्याह करने और अपने जमाई को काशी सौंप कर सुलह करने के लिए विवश होना पड़ा।

अजातशत्रु ने रिश्तेदारी का कोई लिहाज़ नहीं रखा। यद्यपि उसकी माता लिच्छवि कुल की राजकुमारी थी, फिर भी उसने वैशाली पर हमला किया। बहाना यह ढूँढ़ा गया कि लिच्छवि कोसल के मित्र हैं। इसने लिच्छवियों में फूट डालने के लिए षड्यंत्र रचा और अंत में उन पर हमला करके उन्हें हराया और उनके स्वातंत्र्य को नष्ट कर डाला। वैशाली को नष्ट करने में उसे सोलह साल का लंबा समय लगा। अंत में उसे इसलिए सफलता मिली की उसने पत्थर फेंकने वाले एक युद्ध-यंत्र का इस्तेमाल किया। उसके पास एक ऐसा रथ था, जिसमें गदा जैसा हथियार जुड़ा हुआ था। इससे युद्ध में लोगों को बड़ी संख्या में मारा जा सकता था। इस प्रकार, काशी और वैशाली को मिला लेने के बाद मगध साम्राज्य का और अधिक विस्तार हुआ।

अजातशत्रु के प्रतिद्वंद्वियों में अवंति का शासक अधिक शक्तिशाली था। अवंति के राजाओं ने कौशांबी के वत्सों को हराया था और अब वे मगध पर हमला करने की धमकी दे रहे थे। इसी खतरे का सामना करने के लिए अजातशत्रु ने राजगीर की किलेबंदी की। किलेबंदी की दीवारों के अवशेष आज भी देखने को मिलते हैं। परंतु अजातशत्रु के जीवनकाल में अवंति को मगध पर हमला करने का अवसर नहीं मिला।

अजातशत्रु के बाद उदायिन् (460-444 ई० पू०) मगध की गद्दी पर बैठा। उसके शासन की महत्त्वपूर्ण घटना यह है कि उसने पटना में गंगा और सोन के संगम पर एक किला बनवाया। इसका कारण यह था कि पटना मगध साम्राज्य के केंद्र भाग में पड़ता था। मगध का साम्राज्य अब उत्तर में हिमालय से लेकर दक्षिण में झारखंड की पहाड़ियों तक फैला हुआ था। पटना की स्थिति, जैसा कि आगे पता चलेगा, सामरिक दृष्टि से बड़े महत्त्व की थी।

उदायिन् के बाद शिशुनागों के वंश का शासन शुरू हुआ। वे राजधानी को कुछ समय के लिए वैशाली ले गए। अवंति, जिसकी राजधानी उज्जैन थी, की शक्ति को तोड़ देना उनकी सबसे बड़ी उपलब्धि थी। इसके साथ ही अवंति और मगध के बीच की सौ साल पुरानी शत्रुता का अंत हो गया। इसके बाद अवंति राज्य मगध साम्राज्य का हिस्सा बन गया और मौर्य साम्राज्य के अंत तक बना रहा।

शिशुनागों के बाद नंदों का शासन शुरू हुआ। ये मगध के सबसे शक्तिशाली शासक सिद्ध हुए। इनका शासन इतना शक्तिशाली था कि सिकंदर ने, जो उस समय पंजाब पर हमला कर चुका था, पूर्व की ओर आगे बढ़ने की हिम्मत नहीं की। नंदों ने कलिंग को जीत कर मगध की शक्ति को बढ़ाया। विजय स्मारक के रूप में वे कलिंग से जिन की मूर्ति उठा लाए थे। ये सभी बातें महापद्म नंद के शासनकाल में घटित हुई। उसने अपने को **एकराट्** कहा है। जान पड़ता है कि उसने न केवल कलिंग पर कब्जा किया, बल्कि उसके खिलाफ विद्रोह करने वाले कोसल को भी हथिया लिया।

नंद शासक परम धनी और शक्तिशाली थे। कहा जाता है कि इनकी सेना में 200,000 पदाति, 20,000 घुड़सवार और 3,000 से लेकर 6,000 तक हाथी थे। इतनी विशाल सेना का रखरखाव अच्छी-खासी प्रभावी कर-संग्रह प्रणाली द्वारा ही संभव है। जो भी हो, नंदों पर चढ़ाई करने की सिंकदर को हिम्मत नहीं हुई।

बाद के नंद शासक दुर्बल और अलोकप्रिय सिद्ध हुए। उनके शासन के स्थान पर मगध में मौर्य वंश का शासन स्थापित हुआ। मौर्यों के शासनकाल में मगध का वैभव अपने शिखर पर पहुँच गया था।

मगध की सफलता के कारण

मौर्यों के उत्थान के पहले की दो सदियों में मगध के साम्राज्य के विकास का दौर समकालीन ईरानी साम्राज्य के दौर के समान रहा। इस काल में भारत में सबसे बड़े राज्य की स्थापना बिंबिसार, अजातशत्रु और महापद्म नंद जैसे कई साहसी और महत्त्वाकांक्षी शासकों के प्रयासों से हुई थी। इन्होंने अच्छे या बुरे हर उपाय से अपने राज्यों का विस्तार किया और उन्हें मज़बूत बनाया। परंतु मगध के विस्तार का यही एक कारण नहीं था।

कुछ दूसरे महत्त्वपूर्ण कारण भी थे। लौह युग में मगध की भौगोलिक स्थिति बड़ी उपयुक्त थी, क्योंकि लोहे के समृद्ध भंडार मगध की आरंभिक राजधानी राजगीर से बहुत दूर नहीं थे। समृद्ध लौह खनिज के भंडार समीप ही सुविधा से उपलब्ध होने के कारण मगध के शासक अपने लिए प्रभावशाली हथियार तैयार करा सके। उनके विरोधी आसानी से ऐसे हथियार प्राप्त नहीं कर सकते थे। लोहे की खानें पूर्वी मध्य

प्रदेश में भी मिली हैं, जो उज्जैन राजधानी वाले अवंति राज्य से अधिक दूर नहीं थीं। 500 ई० पू० के आसपास उज्जैन में निश्चय ही लोहे को गलाने और तपाकर ढालने का भी काम होता था। वहाँ के लोहार संभवत: बहुत अच्छी किस्म के हथियार तैयार करते थे। यही कारण है कि उत्तर भारत की प्रभुता के लिए अवंति और मगध के बीच कड़ा संघर्ष हुआ। उज्जैन पर कब्जा करने में मगध को लगभग सौ साल लगे।

मगध के लिए कुछ और भी अनुकूल परिस्थितियाँ थीं। मगध की दोनों राजधानियाँ– प्रथम राजगीर और द्वितीय पाटलिपुत्र– सामरिक दृष्टि से परम महत्त्वपूर्ण स्थानों पर थीं। राजगीर पाँच पहाड़ियों की श्रृंखला से घिरा था, इसलिए वह दुर्भेद्य था। तोपों का आविष्कार बहुत बाद में हुआ। उन दिनों राजगीर जैसे दुर्गों को तोड़ना आसान काम नहीं था। ईसा-पूर्व पाँचवीं सदी में मगध के शासक अपनी राजधानी पाटलिपुत्र ले गए। केंद्र भाग में स्थित इस स्थल के साथ सभी दिशाओं से संचार-संबंध स्थापित किए जा सकते थे। पाटलिपुत्र गंगा, गंडक और सोन नदियों के संगम पर था, और पाटलिपुत्र से थोड़ी दूरी पर घाघरा नदी भी गंगा से मिलती थी। प्राक्-औद्योगिक दिनों में जब यातायात में बड़ी कठिनाइयाँ थी, नदी मार्गों को पकड़ करके ही सेना उत्तर, पश्चिम, दक्षिण और पूरब की ओर से बढ़ती थी। इसके अलावा लगभग चारों ओर से नदियों द्वारा घिरे होने के कारण पटना की स्थिति अभेद्य हो गई थी। सोन और गंगा इसे पश्चिम और उत्तर की ओर से घेरे हुए थीं, तो पुनपुन दक्षिण और पूर्व की ओर से। इस प्रकार पाटलिपुत्र सही मायने में जलदुर्ग था। उन दिनों इस नगर पर कब्जा करना आसान नहीं था।

मगध राज्य मध्य गंगा के मैदान के मध्य में पड़ता था। इस परम उर्वरक प्रदेश से जंगल साफ हो चुके थे। भारी वर्षा होती थी, इसलिए सिंचाई के बिना भी इलाके को उत्पादक बनाया जा सकता था। प्राचीन बौद्ध ग्रंथों से पता चलता है कि इस प्रदेश में अनेक प्रकार के चावल पैदा होते थे। संभवत: धान रोपने की प्रथा भी चल पड़ी थी। प्रयाग के पश्चिम की ओर के प्रदेश की अपेक्षा यह प्रदेश कहीं अधिक उपजाऊ था। परिणामत: यहाँ के किसान काफी अनाज पैदा कर लेते थे और भरण-पोषण के बाद भी उनके पास अनाज बचता था। शासक कर के रूप में इस अतिरिक्त उपज को एकत्र कर सकते थे।

मगध के शासकों ने नगरों के उत्थान और धातु के बने सिक्कों के प्रचलन से भी लाभ उठाया। पूर्वोत्तर भारत में वाणिज्य-व्यापार की वृद्धि के कारण शासक अब बिक्री की वस्तुओं पर चुंगी लगा सकते थे, और इस प्रकार अपनी सेना के खर्च के लिए धन जुटा सकते थे ।

सैनिक संगठन के मामले में मगध को खास सुविधा प्राप्त थी। भारतीय राज्य घोड़े और रथ के उपयोग से भली-भाँति परिचित थे, किंतु मगध ही पहला राज्य था जिसने

अपने पड़ोसियों के विरुद्ध युद्ध में हाथियों का बड़े पैमाने पर इस्तेमाल किया। देश के पूर्वांचल से मगध के शासकों के पास हाथी पहुँचते थे। यूनानी स्रोतों से ज्ञात होता है कि नंदों की सेना में 6,000 हाथी थे। दुर्गों को भेदने में तथा सड़कों और अन्य यातायात सुविधाओं से रहित प्रदेशों में और कछाड़ी क्षेत्रों में हाथियों का इस्तेमाल किया जा सकता था ।

अंत में, यह उल्लेखनीय है कि मगध का समाज रूढ़िविरोधी था। कट्टर ब्राह्मण यहाँ बसे हुए किरात और मगध लोगों को निम्न कोटि का समझते थे। परंतु वैदिक लोगों के आगमन से यहाँ जातियों का सुखद मिश्रण हुआ। चूँकि इस प्रदेश का वैदिकीकरण हाल में हुआ था, इसलिए पहले से ही वैदिक प्रभाव में आए हुए राज्यों की अपेक्षा मगध में विस्तार के लिए उत्साह अधिक था। इन्हीं सब कारणों से मगध को दूसरे राज्यों को हराने में और भारत में प्रथम साम्राज्य स्थापित करने में सफलता मिली।

❖ कालक्रम ❖

छठी शताब्दी ई० पू०	बसाढ़ (वैशाली) आबाद नहीं था।
छठी शताब्दी ई० पू० और उसके बाद	महाजनपदों के बीच संघर्ष।
544 ई० पू०-492 ई० पू०	बिंबिसार का मगध पर शासन।
500 ई० पू०	कपिलवस्तु के रूप में शिनाख्त किए गए पिपरहवा में इस तिथि से पूर्व मानव वास नहीं।
पाँचवीं शताब्दी ई० पू०	चंपी में मानव वास और मिट्टी का किला। कौशांबी में भी मिट्टी की किलाबंदी थी। लोहे के उपकरणों द्वारा खेती के फलस्वरूप नगरों को अधिशेष खाद्यान्नों की आपूर्ति।
492 ई० पू०-460 ई० पू०	मगध में अजातशत्रु का शासन।
460 ई० पू०-444 ई० पू०	मगध में उदयिन् का शासनकाल। गंगा के संगम पर उदयिन् द्वारा किला निर्माण।

16

ईरानी और मकदूनियाई आक्रमण

ईरानी आक्रमण

पूर्वोत्तर भारत के छोटे-छोटे रजवाड़ों और गणराज्यों का विलय धीरे-धीरे मगध साम्राज्य में हो गया। परंतु पश्चिमोत्तर भारत की स्थिति ईसा-पूर्व छठी सदी के पूर्वार्द्ध के दौरान भिन्न थी। कंबोज, गंधार और मद्र आदि के राजा आपस में ही लड़ते रहते थे। इस क्षेत्र में मगध जैसा कोई शक्तिशाली साम्राज्य नहीं था जो इन आपस में लड़नेवाले समुदायों को संगठित साम्राज्य के रूप में परिणत कर सकता। यह क्षेत्र समृद्ध भी था। इतना ही नहीं, हिंदूकुश के दर्रों से इस क्षेत्र में बाहर से आसानी से घुसा जा सकता था।

जिस समय मगध के राजा अपना साम्राज्य बढ़ा रहे थे उस समय ईरान के हखमनी शासक भी अपना राज्य विस्तार कर रहे थे। ईरान के शासकों ने भारत की पश्चिमोत्तर सीमा पर व्याप्त राजनीतिक फूट से फायदा उठाया। ईरानी शासक दारयवहु (देरियस) 516 ई० पू० में पश्चिमोत्तर भारत में घुस गया और उसने पंजाब, सिंधु नदी के पश्चिम के इलाके और सिंध को जीतकर अपने साम्राज्य में मिला लिया। ईरानी अभिलेखों में सिंध को हिंद का नाम दिया गया। यह क्षेत्र फ़ारस (ईरान) का बीसवाँ प्रांत या क्षत्रपी बन गया। फ़ारस साम्राज्य में कुल मिलाकर अट्ठाईस क्षत्रपियाँ थीं। भारतीय क्षत्रपी में सिंधु, पश्चिमोत्तर सीमा प्रांत तथा पंजाब का सिंधु नदी के पश्चिम वाला हिस्सा था। यह साम्राज्य का सबसे अधिक आबाद और उपजाऊ हिस्सा था। इस क्षेत्र से 300 टैलेंट (मुद्रा तथा भारत का प्राचीन माप) सोना राजस्व के रूप में आता था, जो फ़ारस के सभी एशियाई प्रांतों से मिलने वाले कुल राजस्व का एक-तिहाई था। भारतीय प्रजा को ईरानी फौज में भी भरती किया जाने लगा। दारयवहु के उत्तराधिकारी क्षयार्ष (ज़रसिस) ने यूनानियों के खिलाफ लंबी लड़ाई में भारतीयों को अपनी फौज में शामिल किया। ऐसा लगता है कि भारत पर सिकंदर के हमले तक पश्चिमोत्तर भारत के हिस्से ईरानी साम्राज्य का अंग बने रहे।

संपर्क के परिणाम

भारत और ईरान का यह संपर्क करीब दो सौ सालों तक बना रहा। इससे भारत और ईरान के बीच व्यापार को बढ़ावा मिला। इस संपर्क के सांस्कृतिक परिणाम और भी

महत्त्वपूर्ण हुए। सिंधु के लिए हिंदू नाम का आरंभ इसी समय से ईरानियों ने किया, पर उस समय हिंदू शब्द का धर्म से कोई संबंध नहीं था। ईरानी लिपिकार (कातिब) भारत में लेखन का एक खास रूप ले आए जो आगे चलकर खरोष्ठी नाम से मशहूर हुआ। यह लिपि अरबी की तरह दाईं से बाईं ओर लिखी जाती थी। ईसा-पूर्व तीसरी सदी में पश्चिमोत्तर भारत में अशोक के कुछ अभिलेख इसी लिपि में लिखे गए। यह लिपि ईसा की तीसरी सदी तक इस देश में चलती रही। पश्चिमोत्तर सीमा प्रांत में ईरानी सिक्के भी मिलते हैं, जिनसे ईरान के साथ व्यापार होने का संकेत मिलता है। किंतु यह सोचना गलत होगा कि ईरान के साथ संपर्क के परिणामस्वरूप ही आहत मुद्राएँ भारत में प्रचलित हुईं । फिर भी, मौर्य वास्तुकला पर ईरानी प्रभाव स्पष्ट रूप से दिखाई पड़ता है। अशोककालीन स्मारक, विशेषकर घंटा के आकार के गुंबद, कुछ हद तक ईरानी प्रतिरूपों पर आधारित थे। अशोक के राज्यादेशों की प्रस्तावना और उनमें प्रयुक्त शब्दों में भी ईरानी प्रभाव देखा जा सकता है। उदाहरणार्थ, ईरानी शब्द **दिपी** के लिए अशोककालीन लेखकों ने **लिपि** शब्द का प्रयोग किया है। इसके अतिरिक्त, यूनानियों को भारत की अपार संपत्ति की जो जानकारी मिली वह इन ईरानियों के जरिए ही। इस जानकारी से भारत की संपत्ति के लिए उनका लालच बढ़ गया और अंततोगत्वा भारत पर सिकंदर ने आक्रमण कर दिया।

सिंकदर का आक्रमण

ईसा-पूर्व चौथी सदी में विश्व पर अपना आधिपत्य जमाने के लिए यूनानियों और ईरानियों के बीच संघर्ष हुए। मकदूनियावासी सिकंदर के नेतृत्व में यूनानियों ने आखिरकार ईरानी साम्राज्य को नष्ट कर दिया। सिकंदर ने न सिर्फ एशिया माइनर (तुर्की) और इराक को, बल्कि ईरान को भी जीत लिया। ईरान से वह भारत की ओर बढ़ा। स्पष्टतया वह भारत की अपार संपत्ति पर ललचाया था। इतिहास के पिता कहे जाने वाले हिरोडोटस और अन्य यूनानी लेखकों ने भारत का वर्णन अपार संपत्ति वाले देश के रूप में किया था। इस वर्णन को पढ़कर सिकंदर भारत पर हमला करने के लिए प्रेरित हुआ। सिकंदर में भौगोलिक अन्वेषण और प्रकृति विज्ञान के प्रति तीव्र ललक थी। उसने सुन रखा था कि भारत की पूर्वी सीमा पर कैस्पियन सागर ही फैला है। वह विगत विजेताओं की शानदार उपलब्धियों से भी प्रभावित था। वह उनका अनुकरण कर उनसे भी आगे निकल जाना चाहता था।

पश्चिमोत्तर भारत की राजनीतिक स्थिति उसकी इस योजना के लिए उपयुक्त थी। यह क्षेत्र अनेक राजतंत्रों और कबायली गणराज्यों में बँटा हुआ था, जिन्हें अपने-अपने क्षेत्र से लगाव था, और जिन राज्यों पर उनका शासन था उनसे उन्हें बड़ा गहरा प्रेम था। सिकंदर ने पाया कि इन रजवाड़ों को एक-एक कर जीत लेना आसान

है। इन इलाकों के शासकों में दो सुविख्यात थे–पहला तक्षशिला का राजा आंभि, और दूसरा पोरस जिसका राज्य झेलम और चिनाब के बीच पड़ता था। दोनों एक साथ मिलकर सिकंदर को आगे बढ़ने से रोक सकते थे। मगर वे दोनों संयुक्त मोर्चा नहीं बना सके और न ही खैबर दर्रे पर कोई निगरानी रख पाए।

ईरान पर विजय पा लेने के बाद सिकंदर काबुल की ओर बढ़ा, जहाँ से खैबर दर्रा पार करते हुए वह 326 ई० पू० में भारत आया। सिंधु नदी तक पहुँचने में उसे पाँच महीने लगे। तक्षशिला के शासक आंभि ने आक्रमणकारी के सामने तुरंत घुटने टेक दिए। सिकंदर ने अपनी फौजी ताकत बढ़ाई और खज़ाने में हुई कमी को पूरा किया। झेलम नदी के किनारे पहुँचने पर सिकंदर का पहला और सबसे शक्तिशाली प्रतिरोध पोरस ने किया। सिकंदर ने पोरस को हरा दिया, मगर वह उस भारतीय राजा की बहादुरी और साहस से बड़ा प्रभावित हुआ। इसलिए उसने उसका राज्य लौटा दिया तथा पोरस को अपना सहयोगी बना लिया। वह पूरब की तरफ और भी बढ़ना चाहता था मगर उसकी फौज ने उसका साथ देने से इनकार कर दिया। यूनानी सैनिक लड़ते-लड़ते थक गए थे और बीमारियों ने उन्हें धर दबाया था। भारत की गरम आबोहवा और दस सालों से लगातार विजय अभियान में लगे रहने के कारण वे घर लौटने के लिए अत्यंत आतुर हो गए थे। उन्हें सिंधु के किनारे भारतीय शौर्य का भी आभास मिल चुका था। इससे उनमें आगे बढ़ने की कोई इच्छा नहीं रह गई। यूनानी इतिहासकार एरियन ने लिखा है, "युद्धकला में भारतवासी अन्य तत्कालीन जनों से अत्यंत श्रेष्ठ थे।" यूनानी सैनिकों को विशेष रूप से खबर थी कि गंगा के किनारे एक भारी शक्ति है। साफ तौर पर यह मगध राज्य के बारे में बतलाया गया था। मगध पर नंद वंश का शासन था और उसकी सेना सिकंदर की सेना से कहीं बड़ी थी। इसलिए सिकंदर आगे बढ़ने के लिए बार-बार अपील करता रह गया पर यूनानी सैनिक टस-से-मस नहीं हुए। सिकंदर ने दुःख भरे स्वर में कहा, "मैं उन दिलों में उत्साह भरना चाहता हूँ जो निष्ठाहीन हैं और कायरतापूर्ण डर से दबे हुए हैं।" इस प्रकार, वह राजा जो अपने शत्रुओं से कभी नहीं हारा, अपने ही लोगों से हार मानने को मजबूर हो गया। वह वापस लौटने को बाध्य हो गया और पूर्वी साम्राज्य का उसका सपना अधूरा रह गया। वापस लौटते हुए सिकंदर ने भारतीय सीमा के अंत तक पहुँचते-पहुँचते अनेक छोटे-छोटे गणराज्यों को पराजित कर दिया। वह भारत में लगभग उन्नीस महीने (326-325 ई० पू०) रहा जिसके दौरान वह हमेशा लड़ाई में ही लगा रहा। उसे अपने जीते हुए भू-भाग को सुव्यवस्थित करने का शायद ही अवसर मिला। फिर भी उसने कुछ प्रबंध किए। अधिकांश विजित राज्य उनके शासकों को लौटा दिए गए, जिन्होंने उसकी अधीनता स्वीकार कर ली थी। परंतु उसने अपने भू-भाग को तीन हिस्सों में बाँट दिया और तीन यूनानी गवर्नरों (स्थानीय शासकों) के हाथ सौंप

दिया। इस क्षेत्र में अपनी सत्ता कायम रखने के उद्देश्य से उसने यहाँ कई नगर भी बसाए।

सिकंदर के आक्रमण के परिणाम

सिकंदर के आक्रमण ने प्राचीन यूरोप को प्राचीन भारत के निकट संपर्क में आने का अवसर दिया। इसके कई महत्त्वपूर्ण परिणाम निकले। सिकंदर का भारतीय अभियान खूब सफल रहा। उसने अपने साम्राज्य में एक नया भारतीय प्रांत जोड़ा जो ईरान द्वारा जीते गए भू-भाग से काफी बड़ा था। यह अलग बात है कि यूनानी कब्जे वाला भारतीय भू-भाग जल्द ही तत्कालीन मौर्य शासकों के कब्जे में चला गया।

इस आक्रमण का सबसे महत्त्वपूर्ण परिणाम था भारत और यूनान के बीच विभिन्न क्षेत्रों में प्रत्यक्ष संपर्क की स्थापना। सिकंदर के अभियान से चार भिन्न-भिन्न स्थल मार्गों ओर जलमार्गों के द्वार खुले। इससे यूनानी व्यापारियों और शिल्पियों के लिए मार्ग प्रशस्त हुआ और व्यापार की तत्कालीन सुविधाएँ बढ़ीं।

यद्यपि कहा जाता है कि कुछ यूनानी सिकंदर के आक्रमण से पहले भी पश्चिमोत्तर भारत में रहते थे, तथापि आक्रमण के फलस्वरूप इस इलाके में और यूनानी उपनिवेश स्थापित हुए। उनमें सबसे अधिक महत्त्वपूर्ण थे–काबुल क्षेत्र में सिकंदरिया शहर, झेलम के तट पर बुकेफाल और सिंध में सिकंदरिया। इन क्षेत्रों को तो मौर्य शासकों ने जीत लिया, पर इन उपनिवेशों का सफाया नहीं किया, और कुछ यूनानी चंद्रगुप्त मौर्य और अशोक के शासनकाल में भी वहाँ बने रहे।

सिकंदर को उस रहस्यमय महासागर के भूगोल में गहरी दिलचस्पी हो गई जिसे उसने पहली बार सिंधु के मुहाने पर देखा था। इसलिए उसने अपने नए बेड़े को अपने मित्र नियार्कस के नेतृत्व में सिंधु नदी के मुहाने से फरात नदी के मुहाने तक समुद्र तट का पता लगाने और बंदरगाहों को ढूँढ़ने के लिए रवाना किया। इसीलिए सिकंदर के इतिहासकार मूल्यवान भौगोलिक विवरण छोड़ गए हैं। उन्होंने सिकंदर के अभियान का तिथिसहित इतिहास भी लिख छोड़ा है, जिससे हमें भारत में हुई घटनाओं का तिथिक्रम निश्चित आधार पर तैयार करने में सहायता मिलती है। सिकंदर के इतिहासकार हमें सामाजिक और आर्थिक हालत के बारे में भी महत्त्वपूर्ण जानकारी देते हैं। वे हमें सती प्रथा, गरीब माँ-बाप द्वारा अपनी लड़कियों को बेचने और पश्चिमोत्तर भारत के उत्तम नस्ल वाले बैलों के बारे में बतलाते हैं। सिकंदर ने वहाँ से दो लाख बैल यूनान में इस्तेमाल के लिए मकदूनिया भेजे। बढ़ईगिरी भारत की सबसे उन्नत दस्तकारी थी। बढ़ई रथ, नाव और जहाज़ बनाते थे।

पश्चिमोत्तर भारत के छोटे-छोटे राज्यों की सत्ता को नष्ट कर सिकंदर के आक्रमण ने इस क्षेत्र में मौर्य साम्राज्य के विस्तार का मार्ग प्रशस्त किया। सुना जाता

है कि मौर्य साम्राज्य के संस्थापक चंद्रगुप्त ने सिकंदर के सैन्यतंत्र की कार्यप्रणाली को थोड़ा-बहुत देखा था और उसने उसका कुछ ज्ञान प्राप्त किया था जिससे उसे नंद वंश की सत्ता को उखाड़ने में सहायता मिली।

कालक्रम

छठी शताब्दी ई० पू०	उत्तर-पूर्वी भारत के राज्य और गणराज्य मगध साम्राज्य में मिला लिए गए।
516 ई० पू०	ईरान के शासक डेरियस ने पंजाब और सिंध को अपने कब्जे में कर लिया।
चौथी शताब्दी ई० पू०	यूनानियों ने ईरानी साम्राज्य को जीत लिया।
326 ई० पू०	सिकंदर का भारत पर आक्रमण।
326-325 ई० पू०	सिकंदर 19 महीनों तक भारत में रहा।
तीसरी शताब्दी ई० पू० से तीसरी शताब्दी ई०	ईरानी लिपिकों के द्वारा खरोष्ठी लिपि भारत में लाई गई।

17
बुद्धकाल में राज्य और वर्ण-समाज

द्वितीय नगरीकरण

उत्तरी भारत में विशेषकर पूर्वी उत्तर प्रदेश और बिहार में लोगों का भौतिक जीवन कैसा था, इसका चित्र पालि ग्रंथों और संस्कृत सूत्र-साहित्य के आधार पर पुरातात्त्विक साक्ष्य के साथ प्रस्तुत किया जा सकता है। पुरातत्त्व के अनुसार ईसा-पूर्व छठी सदी उत्तरी काला पालिशदार मृद्‌भांड अवस्था का आरंभ काल है। इस मृद्‌भांड को अंग्रेजी संक्षेपाक्षर एन० बी० पी० डब्ल्यू० अर्थात् नार्दर्न ब्लैक पालिश्ड वेयर कहते हैं। यह मृद्‌भांड बहुत ही चिकना और चमकीला होता था। इसकी बनावट उत्कृष्ट कोटि की थी और संभवत: इसका उपयोग धनवान लोग भोजनपात्र के रूप में करते थे। इस मृद्‌भांड के साथ आमतौर से लोहे के उपकरण भी पाए जाते हैं, विशेषकर शिल्पकर्म और कृषिकर्म में काम आनेवाले उपकरण। इसी काल में धातु-मुद्रा का प्रचलन भी आरंभ हुआ। पकी ईंटों और छल्लेदार कुओं का प्रयोग इस काल के मध्य में अर्थात् ईसा-पूर्व तीसरी सदी में शुरू हुआ।

दोआब के स्थलों के अध्ययन से पता चलता है कि चित्रित धूसर मृद्‌भांड से पहले की अवस्था के काले-और-लाल मृद्‌भांड की अवस्था में ताम्रपाषाणयुगीन बस्तियाँ शुरू हुईं। वे चित्रित धूसर मृद्‌भांड की अवस्था में भरपूर बढ़ीं। कानपुर ज़िले के सर्वेक्षण से पता चलता है कि चित्रित धूसर भांड की अवस्था के आबाद क्षेत्र काले और लाल मृद्‌भांड की अवस्था के आबाद क्षेत्र से तीन गुणा अधिक थे। साथ ही, ये आबाद क्षेत्र काले पालिशदार मृद्‌भांड की अवस्था में ढाई गुणा अधिक फैले। बस्तियों के फैलाव के साथ-साथ आबादी भी बढ़ती चली गई। इस प्रकार, 500 ई० पू० के आसपास शुरू हुई काले पालिशदार मृद्‌भांड अवस्था में बस्तियों और आबादी की खूब बढ़ोतरी हुई।

एन० बी० पी० डब्ल्यू० काल में ही गंगा के मैदानों में नगरीकरण की शुरुआत हुई। यह भारत का द्वितीय नगरीकरण कहलाता है। हड़प्पाई नगर ईसा-पूर्व 1900 के आसपास अंतिम रूप से लुप्त हो गए। इसके बाद लगभग 1400 वर्षों तक भारत में कोई शहर नहीं पाया जाता है। ईसा-पूर्व लगभग पाँचवीं सदी में मध्य गंगा के मैदान में नगरों के प्रकट होने के साथ ही भारत में द्वितीय नगरीकरण की शुरुआत हुई। पालि और संस्कृत ग्रंथों में उल्लिखित अनेक नगरों को खोद निकाला गया है, जैसे कौशांबी,

श्रावस्ती, अयोध्या, कपिलवस्तु, वाराणसी, वैशाली, राजगीर, पाटलिपुत्र और चंपा। प्रत्येक नगर में एन० बी० पी० डब्ल्यू० युग या उसकी मध्यावस्था की बस्तियाँ और मिट्टी की संरचनाएँ मिली हैं जो मौर्य-पूर्व काल की हो सकती हैं। घर अधिकतर कच्ची ईंट और लकड़ी के बने थे, जो संभवतः मध्य गंगा के मैदानों की नम जलवायु में नष्ट हो गए हैं। यद्यपि पालि ग्रंथों में सतमंजिले प्रासादों का उल्लेख मिलता है, तथापि वे कहीं भी पाए नहीं गए हैं। अब जो संरचनाएँ निकली हैं, वे भव्य नहीं लगतीं, लेकिन अन्यान्य भौतिक अवशेष संकेत देते हैं कि ताम्रपाषाणीय चित्रित धूसर मृद्भांड (पी० जी० डब्ल्यू०) वाली बस्तियों की तुलना में उत्तरी काला पालिशदार मृद्भांड (एन० बी० पी० डब्ल्यू०) वाली बस्तियों की आबादी में भारी वृद्धि हुई थी।

अनेक नगर शासन के मुख्यालय थे। उनका मूल प्रयोजन जो भी रहा हो, अंततः वे बाज़ार बन आए और वहाँ शिल्पी और वणिक आकर बसते गए। कहीं-कहीं तो शिल्पियों या कारीगरों की घनी आबादी हो गई। सद्दलपुत्त कुंभकार के पास वैशाली के शहर में कुंभकारों की 500 दुकानें थीं। शिल्पी और वणिक दोनों अपने-अपने प्रमुखों के नेतृत्व में **श्रेणियाँ** बनाकर संगठित थे। हमें शिल्पियों की 18 श्रेणियों का उल्लेख मिलता है, लेकिन विशेष उल्लेख केवल लुहारों, बढ़इयों, चर्मकारों और रंगकारों की श्रेणियों का हुआ है। शिल्पी और वणिक दोनों नगरों में अपने-अपने नियत भागों में रहते थे। हम जानते हैं कि वाराणसी में **वेस्स** या वणिक लोगों की गली थी। इसी तरह हाथी दाँत के शिल्पियों की गली की भी चर्चा है। इस तरह श्रेणी व्यवस्था और स्थानीयकरण के परिणामस्वरूप शिल्पियों में विशेषीकरण आया। आमतौर से शिल्प या दस्तकारी वंशगत थी जिसके फलस्वरूप बेटा अपने कुल का व्यवसाय अपने पिता से सीख लेता था।

शिल्पियों द्वारा बनाई गई वस्तुएँ वणिक लोग दूर-दूर तक ले जाते थे। पाँच सौ गाड़ी माल की चर्चा बार-बार आई है। इनमें कपड़ा, हाथी दाँत की वस्तुएँ, बरतन आदि सामान रहते थे। इस काल के सभी प्रमुख नगर नदी के किनारे और व्यापार मार्गों के पास बसे थे, और एक-दूसरे से जुड़े थे। श्रावस्ती नगरी कौशांबी और वाराणसी दोनों से जुड़ी थी। वाराणसी तो बुद्ध के युग में बड़ा व्यापार केंद्र था। व्यापार मार्ग श्रावस्ती से पूर्व और दक्षिण की ओर निकलकर कपिलवस्तु और कुशीनगर (कसिया) होते हुए वाराणसी तक गया था। सौदागर पटना में गंगा पार करके राजगीर जाते थे। वे नदी मार्ग से आधुनिक भागलपुर के निकट चंपा भी जाते थे। यदि जातक कथाओं को आधार मानें तो कोसल और मगध के वणिक मथुरा होते हुए उत्तर की ओर बढ़ते-बढ़ते तक्षशिला तक पहुँच जाते थे। इसी तरह वे मथुरा से दक्षिण और पश्चिम की ओर बढ़ते-बढ़ते उज्जैन और गुजरात के समुद्रतटीय प्रदेश तक पहुँच जाते थे।

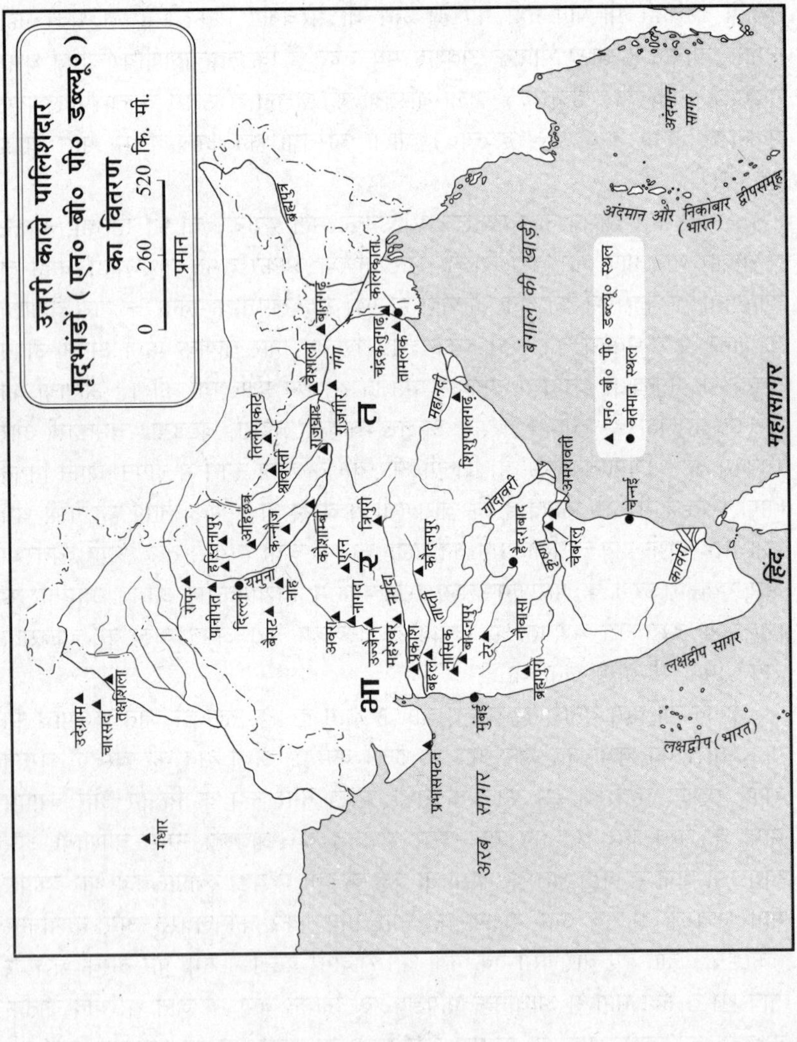
उत्तरी काले पालिशदार मृद्भांडों (एन० बी० पी० डब्ल्यू०) का वितरण
0 260 520 कि. मी.
प्रमान
▲ एन० बी० पी० डब्ल्यू० स्थल
● वर्तमान स्थल
भा र त
गंधार
उदेग्राम
चारसदा
तक्षशिला
रूपर
पानीपत
हस्तिनापुर
दिल्ली
अहिच्छत्र
बैराट
यमुना
कन्नौज
श्रावस्ती
तिलौराकोट
नोह
कौशाम्बी
राजघाट
वैशाली
बानगढ़
गंगा
राजगीर
ब्रह्मपुत्र
कालकाता
चंद्रकेतुगढ़
तामलक
अवरा
नागदा
एरन
उज्जैन
त्रिपुरी
महेश्वर
नर्मदा
प्रकाश
ताप्ती
कौंदनपुर
बहल
नासिक
भोकरदन
गोदावरी
हैदराबाद
महानदी
शिशुपालगढ़
अमरावती
नेवासा
कृष्णा
चेब्रोलु
ब्रह्मपुरी
मुंबई
प्रभासपटन
चेन्नई
कावेरी
अरब सागर
बंगाल की खाड़ी
लक्षद्वीप सागर
लक्षद्वीप (भारत)
अंदमान सागर
अंदमान और निकोबार द्वीपसमूह (भारत)
हिंद महासागर

मुद्रा के प्रचलन से व्यापार को बढ़ावा मिला। वैदिक ग्रंथों में आए **निष्क** और **शतमान** शब्द मुद्रा के नाम माने जाते हैं। लेकिन प्रतीत होता है कि वे धातु के बने अलंकरण रहे होंगे। वस्तुतः प्राप्त सिक्के तो ईसा-पूर्व छठी-पाँचवीं सदी से पहले के नहीं हैं। मालूम होता है कि वैदिक काल में लेन-देन का काम वस्तु-विनिमय प्रणाली से चलता होगा, और कभी-कभी पशु का इस्तेमाल भी मुद्रा की तरह किया जाता होगा। धातु के सिक्के सबसे पहले गौतम बुद्ध के युग में मिलते हैं। आरंभ में सिक्के अधिकतर चांदी के होते थे, हालाँकि कुछ तांबे के भी मिले हैं। ये सिक्के आहत (पंचमार्कड) कहलाते हैं क्योंकि ये धातु के टुकड़ों पर पेड़, मछली, साँड़, हाथी, अर्द्धचंद्र आदि किसी वस्तु की आकृति का ठप्पा मार कर बनाए जाते थे। ठप्पा मारकर बनाए जाने के कारण भारतीय भाषाओं में इन्हें आहत मुद्रा कहते हैं। इन मुद्राओं की सबसे पुरानी निधियाँ (होर्ड्स) पूर्वी उत्तर प्रदेश और मगध में मिली हैं। यों आरंभ काल के कुछ सिक्के तक्षशिला में भी मिले हैं। पालि ग्रंथों से मुद्रा के प्रचुर प्रचलन का संकेत मिलता है और यह भी पता चलता है कि वेतन और मूल्य का भुगतान सिक्कों में किया जाता था। सिक्के का प्रचलन इतना व्यापक हो गया था कि मरे चूहे का मूल्य भी सिक्के में आँका गया है।

300 ई० पू० तक नगरीकरण का पूर्ण विकसित स्वरूप दिखाई देता है जिससे आबादी में अत्यंत वृद्धि हुई। एक आकलन के अनुसार, 2,70,000 लोग पाटलिपुत्र में, 60,000 लोग मथुरा में, 48,000 लोग विदिसा अथवा आधुनिक वेसनगर और वैशाली में, 40,000 लोग कौशांबी और पुराने राजगीर में और 38,000 लोग उज्जैन में रहते थे। पूर्वकाल में इतनी बड़ी आबादियों के होने की कल्पना नहीं की जा सकती है।

नगरीकरण से राज्य को समर्थन मिला, व्यापार में वृद्धि हुई और पढ़ाई-लिखाई को प्रोत्साहन मिला। हड़प्पा सभ्यता के अंत के बाद लिखने की कला अशोक से करीब दो सौ साल पहले शुरू हुई हो। आरंभ के अभिलेख शायद पत्थर और धातु पर अंकित न होने के कारण लुप्त हो गए हैं। लेखन से न केवल नियमों और कर्मकांडों का संकलन संभव हुआ, बल्कि लेखा-जोखा रखना भी आसान हो गया, जो व्यापार में, कर-संग्रह में और बड़ी-बड़ी वेतनभोगी सेना रखने में परमावश्यक था। इसी काल में सूक्ष्ममापन विषयक ग्रंथ भी रचे गए, जो शुल्वसूत्र कहलाते हैं। ये ग्रंथ प्रमाणित करते हैं कि इससे पूर्व लेखन-कला प्रचलित हो चली थी। इन ग्रंथों से खेतों और घरों के सीमांकन में सहायता मिली।

ग्रामीण अर्थव्यवस्था

यद्यपि एन० बी० पी० डब्ल्यू० की कोई ग्रामीण बस्ती नहीं मिली है, तथापि इस मृद्‌भांड के ठीकरे बिहार के मैदानों में और पूर्वी और मध्य उत्तर प्रदेश के मैदानों में 400 से भी अधिक स्थानों में पाए गए हैं। सुदृढ़ ग्रामीण आधार के बिना मध्य गंगा मैदान में शिल्प, वाणिज्य और नगरीकरण का होना हम सोच भी नहीं सकते हैं। राजा, पुरोहित, शिल्पी, वणिक, प्रशासक, सैनिक अधिकारी और अन्यान्य कार्यकर्त्ता, इन सबों का शहर में रहना तब तक संभव नहीं है जब तक कि इनके भरण-पोषण के लिए कर, बलि (नज़राना) और राजांश पर्याप्त मात्रा में उपलब्ध न हों। नगरवासी कृषकेतर लोगों का पेट ग्रामवासी कृषक भरते थे। इसके बदले ग्रामवासियों को औज़ार, कपड़ा आदि वस्तुएँ नगरवासी शिल्पियों और व्यापारियों से मिलती थीं। कहा गया है कि गाँव के एक व्यापारी ने नगर के एक वणिक के जिम्मे 500 हल रखे थे। अवश्य ही ये हल लोहे के फाल वाले होंगे। कौशांबी में एन० बी० पी० डब्ल्यू० में लोहे के कई औज़ार पाए गए हैं, जैसे कुल्हाड़ी, बसूला, छुरी, उस्तरा, कील, हँसिया आदि। इनमें से कई तो लगभग ईसा-पूर्व छठी-चौथी सदियों के स्तरों में मिले हैं, और लगता है ये उन किसानों के इस्तेमाल के लिए होंगे जो नगदी या जिंसी कीमत चुकाकर इन्हें खरीदते होंगे।

पालि ग्रंथों में अनगिनत गाँवों का उल्लेख है, और लगता है कि नगर गाँवों के समूह के बीच बसते थे। प्रतीत होता है कि ऐसी सकेंद्रित ग्रामीण बस्तियाँ जहाँ सभी लोग एक जगह बसे हों और उनके खेत अधिकतर बस्ती के बाहर फैले हों, सबसे पहले गौतम बुद्ध के युग में मध्य गंगा के मैदानों में उभरीं। पालि ग्रंथों में गाँव के तीन भेद किए गए हैं। प्रथम कोटि में वे सामान्य गाँव हैं जिनमें विविध वर्णों और जातियों का निवास हो। ऐसे गाँवों की संख्या सबसे अधिक मालूम पड़ती है, और इनका मुखिया **भोजक** कहलाता था। द्वितीय कोटि में ऐसे उपनगरीय गाँव थे जिन्हें शिल्पी-ग्राम कह सकते हैं, जैसे वाराणसी के निकट एक बढ़ई का गाँव या रथकार ग्राम था। अवश्य ही ऐसे गाँव अन्य गाँवों के लिए बाज़ार का काम करते होंगे, और नगरों को देहात से जोड़ते होंगे। तृतीय कोटि में सीमांत गाँव आते हैं, जो जंगल से संलग्न देहातों की सीमा पर बसे होते थे। इन गाँवों के निवासी मुख्यत: बहेलिये और शिकारी होते थे जो अपना आहार बटोर कर जीते थे ।

गाँव की भूमि विभिन्न प्रकार की खेती के लिए उपयुक्त टुकड़ों में विभाजित करके हर परिवार के बीच बँटी रहती थी। हर परिवार अपने-अपने हिस्से के खेतों मे अपने परिवार के लोगों को तथा आवश्यकतानुसार कृषि-मज़दूरों को भी लगाकर खेती करता था। खेतों को घेरने और सिंचाई के लिए नहर बनाने का काम ग्राम-प्रमुख के तत्त्वावधान में किसान लोग मिलजुलकर कर लेते थे ।

किसान अपनी उपज का छठा भाग कर या राजांश के रूप में चुकाते थे। कर की वसूली सीधे राजा के कर्मचारी करते थे, और आमतौर से किसान और राज्य दोनों के बीच में कोई दरमियानी हकदार नहीं होता था। परंतु कुछ गाँव ब्राह्मणों और वणिकों को उपभोग के लिए सौंपे हुए थे। खेत के ऐसे बड़े-बड़े टुकड़ों की भी सूचना है जहाँ दासों और कृषि-मज़दूरों को लगाकर खेती कराई जाती थी। धनी किसान **गहपति** (पालि शब्द) कहलाते थे। ये लगभग वैश्यों के ही एक उपवर्ग में आते थे।

इस काल में पूर्वी उत्तर प्रदेश और बिहार में पैदा होने वाला मुख्य अनाज चावल था। पालि ग्रंथों में नाना प्रकार के धानों और धान खेतों का वर्णन है। इस काल के पालि और संस्कृत ग्रंथों में रोपाई का पर्यायवाची शब्द मिलता है, और लगता है कि धान की रोपाई की प्रणाली बुद्ध के युग में व्यापक रूप में प्रचलित हो गई थी। धान की रोपाई या पानी में धान उपजाने की प्रणाली से उत्पादकता में भारी बढ़ोत्तरी हुई। इसके अतिरिक्त किसान जौ, दलहन, ज्वार, कपास और ईख की भी खेती करते थे। लोहे के फाल के प्रचलन से तथा इलाहाबाद और राजमहल के बीच की जलोढ़ मिट्टी की उर्वरता के कारण खेती में भारी उन्नति हुई।

तकनीकी ज्ञान नगरीय और ग्रामीण अर्थतंत्र की प्रगति का मूलमंत्र बन गया। मध्य गंगा घाटी के वर्षापोषित जंगलों से भरे, कड़ी मिट्टी वाले क्षेत्र की सफाई, खेती और बस्ती के उपयुक्त बनाने में लोहे से बड़ा लाभ हुआ। लोहार यह जानते थे कि लोहे के औज़ारों को कड़ा कैसे बनाएँ। राजघाट (वाराणसी) में मिले कुछ औज़ारों से प्रकट होता है कि वे सिंहभूम और मयूरभंज में मिलने वाले लौह अयस्क से बनाए गए थे। इस प्रकार यह स्पष्ट होता है कि लोग देश की समृद्धतम लोहा खानों से परिचित हो गए थे, जिससे शिल्पकर्म और कृषिकर्म के लिए औज़ारों की संख्या अवश्य ही बढ़ी होगी।

भौतिक अवशेषों और पालि ग्रंथों के अध्ययन से अर्थव्यवस्था की जो तस्वीर उभरती है वह पश्चिमी उत्तर प्रदेश की उत्तर वैदिककालीन ग्रामीण अर्थव्यवस्था से भिन्न है, और उस अर्थव्यवस्था से भी भिन्न है जो बिहार और उत्तर प्रदेश के कुछ भागों के कई ताम्रपाषाण समुदायों में पाई गई हैं। इसी क्षेत्र में समुन्नत खाद्य-उत्पादक अर्थव्यवस्था मध्य गंगा के मैदानों की जलोढ़ मिट्टी पर सबसे पहले फैलती हुई दिखाई देती है। यह ऐसी अर्थव्यवस्था थी जिससे न केवल उत्पादकों का भरणपोषण होता था, बल्कि ऐसे बहुत-सारे अन्य लोगों का भी होता था जो न किसान थे, न शिल्पी। इस अर्थव्यवस्था के कारण करों की नियमित वसूली और लंबे समय के लिए सेना का रखरखाव संभव हुआ और इसी से ऐसी परिस्थिति पैदा हुई जिसमें बड़े-बड़े जनपद राज्य बन और टिक सकते थे।

प्रशासन पद्धति

यों इस काल में हम बहुत-से राज्य देखते हैं पर उनमें केवल कोसल और मगध शक्तिशाली हुए। दोनों क्षत्रिय वर्ण के आनुवंशिक राजाओं द्वारा शासित सर्वांगसंपन्न राज्य थे। जातकों से, अर्थात् बुद्ध के पूर्वजन्मों की कथाओं से, ज्ञात होता है कि जनता अत्याचारी राजाओं और उनके प्रधान पुरोहितों को गद्दी से उतार देती थी और उनकी जगह नए राजाओं को बैठा देती थी। परंतु निष्कासन की घटना उतनी ही विरल थी जितनी निर्वाचन की। राजा के पद की प्रतिष्ठा सबसे ऊपर थी और उसके जानमाल की रक्षा का विशिष्ट प्रबंध रहता था। वह बुद्ध जैसे धार्मिक महापुरुषों के आगे ही नतमस्तक होता था। राजा प्रथमतः युद्ध-नेता होता था जो अपने राज्य के लिए विजय प्राप्त करता जाता था। बिंबिसार और अजातशत्रु इसके उदाहरण हैं।

राजा अनेक अधिकारियों की सहायता से शासन करता था, जो ऊपर से लेकर नीचे गाँव के प्रधान तक क्रमबद्ध रहते थे। उच्च कोटि के अधिकारी **महामात्र** कहलाते थे। वे कई तरह के कार्य करते थे, जैसे मंत्री, सेनानायक, न्यायाधिकारी, महालेखाकार और अंतःपुर प्रधान के कार्य। शायद **आयुक्त** नाम से विदित अधिकारियों का वर्ग भी कुछ राज्यों में इसी तरह का कार्य करता था। प्रशासन में मंत्रियों की भूमिका बड़े महत्त्व की थी। मगध का वर्षकार और कोसल का दीर्घचारायण सफल और प्रभावशाली मंत्री हुए। इनमें पहले ने वैशाली के लिच्छवियों के बीच फूट का बीज बोकर लिच्छवि गणराज्य पर अजातशत्रु का प्रभुत्व जमाया; और दूसरे ने कोसल के राजा की भारी सहायता की। जान पड़ता है कि उच्च अधिकारी और मंत्री अधिकतर ब्राह्मण या पुरोहित वर्ग से चुने जाते थे। सामान्यतः वे राजा के अपने गोत्र के लोगों से नहीं लिए जाते थे। अब वैदिक काल जैसा केवल बांधवाश्रित राजतंत्र नहीं रहा।

कोसल और मगध दोनों में चांदी की आहत मुद्रा के प्रचलन के बावजूद प्रभावशाली ब्राह्मणों और सेट्टियों को पारितोषिक के तौर पर राजस्व वाले ग्राम दिए जाते थे। ऐसा करने में उन्हें अपने गोत्र के लोगों से अनुमति लेना आवश्यक नहीं था, जबकि उत्तर वैदिक काल में यह आवश्यक था। लेकिन ऐसे दान में दानग्राही को केवल राजस्व वसूलने का हक दिया जाता था, शासन करने का नहीं।

ग्रामांचल का प्रशासन गाँव के मुखिया के हाथ में रहता था। आरंभ में, वह कबायली लड़ाकू टोली के नेता के रूप में काम करता था, इसलिए वह **ग्रामणी** कहलाता था, जिसका अर्थ था ग्राम या कबायली लड़ाकू टोली का नेता। जब जीवन में स्थिरता आ गई और हल से खेती करने की प्रणाली जम गई तब कबायली लड़ाकू टोली स्थायी रूप से कृषक हो गई। अतः मौर्य-पूर्वकाल में **ग्रामणी** भी अपना रूप बदलकर गाँव का मुखिया हो गया। गाँव का मुखिया विभिन्न नामों से पुकारा जाता

था, जैसे **ग्रामभोजक, ग्रामणी** या **ग्रामिक**। ग्रामणी पदनाम श्रीलंका में आज भी चलता है। कहा जाता है कि बिंबिसार ने 86,000 ग्रामिकों को आहूत किया था। संख्या कहावती हो सकती है, लेकिन इससे प्रकट होता है कि ग्राम प्रधान का बड़ा महत्त्व था और उसका राजा के साथ सीधा संबंध रहता था। वह ग्रामवासियों पर कर निर्धारित करता था और वसूलता भी था। वह अपने इलाके में शांति-सुव्यवस्था भी बनाए रखता था। कभी-कभी अत्याचारी ग्राम प्रधान को गाँव के लोग दंड भी देते थे।

सेना और कराधान

राज्य की शक्ति में वास्तविक वृद्धि का संकेत इस बात से मिलता था कि उसकी पेशेवर या वैतनिक सेना कितनी बड़ी है। सिकंदर के आक्रमण के समय मगध के नंदवंशी राजा के पास 20,000 घुड़सवार सैनिक, 200,000 पैदल सैनिक, 2,000 चार घोड़े वाले रथ और लगभग 6000 हाथी थे। अश्वचालित रथ का महत्त्व उत्तरी-पूर्वी ही नहीं, उत्तर-पश्चिमी भारत में भी घटता जा रहा था, जहाँ कि उसका प्रचलन वैदिक जनों ने किया था। पश्चिमोत्तर भारत के शासक लोग बहुत कम हाथी रखते थे, जबकि उनमें से बहुतों के पास उतने घोड़े थे जितने मगध नरेश के पास। भारी संख्या में हाथी रहने से ही मगध के राजा अधिक शक्तिशाली माने जाते थे।

भारी स्थायी सेना का भरणपोषण राज्यकोष से करना होता था। हमें ज्ञात है कि नंद राजाओं के पास अपार संपत्ति थी और इसी के बल पर वे सेना को पालते थे, लेकिन हमें यह मालूम नहीं कि किन-किन विशेष उपायों से वे इतना कर-संचय कर पाते थे। राजस्व प्रणाली ठोस नींव पर खड़ी थी। योद्धा और पुरोहित अर्थात् क्षत्रिय और ब्राह्मण करों से मुक्त थे, और कर का सारा बोझ किसानों के सिर पर था, जिनमें अधिकतर वैश्य या गृहपति थे। वैदिक काल में कबीले के लोग अपने-अपने सरदार को स्वेच्छापूर्वक बलि अप्रित करते थे, पर बुद्ध के युग में आकर वह किसानों द्वारा अनिवार्य रूप से देय हो गई, और उसकी वसूली के लिए अधिकारी नियुक्त हुए जो **बलिसाधक** कहलाते थे। जान पड़ता है कि राजा किसानों से उनकी उपज का छठा भाग कर के रूप में लेता था। करों का निर्धारण और वसूली गाँव के मुखिया की सहायता से राजकर्मचारी करते थे। लेखन के प्रचलन से कर-निर्धारण और कर-संग्रह में सुविधा हुई होगी। आहत मुद्राओं की अनेकानेक निधियों के मिलने से प्रकट होता है कि भुगतान नकद और जिंस (वस्तुएँ) दोनों रूपों में होता था। पूर्वोत्तर भारत में कर धान के रूप में चुकाया जाता था। इन करों के अतिरिक्त, किसानों को राजा के काम में बेगार देना (अर्थात् मुफ्त में खटना) पड़ता था। जातक कथाओं में आया है कि कर के दुर्वह भार से बचने के लिए किसान राज्य छोड़ देते थे।

शिल्पियों और व्यापारियों से भी कर वसूला जाता था। शिल्पियों को महीने में एक दिन राजा के लिए काम करना पड़ता था, और व्यापारियों से उनके माल की बिक्री पर चुंगी वसूली जाती थी। चुंगी वसूलने वाला अधिकारी **शौल्किक** या **शुल्काध्यक्ष** कहलाता था।

क्षेत्रीय या जनपदीय राज्यों की स्थापना ने पहले की सभा और समिति को समाप्त कर दिया। इस तरह की जन सभाएँ उत्तर वैदिक काल में लुप्त हो गई थीं। चूँकि ये सभा-समितियाँ कबायली संगठन थीं, इसलिए ज्यो-ज्यों कबीले विघटित होकर वर्ण में लीन होते और अपनी पहचान खोते गए, त्यों-त्यों उक्त संगठन शिथिल होते-होते लुप्त हो गए। कबीलों का स्थान वर्णमूलक और जातिमूलक समुदायों ने लिया, इसलिए धर्मशास्त्रकारों ने जातीय नियमों और कुलाचारों को समुचित महत्त्व दिया। फिर भी ये नियम सामाजिक विषयों तक ही सीमित रहे। जन सभाएँ ऐसे छोटे-छोटे राज्यों में ही सफल हो सकती थीं जहाँ कबीले के सभी सदस्य आसानी से जुटाए जा सकते हों, जैसा कि वैदिक काल में संभव रहा होगा। कोसल और मगध जैसे बड़े-बड़े राज्यों के उदित होने के बाद ऐसी बड़ी जन सभाएँ आयोजित करना संभव नहीं रहा जिनमें विभिन्न सामाजिक वर्गों तथा साम्राज्य के विभिन्न भागों के लोग जुट सकें। महज आवागमन की सुविधा इतनी कम थी कि नियमित बैठकें भी नहीं की जा सकती थीं। फिर पुरानी जन सभाएँ कबायली थीं, अतः नए राज्यों में बसे वैदिकेतर कबीलों को उन सभाओं में स्थान नहीं दिया जा सकता था। इस तरह परिवर्तित स्थिति में पुरानी जन सभाओं का टिका रहना असंभव जैसा था। उनकी जगह **परिषद्** नाम की एक छोटी-सी समिति बनी जिसमें केवल ब्राह्मण ही सदस्य होते थे। इस काल में भी सभाएँ तो रहीं, किंतु एकतांत्रिक राज्यों में नहीं। वे शाक्यों, लिच्छवियों आदि के छोटे-छोटे गणतांत्रिक राज्यों में चालू रहीं।

गणतांत्रिक प्रयोग

गणतांत्रिक शासन पद्धति या तो सिंधु घाटी में रही या पूर्वी उत्तर प्रदेश और बिहार के अंतर्गत हिमालय की तराइयों में। सिंधु घाटी में पाए गए गणराज्य वैदिक कबीलों के अवशेष रहे होंगे। हो सकता है कि कुछ गणराज्यों ने एकतांत्रिक राज्यों का स्थान लिया हो। कुछ मामलों में बिहार और उत्तर प्रदेश के लोग कबायली समानता के पुराने आदर्शों से प्रेरित रहे होंगे, जिनमें एकल राजा को अधिक महत्त्व नहीं दिया जाता था।

गणराज्यों में वास्तविक सत्ता कबायली अल्पतंत्रों (सीमित लोगों के संघटनों) के हाथ में होती थी। शाक्यों और लिच्छिवियों के गणराज्यों में शासक वर्ग एक ही गोत्र और एक ही वर्ण का होता था। वैशाली के लिच्छिवियों के सभागार में 7707 राजा (प्रतिनिधि) बैठते थे, लेकिन ब्राह्मण इसमें शामिल नहीं थे। मौर्योत्तर काल में मालवों

और क्षुद्रकों के गणराज्य में क्षत्रियों और ब्राह्मणों तक ही नागरिकता सीमित थी, दासों और मज़दूरों को इससे बाहर रखा गया था। पंजाब में व्यास नदी के तटवर्ती एक राज्य में ऐसे ही लोग सदस्य हो सकते थे जो राज्य को कम-से-कम एक हाथी दे सकें। सिंधु घाटी में अल्पतांत्रिक राज्य का यह अच्छा उदाहरण है।

शाक्यों और लिच्छवियों का प्रशासन तंत्र सरल था। इसमें **राजा**, **उपराजा**, **सेनापति** और **भांडागारिक** (राज्यकोषाध्यक्ष) होते थे। कहा गया है कि लिच्छिवियों के गणराज्य में एक के ऊपर एक सात न्यायपीठ होते थे जो एक ही मसले की सुनवाई बारी-बारी से सात बार करते थे। लेकिन यह इतनी अच्छी व्यवस्था है कि इसके होने पर विश्वास करना कठिन है।

जो भी हो, बुद्ध के युग में कुछ ऐसे राज्य भी थे जिनका शासन आनुवंशिक राजा नहीं, बल्कि जनसभाओं के प्रति उत्तरदायी लोग करते थे। इस प्रकार, प्राचीन गणराज्यों के लोगों का राजनीतिक सत्ता में बराबरी का हिस्सा भले ही न रहा हो, परंतु भारत में गणतंत्र की परंपरा की प्राचीनता बुद्ध के युग तक पाते हैं।

गणतंत्र और राजतंत्र के बीच बहुत-सी भिन्नताएँ थीं। राजतंत्र में प्रजा से राजस्व पाने का दावेदार एकमात्र राजा होता था, जबकि गणतंत्र में इसका दावेदार गण या गोत्र का प्रत्येक प्रधान होता था जो राजन् कहलाता था। 7707 लिच्छवि राजाओं में हर एक का अलग-अलग कोषागार और प्रशासन तंत्र था। प्रत्येक राजतंत्र की नियमित स्थायी सेना होती थी और राज्य-सीमा के भीतर प्रजा के समूह या समूहों को शस्त्रास्त्र रखने की अनुमति नहीं थी। लेकिन कबायली अल्पतंत्र में हर राजा अपनी छोटी-छोटी सेना अपने सेनापति के अधीन रख सकता था, ताकि वह दूसरे का मुकाबला कर सके। राजतंत्र में ब्राह्मणों का बड़ा प्रभाव था, परंतु आरंभिक गणराज्यों में उनका कोई स्थान नहीं था, और न उन्होंने अपने धर्मशास्त्रों में इस तरह के राज्यों को मान्यता ही दी। अंत में, गणराज्य और राजतंत्र के बीच मुख्य अंतर यह था कि गणतंत्र का संचालन अल्पतांत्रिक सभाएँ करती थीं, न कि कोई एक व्यक्ति, लेकिन राजतंत्र में यह काम एक व्यक्ति करता था।

गणतंत्र की परंपरा मौर्यकाल से कमज़ोर होने लगी। मौर्यकाल में एकतांत्रिक राज्य कहीं अधिक मज़बूत और प्रचलित थे। प्राचीन मनीषियों ने राजतंत्र को ही प्रचलित और उत्कृष्ट शासन पद्धति माना। ये राज्य, शासन और राजपद सभी को एक समझते थे। चूँकि बुद्ध के युग में राज्य सुप्रतिष्ठित हो चुका था, विद्वान लोग इसके उद्‌भव पर विचार करने लगे। प्राचीन बौद्ध पालिग्रंथ *दीघनिकाय* में बताया गया है कि पुरातन काल में मनुष्य सुख से रहते थे। धीरे-धीरे वे धनवान होते गए और घर बनाकर अपनी स्त्रियों के साथ रहने लगे। तब से धन और स्त्री को लेकर आपस में झगड़े होने लगे। ऐसे झगड़ों को दूर करने के लिए उन्होंने एक व्यक्ति को अपना प्रमुख चुन लिया

ताकि वह शांति की व्यवस्था करे और लोगों की रक्षा करे। इस रक्षा के प्रतिफल में उन्होंने अपने प्रमुख को अपने धान्य में से कुछ देते रहने की प्रतिज्ञा की। वही प्रमुख **राजा** कहलाने लगा, और इसी प्रकार राज्य का जन्म हुआ।

सांसारिक वर्गीकरण और विधि व्यवस्था

भारतीय विधि और न्याय व्यवस्था का उद्भव इसी काल में हुआ। पहले कबायली कानून चलते थे, जिसमें वर्गभेद का कोई स्थान नहीं था। लेकिन इस काल में आकर कबायली समुदाय स्पष्टतया चार वर्णों में बँट गया–ब्राह्मण, क्षत्रिय, वैश्य और शुद्र। अत: धर्मसूत्रों में हर वर्ण के लिए अपने-अपने कर्त्तव्य तय कर दिए गए, और वर्णभेद के आधार पर ही व्यवहार-विधि (सिविल लॉ) और दंड-विधि (क्रिमिनल लॉ) बनी। जो वर्ण जितना ऊँचा था वह उतना ही पवित्र माना गया, और व्यवहार एवं दंड-विधि में उससे उतनी ही उच्च कोटि के नैतिक आचरण की अपेक्षा की गई। शूद्रों पर हर प्रकार की अपात्रता लाद दी गई। वे धार्मिक और कानूनी अधिकारों से वंचित किए गए, और समाज में सबसे निचले दर्जे में रखे गए। उन्हें उपनयन संस्कार से वंचित किया गया। वे यदि ब्राह्मणों और अन्य वर्णों के प्रति अपराध करते थे तो वे कठोर दंड पाते थे। दूसरी ओर, शूद्रों के प्रति किए गए अपराधों का हल्का दंड दिया जाता था। धर्मशास्त्रकारों ने यह प्रचार किया कि शूद्रों का जन्म सृष्टिकर्ता के चरण से हुआ है, इसलिए उच्चवर्ण वाले, विशेषत: ब्राह्मण, शूद्रों के संपर्क से परहेज करते, उनका छुआ खाना नहीं खाते और उनके साथ वैवाहिक संबंध नहीं करते थे। शूद्रों को किसी ऊँचे पद पर पर रखा नहीं जा सकता था, और उससे भी महत्त्व की बात यह है कि उन्हें दास, शिल्पी और कृषि मज़दूर के रूप में द्विजों की सेवा करने को कहा गया। इस विषय में जैन और बौद्ध संप्रदायों ने भी उनकी स्थिति नहीं सुध ारी। उसे नए बौद्ध संघ में प्रवेश की अनुमति भले ही दे दी गई, पर उनका सामान्य स्थान नीचे के नीचे ही रह गया। कहा गया है कि गौतम बुद्ध ब्राह्मणों की सभा में गए, क्षत्रियों की सभा में गए और गृहपतियों की सभा में गए, लेकिन शूद्रों की सभा में उनके जाने का कोई उल्लेख नहीं है।

दीवानी और फौजदारी मामले राजा के प्रतिनिधि देखते थे, जो झटपट कठोर दंड दे देते थे, जैसे कोड़ा लगाना, सिर काट लेना, जीभ खींच लेना आदि। बहुधा फौजदारी मामलों में दंड का विधान बदले की भावना से प्रेरित होता था, अर्थात् आँख फोड़ने वाले की आँख निकाल ली जाती थी और दाँत तोड़ने वाले के दाँत।

ब्राह्मणों के विधिग्रंथों में नियम बनाते समय विभिन्न वर्णों की सामाजिक स्थिति का ध्यान तो रखा ही गया, उन वैदिकेतर कबायली समूहों के रीतिरिवाज़ों को भी अनदेखा न किया गया, जो वर्णाश्रित ब्राह्मणिक समाज में घुल-मिल गए थे और

जिनकी संख्या विजयाभियानों के फलस्वरूप बढ़ती जा रही थी। इनमें से कुछ देसी कबायलियों की सामाजिक उद्‌भव-कथाएँ गढ़ ली गईं और अपने ही नियमों से शासित होने की छूट दे दी गई।

सारांश

बुद्ध का युग कई कारणों से महत्त्वपूर्ण रहा। इसी काल में प्राचीन भारतीय राजतंत्र, अर्थतंत्र और समाज का अपना वास्तविक स्वरूप निखरा। कछारी इलाकों में, खासकर पूर्वी उत्तर प्रदेश और बिहार में लोहे के औज़ारों से होनेवाली खेती के फलस्वरूप उन्नत अन्न उत्पादक अर्थतंत्र का जन्म हुआ। किसानों से कर वसूलना संभव हुआ, और कर एवं बलि (नज़राना) की नियमित वसूली के आधार पर बड़े-बड़े राज्य स्थापित हो सके। इस प्रणाली को बनाए रखने के लिए वर्णव्यवस्था रची गई और प्रत्येक वर्ण का कर्त्तव्य (पेशा) स्पष्ट रीति से निर्धारित कर दिया गया। इस व्यवस्था के अनुसार, शासकों और योद्धाओं को क्षत्रिय कहा गया, पुरोहितों और शिक्षकों को ब्राह्मण बतलाया गया, किसानों और करदाताओं को वैश्य कहा गया, और श्रमिकों के रूप में उक्त तीनों वर्णों की सेवा करने वाले को शूद्र कहा गया।

❖ कालक्रम ❖

1900 ई० पू०	हड़प्पा संस्कृति के नगरों का अंत।
1200 ई० पू० और उसके बाद	दोआब में मानव बस्तियाँ।
1000-600 ई० पू०	आकार और अवस्थिति पर आधारित निचले दोआब में मानव बस्तियों का अनुक्रम।
सातवीं-छठी शताब्दी ई० पू०	पटना में लकड़ी के प्राचीनतम घेरे प्राप्त।
पाँचवीं शताब्दी ई० पू०	मध्य गांगेय द्रोणी में आदि नगर एवं आदि सिक्के।

18

मौर्य युग

चंद्रगुप्त मौर्य

मौर्य राजवंश की स्थापना चंद्रगुप्त मौर्य ने की। लगता है, वह साधारण कुल का था। ब्राह्मण परंपरा के अनुसार उसकी माता शूद्र जाति की मुरा नामक स्त्री थी जो नंदों के रनवास में रहती थी। लेकिन एक पुरानी बौद्ध परंपरा से ज्ञात होता है कि नेपाल की तराई से लगे गोरखपुर में मौर्य नामक क्षत्रिय कुल के लोग रहते थे। संभव है कि चंद्रगुप्त इसी वंश का था। अपने शासन के अंतिम दिनों में जो नंदों की कमज़ोरी और बदनामी बढ़ती जा रही थी, उसका फायदा उठाते हुए चंद्रगुप्त ने कौटिल्य नाम से विदित चाणक्य की सहायता से नंद राजवंश का तख्ता पलट दिया और मौर्यवंश का शासन कायम किया। चंद्रगुप्त के शत्रुओं के विरुद्ध चाणक्य ने जो चालें चलीं उनकी विस्तृत कथा *मुद्राराक्षस* नामक नाटक में हैं जिसकी रचना विशाखदत्त ने नौवीं सदी में की! आधुनिक काल में इस विषय पर कई नाटक लिखे गए हैं।

जस्टिन नामक यूनानी लेखक के अनुसार, चंद्रगुप्त ने अपनी 600,000 की फ़ौज से सारे भारत को रौंद दिया। यह बात सही भी हो सकती है और नहीं भी, लेकिन यह सही है कि चंद्रगुप्त ने पश्चिमोत्तर भारत को सेल्यूकस की गुलामी से मुक्त किया। यह इलाका सिंधु नदी के पश्चिम में पड़ता था। ऐसा लगता है कि इस यूनानी वाइसराय के साथ हुई लड़ाई में चंद्रगुप्त विजयी रहा। अंत में, दोनों के बीच समझौता हो गया, और चंद्रगुप्त से 500 हाथी लेकर उसके बदले सेल्यूकस ने उसे पूर्वी अफगानिस्तान, बलूचिस्तान और सिंधु के पश्चिम का क्षेत्र दे दिया। इस प्रकार, चंद्रगुप्त ने विशाल साम्राज्य स्थापित कर लिया, जिसमें पूरे बिहार तथा उड़ीसा और बंगाल के बड़े भागों के अतिरिक्त, पश्चिमी और उत्तर-पश्चिमी भारत और दकन भी थे। फलतः मौर्यों का शासन, केवल तमिलनाडु तथा पूर्वोत्तर भारत के कुछ भागों को छोड़कर, सारे भारतीय उपमहादेश पर छा गया। उत्तर-पश्चिम में तो मौर्यों का आधिपत्य कई ऐसे भी इलाकों पर था जो ब्रिटिश साम्राज्य में भी शामिल नहीं थे।

साम्राज्य का संगठन

मौर्यों ने बड़ा ही विस्तृत प्रशासन तंत्र स्थापित किया। इसकी झलक हमें मेगास्थनीज की पुस्तक *इंडिका* और कौटिल्य के *अर्थशास्त्र* में मिलती है। मेगास्थनीज यूनान का

राजदूत था और उसे सेल्यूकस ने चंद्रगुप्त मौर्य के दरबार में भेजा था। वह मौर्यों की राजधानी पाटलिपुत्र में रहता था और उसने न केवल पाटलिपुत्र के, अपितु सारे मौर्य साम्राज्य के शासन का विवरण लिख छोड़ा है। उसका यह विवरण पूरा-पूरा नहीं बच पाया, परंतु उससे लिए गए उद्धरण कई परवर्ती यूनानी लेखकों की पुस्तकों में आए हैं। इन सारे टुकड़ों को इकट्ठा करके पुस्तक के रूप में *इंडिका* के नाम से प्रकाशित किया गया है। इस पुस्तक से मौर्यकाल के प्रशासन, समाज और अर्थव्यवस्था पर अच्छा प्रकाश पड़ता है।

मेगास्थनीज के इस विवरण को कौटिल्य के *अर्थशास्त्र* से परिपूरित किया जा सकता है। यद्यपि *अर्थशास्त्र* को अंतिम रूप मौर्य शासन के कई सदियों के बाद मिला, तथापि इसके कुछ खंडों में आई बातें यथार्थ हैं और मौर्य प्रशासन एवं अर्थव्यवस्था के बारे में प्रामाणिक जानकारी देती हैं। इन दोनों स्रोतों के आधार पर हम चंद्रगुप्त मौर्य के प्रशासन तंत्र का खाका खींच सकते हैं।

चंद्रगुप्त मौर्य स्वेच्छाचारी शासक था और सारे अधिकार अपने ही हाथों में रखे हुए था। *अर्थशास्त्र* के अनुसार राजा का आदर्श उच्च होता था। उसका कथन है कि प्रजा के सुख में ही राजा का सुख है और प्रजा के दुःख में उसका दुःख। परंतु हमें मालूम नहीं कि राजा ने इस आदर्श का पालन कहाँ तक किया। मेगास्थनीज के अनुसार, राजा की सहायता करनें के लिए एक परिषद् गठित थी। बड़े-बड़े बुद्धिमान लोग इसके सदस्य थे। इस बात का कोई प्रमाण नहीं मिलता है कि राजा इस परिषद् की सलाह मानने को बाध्य था; परंतु ऊँचे अधिकारियों का चयन इस परिषद् के सदस्यों में से ही किया जाता था।

साम्राज्य अनेक प्रांतों में विभक्त था। हर एक प्रांत एक-एक राजकुमार के जिम्मे लगा रहता था। राजकुमार राजवंश की किसी संतान को बनाया जाता था। प्रांत भी छोटी-छोटी इकाइयों में विभक्त थे। ग्रामांचल और नगरांचल दोनों के प्रशासन की व्यवस्था थी। उत्खननों से पता चलता है कि बहुत-सारे बड़े-बड़े नगर मौर्यकाल के हैं। पाटलिपुत्र, कौशांबी, उज्जयिनी और तक्षशिला चोटी के नगर थे। मौर्य राजधानी पाटलिपुत्र का प्रशासन छह समितियाँ करती थीं। हर समिति में पाँच-पाँच सदस्य होते थे। ये समितियाँ सफाई, विदेशियों की रक्षा, जन्म और मृत्यु का लेखा, बाटों और मापों का नियमन और इस तरह के अन्यान्य कार्य करती थीं। विभिन्न प्रकार के मौर्यकालीन बाट बिहार के कई स्थानों से मिले हैं।

इन सबों के अतिरिक्त केंद्रीय शासन के राज्य के दो दर्जन से अधिक विभाग थे, जो कम-से-कम राजधानी के निकटवर्ती क्षेत्रों में आर्थिक और सामाजिक गतिविधि पर नियंत्रण रखते थे। चंद्रगुप्त के प्रशासन की सबसे बड़ी विशेषता थी विशाल सेना। प्लिनी नामक यूनानी लेखक के अनुसार चंद्रगुप्त की सेना में 600,000

पैदल सिपाही, 30,000 घुड़सवार और 9,000 हाथी थे। एक दूसरे स्रोत में कहा गया है कि मौर्यों के पास 8,000 अश्वचालित रथ थे। इन सबों के अलावा, लगता है कि मौर्यों के पास नौसेना भी थी। मेगास्थनीज के अनुसार, सैनिक प्रशासन के लिए तीस अधिकारियों की एक परिषद् थी जो पाँच-पाँच सदस्यों की छह समितियों में विभक्त थी। लगता है कि पैदल, घुड़सवार, हाथी, रथ, नाव और सवारी, सेना के इन छह अंगों में से हर एक का प्रबंध एक-एक समिति को सौंपा गया था। मौर्य सेना नंद सेना से लगभग तिगुनी थी। राज्यक्षेत्र और आयस्रोतों में बहुत अधिक वृद्धि होने से ही ऐसा हुआ होगा।

इतनी विशाल सेना पर होने वाले भारी खर्च की पूर्ति चंद्रगुप्त मौर्य कैसे कर पाता था? यदि हम कौटिल्य के *अर्थशास्त्र* पर भरोसा करें तो लगता है कि साम्राज्य की सीमाओं के भीतर होने वाले लगभग सारे आर्थिक कार्यकलाप पर राजकीय नियंत्रण था। राज्य ने खेतिहरों और शूद्र मज़दूरों की सहायता से परती ज़मीन तोड़कर कृषि क्षेत्र को बढ़ाया। कृषि-क्षेत्र बढ़ने से राज्य को अच्छी आय होने लगी जो उस पर नए-नए बसाए गए किसानों से राजस्व के रूप में होती थी। जान पड़ता है कि किसानों से वसूले गए कर उनकी उपज के चौथे हिस्से से छठे हिस्से तक होते थे। जिन किसानों को सिंचाई सुविधा दी गई उनसे सिंचाई कर वसूला जाता था। इसके अलावा, आपातकाल में किसानों को अधिक उपजाने के लिए बाध्य किया जाता था। नगरों में बिक्री के लिए जो माल लाए जाते थे उन पर प्रवेशद्वार पर ही चुंगी ले ली जाती थी। खान, मद्य की बिक्री, हथियारों का निर्माण आदि पर राज्य का एकाधिकार था। इन सबों से अवश्य ही राज्यकोष समृद्ध होता था। इस प्रकार, चंद्रगुप्त ने सुसंगठित प्रशासन तंत्र कायम किया और उसे ठोस वित्तीय आधार प्रदान किया।

अशोक (273-232 ई० पू०)

चंद्रगुप्त के बाद बिंदुसार गद्दी पर बैठा, जिसके शासन की महत्त्वपूर्ण बात है यूनानी राजाओं के साथ निरंतर संबंध। उसका पुत्र अशोक मौर्य राजाओं में सबसे महान हुआ। बौद्ध परंपरा के अनुसार, वह अपने आरंभिक जीवन में परम क्रूर था और अपने 99 भाइयों को कत्ल करके राजगद्दी पर बैठा। लेकिन यह बात केवल किंवदंती पर आधारित है, इसलिए गलत भी हो सकती है। बौद्ध लेखकों ने अशोक का जो जीवनचरित लिखा है वह कल्पनाओं से भरा है, इसलिए उसे गंभीरतापूर्वक ग्रहण नहीं किया जा सकता।

अशोक के अभिलेख

हम अशोक का इतिहास उसके अभिलेखों के आधार पर तैयार करते हैं। अशोक पहला भारतीय राजा हुआ जिसने अपने अभिलेखों के सहारे सीधे अपनी प्रजा को संबोधित किया। अशोक के अभिलेखों को पाँच श्रेणियों में बाँटा गया है: दीर्घ शिलालेख, लघु शिलालेख, पृथक शिलालेख, दीर्घ स्तंभलेख और लघु स्तंभलेख। अशोक का नाम केवल प्रथम लघु शिलालेख की प्रतियों में मिला है जो कर्नाटक के तीन स्थान और मध्य प्रदेश के एक स्थान पर पाई गई हैं। अन्य सभी अभिलेखों में केवल **देवानापिय पियदसि** (देवों का प्यारा) उसकी उपाधि के रूप में मिलता है, और अशोक का नाम छोड़ दिया गया है।

ये अभिलेख शिलाओं पर, पत्थर के पालिशदार शीर्षयुक्त स्तंभों पर, गुहाओं में और एक मामले में मिट्टी के कटोरे पर भी खुदे हुए हैं। ये न केवल भारतीय उपमहादेश में ही अपितु अफगानिस्तान में भी पाए गए हैं। अब तो ये 45 स्थानों में कुल 182 पाठांतरों में पाए गए हैं। इन अभिलेखों में राजा के आदेश सूचित किए गए हैं। प्राकृत में रचे ये अभिलेख साम्राज्य भर के अधिकांश भागों में ब्राह्मी लिपि में लिखित हैं। किंतु पश्चिमोत्तर भाग में ये खरोष्ठी और आरामाइक लिपियों में हैं और अफगानिस्तान में इनकी भाषा और लिपि आरामाइक और यूनानी दोनों है। अशोक के अभिलेख सामान्यत: प्राचीन राजमार्गों के किनारे स्थापित थे। इनसे अशोक के जीवनवृत्त, उसकी आंतरिक और पर-राष्ट्रीय नीति, तथा उसके राज्य के विस्तार की जानकारी मिलती है।

कलिंग युद्ध का प्रभाव

अशोक की गृह और विदेश नीति बौद्ध धर्म के आदर्श से प्रेरित है। राजगद्दी पर बैठने के बाद उसने केवल एक युद्ध किया, जो कलिंग युद्ध के नाम से प्रसिद्ध है। उसके अपने कथन के अनुसार इस युद्ध में 1,00,000 लोग मारे गए, कई लाख बरबाद हुए और 1,50,000 लोग बंदी बनाए गए। ये आंकड़े अतिशयोक्तिपूर्ण हैं, क्योंकि अशोक के अभिलेखों में **सतसहस्र** शब्द का प्रयोग कहावती तौर पर किया गया है। जो भी हो, इससे प्रतीत होता है कि इस युद्ध में हुए भारी नरसंहार से अशोक का हृदय दहल गया। इस युद्ध के कारण ब्राह्मण, पुरोहितों और बौद्ध भिक्षुओं को भी बहुत कष्ट झेलने पड़े, जिससे अशोक को गहरी व्यथा और पश्चाताप हुआ। इसलिए उसने दूसरे राज्यों पर भौतिक विजय पाने की नीति छोड़कर सांस्कृतिक विजय पाने की नीति अपनाई। दूसरे शब्दों में, **भेरी-घोष** के बदले **धम्म-घोष** होने लगा। हम अशोक के शब्दों में उसके 13वें मुख्य शिलालेख से एक उद्धरण दे रहे हैं:

'राज्याभिषेक के आठ वर्ष बाद देवों के प्रिय प्रियदर्शी राजा ने कलिंग पर विजय प्राप्त की। युद्ध में एक लाख पचास हज़ार लोग बंदी बनाए गए, एक लाख मारे गए और उसके कई गुने नष्ट हुए। उसके बाद अब देवों का प्रिय निष्ठापूर्वक धम्म का पालन, धम्म की कामना और धम्म का उपदेश करने लगा। उसके बाद कलिंगविजयी देवों का प्रिय पश्चाताप करने लगा क्योंकि जब किसी देश को जीता जाता है तब वहाँ लोगों की हत्या, मृत्यु और पलायन होते हैं। ऐसा वध देवों के प्रिय को बड़ा दुखद और गंभीर लगा। देवों के प्रिय को इससे भी अधिक दुःख इसलिए है कि वहाँ जो कोई रहते हैं चाहे वे ब्राह्मण, श्रमण या अन्य संप्रदायों के हों या ऐसे गृहस्थ हों जो गुरुजनों के आज्ञाकारी और अपने मित्रों, परिचितों, साथियों, संबंधियों, दासों और चाकरों के प्रति अच्छा व्यवहार करते हैं और निष्ठावान् हैं, वे सभी हिंसा, हत्या और अपने प्रियजनों के विछोह के दुःख को झेलते हैं। ... उस समय कलिंग को जीतने में जितने लोग मारे गए, मरे या बंदी हुए, अब यदि उसके सौंवें या हज़ारवें भाग को भी वैसा ही भोगना पड़े तो देवों के प्रिय के लिए भारी व्यथाकारी होगा। ... देवताओं का प्रिय धम्मविजय को ही श्रेष्ठ विजय समझता है ...।'

अब अशोक ने कबायली समुदायों और सीमावर्ती राज्यों को अपने आदर्शात्मक विचारों से प्रभावित किया। कलिंग के स्वतंत्र राज्यों के प्रजाजनों से कहा गया कि वे राजा को पिता के तुल्य समझकर उसकी आज्ञाओं का पालन करें और उस पर विश्वास करें। अपने अधिकारियों को उसने निर्देश दिया कि वे उसके इस विचार का प्रचार उसकी सारी प्रजा में करें। इसी प्रकार जंगल में रहने वाले जनजातियों से भी कहा गया कि वे भी धम्म के मार्ग पर चलें।

अब अशोक यह मानने लगा कि पराए राज्यों को सैनिक विजय के उपयुक्त क्षेत्र समझना अनुचित है। वह उन्हे आदर्श विचारों से जीतने का प्रयास करने लगा। पराए देशों में भी उसने मनुष्यों और पशुओं के कल्याण के लिए कदम उठाए। उन दिनों की स्थिति को देखते हुए यह सर्वथा नई चीज थी। उसने पश्चिम एशिया और यूनानी राज्यों में अपने शांतिदूत भेजे। ये सभी बातें अशोक के अपने ही अभिलेखों के आधार पर कही जा सकती हैं। यदि बौद्ध परंपरा पर विश्वास किया जाए, तो अशोक ने श्रीलंका और मध्य एशिया में बौद्ध धर्म के प्रचार के लिए अपने धर्मप्रचारक भेजे। इससे प्रतीत होता है कि प्रबुद्ध शासक के रूप में अशोक ने प्रचार के द्वारा अपने राजनीतिक प्रभाव का क्षेत्र बढ़ाया।

यह सोचना गलत होगा कि कलिंग युद्ध ने अशोक को नितांत शांतिवादी बना दिया। उसने हर हालत में 'शांति के लिए शांति' की नीति नहीं ग्रहण की। दूसरी ओर, उसने अपने साम्राज्य के लिए सुदृढ़ीकरण की व्यावहारिक नीति अपनाई। उसने विजय

के बाद कलिंग को अपने कब्जे में रखा और अपने साम्राज्य में मिला लिया। इस बात का भी कोई प्रमाण नहीं है कि उसने चंद्रगुप्त मौर्य के समय से चली आ रही विशाल सेना को विघटित कर दिया। वह जनजातियों से बार-बार कहता रहा कि वे धम्म का मार्ग धरें, और साथ ही धमकी भी देता रहा कि यदि वे सामाजिक व्यवस्था और नैतिक नियम (धम्म) का उल्लंघन करेंगे तो बुरे परिणाम होंगे। अपने साम्राज्य के भीतर उसने एक तरह के अधिकारियों की नियुक्ति की जो **राजूक** कहलाते थे और इन्हें प्रजा को न केवल पुरस्कार ही, बल्कि दंड देने का भी अधिकार सौंपा गया था। धर्म के सहारे साम्राज्य को सुदृढ़ करने की अशोक की नीति फलदायक सिद्ध हुई। कंधार अभिलेख से मालूम होता है कि उसकी इस नीति की सफलता बहेलियों और मछुआरों पर भी हुई और उन्होंने जीव-हिंसा को त्याग कर संभवतः व्यवस्थित खेतिहर जीवन को अपना लिया।

आंतरिक नीति और बौद्ध धर्म

कलिंग-युद्ध के परिणामस्वरूप अशोक बौद्ध हो गया। परंपरा बताती है कि वह बौद्ध भिक्षु हो गया। उसने बौद्धों को अपार दान दिया और बौद्ध धर्म-स्थानों की यात्रा की। उसकी इस यात्रा का संकेत उसके अभिलेखों में आए **धम्मयात्रा** शब्द से भी मिलता है।

पारंपरिक अनुश्रुति के अनुसार, अशोक ने बौद्धों का तीसरा सम्मेलन (**संगीति**) आयोजित किया, और धर्म प्रचारकों को केवल दक्षिण भारत ही नहीं, श्रीलंका, बर्मा आदि देशों में भी भेजा ताकि वहाँ के लोगों को बौद्ध धर्म में लाया जाए। ईसा-पूर्व दूसरी और पहली सदियों के ब्राह्मी अभिलेख श्रीलंका में मिले हैं।

अशोक ने अपने बारे में बड़ा उच्च आदर्श रखा। यह आदर्श था राजा का पिता के तुल्य होना। उसने अपने अधिकारियों को बार-बार कहा कि राजा प्रजा को अपनी संतति समझता है, यह बात वे प्रजा को बता दें। अधिकारियों से उसने यह भी कहा कि राजा के प्रतिनिधि के नाते वे प्रजा की देखभाल किया करें। अशोक ने नारी सहित समाज के विभिन्न वर्गों के बीच धर्म का प्रचार करने के लिए **धम्ममहामात्र** बहाल किए। अपने साम्राज्य में न्याय-कार्य करने के लिए उसने **राजूकों** की भी नियुक्ति की।

वह कर्मकांडों का, विशेषतः स्त्रियों के बीच प्रचलित अनुष्ठानों या रस्मों का विरोधी था। उसने कई तरह के पशु-पक्षियों की हिंसा पर रोक लगा दी और उसकी राजधानी में तो प्राणी को मारना पूर्णतः निषिद्ध था। उसने ऐसे तड़क-भड़क वाले सामाजिक समारोहों पर भी रोक लगा दी जिनमें लोग रंगरेलियाँ मनाते थे ।

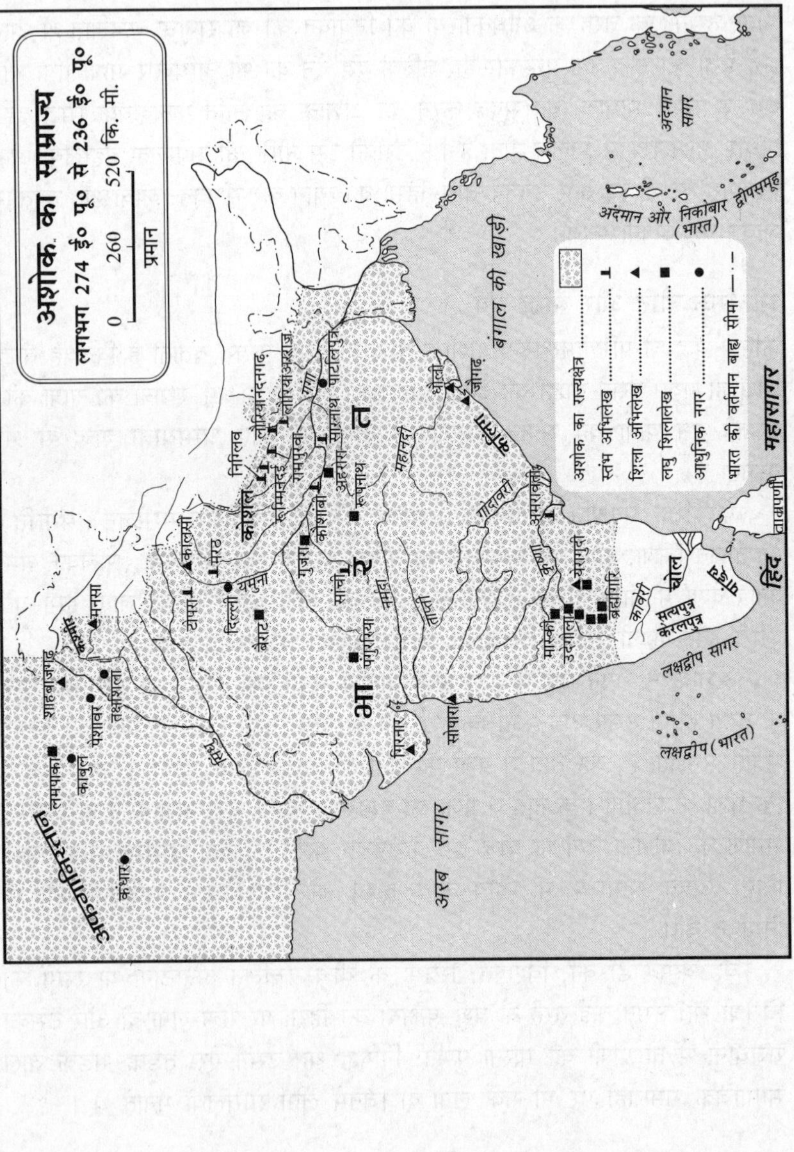
अशोक का साम्राज्य
लगभग 274 ई० पू० से 236 ई० पू०
0 260 520 कि. मी.
प्रमान
अशोक का राज्यक्षेत्र
स्तंभ अभिलेख
शिला अभिलेख
लघु शिलालेख
आधुनिक नगर
भारत की वर्तमान बाह्य सीमा
बंगाल की खाड़ी
अरब सागर
हिंद महासागर
अंदमान सागर
अंदमान और निकोबार द्वीपसमूह (भारत)
लक्षद्वीप सागर
लक्षद्वीप (भारत)

परंतु अशोक का धर्म संकुचित नहीं था। इसे हम संप्रदायवादी नहीं कह सकते हैं। इस धर्म का व्यापक लक्ष्य था समाज को सुव्यवस्थित बनाए रखना। इसका उपदेश था कि लोग माता-पिता की आज्ञा मानें, ब्राह्मणों और बौद्ध भिक्षुओं का आदर करें, तथा दासों और सेवकों के प्रति दया करें। ये उपदेश बौद्ध धर्म में भी पाए जाते हैं और ब्राह्मण धर्म में भी।

अशोक ने लोगों को 'जियो और जीने दो' का पाठ पढ़ाया। उसने जीवों के प्रति दया और बांधवों के प्रति सद्व्यवहार की सीख दी। उसके उपदेशों का लक्ष्य था परिवार-संस्था और तत्कालीन सामाजिक वर्ग व्यवस्था की रक्षा करना। वह बताता था कि जो लोग भला आचरण करेंगे वे स्वर्ग जाएँगे। उसने ऐसा नहीं कहा कि वे निर्वाण प्राप्त करेंगे, जो कि बौद्ध धर्म का चरम लक्ष्य है। इस प्रकार, अशोक के उपदेशों का उद्देश्य सहिष्णुता के आधार पर तत्कालीन समाज-व्यवस्था को बनाए रखना था। ऐसा नहीं लगता कि उसने किसी कट्टरपंथी धर्म का प्रचार किया।

इतिहास में अशोक का स्थान

कहा जाता है कि अशोक की शांतिवादी नीति ने मौर्य साम्राज्य को बरबाद कर दिया, पर यह सही नहीं है। इसके विपरीत, अशोक ने अनेक उपलब्धियाँ प्राप्त कीं। निस्संदेह प्राचीन विश्व के इतिहास में वह महान धर्मप्रचारक शासक हुआ। उसने अपनी आस्था के प्रति बड़े ही उत्साह और निष्ठा से काम किया और अपने साम्राज्य के अंदर और विदेशों में सफलता पाई ।

अशोक ने देश में राजनीतिक एकता स्थापित की। उसने एक धर्म, एक भाषा और प्राय: एक लिपि के सूत्र में सारे देश को बाँध दिया। उसके अधिकांश अभिलेख ब्राह्मी लिपि में हैं। पर देश के एकीकरण में उसने ब्राह्मी, खरोष्ठी, आरामाइक और यूनानी सभी लिपियों का सम्मान किया। स्पष्टतः उसने यूनानी, प्राकृत और संस्कृत जैसी भाषाओं को और विविध धार्मिक संप्रदायों को समन्वित किया। उसने सहनशील धार्मिक नीति चलाई। उसने प्रजा पर बौद्ध धर्म लादने की चेष्टा नहीं की। उसने हर संप्रदाय के लिए दान दिए, भले ही वह संप्रदाय बौद्ध धर्म को न मानता हो या उस धर्म का विरोधी ही हो।

धर्मप्रचार के कार्य में अशोक को अपार उत्साह था। उसने साम्राज्य के सुदूर भागों में भी अपने अधिकारियों को तैनात किया। इससे प्रशासन-कार्य में लाभ हुआ और साथ ही विकसित गंगा के मैदान और पिछड़े दूरवर्ती प्रदेशों के बीच सांस्कृतिक संपर्क बढ़ा। भौतिक संस्कृति, जो साम्राज्य के मध्यवर्ती इलाकों की विशिष्टता थी, कलिंग और निचले दकन और उत्तरी बंगाल में भी फैल गई।

सबसे बढ़कर, इतिहास में अशोक का नाम उसकी शांति, अनाक्रमण और सांस्कृतिक विजय की नीति के लिए अमर है । प्राचीन भारत के इतिहास में इस तरह की नीति अपनाने का कोई आदर्श अशोक के सामने नहीं था; और न इस तरह का कोई उदाहरण किसी देश में मिलता है। हाँ, मिस्र भले ही इसका अपवाद हो जहाँ अखनातन ने ईसा-पूर्व चौदहवीं सदी में शांतिवादी नीति को अपनाया था। लेकिन यह स्पष्ट है कि अशोक को अतीत के अपने इस मिस्री समचिंतक की जानकारी नहीं थी। कौटिल्य ने तो राजा को सलाह दी की राजा को शक्ति द्वारा विजय पाने की चेष्टा सदा करनी चाहिए, लेकिन अशोक ने इसके ठीक उलटी नीति अपनाई। उसने अपने उत्तराधिकारियों से आक्रमण और विजय की नीति को त्याग देने को कहा जिसे मगध के राजा कलिंग युद्ध तक अपनाते चले आ रहे थे। उसने उन्हें शांति की नीति अपनाने की सलाह दी, जो नीति दो सदियों से लगातार चले आ रहे आक्रमणात्मक युद्ध के बाद अत्यंत ही आवश्यक हो गई थी। अशोक निरंतर अपनी नीति पर दृढ़ रहा। यद्यपि उसके पास पर्याप्त साधन-संपदा थी और विशाल सेना थी, तथापि उसने कलिंग विजय के बाद कोई युद्ध नहीं किया। इस अर्थ में वह अपने समय और अपनी पीढ़ी से बहुत आगे था।

फिर भी उसके राज्यपालों और करद राजाओं पर उसकी इस नीति का स्थायी असर नहीं पड़ा, जिन्होंने 232 ई० पू० में उसके राज्यकाल के समाप्त होते ही अपने आपको अपने-अपने क्षेत्र का स्वतंत्र शासक घोषित कर दिया। इसी प्रकार अशोक की नीति उसके पड़ोसियों की मनोवृत्ति में कोई परिवर्तन नहीं ला सकी। जब अशोक का राज्यकाल 232 ई० पू० में समाप्त हुआ, तब से 30 वर्षों के अंदर ही पड़ोसी राजा उसके साम्राज्य की उत्तर-पश्चिमी सीमा पर झपट पड़े।

कालक्रम

चौदहवीं शताब्दी ई० पू०	मिस्री नरेश अखनातन ने शांतिपूर्ण नीति का अनुसरण किया।
273-232 ई० पू०	सम्राट अशोक का शासनकाल।
232 ई० पू०	सम्राट अशोक के शासनकाल का अंत।
द्वितीय-प्रथम शताब्दी ई० पू०	श्रीलंका में ब्राह्मी अभिलेख प्राप्त।

19

मौर्य शासन का महत्त्व

राजकीय नियंत्रण

हिंदू विधिग्रंथों में बार-बार कहा गया है कि राजा को धर्मशास्त्रों में बताए गए नियमों और देश में प्रचलित आचारों के अनुसार शासन करना चाहिए। कौटिल्य ने राजा को सलाह दी है कि जब वर्णाश्रम-धर्म (वर्णों और आश्रमों पर आधारित समाज-व्यवस्था) लुप्त होने लगे तो राजा को धर्म की स्थापना करनी चाहिए। कौटिल्य ने राजा को **धर्मप्रवर्तक** अर्थात् सामाजिक व्यवस्था का संचारक कहा है। अशोक ने अपने अभिलेखों में बताया है कि राजा का आदेश अन्य आदेशों से ऊपर है। अशोक ने धर्म का प्रवर्तन किया और उसके मूलतत्त्वों को सारे देश में समझाने और स्थापित करने के लिए अधिकारियों की नियुक्ति की। अशोक के अभिलेखों को धम्मलिपि कहा जाता था, और वह एक प्रकार का धर्मशास्त्र था।

राजा के निरंकुश अधिकार का दावा मगध के राजाओं द्वारा अपनाई गई सैनिक विजय की नीति के कारण आगे आया। अंग, वैशाली, काशी, कोसल, अवंति, कलिंग आदि को एक-एक करके मगध साम्राज्य में मिला लिया गया। इन सभी क्षेत्रों पर जो सैनिक नियंत्रण हुआ वह धीरे-धीरे जन-जीवन के हर अंग पर उत्पीड़क नियंत्रण के रूप में परिणत हो गया। मगध साम्राज्य के पास तलवार का इतना ज़ोर था कि वह सभी क्षेत्रों पर अपना पूरा नियंत्रण लाद सका।

जनजीवन के हर क्षेत्र को अपने वश में रखने के लिए राज्य को विशाल अधिकारी वर्ग रखना पड़ता था। प्राचीन इतिहास के किसी भी अन्य काल में हम इतने सारे अधिकारियों को नहीं पाते जितने मौर्यकाल में।

प्रशासन तंत्र के साथ-साथ गुप्तचरों का भी विस्तृत जाल बिछा था। विभिन्न प्रकार के जासूस विदेशी शत्रुओं की गतिविधियों पर नज़र रखते थे और संदिग्ध अधिकारियों के बारे में पता लगाया करते थे। भोले-भाले लोगों से अंधविश्वास का सहारा लेकर कोष संचय करने में भी वे सहायक सिद्ध होते थे।

शीर्षस्थ अधिकारी **तीर्थ** कहलाते थे। लगता है, अधिकतर अधिकारियों को नगद वेतन दिया जाता था। उच्चतम कोटि के अधिकारी थे **मंत्री**, **पुरोहित**, **सेनापति** और **युवराज**, जिन्हें उदारतापूर्ण पारिश्रमिक मिलता था। उन्हें 48 हजार पण की भारी रकम मिलती थी (पण 3/4 तोले के बराबर चांदी का सिक्का होता था)। इसके ठीक

विपरीत, सबसे निचले दर्जे के अधिकारियों को कुल मिलाकर 60 पण मिलते थे, हालाँकि कुछ कर्मचारियों को महज दस-बीस पण ही दिए जाते थे। इससे लगता है कि उच्चतम और निम्नतम श्रेणियों के कर्मचारियों के बीच भारी विषमता थी।

आर्थिक नियंत्रण

यदि हम कौटिल्य के *अर्थशास्त्र* को आधार बनाएँ तो लगेगा कि राज्य में 27 अध्यक्ष नियुक्त थे। उनका कार्य मुख्य रूप से राज्य की आर्थिक गतिविधियों का नियमन करना था। वे कृषि, व्यापार-वाणिज्य और बाट-मापन का तथा कताई, बुनाई, खान आदि शिल्पों का नियमन-नियंत्रण करते थे। राज्य कृषकों की भलाई के लिए सिंचाई और जलवितरण की व्यवस्था करता था। मेगास्थनीज हमें बतलाता है कि मिस्र की भाँति ही मौर्य राज्य में अधिकारी ज़मीन को मापता और उन नहरों का निरीक्षण करता था जिनसे होकर पानी छोटी नहरों में पहुँचता था।

कौटिल्य के *अर्थशास्त्र* में कृषि कार्यों में दासों को लगाए जाने की व्यवस्था है जो एक महत्त्वपूर्ण सामाजिक विकास था। मेगास्थनीज का कहना है कि उसने दास नहीं देखे। परंतु इस बात में कोई संदेह नहीं है कि भारत में गृहदास वैदिक काल से ही पाए जाते थे। लगता है कि मौर्यकाल में ही दासों को कृषि कार्यों में बड़े पैमाने पर लगाया गया। राज्य के पास बड़े-बड़े कृषि क्षेत्र थे, जिनमें अनगिनत दास और मज़दूर खटाए जाते थे। कलिंग युद्ध के बाद जो डेढ़ लाख युद्धबंदी कलिंग से पाटलिपुत्र लाए गए, संभवतः वे कृषि कार्य में ही लगा दिए गए होंगे। डेढ़ लाख की संख्या अतिशयोक्ति जैसी लगती है। जो भी हो उत्पादन की दृष्टि से प्राचीन भारतीय समाज दास-समाज नहीं था। यूनान और रोम में जो कार्य दास करते थे वह भारत में शूद्रों से लिया जाता था। शूद्रों को ऊपर के तीनों वर्णों की साझा-संपत्ति समझा जाता था। उन्हें दासों, शिल्पियों और कृषकों के रूप में ऊपर के तीनों वर्णों का काम करने के लिए बाध्य किया जाता था।

कई कारणों से ऐसा प्रतीत होता है कि राजकीय नियंत्रण साम्राज्य के विशाल भाग में था, कम-से-कम केंद्रीय भाग में तो अवश्य था। ऐसा नियंत्रण पाटलिपुत्र की अनुकूल अवस्थिति के कारण संभव हुआ। यहाँ से जलमार्ग के द्वारा राजकर्मचारी चारों ओर जा सकते थे। इसके अतिरिक्त, पाटलिपुत्र से एक राजमार्ग वैशाली और चंपारण होते हुए नेपाल जाता था। यह भी ज्ञात है कि हिमालय की तराई में भी एक सड़क थी। यह सड़क वैशाली से चंपारण होकर कपिलवस्तु, कलसी (देहरादून ज़िले में), हाजरा होते हुए अंत में पेशावर पहुँचती थी। मेगास्थनीज ने एक सड़क की चर्चा की है। सड़कें पटना और सासाराम के बीच भी थीं जो वहाँ से मिर्ज़ापुर और मध्य भारत चली गई थीं। राजधानी से एक सड़क पूर्वी मध्यप्रदेश होते हुए कलिंग जाती थी, और

फिर कलिंग भी आंध्र और कर्नाटक से जुड़ा हुआ था। इन सारे मार्गों के कारण यातायात में सहूलियत होती थी और यातायात में घोड़ों की महत्त्वपूर्ण भूमिका रही होगी। उत्तरी मैदानों में तो गंगा और अन्य नदियाँ भी यातायात के मार्ग थीं।

अशोक के अभिलेखों के मिलने के स्थान महत्त्वपूर्ण राजमार्गों पर पड़ते हैं। पत्थर के स्तंभ वाराणसी के पास चुनार में तैयार किए जाते थे और वहाँ से उत्तरी और दक्षिणी भारत में पहुँचाए जाते थे। संभवत: देश का जो आबाद हिस्सा मौर्यों के नियंत्रण में था, वही मुगलों के और शायद ईस्ट इंडिया कंपनी के भी नियंत्रण में रहा। मध्यकाल में आकर राजमार्गों के किनारे अधिकाधिक बस्तियाँ होने से और रक़ाबदार घोड़ों के प्रचलन से यातायात में उन्नति हुई। कंपनी ने जो बंदूक का प्रयोग किया उसका आयात 1830 से लगातार वाष्पशक्तिचालित जहाज़ों से होता रहा।

ऐसा लगता है कि मौर्य शासकों को बहुत बड़ी जनसंख्या का सामना नहीं करना पड़ा होगा। किसी भी तरह मौर्य सेना में 6,50,000 से अधिक सिपाही नहीं थे। यदि मान लें कि आबादी का दस प्रतिशत भाग सेना में भरती हुआ तो मध्य गंगा के मैदानों की कुल आबादी 65,00,000 से अधिक नहीं रही होगी। अशोक के अभिलेखों से पता चलता है कि राज्यादेश का प्रचार पूर्वी छोर और दक्षिणी छोर के सिवा सारे देश में किया गया। आंध्र प्रदेश और कर्नाटक में उसके 18 अभिलेख मिलते हैं, लेकिन यातायात की कठिनाइयों के कारण राज्य-नियंत्रण मध्य गंगा अंचल के बाहर उतना क़ारगर नहीं हुआ होगा।

प्राचीन भारत में कर-प्रणाली की दृष्टि से मौर्यकाल महत्त्वपूर्ण है। कौटिल्य ने किसानों, शिल्पियों और व्यापारियों से वसूल किए जाने वाले अनेक करों का वर्णन किया है। इन सारे करों के निर्धारण, वसूली और संग्रह के लिए दृढ़ और दक्ष संगठन की आवश्यकता थी। मौर्यों ने वसूली करने और ठीक से जमा रखने से अधिक महत्त्व कर-निर्धारण को दिया। **समाहर्त्ता** कर-निर्धारण का सर्वोच्च अधिकारी होता था और **सन्निधाता** राजकीय कोषागार और भंडागार का संरक्षक होता था। राज्य को **सन्निधाता** की अपेक्षा **समाहर्त्ता** के चलते जो नुकसान होता था उसे अधिक गंभीर माना जाता था। वास्तव में, कर-निर्धारण का ऐसा विशद संगठन पहली बार मौर्यकाल में ही देखा जाता है। *अर्थशास्त्र* में उल्लिखित करों की लंबी सूची मिलती है। यदि ये सारे कर वास्तव में उगाहे जाते होंगे तो प्रजा के पास निर्वाह के लिए नाममात्र बचता होगा।

अभिलेखों के आधार पर हम जानते हैं कि ग्रामीण क्षेत्रों में भी राजकीय भंडार-घर होते थे जिससे यह प्रकट होता है कि अनाज की शक्ल में भी कर वसूला जाता था, और अनाज के इन भंडार-घरों से अकाल, सूखा आदि के समय स्थानीय लोगों को सहायता दी जाती थी।

प्रतीत होता है कि मयूर, पर्वत और अर्धचंद्र की छापवाली आहत रजत मुद्राएँ मौर्य साम्राज्य की मान्य मुद्राएँ थीं। ये मुद्राएँ बहुत बड़ी संख्या में मिली हैं। स्पष्ट है कि कर वसूली में और अधिकारियों को वेतन देने में इन मुद्राओं का इस्तेमाल होता था। अपनी शुद्ध समरूपता के कारण काफी बड़े क्षेत्र में बाज़ार की लेन-देन में भी ये सुविधा के साथ चली होंगी।

ललितकला और वास्तुकला

कला और वास्तुशिल्प में मौर्यों का योगदान बड़ा मूल्यवान है। पत्थर की इमारत बनाने का काम भारी पैमाने पर उन्होंने ही आरंभ किया। मेगास्थनीज ने कहा है कि पाटलिपुत्र स्थित मौर्य राजप्रासाद उतना ही भव्य था जितना ईरान की राजधानी में बना राजप्रासाद। पत्थर के स्तंभों के टुकड़े और उनके ठूँठ (stump) आधुनिक पटना नगर के किनारे कुम्हरार में पाए गए हैं जो 80 स्तंभों वाले विशाल भवन के अस्तित्व का संकेत देते हैं। इन अवशेषों से तो वैसी भव्यता का आभास नहीं मिलता है जैसी मेगास्थनीज ने बताई है, लेकिन वे इस बात का प्रमाण अवश्य देते हैं कि मौर्य शिल्पी पत्थर पर पालिश करने में कितने दक्ष थे। ये स्तंभावशेष उतने ही चमकीले हैं जितने उत्तरी पालिशदार काले मृद्भांड (एन० बी० पी० डब्ल्यू०)। खदानों से पत्थर के बड़े-बड़े खंडों को ले जाना और सीधा खड़ा करने के बाद उन पर पालिश करना और नक्काशी करना अवश्य ही कठिन कार्य रहा होगा। यह सब अभियांत्रिकी का बड़ा चमत्कार लगता है। हर स्तंभ पांडु रंगवाले बलुआ पत्थर के एक ही टुकड़े का बना है जिनका केवल शीर्ष भाग स्तंभों के ऊपर जोड़ा गया है और जिनमें तराशे गए सिंह और साँड़ विलक्षण वास्तुशिल्प के प्रमाण हैं। ये पालिशदार स्तंभ देश भर में जहाँ-तहाँ खड़े किए गए, जिससे प्रकट होता है कि इन्हें ढोकर ले जाने और पालिशदार बनाने में अपेक्षित तकनीकी ज्ञान सारे देश में फैला हुआ था। मौर्य शिल्पियों ने बौद्ध भिक्षुओं के निवास के लिए चट्टानों को काट कर गुफाएँ बनाने की परंपरा भी शुरू की। इसका सबसे पुराना उदाहरण बराबर की गुफाएँ हैं, जो गया से 30 किलोमीटर की दूरी पर हैं। बाद में इस प्रकार का गुहा-निर्माण पश्चिमी और दक्षिणी भारत में भी प्रचलित हुआ।

उत्तरी काले पालिशदार मृद्भांड की मध्य अवस्था में प्राय: 300 ई० पू० में मध्य गंगा के मैदान मिट्टी की मूर्ति बनाने की कला के केंद्र बन गए। मौर्य युग में मिट्टी की मूर्तियाँ बड़े पैमाने पर बनती थीं। उनमें साधारणतया पशुओं और स्त्रियों की मूर्तियाँ होती थीं। प्राय: स्त्रीमूर्तियों में मातृदेवियाँ और पशुमूर्तियों में हाथी हुआ करते थे। लेकिन ये मिट्टी की मूर्तियाँ हाथ से बनाई जाती थीं। साँचे मौर्यकाल के बाद प्रकट होते हैं।

भौतिक संस्कृति का विस्तार और राज्यपद्धति

एक ओर मौर्यों ने पहली बार राज्य के सुसंगठित प्रशासन तंत्र का निर्माण किया जो साम्राज्य के केंद्रीय भाग में सक्रिय था, और दूसरी ओर उनके साम्राज्य-विस्तार ने व्यापार और धर्मप्रचार के द्वार खोल दिए। लगता है कि प्रशासकों, व्यापारियों और जैन तथा बौद्ध भिक्षुओं ने जो संपर्क सूत्र जोड़े उनके फलस्वरूप गंगा के मैदानों की भौतिक संस्कृति साम्राज्य के सीमांत क्षेत्रों में भी फैल गई। गंगा मैदान की इस नई भौतिक संस्कृति के आधार थे–लोहे का प्रचुर प्रयोग, आहत मुद्राओं की बहुतायत, लेखन-कला का प्रयोग, उत्तरी काला पालिशदार मृद्भांड (एन० बी० पी० डब्ल्यू०) नाम से प्रसिद्ध मिट्टी के बरतनों की भरमार, पकी ईंटों और छल्लेदार कुओं का प्रचलन और इनसे बढ़कर पूर्वोत्तर भारत में नगरों का उदय। एरियन नामक यूनानी लेखक के अनुसार नगरों की संख्या इतनी थी कि उन्हें गिनकर ठीक-ठीक बताया नहीं जा सकता है।

इस प्रकार देखते हैं कि गंगा के मैदानों में भौतिक संस्कृति मौर्यकाल में बड़ी तेजी से विकसित हुई। दक्षिण बिहार में लौह अयस्क आसानी से उपलब्ध था, अतः लोहे के उपकरणों का प्रयोग खूब बढ़ा। इसी काल में मूठ वाली कुल्हाड़ियों, हँसिए और फालों का भी प्रचलन हुआ। आरा वाला पहिया भी फैला। शस्त्रास्त्रों पर राज्य का एकाधिकार था, पर लोहे के अन्य औज़ारों का प्रयोग किसी वर्ग में सीमित नहीं था। इनका इस्तेमाल और निर्माण-शिल्प गंगा के मैदान से साम्राज्य के सुदूर भागों में भी फैल गया होगा। मौर्यकाल में ही पूर्वोत्तर भारत में सर्वप्रथम पकाई हुई ईंट का प्रयोग हुआ। मौर्यकाल में बनी पकी ईंटों की संरचनाएँ बिहार और उत्तर प्रदेश में पाई गई हैं। मकान ईंट के भी बनते थे और लकड़ी के भी। प्राचीन काल में घने पेड़-पौधों की और विशेषकर साल वृक्ष की बहुतायत के कारण इमारती लकड़ी खूब उपलब्ध थी। मेगास्थनीज ने मौर्य राजधानी पाटलिपुत्र में बने लकड़ी के भवनों का उल्लेख किया है। खुदाई से मालूम होता है कि लकड़ी के लट्ठों का प्रयोग बाढ़ और बाहरी आक्रमण से बचाव के लिए महत्त्वपूर्ण रक्षा-बाँध बनाने में किया गया था। पकी ईंटों का प्रयोग साम्राज्य के दूरवर्ती प्रांतों में भी फैल गया। नम जलवायु और भारी वर्षा वाले क्षेत्रों में मिट्टी की या कच्ची ईंट की वैसी टिकाऊ और बड़ी-बड़ी इमारतें बनाना संभव नहीं था, जैसी शुष्क क्षेत्रों में पाई जाती हैं। इसलिए पकी ईंट का प्रयोग महान वरदान सिद्ध हुआ। इसके फलस्वरूप धीरे-धीरे साम्राज्य के विभिन्न भागों में शहर पनपने लगे। इसी प्रकार छल्लेदार कुएँ, जो सबसे पहले मौर्यकाल में गंगा घाटी में प्रकट हुए, साम्राज्य के केंद्रीय भाग के बाहर भी फैल गए। चूँकि छल्लेदार कुँओं से लोगों को घरेलू काम के लिए पानी मिल जाता था, इसलिए यह आवश्यक नहीं रहा कि बस्तियाँ नदी के किनारे ही हों। घनी आबादी वाली बस्तियों में ऐसे कुएँ जल-निकास के लिए खाई का काम करते थे।

लगता है कि मध्य गंगा के मैदान की भौतिक संस्कृति के तत्त्व, कुछ परिवर्तनों के साथ, उत्तरी बंगाल, कलिंग, आंध्र और कर्नाटक में भी पहुँचे। इसमें संदेह नहीं कि इन क्षेत्रों की अपनी संस्कृतियाँ भी स्वतंत्र रूप से पनप रही थीं। बांग्लादेश में, जहाँ ज़िला बोगरा में मौर्य ब्राह्मी लिपि में महास्थान का अभिलेख पाया गया है, वहीं दिनाजपुर ज़िले के बनगढ़ में उत्तरी काले पालिशदार मृद्‌भांड (एन० बी० पी० डब्ल्यू०) मिले हैं। ऐसे मृद्‌भांडों के टुकड़े पश्चिम बंगाल के चौबीस परगना ज़िले के चंद्रकेतुगढ़ जैसे स्थानों में भी मिले हैं। उड़ीसा के शिशुपालगढ़ में भी गंगा क्षेत्र से संपर्क के लक्षण दिखाई देते हैं। शिशुपालगढ़ की बस्ती मौर्यकाल की ईसा-पूर्व तीसरी सदी की मानी जाती है और इसमें उत्तरी काले पालिशदार मृद्‌भांड के साथ-साथ लोहे के उपकरण और आहत मुद्राएँ मिली हैं। चूँकि शिशुपालगढ़ धौली और जोगड़ के पास है जहाँ भारत के पूर्व समुद्रतट से गुजरने वाले प्राचीन राजमार्ग पर अशोक के अभिलेख पाए गए हैं, इसलिए कहा जा सकता है कि इस क्षेत्र में भौतिक संस्कृति मगध के साथ संपर्क के परिणामस्वरूप पहुँची होगी। यह संपर्क ईसा-पूर्व चौथी सदी से ही आरंभ हुआ होगा, जब संभवतः नंदों ने कलिंग पर अधिकार किया था। तीसरी सदी ईसा-पूर्व में कलिंग विजय के बाद यह संपर्क घनिष्ठ हो गया। संभवतः कलिंग विजय के बाद शांति के लिए कार्रवाई के रूप में अशोक ने उड़ीसा में कुछ बस्तियों को बढ़ावा दिया जिन्हें साम्रज्य का अंग बनाया जा चुका था।

यद्यपि मौर्यकाल में आंध्र और कर्नाटक में कई स्थानों पर लोहे के औज़ार और हथियार पाए गए हैं, तथापि लोहे की उन्नत कारीगरी (टेक्नोलॉजी) उन कारीगरों की देन है, जो अनेक प्रकार के बड़े-बड़े पत्थरों के गोलाकार शवाधान (दफ़नाने की जगह) बनाने के लिए मशहूर थे। लेकिन इनमें से कुछ स्थानों में अशोक के अभिलेख और ईसा-पूर्व तीसरी सदी के उत्तरी काले पालिशदार मृद्‌भांड के टुकड़े मिले हैं। उदाहरणार्थ, आंध्र के अमरावती में तथा कर्नाटक के कई स्थानों में अशोक के अभिलेख पाए गए हैं। इसलिए ऐसा लगता है कि पूर्वी समुद्रतट से भौतिक संस्कृति के तत्त्व मौर्य संपर्क के जरिए निचले दकन पठार में आए।

मौर्य संपर्कों के जरिए ही इस्पात बनाने की कला देश के कुछ भागों में फैल गई होगी। 200 ई० पू० के आसपास की या इससे भी पहले की इस्पात की वस्तुएँ मध्य गंगा के मैदानों में पाई गई हैं। इस्पात के प्रचार से कलिंग में जंगल की सफाई और खेती के सुधरे तरीकों का इस्तेमाल होने लगा होगा, और इसके फलस्वरूप उस क्षेत्र में चेदि राज्य के उदय के लिए उपयुक्त स्थिति उत्पन्न हुई होगी। यद्यपि दकन में सातवाहन ईसा-पूर्व पहली सदी में ही सत्ता में आए, तथापि कुछ हद तक उनके साम्राज्य का स्वरूप मौर्य साम्राज्य जैसा था। सातवाहनों ने मौर्यों की कुछ प्रशासनिक

इकाइयों को अपनाया। उनके राज्य में कई विषयों में मौर्य प्रणाली का अनुकरण किया गया।

प्रायद्वीपीय भारत में राज्य स्थापित करने की प्रेरणा न केवल चेदियों और सातवाहनों को, बल्कि चेरों (केरलपुत्रों), चोलों और पांड्यों को भी मौर्यों से ही मिली हुई लगती है। अशोक के अभिलेखों के अनुसार, चेर, चोल, पांड्य, सतियपुत या ताम्रपर्णी या श्रीलंका के लोग मौर्य साम्राज्य की सीमा से लगे क्षेत्रों में बसते थे। इसलिए उन सबों के राज्य मौर्य राज्य से मिलते-जुलते थे। मौर्य राजधानी में आए मेगास्थनीज को पांड्यों की जानकारी थी। अशोक अपने को 'देवों का प्यारा' कहता था, यही उपाधि तमिल में अनूदित करके संगम साहित्य में उल्लिखित राजाओं ने धारण की।

लगभग 300 ई० पू० से बांग्लादेश, उड़ीसा, आंध्र और कर्नाटक के कई भागों में अभिलेखों के और कभी-कभी उत्तरी काले पालिशदार मृद्भांड के टुकड़ों और आहत मुद्राओं के मिलने से संकेत मिलता है कि मौर्यकाल में मध्य गंगा के मैदान की संस्कृति के तत्त्वों को दूर-दूर तक फैलाने की चेष्टा की गई। लगता है कि ऐसी कार्रवाई कौटिल्य के उपदेशानुसार की गई होगी। कौटिल्य ने परामर्श दिया है कि कृषकों की अर्थात् वैश्यों की सहायता से तथा घनी आबादी वाले इलाकों से मँगाए गए शूद्र श्रमिकों की सहायता से नई-नई बस्तियाँ बसाई जानी चाहिए। परती ज़मीन को तोड़ने के वास्ते नए किसानों को कर से छुटकारा दिया जाता था और मवेशी, बीज और धन भी दिया जाता था। राज्य ने यह नीति इस आशा से अपनाई कि इस प्रकार जो कुछ निवेश किया जाएगा उसका प्रतिफल अवश्य मिलेगा। ऐसी बस्तियाँ उन इलाकों में आवश्यक थीं जहाँ के लोग लोहे के फाल से परिचित नहीं थे। इस नीति के फलस्वरूप विशाल क्षेत्र में खेती और बस्ती का विस्तार हुआ।

यह कहना कठिन है कि पूरब में झारखंड और पश्चिम में विंध्य के बीच फैले मध्य भारतीय जनजातीय इलाके में गंगा के मैदान की भौतिक संस्कृति को पहुँचाने में ये मौर्य नगर कहाँ तक सहायक हुए। पर इतना स्पष्ट है कि अशोक ने जनजातीय लोगों से निकट संपर्क बनाए रखा और उन्हें धर्म का पालन करने के लिए प्रोत्साहित किया। अशोक द्वारा नियुक्त **धम्ममहामात्रों** के साथ उनके संपर्क से उन्हें गंगा के मैदान की उच्च संस्कृति के मूल तत्त्वों को आत्मसात् करने की प्रेरणा अवश्य मिली होगी। इस अर्थ में अशोक ने संस्कृति प्रसार की सुविचारित और सुव्यवस्थित नीति चलाई। उसने कहा कि धर्म का प्रचार होने से मानव देवताओं में मिल जाएँगे। इसका आशय यह है कि जनजातीय और अन्य लोग स्थायी रूप से बसने और कर चुकाने वाले किसानों के समाज की रीति अपनाएँगे, और माता-पिता और राजप्रभुत्व के प्रति तथा उसके सहायक भिक्षुओं, पुरोहितों और अधिकारियों के प्रति आदर भाव रखेंगे।

उसकी यह नीति सफल हुई। अशोक के अनुसार शिकारियों और मछुआरों ने हिंसा का त्याग करके **धम्म** को अपनाया। इसका अर्थ यह हुआ कि उन्होंने स्थानबद्ध कृषकों का धंधा अपनाया।

मौर्य साम्राज्य के पतन के कारण

मगध साम्राज्य युद्ध पर युद्ध करके प्रबल होता गया, जिसकी चरम परिणति कलिंग-विजय है। लेकिन 232 ई० पू० में अशोक के राज्यकाल के समाप्त होते ही इसका विघटन शुरू हो गया । मगध साम्राज्य के ह्रास और पतन के कई कारण प्रतीत होते हैं।

ब्राह्मणों की प्रतिक्रिया

अशोक की नीति के चलते ब्राह्मणों में प्रतिक्रिया हुई। इसमें संदेह नहीं कि अशोक की नीति में सहिष्णुता थी और उसने लोगों से ब्राह्मणों का भी आदर करने को कहा। परंतु उसने पशु-पक्षियों के वध को निषिद्ध कर दिया और स्त्रियों में प्रचलित कर्मकांडीय अनुष्ठानों की खिल्ली उड़ाई। स्वभावत: इससे ब्राह्मणों की आय घटी। बौद्ध धर्म के और अशोक के यज्ञविरोधी रूख से ब्राह्मणों को भारी हानि हुई, क्योंकि नाना प्रकार के यज्ञों में मिलने वाली दान-दक्षिणा पर ही तो वे जीते थे। अत: अशोक की नीति भले ही सहनशील हो, पर ब्राह्मणों में उसके प्रति विद्वेष की भावना जगने लगी। वे वास्तव में ऐसी नीति चाहते थे जो उनके पक्ष में हो और उनके तत्कालीन हितों और विशेषाधिकारों का समर्थन करे। मौर्य साम्राज्य के खँडहर पर कुछ नए राज्यों के शासक ब्राह्मण बने। मध्य प्रदेश में और उससे पूर्व साम्राज्य के अवशेषों पर शासन करने वाले शुंग और कण्व ब्राह्मण थे। इसी प्रकार पश्चिम दकन और आंध्र में चिरस्थायी राज्य स्थापित करने वाले सातवाहन भी अपने को ब्राह्मण मानते थे। इन ब्राह्मण राजाओं ने वैदिक यज्ञ किए, जिनकी अशोक ने उपेक्षा की थी।

वित्तीय संकट

सेना पर और प्रशासनिक अधिकारियों पर होने वाले भारी खर्च के बोझ से मौर्य साम्राज्य के सामने वित्तीय संकट खड़ा हो गया। जहाँ तक हमें मालूम है प्राचीन काल में सबसे विशाल सेना मौर्यों की थी और सबसे बड़ा प्रशासन तंत्र भी उन्हीं का था। प्रजा पर तरह-तरह के कर थोपने के बावजूद, इतने विशाल ऊपरी ढाँचे को बनाए रखना बड़ा ही कठिन था। लगता है कि अशोक ने बौद्ध भिक्षुओं को इतना दान दिया कि राजकोष ही खाली हो गया। अंतिम अवस्था में अपने खर्च को पूरा करने के लिए मौर्यों को सोने की देवप्रतिमाएँ तक गलानी पड़ी।

दमनकारी शासन

साम्राज्य के टूटने का एक बड़ा कारण था प्रांतों में दमनकारी शासन। बिंदुसार के शासनकाल में तक्षशिला के नागरिकों ने **दुष्टामात्यों** अर्थात् दुष्ट अधिकारियों के कुशासन की कड़ी शिकायतें की थीं। अशोक की नियुक्ति होने पर नागरिकों की शिकायतें दूर हुईं। पर जब अशोक सम्राट् हो गया तब फिर उसी नगर में वे वैसी ही शिकायत आ गई। अशोक के कलिंग अभिलेख से प्रकट होता है कि प्रांतों में हो रहे अत्याचारों से वह बड़ा चिंतित था और इसलिए उसने महामात्रों को आदेश दिया कि समुचित कारण के बिना वे नागरिकों को सताएँ नहीं। इसी दृष्टि से उसने तोसली (कलिंग स्थित), उज्जैन और तक्षशिला के अधिकारियों के स्थानांतरण की परिपाटी चलाई। उसने स्वयं 256 रातें धम्मयात्रा पर बिताईं ताकि इस क्रम से प्रशासन की देखभाल की जाए। पर इतना सारा होने पर भी दूर के प्रांतों में दमन का अंत न हुआ, और अशोक के राज्यकाल के समाप्त होते ही तक्षशिला को साम्राज्य का जुआ फेंक डालने में तनिक भी देर न लगी।

दूरवर्ती क्षेत्र में नए ज्ञान की पहुँच

हम देख चुके हैं कि किस प्रकार मगध अपनी कतिपय मूलभूत भौतिक उत्कृष्टताओं के कारण फूलता-फलता गया। मगध साम्राज्य के विस्तार के फलस्वरूप ज्योंही भौतिक संस्कृति के ये तत्त्व मध्य भारत, दकन और कलिंग पहुँच गए, त्योंही गंगा के मैदान का, जो साम्राज्य का हृदय-स्थल था, वर्चस्व घटने लगा। ज्यों-ज्यों मध्य गंगा क्षेत्र से बाहर वाले प्रांतों में लोहे के औज़ारों का प्रयोग बढ़ता गया, त्यों-त्यों मौर्य साम्राज्य का ह्रास और पतन होता गया। मगध से प्राप्त भौतिक संस्कृति की बदौलत नए-नए राज्य स्थापित और विकसित होते गए। इससे स्पष्ट हो जाता है कि मध्य भारत में शुंगों और कण्वों का, कलिंग में चेदियों का और दकन में सातवाहनों का उदय कैसे हुआ।

पश्चिमोत्तर सीमा प्रांत की उपेक्षा और चीन की महादीवार

अशोक देश और विदेशों में मुख्यतः धर्म प्रचार के काम में ही व्यस्त रहा, अतः ध्यान नहीं दे सका कि पश्चिमोत्तर सीमावर्ती दर्रे की रक्षा कैसे हो। ईसा-पूर्व तीसरी सदी में मध्य एशिया में कबीलों की जो गतिविधि थी उसे देखते हुए, उस दर्रे की ओर नज़र रखना जरूरी हो गया था। सीथियन निरंतर गतिशील थे। वे खानाबदोश थे और मुख्यतः घोड़े के इस्तेमाल पर निर्भर थे। वे चीन और भारत के व्यवस्थित साम्राज्यों के लिए गंभीर खतरा बन गए। चीन के राजा शीह हुआँग टी (247-210 ई० पू०) ने इन सीथियन जनों के हमले से अपने साम्राज्य की सुरक्षा के लिए लगभग 200

ई० पू० में चीनी महादीवार (Great Wall) बनवाई। अशोक ने ऐसा कोई उपाय नहीं किया। स्वभावतः जब सीथियन जन भारत की ओर बढ़े तो उन्होंने पार्थिअनों, शकों और यूनानियों को भारत की ओर ढकेल दिया। यूनानियों ने उत्तर अफगानिस्तान में बैक्ट्रिया नाम का राज्य स्थापित किया था। सर्वप्रथम उन्होंने ही 206 ई० पू० में भारत पर आक्रमण किया। इसके बाद आक्रमणों का ताँता लग गया, और यह सिलसिला ईसवी सन् के आरंभ तक जारी रहा।

मौर्य साम्राज्य को पुष्यमित्र शुंग ने 185 ई० पू० में अंतिम रूप से नष्ट कर दिया। ब्राह्मण होते हुए भी वह अंतिम मौर्य राजा बृहद्रथ का सेनापति था। कहा जाता है कि उसने लोगों के सामने बृहद्रथ को मार डाला और बलपूर्वक पाटलिपुत्र का राजसिंहासन हड़प लिया। शुंगवंशियों ने पाटलिपुत्र और मध्य भारत में शासन किया और ब्राह्मण जीवन-पद्धति का पुनरारंभ दिखाने के लिए कई वैदिक यज्ञ किए। कहा जाता है कि उन्होंने बौद्धों को सताया भी। उनकी जगह कण्ववंशी आए और वे भी ब्राह्मण थे।

कालक्रम

चौथी शताब्दी ई० पू०	मध्य गंगा घाटी की भौतिक संस्कृति के तत्त्व उत्तरी बंगाल, कलिंग, आंध्र और कर्नाटक में फैल गए। माना जाता है कि मगध के नंदों ने कलिंग को जीता।
तृतीय शताब्दी ई० पू०	सम्राट अशोक के द्वारा कलिंग विजय। शिशुपाल गढ़ की मानव बस्ती का उत्थान।
232 ई० पू०	मगध साम्राज्य का विघटन प्रारंभ।
247-210 ई० पू०	चीन के शासक शीह हुआँग टी की तिथि।
220 ई० पू०	अपने साम्राज्य के विरुद्ध आक्रमण से बचाव के लिए चीन की विशाल दीवार (Great Wall) चीनी शासक शीह हुआँग टी के द्वारा बनवाई गई।
206 ई० पू०	यूनानियों का भारत पर आक्रमण।
200 ई० पू०	मगध गंगा के मैदानों में लगभग इसी काल की इस्पात की बनी वस्तुएँ प्राप्त।
230 ई० पू०	ईरान अंतर्गत हिस्सार और उत्तरी कॉकेसस में आरेदार पहिये।
185 ई० पू०	पुष्यमित्र शुंग के द्वारा अंतिम रूप से मौर्य साम्राज्य का विनाश कर दिया गया।

20

मध्य एशिया से संपर्क और उनके परिणाम

लगभग 200 ईसा-पूर्व से जो काल आरंभ होता है, उसमें मौर्य साम्राज्य जैसा कोई बड़ा साम्राज्य नहीं दिखाई देता है, पर उस काल में मध्य एशिया और भारत के बीच घनिष्ठ और व्यापक संपर्क स्थापित हुआ। पूर्वी भारत, मध्य भारत और दकन में मौर्यों के स्थान पर कई स्थानीय शासक सत्ता में आए, जैसे शुंग, कण्व और सातवाहन। पश्चिमोत्तर भारत में मौर्यों के स्थान पर मध्य एशिया से आए कई राजवंशों ने अपना शासन जमाया। इसमें कुषाण सर्वाधिक प्रसिद्ध हुए।

हिंद-यूनानी

लगभग 200 ई० पू० से बार-बार हमले होने लगे। सर्वप्रथम यूनानियों ने हिंदूकुश पार किया। वे उत्तर अफगानिस्तान के अंतर्गत अमुदरिया (ऑक्सस) के दक्षिण में बैक्ट्रिया में राज करते थे। आक्रमणकारी एक के बाद एक आते रहे, परंतु उनमें से कुछ ने एक ही समय समानांतर शासन किया। आक्रमण का महत्त्वपूर्ण कारण था सेल्यूकस द्वारा स्थापित साम्राज्य की कमज़ोरी। इस साम्राज्य की स्थापना बैक्ट्रिया में और ईरान से संलग्न पार्थिया नामक क्षेत्र में हुई थी। शकों के बढ़ते हुए दबाव के कारण परवर्ती यूनानी शासक इस क्षेत्र में अपनी सत्ता नहीं रख सके। उधर चीन में महादीवार के बन जाने से शक लोग चीन की सीमाओं के बाहर धकेल दिए गए। इसलिए उन्होंने अपना मुँह पड़ोसी यूनानियों और पार्थियनों की ओर घुमाया। शकों से दबकर बैक्ट्रियाई यूनानी भारत पर चढ़ाई करने के लिए मजबूर हो गए। अशोक के उत्तराधिकारी इतने कमज़ोर ठहरे कि वे इस काल में आई बाहरी आक्रमणों की लहर को रोक नहीं सके।

भारत पर आक्रमण सबसे पहले उन यूनानियों ने किए, जो हिंद-यूनानी या बैक्ट्रियाई-यूनानी कहलाते हैं। ईसा-पूर्व दूसरी सदी के आरंभ में हिंद-यूनानियों ने पश्चिमोत्तर भारत के विशाल क्षेत्र पर कब्जा कर लिया। यह क्षेत्र सिकंदर द्वारा जीते गए क्षेत्र से भी बड़ा था। कहा जाता है कि वे अयोध्या और पाटलिपुत्र तक चढ़ आए थे। परंतु वे लोग भारत में मिलजुल कर शासन कायम नहीं कर सके। दो यूनानी राजवंशों ने एक ही समय में पश्चिमोत्तर भारत में समानांतर शासन किया। सबसे अधिक विख्यात हिंद-यूनानी शासक हुआ मिनांडर (165-145 ई० पू०)। वह

मिलिंद नाम से भी जाना जाता है। उसकी राजधानी पंजाब में शाकल (आधुनिक सियालकोट) में थी, और उसने गंगा-यमुना दोआब पर आक्रमण किया। उसे नागसेन ने बौद्ध धर्म की दीक्षा दी। नागार्जुन इस नागसेन का ही नामांतर है। मिनांडर ने नागसेन से बौद्ध धर्म पर अनेक प्रश्न पूछे। ये प्रश्न और नागसेन द्वारा दिए गए उनके उत्तर एक पुस्तक के रूप में संगृहीत हैं जिसका नाम है *मिलिंदपञ्हो* अर्थात् मिलिंद के प्रश्न।

भारत के इतिहास में हिंद-यूनानी शासन का महत्त्व इसलिए है कि यूनानी शासकों ने भारी संख्या में सिक्के जारी किए। हिंद-यूनानी भारत के पहले शासक हुए जिनके जारी किए गए सिक्कों के बारे में निश्चित रूप से कहा जा सकता है कि सिक्के किन-किन राजाओं के हैं। पूर्व की आहत मुद्राओं के बारे में ऐसी बात नहीं है; उनका संबंध किसी राजवंश से निश्चयपूर्वक जोड़ना संभव नहीं है। सबसे पहले भारत में हिंद-यूनानियों ने ही सोने के सिक्के जारी किए, पर इनकी संख्या कुषाणों के शासन में ज़ोर से बढ़ी। हिंद-यूनानी शासकों ने भारत के पश्चिमोत्तर सीमा प्रांत में यूनान की कला चलाई जिसे **हेलेनिस्टिक आर्ट** कहते हैं। यह कला विशुद्ध यूनानी नहीं थी। सिकंदर की मृत्यु के बाद विजित गैर-यूनानियों के साथ यूनानियों के संपर्क से इसका उदय हुआ था। भारत में गांधार कला इसका उत्तम उदाहरण है।

शक

यूनानियों के बाद शक आए। यूनानियों ने भारत के जितने भाग पर कब्जा किया था उससे कहीं अधिक भाग पर शकों ने किया। शकों की पाँच शाखाएँ थीं और हर शाखा की राजधानी भारत और अफगानिस्तान में अलग-अलग भाग में थी। शकों की एक शाखा अफगानिस्तान में बस गई। दूसरी शाखा पंजाब में बसी जिसकी राजधानी तक्षशिला हुई। तीसरी शाखा मथुरा में बसी, जहाँ उसने लगभग दो सदियों तक शासन किया। चौथी शाखा ने पश्चिमी भारत पर अपना अधिकार जमाया और वहाँ वह चौथी शताब्दी तक शासन करती रही। शकों की पाँचवीं शाखा ने अपना प्रभुत्व ऊपरी दकन पर स्थापित किया।

शकों को न तो भारत के शासकों का और न जनता का ही प्रतिरोध झेलना पड़ा। कहा जाता है कि लगभग 57-58 ईसा-पूर्व में उज्जैन के एक राजा ने शकों से युद्ध किया, उन्हें पराजित किया और अपने ही समय में उन्हें बाहर खदेड़ दिया। यह राजा अपने को **विक्रमादित्य** कहता था। विक्रम संवत् नाम का संवत् 57-58 ई० पू० में शकों पर उसकी विजय से आरंभ हुआ। तब से विक्रमादित्य अत्यंत इच्छित उपाधि बन गया। जिस किसी ने भी कोई महान पराक्रम दिखलाया उसने इस उपाधि को उसी तरह धारण कर लिया जिस तरह रोम के सम्राट् अपनी अतुल शक्ति और पराक्रम जताने के लिए 'सीजर' की उपाधि लगा लेते थे। इस प्रथा का परिणाम यह हुआ कि

हम भारतीय इतिहास में चौदह विक्रमादित्य पाते हैं। गुप्त सम्राट चंद्रगुप्त द्वितीय सबसे अधिक विख्यात विक्रमादित्य था। भारतीय राजाओं को यह उपाधि इतनी भाई कि इसकी परंपरा, खासकर पश्चिमी भारत और पश्चिमी दकन में, ईसा की बारहवीं सदी तक चलती रही।

यद्यपि शकों ने देश के कई भागों में अपना-अपना राज्य स्थापित किया, तथापि जिन्होंने पश्चिम में राज्य स्थापित किया वे ही कुछ लंबे अरसे तक यानी लगभग चार सदियों तक राज करते रहे। वे गुजरात में चल रहे समुद्री व्यापार से लाभान्वित हुए और उन्होंने भारी संख्या में चांदी के सिक्के चलाए। सबसे अधिक विख्यात शक शासक रुद्रदामन् प्रथम (130-150 ई०) हुआ। उसका शासन न केवल सिंध में, बल्कि कोंकण, नर्मदा घाटी, मालवा, काठियावाड़ और गुजरात के बड़े भाग में भी था। वह इसलिए प्रसिद्ध है कि उसने काठियावाड़ के अर्धशुष्क क्षेत्र का मशहूर झील **सुदर्शन सर** का जीर्णोद्धार किया। यह झील मौर्यकाल की थी और दीर्घकाल से सिंचाई के काम में आती रही थी।

रुद्रादामन् संस्कृत का बड़ा प्रेमी था। भारत में आकर बसा विदेशी होते हुए भी उसने ही सबसे पहले विशुद्ध संस्कृत भाषा में लंबा अभिलेख जारी किया। पूर्व के जो भी लंबे अभिलेख इस देश में पाए गए हैं, सभी प्राकृत भाषा में रचित हैं।

पार्थियाई या पह्लव

पश्चिमोत्तर भारत में शकों के आधिपत्य के बाद पार्थियाई लोगों का आधिपत्य हुआ। प्राचीन भारत के अनेक संस्कृत ग्रंथों में इन दोनों जनों के एक साथ उल्लेख **शकपह्लव** के रूप में मिलते हैं। वास्तव में ये दोनों जनसमूह कुछ समय इस देश में समानांतर शासन करते रहे। पार्थियाई लोगों का मूल वासस्थान ईरान में था, जहाँ से वे भारत की ओर चले। यूनानियों और शकों के विपरीत वे ईसा की पहली सदी में पश्चिमोत्तर भारत के एक छोटे-से भाग पर ही सत्ता जमा सके। सबसे प्रसिद्ध पार्थियाई राजा हुआ गोंडोफर्निस। कहा जाता है कि उसके शासनकाल में सेंट टॉमस ईसाई धर्म का प्रचार करने के लिए भारत आया था। अपने से पहले के शकों की तरह पार्थियाई लोग भी भारतीय राजतंत्र के और समाज के अभिन्न अंग बन गए।

कुषाण

पार्थियाइयों के बाद कुषाण आए, जो यूची और तोखारी भी कहलाते हैं। यूची कबीला पाँच कुलों में बँट गया था। कुषाण उन्हीं में एक कुल के थे। वे उत्तरी मध्य एशिया के हरित मैदानों के खानाबदोश लोग थे और चीन के पड़ोस में रहते थे। कुषाणों ने पहले बैक्ट्रिया और उत्तरी अफगानिस्तान पर कब्जा किया और वहाँ से शकों को

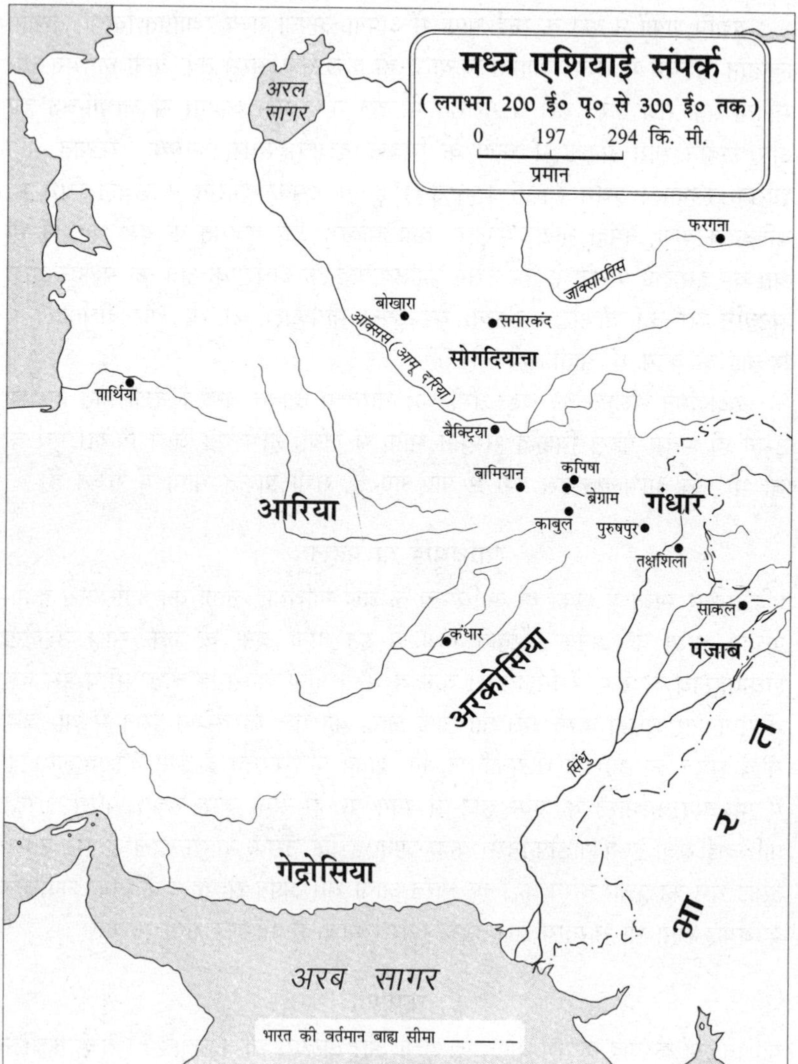

मध्य एशियाई संपर्क
(लगभग 200 ई० पू० से 300 ई० तक)
0 197 294 कि. मी.
प्रमान
अरल सागर
फरगना
जॉक्सारतिस
बोखारा
समारकंद
ऑक्सस (आमू दरिया)
सोगदियाना
पार्थिया
बैक्ट्रिया
बामियान
कपिषा
ब्रेग्राम
काबुल
गंधार
पुरुषपुर
तक्षशिला
आरिया
साकल
पंजाब
कंधार
अरकोसिया
सिंधु
भा र त
गेद्रोसिया
अरब सागर
भारत की वर्तमान बाह्य सीमा

भगाया। धीरे-धीरे वे काबुल घाटी की ओर बढ़े और हिंदूकुश पार करके गंधार पर कब्जा किया, और वहाँ यूनानियों और पार्थियाइयों को अपदस्थ कर सत्ता जमाई। अंततः उन्होंने निचली सिंधु घाटी पर तथा गंगा के मैदान के अधिकतर हिस्से पर भी अधिकार कर लिया। उनका साम्राज्य अमुदरिया से गंगा तक, मध्य एशिया के खुरासान से उत्तर प्रदेश के वाराणसी तक फैल गया। कुषाणों ने पूर्व सोवियत गणराज्य में शामिल मध्य एशिया का अच्छा-खासा भाग, ईरान का हिस्सा, अफगानिस्तान का कुछ अंश, लगभग पूरा पाकिस्तान और लगभग समूचा उत्तर भारत इन सारे भू-भागों को अपने शासन के साये में कर दिया। इससे नाना प्रकार के लोगों और संस्कृतियों के आपस में घुल-मिल जाने का विलक्षण अवसर आया और इस सम्मिलन की प्रक्रिया ने ऐसी संस्कृति को जन्म दिया जो आज के नौ देशों में फैली हुई है।

हम कुषाणों के दो राजवंश पाते हैं जो एक के बाद एक आए। पहले राजवंश की स्थापना कैडफाइसिस नामक सरदारों के घराने ने की। इस घराने का शासन 50 ई० से 28 वर्षों तक चला। इसमें दो राजा हुए। पहला हुआ कैडफाइसिस प्रथम, जिसने हिंदूकुश के दक्षिण में सिक्के चलाए। उसने रोमन सिक्कों की नकल करके तांबे के सिक्के ढलवाए। दूसरा राजा हुआ कैडफाइसिस द्वितीय, जिसने बड़ी संख्या में स्वर्णमुद्राएँ जारी कीं और अपना राज्य सिंधु नदी के पूरब में फैलाया।

कैडफाइसिस राजवंश के बाद कनिष्क राजवंश आया। इस वंश के राजाओं ने ऊपरी भारत और निचली सिंधु घाटी में अपना प्रभुत्व फैलाया। आरंभिक कुषाण राजाओं ने बड़ी संख्या में स्वर्णमुद्राएँ जारी कीं। उनकी स्वर्णमुद्राएँ धातु की शुद्धता में गुप्त शासकों की स्वर्णमुद्राओं से उत्कृष्ट हैं। उनकी स्वर्णमुद्राएँ तो मुख्यतः सिंधु के पश्चिम में ही पाई गई हैं, पर उनके अभिलेख न केवल पश्चिमोत्तर भारत और सिंधु में ही, बल्कि मथुरा, श्रावस्ती, कौशांबी और वाराणसी तक बिखरे मिले हैं। इससे सिद्ध होता है कि उन्होंने गंगा-यमुना दोआब के अतिरिक्त मध्य गंगा के मैदानों के काफी भाग को भी अपने कब्जे में किया। मथुरा में जो कुषाणों के सिक्के, अभिलेख, संरचनाएँ और मूर्तियाँ मिली हैं उनसे प्रकट होता है कि मथुरा भारत में कुषाणों की द्वितीय राजधानी थी। पहली राजधानी आधुनिक पाकिस्तान में अवस्थित पुरुषपुर या पेशावर में थी। वहाँ कनिष्क ने एक मठ और विशाल स्तूप का निर्माण कराया। इस स्तूप को देखकर विदेशी यात्री चकित रह जाते थे।

कनिष्क सर्वाधिक विख्यात कुषाण शासक था। लगता है कि उसे भारत की सीमाओं के बाहर चीनियों से हार खानी पड़ी। लेकिन इतिहास में दो कारणों से उसका नाम है। पहला, उसने 78 ई० में एक संवत् चलाया जो **शक संवत्** कहलाता है और भारत सरकार द्वारा प्रयोग में लाया जाता है। दूसरा, उसने बौद्ध धर्म का मुक्त हृदय से संपोषण-संरक्षण किया। उसने कश्मीर में बौद्धों का सम्मेलन आयोजित किया

जिसमें बौद्ध धर्म के महायान संप्रदाय को अंतिम रूप दिया गया। कनिष्क कला और संस्कृत साहित्य का भी महान संरक्षक था।

कनिष्क के उत्तराधिकारी पश्चिमोत्तर भारत पर लगभग 230 ई० तक राज करते रहे और उनमें से कुछ ने तो शुद्ध भारतीय नाम धारण कर लिए, जैसे वासुदेव।

ईरान में उठ खड़ी हुई सासानी शक्ति ने ईसा की तीसरी सदी के मध्य में अफगानिस्तान और सिंधु के पश्चिम के क्षेत्र कुषाण साम्राज्य से छीन कर अपने कब्जे में कर लिए, पर भारत में कुषाण रजवाड़े लगभग सौ वर्षों तक बने रहे। लगता है कि कुषाणों का अधिकार काबुल घाटी, कपिशा, बैक्ट्रिया, ख्वारिज्म और सोग्दियाना (अर्थात् मध्य एशिया स्थित बोखारा और समरकंद) में ईसा की तीसरी-चौथी सदी में भी कायम रहा। इन क्षेत्रों में अनेक कुषाण मुद्राएँ, अभिलेख और मृण्मूर्तिकाएँ पाई गई हैं। खासकर ख्वारिज्म, जो अरल सागर के दक्षिण अमुदरिया नदी पर अवस्थित है, के टोपरक-कला नामक स्थान में विशाल कुषाण प्रासाद खुदाई में निकला है जो तीसरी-चौथी सदियों का है। इसमें प्रशासनिक अभिलेखागार था जहाँ आरामाइक लिपि और ख्वारिज्मी भाषा में लिखे पुरालेख और दस्तावेज़ रखे हुए थे।

हिंद-सासानी

तीसरी शताब्दी के मध्य तक ससानियों ने निचले सिंधु क्षेत्र पर अधिकार कर लिया था। शुरू में, वे इस क्षेत्र को 'हिंदु' कहते थे। यह नाम किसी धार्मिक कारण से नहीं दिया गया था। इससे उनका तात्पर्य था कि यहाँ सिंधु निवासी रहते हैं। 262 ई० के एक सासानी अभिलेख में इस क्षेत्र के लिए 'हिंदुस्तान' शब्द का प्रयोग हुआ है। अतएव मुगल और आधुनिक काल में भारत के लिए प्रयुक्त हिंदुस्तान शब्द का उल्लेख सर्वप्रथम तीसरा सदी में मिलता है। ससानियों ने, जिन्हें हिंद-सासानी भी कहते हैं, भारत में एक सदी से थोड़ा कम ही शासन किया, लेकिन उन्होंने बहुत-सारे सिक्के जारी कर भारतीय अर्थव्यवस्था में योगदान किया।

मध्य एशिया से संपर्कों के प्रभाव

भवन और मृद्भांड

शक-कुषाण काल में भवन-निर्माण के कार्यों में उल्लेखनीय प्रगति हुई। उत्खननों में संरचना के कई स्तर मिले हैं। उत्तर भारत के विविध पुरास्थलों पर तो कभी-कभी आधे दर्जन से भी अधिक स्तर हैं। इनमें पकी ईंटों का प्रयोग फ़र्श बनाने में किया गया है, खपरों (टाइलों) का प्रयोग फ़र्श और छत दोनों में किया गया है। इस काल में ईंट के कुँओं का निर्माण हुआ। कुषाणकाल का अपना खास मृद्भांड है लाल बरतन, जो सादा भी है और पालिशदार भी और बनावट में मध्यम से उत्तम तक।

असाधारण बरतन हैं फुहारों और टोंटियों वाले पात्र। इन बरतनों में मध्य एशिया में इसी काल के कुषाण स्तरों में पाए गए सूक्ष्म बनावट वाले मृद्भांडों से समानता है। इस प्रकार के लाल पालिशदार मृद्भांड बनाने की कला मध्य एशिया में सुविदित थी और यह कला फरगना जैसे कुषाण सांस्कृतिक क्षेत्र के भीतर प्रचलित थी।

उत्कृष्ट अश्वारोही सेना

शकों और कुषाणों ने भारतीय संस्कृति में नए-नए उपादान जोड़कर इसे अपार समृद्ध बनाया। वे सदा के लिए भारतवासी हो गए और अपने को भारतीय संस्कृति की धारा में पूर्णत: विलीन कर दिया। उनके अपने पास लिपि, लिखित भाषा और कोई सुव्यवस्थित धर्म नहीं थे, इसलिए उन्होंने संस्कृति के इन उपादानों को भारत से लिया। वे भारतीय समाज के अभिन्न अंग बन गए और इस समाज को उन्होंने बहुत कुछ दिया। उन्होंने बड़े पैमाने पर उत्तम अश्वारोही सेना और अश्वारोहण की परंपरा चलाई। उन्होंने लगाम और जीन का प्रयोग प्रचलित किया, जो हमें ईसा की दूसरी और तीसरी सदियों की बौद्ध मूर्तियों में दिखाई देते हैं। शक और कुषाण विलक्षण अश्वारोही थे। अफगानिस्तान के बेगराम में जो कुषाण काल की मिट्टी की पकी घुड़सवार की मुर्तिकाएँ मिली हैं, उनसे घुड़सवारी में उनकी गहरी दिलचस्पी ज़ाहिर होती है। इन विदेशी घुड़सवारों को सुदृढ़ कवच में, भालों और बर्छियों से लड़ाई करते दिखाया गया है। वे रस्सी का बना एक प्रकार का अंगूठा-रकाब भी लगाते थे जिससे उन्हें घुड़सवारी में सुविधा होती थी और उनका आवागमन सुगम हो गया था। शकों और कुषाणों ने पगड़ी, ट्यूनिक (कुरती), पाजामा और भारी लंबे कोट चलाए। आज भी अफगान और पंजाबी लोग पगड़ी लगाते हैं और शेरवानी लंबे कोट का ही बदला रूप है। मध्य एशिया वालों ने यहाँ टोपी, शिरस्त्राण और बूट चलाए जिनका इस्तेमाल योद्धा लोग करते थे। इन्हीं श्रेष्ठताओं की बदौलत उन्होंने ईरान, अफगानिस्तान, पाकिस्तान और भारत में अपने विरोधियों पर विजय पाई। बाद में, जब यह सैनिक कौशल देश भर में फैल गया तब अधीनस्थ राजाओं ने अपने पिछले विजेताओं के विरुद्ध इसका अच्छा इस्तेमाल किया।

व्यापार और खेती

मध्य एशियाई लोगों के आने से मध्य एशिया और भारत के बीच घना संपर्क स्थापित हुआ। परिणामस्वरूप, भारत को मध्य एशिया के अल्ताई पहाड़ों से भारी मात्रा में सोना प्राप्त हुआ। भारत को रोमन साम्राज्य के साथ व्यापार के जरिए भी सोना मिला होगा। कुषाणों ने रेशम के उस प्रख्यात मार्ग पर नियंत्रण कर लिया जो चीन से चलकर कुषाण साम्राज्य में शामिल मध्य एशिया और अफगानिस्तान से गुजरते हुए ईरान जाता था, और पूर्वी भूमध्यसागरीय अंचल में रोमन साम्राज्य के अंतर्गत पश्चिम एशिया जाता

था। यह रेशम मार्ग कुषाणों का बड़ा आय-स्रोत था और वे इस मार्ग पर व्यापारियों से उगाही गई चुंगी की बदौलत ही विशाल और समृद्ध साम्राज्य कायम कर सके। यह उल्लेखनीय है कि भारत में बड़े पैमाने पर सोने का सिक्का चलाने वाले प्रथम शासक कुषाण ही थे।

कुषाणों ने खेती को भी बढ़ाया। कुषाण काल की विस्तृत सिंचाई के पुरातात्त्विक अवशेष पाकिस्तान, अफगानिस्तान और पश्चिमी मध्य एशिया में पाए जाते हैं।

राज्यव्यवस्था

मध्य एशियाई विजेताओं ने अनगिनत छोटे-छोटे देशी राजाओं पर अपना शासन लाद दिया। इससे एक प्रकार की सामंती व्यवस्था उदित हुई। कुषाण राजाओं ने **महाराजाधिराज** की यह गौरवपूर्ण उपाधि धारण की जिसका आशय यह निकलता है कि वे अनेकानेक छोटे-छोटे राजाओं के राजा थे और उनसे कर पाते थे।

शकों और कुषाणों ने इस भावना को बढ़ावा दिया कि राजा देवता का अवतार होता है। अशोक देवों का प्रिय कहा जाता था, पर कुषाण राजा **देवपुत्र** कहलाते थे। यह उपाधि कुषाणों ने चीनियों से ली, जो अपने राजा को स्वर्ग का पुत्र कहते थे। भारत में इसका प्रयोग स्वभावत: राजसत्ता को मान्यता और वैधता प्रदान करने के लिए किया गया होगा। स्मृतिकार मनु ने कहा है कि राजा बच्चा ही क्यों न हो उसका आदर करना चाहिए, क्योंकि वह मानव रूप धारण करके शासन करने वाला देवता होता है।

कुषाणों ने शासन की क्षत्रप प्रणाली भी चलाई। साम्राज्य अनेक क्षत्रपियों (उपराज्यों) में बाँट दिया गया और प्रत्येक क्षत्रपी एक-एक क्षत्रप के शासन में छोड़ दिया गया। कुछ अनोखी प्रथाएँ भी शुरू की गईं, जैसे दो आनुवंशिक राजाओं का संयुक्त शासन जिसमें एक ही समय एक ही राज्य पर दो राजाओं का शासन हो सकता था। हम पिता और पुत्र दोनों को एक ही समय संयुक्त रूप से शासन करते पाते हैं। इस प्रकार प्रतीत होता है कि इन शासकों के अधीन केंद्रीकरण कम था।

यूनानियों ने सेनानी शासन (मिलिटरी गवर्नरशिप) की परिपाटी भी चलाई। वे इसके लिए शासक सेनानियों की नियुक्ति करते थे जो यूनानी भाषा में **स्ट्रेटेगोस** कहलाते थे। सेनानी शासकों की आवश्यकता विजित प्रजा पर नए राजाओं का प्रभाव जमाने के लिए होती थी।

भारतीय समाज में नए तत्त्व

यूनानी, शक, पार्थियन और कुषाण सभी भारत में अपनी-अपनी पहचान अंतत: खो बैठे। शनै: शनै: वे पूरे भारतीय बन गए। चूँकि उनमें अधिकांश विजेता के रूप में आए, इसलिए वे भारतीय समाज में योद्धाओं के वर्ग में अर्थात् क्षत्रिय वर्ण में समाविष्ट हुए।

ब्राह्मण समाज में उनके प्रवेश की व्याख्या अद्‌भुत ढंग से की गई है। स्मृतिकार मनु ने कहा है कि अपने कर्त्तव्यों से च्युत हुए अधम क्षत्रिय ही शक और पह्‌लव हुए। दूसरे शब्दों में, उन्हें द्वितीय श्रेणी के क्षत्रिय का स्थान मिला। भारतीय समाज में विदेशियों का आत्मसात्‌करण जितना अधिक मौर्योतर काल में हुआ उतना शायद प्राचीन भारत के इतिहास में और किसी काल में नहीं हुआ।

धार्मिक विकास

कई विदेशी शासक वैष्णव संप्रदाय में आ गए, अर्थात् जगत का पालन और रक्षा करने वाले विष्णु के उपासक बन गए। यूनानी राजदूत हिलियोडोरस ने मध्य प्रदेश स्थित विदिशा (आज के विदिशा ज़िले का मुख्यालय) में ईसा-पूर्व लगभग दूसरी सदी के मध्य में वासुदेव की आराधना के लिए एक स्तंभ खड़ा किया। वासुदेव से विष्णु का बोध होता है।

कुछ अन्य शासकों ने बौद्ध धर्म को अपनाया। प्रख्यात यूनानी राजा मिनांडर बौद्ध हो गया। बौद्धाचार्य नागसेन उर्फ नागार्जुन के साथ हुआ उसका प्रश्नोत्तर मौर्योत्तर काल के बौद्धिक इतिहास का अच्छा स्रोत है। कुषाण शासक शिव और बुद्ध दोनों के उपासक थे और तदनुसार कुषाण मुद्राओं पर हम इन दोनों देवताओं के चित्र पाते हैं। कई कुषाण शासक वैष्णव हो गए। इस कोटि में निश्चित रूप से कुषाण शासक वासुदेव आता है जिसका नाम ही विष्णु के अवतार कृष्ण का पर्यायवाची है।

बौद्ध महायान संप्रदाय का उद्‌भव

मौर्योत्तर काल में भारतीय धर्म में बहुत परिवर्तन हुए। इसके दो प्रमुख कारण थे– व्यापारियों और शिल्पियों के कार्यकलाप में असाधारण तेजी का आना और मध्य एशिया से भारी संख्या में नए-नए लोगों का आगमन। इसका विशेष प्रभाव बौद्ध धर्म पर पड़ा। नगरों में व्यापारियों और शिल्पियों का जमाव बढ़ता गया और बौद्ध भिक्षुणियाँ एवं भिक्षु उन व्यापारियों और शिल्पियों से नकद दान लेने का लोभ दबा नहीं पाए। आंध्र प्रदेश के नागार्जुनकोंड के मठ-क्षेत्रों में भारी मात्रा में सिक्के मिले हैं। बौद्धों ने उन विदेशियों का भी स्वागत किया जो मांस खाते थे। इन बातों से तपस्वियों की तरह जीने वाले भिक्षुओं और भिक्षुणियों के दैनिक जीवन के नियमों में ढिलाई आई। अब वे सोना-चाँदी छूने लगे, मांस खाने लगे और उत्तम कपड़े पहनने लगे। अनुशासन इतना शिथिल हो गया कि कुछ भिक्षु संघ को छोड़कर गृहस्थ जीवन में लौट आए। बौद्ध धर्म का यह नया रूप **महायान** कहलाने लगा। अपने पुराने शुद्धाचारी (प्यूरिटन) रूप में, बौद्ध धर्म में बुद्ध से संबंधित कुछ वस्तुओं की उनकी प्रतीक रूप में पूजा की जाती थी। ईसवी सन् के आरंभ में उन वस्तुओं की जगह बुद्ध की प्रतिमा ने ले ली।

बौद्ध धर्म में मूर्तिपूजा का आरंभ होने से मूर्तिपूजा ब्राह्मण समुदायों में भी खूब चल पड़ी। महायान का उदय होने पर बौद्ध धर्म का पुराना शुद्धाचारी (प्यूरिटन) संप्रदाय **हीनयान** कहलाने लगा।

सौभाग्यवश कनिष्क महायान का महान संरक्षक हो गया। उसने कश्मीर में बौद्धों की परिषद् आयोजित की। पार्षदों ने 3,00,000 शब्दों में एक ग्रंथ की रचना की जिसमें तीनों पिटकों या बौद्ध साहित्य की पिटारियों की पूरी तरह व्याख्या की गई। कनिष्क ने इस ग्रंथ को लाल ताम्रपत्रों पर खुदवाया, उन ताम्रपत्रों को प्रस्तर-पात्र में रखा और उसके ऊपर स्तूप बनवा दिया। यदि यह प्राचीन कथा सही हो तो ताम्रपत्रों सहित इस स्तूप का पता चलने पर बौद्ध धर्मग्रंथ और सिद्धांतों पर नया प्रकाश पड़ सकता है। कनिष्क ने बुद्ध के स्मारकस्वरूप और भी अनेक स्तूप खड़े किए।

कला की गांधार और मथुरा शैली

विदेशी राजा भारतीय कला और साहित्य के उत्साही संरक्षक बन गए और उन्होंने वही उमंग दिखाया जो नया धर्म अपनाने वालों में होती है। कुषाण साम्राज्य ने विभिन्न शैलियों और देशों में प्रशिक्षित राजमिस्त्रियों और अन्य कारीगरों को इकट्ठा किया। इससे कला की कई नई शैलियाँ विकसित हुई, जैसे गांधार और मथुरा शैली। मध्य एशिया से जो मूर्तिशिल्प की कृतियाँ प्राप्त हुई हैं उनमें बौद्ध धर्म के प्रभाव की छाया में स्थानीय और भारतीय दोनों लक्षणों का मिश्रण पाया जाता है।

भारतीय शिल्पकारों का, विशेषकर भारत के पश्चिमोत्तर सीमा प्रांत गंधार में, मध्य एशियाई, यूनानी और रोमन शिल्पिकारों के साथ संपर्क हुआ। इससे नई शैली का उदय हुआ, जिसमें बुद्ध की प्रतिमाएँ यूनान और रोम के मिश्रित शैली में बनाई गई। बुद्ध की केश-सज्जा यूनान-रोम की शैली में की गई।

गांधार कला का प्रभाव मथुरा में भी पहुँचा, हालाँकि वह मूलतः देशी कला का केंद्र था। मथुरा में बुद्ध की विलक्षण प्रतिमाएँ बनीं, परंतु इस जगह की ख्याति कनिष्क की शिरोहीन खड़ी मूर्ति को लेकर भी है, जिसके निचले भाग में कनिष्क का नाम खुदा है। यहाँ वर्धमान महावीर की भी कई प्रस्तरमूर्तियाँ बनीं। इसकी गुप्त-पूर्व मूर्तियों और अभिलेखों में कृष्ण उपेक्षित हैं, जबकि मथुरा इनका जन्म-स्थान और बाल-लीला भूमि मानी जाती है। कला की मथुरा शैली ईसवी सन् की आरंभिक सदियों में विकसित हुई और इसकी लाल बलुआ पत्थर की कृतियाँ मथुरा के बाहर भी पाई जाती हैं। संप्रति मथुरा संग्रहालय में कुषाणकालीन मूर्तियों का भारत भर में सबसे अधिक संग्रह है।

इसी काल में विंध्य से दक्षिण अनेक स्थानों में सुंदर-सुंदर कलाकृतियाँ पाई जाती हैं। महाराष्ट्र में चट्टानों को काट-काटकर सुंदर-सुंदर बौद्ध गुफाएँ बनाई गईं। आंध्र प्रदेश में नागार्जुनकोंड और अमरावती बौद्ध कला के महान केंद्र हो गए, जहाँ बुद्ध के जीवन

की कथाएँ अनगिनत चट्टानों पर चित्रित की गई हैं। बौद्ध धर्म से संबंधित सबसे पुराने पट्टचित्र गया, साँची और भरहुत में पाए जाते हैं, जो ईसा-पूर्व दूसरी सदी के हैं। परंतु हम मूर्तिकला का और भी विकास ईसवी-सन् की आरंभिक सदियों में पाते हैं।

साहित्य और विद्या

विदेशी राजाओं ने संस्कृत साहित्य का संरक्षण-संपोषण किया। काव्य शैली का पहला नमूना रुद्रदामन् का काठियावाड़ में जूनागढ़ अभिलेख है जिसका समय लगभग 150 ई० है। इसके बाद से अभिलेख परिष्कृत संस्कृत भाषा में लिखे जाने लगे हैं। फिर भी, अभिलेखों की रचना प्राकृत भाषा में करने की परिपाटी ईसा की चौथी सदी या उसके आगे तक चलती रही।

लगता है कि अश्वघोष जैसे कुछ महान साहित्यकारों को कुषाणों का संरक्षण प्राप्त था। अश्वघोष ने बुद्ध की जीवनी *बुद्धचरित* के नाम से लिखी। उसने *सौन्दरनन्द* नामक काव्य भी लिखा जो संस्कृत काव्य का उत्कृष्ट उदाहरण है।

महायान बौद्ध संप्रदाय की प्रगति के फलस्वरूप अनगिनत अवदानों की रचना हुई। कई अवदान बौद्धों की मिश्रित संस्कृत भाषा में लिखे गए हैं। अवदानों का अन्यतम उद्देश्य लोगों को महायान के उपदेशों से अवगत कराना है। इस कोटि की प्रमुख कृतियाँ हैं–*महावस्तु* और *दिव्यावदान*।

यूनानियों ने परदे का प्रचलन आरंभ कर भारतीय नाट्यकला के विकास में भी योगदान किया। चूँकि परदा यूनानियों की देन था इसलिए वह **यवनिका** के नाम से प्रसिद्ध हुआ। यवनिका शब्द यवन शब्द से बना है, और यवन शब्द **आयोनियन** (यूनानियों की एक शाखा जिससे प्राचीन भारत के लोग परिचित थे) का संस्कृत प्रतिरूप है। आरंभ में यवन शब्द का प्रयोग यूनान के निवासियों के अर्थ में होता था, पर बाद में सभी प्रकार के विदेशियों के लिए इस शब्द का प्रयोग होने लगा।

धार्मिकेतर साहित्य का सबसे अच्छा उदाहरण है वात्स्यायन का *कामसूत्र*। इसका काल ईसा की तीसरी सदी माना जाता है। यह रतिशास्त्र या कामशास्त्र की प्राचीनतम पुस्तक है जिसमें रति और प्रीति का विवेचन किया गया है। इसमें नागरिक या नगरजीवी पुरुष का जीवन चित्रित किया गया है, जो शहरी जीवन के विकास काल की झाँकी देता है।

विज्ञान और प्रौद्योगिकी

मौर्योत्तर काल में यूनानियों के संपर्क से खगोल और ज्योतिषशास्त्र में खूब प्रगति हुई। संस्कृत ग्रंथों में हमें ग्रह-नक्षत्रों के संचार संबंधी बहुत सारे यूनानी शब्द मिलते हैं। भारतीय ज्योतिष यूनानी चिंतन से प्रभावित हुआ। यूनानी शब्द **हेरोस्कोप** संस्कृत में

होराशास्त्र हो गया जिसका अर्थ संस्कृत में फलित ज्योतिषशास्त्र होता है। यूनान के सिक्के, जो आकृति में और छाप में उत्कृष्ट हैं, वस्तुतः आहत मुद्राओं के ही सुधरे रूप हैं। यूनानी शब्द **द्रक्म** (drachma) भारत में द्रम्म हो गया। बदले में, यूनानी शासकों ने ब्राह्मी लिपि चलाई और अपने सिक्कों पर कई भारतीय रूपांक (मोटिफ) चलाए। कुत्ते, मवेशी, मसाले और हाथी दाँत की वस्तुएँ यूनानी लोग यहाँ से बाहर भेजते थे। उन्होंने भारत से कोई दस्तकारी सीखी या नहीं, यह स्पष्ट नहीं है।

फिर भी भारतीयों ने यूनानियों से चिकित्साशास्त्र, वनस्पतिशास्त्र और रसायनशास्त्र में कोई महत्त्वपूर्ण चीज नहीं प्राप्त की। इन तीनों शास्त्रों का विवेचन चरक और सुश्रुत ने किया है। *चरकसंहिता* में उन अनगिनत वनस्पतियों के नाम हैं जिनसे चिकित्सा के लिए दवाएँ बनाई जाती थीं। पौधों को काटने और मिश्रित करने की जो प्रक्रियाएँ बतलाई गई हैं उनसे हमें मालूम होता है कि प्राचीन भारत में रसायनशास्त्र का ज्ञान काफी विकसित था। रोगों के इलाज में प्राचीन भारतीय वैद्य लोग मुख्यतः पौधों पर ही निर्भर थे, जिन्हें संस्कृत में **औषधि** कहते हैं, और इससे बनी दवा **औषध** कहलाती है।

प्रौद्योगिकी अर्थात् टेकनोलॉजी के क्षेत्र में भी भारतीयों को मध्य एशियाई लोगों के संपर्क से लाभ हुआ। कनिष्क को पतलून तथा चुस्त पायजामा और लंबे जूतों में चित्रित किया गया है। चमड़े के जूते बनाने का प्रचलन भारत में संभवतः इसी काल से आरंभ हुआ। भारत में प्रचलित तांबे के कुषाणकालीन सिक्के रोमन सिक्कों की नकल थे। इसी तरह भारत में कुषाणों ने जो सोने के सिक्के ढलवाए वे रोमन स्वर्णमुद्राओं की नकल थे। जानकारी मिलती है कि भारतीय और रोमन राजाओं के बीच दो राजदूतों का आदान-प्रदान हुआ था। 27-28 ई० में रोमन सम्राट् ऑगस्टस और 110-120 ई० में रोमन सम्राट् ट्राजन के दरबार में भारत से राजदूत भेजे गए थे। इस प्रकार, भारत के साथ रोम के संपर्क से प्रौद्योगिकी में नए-नए तरीके विकसित हुए होंगे। इस काल में शीशे के काम पर विदेशी विचारों और तरीकों का विशेष रूप से प्रभाव पड़ा। प्राचीन भारत में किसी भी अन्य काल में शीशे के काम में ऐसी प्रगति नहीं हुई जैसी इस काल में।

कालक्रम

200 ई० पू०	मध्य एशिया के साथ घनिष्ठ तथा व्यापक संपर्क प्रारंभ। पूर्वी भारत, मध्य भारत और दकन में मौर्यों के स्थान पर कई स्थानीय शासक सत्ता में आए। पशिमोत्तर भारत में मौर्यों के स्थान पर मध्य एशियाई राजवंशों ने शासन जमाया।
द्वितीय शताब्दी ई० पू०	बोधगया, सांची और भरहुत में प्राचीनतम बौद्ध फलक। हिंद-यूनानियों ने उत्तर-पश्चिम में इतने बड़े भू-भाग पर कब्जा कर लिया जो सिकंदर द्वारा अधिकृत भू-भाग से कहीं बड़ा था। यूनानी राजदूत हिलियोडोरस ने विदिसा में वासुदेव के सम्मान में स्तंभ खड़ा किया। हिंद-यूनानी शासकों ने भारत में सर्वप्रथम सोने के सिक्के जारी किए। पशिमोत्तर सीमा प्रांत में 'हेलेनिस्टिक आर्ट' का प्रचलन।
165-145 ई० पू०	मिनांडर अथवा मिलिंद की तिथि।
57-58 ई० पू०	परंपरानुसार उज्जैन के राजा विक्रमादित्य ने शकों को पराजित किया जिसके फलस्वरूप विक्रम संवत् इसी तिथि से प्रारंभ हुआ।
ईसवी सन् की निम्नांकित तिथियाँ	
27-28	रोम के सम्राट ऑगस्टस के दरबार में भारतीय शिष्टमंडल भेजे गए।
50	कुषाण शासकों के कैडफाइसिस वंश का इस तिथि से शासन। आरंभिक कुषाण शासकों द्वारा बड़ी संख्या में स्वर्णमुद्राएँ जारी की गईं।
78	कुषाण शासक कनिष्क द्वारा शक संवत् प्रारंभ।
110-120	रोम के सम्राट ट्रॉजन के पास भारत से राजदूत भेजे गए।
130-150	शक शासक रुद्रदामन् प्रथम का शासनकाल।
150	रुद्रदामन के जूनागढ़ अभिलेख में प्राचीनतम काव्य शैली की बानगी उपलब्ध।
द्वितीय-तृतीय शताब्दी	शकों और कुषाणों ने रस्सी की बनी रकाब शुरू की।
230	उत्तर-पश्चिम भारत में कुषाण शासन का अंत।
250	अफगानिस्तान और सिंध के पश्चिम कुषाण साम्राज्य को हटाकर ईरान की सासानी शक्ति कायम।
प्रारंभिक शताब्दियाँ	मथुरा कला फूली-फली।

तृतीय शताब्दी	वात्स्यायन कृत *कामसूत्र*।
262	इस तिथि के सासानी अभिलेख में अंकित 'हिंदुस्तान' शब्द बाद में मुगलकालीन और आधुनिक भारत में व्यवहार में आया।
तीसरी-चौथी शताब्दियाँ	मध्य एशिया के बड़े भाग में कुषाणों के सिक्के, अभिलेख और मृण्मय वस्तुएँ प्राप्त। खासकर ऑक्सस में स्थित ख्वारिज्म के अंतर्गत तोपरक-कल में उत्खनन के फलस्वरूप इस तिथि का एक विशाल कुषाण महल मिला है।
चौथी शताब्दी	इस समय तक प्राकृत अभिलेख जारी रहा। पश्चिमी भारत में शकों की शाखा इस तिथि तक शासन करती रही।
बारहवीं शताब्दी	विक्रमादित्य की उपाधि इस समय तक के राजाओं के द्वारा धारण की जाती रही।

21

सातवाहन युग

राजनीतिक इतिहास

उत्तर भारत में मौर्यों के सबसे बड़े देशी उत्तराधिकारी हुए शुंग और उसके बाद कण्व। दकन और मध्य भारत में मौर्यों के उत्तराधिकारी सातवाहन हुए, हालाँकि बीच में करीब सौ वर्षों का व्यवधान हुआ। सातवाहन और पुराणों में उल्लिखित आंध्र एक ही माने जाते हैं। पुराणों में केवल आंध्र शासन का उल्लेख है, सातवाहन शासन का नहीं। दूसरी ओर, सातवाहन अभिलेखों में आंध्र नाम नहीं मिलता है। सातवाहन-पूर्व बस्तियों का अस्तित्व दकन के अनेक स्थलों पर लाल मृद्भांड, काला-व-लाल मृद्भांड और गेरुआ लेपित चित्रित मृद्भांड के पाए जाने से प्रमाणित होता है। इनमें से अधिकांश बस्तियाँ लोहे का इस्तेमाल करने वाले उन महापाषाण निर्माताओं से संबद्ध हैं जो उत्तर से आने वाली भौतिक संस्कृति के साथ संपर्क के फलस्वरूप नए-नए कार्यकलापों की ओर प्रेरित हुए होंगे। लोहे के फाल का प्रयोग, धान की रोपनी, नगरीकरण, लेखन-कला आदि के आगमन से सातवाहनों के द्वारा राज्य के गठन के लिए उपयुक्त परिस्थिति बन गई थी। कुछ पुराणों के अनुसार, आंध्रों ने कुल मिलाकर 300 वर्षों तक शासन किया और यही समय सातवाहनों का शासनकाल माना जाता है। सातवाहनों के सबसे पुराने अभिलेख ईसा-पूर्व पहली सदी के हैं। उसी समय उन्होंने कण्वों को पराजित कर मध्य भारत के कुछ भागों में अपनी सत्ता स्थापित की। आरंभिक सातवाहन राजा आंध्र में नहीं, बल्कि उत्तरी महाराष्ट्र में थे जहाँ उनके प्राचीनतम सिक्के और अधिकांश आरंभिक अभिलेख मिले हैं। उन्होंने अपनी सत्ता ऊपरी गोदावरी घाटी में स्थापित की, जहाँ अभी महाराष्ट्र में बढ़िया और तरह-तरह की फसल होती है।

धीरे-धीरे सातवाहनों ने अपनी सत्ता का विस्तार कर्नाटक और आंध्र पर किया। उनके सबसे बड़े प्रतिद्वंद्वी शक थे जिन्होंने अपनी सत्ता दकन और पश्चिमी भारत में स्थापित की थी। ऐसी भी अवस्था आई जब शकों ने सातवाहनों को महाराष्ट्र और पश्चिमी भारत के अंदर पड़ने वाले उनके राज्यक्षेत्र से बेदखल कर दिया। लेकिन सातवाहन वंश के ऐश्वर्य को गौतमीपुत्र शातकर्णि (106-130 ई०) फिर वापस लाया। उसने अपने को एकमात्र ब्राह्मण कहा, शकों को हराया और अनेक क्षत्रिय शासकों का नाश किया। उसका दावा है कि उसने क्षहरात वंश का नाश किया क्योंकि उसका शत्रु नहपान इसी वंश का था। उसका यह दावा सही है, क्योंकि नहपान के

जो 8,000 से अधिक चांदी के सिक्के नासिक के पास मिले हैं उन पर सातवाहन राजा द्वारा फिर से ढलाए जाने के चिह्न हैं। उसने मालवा और काठियावाड़ पर भी अधिकार जमा लिया जो शकों के अधीन थे। ऐसा लगता है कि गौतमीपुत्र शातकर्णि का साम्राज्य उत्तर में मालवा से लेकर दक्षिण में कर्नाटक तक फैला हुआ था। संभवतः आंध्र पर भी उसका आधिपत्य था।

गौतमीपुत्र के उत्तराधिकारियों ने 220 ई० तक राज किया। इसके प्रत्यक्ष उत्तराधिकारी वासिष्ठीपुत्र पुलुमायिन् (130-154 ई०) के सिक्के और अभिलेख आंध्र में पाए गए हैं, जो बताते हैं कि यह क्षेत्र दूसरी सदी के मध्य तक सातवाहन राज्य का अंग बन चुका था। उसने अपनी राजधानी आंध्र प्रदेश के औरंगाबाद ज़िले में गोदावरी नदी के किनारे पैठन या प्रतिष्ठान में बनाई। शकों ने कोंकण समुद्रतट और मालवा पर अधिकार करने के लिए सातवाहनों के साथ पुनः संघर्ष छेड़ दिया। सौराष्ट्र (काठियावाड़) के शक शासक रुद्रदामन् प्रथम (130-150 ई०) ने सातवाहनों को दो बार हराया, मगर वैवाहिक संबंध के कारण उनका नाश नहीं किया। बाद के सातवाहन राजा यज्ञश्री शातकर्णि (165-194 ई०) ने उत्तर कोंकण और मालवा को शक शासकों से वापस ले लिया। वह व्यापार और जलयात्रा का प्रेमी था। उसके सिक्के न केवल आंध्र प्रदेश, बल्कि महाराष्ट्र, मध्य प्रदेश और गुजरात में भी पाए गए हैं। इन सिक्कों पर जहाज़ का चित्र है जो जलयात्रा और समुद्री व्यापार के प्रति उसके प्रेम का परिचायक है।

भौतिक संस्कृति के पहलू

सातवाहन काल में दकन की भौतिक संस्कृति में स्थानीय उपादान और उत्तर के वैशिष्ट्य दोनों का मिश्रण है। दकन के महापाषाण निर्माता लोहे का इस्तेमाल और खेती दोनों से परिचित थे। यद्यपि लगभग 200 ई० पू० के पहले हम लोहे के बने कुछ फावड़े पाते हैं, तथापि ऐसे औज़ारों की संख्या ईसा की आरंभिक दो-तीन सदियों में काफी बढ़ी। महापाषाण अवस्था में कोई खास परिवर्तन नहीं दिखाई देता है। अंतर इतना ही है कि फावड़ों में मूठ अच्छी तरह और पूरी तरह लग गए थे। मूठ वाले फावड़े के अतिरिक्त हँसिये, कुदालें, हल के फाल, कुल्हाड़ियाँ, बसूले, उस्तरे आदि उत्खनित स्थलों के सातवाहन स्तरों में पाए गए हैं। चूलदार और मूठ वाले बाणाग्र और कटारें भी मिली हैं। करीमनगर ज़िले में एक उत्खनित स्थान पर लोहार की एक दुकान भी मिली है। सातवाहनों ने करीमनगर और वारंगल के लौह अयस्कों का उपयोग किया होगा, क्योंकि पता चला है कि इन दोनों ज़िलों में महापाषाण काल में लोहे की खदानें थीं। ईसा से पूर्व की और बाद की सदियों में कोलार के स्वर्ण क्षेत्र में सोने की प्राचीन खदानों के प्रमाण मिले हैं। सातवाहनों ने सोने का प्रयोग बहुमूल्य धातु के रूप में किया होगा क्योंकि उन्होंने कुषाणों की तरह सोने के सिक्के नहीं

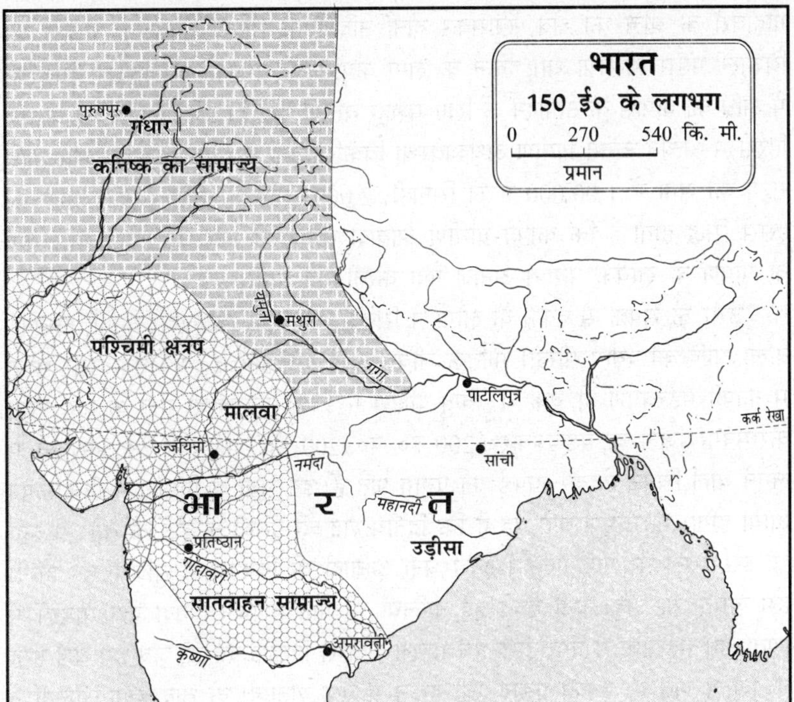
भारत
150 ई० के लगभग
0 270 540 कि. मी.
प्रमान
पुरुषपुर
गंधार
कनिष्क का साम्राज्य
यमुना
मथुरा
पश्चिमी क्षत्रप
गंगा
मालवा
पाटलिपुत्र
कर्क रेखा
उज्जयिनी
सांची
नर्मदा
भा र त
महानदी
उड़ीसा
प्रतिष्ठान
गोदावरी
सातवाहन साम्राज्य
अमरावती
कृष्णा
राज्य .... अंग
नगर .... ● उज्जयिनी
भारत की वर्तमान बाह्य सीमा
कावेरी
चोल
चेर
पांड्य

चलाए। उनके सिक्के अधिकांश सीसे (लेड) के हैं जो दकन में पाए जाते हैं। उन्होंने पोटीन, तांबे और कांसे की मुद्राएँ भी चलाईं। उत्तरी दकन में ईसा की आरंभिक सदियों में सातवाहनों की जगह आने वाले इक्ष्वाकुओं ने भी सिक्के चलाए। लगता है, सातवाहन और इक्ष्वाकु दोनों ने दकन के खनिज स्रोतों का उपयोग किया।

दकन के लोग धान की रोपनी जानते थे और शुरू की दो सदियों में कृष्णा और गोदावरी के बीच का क्षेत्र, खासकर दोनों नदियों के मुहानों का क्षेत्र, चावल का विशाल भंडार हो गया था। दकन के लोग कपास भी उपजाते थे। विदेशी विवरणों में आंध्र को कपास के उत्पादन के लिए मशहूर बताया गया है। इस प्रकार दकन के बड़े हिस्से में अत्यंत उन्नत ग्रामीण अर्थव्यवस्था विकसित हुई थी। प्लिनी के अनुसार आंध्र राज्य की सेना में 1,00,000 पैदल सिपाही, 2,000 घुड़सवार और 1,000 हाथी थे। इससे सिद्ध होता है कि काफी ग्रामीण आबादी रही होगी और वह इतनी बड़ी सेना के पोषण के लायक पर्याप्त अनाज पैदा करती रही होगी।

उत्तर के संपर्क से दकन के लोगों ने सिक्के, पकी ईंट, छल्लेदार कुआँ, लेखन-कला आदि का प्रयोग सीखा। भौतिक जीवन के ये अंग 300 ई० पू० तक उत्तर भारत में काफी महत्त्वपूर्ण हो चुके थे, किंतु दक्षिण में इनका महत्त्व दो सदी के बाद बढ़ा। करीमनगर ज़िले के पेड्डबंकुर (200 ई० पू०-200 ई०) में पकी ईंट और छत में लगने वाले चिपटे छेददार खपड़े का प्रयोग पाते हैं। इन सबों से निर्माण में टिकाऊपन आया होगा। महत्त्वपूर्ण बात यह है कि द्वितीय शताब्दी ईसवी के ईंटों के बने 22 कुएँ भी इस स्थल पर पाए गए हैं। इनसे घनी आबादी के विकास में सुविधा हुई होगी। हम ज़मीन के अंदर बनी ढकी हुई नालियाँ भी पाते हैं जिनसे गंदा पानी गड्ढों में जाता था। महाराष्ट्र में नगर ईसा-पूर्व पहली सदी से दिखाई देते हैं, जब हम कई तरह के शिल्प पाते हैं। इनका प्रसार पूर्वी दकन में एक शताब्दी के बाद हुआ। प्लिनी ने लिखा है कि पूर्वी दकन में आंध्र देश में बहुत सारे गाँवों के अलावा दीवार से घिरे 30 नगर थे। इस क्षेत्र में दूसरी और तीसरी सदियों में कई नगर थे। इसकी जानकारी अभिलेखों और उत्खननों से मिली है। भारी संख्या में मिले रोमन और सातवाहन सिक्कों से बढ़ते हुए व्यापार का संकेत मिलता है। ये सभी पूर्वी दकन में गोदावरी-कृष्णा क्षेत्र में लगभग एक सदी बाद दिखाई देते हैं।

सामाजिक संगठन

लगता है कि सातवाहन दकन की किसी जनजाति के लोग थे। लेकिन वे ब्राह्मण बना लिए गए थे। उनके सबसे प्रसिद्ध राजा गौतमीपुत्र शातकर्णि ने कहा है कि उसने विच्छिन्न होते चातुर्वर्ण्य (चार वर्णों वाली व्यवस्था) को फिर से स्थापित किया और वर्णसंकर (वर्णों और जातियों के सम्मिश्रण) को रोका। संभवत: वर्णसंकर का यह

संकट शकों के प्रवेश से तथा दकन में रहने वाले जनजातीय लोगों के सतही ब्राह्मणीकरण से उत्पन्न हुआ होगा। लेकिन जब शकों और सातवाहनों के बीच वैवाहिक संबंध होने लगे तब शकों का क्षत्रिय के रूप में ब्राह्मण समाज में प्रवेश आसान हो गया। इसी प्रकार, बौद्ध भिक्षुओं ने देशी जनजातीय लोगों का बौद्धीकरण किया। इस कार्य के लिए बौद्ध भिक्षुओं को भूमिदान देकर प्रेरित किया गया कि वे पश्‍चिमी दकन में जनजातीय लोगों के बीच बस जाएँ। इस बात के संकेत मिलते हैं कि व्यापारी वर्ग बौद्ध भिक्षुओं की सहायता करता था, क्योंकि आरंभिक बौद्ध गुहाएँ व्यापार मार्गों पर ही मिली हैं। ब्राह्मणों को भूमि अनुदान या जागीर देने वाले प्रथम शासक सातवाहन ही हुए, हालाँकि भिक्षुओं के लिए इस प्रकार के अनुदान के उदाहरण अधिक मिलते हैं।

शासन करना धर्मशास्त्र के अनुसार क्षत्रियों का कर्त्तव्य है, परंतु सातवाहन शासकों ने अपने को ब्राह्मण कहा। गौतमीपुत्र तो गर्व से कहता है कि सच्चा ब्राह्मण वही है। चूँकि आंध्रों को आरंभिक सातवाहनों से अभिन्न माना गया है, अतः संभव है कि वे दोनों एक ही स्थानीय जनजाति के थे और उन्होंने ब्राह्मण धर्म स्वीकार कर लिया था। उत्तर के कट्टर ब्राह्मण लोग आंध्रों को वर्णसंकर मानकर हीन समझते थे। इससे यह प्रतीत होता है कि आंध्र लोग जनजातीय मूल के थे जिन्हें हिंदू समाज के अंतर्गत मिश्रित जाति के रूप में लाया गया।

शिल्प और वाणिज्य में हुई प्रगति के फलस्वरूप इस काल में अनेक वणिक और शिल्पी सामने आए। वणिक लोग अपने-अपने नगर का नाम अपने नाम में जोड़ने लगे। शिल्पी और वणिक दोनों ने बौद्ध धर्म के निमित्त उदारतापूर्वक दान दिए। उन्होंने स्मारक और शिलापट्टिकाएँ स्थापित कीं। शिल्पियों में गंधिकों का उल्लेख दाताओं के रूप में बार-बार आया है। गंधिक वे शिल्पी कहलाते थे जो इत्र आदि बनाते थे। बाद में, इस शब्द का अर्थ व्यापक हो गया और हर प्रकार के दुकानदारों के लिए यह शब्द प्रयुक्त होने लगा। आज का उपनाम गांधी इसी प्राचीन शब्द से निकला है।

सातवाहनों के बारे में सबसे दिलचस्प ब्योरा उनके पारिवारिक ढाँचे से संबद्ध है। उत्तर भारत के आर्यों के समाज में पिता का महत्त्व माता से अधिक था, और अब तक हम उत्तर भारत के जिन राजाओं की चर्चा कर चुके हैं वे सभी पितृतंत्रात्मक समाज के थे। परंतु सातवाहनों में हमें मातृतंत्रात्मक ढाँचे का आभास मिलता है। उनके राजाओं के नाम उनकी माताओं के नाम पर रखने की प्रथा थी। गौतमीपुत्र, वासिष्ठीपुत्र आदि नाम बताते हैं कि उनके समाज में माता की प्रतिष्ठा अधिक थी। आजकल प्रायद्वीपीय भारत में पुत्र के नाम में केवल पिता के नाम का अंश जोड़ने की परंपरा है, माता के नाम का इसमें कोई स्थान नहीं है। इससे पितृतांत्रिक प्रभाव लक्षित होता है। रानियों ने स्वाधिकारपूर्वक बड़े-बड़े धार्मिक दान किए और कई रानियों ने

तो प्रतिशासक (रीजेंट) के रूप में भी काम किया। किंतु सारत: सातवाहन राजकुल पितृतंत्रात्मक था क्योंकि राजसिंहासन का उत्तराधिकारी पुत्र ही होता था।

प्रशासनिक ढाँचा

सातवाहन शासकों ने धर्मशास्त्रों में बताए गए राजा के आदर्श पर चलने का प्रयास किया। राजा धर्म का संरक्षक होता था। उसमें कुछ दैवी गुणों का होना माना जाता था। सातवाहन राजा को इस प्रकार दिखलाया जाता था जैसे उसमें राम, भीम, केशव, अर्जुन आदि प्राचीन देवताओं के गुण वर्तमान हों। बल और पराक्रम में राजा की तुलना उक्त पौराणिक पुरुषों और दिव्य विभूतियों से की जाती थी। स्पष्टत: ऐसा सातवाहन राजा में देवत्व सिद्ध करने के लिए किया जाता होगा।

सातवाहनों ने कई प्रशासनिक इकाइयाँ वही रखीं जो अशोक के काल में पाई गई थीं। उनके समय में ज़िला को अशोक के काल की तरह ही **आहार** कहते थे। उनके अधिकारी, मौर्यकाल की तरह ही, **अमात्य** और **महामात्य** कहलाते थे।

परंतु सातवाहनों के प्रशासन में हम कुछ खास सैनिक और सामंतिक लक्षण पाते हैं। यह गौर करने की बात है कि सेनापति को प्रांत का शासनाध्यक्ष या गवर्नर बनाया जाता था। चूँकि दकन की जनजातीय लोगों का न तो पूरा-पूरा ब्राह्मणीकरण हुआ था और न वे अपने को नए शासन के अनुकूल बना पाए थे, इसलिए उन्हें प्रबल सैनिक नियंत्रण में रखना आवश्यक था। ग्रामीण क्षेत्रों में प्रशासन का काम **गौल्मिक** को सौंपा जाता था। गौल्मिक एक सैनिक टुकड़ी का प्रधान होता था जिसमें नौ रथ, नौ हाथी, पच्चीस घोड़े और पैंतालीस पैदल सैनिक होते थे। गौल्मिक को ग्रामीण क्षेत्रों में इसलिए रखा जाता था कि वह शांति-व्यवस्था बनाए रख सके।

सातवाहन शासन का सैनिक चरित्र उसके अभिलेखों में **कटक** और **स्कंधावर** शब्दों के आम प्रयोग से स्पष्ट होता है। वे सैनिक शिविर और बस्तियाँ होते थे। वे तब तक प्रशासनिक केंद्र के रूप में काम करते थे जब तक वहाँ पर राजा स्वयं रहते। इस प्रकार सातवाहन शासन में दमन नीति का प्रमुख स्थान था।

सातवाहनों ने ब्राह्मणों और बौद्ध भिक्षुओं को कर-मुक्त ग्रामदान देने की प्रथा आरंभ की। जो आबाद भूमि और ग्राम दान में दिए जाते थे उन्हें राजपुरुषों और सैनिकों के और हर कोटि के राजकीय अधिकारियों के हस्तक्षेप से मुक्त घोषित कर दिया जाता था। अत: दान किए गए ऐसे क्षेत्र सातवाहन राज्य के भीतर छोटे-छोटे स्वतंत्र द्वीप जैसे बन गए। संभवत: बौद्ध भिक्षु भी अपने निवास-क्षेत्र में लोगों को शांति और सदाचरण के नियमों का पालन करने, तथा राजसत्ता और सामाजिक व्यवस्था का आदर करने का उपदेश दिया करते थे। बेशक, वर्णव्यवस्था को सुदृढ़ बनाने में ब्राह्मणों की मदद मिली और इससे समाज में स्थिरता आई।

सातवाहन राज्य में सामंतों की तीन श्रेणियाँ थीं। पहली श्रेणी का सामंत **राजा** कहलाता था और उसे सिक्का ढालने का अधिकार रहता था। द्वितीय श्रेणी का **महाभोज** कहलाता था, और तृतीय श्रेणी का **सेनापति**। ऐसा लगता है कि इन सामंतों को अपने-अपने इलाकों में कुछ प्रभुत्व प्राप्त था।

धर्म

सातवाहन शासक ब्राह्मण थे और उन्होंने ब्राह्मणवाद के विजयाभियान का नेतृत्व किया। आरंभ से ही राजाओं और रानियों ने अवश्मेध, वाजपेय आदि वैदिक यज्ञ किए। वे कृष्ण, वासुदेव आदि जैसे बहुत-से वैष्णव देवताओं के भी उपासक थे। यज्ञानुष्ठानों में ब्राह्मणों को उन्होंने प्रचुर दक्षिणा दी।

फिर भी, सातवाहन शासकों ने भिक्षुओं को ग्रामदान दे-देकर बौद्ध-धर्म को आगे बढ़ाया। उनके राज्य में बौद्ध धर्म के महायान संप्रदाय का बोलबाला था, खासकर शिल्पियों के बीच। आंध्र प्रदेश में नागार्जुनकोंड और अमरावती नगर सातवाहनों के शासन में और विशेषकर उनके उत्तराधिकारी इक्ष्वाकुओं के शासन में बौद्ध संस्कृति के महत्त्वपूर्ण केंद्र बन गए। इसी प्रकार, महाराष्ट्र में पश्चिमी दकन के नासिक और जुनार क्षेत्रों में भी, संभवतः व्यापारियों का संरक्षण पाकर बौद्ध धर्म फूला-फला।

वास्तुकला

सातवाहन काल में पश्चिमोत्तर दकन या महाराष्ट्र में अत्यंत दक्षता और लगन के साथ ठोस चट्टानों को काट-काटकर अनेक **चैत्य** और **विहार** बनाए गए। वस्तुतः यह प्रक्रिया 200 ई० पू० के आसपास लगभग एक शताब्दी पहले ही आरंभ हो चुकी थी। चैत्य बौद्धों के मंदिर का काम करता था और विहार भिक्षु-निवास का। चैत्य अनेकानेक पायों पर खड़ा बड़ा हॉल जैसा होता था, और विहार में एक केंद्रीय शाला होती थी जिसमें सामने के बरामदे की ओर एक द्वार रहता था। सबसे मशहूर चैत्य है पश्चिमी दकन में कार्ले का। यह लगभग 40 मीटर लंबा, और 15 मीटर ऊँचा है। यह विशाल शिला-वास्तुकला का अच्छा उदाहरण है।

विहार चैत्यों के पास बनाए गए। उनका उपयोग वर्षाकाल में भिक्षुओं के निवास के लिए होता था। नासिक में तीन विहार हैं। चूँकि उनमें नहपान और गौतमीपुत्र के अभिलेख हैं, इसलिए प्रतीत होता है कि वे ईसा की पहली-दूसरी शताब्दियों के हैं।

शिलाखंडीय वास्तुकला आंध्र में कृष्णा-गोदावरी क्षेत्र में भी पाई जाती है, परंतु यह क्षेत्र वस्तुतः स्वतंत्र बौद्ध संरचनाओं के लिए मशहूर है। ये संरचनाएँ अधिकतर **स्तूप** के रूप में हैं। इनमें अमरावती और नागार्जुनकोंड के स्तूप सबसे अधिक मशहूर हैं। स्तूप गोल स्तंभाकार ढाँचा है जो बुद्ध के किसी अवशेष के ऊपर खड़ा किया जाता

था। अमरावती स्तूप का निर्माण लगभग 200 ई० पू० में आरंभ हुआ, किंतु ईसा की दूसरी सदी के उत्तरार्द्ध में आकर वह पूर्णरूपेण निर्मित हुआ। इसका गुंबज नींव के आर-पार 53 मीटर है और इसकी ऊँचाई 33 मीटर मालूम होती है। अमरावती का स्तूप भित्ति-प्रतिमाओं से भरा हुआ है। इनमें बुद्ध के जीवन के विभिन्न दृश्य उकेरे हुए हैं।

नागार्जुनकोंड सातवाहनों के उत्तराधिकारी इक्ष्वाकुओं के काल में अपने उत्कर्ष की चोटी पर था। यहाँ केवल बौद्ध स्मारक ही नहीं, बल्कि सबसे पुराने ईंट के बने हिंदू मंदिर भी हैं। यहाँ लगभग दो दर्जन विहार दिखाई देते हैं। अपने स्तूपों और महाचैत्यों से अलंकृत यह स्थान ईसा की आरंभिक सदियों में मूर्तिकला में सबसे ऊँचा प्रतीत होता है।

भाषा

सातवाहनों की राजकीय भाषा प्राकृत थी। सभी अभिलेख इसी भाषा में और ब्राह्मी लिपि में लिखे हुए हैं, जैसा कि हम अशोक के काल में देख चुके हैं। हो सकता है कि कुछ सातवाहन राजाओं ने प्राकृत में पुस्तकें भी लिखी हों। प्राकृत ग्रंथ *गाथासत्तसई* (या *गाथासप्तशती*) हाल नामक सातवाहन राजा की रचना बताई जाती है। इसमें 700 श्लोक हैं जो सभी प्राकृत में हैं। किंतु लगता है कि इसका अंतिम परिमार्जन बहुत दिनों के पश्चात् संभवतः ईसा की छठी सदी के बाद किया गया है।

❖ कालक्रम ❖

पहली सहस्राब्दी ई० पू०	दकन के करीमनगर और वारंगल जिलों में महापाषाणिक अवस्था में लौह कार्य (खदान) का संकेत।
200 ई० पू०	उत्तर-पश्चिमी दकन में चैत्यों और मठों की शुरुआत। अमरावती स्तूप का निर्माण प्रारंभ।
200 ई० पू०-200 ई०	करीमनगर जिले में पकी ईंटों और चिपटे छिद्रदार खपड़ों का नियमित प्रयोग।
ईसवी सन् से पहले और बाद की शताब्दियाँ	कोलार क्षेत्र में सोने की खदानें।
पहली शताब्दी ई० पू०	प्राचीनतम सातवाहन अभिलेख। महाराष्ट्र में नगरों का प्रकटन।
ईसवी सन् की पहली दूसरी शताब्दियाँ	नासिक में विहारों के अंतर्गत नहपान और गौतमीपुत्र शातकर्णि के अभिलेख। दकन में धान के पौधों का प्रतिरोपन।
106-130 ई०	गौतमीपुत्र शातकर्णि की तिथि।

130-150 ई०	रुद्रदामन् प्रथम की तिथि।
130-154 ई०	वासिष्ठीपुत्र पुलुमायिन् की तिथि।
165-194 ई०	सातवाहन राजवंश के अंतिम महान नरेश यज्ञश्री शातकर्णि की तिथि।
द्वितीय शताब्दी	करीमनगर ज़िले के अंतर्गत पेद्दबंकुर में ईंटों के बने बाईस कुएँ। अमरावती स्तूप का पुनर्निर्माण।
दूसरी-तीसरी शताब्दियाँ	अभिलेखों और उत्खननों से सिक्कों की जानकारी। नागार्जुनकोंड सातवाहनों के उत्तराधिकारी इक्ष्वाकुओं के काल में अपने उत्कर्ष की चोटी पर।
220 ई०	सातवाहन राज्य का अंत।
तृतीय शताब्दी	दकन में रोम और सातवाहनों के बहुसंख्यक सिक्कों से बढ़ते व्यापार का संकेत।
छठी शताब्दी के बाद	प्राकृत ग्रंथ *गाथासत्तसई* अथवा *गाथासप्तशती* अंतिम रूप से पूरी की गई।

22

सुदूर दक्षिण में इतिहास का आरंभ

महापाषाणिक (मेगालिथिक) पृष्ठभूमि

प्रागैतिहासिक युग के पश्चात कई वस्तुओं से ऐतिहासिक युग का आरंभ होता है। ये हैं: फालवाले हल से खेती करने वाले ग्रामीण समुदायों का बड़े पैमाने पर बसना, राजतंत्र का गठन, सामाजिक वर्गों का पनपना, धातु के सिक्के का प्रयोग, लेखन-कला का प्रचलन, लिखित साहित्य का आरंभ। इनमें से कोई भी बात भारतीय प्रायद्वीप के सिरे पर (जिसका केंद्रस्थल है कावेरी डेल्टा अंचल) ईसा-पूर्व दूसरी सदी तक नहीं पाई जाती है। इस समय तक इस प्रायद्वीप के उच्च भागों में वे लोग बसते थे जो महापाषाण निर्माता (मेगालिथ बिल्डर) कहलाते हैं। उनका पता हमें उनकी बस्तियों से नहीं चलता, जो बहुत ही कम मिलती हैं, बल्कि उनकी कब्रों से चलता है जो **महापाषाण** (मेगालिथ) कहलाती हैं। इन कब्रों को महापाषाण इसलिए कहते हैं कि इन्हें बड़े-बड़े पत्थरों के टुकड़ों से घेर दिया जाता था। इन कब्रों में दफनाए गए लोगों के न केवल अस्थिपंजर ही बल्कि मृद्भांड और लोहे की वस्तुएँ भी मिलती हैं। वे लोग कई तरह के मृद्भांडों का प्रयोग करते थे जिनमें लाल मृद्भांड भी शामिल हैं। लेकिन काला-व-लाल मृद्भांड उन लोगों में अधिक प्रचलित मालूम पड़ते हैं। अवश्य ही, शव के साथ कुछ वस्तुओं को भी दफनाने की प्रथा इस विश्वास पर चली होगी कि मृतात्मा को परलोक में उन सभी वस्तुओं की आवश्यकता पड़ती होगी। इन वस्तुओं से हमें उनकी जीविका के स्रोतों का आभास मिलता है। हम उनके बाणाग्र, बरछे की नोक, फावड़े तथा हँसिया पाते हैं। ये सभी लोहे के बने हैं। महापाषाण कब्रों में त्रिशुल भी पाते हैं जो बाद में शिव के साथ जुड़ गया। फिर भी इन कब्रों में खेती के औज़ार कम पाते हैं, लड़ाई और शिकार के हथियार अधिक। इससे लक्षित होता है कि महापाषाणिक लोग उन्नत खेती नहीं करते थे।

महापाषाणिक लोग प्रायद्वीप के सारे ऊँचे इलाकों में पाए जाते हैं, लेकिन उनका जमाव पूर्वी आंध्र प्रदेश और तमिलनाडु में अधिक प्रतीत होता है। महापाषाणिक संस्कृति का आरंभ लगभग 1000 ई० पू० से माना जा सकता है, लेकिन कई मामलों में महापाषाण अवस्था ईसा-पूर्व पाँचवीं सदी से लेकर ईसा-पूर्व पहली सदी तक कायम रही मालूम पड़ती है। कुछ बातों में तो यह अवस्था ईसवी सन् की आरंभिक सदियों तक टिकी-सी लगती है।

अशोक के अभिलेखों में उल्लिखित चोल, पांड्य और केरलपुत्र (चेर) शायद भौतिक संस्कृति की उत्तर महापाषाणिक अवस्था के लोग थे। तमिलनाडु के दक्षिणी ज़िलों में रहने वाले महापाषाणिक लोगों में कुछ अजीब लक्षण पाए जाते हैं। वे मृतकों के अस्थिपंजर को लाल कलश में डालकर गड्ढों में दफनाते थे। कई मामलों में ये अस्थिपंजर पत्थरों से घिरे नहीं थे, और दफन की वस्तुएँ अधिक नहीं थीं। यह कलश-शवाधान (अर्न बेरियल) परिपाटी पत्थर के घेरेवाले ताबूत शवाधान या गर्त शवाधान (सिस्ट बेरियल या पिट बेरियल) की परिपाटी से भिन्न है, जो कृष्णा-गोदावरी घाटी में प्रचलित थीं। परंतु जो भी हो, लोहे के प्रयोग के बावजूद ये महापाषाणिक लोग बसने के लिए और शवों को दफनाने के लिए पहाड़ियों की ढलानों की शरण लेते थे। महापाषाणिक लोग धान और रागी उपजाते थे, परंतु उनकी खेती बहुत ही कम ज़मीन पर होती थी और वे घने जंगलों में छाए रहने के कारण मैदानों या निचली भूमियों में बस नहीं पाए।

राज्य का बनना और सभ्यता का उदय

ईसवी सन् के आरंभ के साथ या संभवत: उससे कुछ पहले, ये लोग ऊँची भूमि से उतरकर उर्वर नदी घाटियों में आए और कछारी डेल्टा क्षेत्रों को कृषियोग्य बनाया। बहुत सारे व्यापारी और विजेता लोग तथा जैन, बौद्ध और कुछ ब्राह्मण धर्मप्रचारक उत्तर से आकर प्रायद्वीप के छोर तक पहुँचे। उनके साथ आई भौतिक संस्कृति के बहुत-से तत्त्वों के साथ इन महापाषाण लोगों का संपर्क हुआ। इससे इन्होंने संभवत: धान रोपनी की परिपाटी अपनाई, अनेकों गाँव और नगर बसाए और उनके बीच भी सामाजिक वर्ग बन गए। उत्तर और सुदूर दक्षिण, जो **तमिलकम** या **तमिषकम** कहलाता है, दोनों के बीच संस्कृति और आर्थिक संबंध की स्थापना ईसा-पूर्व चौथी सदी से बड़े महत्त्व की हो गई। दक्षिणापथ अर्थात् दक्षिण को जाने वाला रास्ता उत्तर वालों के लिए लाभदायक सिद्ध हुआ क्योंकि दक्षिण से उन्हें सोना, मोती और विविध रत्न प्राप्त होते थे। पाटलिपुत्र में रहनेवाले मेगास्थनीज को पांड्य देश मालूम था। आरंभिक संगम ग्रंथ के लेखकों को गंगा और सोन नदी ज्ञात थीं और मगध साम्राज्य की राजधानी पाटलिपुत्र भी ज्ञात थी। अशोक के अभिलेखों में साम्राज्य की सीमा पर बसने वाले चोलों, पांड्यों, केरलपुत्रों और सतियपुतों का उल्लेख है, जिनमें केवल सतियपुतों की पहचान अभी तक स्पष्ट नहीं हो पाई है। ताम्रपर्णियों या श्रीलंका के निवासियों का भी उल्लेख है। अशोक की उपाधि "देवों का प्यारा" को एक तमिल राजा ने अपनाया। ये सब धर्म और संस्कृति के प्रसार का परिणाम था। जैनों, बौद्धों, आजीवकों और ब्राह्मणों तथा इन सब के अनुयायियों ने प्रसार का मार्ग प्रशस्त किया। व्यापारियों के कार्यकलापों से भी लाभ हुआ। ध्यातव्य है कि अशोक के अभिलेख मुख्य-मुख्य महामार्गों पर

स्थापित किए गए। आरंभिक अवस्था में ही गंगा के मैदान की संस्कृति का बहुत कुछ प्रभाव उन नास्तिक संप्रदायों के कार्यकलाप के जरिए, जिनका उल्लेख हमें प्राचीनतम तमिल ब्राह्मी अभिलेखों में मिलता है, भली-भाँति दिखाई पड़ता है। ब्राह्मणिक प्रभाव भारी मात्रा में तमिलकम में भी पहुँचा, परंतु ऐसा वास्तव में ईसा की चौथी सदी में आकर हुआ। कालक्रमेण, तमिल संस्कृति के भी बहुत-से तत्त्व उत्तर में फैले और ब्राह्मण धर्म संबंधी ग्रंथों में कावेरी की गणना देश की पवित्र नदियों में होने लगी।

दक्षिण में जो तीन राज्य बने वह तब तक संभव न हुआ होगा जब तक जंगल को काटकर साफ करने और जोतकर खेती करने के काम को आसान बनाने वाले लोहे का कौशल न फैला होगा। जिन क्षेत्रों में जनपद टाइप और मगध साम्राज्य टाइप की आहत मुद्राएँ मिली हैं उससे उत्तर-दक्षिण व्यापार का पता चलता है।

चोल, चेर और पांड्य इन तीनों राज्यों के उदय में रोमन साम्राज्य के साथ बढ़ते हुए व्यापार का भी हाथ है। ईसा की पहली सदी से ही तीनों जनों के शासक उस आयात-निर्यात व्यापार से लाभ उठाते रहे जो एक ओर दक्षिण भारत के समुद्रतटवर्ती प्रदेश और दूसरी ओर रोमन साम्राज्य के पूर्वी उपनिवेशों के, खासकर मिस्र के, बीच चलता रहा।

तीन आरंभिक राज्य

भारतीय प्रायद्वीप का दक्षिणी छोर, जो कृष्णा नदी के दक्षिण में पड़ता है, तीन राज्यों में विभक्त था-चोल, पांड्य, और चेर या केरल। पांड्यों का उल्लेख सर्वप्रथम मेगास्थनीज ने किया है। उसके अनुसार उनका राज्य मोतियों के लिए मशहूर था। वह यह भी बतलाता है कि इस राज्य पर एक स्त्री का शासन था, जिससे यह लक्षित होता है कि पांड्य समज में कुछ मातृतंत्रात्मक प्रभाव था।

पांड्य राज्य भारतीय प्रायद्वीप के सुदूर दक्षिण और दक्षिण-पूर्वी भाग में था, और उसमें मोटे तौर पर तमिलनाडु के आधुनिक तिन्नवेल्ली, रामनद और मदुरा ज़िले शामिल हैं। उसकी राजधानी मदुरा में थी। ईसा की आरंभिक सदियों में तमिल-परिषदों में संकलित साहित्य में, जो संगम नाम से विख्यात है, पांड्य राजाओं का उल्लेख है, किंतु उसमें कोई क्रमबद्ध विवरण नहीं है। एक दो पांड्य विजेताओं का उल्लेख है। फिर भी संगम साहित्य से प्रकट होता है कि यह देश धनवान और समृद्ध था। पांड्य राजाओं को रोमन साम्राज्य के साथ व्यापार में लाभ होता था और उन्होंने रोमन सम्राट् ऑगस्टस के दरबार में राजदूत भेजे। ब्राह्मणों का अच्छा स्थान था। पांड्य राजाओं ने ईसा की आरंभिक सदियों में वैदिक यज्ञ किए।

चोल राज्य मध्यकाल के आरंभ में चोलमंडलम् (कोरोमंडल) कहलाता था। यह पेन्नार और वेलार नदियों के बीच में पांड्य राज्यक्षेत्र के पूर्वोत्तर कोण में था। हमें संगम

साहित्य से चोलों के राजनीतिक इतिहास का कुछ आभास मिलता है। उनकी राजनीतिक सत्ता का केंद्र उरैयूर था जो सूती कपड़े के व्यापार के लिए मशहूर है। लगता है कि ईसा-पूर्व दूसरी सदी के मध्य में एलारा नामक चोल राजा ने श्रीलंका पर विजय की और लगभग 50 वर्षों तक वहाँ शासन किया। चोलों का अधिक सुनिश्चित इतिहास ईसा की दूसरी सदी में उनके प्रख्यात राजा करकल से शुरू होता है। उसने पुहार की स्थापना की और कावेरी नदी के किनारे 160 किलोमीटर लंबा बाँध बनाया। इसका निर्माण 12,000 गुलामों से कराया गया, जिन्हें श्रीलंका से बंदी बनाकर लाया गया था। पुहार की पहचान कावेरीपट्टनम से की गई है, जो चोलों की राजधानी थी। यह व्यापार और वाणिज्य का बहुत बड़ा केंद्र था और उत्खननों से पता चलता है कि उसका गोदीबाड़ा (डॉक) बहुत विशाल था। चोलों के वैभव का मुख्य स्रोत सूती कपड़े का व्यापार था। उनके पास कुशल नौसेना भी थी।

करकल के उत्तराधिकारियों के समय चोल सत्ता का तेजी से ह्रास हुआ। उनकी राजधानी पर चढ़ाई कर उसे ध्वस्त कर दिया गया। चेरों और पांड्यों ने चोलों के राज्य में घुसकर अपना-अपना राज्य फैलाया। चोलों की जो भी बची-खुची सत्ता रह गई थी, उसे उत्तर से पल्लवों ने हमला कर समाप्त कर दिया। ईसा की चौथी से नौवीं सदी तक के दक्षिण भारतीय इतिहास में चोलों की भूमिका नगण्य रही।

चेर या केरल देश पांड्य क्षेत्र के पश्चिम और उत्तर में था। उसमें समुद्र और पहाड़ों के बीच एक सँकरी-सी पट्टी पड़ती थी, जिसमें आधुनिक केरल राज्य का और तमिलनाडु का अंश था। ईसा की आरंभिक सदियों में चेर क्षेत्र का महत्त्व उतना ही था जितना चोलों और पांड्यों का। चेरों की प्रगति रोमन लोगों के साथ व्यापार के कारण हुई। रोमनों ने अपने हित की रक्षा के लिए सेना की दो टुकड़ियाँ मुजिरीस में स्थापित की थीं, जिसकी पहचान चेर क्षेत्र में कांगनोर से की जाती है। कहा जाता है कि उन्होंने वहाँ ऑगस्टस का मंदिर भी बनवाया था।

चेरों का इतिहास चोलों और पांड्यो के साथ निरंतर युद्ध का इतिहास है। यद्यपि चेरों ने चोल नरेश करकल के पिता का वध कर दिया, लेकिन चेर नरेश को भी अपनी जान गँवानी पड़ी। बाद में, दोनों राज्य कुछ समय के लिए मित्र बन गए और अंततः दोनों वैवाहिक संबंध से भी जुड़ गए। आगे चलकर चेर राजा ने चोलों के विरुद्ध पांड्य शासकों से गठजोड़ किया। लेकिन चोलों ने दोनों को हरा दिया। कहा जाता है कि चेर राजा ने पीठ में घाव लगने के कारण लज्जावश आत्महत्या कर ली।

चेर कवियों के अनुसार उनका सबसे बड़ा राजा सेंगुट्टुवन था, जिसे **लाल** या **भला चेर** भी कहा जाता था। उसने अपने शत्रुओं का संहार किया और अपने भाई को सुरक्षित रूप में राजसिंहासन पर बैठा दिया। कहा जाता है कि उसने उत्तर दिशा में चढ़ाई की और गंगा को पार किया। लेकिन यह सब अतिरंजित लगता है। ईसा की

दूसरी सदी के बाद चेर शक्ति का ह्रास हुआ और उसके बाद ईसा की आठवीं सदी तक उनके इतिहास के बारे में कुछ भी ज्ञात नहीं है।

इन तीनों राज्यों के राजनीतिक इतिहास की मुख्य दिलचस्पी इनके अपने बीच तथा श्रीलंका के साथ लगातार होते रहे युद्धों की कहानी में है।

युद्धों के कारण ये राज्य कमज़ोर तो अवश्य हुए, परंतु अपने प्राकृतिक संसाधनों और विदेश व्यापार से काफी लाभ उठाते रहे। वे मसाले, विशेषकर गोल मिर्च उपजाते थे, जिनकी पश्चिमी दुनिया में बहुत माँग थी। उन्हें अपने हाथियों से दाँत मिलते थे जो पश्चिम में काफी मूल्यवान समझे जाते थे। समुद्र से मोती प्राप्त होते थे और खानों से रत्न और इन दोनों चीजों का निर्यात पश्चिमी देशों में भारी मात्रा में होता था। इनके अलावा वे मलमल और रेशम भी पैदा करते थे। कहा जाता है कि उनका सूती कपड़ा साँप के केंचुल जैसा पतला होता था। प्राचीन तमिल काव्यों में रेशम के ऊपर तरह–तरह की नक्काशीदार बुनाई का वर्णन किया गया है। उरैयूर अपने सूती कपड़े के व्यापार के लिए प्रसिद्ध था। अत्यंत प्राचीन समय से ही तमिल लोग एक ओर मिस्र और अरब के यूनानी राज्य तथा दूसरी ओर मलय द्वीपसमूह और वहाँ से चीन के साथ व्यापार करते थे। व्यापार के फलस्वरूप चावल, अदरख, दालचीनी आदि कई वस्तुओं के नाम यूनानी भाषा में तमिल भाषा से लिए गए हैं। जब ईसा की पहली सदी के आसपास मिस्र रोम का प्रांत हो गया और मानसून का पता लग गया, तब इस व्यापार को अपार बल मिला। इस तरह ईसा की आरंभिक ढाई सदियों तक रोम के साथ दक्षिण के राज्यों का लाभप्रद व्यापार चलता रहा। इस व्यापार में ह्रास होने के साथ इन राज्यों का सितारा भी डूबता गया।

धन और युद्ध

स्थानीय और सुदूर दोनों तरह का व्यापार राजकोष के लिए बहुत ही महत्त्वपूर्ण स्रोत था। हमें मालूम है कि चुंगी अधिकारी पुहार में किस तरह काम करते थे। जो सौदागर माल लेकर एक जगह से दूसरी जगह घूमते रहते थे, उनसे भी पारगमन शुल्क वसूल किया जाता था। सौदागरों की सुरक्षा के लिए तथा तस्करी रोकने के लिए सड़कों पर सैनिक लगातार चौकसी करते रहते थे।

युद्ध में हाथ लगे माल से भी राजकोष में वृद्धि होती थी। परंतु युद्ध और राज्यव्यवस्था का वास्तविक आधार कृषि से होनेवाली नियमित आय ही था। खेती की उपज का कितना हिस्सा राजा का पावना होता था और कितना वसूला जाता था, इसकी स्पष्ट जानकारी नहीं है। प्रायद्वीप का सिरा और उससे लगे क्षेत्र बहुत ही उपजाऊ थे। खेतों में धान, रागी और ईख की उपज होती थी। कावेरी डेल्टा के बारे में कहावत है कि जितनी ज़मीन में एक हाथी लेट सकता है उतनी ज़मीन सात आदमियों

का पेट भर सकती है। इन सभी के अतिरिक्त, तमिल प्रदेश में अनाज, फल, गोल मिर्च और हल्दी की उपज होती थी। ऐसा प्रतीत होता है कि इन सभी उपजों में राजा का अंश होता था।

स्पष्टतः किसानों से वसूले गए करों से राज्य अपनी सेना रखता था। इस सेना में बैल जुते रथ, हाथी, घुड़सवार और पैदल सिपाही रहते थे। युद्ध में हाथी महत्त्वपूर्ण भूमिका निभाते थे। घोड़े समुद्र के रास्ते पांड्य राज्य में बाहर से मँगाए जाते थे। सामंत और राजकुमार या सेनापति हाथी पर चढ़ते थे, और सेनानी (कमांडर) रथ पर। पैदल सिपाही और घुड़सवार पाँव की रक्षा के लिए चमड़े की पनही (जूता) पहनते थे।

सामाजिक वर्गों का उदय

व्यापार से, युद्ध में हाथ लगे धन से और खेती की उपज से जो आय होती थी उससे राजा वेतनभोगी सैनिकों के दलों को तो रख ही सकता था, साथ-साथ चारणों और पुरोहितों का भी संपोषण करता था, जो मुख्यतः ब्राह्मण होते थे। ब्राह्मण तमिल देश में सबसे पहले संगम युग में आए। आदर्श राजा वह होता था जो ब्राह्मण को कभी सताए नहीं। अनेक ब्राह्मण कवि थे और कविता रचने के लिए राजा उदारतापूर्वक उन्हें पुरस्कार देता था। कहा जाता है कि राजा करकल ने एक कवि को 16,00,000 स्वर्ण मुद्राओं से पुरस्कृत किया था, पर यह अतिशयोक्ति लगती है। स्वर्ण के अतिरिक्त, कवियों और भाटों को नकद, भूमि, रथ, घोड़े और हाथी भी दिए जाते थे। तमिल ब्राह्मण मदिरा पीते और मांस खाते थे। क्षत्रिय और वैश्य संगम साहित्य में नियमित वर्ण के रूप में दिखाई देते हैं, किंतु योद्धाओं का वर्ग राज्यव्यवस्था और समाज का महत्त्वपूर्ण अंग था। सेनाध्यक्षों को औपचारिक अनुष्ठान के साथ **एनाडि** की उपाधि दी जाती थी। चोल और पांड्य दोनों राज्यों में असैनिक और सैनिक दोनों तरह के अधिकारियों के पद पर **वल्लाल** या धनी किसान रखे जाते थे। शासक वर्ग को **अरसर** कहा जाता था और उस वर्ग के लोगों का वल्लालों से वैवाहिक संबंध होता था, जबकि वल्लाल चौथी जाति में आते थे। अधिकतर भूमि वल्लालों के हाथ में थी और उन्हीं से किसान वर्ग बना था। उनमें धनी और गरीब दोनों थे। धनी लोग खुद खेती नहीं करते थे, यह काम वे मज़दूरों से कराते थे। खेत-मज़दूर का काम सबसे निचले वर्ग के लोग (कडैसियर) करते थे, जिनकी हैसियत करीब-करीब गुलामों जैसी थी।

कुछ कारीगर खेत मज़दूर वर्ग के भी थे। **परियार** लोग खेत-मज़दूर थे, लेकिन पशु की खाल या चर्म का काम करते थे और चटाई के रूप में उसका इस्तेमाल करते थे। कई अंत्यज और वनवासी जनजातीय लोग भयानक दरिद्र और अकिंचन थे। संगम युग में हम सुस्पष्ट सामाजिक विषमताएँ पाते हैं। धनी लोग ईंट के मकानों में रहते थे और गरीब लोग झुग्गियों और झोपड़ियों में। नगरों में धनी व्यापारी लोग अपने घर के

ऊपरी तल्ले में रहते थे। लेकिन यह ज्ञात नहीं है कि सामाजिक विषमता बनाए रखने में धर्म और अनुष्ठान का हाथ था या नहीं। हम ब्राह्मण और क्षत्रिय को तो जाति के रूप में स्थापित होते पाते हैं, परंतु बाद में जिस तरह का प्रखर जाति भेद दिखाई देता है वह आरंभिक संगम युग में नहीं था।

ब्राह्मण संस्कृति का आरंभ

तमिल देश में ईसवी सन् की आरंभिक सदियों में जो राज्य और समाज स्थापित हुए उनका विकास ब्राह्मण संस्कृति के प्रभाव से हुआ। लेकिन यह प्रभाव तमिल भूमि के एक छोटे-से भाग और समाज के ऊपरी वर्गों तक ही सीमित था। राजा वैदिक यज्ञ करते थे। वेदानुयायी ब्राह्मण लोग शस्त्रार्थ करते थे। परंतु पहाड़ी प्रदेशों के लोगों के मुख्य स्थानीय देवता **मुरूगन** थे, जो आरंभिक मध्यकाल में सुब्रामनियम या सुब्रह्मण्यम कहलाने लगे। विष्णु की पूजा का भी उल्लेख है, लेकिन यह परंपरा बाद में चली होगी। मृतकों को जीवनोपयोगी वस्तु अप्रित करने की महापाषाणिक प्रथा चलती रही। लोग मृतक को धान चढ़ाते थे। शवदाह की प्रथा आरंभ हुई, परंतु महापाषाण अवस्था से चली आ रही दफ़नाने की प्रथा समाप्त नहीं हुई।

तमिल भाषा और संगम साहित्य

ऐतिहासिक काल के आरंभ में तमिल जीवन के संबंध में ऊपर जो कुछ कहा गया है उसका आधार संगम साहित्य है। जैसा कि पहले बताया जा चुका है, संगम तमिल कवियों का संघ या सम्मेलन था, जो संभवतः किसी सामंत या राजा के आश्रय में आयोजित होता था। परंतु यह ज्ञात नहीं है कि संगम की संख्या कितनी थी और कब-कब बैठकें होती थीं। ईसा की आठवीं सदी में लिखी गई संगम की तमिल टीकाओं में कहा गया है कि तीन संगम 9,990 वर्ष तक चलते रहे। उनमें 8,598 कवि जुटे और 197 पांड्य राजा उनके संपोषक थे। यह सब अतिरंजन मात्र है। केवल इतना ही कहा जा सकता है कि मदुरै में संगम राजाश्रय में आयोजित होते थे।

इन सम्मेलनों द्वारा रचित संगम साहित्य, जो उपलब्ध है, लगभग 300 ई० और 600 ई० के बीच संकलित किया गया। परंतु इसके कुछ भाग बहुत पुराने, कम-से-कम ईसा-पूर्व दूसरी सदी के प्रतीत होते हैं। संगम साहित्य मोटे तौर पर दो समूहों में बाँटा जा सकता है—आख्यानात्मक और उपदेशात्मक। आख्यानात्मक ग्रंथ *मेलकणक्कु* अर्थात् अठारह मुख्य ग्रंथ कहलाते हैं। इनमें अठारह मुख्य ग्रंथ हैं: आठ पद्य संकलन और दस ग्राम्य गीत। उपदेशात्मक ग्रंथ *मेलकणक्कु* अर्थात् अठारह लघु ग्रंथ कहलाते हैं।

संगम ग्रंथों में सामाजिक विकास की झलक

दोनों तरह के संगम ग्रंथों में समाज के विकास की कई अवस्थाएँ दिखाई देती हैं। इनमें आख्यानात्मक ग्रंथों को वीरगाथा काव्य कहते हैं, जिनमें वीर पुरुषों की कीर्ति गाई गई है और निरंतर चल रहे युद्ध और पशुहरणों का बारंबार उल्लेख है। इससे पता चलता है कि तमिल लोग आरंभ में पशुचारक थे। आरंभिक महापाषाण जीवन का आभास संगम साहित्य में मिलता है। सबसे पुराने महापाषाणिक लोग मूलतः पशुचारक, शिकारी या मछुए मालूम होते हैं, हालाँकि वे चावल भी पैदा करते थे। प्रायद्वीपीय भारत में कई पुरास्थलों में हँसिया और फावड़े तो मिले हैं लेकिन फाल का अभाव जैसा है। लोहे की अन्य वस्तुएँ हैं–कीलक (फन्नी), सपाट सेल्ट, बाणाग्र, लंबी तलवार और बर्छी, खूँटी, और शूलाग्र हार्सबिट (horsebit) इत्यादि। ये हथियार मुख्यतः युद्ध और शिकार के है। इसका कुछ प्रतिरूप संगम साहित्य में मिलता है जिसमें निरंतर युद्धों और पशुहरणों की चर्चा है। संगम ग्रंथों से प्रकट होता है कि युद्ध की लूट से लोगों का अच्छा निर्वाह होता था। उनमें यह भी कहा गया है कि जब वीर मरता है तो वह पत्थर के टुकड़े के तुल्य हो जाता है। यह हमें पत्थर के टुकड़ों के उस घेरे की याद दिलाता है जो महापाषाणिक लोगों की कब्रों पर बनाए जाते थे। शायद बाद में इसी से **वीरकल** स्थापित करने की प्रथा चली जिसमें गाय या अन्य वस्तुओं के लिए लड़ते-लड़ते मरने वाले वीरों के सम्मान में वीरकल अर्थात् स्मारक स्वरूप वीर-प्रस्तर खड़ा किया जाता था। संभव है कि संगम साहित्य में वर्णित सामाजिक विकास की आरंभिक अवस्था आरंभिक महापाषाण युग के आरंभ से संबद्ध हो।

हमें आख्यानात्मक संगम ग्रंथों से कुछ जानकारी राज्य के गठन के बारे में मिलती है, जिसमें सेना के नाम पर योद्धाओं के दल मात्र होते थे तथा कर-संग्रह प्रणाली और न्याय-व्यवस्था आरंभिक अवस्था में थी। इन ग्रंथों से हमें व्यापारियों, वणिकों, शिल्पियों और कृषकों के बारे में भी कुछ जानकारी मिलती है। इनमें कई नगरों का उल्लेख है, जैसे कांची, कोरकई, मदुरै, पुहार और उरैयूर। उनमें पुहार या कावेरीपट्टनम सबसे अधिक प्रसिद्ध था। संगम में जिन नगरों और आर्थिक कार्यकलापों की चर्चा है, उनकी पुष्टि यूनानी और रोमन विवरणों से तथा संगम स्थलों पर हुई खुदाई से भी होती है।

संगम ग्रंथों का बहुत कुछ अंश, जिनमें उपदेशात्मक अंश भी शामिल हैं, संस्कृत और प्राकृत जानने वाले ब्राह्मण पंडितों की रचना है। उपदेशात्मक ग्रंथों में ईसवी सन् की प्रारंभिक सदियों का प्रतिबिंब है। उनमें न केवल राजा और राजसभा के लिए, बल्कि विविध सामाजिक और व्यावसायिक वर्गों के लिए भी आचार-नियम बताए

गए हैं। यह सब ईसा की चौथी सदी के बाद ही संभव हुआ होगा जब पल्लव राजाओं के आश्रय में बड़ी संख्या में ब्राह्मण आए। ग्रंथों में ग्रामदान का तथा राजाओं के सूर्यवंश और चंद्रवंश का भी उल्लेख है। यह प्रथा उत्तर भारत में ईसा की छठी सदी के आसपास शुरू हुई थी।

संगम ग्रंथों के अतिरिक्त *तोलकाप्पियम* नामक एक और ग्रंथ है। इसका विषय व्याकरण और अलंकारशास्त्र है। एक और महत्त्वपूर्ण तमिल ग्रंथ है *तिरूकुरल*, जिसमें दार्शनिक विचार और सूक्तियाँ हैं। इसके अलावा, तमिल के दो प्रसिद्ध हास्यकाव्य हैं जिनके नाम हैं *सिलप्पदिकारम* और *मणिमेकलै*। इन दोनों की रचना ईसा की छठी सदी के आसपास हुई। इनमें पहला महाकाव्य तमिल साहित्य का उज्जवलतम रत्न माना जाता है। इसमें एक प्रेम-कथा वर्णित है। कोवलन नामक एक अमीर अपनी कुलीन धर्मपत्नी कन्नगी की उपेक्षा करके कावेरीपट्टनम की माधवी नामक वेश्या से प्रेम करता है। *सिलप्पदिकारम्* का रचियता संभवतः जैन था और वह तमिल देश के सभी राज्यों को कथा-स्थल बनाना चाहता था। दूसरा महाकाव्य *मणिमेकलै* मदुरा के एक बनिया का लिखा है जो अनाज का व्यापार करता था। इसमें कोवलन और माधवी के संगम से उत्पन्न कन्या के साहसिक जीवन का वर्णन है; लेकिन यह महाकाव्य धार्मिक अधिक है, साहित्यिक कम। दोनों महाकाव्यों की प्रस्तावना में कहा गया है कि दोनों के लेखक ईसा की दूसरी सदी में राज करने वाले चेर राजा सेंगुट्टूवन के मित्र और समकालीन थे। ये दोनों महाकाव्य उतने प्राचीन तो नहीं हो सकते हैं, क्योंकि इनमें ईसा की छठी सदी तक के तमिलों के सामाजिक और आर्थिक जीवन का आभास मिलता है।

इसमें संदेह नहीं है कि तमिल लोग ईसवी सन् के आरंभ के पहले से ही लिखना जानते थे। ब्राह्मी लिपि में लिखे 75 से भी अधिक छोटे-छोटे अभिलेख प्राकृतिक गुफाओं में, विशेषकर मदुरै प्रदेश में पाए गए हैं। इनमें प्राकृत शब्दों से मिश्रित तमिल भाषा का प्राचीनतम स्वरूप दिखाई देता है। ये ईसा-पूर्व दूसरी-पहली सदियों के हैं, जब जैन और बौद्ध धर्मप्रचारकों का इस इलाके में प्रवेश हुआ। कई स्थानों में हाल में हुए उत्खननों में अभिलिखित मृद्भांडों के टुकड़े पाए गए हैं। इनसे पता चलता है कि ईसवी सन् के आरंभ में तमिल भाषा कैसी थी। अतः इसमें कोई आश्चर्य नहीं कि संगम साहित्य के प्रचुर अंश ईसवी सन् की आरंभिक सदियों में लिखे गए, हालाँकि उनका अंतिम संकलन 600 ई० के आसपास हुआ।

❖ कालक्रम ❖

1000 ई० पू०	महापाषाणिक (मेगालिथिक) संस्कृति की शुरुआत।
पाँचवीं-पहली शताब्दियाँ ई० पू०	महापाषाणिक संस्कृति का व्यापक अस्तित्व।
चौथी शताब्दी ई० पू०	उत्तर और सुदूर दक्षिण के बीच सांस्कृतिक और आर्थिक संपर्क।
द्वितीय शताब्दी ई० पू०	महापाषाणिक संस्कृति के लोग ऊपरी भू-भागों से उपजाऊ नदियों की द्रोणियों में आ गए। एक चोल नरेश ने इस शताब्दी के मध्य में श्रीलंका को जीत लिया।
दूसरी-पहली शताब्दियाँ ई० पू०	ब्राह्मी लिपि में लिखे 75 से भी अधिक छोटे-छोटे अभिलेख मदुरै प्रदेश के प्राकृतिक गुफाओं में प्राप्त। इन अभिलेखों में प्राकृत शब्दों से मिश्रित तमिल भाषा का प्राचीनतम स्वरूप।
पहली शताब्दी ई०	मानसून (बरसाती पवन) की खोज। मृद्‌भांड पर लिखित अभिलेखों में तमिल भाषा का प्रयोग।
ईसवी सन् की प्रारंभिक शताब्दियाँ	कुछ स्थानों में महापाषाणिक अवस्था बनी रही। दक्षिण भारतीय शासक दक्षिण भारत के समुद्रतटवर्ती भागों और रोमन साम्राज्य के पूर्वी राज्यों के खासकर मिस्र के बीच व्यापार से लाभान्वित हुए।
द्वितीय शताब्दी ई०	इस तिथि के बाद चेर शक्ति का पतन हो गया। संगम साहित्य के भागों की रचना।
300-600 ई०	संगम साहित्य का अंतिम रूप से संकलन।
चौथी शताब्दी ई०	इस समय के बाद प्राकृत-संस्कृत के ब्राह्मण विद्वानों ने अनेक संगम मूलग्रंथों की रचना की। इस समय के बाद तमिलकम में ब्राह्मणवादी प्रभाव का अंत हो गया।
छठी शताब्दी ई०	इस समय से चोलों की उपान्तीय भूमिका। लगभग इसी समय दो तमिल महाकाव्य, *सिलप्पदिकरम्* और *मणिमेकलै* की रचना।
नवीं शताब्दी ई०	प्रमुख शक्ति के रूप में चोलों की पुर्नस्थापना।

23
शिल्प, व्यापार और नगरों का विकास

शिल्प एवं शिल्पी

शकों, कुषाणों और सातवाहनों का (200 ई० पू०-300 ई०) और प्रथम तमिल राज्यों का युग प्राचीन भारत के शिल्प और वाणिज्य के इतिहास में चरम उत्कर्ष का काल था। इस काल में कलाओं और शिल्पों का विलक्षण विकास हुआ। इस काल के ग्रंथों में हम शिल्पियों के जितने प्रकार पाते हैं उतने पहले के लेखों में नहीं पाते। मौर्य-पूर्व काल के *दीघनिकाय* में लगभग चौबीस प्रकार के व्यवसायों का उल्लेख है तो इसी काल के *महावस्तु* में राजगीर में रहने वाले 36 प्रकार के व्यवसायियों का उल्लेख है, और फिर भी सूची अधूरी है। *मिलिन्दपञ्हो* या मिलिन्दप्रश्न में तो 75 व्यवसाय गिनाए गए हैं, जिनमें 60 विविध प्रकार के शिल्पों से संबद्ध हैं। अंग्रेजी में *गारलैंड ऑफ मदुरई* कहे जाने वाले तमिल मूलग्रंथ में उपर्युक्त दोनों बौद्ध मूलग्रंथों में शिल्प एवं शिल्पियों संबंधी दी गई जानकारी को आगे बढ़ाया गया है। इसके अनुसार, अनेक शिल्पी अपनी दुकानों में काम करते थे। इनमें जुलाहे, बजाज, पुष्पोत्पादक, स्वर्णकार और ताम्रकार शामिल हैं। साहित्यिक स्रोतों में तो शिल्पियों को अधिकतर नगरों से जोड़ा गया है, किंतु कुछ उत्खननों से स्पष्ट होता है कि वे गाँवों में भी रहते थे। तेलंगाना स्थित करीमनगर के एक गाँव में बढ़ई, लोहार, सुनार, कुम्हार आदि अलग-अलग टोले में रहते थे, तथा कृषि-मज़दूर तथा अन्य मज़दूर एक दूसरे छोर पर बसते थे।

सोना, चांदी, सीसा, टिन, तांबा, पीतल, लोहा और रत्न के काम वाले आठ शिल्प थे। पीतल, जस्ते, सुरमा और लाल संखिया के कई प्रभेदों का उल्लेख है। इससे खान और धातु के कौशल में भारी प्रगति और विशेषीकरण का पता चलता है। लोहा बनाने के तकनीकी ज्ञान में भारी प्रगति हुई। अनेक उत्खनन स्थलों पर कुषाण और सातवाहनकालीन स्तरों में लौहशिल्प की वस्तुएँ अधिकाधिक संख्या में मिली हैं। परंतु इस विषय में आंध्र प्रदेश का तेलंगाना सबसे समृद्ध प्रतीत होता है। इस क्षेत्र के करीमनगर और नालगोंड ज़िलों में हथियारों के अलावा तराजू की डंडी, मूठवाले फावड़े और कुल्हाड़ियाँ, हँसिया, फाल, उस्तरा और करछुल आदि लोहे की वस्तुएँ मिली हैं। छुरी-काँटे सहित भारतीय लोहे और इस्पात का निर्यात अबीसीनियाई

बंदरगाहों को किया जाता था और पश्चिम एशिया में उनकी भारी प्रतिष्ठा थी।

कपड़ा बनाने, रेशम बुनने और हथियारों एवं विलास की वस्तुओं के निर्माण में भी भारी प्रगति हुई। मथुरा शाटक नामक विशेष प्रकार के वस्त्र के निर्माण का बड़ा केंद्र हो गया था। दक्षिण भारत के कई नगरों में रंगरेज़ी उन्नत शिल्प थी। तमिलनाडु में तिरुचिरापल्ली नगर के उपनगर उरैयूर में ईंटों का बना रंगाई का हौज़ मिला है। अरिकमेडु में भी इस तरह के हौज़ मिले हैं। ये हौज़ ईसा की पहली-तीसरी सदियों के हैं। इन क्षेत्रों में करघे पर कपड़ा बुनने का व्यवसाय बहुत प्रचलित था। कोल्हू के प्रचलन से तेल के उत्पादन में वृद्धि हुई। इस काल के अभिलेख बतलाते हैं कि बुनकरों, जौहरियों, मूर्तिकारों, मछुआरों, लोहारों, गंधियों ने बौद्ध भिक्षुओं के लिए गुहाएँ बनवाईं तथा उन्हें स्तंभ, पट्ट, कुंड आदि का दान दिया। इन सब से प्रकट होता है कि दस्तकारों के धंधों में खूब बढ़त हुई।

विलास की वस्तुओं का उत्पादन करने वाले शिल्पों में हाथी दाँत का काम, कांच का काम और मणि-माणिक्य बनाने का काम उल्लेखनीय है। सीप या शंख शिल्प भी उन्नत स्थिति में था। कुषाण स्थलों में खुदाई के क्रम में बहुत-सी शिल्प-वस्तुएँ निकली हैं। भारतीय दंतशिल्प की वस्तुएँ अफगानिस्तान और रोम में भी मिली हैं। इनका संबंध दकन में सातवाहन स्थलों के उत्खनन में पाई गई दंतशिल्प की वस्तुओं से जोड़ा जाता है। रोम की कांच की वस्तुएँ तक्षशिला और अफगानिस्तान में मिलती हैं, लेकिन भारत ने कांच ढालने की जानकारी ईसवी सन् के आरंभ में आकर प्राप्त की और उसे चोटी पर पहुँचाया। इसी तरह मौर्योत्तर स्तरों में रत्नतुल्य पत्थरों के मनके या मणियाँ बड़ी संख्या में मिलती हैं। इन्हीं स्तरों में शंख के बने मनके और कंगन भी पाए गए हैं। सिक्कों की ढलाई महत्त्वपूर्ण शिल्प थी और यह काल सोने, चांदी, तांबे, कांसे, सीसे (लेड) और पोटीन के तरह-तरह के सिक्के बनाने के लिए मशहूर है। शिल्पी लोग नकली रोमन सिक्के भी बना लेते थे। सिक्का ढालने के कई तरह के साँचे उत्तर भारत और दकन में पाए गए थे। सातवाहन स्तर के एक साँचे से पता लगता है कि इससे छह-छह सिक्के एक ही बार में निकल आते थे। इन शहरी हस्तशिल्पों के साथ-साथ पकी मिट्टी (टेराकोटा) की सुंदर-सुंदर मूर्तिकाएँ भी बनती थीं जो विशाल मात्रा में पाई गई हैं। ये लगभग सभी कुषाण और सातवाहन स्थलों में पाए गए हैं, किंतु इस प्रसंग में नालगोंडा ज़िले के येल्लश्वरम का नाम विशेष रूप से लिया जा सकता है जहाँ मूर्तिकाएँ और उनके निर्माण के साँचे सबसे अधिक संख्या में मिले हैं। मूर्तिकाएँ और उनके साँचे हैदराबाद से लगभग 65 किलोमीटर की दूरी पर कोंडापुर में भी पाए गए हैं। मूर्तिकाएँ अधिकतर नगर निवासी उच्च वर्गों के लिए बनती थीं। गौर करने की बात है कि गुप्तकाल और खासकर गुप्तोत्तर काल में नगरों के पतन के साथ मूर्तिकाओं की संख्या बहुत घट गई।

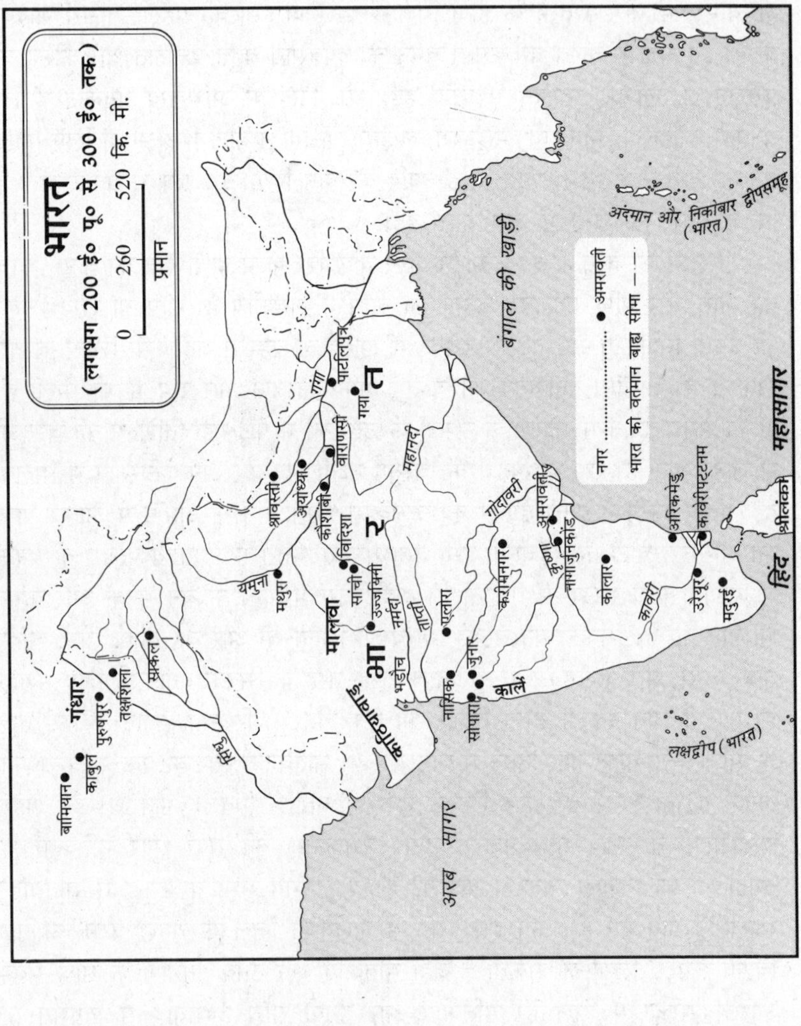
भारत
(लगभग 200 ई० पू० से 300 ई० तक)
0 260 520 कि. मी.
प्रमान
बामियान
काबुल
गंधार
पुरुषपुर
तक्षशिला
साकल
सिंधु
यमुना
मथुरा
श्रावस्ती
अयोध्या
कौशांबी
विदिशा
सांची
उज्जयिनी
मालवा
नर्मदा
ताप्ती
भड़ौच
काठियावाड़
गंगा
पाटलिपुत्र
गया
वाराणसी
महानदी
भा र त
गोदावरी
कृष्णा
अमरावती
नागार्जुनकोंड
करीमनगर
एलोरा
जुन्नार
नासिक
सोपारा
कार्ले
कोलार
कावेरी
उरैयूर
मदुरई
अरिकमेडु
कावेरीपट्टनम
श्रीलंका
बंगाल की खाड़ी
अरब सागर
हिंद महासागर
लक्षद्वीप (भारत)
अंदमान और निकोबार द्वीपसमूह (भारत)
नगर .... ● अमरावती
भारत की वर्तमान बाह्य सीमा

शिल्पी लोग आपस में संगठित होते थे और उनके संगठन का नाम **श्रेणी** था। ईसा की दूसरी सदी में महाराष्ट्र में बौद्ध धर्मावलंबी गृहस्थ उपासकों ने कुम्हारों, तेलियों और बुनकरों की श्रेणियों के पास धन जमा किया ताकि उससे बौद्ध भिक्षुओं को वस्त्र और अन्य आवश्यक वस्तुएँ दी जाएँ। इसी सदी में प्रतिदिन एक सौ ब्राह्मणों को भोजन कराने के लिए एक अधिपति ने आटा पीसने वालों की एक श्रेणी के पास अपनी मासिक आय से बचाकर धन जमा किया। विभिन्न ग्रंथों के आधार पर यह कहा जा सकता है कि इस काल के शिल्पियों की कम-से-कम चौबीस-पच्चीस श्रेणियाँ प्रचलित थीं। अभिलेखों से ज्ञात अधिकतर शिल्पी मथुरा क्षेत्र में तथा पश्चिमी दकन में जमे थे, जो पश्चिमी समुद्रतट की ओर जाने वाले व्यापार मार्ग पर पड़ते थे।

व्यापारी

गारलैंड ऑफ मदुरई में बाज़ार की गलियों को खरीद-बिक्री करनेवाले लोगों की चौड़ी नदियाँ कहा गया है। साकल नगर के वर्णन में 'आपण' शब्द की आवृत्ति से दुकानदारों के महत्त्व का संकेत मिलता है। यहाँ की दुकानें काशी, कोटुक्बर तथा अन्य स्थानों में बने विविध प्रकार के वस्त्रों से भरी प्रतीत होती थीं। अनेक शिल्पी और सौदागर श्रेणी और आयतन नामक निगमों में संगठित थे, लेकिन इन संगठनों का संचालन कैसे होता था इसका संकेत न *महावस्तु* में मिलता है और न ही *मिलिन्दपञ्हो* में। सौदागर और शिल्पी दोनों उच्च, नीच और मध्यकोटियों में बँटे थे।

बौद्ध मूलग्रंथों में अंकित है कि श्रेष्ठी निगम का प्रमुख सौदागर होता था और कारवाँ का नेता सार्थवाह सौदागरों के संघ का प्रधान होता था। इनमें लगभग आधे दर्जन छोटे-मोटे सौदागरों का भी उल्लेख है जो वणिक कहलाते थे। वे फल, कंद, पका भोजन, चीनी, छाल-वस्त्र, मकई अथवा घास और बाँस के गट्ठे बेचते थे। हम तमिल मूलग्रंथों में अनेक दुकानदारों के बारे में भी सुनते हैं। वे मीठी रोटियाँ, सुगंधित चूर्ण, चबेना और फूल-मालाएँ बेचते थे। अतएव ये सौदागर शहरी लोगों की विविध आवश्यकताओं की, जिनमें भोजन, वस्त्र और आवास शामिल होते थे, पूर्ति करते थे। इनमें हम गंधिक नामक इत्रफरोशों अथवा हरफनमौला सौदागरों को जोड़ सकते हैं। इस शब्द के अंतर्गत अनेक प्रकार के तेली, जिनमें कुछ सुगंधित तेलों के विक्रेता होते थे, शामिल थे। 'अग्रिवणिज' शब्द दुर्बोध मालूम पड़ता है, लेकिन ये सौदागर कुछ भाषाई परिवर्तन करने पर 'अग्रवालों' के पूर्ववर्ती हो सकते हैं। इस शब्द का जो भी अर्थ हो, लेकिन निश्चित रूप से ये थोक-विक्रेता होते थे जो आंतरिक और वैदेशिक दोनों व्यापार संचालित करते थे।

व्यापार के मार्ग और केंद्र

इस काल की सबसे बड़ी आर्थिक प्रक्रिया थी भारत और पूर्वी रोमन साम्राज्य के बीच फूलता-फलता व्यापार। आरंभ में यह व्यापार अधिकतर स्थल मार्ग से होता था। ईसा-पूर्व पहली सदी से शकों, पार्थियनों और कुषाणों की गतिविधियों के कारण स्थल मार्ग से व्यापार करना संकटापन्न हो गया। यद्यपि ईरान के पार्थियन लोग भारत से लोहा और इस्पात का निर्यात करते थे, तथापि वे ईरान के और भी पश्चिमी इलाकों के साथ भारत के व्यापार में बाधा डालते थे। परंतु ईसा की पहली सदी से व्यापार मुख्यत: समुद्री मार्ग से होने लगा। लगता है ईसवी सन् के आरंभ के आसपास मानसून के रहस्य का पता लग गया, फलस्वरूप नाविक अरब सागर के पूर्वी तटों से उसके पश्चिमी तटों तक का सफर काफी कम समय में कर सकते थे। वे भारत के विभिन्न बंदरगाहों पर आसानी से पहुँच सकते थे, जैसे पश्चिमी समुद्र तट पर भड़ौच और सोपारा, तथा पूर्वी तट पर अरिकमेडु और ताम्रलिप्ति। इन सभी बंदरगाहों में भड़ौच सबसे महत्त्वपूर्ण और उन्नतिशील था। वहाँ सातवाहन राज्य के उत्पादन तो पहुँचते ही थे, शक और कुषाण राज्य की वस्तुएँ भी पहुँचती थीं। शक और कुषाण लोग भी पश्चिमोत्तर सीमा प्रांत से पश्चिमी समुद्र तट तक दो मार्गों से जाते थे। दोनों मार्ग तक्षशिला में मिलते थे और मध्य एशिया से गुजरने वाले रेशम मार्ग से भी जुड़े थे। पहला मार्ग उत्तर से सीधे दक्षिण की ओर जाता था, तक्षशिला को निचली सिंधु घाटी से जोड़ता था और वहाँ से भड़ौच चला जाता था। दूसरा मार्ग, जो **उत्तरापथ** नाम से विदित है, अधिक चालू था। यह तक्षशिला से चलकर आधुनिक पंजाब से होते हुए यमुना के पश्चिम तट पहुँचता और यमुना का अनुसरण करते हुए दक्षिण की ओर मथुरा पहुँचता था। फिर मथुरा से मालवा में उज्जैन पहुँचकर वहाँ से पश्चिमी समुद्र तट पर भड़ौच जाता था। उज्जैन में आकर एक और मार्ग उससे मिलता था, जो इलाहाबाद के समीप कौशांबी से निकलता था।

विदेश व्यापार

भारत और रोम के बीच व्यापार तो भारी मात्रा में चला, लेकिन इस व्यापार में साधारण लोगों के रोज़मर्रे के काम की चीज़ें शामिल नहीं थीं। बाज़ार में विलास की वस्तुएँ खूब चलती थीं, जो अभिजातवर्गीय आवश्यकताएँ मानी जाती थीं। रोमवालों ने सबसे पहले देश के सुदूर दक्षिणी हिस्से से व्यापार आरंभ किया; इसीलिए उनके सबसे पहले के सिक्के तमिल राज्यों में मिले हैं, जो सातवाहन के राज्यक्षेत्र के बाहर हैं। रोमवाले मुख्यत: मसालों का आयात करते थे जिनके लिए दक्षिण भारत मशहूर था। वे मध्य और दक्षिण भारत से मलमल, मोती, रत्न और माणिक्य का आयात करते थे। लोहे की वस्तुएँ, खासकर बरतन, रोमन साम्राज्य में भेजी जाने वाली महत्त्वपूर्ण वस्तुएँ थीं। मोती, हाथी

दाँत, रत्न और पशु की गिनती विलास की वस्तुओं में थी। किंतु पौधे और उसके उत्पाद, धर्म, अंतिम संस्कार, रसोई और औषध के काम में आते थे। रसोईघर के बरतन भी आयात में शामिल रहे होंगे। छुरी-काँटे का प्रयोग उच्चवर्ग के लोगों में शायद महत्त्वपूर्ण स्थान रखता होगा।

भारत से सीधे भेजी जाने वाली वस्तुओं के अलावा कुछ वस्तुएँ चीन और मध्य एशिया से भारत आतीं और तब रोमन साम्राज्य के पूर्वी भागों में भेजी जाती थीं। रेशम चीन से सीधे रोमन साम्राज्य को अफगानिस्तान और ईरान से गुजरने वाले रेशम मार्ग से भेजा जाता था। लेकिन बाद में जब ईरान और उसके पड़ोस के क्षेत्रों में पार्थियनों का शासन हो गया तब इसमें कठिनाई पैदा हुई। अतः रेशम के व्यापार का मार्ग कुछ बदल गया और वह इस उपमहादेश के पश्चिमोत्तर भाग से होते हुए पश्चिमी भारत के बंदरगाहों पर आने लगा। कभी-कभी चीन से रेशम भारत के पूर्वी समुद्रतट होते हुए भी भारत आता था, तब वह यहाँ से पश्चिमी देशों को जाता था। इस प्रकार भारत और रोमन साम्राज्य के बीच रेशम का पारगमन व्यापार काफी चला।

बदले में, रोम के लोग भारत को शराब, शराब के दोहत्थे कलश और मिट्टी के अन्यान्य प्रकार के पात्र भेजते थे। ये वस्तुएँ पश्चिमी बंगाल के तामलुक, पांडिचेरी के निकट के अरिकमेडु और दक्षिण भारत के कई अन्य स्थानों में खुदाई में मिली हैं। कभी-कभी तो वे वस्तुएँ गुवाहाटी तक पहुँच जातीं। लगता है, सातवाहन अपना सिक्का ढालने में जिस सीसे का इस्तेमाल करते थे वह रोम से लपेटी हुई पट्टियों की शक्ल में मँगाया जाता था। उत्तर भारत में रोम से आई वस्तुएँ बहुत कम ही मिली हैं, परंतु इसमें संदेह नहीं कि कुषाणों के समय में इस उपमहादेश के पश्चिमोत्तर भाग में ईसा की दूसरी सदी में रोमन साम्राज्य के पूर्वी भाग के साथ व्यापार चलता था। जब 115 ई० में मेसोपोटामिया को जीतकर रोम का प्रांत बना लिया गया तब इस व्यापार को और सहूलियत मिली। रोम के सम्राट ट्रॉजेन ने न केवल मस्कट पर विजय प्राप्त की, बल्कि फारस की खाड़ी का पता भी लगाया। व्यापार और विजय के फलस्वरूप रोमन वस्तुएँ अफगानिस्तान और पश्चिमोत्तर भारत में पहुँचीं। काबुल से 72 किलोमीटर उत्तर बेग्राम में इटली, मिस्र और सीरिया में बने कांच के बड़े-बड़े मर्तबान मिले है। वहाँ कटोरे, कांसे का गोड़ा, इस्पात का पैमाना, पश्चिम में बने बाट, कांसे की छोटी-छोटी यूनानी-रोमन मूर्तियाँ, सुराहियाँ और सिलखड़ी के अन्यान्य पात्र भी मिले है। तक्षशिला में, जिसकी पहचान पाकिस्तान के पश्चिमोत्तर सीमा प्रांत के आधुनिक सिरकप से की गई है, यूनानी-रोमन कांस्यमूर्तियों के उत्कृष्ट नमूने मिले हैं। हमें चांदी के गहने, कुछ कांस्य पात्र, एक कलश और रोमन सम्राट् टिबेरिअस के कुछ सिक्के भी मिले है। परंतु अरेटाइन मृद्भांड जो दक्षिण भारत में आमतौर पर पाए जाते हैं, वे मध्य भारत या पश्चिमी भारत या अफगानिस्तान में नहीं मिले। स्पष्ट है कि इन स्थानों में वे लोकप्रिय पश्चिमी वस्तुएँ

नहीं पहुँचीं, जो अधिकतर विंध्य के दक्षिण में सातवाहन राज्य में और उससे भी दक्षिण में पाई गई हैं। इस प्रकार सातवाहनों और कुषाणों के राज्यों को रोमन साम्राज्य के साथ व्यापार से लाभ पहुँचा, यद्यपि लगता है कि सबसे अधिक लाभ सातवाहनों को हुआ।

रोम से भारत आई वस्तुओं में सबसे महत्त्व के हैं ढेर सारे रोमन सिक्के, जो प्रायः सोने और चांदी के हैं। समूचे उपमहादेश में इन सिक्कों के लगभग 150 ज़खीरे प्रकाश में आए हैं और इनमें अधिकतर विंध्य के दक्षिण में पाए गए हैं। भारत में पाए गए रोमन सोने-चांदी के सिक्कों की संख्या 6000 से अधिक नहीं है, पर यह कहना कठिन है कि केवल इतने ही सिक्के रोम से आए। रोमन लेखक प्लिनी ने 77 ई० में लैटिन में लिखे *नेचुरल हिस्ट्री* नामक अपने विवरण में अफसोस प्रकट किया है कि भारत के साथ व्यापार करके रोम अपना स्वर्णभंडार लुटाता जा रहा है। इस कथन में अतिरंजन हो सकता है। लेकिन उससे भी पहले 22 ई० में शिकायत का वर्णन मिलता है कि रोम पूरब से गोल मिर्च मँगाने पर अत्यधिक खर्च कर रहा है। पश्चिम के लोगों को भारतीय गोल मिर्च इतनी प्रिय थी कि संस्कृत में गोल मिर्च का नाम ही पड़ गया यवनप्रिय। भारत में बने छुरी-काँटे के इस्तेमाल के खिलाफ भी भारी प्रतिक्रिया हुई, जिन्हें रोम के अमीर ऊँची कीमतों में खरीदते थे। उस समय लोगों को व्यापार संतुलन की अवधारणा भले ही न रही हो, परंतु भारतीय प्रायद्वीप में पाए गए रोमन सिक्कों और पात्रों की बहुतायत से इसमें संदेह नहीं रह जाता है कि रोम के साथ व्यापार में भारत का पलड़ा भारी था। रोम को अपनी मुद्रा में होने वाली कमी का अनुभव इतना तेज हुआ कि अंततोगत्वा रोम को भारत के साथ गोल मिर्च और इस्पात की वस्तुओं के व्यापार को बंद करने के लिए कदम उठाने पड़े।

लगता है कि भारत-रोम व्यापार और जहाज़रानी में मुख्य भूमिका रोमनों ने अदा की। यद्यपि रोमन व्यापारी दक्षिण भारत में बस गए, तथापि इस बात का बहुत कम प्रमाण मिलता है कि भारत के लोग रोमन साम्राज्य में बसे। मिट्टी के बरतन के टुकड़ों पर तमिल भाषा में लिखित अभिरेखण मिले हैं जिससे पता चलता है कि कुछ तमिल सौदागर रोमन काल में मिस्र में बसते थे।

मुद्रा अर्थव्यवस्था

रोम से भारत आए चांदी और सोने के सिक्कों का उपयोग लोग किस काम में करते थे? रोमन स्वर्णमुद्राएँ अपनी धातु के लिए मूल्यवान होती थीं, पर साथ ही उनका प्रचलन बड़े-बड़े लेन-देन में भी रहा होगा। उत्तर में हिंद-यूनानी शासकों ने कुछेक स्वर्णमुद्राएँ जारी कीं। लेकिन कुषाणों ने काफी संख्या में स्वर्णमुद्राएँ चलाईं। यह समझना गलत होगा कि सभी कुषाण स्वर्णमुद्राएँ रोमन सोने से ढाली गईं, और भारत

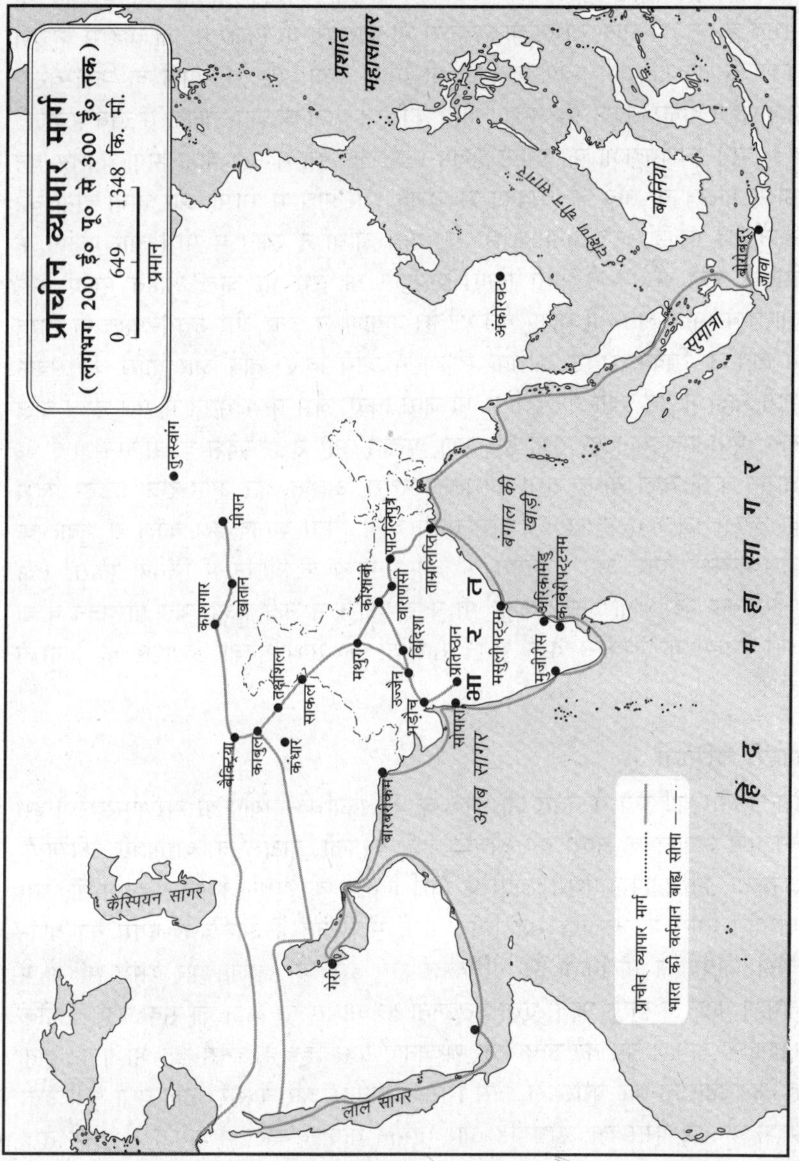
प्राचीन व्यापार मार्ग
(लगभग 200 ई० पू० से 300 ई० तक)
0 649 1348 कि. मी.
प्रमान
प्रशांत महासागर
बोर्नियो
सुमात्रा
जावा
अंकोरवट
तुनस्वांग
मीरान
खोतान
काशगार
बैक्ट्रिया
काबुल
कंधार
तक्षशिला
साकल
मथुरा
कौशांबी
पाटलिपुत्र
वाराणसी
विदिशा
उज्जैन
भड़ौच
सोपारा
प्रतिष्ठान
ताम्रलिप्ति
मसुलीपट्टम
अरिकामेडु
कावेरीपट्टनम
मुजीरीस
बारबरीकम
गेरी
भारत
बंगाल की खाड़ी
अरब सागर
हिंद महासागर
कैस्पियन सागर
लाल सागर
प्राचीन व्यापार मार्ग
भारत की वर्तमान बाह्य सीमा

के पास अपना सोना नहीं था। पाँचवीं सदी ईसा-पूर्व में ही भारत ने ईरानी साम्राज्य को नज़राना के तौर पर 320 टैलेंट सोना दिया था। यह सोना सिंध की स्वर्णखान से निकाला गया होगा। कुषाण संभवतः मध्य एशिया से सोना प्राप्त करते थे। यह भी संभव है कि यह सोना या तो कर्नाटक से या झारखंड के ढालभूम, जो बाद में कुषाण कब्जे में आ गई, की स्वर्णखानों से भी मिला होगा। रोम से संपर्क के फलस्वरूप कुषाणों ने दीनार सदृश स्वर्णमुद्राएँ जारी कीं, जो गुप्तों के शासनकाल में खूब प्रचलित हुईं। परंतु स्वर्णमुद्राओं का प्रयोग रोज़मर्रा के लेन-देन में नहीं होता होगा ये लेन-देन सीसे, पोटीन या तांबे के सिक्कों से चलते थे। आंध्र में सीसा और तांबा दोनों की खानें पाई गई हैं, और कर्नाटक में सोने की। आंध्रों ने दकन में सीसे और पोटीन के सिक्के बड़ी संख्या में जारी किए। प्रायद्वीप के सिरे पर कुछ आहत मुद्राएँ और आरंभिक संगम युग की मुद्राएँ पाई गई हैं। कुषाणों ने उत्तर और उत्तरी-पश्चिमी भारत में तांबे के सिक्के सबसे अधिक संख्या में जारी किए। तांबे और कांसे के सिक्के भारी मात्रा में कई देशी राजवंशों ने भी जारी किए, जैसे मध्य भारत में राज करने वाले नाग, पूर्वी राजस्थान पर तथा हरियाणा, पंजाब और उत्तर प्रदेश के संलग्न क्षेत्रों पर शासन करने वाले यौधेय तथा कौशांबी, मथुरा, अवंति और अहिच्छत्रा (उत्तर प्रदेश के बरेली ज़िले में स्थित) में राज करने वाले मित्र। शायद इस काल में मुद्रात्मक अर्थव्यवस्था नगरों और उपनगरों के जन-सामान्य के जीवन में जितनी गहराई तक प्रवेश कर गई, वैसा अन्य किसी भी पहले काल में नहीं हुआ। यह परिवर्तन कला और शिल्प के विकास तथा रोमन साम्राज्य के साथ पुरज़ोर व्यापार के अनुरूप ही है।

शहरी बस्तियाँ

शिल्प और वाणिज्य में बढ़त और मुद्रा के अधिकाधिक प्रयोग के परिणामस्वरूप इस काल में अनेकानेक नगरों की श्रीवृद्धि हुई। वैशाली, पाटलिपुत्र, वाराणसी, कौशांबी, श्रावस्ती, हस्तिनापुर, मथुरा, इंद्रप्रस्थ (नई दिल्ली का पुराना किला) इन सभी उत्तर भारतीय नगरों के उल्लेख साहित्यिक ग्रंथों में मिलते हैं और कुछ नगरों का वर्णन चीनी यात्रियों ने भी किया है। अधिकतर नगर ईसा की पहली और दूसरी सदियों में कुषाण काल में फूले-फले, ऐसा उत्खननों के आधार पर कहा जा सकता है, क्योंकि खुदाई से कुषाण युग की उत्कृष्टतर संरचनाएँ प्रकट हुई हैं। इनसे यह भी प्रकट होता है कि बिहार के कई पुरास्थल, जैसे चिराँद, सोनपुर और बक्सर आदि तथा पूर्वी उत्तर प्रदेश के कई पुरास्थल, खैराडीह और मासोन कुषाण काल में समृद्ध थे। इसी तरह उत्तर प्रदेश में इलाहाबाद के निकट शृंगवेरपुर, सोहगौरा, भीटा और कौशांबी तथा उसके पश्चिमी ज़िलों में अतरंजीखेड़ा और कई अन्य स्थल कुषाण काल में उन्नति पर थे। शृंगवेरपुर और चिराँद दोनों स्थलों पर ईंटों से बने बहुत-सी कुषाणकालीन

भवन मिले हैं। मथुरा में सोंख के उत्खनन में कुषाण काल के सात स्तर दिखाई देते हैं, जबकि गुप्त युग का केवल एक स्तर है। फिर, पंजाब के अंतर्गत, जालंधर, लुधियाना और रोपड़ में, कई स्थलों पर कुषाण काल की अच्छी संरचनाएँ पाते हैं। हरियाणा में खोदे गए पुरास्थलों के बारे में भी यही सच्चाई है। राजस्थान में रंगमहल भी कुषाण संरचनाओं के लिए मशहूर हैं। कई जगह तो कुषाणकालीन संरचनाओं से निकली पुरानी ईंटों से गुप्तकाल में बनी भोंडे ढंग की इमारतें भी मिली हैं। कुल मिलाकर कुषाणकाल के भौतिक अवशेष दिखलाते हैं कि नगरीकरण अपनी चोटी पर था। मालवा और पश्चिमी भारत के शक राज्य के नगरों के बारे में भी यह बात लागू होती है। सबसे महत्त्वपूर्ण नगर उज्जयिनी था, क्योंकि यहाँ दो बड़े मार्ग मिलते थे– एक कौशांबी से आने वाला और दूसरा मथुरा से। इसका महत्त्व इसलिए भी था कि यहाँ से गोमेद (अगेट) और इंद्रगोप (कार्नेलियन) पत्थरों का निर्यात होता था। उत्खननों से ज्ञात होता है कि यहाँ 200 ई० पू० के बाद मणि या मनके बनाने के लिए गोमेद, इंद्रगोप और सूर्यकांत (जैस्पर) रत्नों का काम बड़े पैमाने पर होता था। यह संभव था, क्योंकि शिप्रा नदी की तलशिला के फाँसों से ये पत्थर प्रचुर मात्रा में प्राप्त किए जा सकते थे।

शक और कुषाण काल के समान ही, सातवाहन राज्य में नगर उन्नति करते रहे। सातवाहन काल में पश्चिमी और दक्षिणी भारत में तंगर (तेर), पैठन, धान्यकटक, अमरावती, नागार्जुनकोंड, भड़ौच, सोपारा, अरिकमेडु और कावेरीपट्टनम समृद्ध नगर थे। तेलंगाना में कई सातवाहन बस्तियाँ खुदाई से निकली हैं। इनमें से कुछ तो आंध्रों के दीवार–घिरे उन तीस नगरों में से होंगे जिनका उल्लेख प्लिनी ने किया है। उनका उदय आंध्र के तटवर्ती शहरों से काफी पहले, परंतु पश्चिमी महाराष्ट्र के शहरों से कुछ ही समय बाद हुआ होगा। परंतु महाराष्ट्र, आंध्र और तमिलनाडु में नगरों का ह्रास सामान्यतः ईसा की तीसरी सदी के मध्य से या उसके बाद से शुरू हो जाता है।

कुषाण और सातवाहन साम्राज्यों में नगरों की उन्नति इसलिए हुई कि रोमन साम्राज्य के साथ व्यापार बहुत अच्छा चल रहा था। भारत रोमन साम्राज्य के पूर्वी भाग और मध्य एशिया के साथ भी व्यापार करता था। पंजाब और पश्चिमी उत्तर प्रदेश में नगर इसलिए फूलते–फलते रहे कि कुषाण शक्ति का केंद्र पश्चिमोत्तर भारत था। भारत में अधिकतर कुषाण नगर मथुरा से तक्षशिला जाने वाले पश्चिमोत्तर मार्ग या **उत्तरापथ** पर पड़ते थे। कुषाण साम्राज्य में मार्गों पर सुरक्षा का प्रबंध था। ईसा की तीसरी सदी में उसका अंत होने से इन नगरों को गहरा धक्का लगा। शायद यही बात दकन में भी हुई। तीसरी सदी से जब रोमन साम्राज्य ने भारत के साथ व्यापार पर प्रतिबंध लगा दिया, नगर अपने शिल्पियों और वणिकों का भरण–पोषण करने में असमर्थ हो गए। दकन में हुई खुदाइयों से भी सातवाहन काल के बाद से नगर–बस्तियों के ह्रास का संकेत मिलता है।

❖ कालक्रम ❖

पाँचवीं शताब्दी ई० पू०	भारत ने ईरान को संभवतः सिंध अंतर्गत सोने की खदानों से निकाले गए सोने के 320 तोड़ों का नज़राना दिया।
200 ई० पू०	इस समय के बाद उज्जैन से गोमेद (अगेट) और इंद्रगोप (कार्नेलियन) पत्थरों का निर्यात होता था।
200 ई० पू० –250 ई० पू०	शकों, कुषाणों, सातवाहनों और प्रथम तमिल राज्यों के युग में शिल्प और वाणिज्य उन्नतिशील थे। भारत और पूर्वी रोमन साम्राज्य के बीच फूलता-फलता व्यापार था।
200 ई० पू०-300 ई०	सिक्कों की अधिकतम संख्या।
पहली शताब्दी-ई० पू० शताब्दी ई०	शकों, पार्थियनों और कुषाणों की गतिविधियों के कारण भारत और पूर्वी रोमन साम्राज्य के बीच स्थल मार्ग से व्यापार करना संकटापन्न हो गया। व्यापार मुख्यतः समुद्री मार्ग से होता था, क्योंकि मानसून के कारण जलयात्रा में कम समय लगता था। शीशे गलाने की जानकारी भारत पहुँची।
22 ई०	रोम के लोगों द्वारा पूरब से काली मिर्च की महंगी खरीद का विरोध।
77 ई०	प्लिनी द्वारा लैटिन में लिखे *नेचुरल हिस्ट्री* की तिथि।
पहली-दूसरी शताब्दियाँ ई०	कुषाण काल में उत्तर भारत में नगरों की उन्नति।
पहली-तीसरी शताब्दियाँ	अरिकमेडु और तिरूचिरपल्ली में रंगरेजवाली रंगने की टंकियाँ मिलीं।
115 ई०	मेसोपोटामिया को रोम ने जीतकर अपना प्रांत बनाया।
दूसरी शताब्दी ई०	महाराष्ट्र में बौध उपासक (भक्त) शिल्पियों के अनेक संघों में भिक्षुओं के चीवरों (वस्त्रों) और अन्य आवश्यकताओं के प्रबंध के लिए रुपये जमा करते थे। इस उपमहादेश के उत्तर-पश्चिमी भाग और रोमन साम्राज्य के पूर्वी भाग के बीच व्यापार चलता रहा।
तीसरी शताब्दी ई०	मथुरा से तक्षशिला जाने वाले पश्चिमोत्तर मार्ग या उत्तरापथ पर स्थित कुषाण नगरों को कुषाण साम्राज्य का अंत होने से गहरा धक्का लगा। सातवाहन शक्ति का अंत होने से रोम के नगरों एवं हिंद-रोमन व्यापार पर बुरा असर।

24
गुप्त साम्राज्य का उद्भव और विकास

पृष्ठभूमि

मौर्य साम्राज्य के विघटन के बाद दो बड़ी राजनीतिक शक्तियाँ उभरीं—सातवाहन और कुषाण। सातवाहनों ने दकन और दक्षिण में स्थायित्व लाने का काम किया। उन्होंने दोनों क्षेत्रों के रोमन साम्राज्य के साथ चले अपने व्यापार के बल पर राजनीतिक एकता और आर्थिक प्रगति कायम की। यही काम कुषाणों ने उत्तर में किया। इन दोनों साम्राज्यों का ईसा की तीसरी सदी के मध्य में अंत हो गया।

कुषाण साम्राज्य के खँडहर पर नए साम्राज्य का प्रादुर्भाव हुआ, जिसने कुषाण और सातवाहन दोनों के पिछले राज्यक्षेत्रों के बहुत बड़े भाग पर आधिपत्य स्थापित किया। यह था गुप्त साम्राज्य। गुप्त मूलत: वैश्य रहे होंगे। गुप्त साम्राज्य उतना विशाल तो नहीं था जितना मौर्य साम्राज्य, फिर भी इसने सारे उत्तर भारत को 335 ई० से 455 ई० तक राजनीतिक एकता के सूत्र में बाँधे रखा। ईसा की तीसरी सदी के अंत में गुप्त वंश का आरंभिक राज्य उत्तर प्रदेश और बिहार में था। लगता है कि गुप्त शासकों के लिए बिहार की अपेक्षा उत्तर प्रदेश अधिक महत्त्व का क्षेत्र था, क्योंकि आरंभिक गुप्त मुद्राएँ और अभिलेख मुख्यत: इसी राज्य में पाए गए हैं। यदि हम कुछेक सामंतों और स्वतंत्र व्यक्तियों की बात छोड़ दें जिनके अभिलेख अधिकतर मध्य प्रदेश में पाए गए हैं, तो गुप्तकालीन पुरावशेषों की उपलब्धि की दृष्टि से उत्तर प्रदेश सबसे समृद्ध स्थान सिद्ध होता है। इसलिए उत्तर प्रदेश से ही गुप्त शासक कार्य संचालन करते रहे और अनेक दिशाओं में बढ़ते गए। संभवत: वे अपनी सत्ता का केंद्र प्रयाग को बनाकर पड़ोस के इलाकों में फैलते गए।

संभवत: गुप्त लोग कुषाणों के सामंत थे, और लगता है थोड़े ही दिनों में उनके उत्तराधिकारी बन बैठे। बिहार और उत्तर प्रदेश में अनेकों जगह कुषाण पुरावशेषों के ठीक बाद गुप्त पुरावशेष मिले हैं। लगता है कि गुप्तों ने जीन, लगाम, बटन वाले कोट, पतलून और जूतों का इस्तेमाल कुषाणों से सीखा। इन सबों से उनमें गतिशीलता आई और उनके घुड़सवार खूब कारगर हुए। कुषाणों की व्यवस्था में अश्वचालित रथ का और हाथी का महत्त्व समाप्त हो गया। घुड़सवारों की भूमिका प्रमुख हो गई। यह बात गुप्तों के बारे में भी कही जा सकती है। इसीलिए तो उनके सिक्कों पर घुड़सवार

अंकित हैं। यों तो कुछ गुप्त राजाओं को उत्तम और अद्वितीय महारथी (रथ पर लड़ने वाले) कहा गया है, लेकिन उनकी मूल शक्ति का आधार घोड़ों का इस्तेमाल था।

गुप्त राजाओं को कई भौतिक सुविधाएँ प्राप्त थीं। उनके कार्यकलाप का मुख्य प्रांगण मध्य देश की उर्वर भूमि था, जिसमें बिहार और उत्तर प्रदेश आते हैं। वे मध्य भारत और दक्षिण बिहार (अब झारखंड) के लौह अयस्क का उपयोग कर सके। इसके अलावा, बायजेन्टाइन साम्राज्य अर्थात् पूर्वी रोमन साम्राज्य के साथ रेशम का व्यापार करने वाले उत्तर भारत के इलाके उनके पड़ोस में पड़ते थे, अतः वे इस निकटता का भी लाभ उठा सके। इन अनुकूल स्थितियों के बल पर गुप्त शासकों ने अपना आधिपत्य अनुगंग (मध्य गंगा का मैदान), प्रयाग (आधुनिक इलाहाबाद), साकेत (आधुनिक अयोध्या) और मगध पर स्थापित किया। कालक्रमेण यह राज्य भारतव्यापी साम्राज्य बन गया। उत्तर भारत में कुषाण सत्ता 230 ई० के आसपास समाप्त हो गई। तब मध्य भारत का बड़ा-सा भाग मुरूंडों के कब्जे में आया, जो संभवतः कुषाणों के रिश्तेदार थे। मुरूंडों ने 250 ई० तक राज किया। पच्चीस वर्षों के बाद लगभग 275 ई० में गुप्तवंश के हाथ में सत्ता आई।

चंद्रगुप्त प्रथम (319-334 ई०)

गुप्तवंश का पहला प्रसिद्ध राजा हुआ चंद्रगुप्त प्रथम। उसने लिच्छवि राजकुमारी से विवाह किया जो संभवतः नेपाल की थी। इससे उसकी सत्ता को बल मिला। गुप्त लोग संभवतः वैश्य थे, इसलिए क्षत्रिय कुल में विवाह करने से उनकी प्रतिष्ठा बढ़ी। चंद्रगुप्त प्रथम महान शासक हुआ, क्योंकि उसने 319-20 ई० में अपने राज्यारोहण के स्मारक स्वरूप गुप्त संवत् चलाया। बाद के कई अभिलेखों में काल-निर्देश इस संवत् में किया गया मिलता है।

समुद्रगुप्त (335-380 ई०)

चंद्रगुप्त प्रथम के पुत्र और उत्तराधिकारी समुद्रगुप्त (335-380 ई०) ने गुप्त राज्य का अपार विस्तार किया। वह अशोक के विपरीत था। अशोक शांति और अनाक्रमण की नीति में विश्वास करता था, तो समुद्रगुप्त हिंसा और विजय में आनंद पाता था। उसके दरबारी कवि हरिषेण ने अपने आश्रयदाता के पराक्रम का उदात्त वर्णन किया है। एक लंबे अभिलेख में कवि ने गिनाया है कि समुद्रगुप्त ने किन-किन लोगों और किन-किन देशों पर विजय प्राप्त की। यह अभिलेख इलाहाबाद के उसी स्तंभ पर खुदा है जिस पर शांतिप्रेमी अशोक का अभिलेख है। समुद्रगुप्त द्वारा विजित स्थान और क्षेत्र पाँच समूहों में बाँटे जा सकते हैं। प्रथम समूह में गंगा-यमुना दोआब के वे राजा हैं, जिन्हें हरा कर उनके राज्य गुप्त साम्राज्य में मिला लिए गए। द्वितीय समूह में पूर्वी

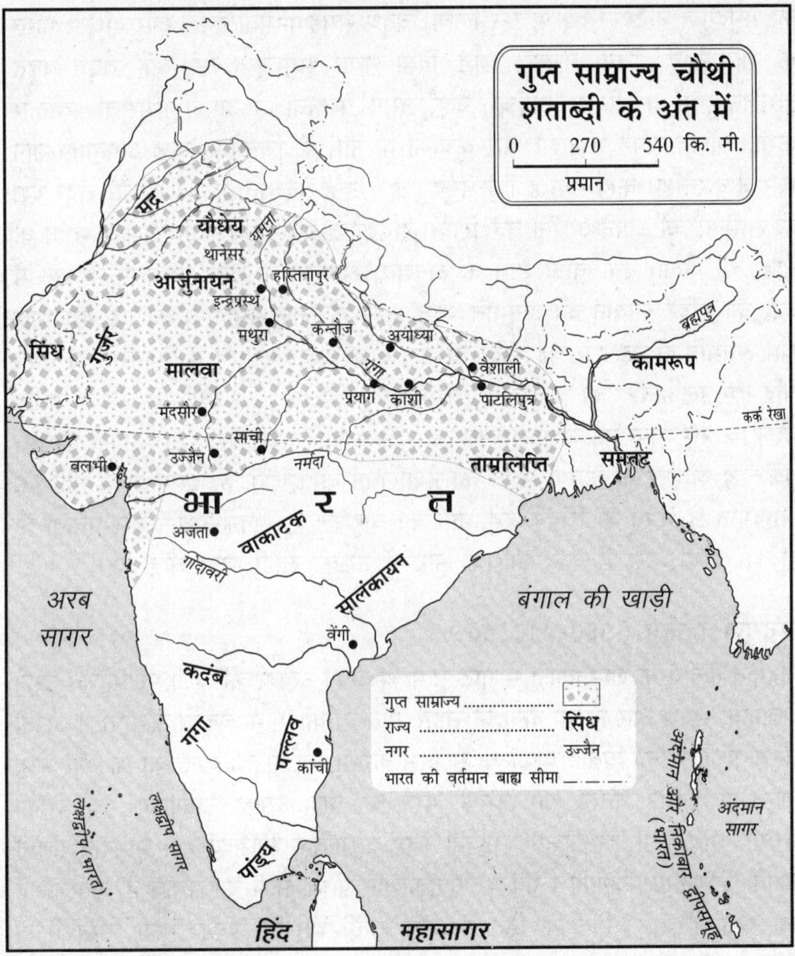

गुप्त साम्राज्य चौथी शताब्दी के अंत में
0 270 540 कि. मी.
प्रमान
मद्र
यौधेय
यमुना
थानेसर
आर्जुनायन
हस्तिनापुर
इन्द्रप्रस्थ
मथुरा
कन्नौज
अयोध्या
ब्रह्मपुत्र
सिंध
गुर्जर
मालवा
गंगा
वैशाली
कामरूप
प्रयाग
काशी
पाटलिपुत्र
मंदसौर
कर्क रेखा
सांची
उज्जैन
नर्मदा
ताम्रलिप्ति
समतट
बलभी
भा र त
अजंता
वाकाटक
गोदावरी
सालंकायन
अरब सागर
बंगाल की खाड़ी
वेंगी
कदंब
गुप्त साम्राज्य
राज्य सिंध
नगर उज्जैन
भारत की वर्तमान बाह्य सीमा
गंगा
पल्लव
कांची
अंडमान और निकोबार द्वीपसमूह (भारत)
अंदमान सागर
लक्षद्वीप (भारत)
लक्षद्वीप सागर
पांड्य
हिंद महासागर

हिमालय के राज्यों और कुछ सीमावर्ती राज्यों के शासक हैं, जैसे नेपाल, असम, बंगाल आदि के राजा। समुद्रगुप्त ने उन्हें अपने बाहुबल के प्रभाव का अनुभव कराया। इस समूह में पंजाब के कुछ गणराज्य भी हैं। जो गणराज्य मौर्य साम्राज्य के खंडहरों पर टिमटिमा रहे थे उन्हें समुद्रगुप्त ने सदा के लिए बुझा दिया। तृतीय समूह में वे अटाविक राज्य (जंगली क्षेत्रों में स्थित राज्य) थे जो विंध्य क्षेत्र में पड़ते थे। उन सबों को समुद्रगुप्त ने अपने वश में कर लिया। चतुर्थ समूह में पूर्वी दकन और दक्षिण भारत के शासक हैं, जिन्हें हराकर छोड़ दिया गया। समुद्रगुप्त की बाँहे बढ़ते-बढ़ते तमिलनाडु में काँची तक पहुँची, जहाँ उसने पल्लवों से अपनी प्रभुसत्ता स्वीकार कराई। पाँचवे समूह में शकों और कुषाणों के नाम हैं, जिनमें से कुछ अफगानिस्तान में राज करते थे। कहा गया है कि समुद्रगुप्त ने उन्हें पदच्युत कर दिया और सुदूर देश के शासकों को अपने अधीन कर लिया। समुद्रगुप्त की प्रतिष्ठा और प्रभाव भारत के बाहर भी फैला। एक चीनी स्रोत के अनुसार, श्रीलंका के राजा मेघवर्मन् ने गया में बुद्ध का मंदिर बनवाने की अनुमति प्राप्त करने के लिए समुद्रगुप्त के पास दूत भेजा था। अनुमति दी गई और यह मंदिर विशाल बौद्ध विहार के रूप में विकसित हो गया। यदि हम इलाहाबाद की प्रशस्ति (प्रशंसात्मक अभिलेख) पर विश्वास करें तो प्रतीत होगा कि समुद्रगुप्त को कभी पराजय का सामना नहीं करना पड़ा। उसे अपनी बहादुरी एवं युद्ध कौशल के कारण भारत का नेपोलियन कहा जाता है। इसमें संदेह नहीं कि समुद्रगुप्त ने भारत के जितने बड़े भाग को बाहुबल से अपने अधीन कर एकता के सूत्र में बाँधा, उस से कहीं अधिक भाग में उसका लोहा माना जाता था।

चंद्रगुप्त द्वितीय (380–412 ई०)

चंद्रगुप्त द्वितीय के शासनकाल में गुप्त साम्राज्य अपने उत्कर्ष की चोटी पर पहुँचा। उसने वैवाहिक संबंध और विजय दोनों के सहारे साम्राज्य की सीमा बढ़ाई। चंद्रगुप्त ने अपनी कन्या प्रभावती का विवाह वाकाटक राजा से कराया, जो ब्राह्मण जाति का था और मध्य भारत में शासन करता था। उसके मरने के बाद उसका नाबालिग पुत्र उसका उत्तराधिकारी हुआ। इस प्रकार प्रभावती स्वयं वास्तविक शासिका हुई। भूमिदान संबंधी उसके अभिलेख, जिनकी लिपि पर गुप्तकालीन प्राच्य शैली का प्रभाव है, बतलाते हैं कि प्रभावती अपने पिता के हित में काम करती थी। इस प्रकार मध्य भारत स्थित वाकाटक राज्य पर अप्रत्यक्ष रूप से अपना प्रभाव जमा कर चंद्रगुप्त द्वितीय ने पश्चिमी मालवा और गुजरात पर प्रभुत्व कायम कर लिया, और वहाँ 400 साल पुराने शक क्षत्रपों के शासन का अंत किया। इस विजय से चंद्रगुप्त को पश्चिमी समुद्रतट मिल गया जो वाणिज्य-व्यापार के लिए मशहूर था। इससे मालवा और उसका मुख्य नगर उज्जैन समृद्ध होता गया। लगता है चंद्रगुप्त द्वितीय ने उज्जैन को द्वितीय राजधानी बनाया।

दिल्ली में कुतुबमीनार के पास खड़े एक लौहस्तंभ पर खुदे हुए अभिलेख में चंद्र नामक किसी राजा का कीर्तिवर्णन किया गया है। यदि इस चंद्र को चंद्रगुप्त द्वितीय मान लिया जाए तो यह कहा जा सकता है कि उसने गुप्त साम्राज्य का प्रभुत्व पश्चिमोत्तर भारत में और बंगाल के काफी भाग में भी स्थापित किया। परंतु इस पुरालेखीय राजप्रशस्ति में अतिरंजन मालूम होता है।

चंद्रगुप्त द्वितीय ने विक्रमादित्य की उपाधि धारण की। यही उपाधि इससे पूर्व 57 ई० पू० में उज्जैन के शासक ने भी पश्चिमी भारत में शक क्षत्रपों पर विजय पाने के उपलक्ष्य में धारण की थी। चंद्रगुप्त द्वितीय का उज्जैन स्थित दरबार कालिदास और अमरसिंह जैसे बड़े-बड़े विद्वानों से विभूषित था।

चंद्रगुप्त के समय में ही चीनी यात्री फा-हियान (399-414 ई०) भारत आया और यहाँ के लोगों के जीवन के बारे में विस्तृत विवरण लिख गया।

गुप्त साम्राज्य का पतन

चंद्रगुप्त द्वितीय के उत्तराधिकारियों को ईसा की पाँचवीं सदी के उत्तरार्द्ध में मध्य एशिया के हूणों के आक्रमण का सामना करना पड़ा। आरंभ में तो गुप्त सम्राट स्कंधगुप्त ने हूणों को भारत में आगे बढ़ने से रोकने के लिए ज़ोरदार प्रयास किया, लेकिन उसके उत्तराधिकारी लोग कमज़ोर ठहरे और आक्रमणकारी हूणों के सामने टिक नहीं पाए। हूण घुड़सवारी में बेजोड़ थे और शायद धातु के बने रकाबों का इस्तेमाल करते थे। वे तेजी से बढ़ सकते थे, और उत्तम धनुर्धर होने के कारण न केवल ईरान में बल्कि भारत में भी खूब सफल हुए होंगे।

485 ई० में आकर हूणों ने पूर्वी मालवा को और मध्य भारत के बड़े हिस्से को अपने कब्जे में कर लिया, जहाँ उनके अभिलेख पाए गए हैं। पंजाब और राजस्थान जैसे बीच के इलाके भी उन हूणों के अधिकार में चले गए। इसके फलस्वरूप छठी सदी के आरंभ में गुप्त साम्राज्य बहुत ही छोटा हो गया। मालवा के औलिकर सामंत वंश के यशोधर्मन् ने जल्द ही हूणों की सत्ता को उखाड़ फेंका और उसने गुप्त शासकों की सत्ता को भी चुनौती दे दी तथा सारे उत्तर भारत में अपना प्रभुत्व स्थापित करने के उपलक्ष्य में 532 ई० में विजय-स्तंभ खड़े किए। यशोधर्मन् का शासन टिका तो नहीं लेकिन उसने गुप्त साम्राज्य को हिलाकर छोड़ दिया।

करद सामंत राजाओं ने सर उठाकर गुप्त साम्राज्य को और भी दुर्बल बना दिया। गुप्त सम्राटों की ओर से उत्तरी बंगाल में नियुक्त शासनाध्यक्षों ने और समतट अर्थात् दक्षिण-पूर्व बंगाल के सामंतों ने अपने को स्वतंत्र बनाना शुरू कर दिया। मगध के परवर्ती गुप्त शासकों ने बिहार में अपनी शक्ति जमाई। उनके साथ-ही-साथ मौखरि वंश के लोगों ने बिहार और उत्तर प्रदेश में राजसत्ता स्थापित की और कन्नौज को

राजधानी बनाया। लगता है कि 550 ई० के आते-आते बिहार और उत्तर प्रदेश गुप्त शासकों के हाथ से चले गए। छठी सदी के आरंभ में हम देखते हैं कि उत्तरी मध्य प्रदेश के स्वाधीन राजा लोग स्वाधिकारपूर्वक भूमिदान का शासनपत्र (चार्टर) जारी करने लगे, हालाँकि शासनपत्र में गुप्त संवत् का ही प्रयोग किया। वलभी के शासकों ने गुजरात और पश्चिमी मालवा पर अधिकार कर लिया। स्कंदगुप्त के शासन के बाद, अर्थात् 467 ई० के पश्चात् शायद ही कोई गुप्त मुद्रा या अभिलेख पश्चिम मालवा और सौराष्ट्र में मिला हो। संभवतः पाँचवीं सदी का अंत होते-होते पश्चिमी भारत गुप्त शासकों के हाथ से निकल गया। फलतः वाणिज्य-व्यापार से होने वाली आय से गुप्त शासकों को हाथ धोना पड़ा और वे आर्थिक रूप से पंगु हो गए। उधर उत्तर भारत में थानेश्वर के राजाओं ने हरियाणा पर अपना प्रभुत्व जमाया और धीरे-धीरे कन्नौज की ओर बढ़े।

गुप्त राज्य को विशाल वेतनभोगी सेना के रखरखाव में कठिनाई होने लगी होगी, क्योंकि धार्मिक या अन्य उद्देश्यों से ग्रामदान करने की परिपाटी ज़ोर पकड़ती जा रही थी, जिससे उसकी आमदनी बहुत घट गई होगी। विदेश व्यापार के ह्रास से भी उसकी आय कम हुई होगी। पता चलता है कि रेशम बुनकरों की एक श्रेणी (व्यवसायी संघ) 473 ई० में गुजरात से मालवा चली गई और वहाँ उन बुनकरों ने अन्य पेशे अपना लिए। इससे प्रकट होता है कि वे जो कपड़ा तैयार करते थे उसकी माँग खत्म-सी हो गई थी। धीरे-धीरे गुजरात में व्यापार का लाभ समाप्त हो गया। पाँचवीं सदी के मध्य के बाद गुप्त राजाओं ने अपनी स्वर्णमुद्राओं में शुद्ध सोने का अनुपात घटाकर उसे किसी भी तरह जारी रखने की बेतहाशा कोशिश की। पर इससे कोई लाभ नहीं हुआ। यद्यपि गुप्त सम्राटों का शासन छठी सदी के बीच तक किसी-न-किसी तरह चलता रहा, तथापि साम्राज्य की महिमा लगभग सौ साल पहले ही समाप्त हो चुकी थी।

❖ कालक्रम ❖

तीसरी शताब्दी ई०	इस शताब्दी के अंत में गुप्तों के प्रारंभिक राज्य में उत्तर प्रदेश और बिहार शामिल थे।
230 ई०	उत्तर भारत में कुषाण शक्ति का अंत। 250 ई० तक मुरूंडों ने शासन किया।
275 ई०	गुप्तवंश के हाथ में सत्ता आई।
319-20 ई०	गुप्त सम्राट चंद्रगुप्त प्रथम ने गुप्त संवत् की शुरुआत की।
319-334 ई०	चंद्रगुप्त प्रथम का शासनकाल।
335-380 ई०	चंद्रगुप्त प्रथम का उत्तराधिकारी पुत्र समुद्रगुप्त का शासनकाल।

380–412 ई०	चंद्रगुप्त द्वितीय का शासनकाल।
399–414 ई०	चीनी यात्री फा-हियान का भारत-भ्रमण।
पाँचवीं शताब्दी ई०	इस शताब्दी के उत्तरार्द्ध में भारत पर हूणों का आक्रमण।
467 ई०	स्कंदगुप्त के शासनकाल का अंत।
473 ई०	रेशम के बुनकरों के संघ का गुजरात से मालवा में जाकर बसना।
485 ई०	हुणों ने पूर्वी मालवा और मध्य भारत के कुछ भाग पर कब्जा कर लिया।
532 ई०	मालवा राजकुमार यशोधर्मन् ने गुप्तों को चुनौती दी और उत्तरी भारत की विजय पर अपना दावा करते हुए विजय-स्तंभ खड़ा किया।
550 ई०	गुप्तों ने बिहार और उत्तर प्रदेश खो दिए।

25
गुप्तकालीन जीवन

प्रशासन पद्धति

मौर्य राजाओं के विपरीत गुप्त राजाओं ने **परमेश्वर महाराजाधिराज, परमभट्टारक** आदि आडंबरपूर्ण उपाधियाँ धारण कीं। इससे संकेत मिलता है कि उन्होंने अपने साम्राज्य के भीतर छोटे राजाओं पर शासन किया। राजपद वंशगत था, परंतु राजसत्ता ज्येष्ठाधिकार की अटल प्रथा के अभाव में सीमित भी। राजगद्दी हमेशा ज्येष्ठ पुत्र को नहीं मिलती थी। इससे अनिश्चितता उत्पन्न हो जाती थी जिसका लाभ सामंत और उच्चाधिकारी उठा सकते थे। गुप्त राजाओं ने ब्राह्मणों को उदारतापूर्वक दान दिए। ब्राह्मणों ने राजा की तुलना विभिन्न देवताओं से करके उनके प्रति अपना आभार प्रकट किया। राजा को रक्षा और पालन करने वाले भगवान विष्णु के रूप में देखा जाने लगा, और विष्णु की पत्नी लक्ष्मी राजसत्ता की देवी के रूप में सिक्कों पर सदा अंकित होती रही।

गुप्त सेना की संख्या ज्ञात नहीं है। लगता है, राजा स्थायी सेना रखता था और इसके अतिरिक्त समय-समय पर सामंत सहायता के लिए अपनी-अपनी सेना प्रदत्त करते थे। अश्वचालित रथ के दिन लद चुके थे, और घुड़सवारों की महत्ता बढ़ गई थी। घोड़े पर सवार होकर तीर चलाना सैनिक रणनीति का अंग बन गया था।

गुप्तकाल में भूमि करों की संख्या बढ़ गई, परंतु वाणिज्य करों की संख्या घटी। संभवतः राज्य उपज का चौथे भाग से लेकर छठे भाग तक कर के रूप में लेता था। इसके अतिरिक्त, जब भी राजकीय सेना गाँवों से गुजरती थी तो उसे स्थानीय प्रजा खिलाती-पिलाती थी। ग्रामीण क्षेत्रों में काम करनेवाले राजकीय अधिकारी अपने निर्वाह के लिए किसानों से पशु, अन्न, खाट आदि वस्तुएँ लेते थे। मध्य और पश्चिम भारत में ग्रामवासियों से सरकारी सेना और अधिकारियों की सेवा के लिए बेगार (निःशुल्क श्रम) भी कराया जाता था जो **विष्टि** कहलाता था। पहले की अपेक्षा गुप्तकाल में न्याय-पद्धति अधिक विकसित थी। इस काल में अनेक विधि-ग्रंथ संकलित किए गए। पहली बार दीवानी और फौजदारी कानून (व्यवहार-विधि और दंड-विधि) भली-भाँति परिभाषित और पृथक्कृत हुए। चोरी और व्यभिचार फौजदारी कानून में आए, और संपत्ति संबंधी विविध विवाद दीवानी कानून में। उत्तराधिकार के बारे में विस्तृत नियम निर्धारित हुए। पहले की भाँति बहुत सारे नियमों का आधार

वर्णभेद रहा। नियम-कानून बनाए रखना राजा का कर्त्तव्य रहा। राजा ब्राह्मण पुरोहितों की सहायता से न्याय-निर्णय करता था। शिल्पी, वणिक आदि के संगठनों (श्रेणियों) पर उनके अपने ही नियम लागू होते थे। वैशाली से और इलाहाबाद के निकटवर्ती भीटा से प्राप्त मुहरों से पता चलता है कि गुप्तकाल में श्रेणियाँ अच्छी अवस्था में चल रही थीं।

गुप्तों का अधिकारी वर्ग उतना बड़ा नहीं था जितना मौर्यों का। गुप्त साम्राज्य के सबसे बड़े अधिकारी **कुमारामात्य** होते थे। उन्हें राजा उनके अपने प्रांत में ही नियुक्त करता था। शायद वे नगद वेतन पाते थे। चूँकि गुप्त लोग संभवतः वैश्य थे, इसलिए प्रशासनिक पदों पर नियुक्ति केवल उच्च वर्गों तक सीमित नहीं थी। परंतु अनेक पदों का प्रभार एक ही व्यक्ति के हाथ में सौंपा जाने लगा, और पद वंशगत हो गए। स्वभावतः राजकीय नियंत्रण शिथिल हो गया।

गुप्त राजओं ने प्रांतीय और स्थानीय शासन की पद्धति चलाई। राज्य कई **भुक्तियों** अर्थात् प्रांतों में विभाजित था, और हर **भुक्ति** एक-एक **उपरिक** के प्रभार में रहती थी। भुक्तियाँ कई **विषयों** अर्थात् ज़िलों में विभाजित थीं। हर विषय का प्रभारी **विषयपति** होता था। पूर्वी भारत में प्रत्येक विषय को **वीथियों** में बाँटा गया था और वीथियाँ ग्रामों में विभाजित थीं।

गुप्तकाल में गाँव के मुखिया की सत्ता बढ़ गई। वह ग्रामश्रेष्ठों की सहायता से गाँव का काम-काज देखता था। ग्रामों और छोटे-छोटे शहरों के प्रशासन से प्रमुख स्थानीय लोग जुड़े हुए थे। उनकी अनुमति के बिना ज़मीन की खरीद-बिक्री नहीं हो सकती थी।

नगर के प्रशासन में व्यवसायियों के संगठनों की अच्छी साझेदारी रहती थी। वैशाली से प्राप्त सीलों से प्रकट होता है कि शिल्पी, वणिक और लिपिक एक ही सामूहिक संस्था में काम करते थे और इस हैसियत से वे स्पष्टतः नगर के कार्यों का संचालन करते थे। उत्तरी बंगाल (बांग्लादेश) के कोटिवर्ष ज़िले की प्रशासनिक परिषद् में मुख्य वणिक, मुख्य व्यापारी और मुख्य शिल्पी शामिल थे। भूमि के अनुदान या खरीद-बिक्री में उनकी सम्मति आवश्यक समझी जाती थी। शिल्पियों और बैंकरों के अपने अलग-अलग संगठन (श्रेणियाँ) थे। भीटा और वैशाली के शिल्पियों और वणिकों की अलग-अलग श्रेणियाँ थीं। मालवा के मंदसौर और इंदौर में रेशम बुनकरों की अपनी खास श्रेणी थी। पश्चिमी उत्तर प्रदेश में बुलंदशहर ज़िले में तेलियों की अपनी अलग श्रेणियाँ थीं। ऐसा प्रतीत होता है कि इन श्रेणियों, विशेषतः वणिकों की श्रेणियों को कई खास छूटों की सुविधा दी गई थी। हर हालत में ये श्रेणियाँ अपने सदस्यों के मामले देखती थीं और श्रेणी के नियम, कानून और परंपरा का उल्लंघन करनेवालों को सज़ा दे सकती थीं।

उपर्युक्त प्रशासन पद्धति केवल उत्तरी बंगाल, बिहार और उत्तर प्रदेश में तथा मध्य प्रदेश के कुछ संलग्न क्षेत्रों में ही लागू थी, जहाँ गुप्त राजा अपने अधिकारियों की सहायता से प्रत्यक्ष शासन करते थे। साम्राज्य के अधिकतर भाग सामंतों या मंडलेश्वरों के हाथ में थे, जिनमें से अनेकों को समुद्रगुप्त ने अपने अधीन कर लिया था। साम्राज्य के सीमावर्ती सामंतों को तीन जिम्मेवारियाँ पूरी करनी होती थीं। वे सम्राट के दरबार में स्वयं उपस्थित होकर सम्मान निवेदन करते, नज़राना चढ़ाते और विवाहार्थ अपनी पुत्री समप्रित करते थे। लगता है कि इनके बदले उन्हें अपने क्षेत्र पर अधिकार का शासनपत्र (सनद) मिलता था। गरुड़ छापवाली राजकीय मुहर जिन शासनपत्रों पर है, वे सामंतो के जारी किए गए प्रतीत होते हैं। इस प्रकार, गुप्तों के अधीन मध्य प्रदेश में तथा अन्यत्र कई नज़राना पेश करने वाले राजा थे। अधीनता की स्थिति ने इन राजाओं को सामंत बना दिया था।

गुप्तकाल में पुरोहितों और प्रशासकों को क्षेत्र-विशेष में ग्राम अनुदान के द्वारा कर-ग्रहण और शासन करने की रियायत दी जाती थी जिससे सामंत तंत्र को बल मिला। भूमि अनुदान प्रथा का आरंभ दकन में सातवाहनों ने किया, और गुप्तकाल में खासकर मध्य प्रदेश में तो यह सामान्य परिपाटी बन गई। पुरोहितों और अन्य धर्माचार्यों को कर-मुक्त भूमि दान में दी जाती थी और उन्हें वैसे सभी कर उगाहने का अधिकार भी दे दिया जाता जो अन्यथा राजकोष में जाते। जो ग्राम दे दिए जाते थे उनमें राजा के अधिकारियों और अमलों को प्रवेश करने का हक नहीं रहता था। अनुदानभोगी अपराधकर्मियों को सज़ा भी दे सकता था।

गुप्तकाल में अधिकारियों को वेतन का भुगतान ज़मीन देकर किया जाता था कि नहीं, यह स्पष्ट नहीं है। स्वर्णमुद्रा की बहुतायत से पता चलता है कि ऊँचे अधिकारियों को नगद वेतन देने की परिपाटी चलती रही, किंतु उनमें से कुछ-न-कुछ अधिकारी अपना पावना भूमि के जरिए भी प्राप्त करते थे।

चूँकि साम्राज्य के प्रशासन संबंधी बहुत सारे काम सामंतों और अनुदानभोगियों के हाथों ही संपन्न हो जाते थे, इसलिए मौर्यों की भांति गुप्तों को बहुत बड़ा अधिकारी वर्ग रखने की आवश्यकता नहीं रही। बहुत अधिकारी रखना इसलिए भी अनावश्यक हो गया होगा क्योंकि मौर्य राज्य की भाँति गुप्त राज्य बड़े पैमाने पर आर्थिक कार्यकलाप में संलग्न नहीं था। ग्राम और नगर के प्रशासन में शिल्पियों, वणिकों, श्रेष्ठियों आदि के भाग लेने से अधिकारियों का लंबा तांता आवश्यक न रह गया। गुप्तों का मौर्यों की भांति न लंबा-चौड़ा प्रशासन तंत्र था, और न उन्हें उसकी आवश्यकता ही थी। कई दृष्टियों से गुप्तों की राजनीतिक प्रणाली सामंती लगती है।

व्यापार और कृषिमूलक अर्थव्यवस्था की प्रवृत्तियाँ

गुप्तकालीन आर्थिक जीवन की कुछ झलक हमें चीनी बौद्ध यात्री फा-हियान से मिलती है जो गुप्त साम्राज्य के विभिन्न भागों में घूमा था। अन्य बातों के अलावा वह हमें बतलाता है कि मगध नगरों और धनवानों से भरा-पूरा था, और धनी लोग बौद्ध धर्म का संरक्षण करते थे और उसके लिए दान देते थे।

प्राचीन भारत में गुप्त राजाओं ने सबसे अधिक स्वर्णमुद्राएँ जारी कीं, जो उनके अभिलेखों में **दीनार** कही गई हैं। नियंत्रित आकार और भार वाली ये स्वर्णमुद्राएँ अनेक प्रकारों और उप-प्रकारों में पाई जाती हैं। इन पर गुप्त राजाओं के स्पष्ट चित्र हैं, और इनसे उनकी युद्धप्रियता और कलाप्रियता का संकेत मिलता है। यद्यपि स्वर्णांश में ये मुद्राएँ उतनी शुद्ध नहीं हैं जितनी कुषाण मुद्राएँ, तथापि ये न केवल सेना और प्रशासन के अधिकारियों को वेतन चुकाने में, अपितु भूमि की खरीद-बिक्री संबंधी आवश्यकता की पूर्ति में भी सहायक हुईं। गुजरात विजय के बाद गुप्त राजाओं ने बड़ी संख्या में चांदी के सिक्के भी जारी किए, जो केवल स्थानीय लेन-देन में चलते थे, क्योंकि पश्चिमी क्षत्रपों के यहाँ चांदी के सिक्के खूब चलते थे। कुषाणों के विपरीत, गुप्तों के तांबे के सिक्के बहुत ही कम मिलते हैं। इससे यह प्रकट होता है कि जनसामान्य में मुद्रा का प्रयोग जितना कुषाणों के समय होता था, उतना अब नहीं रहा।

पूर्वकाल की तुलना में, दूर के व्यापार में ह्रास दिखाई देता है। 550 ई० तक भारत पूर्वी रोमन साम्राज्य के साथ कुछ-कुछ व्यापार करता रहा, जहाँ वह रेशम भेजता था। 550 ई० के आसपास पूर्वी रोमन साम्राज्य के लोगों ने चीनियों से रेशम पैदा करने की कला सीख ली। इससे भारत के निर्यात व्यापार पर बुरा असर पड़ा। छठी सदी का मध्य आते-आते भारतीय रेशम की माँग विदेश में कमज़ोर पड़ गई थी। पाँचवी सदी के मध्य में रेशम बुनकरों की एक श्रेणी पश्चिम भारत के अपने मूल निवास स्थान लाट देश को छोड़कर मंदसोर चली गई। वहाँ उन बुनकरों ने अपना मूल पेशा छोड़कर अन्य पेशों को अपना लिया।

गुप्तकाल में, विशेषत: मध्य प्रदेश में उल्लेखनीय बात हुई। ये थी ब्राह्मण पुरोहितों का भू-स्वामी के रूप में उदय जो किसानों के हितों के विपरीत था। ब्राह्मण पुरोहितों को दान में जो भूमि दी जाने लगी उससे अवश्य ही बहुत-सी परती ज़मीन आबाद हुई। लेकिन यह अनुदानभोगी वर्ग स्थानीय जनजातीय किसानों के मत्थे पर ऊपर से लाद दिया गया जिसके परिणामस्वरूप उन किसानों की हैसियत नीचे गिर गई। मध्य और पश्चिम भारत में किसानों से बेगार भी लिया जाने लगा। दूसरी ओर, मध्य भारत के जनजातीय इलाकों में ब्राह्मण अनुदानभोगियों ने बहुत-सारी परती ज़मीन को आबाद कराया और खेती की अच्छी जानकारी प्रचलित की।

सामाजिक गतिविधि

ब्राह्मणों को बड़े पैमाने पर ग्राम-अनुदान मिलना इस बात का द्योतक है कि ब्राह्मणों की श्रेष्ठता गुप्तकाल में मजबूत हुई। ब्राह्मण गुप्तवंशियों को क्षत्रिय मानने लगे जबकि वे मूलतः वैश्य थे। ब्राह्मणों ने गुप्त राजाओं को देवताओं के गुणों से अलंकृत रूप में चित्रित किया। इससे गुप्त राजाओं की हैसियत धर्मशास्त्र-सम्मत हो गई और वे ब्राह्मण-प्रधान वर्णव्यवस्था के परम प्रतिपालक हो गए। भारी संख्या में मिले ग्राम-अनुदानों के फलस्वरूप ब्राह्मणों ने खूब धन-संचय किया। इस प्रकार ब्राह्मणों ने बहुत-से विशेषाधिकार अर्जित किए जो लगभग पाँचवीं सदी में रचित *नारदस्मृति* में गिनाए गए हैं।

वर्ण अनगणित जातियों-उपजातियों में बँट गए। इसके दो कारण हुए, भारी संख्या में विदेशों से आए लोग भारतीय समाज में घुल-मिल गए और उन विदेशियों का हर समूह एक-एक खास जाति समझा जाने लगा। चूँकि विदेशी लोग विजेता के रूप में आए इसलिए समाज में उन्हें क्षत्रिय का स्थान मिला। हूण लोग पाँचवी सदी का अंत होते-होते आए और अंततः राजपूतों के छत्तीस कुलों में से एक कुल के मान लिए गए। आज भी हूण उपाधि वाले राजपूत मिलते हैं। जातियों की संख्या बढ़ने का दूसरा कारण था ग्राम अनुदान की प्रक्रिया में बहुत-से जनजातीय लोगों का ब्राह्मण समाज में समा जाना। जनजातीय सरदार लोग उच्च कुल के माने गए। किंतु उनके सामान्य स्वजनों को नीच कुल का माना गया, और हर जनजाति अपने नए जीवन में एक-न-एक जाति के रूप में अवतीर्ण हुआ। यह प्रक्रिया किसी-न-किसी रूप में आज तक चल रही है।

इस काल में शूद्रों की स्थिति सुधरी। अब उन्हें *रामायण, महाभारत* और पुराण सुनने का अधिकार मिल गया। वे अब कृष्ण नामक देवता की पूजा भी कर सकते थे। उन्हें कुछ गृह्य संस्कारों या घरेलू अनुष्ठानों का भी अधिकार मिला। इन कर्मों में अवश्य ही पुरोहितों को दक्षिणा प्राप्त होती थी। यह समझा जा सकता है कि ये सभी शूद्रों की आर्थिक स्थिति में सुधार के ही परिणाम थे। सातवीं सदी से उनकी पहचान मुख्यतः कृषक के रूप में होने लगी, जबकि पूर्वकाल में उनका चित्रण केवल अपने ऊपर के तीनों वर्णों के वास्ते खटने वाले सेवक, दास और कृषि-मज़दूर के रूप में ही होता था।

इस काल में अछूतों की संख्या में वृद्धि हुई, विशेषकर चांडालों की संख्या में। समाज में चांडाल बहुत ही पहले ईसा-पूर्व पाँचवीं सदी से ही दिखाई देते हैं। ईसा की पाँचवीं सदी में आकर उनकी संख्या इतनी बढ़ गई, और उनकी अपात्रताएँ इतनी प्रखर हो गईं कि उनकी ओर चीनी यात्री फा-हियान की दृष्टि बरबस खिंच गई। फा-हियान ने लिखा है कि चांडाल गाँव के बाहर ही बसते थे और मांस का व्यवसाय करते थे।

जब कभी वे नगर में प्रवेश करते, उच्च वर्ण के लोग उनसे दूर ही रहते क्योंकि वे मानते थे कि चांडालों के स्पर्श से सड़क अपवित्र हो जाती है।

गुप्तकाल में शूद्रों की भाँति स्त्रियों को भी *रामायण, महाभारत* और पुराण सुनने का अधिकार प्राप्त हुआ, और उनके लिए कृष्ण का पूजन विहित किया गया। लेकिन गुप्तकाल के पहले और गुप्तकाल में भी उच्च वर्णों की स्त्रियों को स्वतंत्र जीवन-निर्वाह का साधन प्राप्त नहीं था। निचले दो वर्णों की स्त्रियाँ अपने जीवन-यापन के लिए अर्जन कर सकती थीं। इतने से ही उन्हें बहुत-कुछ स्वतंत्रता मिल गई, पर उच्च वर्णों की स्त्रियाँ इस स्वतंत्रता से वंचित थीं। इसमें तर्क यह दिया गया कि चूँकि वैश्य और शूद्र स्त्रियाँ खेती का काम और घरेलू काम करती हैं इसलिए उन पर पति का आधिपत्य नहीं रहता है। गुप्तकाल में उच्च वर्णों के लोग अधिक-से-अधिक ज़मीन अर्जित करते गए, जिससे उनमें अधिक-से-अधिक पत्नी रखने और अधिक-से-अधिक संपत्ति बटोरने की प्रवृत्ति आई। पितृतंत्रात्मक व्यवस्था में वे पत्नी को निजी संपत्ति समझने लगे, यहाँ तक कि पत्नी से मृत्यु में भी साथ देने की आशा करने लगे। पति के मरने पर उसकी पत्नी का पति की चिता में आत्मदाह करने का पहला अभिलेखीय उदाहारण गुप्तकाल में ही 510 ई० में मिलता है। फिर भी, गुप्तोत्तर काल की कुछ स्मृतियों में कहा गया है कि यदि पति खो जाए, मर जाए, नपुंसक हो जाए, संन्यास ले ले या पतित (जातिबाह्य) हो जाए तो स्त्री पुनर्विवाह कर सकती है।

उच्च वर्णों की स्त्रियों की पराधीनता का मुख्य कारण यह था कि वे जीवन-निर्वाह के लिए पूर्णत: अपने पतियों पर आश्रित रहती थीं। उन्हें स्वामित्वाधिकार नहीं था। लेकिन विवाह के समय वधू को भेंट के रूप में माँ-बाप द्वारा दिए गए भूषण, अलंकरण, वस्त्र आदि सामान **स्त्रीधन** होते थे। गुप्तकाल और गुप्तोत्तर काल की स्मृतियों में तो इन भेंटों का दायरा काफी बढ़ाया गया है। उनके अनुसार, विवाह आदि के समय वधू के माता-पिता से तथा सास-ससुर से उसे जो कुछ उपहार मिलता है वह स्त्रीधन होता है। छठी सदी के स्मृतिकार कात्यायन का कहना है कि स्त्री अपने स्त्रीधन के साथ अपनी अचल संपत्ति को भी बेच सकती है और गिरवी रख सकती है। इससे यह बात साफ-साफ निकलती है कि कात्यायन के अनुसार ज़मीन में स्त्रियों को हिस्सा मिलता था, परंतु भारत के पितृतंत्रात्मक समाज में धर्मशास्त्र के अनुसार सामान्यत: बेटी को अचल संपत्ति का उत्तराधिकार नहीं मिलता था।

बौद्ध धर्म की अवस्था

गुप्तकाल में बौद्ध धर्म को राजाश्रय मिलना बहुत घट गया। फा-हियान ऐसी धारणा देता है कि बौद्ध धर्म बहुत समुन्नत स्थिति में था। लेकिन यथार्थ में इस धर्म का जो

उत्कर्ष अशोक और कनिष्क के दिनों में था वह गुप्तकाल में नहीं रहा। परंतु कुछ स्तूपों और विहारों का निर्माण हुआ, तथा नालंदा बौद्ध शिक्षा का केंद्र बन गया।

भागवत संप्रदाय का उद्‌भव और विकास

भागवत धर्म का केंद्रबिंदु भगवत् या विष्णु की पूजा है। इसका उद्‌भव मौर्योत्तर काल में हुआ। वैदिक काल में विष्णु गौण देवता था। वह सूर्य का प्रतिरूप था और उर्वरता पंथ का देवता भी। ईसा-पूर्व दूसरी सदी में आकर वह नारायण नामक देवता से अभिन्न हो गया और नारायण-विष्णु कहलाने लगा। नारायण मूलतः अवैदिक जनजातीय देवता था। वह भगवत कहलाता था, और उसका उपासक भागवत। यह देवता जनजातीय सरदार का दिव्य प्रतिरूप समझा जाता था। जिस प्रकार जनजातीय सरदार स्वजनों से भेंट पाता था और उसे हिस्सा लगाकार उन्हीं स्वजनों के बीच बाँट देता था, उसी प्रकार माना जाता था कि नारायण भग अर्थात् हिस्सा या भाग्य अपने भक्तों के बीच उनकी भक्ति के अनुसार बाँटता है। जब विष्णु और नारायण दोनों एक हो गए तब दोनों के उपासक भी धर्म की एक ही छत्रछाया में आ गए। पहला वेदमूलक देवता था तो दूसरा अवैदिक। लेकिन ये दोनों संस्कृतियाँ, ये दोनों प्रकार के लोग और ये दोनों देवता सभी आपस में घुल-मिल गए।

आगे चलकर विष्णु पश्चिमी भारत के निवासी वृष्णि-काल के एक पौराणिक महापुरुष से मिल गया, जो कृष्ण-वासुदेव कहलाता था। इस कृष्ण की विष्णु से अभिन्नता दिखाने के उद्‌देश्य से महान गाथाकाव्य *महाभारत* को नया रूप दिया गया। 200 ई० पू० में आते-आते उपासकों की ये तीनों धाराएँ और उनके तीनों उपास्य देव मिलते-मिलते एक हो गए। भागवत या वैष्णव संप्रदाय का उद्‌भव इसी का परिणाम है।

भागवत संप्रदाय के मुख्य तत्त्व हैं भक्ति और अहिंसा। भक्ति का अर्थ है प्रेममय निष्ठा निवेदन। यह एक प्रकार की वही निष्ठा है जो जनजाति के लोग अपने सरदार के प्रति रखते हैं, या प्रजा राजा के प्रति रखती है। अहिंसा अर्थात् किसी जीव का वध नहीं करना, कृषक समाज के लिए अनुकूल थी तथा विष्णु से जुड़ी प्राणदायिनी उर्वरता के पंथ से भी मेल खाती थी। लोग विष्णु की प्रतिमा की पूजा करते थे और जौ, तिल आदि चढ़ाते थे। जीव-हत्या से घृणा के कारण बहुत-से उपासकों ने मांस-मछली खाना छोड़ दिया।

यह नया धर्म परम उदार था। सहज ही इसने विदेशियों को भी अपनी ओर खींच लिया। यह शिल्पियों और वणिकों को भी भाया, जो सातवाहनों और कुषाणों के काल में प्रबल हो चुके थे। कृष्ण ने *भगवद्‌गीता* में घोषणा की है कि जन्मतः अपवित्र स्त्री, वैश्य और शूद्र भी उसकी शरण में आ सकते हैं। इस धार्मिक ग्रंथ में वैष्णव धर्म का

प्रतिपादन किया गया है। *विष्णुपुराण* में और कुछ-कुछ *विष्णुस्मृति* में भी इस संप्रदाय का प्रतिपादन है।

गुप्तकाल में आकर महायान बौद्ध धर्म की तुलना में भागवत या वैष्णव संप्रदाय अधिक प्रभावी हो गया। इसने अवतारवाद का उपदेश दिया और इतिहास को विष्णु के दस अवतारों के चक्र के रूप में प्रतिपादित किया गया। इसके अनुसार जब-जब सामाजिक व्यवस्था पर संकट आता है तब-तब विष्णु उपयुक्त रूप में अवतार लेकर उसे बचाता है। विष्णु का प्रत्येक अवतार धर्म के उद्धार के लिए आवश्यक माना गया और धर्म का अर्थ राज्य द्वारा संरक्षित वर्णविभाजित समाज और पितृतंत्रात्मक परिवार की संस्था समझा जाने लगा।

छठी सदी में आकर विष्णु की गणना शिव और ब्रह्मा के साथ त्रिदेव में होने लगी। फिर भी वह अपने आप में प्रमुख देवता रहा। छठी सदी के बाद उसकी पूजा से मिलने वाले पुण्य फलों के प्रचारार्थ बहुत-सी पुस्तकें लिखी गईं, जिनमें सबसे ऊपर स्थान है *भगवतपुराण* का। इस पुराण की कथा का प्रवचन पुरोहित लोग कई दिनों में संपन्न करते थे। मध्यकाल में पूर्वी भारत में जहाँ-जहाँ भागवत-घर स्थापित हुए वहाँ विष्णु की पूजा और उनकी लीलाओं का कीर्त्तन होता था। विष्णु के उपासकों के लिए *विष्णुसहस्त्रनाम* आदि बहुत-से स्तोत्र लिखे गए।

गुप्तवंश के कुछ राजा शिव के उपासक हुए, जो संहार या प्रलय के देवता हैं। लेकिन शिव का उत्कर्ष बाद में हुआ, और गुप्त शासन की आरंभिक अवस्था में शिव का उतना बड़ा स्थान नहीं है जितना विष्णु का।

गुप्तकाल में मूर्तिपूजा ब्राह्मण धर्म का सामान्य लक्षण बन गई। अनेक त्योहार मनाए जाने लगे। विभिन्न वर्गों के लोगों में जो कृषि-संबंधी त्योहार चलते थे उन्हें भी धार्मिक रूपरंग दे दिया गया, और वे पुरोहितों की आय के अच्छे साधन बन गए।

गुप्तवंशी राजाओं ने विभिन्न धार्मिक संप्रदायों के प्रति सहनशीलता का मार्ग अपनाया। हम बौद्ध और जैन धर्म के अनुयायियों को सताए जाने का उदाहरण नहीं पाते हैं। इसका एक कारण बौद्ध धर्म के रंग-ढंग में हुआ परिवर्तन भी था, जिसके क्रम में ब्राह्मण धर्म के बहुत-से तत्त्व बौद्ध धर्म में आ गए थे।

कलाएँ

गुप्तकाल को प्राचीन भारत का स्वर्णिम युग कहा जाता है। यह बात आर्थिक क्षेत्र में सही नहीं मानी जा सकती है, क्योंकि इस काल में उत्तर भारत में कई नगरों का पतन हुआ। लेकिन गुप्तों के पास सोना भारी मात्रा में था, चाहे वह किसी भी स्रोत से आया हो। गुप्तों ने सबसे अधिक स्वर्णमुद्राएँ जारी कीं। अमीर और रईस लोग अपनी आय का कुछ भाग कला और साहित्य की साधना में लगे लोगों के भरण-पोषण में

लगाते थे। समुद्रगुप्त और चंद्रगुप्त द्वितीय कला और साहित्य दोनों के संपोषक हुए। समुद्रगुप्त द्वारा जारी किए गए एक सिक्के पर उसे वीणा बजाते हुए दिखाया गया है और चंद्रगुप्त द्वितीय का दरबार नवरत्न अर्थात् नौ बड़े-बड़े विद्वानों से अलंकृत था।

प्राचीन भारत में कला अधिकतर धर्म से अनुप्राणित होती थी। प्राचीन भारत की धर्मनिरपेक्ष कला के अवशेष बहुत कम हैं। मौर्य काल और मौर्योत्तर काल में कला को बौद्ध धर्म से खूब बढ़ावा मिला। पत्थर के बड़े-बड़े स्तंभ खड़े किए गए, चट्टानों को काट-काट कर सुंदर गुफ़ाएँ बनाई गईं और ऊँचे-ऊँचे स्तूप खड़े किए गए। बुद्ध संबंधी पुरावशेषों पर निर्मित गोलाकार आधारों पर टिकी गुंबदनुमा मिट्टी, ईंट या प्रस्तर की संरचना को स्तूप कहते हैं। बुद्ध की अनगिनत प्रतिमाएँ बनाई गईं।

गुप्तकाल में बनी दो मीटर से भी ऊँची बुद्ध की कांस्यमूर्ति भागलपुर के निकट सुल्तानगंज में पाई गई है। फा-हियान ने 25 मीटर से भी अधिक ऊँची बुद्ध की ताम्रमूर्ति देखी थी, जो अब ब्रिटेन के बरमिंघम म्यूजियम में है। गुप्तकाल में सारनाथ और मथुरा में बुद्ध की सुंदर प्रतिमाएँ बनीं। पर गुप्तकालीन बौद्ध कला का सर्वश्रेष्ठ नमूना है अजंता की चित्रावली। यद्यपि इस चित्रावली में ईसा की पहली सदी से लेकर सातवीं सदी तक के चित्र शामिल हैं, तथापि अधिकतर गुप्तकालीन ही हैं। इन चित्रों में गौतम बुद्ध और उनके पिछले जन्मों की विभिन्न घटनाएँ चित्रित हैं। ये चित्र वास्तविक जैसे सजीव और सहज लगते हैं। आश्चर्य यह है कि चौदह सौ वर्ष के बाद भी उनके रंगों की चमक में विशेष अंतर नहीं है, यद्यपि गुप्त शासक अजंता चित्रकारियों के संरक्षक नहीं थे।

चूँकि गुप्त राजा ब्राह्मण धर्म के संपोषक थे, इसलिए पहली बार हम गुप्तकाल में ही विष्णु, शिव तथा अन्य हिंदू देवताओं की प्रतिमा पाते हैं। कई स्थानों में हम संपूर्ण देवमंडल पाते हैं जहाँ मध्य में मुख्य देवता हैं और चारों ओर उनके परिचर और गौण देवता एक ही पट्ट पर विराजमान हैं। मुख्य देवता का आकार बड़ा रहता है, पर उसके परिचर तथा गौण देवता छोटे पैमाने पर उतारे जाते हैं। इससे स्पष्टतः सामाजिक विभेद तथा श्रेणीबद्धता का संकेत मिलता है।

वास्तुकला में गुप्तकाल पिछड़ा था। वास्तुकला के नाम पर हमें ईंट के बने कुछ मंदिर उत्तर प्रदेश में मिले हैं। एक पत्थर का मंदिर भी मिला है। यहाँ कानपुर के भीतरगाँव, गाजीपुर के भीतरी और झाँसी के देवगढ़ के ईंट के मंदिर भी उल्लेखनीय हैं। नालंदा का बौद्ध महाविहार पाँचवीं सदी में बना, और इसकी सबसे पहले की संरचना, जो ईंट की है, गुप्तकाल में बनी है।

साहित्य

गुप्तकाल लौकिक साहित्य की सर्जना के लिए स्मरणीय है। भास के तेरह नाटक इसी काल के हैं। शूद्रक का लिखा नाटक *मृच्छकटिक* या माटी की खिलौना-गाड़ी, जिसमें निर्धन ब्राह्मण के साथ वेश्या का प्रेम वर्णित है, प्राचीन नाटकों में सर्वोत्कृष्ट माना जाता है। परंतु जिस कृति को लेकर गुप्तकाल का सबसे ऊँचा नाम है वह है कालिदास की कृति *अभिज्ञानशाकुंतलम्*। इसका स्थान विश्व की एक सौ उत्कृष्टतम साहित्यिक कृतियों में है। इसमें राजा दुष्यंत और शकुंतला के प्रेम की कथा चित्रित है, जिनका पुत्र भरत नामी राजा हुआ। *अभिज्ञानशाकुंतलम्* प्रथम भारतीय रचना है जिसका अनुवाद यूरोपीय भाषाओं में हुआ। ऐसी दूसरी रचना है *भगवद्गीता*। भारत में गुप्तकाल में लिखे नाटकों के बारे में दो बातें उल्लेखनीय हैं। पहली बात यह कि ये सभी नाटक सुखांत हैं। दुखांत नाटक एक भी नहीं मिलता। दूसरी बात यह है कि उच्च वर्गों के लोग भिन्न-भिन्न भाषाएँ बोलते हैं। इन नाटकों में स्त्री और शूद्र प्राकृत बोलते हैं जबकि भद्रजन संस्कृत।

इस काल में धार्मिक साहित्य की रचना में भी भारी प्रगति हुई है। गुप्तकाल की अधिकांश रचनाओं में प्रबल धार्मिक रुझान है। दो महान गाथाकाव्य *रामायण* और *महाभारत* ईसा की चौथी सदी में आकर लगभग पूरे हो चुके थे। *रामायण* में राम की कथा है, जिन्हें उनके पिता दशरथ ने उनकी सौतेली माँ कैकेई की साज़िशों के कारण चौदह वर्षों के लिए निष्कासित किया था। वे निष्ठापूर्वक पिता की आज्ञा मानकर वन में रहने लगे जहाँ उनकी पत्नी सीता को लंकेश्वर रावण ने हर लिया। अंत में राम ने अपने भाई लक्ष्मण की सहायता से रावण को मारा और वे सीता को वापस ले आए। इस कहानी में दो आधारभूत नैतिक तत्त्व हैं। पहला यह कि इसमें परिवार रूपी संस्था का आदर्श दिखाया गया है, जिसमें किसी भी परिस्थिति में पुत्र को पिता की आज्ञा और छोटे भाई को बड़े भाई की आज्ञा माननी होती है, और स्त्री को पति के प्रति निष्ठा बरतनी पड़ती है। दूसरा यह कि रावण बुराई के और राम भलाई के प्रतीक हैं। अंत में, असत् पर सत् की और कुव्यवस्था पर सुव्यवस्था की जीत होती है। *महाभारत* की मुख्य कथा की अपेक्षा राम की कथा कहीं अधिक सामाजिक और धार्मिक थी। *रामायण* के अनेकानेक रूप-रूपांतर भारतीय भाषाओं में तथा दक्षिण-पूर्व एशिया की भाषाओं में पाए जाते हैं।

महाभारत सार रूप में चचेरे भाईयों के दो समूह कौरवों और पांडवों के आपसी झगड़े की कहानी है जो बतलाती है कि राजसत्ता स्वजनों के प्राण से भी अधिक प्यारी होती है। यद्यपि धृतराष्ट्र द्वारा छोड़े गए राज्य के उत्तराधिकारी पांडव थे, तथापि कौरवों ने सुई की नोंक भर भी ज़मीन देने से इंकार कर दिया। फलतः कौरवों और कृष्ण समर्थित पांडवों के बीच लंबी बंधुघाती लड़ाई हुई। अंत में कौरवों को हरा कर पांडव

विजयी हुए। इसमें भी दुष्ट शक्ति पर इष्ट शक्ति की विजय दिखाई देती है। *भगवद्गीता महाभारत* का महत्त्वपूर्ण अंश है। इसमें शिक्षा दी गई है कि वर्ण और जाति के अनुसार जिसका जो कर्त्तव्य निर्धारित है, उसे उस कर्त्तव्य का पालन हर हालत में किसी प्रतिफल की कामना के बिना करना चाहिए।

पुराण उपर्युक्त दोनों महाकाव्यों के ढर्रे पर ही लिखे गए हैं। इनमें जो अधिक पहले के हैं, उनका अंतिम संकलन-संपादन गुप्तकाल में हुआ। ये मिथकों, आख्यानों और प्रवचनों से भरे हैं। इनका उद्देश्य सामान्य लोगों को शिक्षा और बुद्धिविवेक देना था। इस काल में बहुत-सी स्मृतियाँ भी लिखी गईं जिनमें धार्मिक और सामाजिक नियम-कानून पद्यबद्ध किए गए। स्मृतियों पर टीकाएँ लिखने की अवस्था गुप्तकाल के बाद आई।

गुप्तकाल में पाणिनि और पतांजलि के ग्रंथो के आधार पर संस्कृत व्याकरण का भी विकास हुआ। यह काल विशेष रूप से स्मरणीय है *अमरकोश* को लेकर, जिसका संकलन चंद्रगुप्त द्वितीय की सभा के नवरत्न अमरसिंह ने किया है। प्राचीन रीति से संस्कृत पढ़नेवाले छात्रों को यह शब्दकोश रटा दिया जाता है। कुल मिलाकर शास्त्रीय साहित्य के इतिहास में गुप्तकाल एक उज्ज्वल अध्याय है। इस काल में जटिल अलंकारिक शैली का विकास हुआ, जो पुराने सरल संस्कृत साहित्य की शैली से भिन्न थी। जब हम इस काल में आगे की ओर बढ़ते हैं, तो गद्य की अपेक्षा पद्य पर अधिक ज़ोर पाते हैं। कुछ टीका ग्रंथ भी मिलते हैं। संस्कृत निस्संदेह गुप्त राजाओं की शासकीय भाषा थी। यों तो ब्राह्मण धर्म विषयक साहित्य की बहुतायत है, फिर भी इस काल में पहली बार धर्मनिरपेक्ष साहित्य की बहुत-सी रचनाएँ पाई जाती हैं।

विज्ञान और प्रौद्योगिकी

गणित के क्षेत्र में इस काल का प्रसिद्ध ग्रंथ है *आर्यभटीय*। इसके रचयिता आर्यभट पाटलिपुत्र के रहने वाले थे। प्रतीत होता है कि गणित के ये विद्वान विविध प्रकार की गणना में पारंगत थे। इलाहाबाद ज़िले में मिले 448 ई० के गुप्त अभिलेख से पता चलता है कि ईसा की पाँचवी सदी के आरंभ में दाशमिक पद्धति ज्ञात थी। खगोलशास्त्र में *रोमकसिद्धांत* नामक पुस्तक रची गई। इसके नाम से ही अनुमान किया जा सकता है कि इस पर यूनानी चिंतन का प्रभाव था।

गुप्तकालीन शिल्पकारों ने अपना चमत्कार लौह और कांस्य कृतियों में दिखाया है। बुद्ध की नाना प्रकार की कांस्यमूर्तियों का निर्माण बड़े पैमाने पर शुरू हो गया था, क्योंकि तब तक धातु के बारे में तकनीकी जानकारी उन्नत अवस्था में पहुँच गई थी। लौह शिल्पकारी का सबसे अच्छा उदाहरण दिल्ली में मेहरौली में स्थित लौहस्तंभ है। इसका निर्माण ईसा की चौथी सदी में हुआ और तब से सोलह सौ वर्षों के बीत जाने

पर भी इसमें जंग नहीं के बराबर है। यह स्तंभ शिल्पकारी के महान तकनीकी कौशल का प्रमाण है, यद्यपि शुष्क क्षेत्र में रहने के कारण भी इसका जीवन लंबा हुआ है। इस प्रकार का लौहस्तंभ सौ बरस पहले पश्चिम के किसी भी ढलाई-घर में बनाना असंभव था। दुख की बात है कि बाद के शिल्पकार इस ज्ञान को और आगे नहीं बढ़ा सके।

❖ कालक्रम ❖

पाँचवीं शताब्दी ई० पू०	भारतीय समाज में चांडाल पहले पहल दिखाई दिए।
200 ई० पू०	भागवत धर्म अथवा कृष्णपूजा का प्रारंभ।
दूसरी शताब्दी ई० पू०	कृष्ण नारायण में विलीन होकर नारायण-विष्णु कहलाने लगे।
पहली शताब्दी ई०-सातवीं शताब्दी ई०	अजंता की चित्रकारियों का काल।
चौथी शताब्दी ई०	दिल्ली अंतर्गत मेहरौली में लौहस्तंभ खड़ा किया गया।
पाँचवीं शताब्दी ई०	*नारदस्मृति* की तिथि। आर्यभट कृत *आर्यभटीय* से शून्य और दशमलव पद्धति की जानकारी। फा-हियान उल्लेख करता है कि चांडाल गाँव के बाहर रहते थे और मांस बेचते थे।
448 ई०	इलाहाबाद ज़िले से प्राप्त 448 ई० के गुप्त अभिलेख में दशमलव पद्धति के ज्ञान का संकेत मिलता है।
510 ई०	सती प्रथा का पहला अभिलेखीय साक्ष्य।
550 ई०	प्राय: इसी वर्ष पूर्वी रोमन साम्राज्य के लोगों ने चीनियों से रेशम उत्पादन की कला सीखी जिसका भारतीय व्यापार पर प्रतिकूल प्रभाव पड़ा।

26

पूर्वी भारत में सभ्यता का प्रसार

सभ्यता के लक्षण

कोई भी क्षेत्र तभी सभ्य माना जाएगा जब वहाँ लिखने की कला ज्ञात हो, कर उगाहने और सुव्यवस्था बनाए रखने की प्रणाली हो, तथा धार्मिक, प्रशासनिक और उत्पादनात्मक कार्यों को चलाने के लिए सामाजिक वर्ग और विशेषज्ञ उपलब्ध हों। सभ्य समाज में उतना उत्पादन करने की क्षमता होनी चाहिए जितने से शिल्पियों और कृषकों जैसे वास्तविक उत्पादकों की ही नहीं, बल्कि उत्पादन कार्य से दूर रहनेवाले उपभोक्ताओं की भी आवश्यकता पूरी की जा सके। ये सभी तत्त्व सभ्यता की ओर बढ़ाने वाले हैं। परंतु ये सभी तत्त्व पूर्वी भारत के काफी बड़े हिस्से में यथेष्ठ मात्रा में बहुत ही बाद में दिखाई देते हैं। पूर्वी मध्य प्रदेश के अधिकतर भागों में तथा उड़ीसा, पश्चिम बंगाल, बांग्लादेश और असम के संलग्न क्षेत्रों में ईसा की चौथी सदी के मध्य तक कोई लिखित दस्तावेज़ नहीं के बराबर मिलता है।

चौथी से सातवीं सदी तक के काल की विशेषता है मध्य प्रदेश, उड़ीसा, पूर्वी और दक्षिण-पूर्वी बंगाल तथा असम में उन्नत कृषि अर्थव्यवस्था का प्रसार हुआ, राज्यतंत्रों का गठन हुआ और सामाजिक वर्गों की स्थापना हुई। यह बात इन क्षेत्रों में बिखरे पाए गए गुप्तकाल के बहुत-सारे अभिलेखों से मालूम होती है। अनेक अभिलेखों में काल का उल्लेख गुप्त संवत् में किया गया है। ये अभिलेख अधिकतर ऐसे शासनपत्र हैं जिनके जरिए सामंतों और अन्य लोगों ने धर्मार्थ भूमि-दान बौद्धों और ब्राह्मणों को तथा वैष्णव मंदिरों और बौद्ध विहारों को दिया है। इन अनुदानभोगियों ने संस्कृति के उन्नायक तत्त्वों को फैलाने और मजबूत बनाने में बड़ा योगदान किया। इस प्रक्रिया को समझने के लिए एक-एक इलाके का अलग-अलग सर्वेक्षण करना होगा।

उड़ीसा और पूर्वी एवं दक्षिणी मध्य प्रदेश

महानदी के दक्षिण में उड़ीसा का समुद्रतटवर्ती कलिंग अशोक के काल में सहसा उत्कर्ष पर चढ़ गया, लेकिन वहाँ सुदृढ़ राज्य की स्थापना बहुत दिनों के बाद ईसा-पूर्व पहली सदी में आकर हुई। इसका शासक खारवेल बढ़ते-बढ़ते मगध तक चढ़ आया। ईसा की पहली और दूसरी सदियों में उड़ीसा के बंदरगाहों में मोती, हाथी दाँत और मलमल का अच्छा व्यापार चलता था। भुवनेश्वर से 60 किलोमीटर दूर खारवेल की राजधानी कलिंगनगरी के स्थल पर शिशुपालगढ़ में जो खुदाई हुई है उसमें रोम की कई वस्तुएँ

मिली हैं। उनसे प्रकट होता है कि वहाँ रोमन साम्राज्य से व्यापारिक संपर्क था। परंतु उड़ीसा का अधिकतर भाग, खासकर उत्तर उड़ीसा में, न तो राज्य-गठन था और न खास वाणिज्य-संबंधी चहल-पहल थी। चौथी सदी में, समुद्रगुप्त द्वारा विजित प्रदेशों की सूची में कोसल और महाकांतार आए हैं। इन दोनों के अंतर्गत उत्तरी और पश्चिमी उड़ीसा के भाग आते हैं। चौथी सदी के मध्य से छठी सदी तक उड़ीसा में कई राज्य स्थापित हुए, और इनमें कम-से-कम पाँच की पहचान तो साफ-साफ की जा सकती है। इनमें सबसे महत्त्वपूर्ण माठर वंश का राज्य है। इसे पितृभक्त वंश भी कहते हैं। जब उनकी सत्ता चोटी पर थी तब महानदी और कृष्णा के बीच उनका राज्य फैला हुआ था। वसिष्ठ, नल और मानवंशों के राज्य उनके पड़ोसी और समकालीन थे। वसिष्ठवंश का राजा दक्षिण कलिंग में आंध्र की सीमाओं पर था, नलवंश का राज्य महाकांतार के वन्य प्रदेशों में था, और मानवंश का राज्य महानदी के पार उत्तर और समुद्रतटवर्ती क्षेत्र में था। प्रत्येक राज्य की अपनी-अपनी कर-संग्रह, प्रशासन और सैन्य संगठन की पद्धति थी। नलवंश ने और संभवतः मानवंश ने भी सिक्के ढाले। हर राज्य ने ब्राह्मणों को बुलाया था। अधिकांश राजा वैदिक यज्ञ करते थे, जिसका उद्देश्य न केवल पुण्य अर्जित करना था, बल्कि अपनी शक्ति, प्रतिष्ठा और वैधता स्थापित करना भी था।

इस काल में उन्नत संस्कृति के तत्त्व न केवल कलिंग नाम से विदित समुद्रतटवर्ती पट्टी तक ही सीमित थे, बल्कि उड़ीसा के अन्य भागों में भी दिखाई देने लगे थे। मध्य प्रदेश में बस्तर के जनजातीय इलाकों में नलवंश की स्वर्णमुद्राओं का मिलना महत्त्व का है। इससे पता चलता है कि वहाँ अर्थव्यवस्था विकसित हो चुकी थी जिसमें बड़ी-बड़ी लेन-देन में और ऊँचे अधिकारियों के वेतनभुगतान में स्वर्णमुद्रा का प्रयोग होता था। इसी तरह मानवंश ने भी शायद तांबे के सिक्के जारी किए, जिसका मतलब होता है कि शिल्पियों और किसानों के बीच भी सिक्कों का प्रचलन था। कई राज्यों ने ग्रामीण क्षेत्र में नई-नई राजस्व इकाइयाँ स्थापित करके अपनी आय बढ़ाई। माठरों ने महेंद्र पर्वत के क्षेत्र में महेंद्रभोग नाम का नया ज़िला बनाया। उसके पास द्वंतयवागुभोग नाम का एक ज़िला था जहाँ से इसके प्रशासकों को हाथी दाँत और चावल का माड़ प्राप्त होता था। इससे पता चलता है कि वह ज़िला किसी पिछड़े इलाके में बनाया गया होगा। माठरों ने एक प्रकार के न्यास स्थापित किए जो **अग्रहार** कहलाते थे। इस न्यास में कुछ भूमि होती थी और गाँवों से होनेवाली आय। इन अग्रहारों का उद्देश्य पठन-पाठन और धार्मिक अनुष्ठानों में लगे ब्राह्मणों का भरण-पोषण करना था। यहाँ कुछ अग्रहारों से कर उगाहा जाता था, जबकि देश में अन्यत्र ऐसे अग्रहार कर-मुक्त होते थे। जनजातीय, जंगली और लाल मिट्टी वाले क्षेत्रों में भूमिदान दे-दे कर ब्राह्मणों को बसाने से नई-नई परती ज़मीन में खेती शुरू हुई और मौसम की अच्छी जानकारी के सहारे खेती के सुधरे तरीके भी शुरू हुए। आरंभ

में वर्ष चार-चार महीनों के तीन भागों से बाँटा जाता था, और काल की गणना तीन ऋतुओं के आधार पर की जाती थी। माठरों के अमल में पाँचवी सदी के मध्य से वर्ष को बारह चंद्र मासों में विभाजित करने की परंपरा चली। इसमें मौसम की स्थिति को ठीक से जानना आवश्यक हुआ, जो कृषि-कार्य के लिए बड़ा उपयोगी था।

उड़ीसा के समुद्रतटवर्ती भाग में लेखन-कला ईसा-पूर्व तीसरी सदी से ही ज्ञात थी, और ईसा की चौथी सदी तक के अभिलेख प्राकृत में मिलते हैं। परंतु 350 ई० के आसपास से संस्कृत का प्रयोग शुरू हुआ। इससे भी महत्त्व की बात यह है कि इस भाषा में लिखे भूमि अनुदानपत्र समुद्रतटवर्ती क्षेत्र के बाहर उत्तर में महानदी के पार भी मिलते हैं। इस प्रकार प्रकट होता है कि लिखने की कला और संस्कृत भाषा का प्रसार उड़ीसा के बड़े हिस्से में हो गया था, और इस काल के कुछ अभिलेखों में उत्कृष्ट संस्कृत श्लोक पाए गए हैं। इन नए क्षेत्रों में संस्कृत न केवल ब्राह्मण धर्म और संस्कृति के लिए, बल्कि संपत्ति संबंधी कानूनों और सामाजिक नियमों के लिए भी सामान्य माध्यम का काम देती रही। संस्कृत के शासनपत्रों (चार्टरों) में पुराणों और धर्मशास्त्रों के वचन उद्धृत किए गए हैं। इनमें राजा अपने को वर्णव्यवस्था का रक्षक कहता है। इनमें गंगा के मैदान की संस्कृति से लोगों के लगाव पर ज़ोर दिया गया है। प्रयाग के गंगा-यमुना संगम में स्नान को पवित्र माना गया है और विजयी राजा प्रयाग की तीर्थयात्रा करते हैं, यह भी कहा गया है।

बंगाल

बंगाल के बारे में, इस बात का प्रमाण मिलता है कि उत्तरी बंगाल के कई भागों में, जहाँ अब बोगरा ज़िला है, अशोक के काल में लेखन प्रचलित था। एक अभिलेख से ज्ञात होता है कि कई बस्तियों में बौद्ध भिक्षुओं के भरण-पोषण के लिए अनाज और सिक्कों से भरे भंडार-घर थे। स्पष्ट है कि स्थानीय किसान ऐसी स्थिति में थे कि अपनी उपज का कुछ भाग बचाकर कर चुकाएँ और दान-पुण्य करें। इस इलाके के लोग प्राकृत जानते थे और बौद्ध धर्म के अनुयायी थे। इसी तरह दक्षिण-पूर्व बंगाल के समुद्रतटवर्ती नोआखली ज़िले में मिले एक अभिलेख से प्रकट होता है कि उस इलाके के लोग ईसा-पूर्व दूसरी सदी में प्राकृत भाषा और ब्राह्मी लिपि जानते थे। लगता है कि दक्षिण-पूर्व बंगाल में खरोष्ठी लिपि भी प्रचलित थी। परंतु बंगाल के अधिकतर भाग के बारे में हम तब तक कुछ नहीं जानते जब तक ईसा की चौथी सदी में नहीं पहुँचते हैं। लगभग मध्य चौथी सदी में **महाराज** उपाधिधारी एक राजा बाँकुरा ज़िले के दामोदर तटवर्ती पोखरना में राज करता था। वह संस्कृत जानता था और विष्णु का उपासक था, जिसकी पूजा के लिए उसने शायद एक गाँव का अनुदान किया था।

गंगा और ब्रह्मपुत्र के बीच का प्रदेश, जो अब बांग्लादेश का भाग है, पाँचवी और छठी सदियों में बस्तियों से भरा-पूरा था और वहाँ संस्कृत शिक्षा प्रचलित हो चुकी थी। लगता है 550 ई० के बाद गुप्त राजाओं के गवर्नर स्वतंत्र हो गए और उन्होंने उत्तरी बंगाल पर कब्जा कर लिया। इसके कुछ भाग को कामरूप के राजाओं ने हथिया लिया होगा। स्थानीय अधीनस्थ राजाओं ने, जो **सामंत महाराज** कहलाते थे, स्थानीय प्रजा से कर वसूलने के लिए तथा अपने प्रतिद्वंद्वियों से लड़ाई में सामना करने के लिए अपना-अपना प्रशासन तंत्र स्थापित किया; हाथियों, घोड़ों और पैदल सिपाहियों की सेना गठित की। 600 ई० में आकर यह प्रदेश **गौड़** कहलाने लगा और यहाँ हर्ष के शत्रु शशांक ने अपना स्वतंत्र राज्य स्थापित किया।

432-33 ई० से लेकर लगभग सौ वर्षों तक हमें पुंड्रवर्धनभुक्ति में, जो लगभग समूचे उत्तरी बंगाल में स्थित था और अब जिसमें अधिकतर बांग्लादेश शामिल है, बड़ी संख्या में ताम्रपत्र मिले हैं, जिन पर भूमि के विक्रय और अनुदान अभिलिखित हैं। अधिकतर अनुदानपत्रों से ज्ञात होता है कि भूमि का मूल्य दीनार नामक स्वर्ण-मुद्राओं में चुकाया जाता था। परंतु जब कभी भूमि का अनुदान धार्मिक प्रयोजनों के लिए किया जाता था तब अनुदानभोगियों को कर नहीं लगता था। भूमि-हस्तांतरण के इन अभिलेखों से पता चलता है कि इस प्रक्रिया में प्रमुख लिपिकारों (कातिबों), वणिकों, शिल्पियों, भूस्वामियों आदि के नाम रहते थे जो गुप्त साम्राज्य में गवर्नरों द्वारा संचालित स्थानीय प्रशासन से संबद्ध होते थे। इन भूमि-हस्तांतरण अभिलेखों से हमें न केवल विभिन्न सामाजिक समूहों और स्थानीय अधिकारियों के बारे में, अपितु कृषि के विस्तार के बारे में भी बहुत बातें मालूम होती हैं। अधिकतर, धार्मिक अनुदान के लिए खरीदी गई भूमि को परती, गैर-आबाद और इसलिए कर-हीन बताया गया है। इनमें खेती होने लगी और बस्तियाँ बसने लगी होंगी।

बंगाल का ब्रह्मपुत्र द्वारा गठित त्रिभुजाकर भाग **समतट** कहलाता था, जिसे चौथी सदी में समुद्रगुप्त ने जीता था। दक्षिण-पूर्वी बंगाल इसी में पड़ता है। इसका कुछ भाग आबादी वाला और मूल्यवान रहा होगा, इसीलिए तो विजेता गुप्त राजा का ध्यान इधर आकृष्ट हुआ होगा। लेकिन शायद इसके शासक ब्राह्मणधर्मावलंबी नहीं हुए थे, इसीलिए यहाँ न संस्कृत भाषा का प्रयोग पाते हैं और न वर्णव्यवस्था का प्रचलन; जैसा कि उत्तरी बंगाल में पाते हैं। लगभग 525 ई० से इस प्रदेश में सुसंगठित राज्य रहा है जिसमें समतट के अतिरिक्त उसकी पश्चिमी सीमा से सटा वंग का भाग भी शामिल था। यह समतट राज्य या वंग कहलाता था। सम हरदेव सहित इसके शासकों ने छठी सदी के उत्तरार्द्ध में स्वर्णमुद्राएँ जारी कीं।

इस राज्य के अतिरिक्त, हम सातवीं सदी में ढाका क्षेत्र में खड्ग वंश का राज्य पाते हैं। यहाँ और दो राज्य थे, लोकनाथ नामक ब्राह्मण सामंत का राज्य और राट वंश का

राज्य। दोनों कुमिल्ला क्षेत्र में पड़ते हैं। दक्षिण-पूर्व और मध्य बंगाल के इन सभी राजाओं ने छठी और सातवीं सदियों में भूमि के अनुदानपत्र जारी किए। उड़ीसा के राजाओं की भांति उन्होंने भी अग्रहारों की स्थापना की। ये अनुदानपत्र बतलाते हैं कि उन इलाकों में सातवीं सदी के उत्तरार्द्ध में संस्कृत की शिक्षा प्रचलित थी, और इसीलिए अनुदानपत्रों में कई जटिल छंदों का प्रयोग मिलता है। साथ ही इनसे खेती के और ग्रामीण बस्तियों के फैलाव का भी पता चलता है। बंगाल और उड़ीसा के बीच वाले सीमांत क्षेत्रों में **दंडभुक्ति** नाम की राजस्व और प्रशासन संबंधी इकाई बनाई गई थी। दंड का अर्थ है सज़ा, और भुक्ति का अर्थ है भोग। अतः लगता है कि इस इकाई की स्थापना उस इलाके के जनजातीय लोगों को सुधारने और सज़ा देने के उद्देश्य से की गई होगी। इससे ज़नजातीय क्षेत्रों में संस्कृत भाषा का तथा संस्कृति के अन्य तत्त्वों का प्रचार बढ़ा होगा। वर्धमानभुक्ति (बर्दवान) में भी ऐसा ही हुआ होगा, जिसका पता हमें छठीं सदी में आकर चलता है। दक्षिण-पूर्वी बंगाल में फ़रीदपुर क्षेत्र में पाँच किता ज़मीन एक बौद्ध विहार को दी गई, जो परती थी, पानी में डूबी रहती थी और इसलिए कर लगाने लायक नहीं थी। इसी तरह, कुमिल्ला ज़िले में हरिणों, सूअरों, भैंसों, बाघों, सांपों आदि से भरे जंगली इलाके में बहुत-सारी ज़मीन 200 ब्राह्मणों को दान में दी गई। ये सभी उदाहरण बतलाते हैं कि नए-नए क्षेत्रों में जनपदनिवेश और सभ्यता के प्रसारण की प्रक्रिया चालू थी।

बंगाल के इतिहास में लगभग पाँचवीं सदी के मध्य से दो सदियाँ बड़ी ही गतिशील मालूम पड़ती हैं। इस अवधि में लगभग आधे दर्जन राज्य उदित हुए—कुछ छोटे, कुछ बड़े, कुछ स्वतंत्र और कुछ सामंती। पर हर राज्य का अपना-अपना विजय-शिविर या सैन्य-शिविर था जिसमें पैदल, घुड़सवार, हाथी और नाव वाली टुकड़ियाँ रहती थीं। हर राज्य के अपने-अपने कर-संबंधी और प्रशासनिक ज़िले थे जिनमें कर-संग्रह और शांति-सुव्यवस्था के लिए कर्मचारी दल रहते थे। हर राज्य युद्ध करके तथा बौद्धों और ब्राह्मणों को भूमिदान देकर अपनी सत्ता का विस्तार करता था। धार्मिक न्यासों की संख्या इतनी बढ़ गई कि अंततोगत्वा उनकी देखभाल करने के लिए **अग्रहारिक** नाम का एक अधिकारी नियुक्त करना पड़ा। भूमिदान से ग्रामों का विस्तार हुआ और भूमि पर कई नए-नए अधिकार सृजित हुए। सामान्यतया भूमि पर स्वामित्व अलग-अलग परिवारों का होता था, लेकिन भूमि की खरीद-बिक्री पर ऊपरी नियंत्रण स्थानीय समितियों का रहता था जिनमें मुख्य-मुख्य शिल्पियों, वणिकों, भूस्वामियों, लिपिकारों आदि का हाथ रहता था। ये समितियाँ स्थानीय राज-प्रतिनिधियों की मदद करती थीं। लेकिन गाँव की ज़मीन की बिक्री के मामले में गाँव के किसानों की सलाह ली जाती थी। लगता है कि अतीत में भूमि कबीले की या समुदाय की होती थी, इसलिए भूमि वही किसी को दे सकता था। अतः जब

कोई अपनी व्यक्तिगत भूमि भी किसी धार्मिक प्रयोजन के लिए दान देना चाहता था तो उसमें समुदाय की अनुमति लेने की प्रथा का पालन करता था। संभवत: पूर्वकालीन समुदाय धार्मिक कार्यों के लिए ब्राह्मणों को भूमि देता था और सैनिक और राजनीतिक सेवाओं के लिए राजा को कर देता था। बाद में, राजा ने प्रजा-समुदाय से बहुत-सी ज़मीन अपने हाथ में ले ली और अपनी सत्ता बढ़ा ली जिससे वह कर वसूलने में समर्थ हो गया, तथा बंजर और परती भूमि पर अपना अधिकार जमा लिया। हर राज्य के प्रशासनिक अधिकारी संस्कृत जानते थे जो राजकाज की भाषा थी। वे पुराणों और धर्मशास्त्रों का सार जानते थे। इस प्रकार यह अवधि बड़े महत्त्व की रही, क्योंकि इस काल में सभ्यता फैलाने का अभियान इस क्षेत्र में खूब आगे बढ़ा।

इस काल में ब्राह्मणवाद फैला, और बौद्ध धर्म बंगाल के नए क्षेत्रों में पहुँचा। बोध गया, साँची, मथुरा और गंधार में बुद्ध की मूर्तियाँ ईसवी सन् के आरंभिक वर्षों में मिलती हैं, और कुछ जगह बंगाल में भी। पर पाँचवीं सदी आते-आते बौद्ध महाविहार नालंदा, विक्रमशिला और उत्तरी बंगाल में स्थापित हो गए।

असम

ब्रह्मपुत्र मैदान में पूरब से पश्चिम तक फैला कामरूप सातवीं सदी में उभरकर आगे आया। लेकिन उत्खननों से पता चलता है कि गुवाहाटी के निकट बस्तियाँ ईसवी सन् की चौथी सदी में बस चुकी थीं। इसी सदी में समुद्रगुप्त ने डवाक और कामरूप से कर वसूला था। डवाक शायद नवगाँव ज़िले का भाग था और कामरूप तो निश्चय ही ब्रह्मपुत्र के मैदान का नाम था। समुद्रगुप्त ने जिन शासकों से कर वसूला था वे जनजातीय किसानों से कर वसूलकर निर्वाह करते रहे होंगे।

गुवाहाटी के पास अंबारी में हुए उत्खननों से प्रकट होता है कि वहाँ छठी और सातवीं सदी में बस्तियाँ अच्छी तरह विकसित हो चुकी थीं। इसकी पुष्टि अभिलेखों से भी होती है। छठी सदी के आरंभ तक लेखन-कला और संस्कृत भाषा प्रचलित हो चुकी थी। कामरूप के राजाओं ने **वर्मन्** उपाधि धारण की। यह उपाधि केवल उत्तर, मध्य और पश्चिम भारत में ही नहीं फैली अपितु बंगाल, उड़ीसा, आंध्र, कर्नाटक और तमिलनाडु में भी पाई जाती है। इस उपाधि का अर्थ है कवच या ज़िरह-बख्तर और यह योद्धा होने का प्रतीक है; इसे मनु ने क्षत्रियों के लिए निर्धारित की है। कामरूप के राजाओं ने ब्राह्मणों को भूमिदान दे-देकर अपनी स्थिति को सुदृढ़ किया। सातवीं सदी में भास्करवर्मन् ऐसे राज्य के प्रधान के रूप में खड़ा हुआ, जिसका नियंत्रण ब्रह्मपुत्र मैदान के बड़े भाग पर और उसके आगे के कुछ क्षेत्रों पर भी था। यहाँ बौद्ध धर्म के भी पैर जमे हुए थे और चीनी यात्री हुआन सांग इस राज्य में घूमा था।

रचनात्मक काल

यद्यपि पूर्वी भारत के भिन्न-भिन्न भाग भिन्न-भिन्न कालों में उत्कर्ष पर पहुँचे, तथापि चौथी सदी से सातवीं सदी तक के काल को रचनात्मक काल कह सकते हैं। इस काल में पूर्वी मध्य प्रदेश, उत्तरी उड़ीसा, पश्चिम बंगाल और असम में तथा बांग्लादेश के बड़े भाग में संस्कृत विद्या, वैदिक कर्मकांड, वर्णव्यवस्था और राज्यतंत्र फैले और विकसित हुए। गुप्त साम्राज्य से सांस्कृतिक संपर्क के परिणामस्वरूप पूर्वांचल में सभ्यता का प्रसार हुआ। उत्तरी बंगाल और पश्चिमोत्तर उड़ीसा पर गुप्तों का राज छाया। इस अंचल के अन्य क्षेत्रों में गुप्त साम्राज्य से संपर्क का अनुमान हम इस बात से लगा सके हैं कि यहाँ के अभिलेखों में गुप्त संवत् का प्रयोग किया गया है। बंगाल में सामंतों ने नए-नए राज्य स्थापित किए, जो हाथी, घोड़े, नाव आदि साधन भारी मात्रा में अपने सैन्य-शिविरों में रखते थे। ज़ाहिर है कि वे वेतनभोगी सेना के रख-रखाव के लिए ग्रामीण समुदायों से नियमित रूप से कर वसूलते थे। पहली बार हम इस अंचल में पाँचवीं और छठी सदियों में स्पष्ट रूप से बड़े पैमाने पर लेखन, संस्कृत भाषा का प्रयोग, वर्णभेदमूलक समाज का गठन तथा बौद्ध धर्म का प्रचलन पाते हैं। हम शैव और वैष्णव संप्रदाय के रूप में ब्राह्मण धर्म की प्रगति देखते हैं। भूमि पर सामुदायिक स्वामित्व का तो अवशेष पाते हैं, परंतु ज़मीन के रूप में व्यक्तिगत संपत्ति का अस्तित्व पाते है। ये सभी सिद्ध करते हैं कि खाद्य-उत्पादक अर्थव्यवस्था उन्नत अवस्था में पहुँच चुकी थी। कहना न होगा कि लोहे के फाल वाले हलों से कृषि, पानी में रोप कर धान की खेती, और तरह-तरह के शिल्प-कौशल की जानकारी इस अर्थव्यवस्था की आधारशिला थी। कालिदास ने वंग में होनेवाली धान के बिचड़ों की रोपाई का वर्णन किया है, पर मालूम नहीं कि यह कृषि परंपरा स्थानीय थी या मगध से सीखी हुई। उत्तरी बंगाल में ऊँची किस्म की ईख उपजाई जाती थी। इन सबों से पर्याप्त मात्रा में उत्पादन संभव हुआ, जिससे कि प्रजा और राजा दोनों का निर्वाह हो पाया, तथा गैर-आबाद और विरल आबादी वाले क्षेत्रों में ग्रामीण बस्तियों के प्रसार को बल मिला। उस काल के राजाओं, राजवंशों और सामंतों की तथा उन पर शासन करने वाली केंद्रीय सत्ता की स्पष्ट रूपरेखा खींच पाना संभव नहीं है, लेकिन पूर्वांचल के दूरवर्ती प्रांतों में संस्कृति का विकास और सभ्यता का प्रसार हुआ, इसके बारे में संदेह की गुंजाइश नहीं है।

एक ओर गुप्त साम्राज्य का पतन हुआ, तो दूसरी ओर उसी समय बाहरी प्रांतों में उल्लेखनीय प्रगति हुई। बहुत-से ऐसे अनदेखे क्षेत्र, जो संभवतः जनजातीय सरदारों के अधीन थे और विरल आबादीवाले थे, इतिहास की रोशनी में चमके। यह बात लाल मिट्‌टी वाले उस भू-भाग पर लागू होती है जो पश्चिमी बंगाल और उत्तरी उड़ीसा में तथा मध्य प्रदेश से सटे क्षेत्रों में झारखंड पठार के भीतर पड़ता है और कठिनाई से ही

खेती करने और बसने के लायक हो सकता है। बांग्लादेश के जलोढ़ मिट्टी और भारी वर्षा वाले जंगली इलाकों तथा ब्रह्मपुत्र के मैदानी इलाकों पर भी यह बात लागू होती है।

❈ कालक्रम ❈

तीसरी शताब्दी ई० पू०	उड़ीसा में लेखन-कला की जानकारी।
दूसरी शताब्दी ई० पू०	दक्षिण-पूर्वी बंगाल में लोगों को प्राकृत भाषा और ब्राह्मी लिपि की जानकारी थी।
पहली शताब्दी ई० पू०	कलिंग में महानदी के दक्षिण खारवेल ने सबल राज्य की स्थापना की। वह मगध तक आगे बढ़ा।
पहली-दूसरी शताब्दियाँ ई०	उड़ीसा में मोती, हाथी दाँत और मलमल का तेज व्यापार होता था।
चौथी शताब्दी ई०	गुवाहाटी के निकट अंबारी में मानव आबादियाँ। बंगाल के डेल्टाई भाग में अवस्थित समतट ने कोसल और महाकांतार के विजेता समुद्रगुप्त की सत्ता स्वीकार कर ली। इस शताब्दी के मध्य तक पूर्वी मध्य प्रदेश और उड़ीसा, पश्चिमी बंगाल, बांग्लादेश एवं असम के पड़ोसी क्षेत्रों के वासियों के जीवन के अध्ययन के लिए कोई लिखित आलेख नहीं है, यद्यपि समुद्रतटीय उड़ीसा में प्राकृत अभिलेख मिलते हैं।
350 ई०	इस तिथि के आसपास बांकुरा ज़िले में दामोदर नदी के तट पर स्थित पोखरना पर कोई **महाराज** शासन करता था। वह संस्कृत जानता था। इस समय के बाद से संस्कृत का प्रयोग होने लगा।
चौथी-छठी शताब्दियाँ	उड़ीसा में अनेक राज्य बन गए, उनमें से पाँच की शिनाख्त की जा सकती है।
चौथी-सातवीं शताब्दियाँ	पूर्वी मध्य प्रदेश, उड़ीसा, बंगाल और असम में विकसित ग्रामीण अर्थव्यवस्था, राज्य-गठन और सामाजिक वर्गों की रूपरेखा का प्रसारण। इसके अतिरिक्त, लिखावट, संस्कृत की पढ़ाई, वैदिक अनुष्ठान इत्यादि निर्माणावस्था में।
432-33 ई०	पुंड्रवर्धनभुक्ति में भूमि-बिक्री से संबंधित दस्तावेज़ (प्रलेख) ताम्रपत्रों पर अभिलिखित।
पाँचवीं शताब्दी ई०	इस शताब्दी के प्राय: मध्य से आधा दर्जन राज्य गठित हो गए। लोगों ने वर्ष को बारह चंद्र माहों में विभाजित करने की प्रथा शुरू कर दी।

पाँचवीं-छठी शताब्दियाँ ई०	संस्कृत का प्रयोग, वर्ण-आधारित समाज का गठन और बौद्ध धर्म तथा ब्राह्मण धर्म की प्रगति। गंगा और ब्रह्मपुत्र (बांग्लादेश) के बीच का इलाका आबाद और अच्छी तरह संस्कृत-शिक्षित क्षेत्र के रूप में उभरा। बिहार और बंगाल में महाविहारों की स्थापना।
525 ई०	समतट और उसकी पश्चिमी सीमा पर वंग के भाग में अच्छी तरह गठित राज्य।
छठी शताब्दी ई०	इस शताब्दी के उत्तरार्द्ध में समतट के शासकों ने अच्छी संख्या में सोने के सिक्के जारी किए। उस क्षेत्र के जनजातीय निवासियों को वश में करने और सज़ा देने के लिए बर्दवान नामक वित्तीय (राजस्व) और प्रशासनिक इकाई बनाई गई।
550 ई०	गुप्तों के प्रशासकों (गवर्नरों) ने जो इस तिथि के बाद स्वतंत्र हो गए थे, उत्तरी बंगाल को अपने अधिकार में कर लिया।
600 ई०	बांग्लादेश वाला इलाका स्वतंत्र राज्य के रूप में गौड़ कहलाया जिसका शासक शशांक था।
सातवीं शताब्दी ई०	कामरूप, जिसकी शिनाख्त पूरब से पश्चिम ब्रह्मपुत्र द्रोणी से की जाती है, प्रमुख हो गया। भास्करवर्मन् उस राज्य के प्रमुख के रूप में उभरा, जिसके शासन में ब्रह्मपुत्र द्रोणी और कुछ अन्य भाग आते थे। चीनी यात्री हुआन सांग ने भास्करवर्मन् के राज्य का भ्रमण किया। ढाका क्षेत्र में खड्गों के राज्य का उदय हुआ। कोमिल्ला क्षेत्र में लोकनाथ नामक ब्राह्मण सामंत का राज्य और रटों का राज्य उदित हुए। इन राजकुमारों ने अग्रहार बनाए। भूमि सनदों में संस्कृत का संवर्धन कृत्रिम छंदों से युक्त दिखता है।

27
हर्ष और उसका काल

हर्ष का राज्य

गुप्तवंश ने बिहार और उत्तर प्रदेश स्थित अपने सत्ता-केंद्र से उत्तर और पश्चिम भारत पर ईसा की छठी सदी के मध्य तक लगभग 160 वर्ष राज्य किया। उसके बाद उत्तर भारत फिर अनेक राज्यों में बँट गया। गोरे हूणों ने लगभग 500 ई० से कश्मीर, पंजाब और पश्चिमी भारत पर अपना प्रभुत्व स्थापित कर लिया। उत्तरी और पश्चिमी भारत लगभग आधे दर्जन सामंत राजाओं के हाथ में चला गया, जिन्होंने गुप्त साम्राज्य को आपस में बाँट लिया था। इनमें से एक ने, जो हरियाणा स्थित थानेसर का शासक था, धीरे-धीरे अपनी प्रभुता अन्य सभी सामंतों पर कायम कर ली। यह शासक था हर्षवर्धन (606-647 ई०)। थानेसर स्थित 'हर्ष की टीले' की खुदाई में कुछ ईंट की इमारतें मिली हैं, पर वे राजमहल जैसी नहीं हैं।

हर्ष ने कन्नौज को राजधानी बनाया, जहाँ से उसने चारों ओर अपना प्रभुत्व फैलाया। सातवीं सदी के आते-आते पाटलिपुत्र के बुरे दिन आ गए और कन्नौज का सितारा चमका। यह कैसे हुआ? पाटलिपुत्र की सत्ता और महत्ता वाणिज्य-व्यापार पर और मुद्रा-धन के व्यापक प्रचलन पर टिकी थी। पूर्व, पश्चिम, उत्तर और दक्षिण चारों दिशाओं से नदियों के रास्ते व्यापारी लोग नगर में आते थे और उनसे चुंगी वसूली जाती थी।

परंतु ज्योंही व्यापार में गिरावट आई, मुद्रा दुर्लभ होती गई और अधिकारियों व सैनिकों को नकद वेतन के बदले भूमि अनुदान दिया जाने लगा, त्योंही नगर का महत्त्व समाप्त हो गया। वास्तविक शक्ति **स्कंधावारों** अर्थात् फ़ौजी पड़ावों में चली गई और बड़े भू-भाग पर प्रभुत्व रखने वाले सैनिक महत्त्व के स्थान प्रमुख हो गए। एक ऐसा ही स्थान था कन्नौज, जो उत्तर प्रदेश के फ़र्रुखाबाद ज़िले में पड़ता है। वह छठी सदी के उत्तरार्द्ध से अचानक राजनीतिक उत्कर्ष पर चढ़ गया। हर्ष के समय से लेकर कन्नौज का राजनीतिक शक्ति के केंद्र के रूप में उदय से उत्तर भारत में सामंत युग का आगमन हुआ, और पाटलिपुत्र मुख्यतया प्राक-सामंतीय स्थिति का निदर्शक बना रहा। समतल स्थानों में किलाबंदी बहुत कठिन होती है, लेकिन कन्नौज ऊँची जगह पर था, अत: उसे किलाबंद करना आसान था। वह दोआब के बीच में था। सातवीं सदी में उसकी उत्तम ढंग से किलाबंदी की गई। अत: दोआब के पूर्वी और पश्चिमी दोनों बाजुओं पर

नियंत्रण रखने के लिए जल और स्थल दोनों मार्गों से सैनिक आ-जा सकते थे।

हर्ष के शासनकाल का आरंभिक इतिहास बाणभट्ट से ज्ञात होता है। बाणभट्ट हर्ष का दरबारी कवि था। उसने *हर्षचरित* नामक पुस्तक लिखी है। इस इतिहास को चीनी यात्री हुआन सांग के विवरण के साथ मिलाकर पूरा किया जा सकता है, जो ईसा की सातवीं सदी में भारत आया और लगभग 15 वर्ष इस देश में रहा। हर्ष के अपने अभिलेखों से विभिन्न प्रकार के करों और अधिकारियों के बारे में जानकारी मिलती है।

हर्ष को भारत का अंतिम हिंदू सम्राट कहा गया है, लेकिन वह न तो कट्टर हिंदू था और न ही सारे देश का शासक ही। उसका राज्य कश्मीर को छोड़ उत्तर भारत तक सीमित था। राजस्थान, पंजाब, उत्तर प्रदेश और बिहार उसके प्रत्यक्ष नियंत्रण में थे। लेकिन उसका दबदबा इससे कहीं अधिक क्षेत्र में था। लगता है कि सीमांत राज्य उसकी प्रभुसत्ता को स्वीकार करते थे। पूर्वी भारत में उसे मुकाबला करना पड़ा गौड़ के शैव राजा शशांक से, जिसने बोध गया में बोधिवृक्ष को काट डाला। 619 ई० में शशांक की मृत्यु हुई, तब से यह शत्रुता समाप्त हो गई। दक्षिण की ओर हर्ष के अभियान को नर्मदा के किनारे चालुक्य वंश के राजा पुलकेशिन् ने रोका। पुलकेशिन् आधुनिक कर्नाटक और महाराष्ट्र के बड़े भू-भाग पर शासन करता था। उसकी राजधानी कर्नाटक में आधुनिक बीजापुर ज़िले के बादामी में थी। इसको छोड़ हर्ष को अन्य किसी तगड़े विरोध का सामना नहीं करना पड़ा, और वह देश के काफी बड़े भाग में राजनीतिक एकता लाया।

प्रशासन

हर्ष ने अपने साम्राज्य का प्रशासन उसी ढर्रे पर किया जिस ढर्रे पर गुप्तवंशियों ने किया था, फर्क यही है कि हर्ष का प्रशासन अधिक सामंतिक और विकेंद्रित था। कहा जाता है कि हर्ष के पास 1,00,000 घोड़े और 60,000 हाथी थे। यह बात अचरज-सी लगती है, क्योंकि सुदूर दक्षिण को छोड़ सारे भारत पर शासन करने वाले मौर्य राजाओं के पास भी केवल 30,000 घोड़े और 9,000 हाथी थे। हर्ष के पास बड़ी सेना तभी हो सकती थी यदि वह युद्ध के समय अपने सभी सामंतों का सहयोग प्राप्त कर सकता। लगता है कि उसे हर सामंत निर्धारित मात्रा में पैदल सैनिक और घोड़े देता था, और इस प्रकार उसने अपनी शाही सेना विशाल बना लिया।

राज्य की विशेष सेवाओं के लिए पुरोहितों को भूमि-दान देने की परंपरा जारी रही। इतना ही नहीं, हर्ष ने पदाधिकारियों को शासनपत्र (सनद) के द्वारा ज़मीन देने की प्रथा चलाई। इन अनुदानों में भी वही रियायतें शामिल थीं जो पिछले अनुदानों में रहती थीं। चीनी यात्री हुआन सांग ने बताया है कि हर्ष की राजकीय आय चार भागों में बाँटी जाती थी। एक भाग राजा के खर्च के लिए रखा जाता था, दूसरा भाग विद्वानों

के लिए, तीसरा भाग पदाधिकारियों और अमलों के बंदोबस्त के लिए और चौथा भाग धार्मिक कार्यों के लिए। उसने यह भी बताया कि राज्य के मंत्रियों और ऊँचे अधिकारियों को जागीर दी जाती थी। लगता है, अधिकारियों को वेतन और पुरस्कार के रूप में भूमि देने की जागीरदारी प्रथा हर्ष ने ही शुरू की। इसलिए हम हर्ष के सिक्के अधिक मात्रा में नहीं पाते हैं।

हर्ष के साम्राज्य में विधि-व्यवस्था अच्छी नहीं थी। चीनी यात्री हुआन सांग की सुरक्षा का प्रबंध राज्य की ओर से खास तौर से किया गया होगा, फिर भी डाकुओं ने उसके माल-असबाब छीन लिए। हुआन सांग लिखता है कि देश के कानून में अपराध के लिए कड़ी सज़ा का विधान था। डकैती तो दूसरा राजद्रोह मानी जाती थी और उसके लिए डाकू का दायाँ हाथ काट डाला जाता था। परंतु लगता है कि बौद्ध धर्म के प्रभाव में दंड की कठोरता कम हो गई, और अपराधियों को आजीवन कारावास दिया जाने लगा।

हुआन सांग का विवरण

हर्ष का शासनकाल चीनी यात्री हुआन सांग की यात्रा के कारण महत्त्वपूर्ण है। वह चीन से 629 ई० में चला और सारे रास्ते घूमते हुए भारत पहुँचा। भारत में लंबे अरसे तक ठहर कर 645 ई० में चीन लौट गया। वह बिहार में नालंदा ज़िला स्थित नालंदा के बौद्ध विश्वविद्यालय में अध्ययन करने तथा भारत से बौद्धग्रंथों को एकत्र कर ले जाने के लिए आया था। उसने हर्ष के दरबार में कई वर्ष बिताए और भारत में व्यापक भ्रमण किया। हुआन सांग के प्रभाव में पड़कर हर्ष बौद्ध धर्म का महान समर्थक हो गया और उसने इसके लिए उदारतापूर्वक दान दिए। उसने हर्ष के दरबार का और उस समय के जनजीवन का सजीव विवरण लिखा जो फा-हियान के विवरण से कहीं अधिक भरपूर और विश्वसनीय है। इससे लोगों के आर्थिक और सामाजिक जीवन पर तथा तत्कालीन धार्मिक संप्रदायों पर काफी प्रकाश पड़ता है।

उक्त चीनी विवरण से प्रकट होता है कि उस समय पाटलिपुत्र पतनावस्था में था और वैशाली का भी वही हाल था। इसके विपरीत, दोआब में प्रयाग और कन्नौज महत्त्वपूर्ण हो चले थे। कहा गया है कि ब्राह्मण और क्षत्रिय लोग सादा जीवन बिताते थे, पर सामंतों और पुरोहितों का जीवन विलासमय था। इससे भान होता है कि ऊपर के दो वर्णों के बीच भी वर्गभेद या स्तर-भेद आ गया था। ब्राह्मण और क्षत्रिय दोनों वर्णों के अधिकांश लोग खेती करने लगे होंगे। हुआन सांग ने शूद्रों को कृषक कहा है जो बड़े महत्त्व की बात है, क्योंकि धर्मशास्त्रों और अन्य प्राचीन ग्रंथों में शूद्र को तीन वर्णों का सेवक माना गया है। चीनी यात्री ने मेहतर, चांडाल आदि अछूतों पर भी नज़र डाली। वे गाँव के बाहर बसते थे और लहसुन-प्याज खाते थे। अछूत लोग नगर में प्रवेश करने

से पहले ज़ोर-ज़ोर से आवाज़ करते थे ताकि लोग उनके स्पर्श से बचे रहें।

बौद्ध धर्म और नालंदा

चीनी यात्री के समय में बौद्ध लोग 18 संप्रदायों में बँटे हुए थे। बौद्ध धर्म के पुराने केंद्र दुर्दिन झेल रहे थे। सबसे विख्यात केंद्र नालंदा का विहार था, जहाँ बौद्ध भिक्षुओं को शिक्षित करने के लिए बड़ा विश्वविद्यालय था। कहा गया है कि वहाँ 10,000 छात्र थे, जो सभी बौद्ध भिक्षु थे। उन्हें महायान संप्रदाय का बौद्ध दर्शन पढ़ाया जाता था। यद्यपि नालंदा के सभी टीलों की खुदाई नहीं हुई है, तथापि जो भी खुदाई हुई है उससे इमारतों का शानदार समूह प्रकाश में आया है। इन इमारतों का निर्माण और नवीकरण ईसा की पाँचवीं सदी से लेकर 700 वर्षों तक होता रहा। खुदाई में जितने भवन निकले हैं उनमें 10,000 भिक्षुओं के रहने लायक जगह नहीं है। एक अन्य चीनी यात्री इ-त्सिंग 670 ई० में नालंदा आया। उसके अनुसार वहाँ केवल 3,000 भिक्षु रहते थे। यह तर्कसंगत है, क्योंकि यदि सारे टीलों की खुदाई हो जाए तब भी इमारतों में इतनी जगह नहीं होगी कि 10,000 भिक्षु रह सकें। हुआन सांग के अनुसार नालंदा विश्वविद्यालय का भरण-पोषण 100 गाँवों के राजस्व से होता था। इ-त्सिंग ने इस संख्या को बढ़ा कर 200 कर दिया है। इस प्रकार हर्षवर्धन के काल में नालंदा में विशाल बौद्ध विहार था।

हर्ष की धार्मिक नीति सहनशील थी। वह आरंभिक जीवन में शैव था, पर धीरे-धीरे बौद्ध धर्म का महान संपोषक हो गया। निष्ठावान् बौद्ध की हैसियत से उसने महायान के सिद्धांतों के प्रचार के लिए कन्नौज में विशाल सम्मेलन आयोजित किया। इस सम्मेलन में न केवल चीन यात्री हुआन सांग और कामरूप के राजा भास्करवर्मन् पधारे, बल्कि बीस देशों के राजा और विभिन्न संप्रदायों के कई हज़ार पुरोहित भी जमा हुए। फूस के दो बड़े-बड़े घर बनाए गए, जहाँ प्रत्येक में एक-एक हज़ार लोग टिक सकते थे। सबसे बड़ा निर्माण था एक विशाल मीनार का, जिसके बीच में बुद्ध की स्वर्ण-प्रतिमा स्थापित की गई। प्रतिमा की ऊँचाई उतनी ही थी जितनी हर्ष की अपनी। हर्ष ने इस प्रतिमा की पूजा की और सार्वजनिक भोज दिया। सम्मेलन में शास्त्रार्थ का आरंभ हुआन सांग ने किया। उसने बौद्ध धर्म के महायान संप्रदाय के सद्गुणों का बखान किया और श्रोताओं का आह्वान किया कि जो चाहें उसके तर्कों का खंडन करें। लेकिन पाँच दिनों तक कोई भी खंडन करने को खड़ा नहीं हुआ। तब उसके सैद्धांतिक प्रतिद्वंद्वियों ने उसे जान से मार देने की साज़िश की। इस पर हर्ष ने चेतावनी दी की जो कोई हुआन सांग को छुएगा उसका सिर काट लिया जाएगा। अचानक इस महास्तंभ (मीनार) में आग लग गई और हर्ष पर घातक हमला किया गया। तब हर्ष ने 500 ब्राह्मणों को गिरफ़्तार कर लिया और उन्हें निर्वासित कर दिया; कुछ ब्राह्मणों

को तो मौत की भी सज़ा मिली। इससे प्रकट होता है कि वह धर्म के विषय में उतना सहनशील नहीं था जितना उसे बताया जाता है।

हर्ष ने कन्नौज के बाद प्रयाग में महासम्मेलन बुलाया। इसमें उसके सभी सामंत, मंत्री, उच्च दरबारी आदि उपस्थित हुए थे। इस अवसर पर भी बुद्ध की प्रतिमा का पूजन हुआ और हुआन सांग ने प्रवचन किया। अंत में, हर्ष ने बड़े-बड़े दान किए और अपने शरीर के वस्त्रों को छोड़ सभी वस्तुओं का दान कर दिया। हुआन सांग हर्ष की भूरि-भूरि प्रशंसा करता है! राजा उसके प्रति दयावान, शिष्ट और कृपालु था; तभी चीनी तीर्थयात्री साम्राज्य के विभिन्न भागों का भ्रमण कर सका।

बाणभट्ट ने अपने आश्रयदाता के आरंभिक जीवन का चाटुकारितापूर्ण चित्रण *हर्षचरित* नामक पुस्तक में किया है, जिसकी गहन अलंकारिक शैली परवर्ती लेखकों के लिए अनुकरणीय हो गई। हर्ष को विद्वानों के संपोषक के रूप में ही नहीं, तीन नाटकों *प्रियदर्शिका*, *रत्नावली* और *नागनंद* के रचयिता के रूप में भी याद किया जाता है। बाण ने हर्ष को अद्भुत कवित्वप्रतिभा संपन्न कहा है और बाद के कुछ लेखकों ने उसे साहित्यकार-सम्राट् कहा है। परंतु मध्यकाल के कई लेखकों ने इस बात का खंडन किया है कि ये तीनों नाटक हर्ष ने लिखे। कहा जाता है कि धावक नामक कवि ने हर्ष से पुरस्कार लेकर उसके नाम से ये तीनों नाटक लिख दिए। हो सकता है कि हर्ष ने स्वयं भी कुछ रचना की हो, परंतु कहावत है कि राजे केवल नीम हकीम साहित्यकार होते हैं। वास्तव में, प्राचीन भारत में और मध्यकालीन भारत में भी हम पाते हैं कि राजा में काव्य-कौशल सहित हर प्रकार के गुण आरोपित कर दिए जाते हैं ताकि उसकी ख्याति बढ़े। यह प्रवृत्ति जो समुद्रगुप्त के समय से ही दिखाई देती है; धीरे-धीरे सामान्य प्रथा हो गई और हर्ष के समय में तो वह प्रथा पूर्णतः सुप्रतिष्ठित हो गई। कहना न होगा कि इसका उद्देश्य शत्रु की और प्रजा की नज़र में राजा को मज़बूत स्थिति में दिखाना रहता था।

कालक्रम

पाँचवीं शताब्दी ई०	नालंदा में बौद्ध इमारतों की स्थापना। कश्मीर, पंजाब और पश्चिमी भारत पर श्वेत हूणों का आधिपत्य स्थापित।
छठी शताब्दी ई०	गुप्तों ने उत्तरी और पश्चिमी भारत पर इस शताब्दी के मध्य तक लगभग 160 वर्षों तक शासन किया।
606-647 ई०	हर्षवर्धन का शासनकाल।
619 ई०	गौड़ के राजा शशांक की मृत्यु।

629 ई०	हुआन सांग चीन से भारत के लिए रवाना हुआ। उसने हर्ष के दरबार का और उस समय के जनजीवन का सजीव विवरण लिखा।
645 ई०	हुआन सांग भारत से चीन लौट गया।
670 ई०	चीनी तीर्थयात्री इ-त्सिंग ने नालंदा भ्रमण किया। उसके अनुसार नालंदा के बौद्ध महाविहार में 3,000 भिक्षु रहते थे। उनका भरण-पोषण 200 गाँवों के राजस्व से होता था।
सातवीं शताब्दी ई०	बाणभट्ट कृत *हर्षचरित* और हुआन सांग के विवरण से हर्ष के शासनकाल का आरंभिक इतिहास ज्ञात होता है।

28

प्रायद्वीप में नए राज्यों के गठन और ग्राम-विस्तार

नई अवस्था

लगभग 300 ई० से 750 ई० तक का काल विंध्य से दक्षिण के प्रदेशों में द्वितीय ऐतिहासिक चरण कहा जा सकता है। इस काल में प्रथम ऐतिहासिक चरण (लगभग ईसा-पूर्व 200 से 300 ई० तक) वाली प्रक्रियाएँ चलती रहीं किंतु कुछ ऐसे लक्षण भी दिखाई देते हैं जो प्रथम ऐतिहासिक चरण में कम महत्त्व के थे। प्रथम चरण में हम दकन पर सातवाहनों के तथा तमिलनाडु के दक्षिणी ज़िलों पर तमिल राज्यों के बढ़ते हुए प्रभुत्व पाते हैं। उस काल में उत्तरी तमिलनाडु, दक्षिणी कर्नाटक, महाराष्ट्र तथा गोदावरी-महानदी दोआब के शासक अपने क्षेत्रों से बाहर राजनीतिक सत्ता का दावा करते थे। उनके अपने राज्य नहीं थे। अब इन क्षेत्रों में तथा विदर्भ में भी 300 ई० से 600 ई० के बीच लगभग आधा दर्जन राज्य उदित हुए जिनका पता हमें अनुदानपत्रों से चला है। कालक्रमेण, सातवीं सदी के आरंभ तक कांची के पल्लव, बादामी के चालुक्य और मदुरै के पांड्य ये तीनों प्रमुख राज्यों के रूप में उदित हुए। प्रथम ऐतिहासिक चरण में विविध शिल्पों का उद्‌भव हुआ, आंतरिक और विदेशी व्यापार बढ़ा, सिक्कों का व्यापक प्रचलन हुआ और नगरों का बड़ी संख्या में उदय हुआ। द्वितीय चरण में आकर व्यापार, नगर और सिक्के तीनों का ह्रास प्रतीत होता है। ब्राह्मणों के लिए कर-मुक्त भूमि का अनुदान भारी संख्या में दिखाई देता है, जो इस चरण का प्रमुख लक्षण है। भूमि अनुदानों से सिद्ध होता है कि अनेक नए-नए क्षेत्र खेती में और लोगों को बसाने में लगाए गए। अतः इस काल में कृषि अर्थव्यवस्था का भारी विस्तार हुआ।

इस चरण में हम ब्राह्मण धर्म की जययात्रा भी देखते हैं। प्रथम चरण में हमें आंध्र और महाराष्ट्र दोनों प्रदेशों में बड़े-बड़े बौद्ध स्मारक मिलते हैं। कई गुहा-अभिलेख शायद इस बात का संकेत देते हैं कि जैन धर्म और बौद्ध धर्म भी तमिलनाडु के दक्षिणी ज़िलों में फैले थे। लेकिन अब जैन धर्म सिमटकर कर्नाटक में ही रह गया, सामान्यतः सारे प्रायद्वीप में राजाओं द्वारा किए गए वैदिक यज्ञों के उदाहरण भारी संख्या में पाते हैं। इस अवस्था में तमिलनाडु में पल्लवों और कर्नाटक में बादामी के चालुक्यों

के शासन में शिव और विष्णु के प्रस्तर-मंदिरों का निर्माण भी आरंभ हुआ। द्वितीय चरण में प्रवेश करते ही दक्षिण भारत महापाषाणों का क्षेत्र नहीं रह गया, और इस चरण का अंत आते-आते हमें ऐसी गतिविधि दिखाई देने लगती है जिसने इसे मंदिरों का क्षेत्र बना दिया।

शासक वर्ग और साक्षर वर्ग की भाषा में परिवर्तन आया। अगर आंध्र और कर्नाटक में पाए गए अशोक के अभिलेख छोड़ भी दिए जाएँ तो ईसा-पूर्व दूसरी सदी और ईसा की तीसरी सदी के बीच के लगभग सभी अभिलेख प्राकृत भाषा में हैं। तमिलनाडु में मिले ब्राह्मी अभिलेख में भी प्राकृत के शब्द हैं। किंतु लगभग 400 ई० से इस प्रायद्वीप में संस्कृत राजभाषा हो गई और अधिकांश शासनपत्र (सनद) संस्कृत में ही मिलते हैं।

दकन और दक्षिण भारत के राज्य

उत्तरी महाराष्ट्र और विदर्भ (बेरार) में सातवाहनों के स्थान पर स्थानीय शासक वाकाटकों ने प्रभुत्व जमाया। वाकाटकों ने, जो स्वयं ब्राह्मण थे, ब्राह्मणों को खूब भूमि अनुदान दिए। इन अनुदानों के प्रमाण उनके द्वारा जारी किए गए अनेक ताम्रपत्रों में मिलते हैं। इन्हीं ताम्रपत्रों से वाकाटक प्रकाश में आए। वे ब्राह्मण धर्म के महान पक्षधर थे। उन्होंने अनेकों वैदिक यज्ञ किए। उनका राजनीतिक इतिहास जितना दक्षिण भारत के लिए महत्त्वपूर्ण है उससे अधिक उत्तर भारत के लिए है। यह बताया जा चुका है कि कैसे चंद्रगुप्त द्वितीय ने अपनी बेटी प्रभावती का विवाह वाकाटक राजपरिवार में कराया और उस राजघराने की सहायता से ईसा की चौथी सदी के अंतिम चरण में शक क्षत्रपों से गुजरात और उससे संलग्न पश्चिमी भारत के हिस्से जीत लिए। सांस्कृतिक दृष्टि से वाकाटक राज्य ने ब्राह्मण धर्म के आदर्शों और सामाजिक संस्थाओं को दक्षिण की ओर बढ़ाने में सेतु का काम किया।

वाकाटकों के बाद चालुक्यों का प्रभाव बढ़ा। उन्होने 757 ई० तक लगभग दो सौ वर्ष दकन और दक्षिण भारत के इतिहास में महत्त्वपूर्ण भूमिका अदा की। उसके बाद उन्हीं के सामंत राष्ट्रकूटों ने उन्हें अपदस्थ कर डाला। चालुक्य लोग अपने को ब्रह्मा, मनु या चंद्र के वंशज मानते थे। उन्हें इस बात का गर्व था कि उन्हीं के पूर्वजों ने अयोध्या में राज किया। परंतु इसका उद्‌देश्य सिर्फ वैधता और प्रतिष्ठा अर्जित करना था। वास्तव में प्रतीत होता है कि वे किसी स्थानीय कन्नड़ जाति के थे, जो ब्राह्मणों के आशीर्वाद से क्षत्रियों की पंक्ति में बैठा दिए गए थे।

चालुक्यों ने छठी सदी के आरंभ में पश्चिमी दकन में अपना राज्य कायम किया। अपनी राजधानी उन्होंने वातापी (आधुनिक बादामी) में बनाई जो कर्नाटक के बीजापुर ज़िले में स्थित है। बाद में वे कई स्वतंत्र राजघरानों में बँट गए, परंतु उनका मुख्य

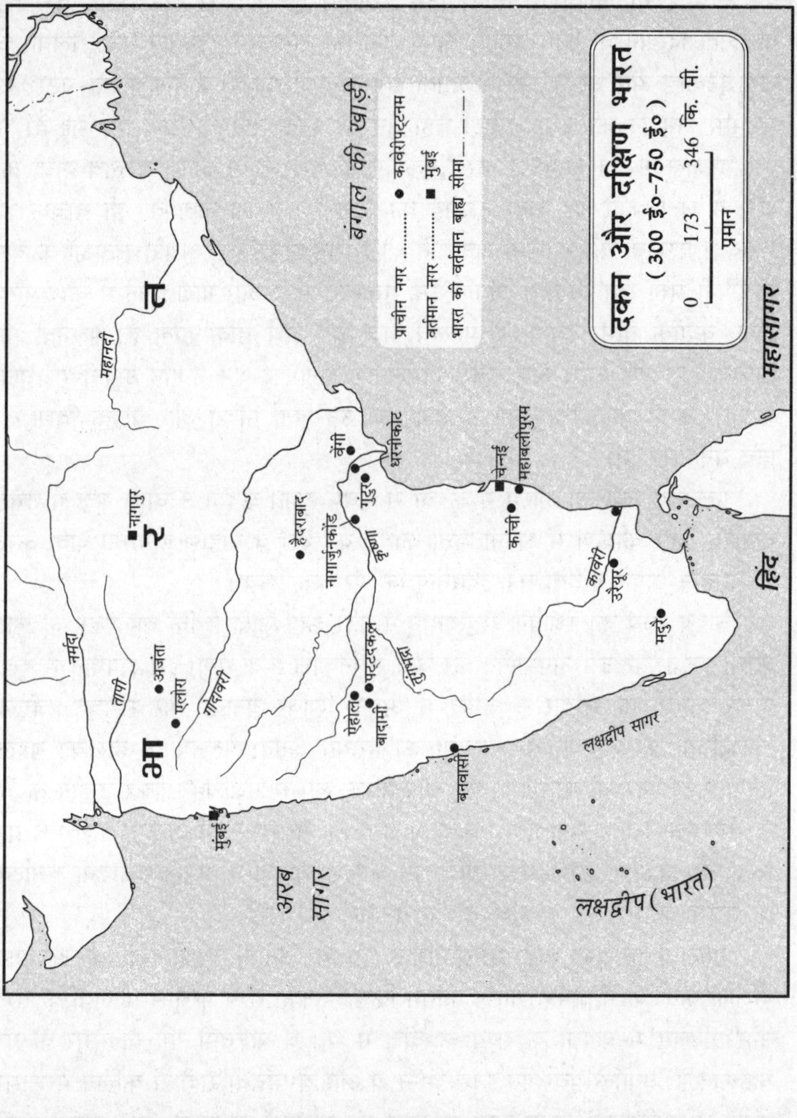

दक्कन और दक्षिण भारत (300 ई०–750 ई०)

घराना वातापी में दो सौ वर्षों तक राज करता रहा। इस काल में दक्षिण में कोई भी अन्य शक्ति उतनी बड़ी नहीं हुई जितना बादामी का चालुक्य राज्य। इसके बाद उत्तर मध्यकाल में विजयनगर का राज्य ही उतने महत्त्व का निकला।

प्रायद्वीप के पूर्वी भाग में सातवाहनों के अवशेष पर कृष्णा-गुंटूर क्षेत्र में इक्ष्वाकुओं का उदय हुआ। लगता है कि वे कोई स्थानीय जनजाति थे और अपने वंश की प्राचीनता दिखाने के लिए उन्होंने अपने वंश का नामकरण 'इक्ष्वाकु' कर लिया। वे नागार्जुनकोंड और धरणीकोटा में अनेक स्मारक छोड़ गए हैं। उन्होंने कृष्णा-गुंटूर क्षेत्र में भूमि अनुदान की प्रथा चलाई। वहाँ उनकी अनेक ताम्रपत्र-सनदें पाई गई हैं।

इक्ष्वाकुओं को अपदस्थ कर उनकी जगह पर पल्लव आए। **पल्लव** शब्द का अर्थ है लता, और यह शब्द **टोंडाई** का रूपांतरण है जो लता का ही वाचक है। संभवतः पल्लवों की स्थानीय जनजाति थी जिसने टोंडाईनाडु अर्थात् लताओं के देश में अपनी सत्ता स्थापित की। लेकिन उन्हें पूरा-पूरा सभ्य और ग्राह्य बनने में कुछ समय लगा, क्योंकि तमिल भाषा में पल्लव शब्द का अर्थ डाकू होता है। पल्लवों का अधिकार दक्षिणी आंध्र और उत्तरी तमिलनाडु दोनों पर था। उन्होंने अपनी राजधानी कांची (आधुनिक कांचीपुरम्) में बनाई जो उन दिनों मंदिरों और वैदिक विद्या का केंद्र बन गया था।

पल्लववंशियों का आरंभ में कदंबों से संघर्ष हुआ। कदंबों ने चौथी सदी में उत्तरी कर्नाटक और कोंकण में अपनी सत्ता कायम की थी। वे ब्राह्मण होने का दावा करते थे। उन्होंनें अपने बांधवों को उदारतापूर्वक पुरस्कृत किया।

कदंब राज्य की स्थापना मयूरशर्मन् ने की। कहा जाता है कि वह पढ़ने के लिए कांची आया, पर उसे अपमानित कर वहाँ से निकाल दिया गया। इस अपमान से दुखी होकर कदंबों के सरदार ने जंगल में अपना शिविर बनाया और संभवतः जंगली जनजातियों की सहायता से पल्लवों को हराया। अंततः पल्लवों ने हार का बदला लिया, परंतु फिर भी मयूरशर्मन् को औपचारिक रूप से राजचिह्न देकर उन्होंने कदंबों की राजसत्ता को मान्यता दे दी। कहा जाता है कि मयूरशर्मन् ने अठारह अश्वमेध यज्ञ किए और ब्राह्मणों को असंख्य गाँव दान में दिए। कदंबों ने अपनी राजधानी कर्नाटक के उत्तरी केनरा ज़िले में वैजयंती या बनवासी में बनाई।

पल्लवों के दूसरे बड़े समसामयिक गंग थे। उन्होंने चौथी सदी के आसपास दक्षिणी कर्नाटक में अपना शासन कायम किया। उनका राज्य पूरब में पल्लवों के राज्य और पश्चिम में कदंबों के राज्य के बीच में था। वे पश्चिमी गंग या मैसूर के गंग कहलाते हैं, क्योंकि पूर्वी गंग इनसे भिन्न थे और वे पाँचवी सदी से कलिंग में शासन करते थे। अधिकांश समय तक, पश्चिमी गंग पल्लवों के सामंत रहे। उनकी सबसे पहले की राजधानी कोलार में थी, जहाँ सोने की खान होने के कारण इस राजवंश का उत्थान आसान हुआ होगा।

पश्चिमी गंग राजाओं ने भूमि अनुदान अधिकतर जैनों को दिया। कदंब राजाओं ने भी जैनों को दान दिया, पर वे ब्राह्मणों की ओर अधिक झुके थे। पल्लवों ने बहुत-सारे कर-मुक्त ग्रामदान अधिकांश ब्राह्मणों को दिए। हमें आरंभिक पल्लवों के 16 भूमि अनुदानपत्र मिले हैं। उनमें से कुछ जो अधिक पुराने लगते हैं, पत्थर पर प्राकृत भाषा में खुदे हैं, लेकिन अधिकांश संस्कृत भाषा में ताम्रपत्रों पर खुदे हैं। जो गाँव ब्राह्मणों को दिए गए वे राज्य को मिलने वाले सभी करों से और बेगार (श्रमकर) से मुक्त थे। इसका अर्थ हुआ कि ये सभी पावने दानग्राही ब्राह्मण अपने भोग के लिए वसूल सकते थे। चौथी सदी के एक पल्लव अनुदानपत्र में तो ब्राह्मणों को दी जाने वाली उन्मुक्तियों या सुविधाओं की संख्या 18 तक पहुँचा दी गई हैं। वे भूमिकर चुकाए बिना, बेगार दिए बिना नगर के राजकीय अधिकारियों को रसद पहुँचाए बिना और राजकीय सिपाहियों और एजेंटों द्वारा किसी हस्तक्षेप के बिना अनुदान की संपत्ति का उपभोग कर सकते थे।

पल्लव, कदंब, बादामी के चालुक्य और उनके अन्य समसामयिक शासक वैदिक यज्ञ के प्रबल समर्थक थे। उन्होंने अश्वमेध और वाजपेय यज्ञ किए, जिससे न केवल राजा की हैसियत को वैधता मिली और प्रतिष्ठा बढ़ी, बल्कि पुरोहित वर्ग की आय में भी काफी वृद्धि हुई। इस प्रकार ब्राह्मण किसानों के बूते पर संपन्न वर्ग में आ गए, क्योंकि एक ओर वे किसानों से सीधे कर वसूलते थे और दूसरी ओर प्रजा से राजा द्वारा वसूले गए राजस्व की राशि से भी दान-दक्षिणा के रूप में अच्छा-खासा अंश प्राप्त कर लेते थे।

यद्यपि 300 ई० और 750 ई० के बीच राज्य के गठन और कृषि-विस्तार में प्रगति हुई, तथापि इस विषय में बहुत कम जानकारी मिलती है कि चोल, चेर और पांड्य राज्यों के पतन के बाद प्रायद्वीप के सिरे वाले क्षेत्र में क्या हाल हुआ। एकमात्र महत्त्वपूर्ण घटना है छठी सदी में कलभ्रों के नेतृत्व में हुआ विद्रोह। इसका असर पल्लवों पर तथा उनके समकालीन पड़ोसियों पर पड़ा। कलभ्रों को दुष्ट राजा कहा गया है। उन्होंने अनेकानेक राजाओं को उखाड़ फेंका और तमिलक्षेत्र पर अपना कब्जा जमा लिया। उन्होंने बहुत-सारे गाँवों में ब्राह्मणों को मिले **ब्रह्मदेय** अधिकारों को खत्म कर दिया। लगता है कि कलभ्र बौद्ध धर्म के अनुयायी थे, क्योंकि उन्होंने बौद्ध विहारों का संपोषण किया था। कलभ्रों का विद्रोह इतना व्यापक हो गया था कि उसको पांड्यों, पल्लवों और बादामी के चालुक्यो के संयुक्त प्रयास से ही दबाया जा सका। ऐसा कहा जाता है कि कलभ्रों ने चोल, पांड्य और चेर राजाओं को बंदी बना लिया। इन सबों से यही प्रकट होता है कि इस विद्रोह ने विशाल रूप धारण कर लिया था, और तमिल देश के बाहर इसका असर पहुँचा। अनुदान में दी गई भूमि पर ब्राह्मणों के अधिकार को खत्म करने वाले कलभ्रों के विरुद्ध इन राजाओं के एकजुट होने का अर्थ

यह है कि वह विद्रोह दक्षिण भारत के तत्कालीन सामाजिक और राजनीतिक व्यवस्था के खिलाफ उठा था।

कलभ्रों के विद्रोह से पता चलता है कि 300 ई० से 500 ई० के बीच ब्राह्मणों को कुछ भूमिदान सुदूर दक्षिण के राजाओं ने दिए थे। संगम ग्रंथों में कहा गया है कि राजा वीरता के लिए योद्धाओं को गाँव देते थे। इन भूमिदानों के फलस्वरूप पल्लवों के अधीन तीसरी सदी के अंत से दक्षिणी आंध्र और उत्तरी तमिलनाडु में कृषि-विस्तार को बढ़ावा मिला होगा। संभवतः सुदूर दक्षिण के कुछ राज्यों में भी यह प्रक्रिया चली होगी।

पल्लव-चालुक्य संघर्ष

छठी सदी से आठवीं सदी तक प्रायद्वीपीय भारत के राजनीतिक इतिहास का मुख्य आकर्षण है कांची के पल्लवों और बादामी के चालुक्यों के बीच प्रभुसत्ता को लेकर संघर्ष। इस संघर्ष में तीसरे दल के रूप में पांड्य भी उलझ गए थे, पर वे कमज़ोर थे और उनका राज्य तमिलनाडु और तिन्नेवेली ज़िले में थे। यद्यपि पल्लव और चालुक्य दोनों ब्राह्मण धर्म के समर्थक थे और दोनों ने वैदिक यज्ञ किए और ब्राह्मणों को अनुदान दिया, तथापि दोनों के बीच लूटपाट, प्रतिष्ठा और क्षेत्रीय संसाधनों को लेकर झगड़े हुए। दोनों ने कृष्णा ओर तुंगभद्रा के दोआब पर प्रभुत्व जमाने की चेष्टा की। उत्तर मध्यकाल में यह दोआब विजयनगर और बहमनी राज्यों के बीच झगड़े का कारण बन गया। बार-बार पल्लव राजाओं ने तुंगभद्रा नदी पार करने की कोशिश की, जो नदी अनेक राज्यों और सुदूर दक्षिण के बीच प्राकृतिक ऐतिहासिक सीमा थी। यह संघर्ष उतार-चढ़ाव के साथ लंबी अवधि तक चलता रहा।

इस लंबे संघर्ष के क्रम में पहली महत्त्वपूर्ण घटना परम प्रसिद्ध चालुक्य राजा पुलकेशिन् द्वितीय (609-642 ई०) के शासनकाल में घटी। उसके बारे में जानकारी उसके ऐहोल अभिलेख से मिलती है, जिसमें उसके दरबारी कवि रविकीर्ति द्वारा रचित उसकी प्रशस्ति (गुणवर्णन) उत्कीर्ण है। यह प्रशस्ति उस काल की काव्य-कला का उत्कृष्ट नमूना है और अतिरंजनों के बावजूद पुलकेशिन् की जीवनी जानने का मूल्यवान स्रोत है। अभिलेख बतलाता है कि उसने कदंबों की राजधानी बनवासी को अपने अधीन कर लिया और कर्नाटक के गंगवंशियों को अपनी प्रभुसत्ता स्वीकार करने पर मजबूर किया। उसने नर्मदा के किनारे हर्ष की सेना को हराकर उसे दकन की ओर बढ़ने से रोक दिया। पल्लवों के साथ लड़ते-लड़ते वह पल्लव राजधानी के पास तक पहुँच गया, परंतु पल्लवों ने पुलकेशिन् द्वितीय को अपना उत्तरी प्रांत देकर उसके साथ संधि कर ली। पुलकेशिन् द्वितीय ने 610 ई० के आसपास कृष्णा और गोदावरी का दोआब पल्लवों से छीन लिया। यह दोआब वेंगी प्रांत के नाम से प्रसिद्ध हुआ। यहाँ

पर मुख्य राजवंश की एक शाखा स्थापित की गई जो वेंगी का पूर्वी चालुक्य राजवंश कहलाने लगी। परंतु पल्लवों के राज्य पर पुलकेशिन् का दूसरा हमला विफल रहा और पल्लव राजा नरसिंहवर्मन् (630-668 ई०) ने चालुक्य राजधानी वातापी पर लगभग 642 ई० में कब्जा कर लिया। उस समय पल्लवों से युद्ध करते हुए पुलकेशिन् द्वितीय शायद मारा गया। नरसिंहवर्मन् ने वातापीकोंड अर्थात् वातापी-विजेता की उपाधि धारण की। कहा जाता है कि उसने चोलों, चेरों, पांड्यों और कलभ्रों को भी पराजित किया।

सातवीं सदी के अंतिम भाग में यह संघर्ष कम गया, लेकिन आठवीं सदी के पूर्वार्द्ध में फिर जाग उठा। कहा जाता है कि चालुक्य राजा विक्रमादित्य द्वितीय (733-45 ई०) ने कांची को तीन बार रौंदा। उसने 740 ई० में पल्लवों को पूरी तरह पराजित किर दिया। उसकी विजय ने सुदूर दक्षिण में पल्लवों के प्रभुत्व को समाप्त कर दिया, यद्यपि वह राजवंश उसके बाद भी सौ वर्ष तक चलता रहा। लेकिन चालुक्य राजा पल्लवों पर अपनी विजय का फल अधिक दिनों तक भोग नहीं पाए, क्योंकि 757 ई० में राष्ट्रकूटों ने उनके प्रभुत्व का अंत कर दिया।

मंदिर

यज्ञानुष्ठानों के अलावा, ब्रह्मा, विष्णु और शिव की पूजा लोकप्रिय होती गई। विष्णु और शिव की पूजा प्रमुख बन गई। सातवीं सदी से आल्वार संतों ने वैष्णव संप्रदाय को फैलाया, और नायन्नार संतों ने शैव संप्रदाय को। दक्षिण भारत के लोगों के धार्मिक जीवन में भक्ति-मार्ग प्रधान बन गया, तथा आल्वारों और नायन्नारों ने इस मार्ग को फैलाने में बड़ा योगदान किया।

पल्लव राजाओं ने सातवीं और आठवीं सदियों में अपने आराध्य देवताओं की प्रतिमा स्थापित करने के लिए बहुत-सारे प्रस्तर-मंदिर बनवाए। इनमें सबसे प्रसिद्ध हैं रथ के रूप में सात मंदिर जो चेन्नई से 65 किलोमीटर दूर महाबलिपुरम् में पाए गए हैं। इनका निर्माण सातवीं सदी में नरसिंहवर्मन् ने कराया था, जिसने प्रसिद्ध बंदरगाह शहर महाबलिपुरम् या मामल्लपुरम् की स्थापना की। यह नगर अपने तट-मंदिर के लिए भी प्रसिद्ध है जो किसी चट्टान को काटकर नहीं, बल्कि स्वतंत्र संरचना के रूप में खड़ा किया गया है। इसके अतिरिक्त, पल्लव राजाओं ने अपनी राजधानी कांची में भी ऐसे कई मंदिरों का निर्माण किया। आठवीं सदी में बना कैलाशनाथ मंदिर इसका अच्छा उदाहरण है। बादामी के चालुक्य राजाओं ने भी 610 ई० और उसके बाद ऐहोल में अनेक मंदिर बनवाए। ऐहोल में तो मंदिरों की संख्या 70 तक पहुँच गई। मंदिर-निर्माण का काम बगल के बादामी और पट्टदकल नगरों में भी जारी रहा। पट्टदकल में सातवीं-आठवीं सदियों में बने दस मंदिर हैं। इनमें सबसे अधिक प्रसिद्ध है पापनाथ मंदिर (लगभग 680 ई०) और विरुपाक्ष मंदिर (लगभग 740 ई०)। पहला

मंदिर लंबाई में 30 मीटर है, पर उसका बुर्ज उत्तर भारतीय शैली में बना है, और वह बौना व नीचा है। दूसरा पूर्णतः दक्षिण की शैली में बना है और उसका शिखर बहुत ही ऊँचा, आयताकार और मंज़िलों वाला है। उसकी दीवारें *रामायण* के दृश्यों वाली सुंदर-सुंदर मूर्तियों से सजी हैं।

यह ज्ञात नहीं है कि इन आरंभकालिक मंदिरों का रखरखाव कैसे होता था। आठवीं सदी के बाद से मंदिरों को भूमि अनुदान देने की प्रथा दक्षिण भारत में जोर से चल पड़ी और प्रायः भूमिदान दीवारों पर अभिलिखित होने लगे। परंतु लगता है कि मंदिरों का निर्माण और रख-रखाव राजा द्वारा प्रजा से वसूले गए करों से होता था। कर्नाटक में कुछ मंदिर जैन व्यापारियों ने चालुक्यों के शासनकाल में बनवाए। यद्यपि आम लोग धान और ताड़ी चढ़ाकर अपने ग्राम देवताओं की पूजा करते थे, तथापि वे समाज में प्रतिष्ठा पाने और धार्मिक तृष्णा बुझाने के लिए इन मंदिरों में भी चढ़ाते होंगे।

किसानों पर कर-भार

युद्ध के लिए, कला और साहित्य के विकास के लिए, धर्म के प्रचार-प्रसार के लिए और प्रशासन तंत्र चलाने के लिए अपार संसाधनों की आवश्यकता होती थी। कहना न होगा कि ये संसाधन किसानों को ही जुटाने पड़ते थे। कृषक-समुदायों पर पड़े कर-भार का स्वरूप पल्लव राज्य में भी करीब-करीब वैसा ही था जैसा वाकाटक राज्य में; भले ही वाकाटक राज्य विदर्भ और महाराष्ट्र में था जबकि पल्लव राज्य दक्षिण आंध्र और उत्तर तमिलनाडु में। उपज के एक हिस्से के रूप में लिए जाने वाले भूमि-कर के अतिरिक्त राजा अन्न और स्वर्ण के रूप में नज़राना ले सकता था तथा गुड़, मदिरा जैसी वस्तु निकालने के लिए ताड़ आदि पेड़ों से रस निकलवा सकता था। बेशक, गाँव की सारी खानें और छिपे खजाने (निखात निधि) राजा के होते थे। इसके अलावा, फूल और दूध तथा लकड़ी और घास मुफ्त देने के लिए गाँव वाले बाध्य होते थे। उन्हें बोझा भी ढोना पड़ता था। राजा को **विष्टि** अर्थात् बेगार (मुफ़्त में खटाने) का अधिकार था।

जब कभी राजा के अधिकारी कर वसूल करने या अपराधियों को सज़ा देने के लिए गाँवों में पहुँचते थे या सेना गाँव से होकर गुजरती थी, तब गाँववालों को बहुत-कुछ करना पड़ता था। उन्हें गाड़ियों के लिए बैल, सोने के लिए खाट, रसोई बनाने के लिए ईंधन, चूल्हा और बरतन तथा सेवा के लिए चाकर देने पड़ते थे।

लगानों की इस पूरी सूची से प्रकट होता है कि राजा किसानों से उनके श्रम और उपज का बड़ा भाग लगान के तौर पर वसूल लेता था। इनमें से अधिकांश लगान चौथी सदी से ब्राह्मणों को मुफ्त दी जाने वाली 18 प्रकार की छूटों में शामिल हैं। बाद में तो किसानों पर और भी कई तरह के लगान थोपे जाने लगे।

ग्रामीण विस्तार

गाँव के लोगों पर राजा द्वारा लगाए गए इतने सारे लगान बतलाते हैं कि किसानों में इनके चुकाने की क्षमता अवश्य रही होगी। यदि कृषि-उत्पादन में वृद्धि न होती तब तक इनकी वसूली संभव न होती। इसी काल में हमें विंध्य पार क्षेत्रों में नए-नए राज्य प्रकट हुए। प्रत्येक राज्य के अधीन कई सामंती राज्य थे, जो एक बड़े राज्य के तहत छोटे राज्य की तरह चलते थे। ऐसा हर राज्य को, चाहे वह छोटा हो या बड़ा, खुदसर हो या जागारदारी, अपनी सेना चाहिए, अपनी कर-व्यवस्था चाहिए, अपना प्रशासन तंत्र चाहिए, और काफी संख्या में पुरोहित और अन्य समर्थक वर्ग चाहिए। इसके लिए हर राज्य को संसाधन की आवश्यकता थी जो गाँवों से ही प्राप्त हो सकता था। अत: ग्रामीण आबादी के विस्तार या मौजूदा गाँवों में कृषि उत्पादन में वृद्धि हुए बिना नए-नए राज्यों का उद्‌भव नहीं हो सकता था। लगता है कि जनजातीय क्षेत्रों में ब्राह्मणों को भूमि दी गई, और जनजातीय किसानों ने पशुपालन की उपयोगिता और खेती के उन्नत तरीके उन ब्राह्मणों से सीखे। कुछ इलाकों में जनशक्ति की कमी थी। ऐसे क्षेत्रों की अर्थव्यवस्था को चलाते रहने के लिए कुछ बटाईदार और बुनकर भी ब्राह्मणों के हिस्से लगा दिए गए, जो एक प्रारंभिक पल्लव अनुदानपत्र से पता चलता है। इसलिए खेती के नए तरीके फैलाने और ग्रामीण आबादी को बढ़ाने में ब्राह्मणों को दिए गए भूमि अनुदानों से बड़ा लाभ हुआ।

इस काल में दक्षिण भारत में तीन प्रकार के गाँव दिखाई देते हैं–**उर, सभा** और **नगरम्**। **उर** गाँव सबसे अधिक प्रचलित था। इनमें किसान लोग बसते थे और भूमि पर उनका शायद सामुदायिक स्वामित्व होता था। ऐसे गाँव में ग्राम प्रधान का कर्त्तव्य था कि गाँव वालों से कर की वसूली करके उनकी ओर से चुकाए। ऐसे गाँव अधिकतर दक्षिणी तमिलनाडु में पाए जाते थे। **सभा** कोटि के गाँव में ब्रह्मदेय अर्थात् ब्राह्मणों को दिए गए गाँव और अग्रहार पड़ते थे। अग्रहार गाँवों में भूमि पर दानभोगी ब्राह्मणों का व्यक्तिगत स्वामित्व होता था, पर उनके काम-काज सामूहिक होते थे। **नगरम्** कोटि के गाँव में व्यापारियों और वणिकों का मिला-जुला वास होता था और उन्हीं का दबदबा चलता था। ऐसे गाँव संभवत: इसलिए बसे क्योंकि व्यापार में गिरावट आई और वणिक लोग गाँवों की ओर चल पड़े। चालुक्य क्षेत्रों में गाँव की कार्य-व्यवस्था गाँव के श्रेष्ठजन करते थे जो **महाजन** कहलाते थे। कुल मिलाकर 300 से 750 ई० की अवधि में ग्रामीण विस्तार, ग्रामीण संघटन और भूमि के उपयोग की अच्छी झलक मिलती है।

सामाजिक ढाँचा

हम इस काल में विकसित सामाजिक ढाँचे की स्थूल रूपरेखा प्रस्तुत कर सकते हैं। समाज पर राजाओं और पुरोहितों का दबदबा था। राजा लोग ब्राह्मण या क्षत्रिय होने का दावा करते थे, जबकि उनमें कई स्थानीय जातियों के सरदार थे जिन्हें ब्राह्मणों ने दान के बदले द्वितीय वर्ण का दर्जा दिया था। पुरोहितों ने उन राजाओं की प्रतिष्ठाजनक वंशावलियाँ गढ़ीं और उनका मूल प्राचीन सूर्य और चंद्र वंशों से जोड़ा। इस तरह नए शासकों ने प्रजा की नज़र में राजा के रूप में अपनी मान्यता और वैधता स्थापित की। पुरोहितों में अधिकांश ब्राह्मण ही थे, हालाँकि जैन और बौद्ध भिक्षुओं को भी इसी में स्थान मिलना चाहिए। 300–750 ई० की अवधि में पुरोहितों ने भूमिदान के बल पर अपना प्रभाव और प्रभुत्व जमाया।

राजाओं और पुरोहितों के नीचे किसान आते थे, जो अनेकानेक कृषक जातियों में बँटे थे। इनमें अधिकांश जातियाँ वर्णव्यवस्था में शूद्र मानी जाती थीं। यदि किसान या शिल्पी लोग उत्पादन-कर्म में, सेवा-कर्म में, या दायित्व-निर्वाह में चूकते थे, तो उन्हें धर्म अर्थात् परंपरागत सामान्य नियम से बाह्य किया जाता था। ऐसी ही स्थिति को **कलियुग** कहा गया है। राजा का कर्त्तव्य होता था कि वह धर्म की रक्षा करे अर्थात् इस तरह की गड़बड़ी न होने दे और शांतिपूर्ण व्यवस्था बनाए रखे, जिससे राजाओं और पुरोहितों का कल्याण होता रहे। इसीलिए वाकाटक, पल्लव, कदंब और पश्चिमी गंग राजाओं ने धर्ममहाराज की उपाधि ग्रहण की। पल्लव राज्य के वास्तविक संस्थापक सिंहवर्मन् के विषय में कहा गया है कि कलियुग के दुर्गुणों से ग्रस्त धर्म का उन्होंने उद्धार किया। स्पष्टतः इसका इशारा कलभ्र विद्रोह की ओर है जिसने पारंपरिक समाज-व्यवस्था को ध्वस्त कर दिया था।

कालक्रम

200 ई० पू०–300 ई०	दकन पर सातवाहनों का आधिपत्य और दक्षिणी तमिलनाडु पर तमिल राज्यों का आधिपत्य। आंध्र और कर्नाटक में प्राकृत अभिलेख जो अशोक के नहीं हैं।
300–600 ई०	सुदूर दक्षिण के राजाओं द्वारा ब्राह्मणों को प्रदत्त भूमि अनुदान।
300–600 ई०	प्रायद्वीप में लगभग दो दर्जन राज्य जिनमें विदर्भ शामिल था।
300–750 ई०	विंध्यों के दक्षिण में ग्रामीण विस्तार और भूमि का अपेक्षाकृत अच्छा उपयोग। प्रायद्वीप में अधिक राज्यों का गठन।
चौथी शताब्दी ई०	इस शताब्दी से प्रायद्वीपीय भारत में ब्राह्मणों के लिए अठारह प्रकार की उन्मुक्तियाँ। दक्षिणी कर्नाटक में पश्चिमी गंग के शासन का

	उदय। द्वितीय चंद्रगुप्त ने शक क्षत्रपों से मालवा और गुजरात को छीन लिया। कदंब ने उत्तरी कर्नाटक और कोंकण को वश में कर लिया। अब से प्रायद्वीपीय भारत में संस्कृत भाषा सरकारी भाषा हो गई।
पाँचवीं शताब्दी ई०	इस शताब्दी से और उसके बाद पूर्वी गंगों ने कलिंग पर शासन किया।
छठी शताब्दी ई०	कलभ्र विद्रोह जारी। चालुक्यों ने पश्चिमी दकन में अपना राज्य स्थापित किया।
छठी-आठवीं शताब्दियाँ ई०	काँची के पल्लवों और बादामी के चालुक्यों में संघर्ष।
सातवीं-आठवीं ई०	काँची के पल्लव, बादामी के चालुक्य और मदुरै के पांड्य बड़े राज्यों के रूप में उभरे। ऐहोल के अभिलेख के अनुसार पुलकेशिन् द्वितीय का शासनकाल।
610 ई०	अनेक मंदिरों का निर्माण।
630-668 ई०	पल्लव राजा नरसिंहवर्मन् का शासनकाल।
680 ई०	पट्टदकल का पापनाथ मंदिर।
733-745 ई०	चालुक्य नरेश विक्रमादित्य द्वितीय का शासनकाल।
740 ई०	पट्टदकल का विरुपाक्ष मंदिर।
757 ई०	पल्लव आधिपत्य का अंत।
775 ई०	दकन में बादामी के चालुक्यों की भूमिका का अंत।

29

दर्शन का विकास

जब राज्य और वर्णभेदमूलक सामाजिक व्यवस्था दोनों दृढ़ हो गई तब प्राचीन चिंतकों ने सिखाया कि मानव को चार पुरुषार्थों की प्राप्ति के लिए प्रयास करना चाहिए। ये पुरुषार्थ हैं **धर्म** या सामाजिक नियम-व्यवस्था, **अर्थ** या आर्थिक संसाधन, **काम** या शारीरिक सुखभोग, और **मोक्ष** या आत्मा का उद्धार। प्रत्येक पुरुषार्थ पर पुस्तकें लिख-लिख कर उसका प्रतिपादन किया गया। अर्थ संबंधी विषयों का प्रतिपादन अर्थशास्त्र में किया गया, जिस पर कौटिल्य की पुस्तक सुविख्यात है। राज्य और समाज को सुव्यवस्थित बनानेवाली विधि (कानून) पर धर्मशास्त्र की रचना हुई। शारीरिक सुखभोग का विवेचन कामसूत्र में किया गया। विद्या की ये तीन शाखाएँ मूलतः भौतिक जगत और उसकी समस्याओं से जुड़ी हैं। इनमें मोक्ष की चर्चा कदाचित ही केवल प्रसंगवश आई है। मोक्ष मुख्यतः दर्शन संबंधी ग्रंथों का विषय रहा, जिसका अर्थ है जन्म और मृत्यु के चक्र से उद्धार, जिसका उपदेश सबसे पहले गौतम बुद्ध ने दिया, लेकिन बाद में कई ब्राह्मणपंथी दार्शनिकों ने इसे आगे बढ़ाया।

ईसवी सन् के आरंभ तक दर्शन के छह संप्रदाय (पद्धतियाँ) विकसित हो चुके थे—सांख्य, योग, न्याय, वैशेषिक, मीमांसा और वेदांत।

सांख्य

सांख्य की व्युत्पत्ति संख्या शब्द से हुई है। लगता है यह सबसे पुराना है। प्राचीन सांख्य दर्शन के अनुसार जगत की सृष्टि के लिए दैवी शक्ति का अस्तित्व मानना आवश्यक नहीं है। जगत की उत्पत्ति ईश्वर से नहीं, अपितु **प्रकृति** से होती है। यही तर्कमूलक प्राचीन मत था। चौथी सदी के आसपास सांख्य दर्शन में **प्रकृति** के अतिरिक्त **पुरुष** नामक एक और उपादान जुड़ा, और दोनों को सृष्टि का कारण माना गया। इस नवीनतम मत के अनुसार, प्रकृति और पुरुष दोनों के मेल से जगत की सृष्टि होती है। इस तरह सांख्य अपने आरंभकाल में भौतिकवादी था, फिर आध्यात्मिकता की ओर मुड़ गया। तो भी इस दर्शन के अनुसार मोक्ष यथार्थ ज्ञान की प्राप्ति से हो सकता है, और मोक्ष प्राप्त होने पर मानव को दुख से हमेशा के लिए छुटकारा मिल जाता है। यह यथार्थ ज्ञान **प्रत्यक्ष**, **अनुमान** और **शब्द** से हो सकता है। आजकल यही मार्ग वैज्ञानिक अनुसंधान का भी है।

योग

योग दर्शन के अनुसार, मोक्ष ध्यान और शारीरिक साधना से मिलता है। ज्ञानेन्द्रियों और कर्मेन्द्रियों का निग्रह योगमार्ग का मूलाधार है। मोक्ष की प्राप्ति के लिए कई तरह के **आसन** अर्थात् विभिन्न स्थिति में दैहिक व्यायाम, तथा **प्राणायाम** अर्थात् श्वास के व्यायाम सुझाए गए हैं। ऐसा माना गया है कि इन साधनाओं से चित्त का सांसारिक लगाव दूर हो जाता है और उसमें एकाग्रता आती है। ये साधनाएँ इस दृष्टि से महत्त्वपूर्ण हैं कि इनसे प्राचीन काल में शरीर-क्रिया और शरीर-रचना संबंधी ज्ञान के विकास का पता चलता है, परंतु इनमें सांसारिक समस्याओं से भागने की प्रवृत्ति भी दिखाई देती है।

न्याय

न्याय या विश्लेषण पद्धति का विकास तर्कशास्त्र के रूप में हुआ है। इस दर्शन के अनुसार मोक्ष ज्ञान की प्राप्ति से हो सकता है। इसमें विशेष महत्त्व की बात है, किसी प्रतिज्ञा या कथन की सत्यता की जाँच अनुमान, शब्द और उपमान द्वारा किया जाना। इस दर्शन में तर्क का प्रयोग किस तरह किया जाता है इसका उदाहरण नीचे देखा जा सकता है।

1. पर्वत अग्नियुक्त है,
2. क्योंकि वहाँ धुआँ है,
3. जहाँ-जहाँ धुआँ रहता है वहाँ-वहाँ आग रहती है, जैसे रसोई घर में।

इस दर्शन में तर्क के प्रयोग का जो महत्त्व प्रतिपादित हुआ उससे भारतीय विद्वान प्रभावित होकर तार्किक रीति से सोचने और बहस करने की ओर झुके।

वैशेषिक

वैशेषिक दर्शन द्रव्य अर्थात् भौतिक तत्त्वों के विवेचन को महत्त्व देता है। वह सामान्य और विशेष के बीच अंतर करता है। पृथ्वी, जल, तेज, वायु और आकाश के मेल से नई वस्तुएँ बनती हैं। वैशेषिक दर्शन ने परमाणुवाद की स्थापना की। इसके अनुसार भौतिक वस्तुएँ परमाणुओं के संयोजन से बनी हैं। इस प्रकार वैशेषिक दर्शन ने ही भारत में भौतिकशास्त्र का आरंभ किया। लेकिन इस वैज्ञानिक दृष्टि को ईश्वर में विश्वास और आध्यात्मवाद ने अपने में फँसा लिया और दर्शन में भी स्वर्ग और मोक्ष समा गए।

मीमांसा

मीमांसा का मूल अर्थ है तर्क करने और अर्थ लगाने की कला। लेकिन इसमें तर्क का प्रयोग विविध वैदिक कर्मों के अनुष्ठानों का औचित्य सिद्ध करने में किया गया है, और इसके अनुसार मोक्ष इन्हीं वेद-विहित कर्मों के अनुष्ठान से प्राप्त होता है। मीमांसा

के अनुसार वेद में कही गई बातें सदा सत्य हैं। इस दर्शन का मुख्य लक्ष्य स्वर्ग और मोक्ष की प्राप्ति है। मनुष्य तब तक स्वर्ग-सुख पाता रहता है जब तक उसका संचित पुण्य शेष रहता है। जब वह पुण्य समाप्त हो जाता है तब वह फिर धरती पर आ गिरता है। परंतु यदि वह मोक्ष पा लेता है तो वह सांसारिक जन्म-मृत्यु के चक्र से सदा के लिए मुक्त हो जाता है।

मीमांसा दृढ़तापूर्वक बताती है कि मोक्ष पाने के लिए यज्ञ करना चाहिए। ऐसे यज्ञों में पुरोहितों को दान-दक्षिणा का लाभ मिलता था और विविध वर्गों के बीच सामाजिक स्तरभेद को मान्यता मिलती थी। मीमांसा का प्रचार करके ब्राह्मण लोग धार्मिक कृत्यों पर अपना प्रभुत्व कायम रखना और ब्राह्मणप्रधान बहुस्तरीय सामाजिक व्यवस्था को बनाए रखना चाहते थे।

वेदांत

वेदांत का अर्थ है वेद का अंत। ईसा-पूर्व दूसरी सदी में संकलित बादरायण का *ब्रह्मसूत्र* इस दर्शन का मूल ग्रंथ है। बाद में इस पर दो प्रख्यात भाष्य लिखे गए, पहला शंकर का नौवीं सदी में, और दूसरा रामानुज का बारहवीं सदी में। शंकर ब्रह्म को निर्गुण बताते हैं, किंतु रामानुज के अनुसार ब्रह्म सगुण है। शंकर ज्ञान को मोक्ष का मुख्य कारण मानते हैं, किंतु रामानुज भक्ति को मोक्ष-प्राप्ति का मार्ग बताते हैं।

वेदांत दर्शन का मूल आरंभिक उपनिषदों में पाया जाता है। इस दर्शन के अनुसार **ब्रह्म** ही सत्य है, अन्य हर वस्तु **माया** अर्थात् अवास्तविक है। **आत्मा** और **ब्रह्म** में अभेद है। अत: जो कोई **आत्मा** को या अपने-आप को पहचान लेता है, उसे ब्रह्म का ज्ञान हो जाता है, और मोक्ष प्राप्त होता है। ब्रह्म और आत्मा दोनों शाश्वत और अविनाशी हैं। ऐसा मत स्थायित्व और अपरिवर्तनीयता की भावना जगाता है। आध्यात्मिक दृष्टि से जो सत्य है वह उस व्यक्ति की अपनी भौतिक और सामाजिक परिस्थिति में भी सत्य हो सकता है।

कर्मवाद भी वेदांत के साथ जुड़ गया। इसका अर्थ है कि मनुष्य को पूर्वजन्म में किए गए कर्मों का परिणाम भुगतना पड़ता है। पुनर्जन्म में विश्वास वेदांत में ही नहीं, बल्कि और भी कई हिंदू दर्शनों का महत्त्वपूर्ण उपादान बन गया। इसका भीतरी अर्थ तो यही हुआ कि मनुष्य जो सुख-दुख भोगता है वह सांसारिक कारणों से नहीं, बल्कि ऐसे कारणों से भोगता है जो न उसकी जानकारी में हैं और न वश में।

जीवन के प्रति भौतिकवादी दृष्टि

कुल मिलाकर इन छह प्रकार के दर्शनों के उपदेश से जीवन के प्रति प्रत्ययवादी दृष्टि उभरी। सभी मोक्ष प्राप्त करने के उपाय बन गए। सांख्य और वैशेषिक दर्शनों ने जीवन

के प्रति भौतिकवादी दृष्टि को प्रस्तुत किया। सांख्य दर्शन के मूल प्रवर्त्तक कपिल ने बताया है कि मानव जीवन प्रकृति चलाती है, न कि कोई दैवी शक्ति। भौतिकवादी विचार आजीवकों के सिद्धांतों में भी पाए जाते हैं, जिन पर बुद्ध के समय में नास्तिक दर्शन पद्धति स्थापित हुई। परंतु भौतिकवादी दर्शन का प्रमुख प्रवर्तक चार्वाक हुआ। इस दर्शन का नाम **लोकायत** पड़ा, जिसका अर्थ है सामान्य लोगों से प्राप्त विचार। इसमें **लोक** अर्थात् दुनिया के साथ गहरे लगाव को महत्त्व दिया गया है और परलोक में अविश्वास व्यक्त किया गया है। बहुत-से उपदेशों का श्रेय चार्वाक को दिया जाता है। वह मोक्ष की कामना का विरोधी था। वह किसी दैवी या अलौकिक शक्ति का अस्तित्व नहीं मानता था। वह उन्हीं वस्तुओं की सत्ता-यथार्थता स्वीकार करता था जिन्हें मानव की बुद्धि और इंद्रियों द्वारा अनुभव किया जा सके। स्पष्टत: इसका अर्थ यह हुआ कि वह ब्रह्म और ईश्वर की सत्ता नहीं मानता था। उसके अनुसार यज्ञ की कल्पना ब्राह्मणों ने दक्षिणा अर्जित करने के उद्‌देश्य से की है। चार्वाक को बदनाम करने के लिए उसके विरोधियों ने उसके केवल इस मत को खूब उछाला– 'जब तक जिएँ सुख से जिएँ, कर्ज लेकर घी पिएँ।' लेकिन चार्वाक का वास्तविक योगदान है उसकी भौतिकवादी दृष्टि। वह किसी भी कार्य में दिव्य या अलौकिक हाथ को नकारता है और मानव को सभी क्रियाओं का मूल मानता है।

भौतिकवाद के आग्रह वाले दार्शनिक धाराओं का विकास ईसा-पूर्व 500 और 300 ई० के बीच की अवधि में हुआ जब आर्थिक और सामाजिक स्थिति विकास-विस्तार की ओर थी। गंगा के मैदान में अन्यत्र बस्तियाँ बनाने में और दैनिक जीवन गुजारने में बाधा डालने वाली प्रकृति के विरुद्ध संघर्ष के परिणामस्वरूप लोहे के सहारे खेती का कौशल उद्‌भूत और विकसित हुआ, धातु-मुद्रा चली और शिल्प एवं व्यापार चलने लगा। इस नए वातावरण में वैज्ञानिक और भौतिकवादी विचारधारा पनपी। यह विचारधारा मुख्य रूप से चार्वाक दर्शन में आई तथा कई परंपरागत दार्शनिक धाराओं में भी दिखाई दी।

पाँचवी सदी के आते-आते भौतिकवादी दर्शन को प्रत्ययवादी दार्शनिकों ने दबा दिया। वे भौतिकवादी दर्शन की निरंतर निंदा करते रहे और धार्मिक अनुष्ठानों एवं आध्यात्मिक साधनाओं को मोक्ष का मार्ग बताते रहे। उन्होंने सांसारिक कार्य का कारण अलौकिक शक्ति को बतलाया। यह मत वैज्ञानिक अनुसंधान की प्रगति में और तार्किक चिंतन में बाधक सिद्ध हुआ। प्रबुद्ध वर्ग भी ब्राह्मणों और क्षत्रियों के विशेषाधिकारों पर शंका करने में हिचकिचाने लगे। प्रत्ययवादी और मोक्षवादी दर्शनों में खोया हुआ जनसामान्य वर्णाधारित समाज-व्यवस्था की विषमताओं की ओर तथा राज्य की प्रतिमूर्ति राजा की प्रबल सत्ता की ओर कभी नज़र उठा नहीं सका।

❖ कालक्रम ❖

500 ई० पू०–300 ई०	भौतिकवादी दर्शन का विकास।
दूसरी शताब्दी ई० पू०	बादरायण कृत *ब्रह्मसूत्र* का संकलन।
चौथी शताब्दी ई० पू०	सांख्य दर्शन में प्रकृति के अतिरिक्त पुरुष नामक एक और उपादान जुड़ा और दोनों को सृष्टि का कारण माना गया।
पाँचवीं शताब्दी ई०	भौतिकवादी दर्शन को प्रत्ययवादी दर्शन ने दबा दिया।
नवीं शताब्दी ई०	शंकर ने *ब्रह्मसूत्र* पर प्रसिद्ध टीका लिखी।
बारहवीं शताब्दी ई०	*ब्रह्मसूत्र* पर रामानुज की टीका।

30

भारत का एशियाई देशों से सांस्कृतिक संपर्क

मध्यकालीन स्मृतिकारों और टीकाकारों ने कहा है कि समुद्र-यात्रा नहीं करनी चाहिए। इससे यह निष्कर्ष निकाला जा सकता है कि अतीत में बाहरी दुनिया से भारत का संपर्क नहीं था। पर ऐसी बात है नहीं। भारत हड़प्पा युग से ही अपने एशियाई पड़ोसियों से संपर्क बनाए रहा। भारतीय व्यापारी लोग मेसोपोटामिया के नगरों तक पहुँचे जहाँ 2400 ई० पू० से लगभग 500 वर्षों तक उन व्यापारियों की मुहरें पाई गई हैं। ईसवी सन् के आरंभ से भारत ने चीन, दक्षिण-पूर्व एशिया, पश्चिम-एशिया और रोमन साम्राज्य के साथ वाणिज्य संपर्क बनाए रखा। हम बता चुके हैं कि किस प्रकार भारतीय स्थल-मार्ग चीनी रेशम-मार्ग से जुड़े हुए थे। पूर्वी रोमन साम्राज्य के साथ भारत के वाणिज्य संबंधों की चर्चा भी की जा चुकी है। इसके अतिरिक्त, भारत ने पड़ोसी देशों में धर्मप्रचारक, विजेता और व्यापारी भेजे, जिन्होंने वहाँ बस्तियाँ बनाईं।

बौद्ध धर्म के प्रचार से श्रीलंका, बर्मा, चीन और मध्य एशिया के साथ भारत का संपर्क बढ़ा। अधिक संभव है कि ईसा-पूर्व तीसरी सदी में अशोक के शासनकाल में बौद्ध धर्म के प्रचारक श्रीलंका भेजे गए। ईसा-पूर्व दूसरी और पहली सदियों के छोटे-छोटे ब्राह्मी अभिलेख श्रीलंका में पाए गए हैं। कालांतर में बौद्ध धर्म ने श्रीलंका में स्थायी तौर पर अपने पैर जमा लिए। ईसवी सन् की आरंभिक सदियों में बौद्ध धर्म का प्रचार भारत से बर्मा अर्थात् आधुनिक म्यांमार की ओर हुआ। बर्मी लोगों ने बौद्ध धर्म के **थेरवाद** को विकसित किया, और बुद्ध की आराधना में अनेक मंदिर और प्रतिमाएँ बनाईं। इससे भी महत्त्व की बात यह है कि बर्मा और श्रीलंका के बौद्धों ने प्रचुर बौद्ध साहित्य की रचना की, जो भारत में दुर्लभ था। श्रीलंका में समस्त पालि मूल ग्रंथ संगृहीत हुए और उन पर टीकाएँ लिखी गईं। बौद्ध धर्म भारत में तो प्रायः लुप्त हो गया, पर श्रीलंका में इस धर्म के अनुयायी भारी संख्या में बने रहे। वहाँ आज भी यही स्थिति है।

कनिष्क के शासनकाल से ही कई भारतीय धर्मप्रचारक चीन, मध्य एशिया और अफगानिस्तान जा-जाकर बौद्ध धर्म का उपदेश देते रहे। चीन से बौद्ध धर्म कोरिया और जापान पहुँचा। फा-हियान और हुआन सांग जैसे कई चीनी यात्री बौद्ध धर्मग्रंथों और

सिद्धांतों की खोज में ही भारत आए। अंततः यह संपर्क दोनों देशों के लिए लाभप्रद सिद्ध हुआ। बौद्धों की एक बस्ती चीन स्थित तुन-हुआङ में बस गई, जहाँ से मरुभूमि के उस पार जाने वाली वणिकों की टोलियाँ अपनी यात्रा शुरू करती थीं। भारतीयों ने रेशम उपजाने का कौशल चीन से सीखा और चीनियों ने बौद्ध चित्रकला भारत से।

प्राचीन काल में बौद्ध धर्म के दो और महान केंद्र थे–अफगानिस्तान और मध्य एशिया। अफगानिस्तान में बुद्ध की बहुत-सी मूर्तियाँ और कई विहार मिले हैं। बेगराम और बामियान, जो इस देश के उत्तरी भाग में हैं, ऐसे पुरावशेषों के लिए प्रख्यात हैं। बेगराम की हाथी दाँत की कास्तकारी मशहूर है, जिसमें कुषाणकाल की भारतीय कलाकारी से समानता है। दुनिया की सबसे बड़ी बुद्धमूर्ति बामियान में ईसवी सन् के आरंभिक वर्षों में चट्टान को काटकर बनाई गई थी। हाल में कट्टरपंथियों ने इसे नष्ट कर दिया। यहाँ अनगिनत प्राकृतिक और कृत्रिम गुफाएँ हैं जिनमें बौद्ध भिक्षु रहते थे। अफगानिस्तान में बौद्ध धर्म सातवीं सदी तक जमा रहा। इस सदी में इस्लाम धर्म ने इसे अपदस्थ कर दिया।

ऐसी ही गतिविधियाँ मध्य एशिया में भी हुई थीं। मध्य एशियाई क्षेत्रों में कई स्थानों पर उत्खननों के फलस्वरूप कई बौद्ध विहार, स्तूप और अभिलेख प्रकाश में आए हैं और भारतीय भाषाओं में लिखी पांडुलिपियाँ मिली हैं। कुषाण शासन के विस्तार के फलस्वरूप खरोष्ठी लिपि में लिखी प्राकृत भाषा मध्य एशिया में फैली, जहाँ ईसा की चौथी सदी के अनेक प्राकृत अभिलेख और पांडुलिपियाँ मिली हैं। लिखित भाषा का प्रयोग प्रशासनिक तथा दैनन्दिन पत्राचार में तथा बौद्ध धर्म के परिरक्षण और प्रचारण में भी होता था। मध्य एशिया में बौद्ध धर्म की प्रमुखता सातवीं सदी के अंत के आसपास तक रही।

भारतीय संस्कृति दक्षिण-पूर्व एशिया में भी पहुँची, लेकिन बौद्ध धर्म के माध्यम से नहीं। बर्मा को छोड़कर अन्य देशों में भारतीय संस्कृति का प्रसार मुख्यतया ब्राह्मण धर्म के जरिए हुआ। बर्मा के पेगू और मोलमेन **सुवर्णभूमि** कहलाते हैं। भड़ौच, वाराणसी और भागलपुर के व्यापारी बर्मा के साथ व्यापार करते थे। बर्मा में गुप्तकाल के काफी बौद्ध अवशेष मिले हैं। भारत ने ईसा की पहली सदी से इंडोनेशिया (जावा) के साथ, जिसे प्राचीन भारत के लोग **सुवर्णद्वीप** कहते थे, घनिष्ठ व्यापारिक संबंध स्थापित किए। यहाँ भारतीय बस्तियाँ सबसे पहले 56 ई० में कायम की गईं। ईसा की दूसरी सदी में यहाँ कई छोटे भारतीय राज्य कायम किए गए। जब चीनी यात्री फा-हियान पाँचवीं सदी में जावा गया तो उसने वहाँ पर ब्राह्मण धर्म फैला पाया। ईसवी सन् की आरंभिक सदियों में पल्लवों ने सुमात्रा में अपनी बस्तियाँ स्थापित कीं। कालक्रमेण वे सभी श्रीविजय राज्य के रूप में परिणत हुए जो राज्य पाँचवीं से दसवीं सदी तक महत्त्वपूर्ण शक्ति और भारतीय संस्कृति का केंद्र बना रहा। जावा और सुमात्रा

की भारतीय बस्तियाँ भारतीय संस्कृति के प्रसार का द्वार बन गईं। बस्तियों को स्थापित करने का सिलसिला आगे भी जारी रहा।

हिंदचीन में, जो अब वियतनाम, कंपूचिया और लाओस के रूप में बँट गया है, भारतीयों ने कंबोज और चंपा में दो शक्तिशाली राज्य स्थापित किए। कंबोज, अर्थात् आज के कंपूचिया, का शक्तिशाली राज्य छठी सदी में स्थापित हुआ। उसके शासक शैव थे। उन्होंने कंबोज को संस्कृत विद्या का केंद्रस्थल बनाया। यहाँ असंख्य अभिलेख संस्कृत भाषा में लिखे गए।

कंबोज के निकट चंपा में, जिसमें उत्तरी वियतनाम की सीमापट्टी सहित दक्षिणी वियतनाम शामिल है, व्यापारियों ने अपनी बस्तियाँ बनाईं। चंपा का राजा भी शैव था। उसकी राजकीय भाषा संस्कृत थी। यह देश वेदों और धर्मशास्त्रों की शिक्षा का प्रमुख केंद्र माना जाता था।

हिंद महासागर स्थित भारतीय बस्तियाँ तेरहवीं सदी तक फलती-फूलती रहीं, और इस अवधि में भारतीय लोग स्थानीय लोगों के साथ घुल-मिल गए। लगातार परस्पर घुलने-मिलने के कारण यहाँ नए प्रकार की कला, भाषा और संस्कृति का उदय हुआ। इन देशों में ऐसी कई कलाकृतियाँ हैं जो भारतीय और स्थानीय तत्त्वों का सफल मिश्रण दिखलाती हैं। यह अद्भुत बात है कि सबसे विशाल बौद्ध मंदिर भारत में नहीं, बल्कि इंडोनेशिया के बोरोबुदुर में है। यह संसार भर में सबसे बड़ा बौद्ध मंदिर माना जाता है। इसका निर्माण आठवीं सदी में हुआ। इस पर बुद्ध के 436 चित्र उत्कीर्ण हैं।

कंपूचिया के अंकोरवट का मंदिर बोरोबुदुर के मंदिर से भी बड़ा है। मध्यकाल में निर्मित होने पर भी इसकी तुलना मिस्रियों और यूनानियों की उत्कृष्टतम कलाकृतियों से की जा सकती है। इस मंदिर की दीवारों पर *रामायण* और *महाभारत* की कहानियाँ उभरी हुई मूर्तियों में अंकित हैं। इंडोनेशिया में *रामायण* की कहानी इतनी लोकप्रिय है कि वहाँ की जनता इस पर आधारित लोक नाटक खेलती है। इंडोनेशियाई भाषा **बहासा इंडोनेशिया** में अनगिनत संस्कृत शब्द हैं। मूर्तियों के बारे में कहा जा सकता है कि थाईलैंड में मिली बुद्ध का मुंड, कंबोज में पाया गया बुद्ध का मुंड तथा जावा में मिली कांसे की शानदार मूर्तियाँ दक्षिण-पूर्व एशिया की स्थानीय कला-परंपराओं के साथ भारतीय कला के संगम के उत्कृष्टतम नमूने हैं। इसी प्रकार चित्रकला के ऐसे उत्कृष्ट उदाहरण, जिनकी तुलना अजंता के चित्रों से की जा सकती है, न केवल श्रीलंका में बल्कि चीनी सीमा पर तुन हुआंङ गुफाओं में भी मिले हैं।

यह समझना गलत होगा कि भारतीय संस्कृति के प्रसार का श्रेय केवल धर्म को है। धर्मप्रचारकों के पीछे-पीछे व्यापारी और विजयाकांक्षी भी जाते रहे, और उन्होंने मध्य एशिया और दक्षिण-पूर्व एशिया के साथ भारत के संबंधों को मजबूत बनाने में प्रमुख भूमिका निभाई। दक्षिण-पूर्व एशिया के इन क्षेत्रों को दिए गए नाम **सुवर्णभूमि** और

सुवर्णद्वीप स्वयं सूचित करते हैं कि भारतीय वहाँ सोने की खोज में गए थे। व्यापार से वस्तुओं का विनिमय हुआ ही, साथ-साथ सांस्कृतिक तत्त्वों का भी विनिमय हुआ। यह मानना गलत होगा कि केवल भारतीयों ने ही अपने पड़ोसियों के सांस्कृतिक विकास में योगदान किया। वस्तुतः यह दो-तरफा प्रक्रिया थी। भारतीयों ने अपने दूर और पास के पड़ोसियों से भौतिक संस्कृति के कई उपादेय तत्त्व लिए भी। उन्होंने यूनानियों और रोमनों से सोने का सिक्का ढालना सीखा, चीनियों से रेशम पैदा करना सीखा, इंडोनेशिया से पान की बेल लगाना सीखा, और कई अन्यान्य चीज़ें भी अपने पड़ोसी देशों से सीखीं। इसी प्रकार कपास उगाने का कौशल भारत से चीन और मध्य एशिया गया। ऐसा प्रतीत होता है कि कला, धर्म, लिपि और भाषा के क्षेत्र में भारत का योगदान अधिक मूल्यवान रहा। परंतु पड़ोसी देशों में जो संस्कृति विकसित हुई वह किसी भी तरह भारतीय संस्कृति की प्रतिकृति मात्र न थी। जिस प्रकार भारत ने विदेशी प्रभावों के बावजूद अपने व्यक्तित्व को बनाए रखा और उसका विकास किया, उसी प्रकार दक्षिण-पूर्व एशिया के देशों ने भारतीय संस्कृति के कई तत्त्वों को मिलाकर अपनी-अपनी संस्कृति विकसित की।

कालक्रम

तृतीय सहस्राब्दी ई० पू०	भारतीय व्यापारी मेसोपोटामिया के नगरों में गए जहाँ उनकी मुहरें मिलती हैं।
तीसरी शताब्दी ई० पू०	अशोक के शासनकाल में बौद्ध धर्मप्रचारक श्रीलंका भेजे गए। भारत ने चीन, दक्षिण-पूर्वी एशिया, पश्चिमी एशिया, मध्य एशिया और रोमन साम्राज्य के साथ व्यापारिक संपर्क बनाए रखा।
56 ई०	जावा में प्राचीनतम मानव आबादी।
ईसवी सन् की प्रारंभिक शताब्दियाँ	बौद्ध धर्म भारत से म्यांमार में फैला। कनिष्क के समय और उसके बाद चीन, मध्य एशिया और अफगानिस्तान में भारतीय बौद्ध धर्मप्रचारक। बामियान में पत्थर की बनी सबसे लंबी बुद्धमूर्ति। पल्लवों ने सुमात्रा में उपनिवेश स्थापित किया।
चौथी शताब्दी ई०	मध्य एशिया में अनेक प्राकृत अभिलेख और पांडुलिपियाँ प्राप्त।
पाँचवीं शताब्दी ई०	फा-हियान ने जावा भ्रमण किया।
पाँचवीं-ग्यारहवीं शताब्दियाँ ई०	महत्त्वपूर्ण शक्ति और भारतीय संस्कृति के केंद्र के रूप में श्रीविजय।

छठी शताब्दी ई०	कंबोज का राज्य, जिसकी पहचान आधुनिक कंपूचिया से की जाती है, स्थापित।
सातवीं शताब्दी ई०	अफ़गानिस्तान में इस्लाम ने बौद्ध धर्म का स्थान ले लिया।
आठवीं शताब्दी ई०	इंडोनेशिया में बोरोबुदुर का मंदिर विश्व का सबसे बड़ा बौद्ध मंदिर।

31
प्राचीन से मध्यकाल की ओर

सामाजिक संकट और भूमि वितरण

प्राचीन भारतीय समाज जो धीरे-धीरे मध्यकालीन समाज में बदला, उसका मूल कारण था भूमि अनुदान की प्रथा। यह प्रथा कैसे आरंभ हुई? भूमि अनुदान के शासनपत्र (सनद) बताते हैं कि दाताओं, मुख्यत: राजाओं को पुण्य-प्राप्ति की कामना रहती थी और दान पानेवालों, मुख्यत: भिक्षुओं और पुरोहितों, को धार्मिक अनुष्ठान चलाने की। लगता है कि इसी के कारण भूमि दान चला। परंतु वास्तव में यह प्रथा ऐसे गंभीर संकट के कारण चली जो प्राचीन सामाजिक व्यवस्था के ऊपर मंडरा रहा था। वर्णमूलक समाज-व्यवस्था वैश्य कहलानेवाले किसानों और शूद्र कहलाने वाले मज़दूरों के उत्पादनात्मक कार्यकलापों पर टिकी थी। राजा के अधिकारी इन वैश्यों से जो कर वसूलते थे उससे वे अपने अधिकारियों और श्रमिकों का वेतन चुकाते थे, पुरोहितों को दान-दक्षिणा देते थे, और भोग-विलास की वस्तुएँ वणिकों और बड़े-बड़े शिल्पियों से खरीदते थे। लेकिन ईसा की तीसरी-चौथी सदियों में आकर पुराणों में वर्णित कलियुग नामक संकट ने इस व्यवस्था को ग्रसित कर लिया। समकालीन पुराणों ने ऐसी अवस्था का वर्णन किया है जब वर्ण अपने-अपने नियत कर्मों से विमुख होने लगे। निचले वर्ण उच्च वर्ण बनने और उनके कर्मों को अपनाने लगे। अर्थात् वे कर चुकाना और सेवा-कर्म छोड़ने लगे। इससे वर्णसंकर उत्पन्न हुआ, अर्थात् एक वर्ण दूसरे वर्ण में मिलने लगा। वर्णभेद के बंधनों को तोड़ने का प्रयास होने लगा, क्योंकि उत्पादक वर्ग तरह-तरह के करों और लगानों के बोझ से पीड़ित था और राजा उस वर्ग की रक्षा नहीं करता था। इस तरह की स्थिति को पुराणों में कलियुग बतलाया गया है, और पुराणों के जिन भागों में इसका चित्रण किया गया है, उनका समय तीसरी-चौथी ई० में रखा गया है।

इस संकट से निबटने के लिए अनेक उपाय किए गए। *मनुस्मृति*, जो लगभग इसी समय की है, बताती है कि शूद्रों और वैश्यों को अपने-अपने कर्मों से विचलित नहीं होने देना चाहिए। इससे दमनात्मक कार्रवाई को प्रश्रय मिला होगा। लेकिन इस स्थिति से निपटने के लिए एक अधिक कारगर कदम था पुरोहितों और अधिकारियों को वेतन में पैसे या अनाज की जगह बड़े पैमाने पर भूमि का अनुदान। इसमें यह सुविधा थी कि इससे राज-प्रदत्त क्षेत्रों में करों की वसूली करने और शांति-व्यवस्था बनाए रखने

का भार अनुदानभोगियों के ऊपर चला जाता था। वे उद्दंड किसानों से सीधा निपट सकते थे। इस प्रथा से खेती का नए क्षेत्रों में विस्तार करना भी संभव हुआ। साथ ही, विजित जनजातीय क्षेत्रों में बसाए गए ब्राह्मण वहाँ के मूलवासियों को आसानी से यह शिक्षा दे सकते थे कि वे वर्णव्यवस्था को मानें, राजा की आज्ञा का पालन करें और उसे कर चुकाएँ।

भूस्वामियों का उदय

भूमि अनुदान की प्रथा ईसा की पाँचवीं सदी से तेजी पकड़ती गई। इस प्रथा के अनुसार ब्राह्मणों को सारे कर चुकाने की छूट के साथ भूमि दी जाती थी। गाँवों से राजा जितने भी करों की उगाही करता था उन सबों की उगाही का अधिकार ब्राह्मणों को मिल जाता था। इसके अलावा अनुदान-ग्रामों में बसने वाले लोगों पर शासन करने का अधिकार भी दानग्राही पाते थे। सरकारी अधिकारियों और राजा के परिचर दान किए गए गाँवों में प्रवेश नहीं कर सकते थे। ईसा की पाँचवीं सदी तक चोरों को सज़ा देने का अधिकार राजा सामान्यतः अपने ही हाथ में रखता था, परंतु बाद में सभी प्रकार के अपराधियों को सज़ा देने का अधिकार दानग्राहियों को दिया जाने लगा। इस प्रकार दानग्राही ब्राह्मण किसानों और शिल्पियों से करों की वसूली करने के साथ-साथ अपने गाँव में शांति व्यवस्था का काम भी करने लगे। ब्राह्मणों को दिया गया दान शाश्वत् अर्थात् सदा स्थायी होता था। अतः गुप्तकाल के बाद से राजा की शक्ति बहुत ही घटने लगी। मौर्यकाल में कर का निर्धारण और वसूली राजा के कारिंदे करते थे और वे ही शांति-व्यवस्था को देखते थे। परंतु भूमि अनुदानों के फलस्वरूप ऐसे-ऐसे इलाके बन गए जो राजकीय नियंत्रण के बाहर आ गए।

अधिकारियों को वेतन के बदले भूमि देने की प्रथा ने राज्य-नियंत्रित क्षेत्र को संकुचित कर दिया। मौर्यकाल में छोटे से बड़े तक सभी अधिकारियों को वेतन सामान्यतः नगद चुकाया जाता था। यह प्रणाली कुषाणों के अमल में भी चलती रही, जिन्होंने भारी संख्या में तांबे और सोने के सिक्के जारी किए। यही प्रथा किसी-न-किसी तरह गुप्तकाल में भी चलती गई, जिन्होंने स्वर्ण-मुद्राएँ स्पष्टतः सेना और उच्च अधिकारियों के वेतन चुकाने के लिए ढलवाई थी। लेकिन ऐसा लगता है कि छठी सदी में स्थिति बदल गई। उस सदी की स्मृतियों में कहा गया है कि वेतन के बदले भूमि दी जा सकती है। तदनुसार हर्षवर्धन के समय से अधिकारियों को वेतन भू-राजस्व के रूप में दिया जाता रहा। राज्य की आय का चौथा हिस्सा उच्च अधिकारियों के वेतन-भुगतान की मद में संचित किया जाने लगा। गवर्नरों या राज्य प्रतिनिधियों को तथा मंत्रियों, दंडनायकों और अधिकारियों को भूमि का कुछ भाग निजी भरण-पोषण के लिए दिया जाता था। इन सब के फलस्वरूप राजा के प्रभुत्व क्षेत्र को हड़पते हुए भूस्वामी पैदा हुए।

नई कृषि अर्थव्यवस्था

कृषि अर्थव्यवस्था में बहुत बड़ा परिवर्तन आया। भूस्वामी न खुद अपनी ज़मीन आबाद कर सकते थे, और न ही कर की वसूली कर सकते थे। असल में खेती का काम उन किसानों या बटाईदारों को सौंपा जाता था जो ज़मीन से जुड़े तो थे पर कानूनन वे उसके हक़दार नहीं थे। चीनी यात्री इ-त्सिंग ने कहा है कि अधिकांश बौद्ध विहार अपने नौकर-चाकर से खेती कराते थे। हुआन सांग ने शूद्रों को कृषक बतलाया है। इससे यह ज्ञात होता है कि शूद्र दासों या कृषि-मज़दूरों के रूप में खेती का काम करना छोड़ रहे थे, शायद उनका अस्थायी तौर पर ज़मीन पर कब्ज़ा हो रहा था। ऐसा उत्तर भारत की पुरानी बस्तियों में हुआ होगा।

जब जनजातीय इलाकों में गाँव अनुदान में दिया जाता था तब इस गाँव के कृषक अनुदान लेने वाले व्यक्ति के हाथ सौंप दिए जाते थे। ये भूस्वामी सामान्यतः ब्राह्मण होते थे, क्योंकि पाँचवीं-छठी सदियों से ही बड़े पैमाने पर गाँव ब्राह्मणों को दान में दिए जाते रहे। छठी सदी से ही उड़ीसा, दकन आदि पिछड़े पहाड़ी क्षेत्रों के बटाईदारों और किसानों से खास तौर से कहा जाता था कि वे दी गई भूमि पर कायम रहें। वहाँ से यह परिपाटी गंगा के मैदान में भी फैली। सातवीं सदी में गया और नालंदा के अभिलेख में शिल्पियों और किसानों से कहा गया है कि वे दान वाले गाँवों को नहीं छोड़ें। अतः वे एक गाँव को छोड़ दूसरे गाँव नहीं जा सकते थे; उसी गाँव में रहकर वहाँ की सभी आवश्यकताओं को यथासाध्य पूरा किया करते थे।

व्यापार का ह्रास और प्राचीन नगरों का पतन

ईसा की छठी सदी से व्यापार का ह्रास होने लगा। पश्चिमी रोमन साम्राज्य के साथ व्यापार तीसरी सदी में ही समाप्त हो गया था, तथा ईरान और बायजेंटियम के साथ रेशम का व्यापार छठी सदी के मध्य में आकर बंद हो गया। भारत का चीन और दक्षिण-पूर्व एशिया के साथ कुछ-कुछ व्यापार चलता था, परंतु इसका लाभ अरब लोगों के हाथ में चला जाता था जो बिचौलिए का काम करते थे। इस्लाम का उदय होने के पूर्वकाल में अरब लोगों ने वास्तव में भारत के निर्यात व्यापार को लगभग पूरा-पूरा हथिया लिया था। छठी सदी के बाद लगभग 300 वर्षों से भी अधिक समय तक व्यापार गिरा रहा। इस बात का प्रबल प्रमाण है देश में स्वर्ण-मुद्राओं का लगभग पूरा-पूरा गायब हो जाना। इस अवधि में सिक्कों की कमी उत्तर भारत में ही नहीं, दक्षिण भारत में भी दिखाई देती है।

व्यापार के ह्रास से नगरों के बुरे दिन आए। नगरों का उत्थान दकन, पश्चिम और उत्तर भारत में सातवाहनों और कुषाणों के राज्यकाल में हुआ था। कुछ नगर गुप्तकाल में तो फूलते-फलते रहे, लेकिन गुप्तोत्तर काल में उत्तर भारत के बहुत-सारे पुराने

वाणिज्य नगर उजाड़ हो गए। उत्खननों से पता चलता है कि हरियाणा और पूर्वी पंजाब के कई नगर, पुराना किला (दिल्ली), मथुरा, हस्तिनापुर (ज़िला मेरठ), श्रावस्ती (उत्तर प्रदेश), कौशांबी (इलाहाबाद के निकट), राजघाट (वाराणसी), चिराँद (सारन ज़िला) वैशाली और पाटलिपुत्र गुप्तकाल में ही पतोन्मुख हो गए थे और गुप्तोत्तर काल में ही अधिकांश लुप्त हो गए। चीनी यात्री हुआन सांग ने बुद्ध के जीवन से संबद्ध कई नगरों में भ्रमण किया तो देखा कि वे या तो उजड़ गए हैं या जीर्ण-शीर्ण हो गए हैं। भारत के माल के लिए विदेशों में बहुत कम बाज़ार रह गया, इसलिए इन नगरों में रहने वाले शिल्पी और वणिक देहात चले गए और वहाँ खेती करने लगे। पाँचवीं सदी के उत्तरार्द्ध में रेशम बुनकरों की एक टोली पश्चिमी समुद्रतट को छोड़कर मालवा के मंदसोर में आ बसी, और वहाँ रेशम की बुनाई छोड़कर दूसरे पेशे को अपनाया। व्यापार और नगरों का ह्रास हो जाने पर गाँव के लोगों को तेल, नमक, मसाला, कपड़ा आदि वस्तुओं के बारे में अपनी आवश्यकताओं की पूर्ति खुद ही करनी पड़ी। इससे उत्पादन की छोटी-छोटी इकाइयाँ उभरीं, हर इकाई अपनी आवश्यकता की पूर्ति करती थी।

वर्णव्यवस्था में परिवर्तन

छठी सदी के बाद समाज के ढाँचे में कुछ बदलाव आए। उत्तर भारत के गंगा के मैदान में वैश्य स्वतंत्र किसान माने जाते थे, परंतु ग्राम अनुदानों ने उनके और राजा के बीच भूस्वामियों को लाकर खड़ा कर दिया, जिससे वैश्यों की हैसियत वही हो गई जो शूद्रों की थी। इस प्रकार पुरानी समाज-व्यवस्था में अंतर आ गया। सामाजिक ढाँचे का यह परिवर्तन उत्तर भारत से बंगाल और दक्षिण भारत में भी फैल गया जहाँ पाँचवीं से सातवीं सदियों तक ब्राह्मणों को उत्तर भारत से बुला-बुला कर भूमि अनुदान दिया जाता रहा। अत: बाह्य क्षेत्रों में हम केवल दो वर्ण पाते हैं—ब्राह्मण और शूद्र।

बार-बार सत्ता हथियाते और भूमि अनुदान पाते-पाते कई कोटि के भूस्वामी पनप उठे। जब कोई सत्ता और भूमि हथिया लेता था तो वह सहज ही समाज में ऊँचा स्थान पाना चाहता था। वह भले ही निम्न वर्ण का हो, अपने स्वामी से भूमिदान पा लेता था। इससे कठिनाइयाँ पैदा होने लगी, क्योंकि आर्थिक संपन्नता के बावजूद उसकी स्थिति सामाजिक और धार्मिक दृष्टि से निम्न होती थी। धर्मशास्त्र के अनुसार सामाजिक प्रतिष्ठा का आधार वर्ण ही होता था। समाज चार वर्णों में विभक्त था जिसमें सबसे ऊपर ब्राह्मण और सबसे नीचे शूद्र थे। किसी व्यक्ति को आर्थिक अधिकार भी उसके वर्ण के अनुसार ही मिलता था। अत: इन नए भूस्वामियों के विभिन्न वर्गों को उपयुक्त स्थान देने के लिए शास्त्रों में कुछ परिवर्तन करना आवश्यक हो गया। छठी सदी में हुए वराहमिहिर नामक ज्योतिषी ने निवास गृहों का आकार चार

वर्णों के लिए अलग-अलग बताया, जैसा कि पहले से चला आ रहा था। परंतु उसने इसके साथ ही भिन्न-भिन्न कोटि के शासकों के लिए भी निवासगृहों के अलग-अलग आकार निर्धारित किए। इस तरह पूर्व के समाज में हर वस्तु का वर्गीकरण वर्ण के अनुसार होता था, पर अब हस्तगत भूमिसंपदा की मात्रा के अनुसार वर्गीकरण शुरू हो गया।

सातवीं सदी के बाद अनगिनत जाति-उपजातियाँ पैदा हुईं। पूर्व मध्यकाल का एक पुराण बतलाता है कि वैश्य वर्ण की स्त्री के निम्न वर्ण के पुरुष के संयोग से हज़ारों वर्णसंकरों की उत्पत्ति हुई। इसका अर्थ हुआ कि शूद्र और अंत्यज़ असंख्य उपजातियों में बँट गए। यही हाल हुआ ब्राह्मणों का, और उन राजपूतों का भी जो सातवीं सदी के आसपास भारतीय राज्यव्यवस्था और समाज में आगे आए। जातियों की संख्या बढ़ाने में उस नई अर्थव्यवस्था का भी हाथ रहा जिसमें लोग एक स्थान छोड़ दूसरे स्थान को नहीं जा सकते थे। एक ही तरह के व्यवसाय में भिन्न-भिन्न क्षेत्रों में एक ही लोग अपने-अपने क्षेत्र के अनुसार भिन्न-भिन्न उपजातियों में बँट गए। इसके अतिरिक्त, जनजातीय क्षेत्रों में जहाँ भूमि अनुदान पाकर ब्राह्मण बस गए वहाँ के जनजातीय लोग ब्राह्मण समाज में शामिल कर लिए गए, और इसमें अधिकतर लोगों को शूद्र और मिश्रित जाति का मान लिया गया। इस प्रकार प्रत्येक जनजाति या कुल को ब्राह्मण समाज में अलग जाति के रूप में शामिल कर लिया गया।

क्षेत्रीय पहचान

छठी-सातवीं सदियों के आसपास देश में कई सांस्कृतिक इकाइयों का उदय हुआ, जो बाद में असम, आंध्र, उड़ीसा, कर्नाटक, गुजरात, तमिलनाडु, बंगाल, महाराष्ट्र, राजस्थान आदि नामों से प्रसिद्ध हुईं। इस तरह के सांस्कृतिक समूहों के अस्तित्व को विदेशी और देशी दोनों स्रोतों ने स्वीकार किया है। चीनी यात्री हुआन सांग ने कई राष्ट्रीय समवायों या जनगणों का उल्लेख किया है। आठवीं सदी के उत्तरार्द्ध में रचित कई जैन ग्रंथों में 18 प्रमुख जनगणों अथवा उपराष्ट्रीय समूहों की चर्चा है। इसमें सोलह के शारीरिक लक्षण भी वर्णित हैं, उनकी भाषा के नमूने दिए गए हैं और उनके चरित्रों के बारे में भी कुछ बातें कहीं गई है। नौवीं सदी का नाटककार विशाखदत्त कहता है कि भिन्न-भिन्न क्षेत्रों में आचार-व्यवहार, वेश-भूषा और भाषा वाले लोग बसते हैं।

साहित्य

ईसा की सातवीं सदी से हम भारतीय भाषाओं के इतिहास में अद्‌भुत गतिविधि पाते हैं। पूर्वी भारत की बौद्ध कृतियों में बांग्ला, असमिया, मैथिली, उड़िया और हिंदी के

उद्भव का मंद आभास पाया जाता है। इसी प्रकार, इसी काल की जैन प्राकृत की रचनाओं में गुजराती और राजस्थानी का आरंभ दिखाई देता है। दक्षिण में तमिल तो सबसे पुरानी भाषा थी, लेकिन कन्नड़ का उद्भव इसी समय आरंभ होता है जबकि तेलुगु और मलयालम बहुत बाद में विकसित हुईं। लगता है प्रत्येक प्रदेश के अन्य प्रदेशों से अलग रहने के कारण हर प्रदेश में उसकी अपनी-अपनी भाषा बनने लगी। गुप्त साम्राज्य के विघटित होने पर बहुत-से छोटे-छोटे स्वतंत्र राज्य उदित हुए, जिससे सहज ही देशव्यापी संचार और संपर्क में बाधा पड़ी। व्यापार में गिरावट आने के फलस्वरूप भी एक प्रदेश का दूसरे प्रदेश से संपर्क टूटा, और इससे क्षेत्रीय भाषाओं के उद्भव को बल मिला।

क्षेत्रीय लिपियों को सातवीं सदी में और उसके बाद में प्रमुखता मिली। मौर्यकाल से गुप्तकाल तक लिपि में परिवर्तन होते रहे, लेकिन देश के अधिकांश भाग में आमतौर पर एक ही लिपि चलती रही। अत: जो कोई गुप्तकाल की लिपि पढ़ने में कुशल हो जाएगा, वह उस काल के विभिन्न प्रदेशों में प्राप्त अभिलेखों को भी पढ़ सकेगा। लेकिन सातवीं सदी से प्रत्येक क्षेत्र में अपनी-अपनी लिपि विकसित हुई। इसलिए जो क्षेत्रीय लिपियों का जानकार नहीं रहेगा, वह गुप्तोत्तर काल में देश के भिन्न-भिन्न भागों में पाए गए अभिलेखों को नहीं पढ़ सकेगा।

छठी-सातवीं सदियाँ संस्कृत साहित्य के इतिहास में भी समान रूप से महत्त्व की हैं। शासक वर्ग ईसा की दूसरी सदी से ही संस्कृत का प्रयोग करते आ रहे थे। शासक स्वयं शान-शौकत से रहते थे। अत: उनकी भाषा भी शब्दाडंबरपूर्ण और अलंकृत होती गई। संस्कृत गद्य और पद्य की अलंकृत शैली सातवीं सदी से ही ज़ोर पकड़ती गई। प्राचीन परंपरा के संस्कृत पंडितों को आज भी अलंकृत शैली बहुत पसंद है। गद्य में शब्दाडांबर की पराकाष्ठा बाणभट्ट की कृतियों में देखी जाती है। यद्यपि बाण की गद्य शैली का अनुकरण करना आसान नहीं था, तथापि मध्यकाल के संस्कृत लेखकों ने उसी गद्य शैली को अपना आदर्श बनाया।

मध्यकाल में प्राचीन मूलग्रंथों पर टीकाएँ लिखी गईं। ये टीकाएँ संस्कृत, पालि और प्राकृत मूलग्रंथों पर पाँचवी से अठारहवीं सदियों के बीच लिखी गईं। इनमें केवल धर्मशास्त्र और स्मृतियाँ ही नहीं, बल्कि पाणिनि का व्याकरण, गृह्यसूत्र, सूल्वसूत्र और चिकित्सा तथा दार्शनिक ग्रंथ भी शामिल थे। पालि मूलग्रंथों पर की गई टीकाओं को **अट्टकथा** और प्राकृत मूलपाठों पर की गई टीकाओं को **चूर्णि**, **भाष्य** तथा **निर्युक्ति** कहते हैं। टीकात्मक साहित्य ने बौद्धिक जीवन में सत्तावादी प्रवृत्ति को बल प्रदान किया और राज्य तथा वर्ग पर आधारित पितृसत्तात्मक समाज को सुरक्षित रखने और उसे नई परिस्थितियों के अनुकूल ढालने का प्रयास किया। 600 ई० से 900 ई० के बीच अनेक विधिग्रंथों की भी रचना हुई।

दैवी अनुक्रम

सातवीं-आठवीं सदियों से मूर्ति और मंदिर के निर्माण की शैली हर प्रदेश में अलग-अलग हो गई। विशेषकर दक्षिण भारत तो मानो प्रस्तर-मंदिरों का क्षेत्र बन गया। पत्थर और कांसा ये दो ऐसे माध्यम थे जिनके सहारे देवता साकार किए गए। कांस्य-प्रतिमाएँ बड़े पैमाने पर बनने लगीं। यद्यपि कांस्य-प्रतिमाएँ भारी संख्या में हिमालयी प्रदेशों में भी मिलती हैं, तथापि ये दक्षिण भारत में इसलिए अधिक पाई जाती हैं क्योंकि ब्राह्मण धर्म के मंदिरों में इनकी आवश्यकता हुई, और पूर्वी भारत में इसलिए अधिक मिलती हैं कि बौद्ध मंदिरों और विहारों में इनकी आवश्यकता हुई। यद्यपि एक ही देवता देश के एक छोर से दूसरे छोर तक पूजे जाते थे, फिर भी हर प्रदेश के लोगों ने उनकी मूर्ति का निर्माण अपनी-अपनी रीति से किया।

गुप्तोत्तर काल में हमें कुछ धार्मिक परिवर्तन भी दिखाई देते हैं। देवमाला में देवताओं को स्थान उनकी श्रेष्ठता के क्रम से दिया जाने लगा। जिस तरह कर्मकांड, भूमि-संपत्ति, सैनिक-शक्ति आदि के आधार पर समाज असमान वर्गों में बँटा हुआ था, उसी तरह देवगण भी असमान कोटियों में बाँट दिए गए। विष्णु, शिव और दुर्गा ये तीनों मुख्य देवता के रूप में गृहीत हुए, और कई अन्य देव और देवियाँ उनके अधीन या गौण देवता माने गए। ऐसे देवता परिचरों और अनुचरों के रूप में मुख्य देवता के नीचे रखे गए। हम ब्रह्मा, गणपति, विष्णु, शक्ति और शिव इन पाँच देवताओं की पूजा प्रचलित पाते हैं, जो सम्मिलित रूप से **पंचदेवता** कहलाते हैं। मुख्य देवता शिव या किसी अन्य देव या देवी को मुख्य मंदिर में स्थापित किया जाता था और उसके चारों ओर बने चार गौण मंदिरों में चार अन्य देवता रखे जाते थे। ऐसे मंदिर को **पंचायतन** कहा जाता था। वैदिक देव इंद्र, वरूण और यम का दर्जा घट गया और वे **लोकपाल** की कोटि में आ गए। आरंभिक मध्यकाल की देवमालाओं के अवलोकन से प्रकट होता है कि सांसारिक सोपानक्रमिक वर्गभेद के अनुरूप ही देवों में भी वर्गभेद बनाया गया। कई देवमालाओं में मातृदेवी को अन्य देवताओं से ऊँचा स्थान दिया गया। हमें न केवल शैवों, शाक्तों और वैष्णवों के ऐसे देवमंडल मिलते हैं, बल्कि जैनों और बौद्धों के भी मिलते हैं, जिनमें देव अपनी हैसियत के क्रम से अंकित और स्थापित होते हैं।

जैनों, शैवों और वैष्णवों आदि के संघटन भी श्रेणीबद्ध हो गए और पाँच पंक्तियों में बँट गए। सबसे ऊपर की पंक्ति आचार्य को मिली, जिसका अभिषेक उसी तरह होने लगा जिस तरह राजा का। उसके नीचे उपाध्याय, उपासक आदि होते थे।

भक्ति संप्रदाय

सातवीं सदी से भक्ति संप्रदाय देश भर में फैल गया, दक्षिण में तो और भी। भक्ति का अर्थ था अपने आराध्य देव को सब कुछ समप्रित कर देना और उसके प्रतिफल में केवल आराध्य देव की कृपा प्राप्त करना। इसका आशय यह हुआ कि भक्ति मार्ग का साधक अपने आराध्य के प्रति पूर्ण आत्मसमप्रण कर देता था। इसकी तुलना किसानों के अपने भूस्वामियों के ऊपर पूर्णत: आश्रित रहने की स्थिति में कर सकते हैं। जिस तरह किसान समप्रण की भावना से अपने भूस्वामी की सेवा करता था और भूस्वामी की कृपा से जोतने के लिए भूमि और रक्षा पाता था, उसी तरह का संबंध भक्त और भगवान के बीच बन गया। चूँकि सामंतवाद का रंग इस देश में दीर्घकाल तक जमा रहा, इसलिए भारतीय लोकाचार में भक्ति की जड़ें भली-भाँति जम पाईं।

तंत्रवाद

ईसा की छठी सदी के आसपास से भारत में धर्म के क्षेत्र में तांत्रिक संप्रदाय का फैलना सबसे बड़ी घटना है। पाँचवी-सातवीं सदियों में नेपाल, असम, बंगाल, उड़ीसा, मध्य भारत और दकन में बहुत-से ब्राह्मणों को ग्रामदान मिले, और लगभग इसी अवधि में तांत्रिक ग्रंथों, तांत्रिक पीठों और तांत्रिक साधनाओं का प्रचार हुआ। तंत्र मार्ग में स्त्री और शूद्र दोनों के लिए द्वार खुला था और इसमें जादुई अनुष्ठान प्रमुख थे। कुछ अनुष्ठान पहले से भी चलते रहे होंगे, किंतु ईसा की छठी सदी के आसपास से इन्हें सुव्यवस्थित करके तांत्रिक ग्रंथों के रूप में लिखा जाने लगा। इन अनुष्ठानों का उद्देश्य धन-संपत्ति आदि की प्राप्ति तथा आधि-व्याधियों से विमुक्ति था। निस्संदेह तंत्र मार्ग का उदय ब्राह्मण समाज में जनजातियों के बड़े पैमाने पर प्रवेश होने के कारण हुआ। ब्राह्मणों ने उनके बहुत-सारे अनुष्ठानों, जादू-टोनों और धार्मिक प्रतीकों को अपनाया और उन्हें प्रामाणिक रूप में संकलित करके खूब चलाया। धीरे-धीरे ब्राह्मणों और पुरोहितों ने अपने धनवान यजमानों के हितार्थ इनमें मनमाना हेर-फेर भी किया। तंत्र मार्ग जैन, बौद्ध, शैव और वैष्णव संप्रदायों में घुस गया। सातवीं सदी से लेकर सारे मध्यकाल में तांत्रिक मार्ग जमा रहा। देश के विभिन्न भागों में पाई गई अनेक पांडुलिपियाँ तांत्रिक साधना और ज्योतिष के विषय की हैं और ये दोनों आपस में मिल-से गए हैं।

सारांश

कुल मिलाकर ईसा की छठी और सातवीं सदी के दौरान राज्यव्यवस्था, समाज-संरचना, अर्थव्यवस्था, भाषा, लिपि, धर्म और कला इन सबों में कई गंभीर परिवर्तन हुए। इस अवधि में प्राचीन भारतीय जीवन के बहुत-सारे महत्त्वपूर्ण तत्त्वों के स्थान पर

मध्ययुगीन जीवन के तत्त्व आसन जमाने लगे। ये परिर्वतन एक भिन्न प्रकार के समाज और अर्थतंत्र के आगमन का संकेत देते हैं जिसमें राज्य और किसानों के बीच भूस्वामी वर्ग प्रमुख हो चला। प्रशासन का संचालन जो पहले राज्य द्वारा नियुक्त अधिकारी करते थे, अब ये भूस्वामी लोग करने लगे। यह घटनाक्रम वैसा ही है जैसा ईसा की छठी सदी में रोमन साम्राज्य के पतन के बाद वास्तविक सत्ता भूस्वामियों के हाथ में आने पर यूरोप में हुआ था। रोमन आक्रमण और गुप्त साम्राज्य दोनों पर हूणों के आक्रमण हुए लेकिन परिणाम भिन्न-भिन्न निकले। रोमन साम्राज्य पर हूणों और अन्य जनजातियों का दबाव इतना पड़ा कि किसानों को अपनी रक्षा के लिए अपनी स्वतंत्र हैसियत भूस्वामियों को समर्पित कर देनी पड़ी। लेकिन भारत में हूणों के आक्रमण का ऐसा परिणाम नहीं हुआ।

रोमन समाज के विपरीत, प्राचीन भारतीय समाज में उत्पादन कार्य में दासों को किसी बड़े पैमाने पर नहीं लगाया गया। भारत में उत्पादन करने और कर चुकाने का मुख्य भार किसानों, शिल्पियों, वणिकों और कृषि-मज़दूरों पर रहा, जो वैश्य और शूद्र की कोटि में रखे गए। हम इस व्यवस्था के विरुद्ध विद्रोह के लक्षण देखते हैं, जिसके चलते सीधे उत्पादकों से कर वसूल करना राज्य के अधिकारियों के लिए कठिन हो गया। इसलिए विभिन्न अधिकारियों को पारिश्रमिक के तौर पर भूमि देने की परंपरा बड़े पैमाने पर चल पड़ी। आरंभ में भूमि अनुदान केवल ब्राह्मणों और मंदिरों तक सीमित था, ठीक वैसे ही जैसे यूरोप में चर्च को ऐसा अनुदान दिया जाता था।

भारत और यूरोप दोनों जगह ईसा की छठी सदी के बाद से शिल्प और वाणिज्य की गतिविधि में मंदी आने लगी। पाँचवी-छठी सदियों में भारत और रोमन साम्राज्य दोनों जगह प्राचीन नगर उजड़ने लगे। भारत और यूरोप दोनों में कृषि का विस्तार हुआ जिससे गाँवों में बस्तियाँ फैलीं। भारत में भूमि अनुदान प्रथा से इसे बल मिला। भारत और यूरोप दोनों जगह प्राचीन युग के बाद भूस्वामियों का शक्तिशाली वर्ग खड़ा हुआ। यह सामाजिक, आर्थिक और राजनीतिक परिदृश्य का प्रमुख तत्त्व बन गया। भूमि अनुदान चाहे धार्मिक प्रयोजन से किया गया हो या अन्य प्रयोजन से, इन भूस्वामियों ने ईसा की सातवीं सदी से भारत और यूरोप दोनों जगह समाज, धर्म, कला, स्थापत्य और साहित्य को नई दिशा देने में महत्त्व का काम किया।

कालक्रम

द्वितीय शताब्दी ई०	शासक वर्ग द्वारा संस्कृत का प्रयोग जारी।
तृतीय शताब्दी ई०	रोमन साम्राज्य के पश्चिमी भाग के साथ व्यापार का अंत।
तीसरी-चौथी शताब्दियाँ ई०	पुराणों में वर्णित कलियुग का सामाजिक संकट। वर्ण अपने-अपने नियत कर्मों से विमुख होने लगे।

पाँचवीं शताब्दी ई०	भूमि अनुदान की प्रथा में तेजी। इस शताब्दी तक चोरों को दंडित करने का अधिकार राजा ने अपने अधीन रखा, लेकिन बाद में इसे अनुदानभोगियों को दे दिया। रेशम बुनकर पश्चिमी समुद्रतट से मालवा अंतर्गत मंदसोर चले गए और दूसरे धंधे में लग गए। साधारणतया भारत और रोमन साम्राज्य दोनों में नगरों का पतन हुआ।
पाँचवीं-छठी शताब्दियाँ ई०	भूमि अनुदानों के फलस्वरूप भूस्वामी वर्ग का उदय हुआ और वैश्य बिल्कुल शुद्रों की तरह बन गए।
पाँचवीं-अठारहवीं शताब्दियाँ ई०	संस्कृत, पालि और प्राकृत में अनेक टीकाएँ लिखी गईं।
छठी शताब्दी ई०	विधिग्रंथों में सेवाओं के बदले भूमि अनुदानों की अनुशंसा की गई। ईरान और बाइजेंटियम के साथ रेशम का व्यापार बंद हो गया। वराहमिहिर ने वर्ण और संपत्ति के आधार पर निवास गृहों के अलग-अलग आकार निर्धारित किए। तंत्रवाद की उत्पत्ति और उसका विस्तार। तंत्रवाद का द्वार स्त्रियों और शूद्रों के लिए खुला। अलंकृत संस्कृत गद्य और पद्य। देशभर में कई सांस्कृतिक इकाइयों का उदय, जो बाद में कर्नाटक, महाराष्ट्र, उड़ीसा, राजस्थान, तमिलनाडु इत्यादि के नाम से जाने गए।
600-900 ई०	स्वर्ण मुद्राओं के अभाव से 300 वर्षों तक व्यापार के पतन का संकेत।
सातवीं शताब्दी ई०	इस शताब्दी से भारत में समाज, धर्म, कला और वास्तुकला तथा साहित्य को नई दिशा देने में भूस्वामियों की मुख्य भूमिका। उत्तर भारत और दक्षिण भारत दोनों में धातु की मुद्रा का अभाव। जातियों का बाहुल्य। भारतीय राज्यतंत्र और समाज में राजपूत महत्त्वपूर्ण घटक बने। पूर्वी भारत की बौद्ध कृतियों में बंगला, आसामी, मैथिली, उड़िया और हिंदी के उद्‌भव का मंद आभास। जैन प्राकृत कृतियों में गुजराती और राजस्थानी का आरंभ। कन्नड़ का उद्‌भव; तेलुगु और मलयालम बहुत बाद में विकसित हुए। आवागमन के अभाव में क्षेत्रीय भाषाओं के उद्‌भव को बल मिला। इस शताब्दी से प्रत्येक क्षेत्र में अपनी लिपि हो गई और भक्ति संप्रदाय पूरे देश में फैल गया।
सातवीं-आठवीं शताब्दियाँ ई०	इस समय से मूर्ति और मंदिर के निर्माण की शैली हर प्रदेश में अलग-अलग हो गई। कांस्य-प्रतिमाएँ बड़े पैमाने पर बनने लगीं। पंचदेवता की पूजा प्रचलित।

आठवीं शताब्दी ई०	जैन ग्रंथों में अठारह बड़ी जातियों अथवा बड़े राष्ट्रों का उल्लेख है।
नवीं शताब्दी ई०	नाटककार विशाखदत्त के कथनानुसार भिन्न-भिन्न क्षेत्रों में भिन्न-भिन्न आचार-व्यवहार, वेश-भूषा और भाषाभाषी बसते थे।

32

प्राचीन काल में सामाजिक बदलाव का सिलसिला

प्राग्वैदिक काल में समाज कैसा था इसका अध्ययन करने के लिए हमारे पास कोई लिखित स्रोत नहीं है। पुरातत्त्व से प्रकट होता है कि पुरापाषाण युग में पहाड़ी इलाकों में लोग छोटे-छोटे समूहों में रहते थे। जीवन निर्वाह के लिए वे शिकार करते थे या वनों से कंदमूल और फल बटोर कर लाते थे। मानव ने प्रस्तर युग के अंत और धातु युग के आरंभ में खाद्य उपजाना और घर में रहना सीखा। नवपाषाण और ताम्रपाषाण युग के लोग ऊँची ज़मीन पर रहते थे जो पहाड़ियों और नदियों से अधिक दूर नहीं होती थी। धीरे-धीरे सिंधु घाटी क्षेत्र में किसानों के गाँव बसने लगे और फलते-फूलते वे गाँव छोटे-बड़े घरों वाले हड़प्पाई नगर-समाज के रूप में परिणत हुए। परंतु जब एक बार हड़प्पाई सभ्यता लुप्त हो गई तो लगभग हज़ार वर्षों तक भारतीय उपमहादेश में शहरी सभ्यता का पुनर्जन्म न हो सका।

जनजातीय और पशुचारी अवस्था

ऋग्वैदिक काल में समाज के इतिहास के लिए हमें लिखित स्रोत मिलने लगते हैं। उनसे प्रकट होता है कि खेती से सुपरिचित होने पर भी ऋग्वैदिक समाज प्रधानत: पशुचारक था। लोग अर्द्ध-यायावर (लगभग खानाबदोश) थे। गाय-बैल और घोड़े ही उनकी संपत्ति होते थे। ऋग्वेद में गो, वृषभ तथा अश्व के उल्लेख बार-बार आते हैं। गाय-बैल और धन दोनों समानार्थक माने जाते थे, और **गोमत्** का अर्थ होता था धनवान। गाय-बैल के लिए लड़ाइयाँ होती थीं और गायों की रक्षा करना राजा का मुख्य धर्म था, इसलिए राजा **गोप** या **गोपति** कहलाता था। परिवार में गाय का स्थान इतना महत्त्वपूर्ण था कि बेटी को **दुहितृ** अर्थात् दुहने वाली कहा जाता था। वैदिक आर्यों को गाय से इतनी घनिष्ठता थी कि जब उन्होंने भारत में पहली बार भैंस को देखा तो वे उसे **गोवाल** अर्थात् गाय जैसे बालों वाली कहने लगे। गाय और वृषभ की चर्चा की तुलना में कृषि की चर्चा *ऋग्वेद* में कम है, जो है वह भी अधिकांशत: उत्तरकालीन सूक्तों में ही है। इसलिए पशुचारण जीविका का मुख्य साधन था।

ऐसे समाज में लोग अपने जीवन-निर्वाह के लिए जरूरत से फाजिल पैदा शायद ही करते होंगे। जनजाति के लोग अपने प्रधानों को कभी-कभार ही भेंट या नज़राना

दे पाते होंगे। प्रधानों या राजाओं की मुख्य प्राप्ति युद्ध या लूट से होती होगी। वे शत्रुओं से संपत्ति छीनते होंगे और विरोधी जनजातियों और जनजातीय सहवासियों से नज़राना लेते होंगे। राजा को दिया जाने वाला यह नज़राना **बलि** (चढ़ावा) कहलाता था। लगता है कि जनजातीय स्वजन अपने सरदार द्वारा संरक्षण के कारण उसके प्रति श्रद्धा रखते और स्वैच्छिक भेंट चढ़ाते थे। बदले में, सरदार उन्हें विजय पर विजय दिलाते और संकट की घड़ी में उनकी रक्षा करते थे। श्रद्धा के कारण समय-समय पर मिलने वाली भेंट वैदिक काल में रिवाज बन गई होगी। लेकिन पराजित विरोधी जनजातियों को नज़राना चुकाने के लिए बाध्य किया जाता था। समय-समय पर होने वाले यज्ञों के मौकों पर ऐसे उपहार और नज़राने स्वजनों में बाँट दिए जाते थे। इस बँटवारों में सबसे बड़ा हिस्सा उन पुरोहितों को मिलता था जो अपने यजमानों के कल्याण के लिए ईश्वर से प्रार्थना करते थे। *ऋग्वेद* में एक जगह देवता का आवाह्न करके उससे केवल ब्राह्मणों, राजन्यों और यजमानों के आरोग्य की प्रार्थना की गई है। इससे असमान वितरण की चेष्टा का संकेत मिलता है। राजा और पुरोहित सामान्य लोगों का हक मारकर अधिक-से-अधिक हिस्सा हथियाना चाहते थे, जबकि लोग अपने राजा को भक्तिवश और उसकी वीरता और उपयोगिता के कारण स्वेच्छापूर्वक अधिक अंश दे देते थे। कबीले के सामान्य लोग जो हिस्सा पाते थे, वह **अंश** या **भाग** कहलाता था। वितरण लोगों की आम सभा में किया जाता था जिसमें राजा और उसके गोतिये (कुल के सदस्य) उपस्थित रहते थे।

यद्यपि शिल्पी, किसान, पुरोहित और योद्धा *ऋग्वेद* के पुराने भागों में भी मिलते हैं, तथापि समाज कुल मिलाकर जनजातीय, पशुचारक, अर्धयायावर और समतावादी ही था। युद्ध में लूट और पशु संपत्ति के साधन थे। पशु और दासियाँ अक्सर दान में दी जाती थीं। अन्नदान की चर्चा शायद ही हुई है। चूँकि अनाज बहुत कम उपजाया जाता था, युद्धों में होनेवाली लूट के सिवा राजाओं और पुरोहितों के भरण-पोषण का कोई दूसरा साधन नहीं था। उच्च पद पाना संभव था, पर उच्च सामाजिक वर्ग पाना बहुत कठिन था। राजाओं और पुरोहितों के यहाँ घरेलू काम के लिए दासियाँ रहती थीं, मगर उनकी संख्या अधिक नहीं होती थी। ऋग्वैदिक समाज में सेवक वर्ग के रूप में शूद्र का अस्तित्व नहीं था।

कृषि और उच्च वर्गों का उद्‌भव

जब वैदिक जन अफगानिस्तान और पंजाब से उत्तर प्रदेश की ओर बढ़े तब वे अधिकतर कृषक हो गए। उत्तर वैदिक काल में हम लगातार तीन-तीन सदियों से चली आ रही बस्तियाँ पाते हैं। इससे प्रदेशाश्रित लघु राज्यों का उदय हुआ। किसानों और अन्य लोगों से मिले राजांश (नज़राना) से राजा यज्ञ और पुरोहितों का संपोषण कर

सकता था। उत्तर वैदिक काल में किसान शासकों और योद्धाओं को नज़राना देते थे, फिर उनसे इस नज़राना का हिस्सा पुरोहितों को मिलता था। इसके अलावा उनसे पुरोहित यज्ञ की दक्षिणा पाते थे। किसान लोहारों, रथकारों और बढ़इयों का पेट भरते थे, जो मुख्यत: उभर रहे योद्धाओं के वर्ग की आवश्यकताओं की पूर्ति करने वाले थे। लेकिन उत्तर वैदिक किसान उतना पैदा नहीं कर सके जिससे व्यापार और नगर का उदय होता, जो बाद में बुद्ध के युग में आकर हुआ। उस समाज में धातु की मुद्रा नहीं आई थी।

वैदिक समुदाय में न तो कर-प्रणाली स्थापित हुई थी, न वैतनिक सैन्यव्यवस्था ही। राजा के नातेदारों के सिवा, कर वसूलने वाला कोई अधिकारी नहीं होता था। राजा को जो कुछ दिया जाता था वह वैसे ही दिया जाता था जैसे देवताओं को यज्ञादि में चढ़ावा दिया जाता था। पशुचारक समाज की जन-सेना के बदले बाद में कृषक समाज की किसान सेना खड़ी हुई। **विश्** अर्थात् जनजातीय किसान वर्ग ही सेना या सशस्त्र दल का काम करता था। उत्तर वैदिक काल में किसान वर्ग **बल** अर्थात् सैन्य-शक्ति कहलाने लगा। अश्वमेध के घोड़े की रक्षा के लिए जो सेना चलती थी उसमें क्षत्रिय और विश् दोनों रहते थे। धनुष, तरकस और ढाल लिए क्षत्रिय सेनापति अगुआ बनते थे और लाठी लिए विश् सिपाही। राजा या क्षत्रिय से कहा गया है कि वे विजय के लिए **विश्** के साथ एक थाली में भोजन करें। पुरोहित लोग इस कामना से अनुष्ठान करते थे कि **विश्** अर्थात् किसान वर्ग क्षत्रिय के वश में रहे। परंतु इस अवस्था में जनजातीय लोगों को करदाता किसान बनाने की प्रक्रिया बड़ी कमज़ोर थी। हल में लकड़ी के फाल होने और यज्ञों में पशुओं का अंधाधुंध वध होने के कारण किसान लोग अपनी आवश्यकता से अधिक शायद ही कुछ उपजा पाते थे। इसलिए वे नियमित रूप से कर्ज चुकाने में समर्थ नहीं थे। दूसरी ओर राजा किसानों से बिलकुल अलग नहीं थे। जनजातीय परिपाटी के अनुसार कृषि के विस्तार में राजा का योगदान आवश्यक होता था। इतना ही नहीं, राजाओं को अपने हाथ से हल भी चलाना पड़ता था। इस तरह वैश्यों और राजन्यों के बीच कोई गहरी खाई नहीं थी। यद्यपि शासक और योद्धा अपने किसान बांधवों पर शासन करते थे, तथापि उन्हें शत्रुओं से लड़ने में किसानों की सेना पर निर्भर रहना पड़ता था और वे जनजातीय किसान वर्ग की सहमति के बिना किसी को ज़मीन नहीं दे सकते थे। इन कारणों से वे कठिन स्थिति में रहते थे। इस प्रकार शासक और शासित के बीच अधिक अंतर नहीं था।

उत्पादन और शासन की वर्णमूलक व्यवस्था

शिल्प और कृषि में लोहे के औज़ारों के इस्तेमाल से ऐसी स्थिति उत्पन्न हुई जिससे ईसा-पूर्व छठी सदी में आकर, अपेक्षाकृत समताश्रित वैदिक समाज पूर्णत: कृषि-आधारित

और वर्ग-विभाजित समाज बन गया। यद्यपि 600 ई० पू० में मध्य गंगा के मैदान के प्राक्-वैदिक युग के वासी खेती से अच्छी तरह परिचित थे, पर उनकी संख्या बहुत कम थी और उनके द्वारा लोहे का प्रयोग अति सीमित था। मध्य गंगा के मैदानों के जंगली इलाकों में आग और लोहे की कुल्हाड़ी के सहारे जंगलों का सफाया कर दिया गया। ये इलाके विश्व के सबसे अधिक उपजाऊ भागों में से हैं। जंगलों की सफाई से इस इलाके को आबाद करना संभव हो गया। 500 ई० पू० से यहाँ असंख्य गाँव और नगर बसे दिखाई देने लगे। बड़े-बड़े जनपद राज्य उदित हुए और इसके परिणामस्वरूप मगध साम्राज्य गठित हुआ। यह सब तभी संभव हुआ जब किसान लोहे की फालों, हँसियों और अन्य औज़ारों की मदद से अपने जीवन-निर्वाह के लिए अपेक्षित मात्रा से कहीं अधिक अनाज पैदा करने लगे। किसानों को शिल्पियों की मदद की जरूरत थी, क्योंकि वे किसानों को औज़ार, वस्त्र आदि वस्तुएँ मुहैया कराते थे, साथ ही राजाओं और पुरोहितों को हथियार और विलास-वस्तुओं से संपन्न कराते थे। वैदिक काल की अपेक्षा उत्तर वैदिक काल में कृषि की तकनीक कहीं अधिक उन्नत हो चली थी।

नई तकनीक और बल-प्रयोग की बदौलत कुछ लोगों ने बड़े-बड़े भूखंडों पर अपना कब्जा जमा लिया, जिन्हें आबाद करने के लिए बड़ी संख्या में दासों और कृषि-मज़दूरों की आवश्यकता थी। वैदिक काल में लोग अपने परिवार के लोगों की मदद से खेत आबाद करते थे। वैदिक साहित्य में मज़दूर (वेज अर्नर) के लिए कोई शब्द नहीं है। किंतु बुद्ध के युग में आकर खेती का काम दासों और मज़दूरों से कराना आम बात हो गई थी। कौटिल्य की पुस्तक *अर्थशास्त्र* से पता चलता है कि मौर्यकाल में दास और मज़दूर बड़े-बड़े राजकीय कृषिक्षेत्रों में काम करते थे। परंतु सामान्यतः प्राचीन भारत में दासों से केवल घरेलू काम लिया जाता था। आमतौर से, साधारण किसान ही खेती चलाते थे। कभी-कभार वे दासों और मज़दूरों की मदद लेते थे।

अब किसानों, शिल्पियों, मज़दूरों और कृषिदासों ने मिलकर अपनी ज़रूरत से फाजिल पैदा करना शुरू किया। इस पैदावार का अच्छा-खासा भाग राजा और पुरोहित ले लेते थे। कर की नियमित वसूली के लिए प्रशासनिक और धार्मिक दोनों तरीके निकाले गए। राजा ने करों के निर्धारण और वसूली के लिए कर-संग्राहकों की नियुक्ति की। पर जनता में यह विश्वास जमा देना भी आवश्यक था कि राजा की आज्ञा मानना, कर चुकाना और पुरोहितों को दान देना श्रेयस्कर है। इसके लिए वर्णव्यवस्था लागू की गई। इसके अनुसार ऊपर के तीन वर्णों को धार्मिक अनुष्ठान के आधार पर चौथे वर्ण से अलग कर दिया गया। द्विज अर्थात् ब्राह्मण, क्षत्रिय और वैश्य वेद पढ़ने और यज्ञोपवीत संस्कार पाने के अधिकारी माने गए, परंतु शूद्र इससे वंचित कर दिए गए। शूद्रों का कर्त्तव्य अपने से ऊपर के तीनों वर्णों की सेवा करना

निर्धारित किया गया। कुछ स्मृतिकारों ने तो शूद्रों के लिए केवल दासता रख छोड़ी। इस स्थिति में द्विजों को 'नागरिक' और शूद्रों को 'अनागरिक' की संज्ञा दी जा सकती है। लेकिन द्विजों के बीच भी नागरिकों की श्रेणी के आधार पर अंतर आ गया। ब्राह्मणों के लिए हल जोतना निषिद्ध हो गया, शारीरिक श्रम इतना तुच्छ माना जाने लगा कि उन लोगों से भी घृणा की जाने लगी जो हाथ से शिल्पकर्म करते थे और इस प्रकार कुछ श्रमजीवी तो अछूत तक बना दिए गए। जो लोग शारीरिक श्रम से जितना ही हटे रहे उन्हें उतना ही अधिक पवित्र समझा जाने लगा। वैश्य द्विज होते हुए भी कृषि, पशुपालन और दस्तकारी करते थे और बाद में व्यापार भी करने लगे। गौर करने की बात यह है कि वे ही कर चुकाते थे जिसके सहारे क्षत्रियों और ब्राह्मणों का जीवन-निर्वाह होता था। वर्णव्यवस्था के अनुसार क्षत्रियों को किसानों से कर और व्यापारियों एवं शिल्पियों से शुल्क वसूलने का अधिकार मिला, और वे अपने कर्मचारियों तथा पुरोहितों को नकदी या जिन्सी पारिश्रमिक देने में समर्थ हुए।

हर वर्ण के लिए भुगतान की दर और आर्थिक सुविधा अलग-अलग निर्धारित की गई। उदाहरणार्थ ब्राह्मण को कर्ज पर ब्याज दो प्रतिशत लगता था, क्षत्रिय को तीन प्रतिशत, वैश्य को चार प्रतिशत और शूद्र को पाँच प्रतिशत। शूद्र वर्ण के अतिथि को तभी भोजन कराया जाता था जब वह घरवाले के काम में हाथ बँटाता था। धर्मशास्त्रों में निर्धारित ये नियम, हो सकता है कि कड़ाई के साथ नहीं चलते हों, परंतु इनसे यह संकेत मिलता है कि समाज के सामने किस तरह का आदर्श था।

चूँकि पुरोहित और राजा दोनों ही किसानों से उगाहे गए करों, नज़रानों, राजांशो और श्रमों पर जीते थे, इसलिए इन दोनों वर्गों के बीच कभी-कभी इनके बँटवारे को लेकर झगड़े हो जाया करते थे। समाज में अपने को सबसे ऊपर समझने वाले ब्राह्मणों के घमंड से क्षत्रियों को चोट पहुँचती होगी। लेकिन वैश्यों और शूद्रों के साथ विरोध होने पर ब्राह्मण और क्षत्रिय आपसी विरोध भूल कर एक हो जाते थे। प्राचीन ग्रंथों में कहा गया है कि ब्राह्मणों के सहयोग के बिना क्षत्रियों का कल्याण नहीं होगा और न ही क्षत्रियों के सहयोग के बिना ब्राह्मणों का; दोनों परस्पर सहयोग से ही फूल-फल सकेंगे और संसार पर शासन करेंगे।

सामाजिक संकट और भूस्वामी वर्ग का उदय

कई सदियों तक यह सामाजिक व्यवस्था गंगा के मैदानों और उनसे संलग्न क्षेत्रों में भली-भांति चलती रही, जहाँ एक के बाद एक कई बड़े-बड़े राज्य बनते-बिगड़ते रहे। ईसा की पहली और दूसरी सदियों में वहाँ शानदार व्यापार और नगरीकण दिखाई देता है। इस अवस्था में कला की अभूतपूर्व उन्नति हुई। पुरानी व्यवस्था लगभग तीसरी सदी में आकर अपने उत्कर्ष की चोटी पर पहुँच गई। लेकिन ऐसा लगता है कि यहाँ

आकर इसकी प्रगतिशील भूमिका कमज़ोर पड़ गई। ईसा की तीसरी सदी के आसपास पुराने सामाजिक संघटन में गहरा संकट आ पड़ा। इस संकट का चित्रण पुराणों के तीसरी-चौथी सदी से संबद्ध भागों में मिलता है। कलियुग का लक्षण विभिन्न वर्णों या सामाजिक वर्गों के मिश्रण का होना बताया गया है, जिसे वर्णसंकर कहते हैं। इसका आशय यह हुआ कि वैश्यों और शूद्रों (किसानों, शिल्पियों और मज़दूरों) ने अपने ऊपर सौंपे गए उत्पादन का काम बंद कर दिया, अर्थात् वैश्य-किसानों ने कर चुकाना रोक दिया और शूद्रों ने मज़दूरी करना छोड़ दिया। उन्होंने विवाह आदि सामाजिक संबंधों में वर्णसंबंधी प्रतिबंधों की उपेक्षा की। ऐसी स्थिति को देखकर *रामायण* और *महाभारत* में दंड या दमन-नीति पर ज़ोर दिया गया और मनु ने बताया कि वैश्यों और शूद्रों को अपने-अपने कर्त्तव्यों से विचलित नहीं होने दिया जाए। राजा वर्णव्यवस्था के रक्षक और उद्धारक के रूप में सामने आने लगे।

परंतु केवल दमनात्मक कार्रवाई से ही यह संभव नहीं था कि किसान कर चुकाते रहें और मज़दूर मज़दूरी करते रहें। राज्य के लिए अपने कारिंदों से सारा राजस्व वसूल करवाना कठिन हो गया। अतएव राज्य ने भूमि भोगने का अधिकार सीधे पुरोहितों, सेनापतियों, प्रशासकों आदि को सौंप दिया। यह व्यवस्था वैदिक परंपरा से एकदम भिन्न तरह की थी। अतीत में पुरोहितों और शायद अपने सरदार या राजा को भी भूमि देने का अधिकार केवल जन-समुदाय के हाथ में था। लेकिन अब राजा ने यह अधिकार छीन कर अपने हाथ में ले लिया और समुदाय के कुछ शक्तिशाली सदस्यों को भूमि देकर कृतज्ञ बना लिया। इन भूस्वामी हिताधिकारियों को शांति-व्यवस्था बनाए रखने की जिम्मेवारी सौंपी गई। इसी उपाय से वित्तीय और प्रशासनिक समस्याओं का समाधान किया गया। नए और फैलते रजवाड़े अधिकाधिक कर-संग्रह चाहते थे। ऐसा कर-संग्रह पिछड़े क्षेत्रों से हो सकता था और यह तभी संभव था जब जनजातीय लोगों में खेती के नए तरीके चलाए जाएँ और उन्हें सिखा-पढ़ाकर राजभक्त बनाया जाए। इस समस्या का समाधान जनजातीय क्षेत्रों में ऐसे उद्यमी ब्राह्मणों को भूमि अनुदान देकर किया गया जो जंगली इलाकों में बसनेवाले लोगों को वश में करके अनुशासित बना सकें।

पिछड़े हुए इलाकों में ब्राह्मणों और दूसरों को भूमि अनुदान देने से कृषि-पंचाग का ज्ञान फैला और आयुर्वेद का प्रचार हुआ, जिससे कृषि उत्पादन में वृद्धि हुई। लेखन-कला तथा प्राकृत और संस्कृत भाषाओं के व्यवहार का भी प्रसार हुआ। भूमि अनुदानों से सुदूर दक्षिण और सुदूर पूर्व में सभ्यता फैली, हालाँकि इस दिशा में कुछ काम व्यापारियों ने तथा जैनों और बौद्धों ने पहले भी कर रखा था। भूमि अनुदानों से जनजातीय किसान भारी संख्या में ब्राह्मण समाज में आ गए, जिन्हें शूद्र वर्ग में रखा गया। इसलिए पूर्व मध्यकाल के ग्रंथों में शूद्रों को किसान और कृषक कहा जाने लगा।

दूसरी ओर भूमि अनुदान से, खासकर पुराने विकसित क्षेत्रों में, स्वतंत्र वैश्य किसानों की दशा गिर गई। इस प्रकार गुप्तकाल के बाद वैश्य और शूद्र आर्थिक और सामाजिक दृष्टि से एक-दूसरे के निकट आ गए। लेकिन भूमि अनुदान का सबसे बड़ा परिणाम हुआ किसानों की उपज पर पलनेवाले भूस्वामियों के नए वर्ग का उदय। इसने पाँचवीं-छठी सदियों के आसपास ऐसी पृष्ठभूमि बनाई जिस पर सामंती ढंग का सामाजिक ढाँचा खड़ा हुआ।

सामंती ढाँचे में भूस्वामियों और योद्धाओं के वर्ग की स्त्रियों की दशा बिगड़ी। पूर्व मध्यकाल में राजस्थान में सती प्रथा ज़ोर से चल पड़ी। लेकिन निचले वर्गों की स्त्रियों को आर्थिक क्रियाकलाप में भाग लेने और पुनर्विवाह करने की छूट थी।

सारांश

इस प्रकार प्राचीन भारतीय समाज को कोई एक बिल्ला लगा देना संभव नहीं है। हमें इसके विकास के विविध चरणों पर नज़र डालनी होगी। पहले पुरापाषाण युग का खाद्य-संग्राहक समाज था, तब उसकी जगह नवपाषाण युग और ताम्रपाषाण युग के खाद्य-उत्पादक समाज बने। धीरे-धीरे किसान समुदाय विकास करते-करते हड़प्पाई नगर समाजों के रूप में परिणत हो गए। इसके बाद विकास की धारा कुछ रूकी और फिर अश्वारोही और पशुपालक समाज बना। *ऋग्वेद* में जो सामाजिक ढाँचा दिखाई देता है, वह अधिकांशतः पशुचारक और जनजातीय था। उत्तर वैदिक काल में जाकर पशुचारक समाज बदलकर कृषिमूलक समाज हो गया, लेकिन इसकी आदिकालीन कृषि से अधिक उपज नहीं होती थी, इसलिए शासक लोग किसानों का दोहन करके कुछ अधिक प्राप्त नहीं कर सकते थे। वर्ग विभाजित समाज वैदिकोत्तर काल में पूरा-पूरा निखरा। यह वर्णव्यवस्था के नाम से विदित हुआ। इस सामाजिक ढाँचे के मूलाधार थे–शूद्रों और वैश्यों के उत्पादन कार्य। यह सामाजिक व्यवस्था लगभग बुद्धकाल से गुप्तकाल तक भली-भाँति चलती रही। इसके बाद कुछ आंतरिक खलबली के कारण बदलाव आया। पुरोहितों और अधिकारियों को उनके भरण-पोषण के लिए भूमि दी जाने लगी और धीरे-धीरे भूस्वामियों का वर्ग किसान और राज्य के बीच उठ खड़ा हुआ। इससे वैश्यों की स्थिति में गिरावट आई और वर्णव्यवस्था में परिवर्तन हुआ।

कालक्रम

पाँचवीं शताब्दी ई० पू०	शिल्प और कृषि में लोहे के इस्तेमाल से कृषि आधारित. वैदिक समाज वर्ग विभाजित समाज में बदल गया।
500 ई० पू०	गांगेय द्रोणी में अनेक ग्रामीण और शहरी बस्तियों का उदय।

पहली-दूसरी शताब्दियाँ ई०	व्यापार और नगरीकरण में तेजी और कला का संवर्धन।
तीसरी-चौथी शताब्दियाँ ई०	समाज को कलियुग के संकट का सामना करना पड़ा। विभिन्न वर्णों और सामाजिक वर्गों का मिश्रण हुआ और वैश्यों और शूद्रों ने अपने शास्त्र निर्धारित कर्त्तव्यों का पालन छोड़ दिया।
पाँचवीं-छठी शताब्दियाँ ई०	किसानों की उपज पर पलने वाले भूस्वामियों के नए वर्ग का उदय जिससे सामंती प्रथा का जन्म हुआ।

33
प्राचीन भारत की विरासत

धर्म

प्रकृति के साथ मानव का सामना होने से बहुत-सी महत्त्वपूर्ण घटनाएँ हुईं। लोगों को अपनी जीविका प्राप्त करने में जंगल, पहाड़, कड़ी मिट्टी, सूखा, बाढ़, पशु आदि से होनेवाली कठिनाइयों से निपटना पड़ा। इस कारण उन्होंने प्रौद्योगिकी और वैज्ञानिक दृष्टि का विकास किया। पारिस्थितिकी और पर्यावरण द्वारा खड़ी की गई कठिनाइयों के बावजूद सातवीं सहस्राब्दी ई० पू० में कृषि और मानव बस्तियाँ प्रकट हुईं। लेकिन कई कठिनाइयों पर काबू पाना असंभव मालूम हुआ और प्रकृति की लीलाएँ समझ के बाहर प्रतीत हुईं। इसीलिए अंततोगत्वा लोगों को प्रकृति के साथ समझौता कर लेना पड़ा। अपने सारे प्रयासों के बावजूद लोगों को प्रकृति के विविध वरदानों पर निर्भर रहना पड़ा, जैसे मिट्टी की उर्वरता, समय पर वर्षा होना आदि। प्रकृति की कृपालुता और क्रूरता दोनों ने मानव को धर्म और अलौकिक शक्ति के विषय में सोचने को बाध्य किया।

भारत में ब्राह्मण धर्म या हिंदू धर्म पूर्वकाल में प्रभावशाली रूप में विकसित हुआ। इसने कला और साहित्य के साथ समाज को भी प्रभावित किया। ब्राह्मण धर्म के साथ-साथ भारत में जैन और बौद्ध धर्म भी उदित हुए। यद्यपि ईसाई धर्म इस देश में ईसा की पहली सदी के आसपास ही आया, फिर भी प्राचीन काल में यह अधिक आगे नहीं बढ़ पाया। बौद्ध धर्म भी धीरे-धीरे इस देश से गायब हो गया, हालाँकि यह बढ़ते-बढ़ते पूरब में जापान तक और पश्चिमोत्तर में मध्य एशिया तक फैल चुका था। अपने प्रचार-प्रसार के क्रम में बौद्ध धर्म ने पड़ोसी क्षेत्रों को भारतीय कला, भाषा और साहित्य से उद्भाषित किया। जैन धर्म भारत में टिका रहा और यहाँ की कला और साहित्य के विकास में इसने योगदान दिया। आज भी इस धर्म के अनुयायी, व्यापारी वर्गों में, राजस्थान, गुजरात और कर्नाटक में काफी संख्या में हैं।

वर्णव्यवस्था

भारत में धर्म के प्रभाव से विशेष प्रकार के सामाजिक वर्गों का गठन हुआ। अन्य प्राचीन समाजों में विभिन्न सामाजिक वर्गों के कर्त्तव्यों का निर्धारण कानून के ज़रिए हुआ और उसे अमल में लाने वाला राज्य था। परंतु भारत में वर्णसंबंधी नियमों को राज्य और धर्म दोनों का समर्थन प्राप्त था। ब्राह्मण, क्षत्रिय, वैश्य और शूद्र चारों वर्णों

के कर्त्तव्य तो विधि द्वारा सुपरिसीमित किए हुए थे और ऐसा विश्वास प्रचलित था कि यह वर्णव्यवस्था दैवी शक्ति ने निश्चित की है। जो कोई अपने निर्धारित कर्त्तव्यों से च्युत होता था और अपराधी पाया जाता था उसे लौकिक दंड तो भोगना ही पड़ता था, साथ-साथ प्रायश्चित अर्थात् धार्मिक शुद्धि भी करनी पड़ती थी। ये दंड अपराधी के वर्ण के अनुसार भिन्न-भिन्न कोटि के होते थे। हर वर्ण की न केवल सामाजिक पहचान, बल्कि अनुष्ठानिक पहचान भी थी। धीरे-धीरे कानून और धर्म दोनों ने वर्णों और जातियों को कर्ममूलक से जन्ममूलक या आनुवंशिक बना दिया। यह सब इसलिए किया गया कि वैश्य उत्पादन करते और कर चुकाते रहें और शूद्र मज़दूरी में खटते रहें ताकि ब्राह्मण पुरोहितों के पद बने रहें और क्षत्रिय शासकों के पद भी। श्रम-विभाजन और व्यवसाय के विशेषीकरण के सिद्धांत पर टिकी यह अद्‌भुत वर्णव्यवस्था आरंभिक अवस्था में अवश्य ही आर्थिक और सामाजिक विकास में सहायक हुई। वर्णव्यवस्था का हाथ राज्य के विकास में भी रहा। उत्पादक वर्ग और श्रमिक वर्ग अर्थात् वैश्य और शूद्र दोनों अस्त्रहीन कर दिए गए, और धीरे-धीरे ऊँच-नीच के रूप में हर जाति दूसरी जाति के विरुद्ध इस तरह खड़ी कर दी गई कि शोषित वर्ग सुविधाभोगी वर्गों के खिलाफ एकजुट न होने पाएँ।

अपने-अपने कर्त्तव्यों में लगे रहने में ही कल्याण है ऐसी धारणा विभिन्न वर्गों के मन में इस तरह बैठ गई थी कि सामान्यतः वे अपने धर्म से विचलित होने की बात सोच भी नहीं सकते थे। *भगवद्‌गीता* सिखाती है कि दूसरे का धर्म अपनाने के बदले धर्म की रक्षा के लिए मर जाना अच्छा है क्योंकि दूसरे धर्म को अपनाने का परिणाम भयंकर होता है। निम्न वर्णों के लोग अपने कठिन कर्त्तव्य का पालन इस दृढ़ विश्वास के साथ करते रहे कि अगले जन्म में वे सुख की ज़िंदगी पाएँगे। इस विश्वास के फलस्वरूप एक ओर पैदा करके सबको खिलानेवालों और दूसरी ओर बिना कुछ किए मुफ़्त के खानेवाले राजाओं, पुरोहितों, अधिकारियों, सेनानियों और बड़े-बड़े श्रेष्ठ व्यक्तियों के बीच लड़ाई-झगड़े बहुत ही कम हुए। इसीलिए निम्न वर्णों के साथ ज़ोर-ज़बरदस्ती की सीधी कार्रवाई प्राचीन भारत में बहुत आवश्यक नहीं हुई। जो काम यूनान और रोम में गुलामों और अन्य उत्पादक वर्गों से कोड़े का डर दिखाकर कराया जाता था, वह यहाँ के वैश्य और शूद्र स्वतः करते थे, क्योंकि ब्राह्मण धर्म और वर्णव्यवस्था ने उनके दिमाग को ऐसा ही बना दिया था।

दार्शनिक पद्धतियाँ

भारतीय चिंतकों ने संसार को माया समझा तथा आत्मा और परमात्मा के बीच के संबंधों की गंभीर विवेचना की। वास्तव में इस विषय का जितना गहन चिंतन भारतीय दार्शनिकों ने किया उतना किसी अन्य देश के दार्शनिकों ने नहीं। प्राचीन भारत दर्शन

और अध्यात्म के क्षेत्र में अपने योगदान के लिए प्रसिद्ध है। परंतु भारत में जगत् के विषय में भौतिकवादी विचाराधारा भी विकसित हुई। भारत में उदित छह दार्शनिक पद्धतियों के बीच हम भौतिकवादी दर्शन के तत्त्व **सांख्य** में पाते हैं, जिसके संस्थापक कपिल का जन्म 580 ई० पू० के आसपास हुआ था। उनके अनुसार आत्मज्ञान के साधन हैं प्रत्यक्ष, अनुमान और शब्द। सांख्य दर्शन में ईश्वर का अस्तित्व नहीं माना गया है। इसके अनुसार संसार की सृष्टि ईश्वर ने नहीं, बल्कि प्रकृति ने की है तथा संसार और मानव जीवन स्वयं प्रकृति चलाती है।

भौतिकवादी दर्शन को ठोस बनाने का सबसे बड़ा श्रेय चार्वाक को है, जो ईसा-पूर्व छठी सदी के आसपास हुए थे। उन्होंने जिस दर्शन की स्थापना की वह **लोकायत** कहलाता है। उनका मत है कि जिसका अनुभव मनुष्य अपनी इंद्रियों द्वारा नहीं कर सकता है, उसका वास्तव में अस्तित्व नहीं है। इसका तात्पर्य यह हुआ कि ईश्वर का अस्तित्व नहीं है। लेकिन व्यापार, शिल्प और नगरीकरण में ह्रास होने के साथ ही दर्शन में प्रत्ययवाद की प्रमुखता हो गई। प्रत्ययवादी दर्शन बताता है कि संसार माया और भ्रम है। उपनिषदों में लोगों को उपदेश दिया गया है कि सांसारिक विषयों से दूर रहें और ज्ञान पाने की चेष्टा करें। पाश्चात्य चिंतकों ने उपनिषदों को अपनाया है क्योंकि वे आज के यांत्रिक युग कृत समस्याओं का समाधान कर पाने में असमर्थ हैं। प्रख्यात जर्मन दार्शनिक शोपेनहावर ने अपनी दार्शनिक विचारधारा में वेदों और उपनिषदों को भी स्थान दिया है। वह कहा करते थे कि उपनिषदों ने उन्हें इस जन्म में दिलासा दी है और मृत्यु के बाद भी देती रहेंगी।

शिल्प और प्रौद्योगिकी

यह कहना गलत होगा कि भारतीयों ने भौतिक संस्कृति में कोई प्रगति नहीं की। उन्होंने उत्पादन के कई क्षेत्रों में निपुणता प्राप्त की। भारतीय शिल्पी रंगाई करने तथा तरह-तरह के रंग बनाने में परम दक्ष थे। भारत में बनाए गए मूल रंग इतने चमकीले और पक्के होते थे कि अजंता और एलोरा के मोहक चित्र आज भी ज्यों के त्यों हैं।

इसी तरह भारत के लोग इस्पात बनाने में भी परम कुशल थे। इस्पात बनाने की कला सबसे पहले भारत में ही विकसित हुई। भारतीय इस्पात का अन्य देशों में निर्यात प्राचीन काल में होने लगा और बाद में आकर वह **उत्स** (wootz) कहलाने लगा। विश्व का कोई अन्य देश इस्पात की वैसी तलवारें नहीं बना सकता था जैसी भारतीय लोहार बनाते थे। पूर्वी एशिया से लेकर पूर्वी यूरोप तक इन तलवारों की भारी माँग थी।

राजतंत्र

कौटिल्य के *अर्थशास्त्र* से इस बात में कोई शंका नहीं रह गई कि भारत के लोग विशाल साम्राज्य का प्रशासन चला सकते थे और जटिल समाज की समस्याओं का समाधान कर सकते थे। देश ने अशोक के रूप में महान शासक पैदा किया, जिसने कलिंग पर शानदार विजय पाकर भी शांति और अनाक्रमण की नीति अपनाई। अशोक और कई अन्य भारतीय राजाओं ने धार्मिक सहिष्णुता का परिचय दिया और बताया कि अन्य धर्मों के अनुयायियों की भावना का आदर किया जाए। यूनान के अलावा भारत ही एक ऐसा देश है जहाँ किसी-न-किसी प्रकार के गणतंत्र का प्रयोग-परीक्षण किया गया हो।

विज्ञान और गणित

भारत का विज्ञान में महत्त्वपूर्ण योगदान है। प्राचीन काल में धर्म और विज्ञान आपस में गुँथे-से थे। इस देश में खगोल-विद्या में इसलिए बहुत प्रगति हुई कि ग्रह देवता माने जाने लगे थे और उनकी गति का गहन अवलोकन आरंभ हो गया। ग्रहों का अध्ययन इसलिए भी आवश्यक हो गया कि उनका ऋतुओं और मौसमों के परिवर्तनों से संबंध था, और बिना इन परिवर्तनों को जाने खेती नहीं चल सकती थी। व्याकरण और भाषाविज्ञान का उद्‌भव इसलिए हुआ कि ब्राह्मण पुरोहित वेद की ऋचाओं और मंत्रों के उच्चारण की शुद्धता को बहुत महत्त्व देते थे। वास्तव में, भाषा के संबंध में भारतीयों की वैज्ञानिक दृष्टि का प्रथम फल संस्कृत व्याकरण की रचना में पाया जाता है। 450 ई० पू० में संस्कृत भाषा के नियमों को सुव्यवस्थित रूप से संचित करके पाणिनि ने व्याकरण लिखा जो *अष्टाध्यायी* के नाम से प्रख्यात है।

ईसा-पूर्व तीसरी सदी में आकर गणित, खगोल-विद्या और आयुर्विज्ञान तीनों का विकास अलग-अलग आरंभ हुआ। गणित के क्षेत्र में प्राचीन भारतीयों ने तीन विशिष्ट योगदान किए—अंकन पद्धति, दाशमिक पद्धति और शून्य का प्रयोग। दाशमिक पद्धति के प्रयोग का सबसे पुराना उदाहरण ईसा की पाँचवी सदी के आरंभ का है। भारतीय अंकन पद्धति को अरबों ने अपनाया और उसको पश्चिमी दुनिया में फैलाया। अंग्रेजी में भारतीय अंकमाला को अरबी अंक (अरेबिक न्यूमरल्स) कहते हैं, किंतु अरबों ने स्वयं अपनी अंकमाला को **हिंदसा** कहा। पश्चिमी देशों में इस अंकमाला का प्रचार होने के सदियों पहले से भारत में इसका प्रयोग हुआ। इसका प्रयोग अशोक के अभिलेखों में पाया जाता है, जो ईसा-पूर्व तीसरी सदी में लिखे गए।

दाशमिक पद्धति का प्रयोग सबसे पहले भारतीयों ने किया। प्रख्यात गणितशास्त्री आर्यभट (476-500 ई०) इससे परिचित थे। चीनियों ने यह पद्धति बौद्ध धर्मप्रचारकों से सीखी, और पश्चिम जगत ने अरबों से। शून्य का आविष्कार भारतीयों ने ईसा-पूर्व

दूसरी सदी में किया। जब से इसका आविष्कार हुआ, भारतीय गणितज्ञ इसको पृथक् अंक समझने लगे और इस रूप में शून्य का प्रयोग अंकगणना में होने लगा। अरब देश में शून्य का प्रयोग सबसे पहले 873 ई० में पाया जाता है। अरबों ने इसे भारत से सीखा और यूरोप में फैलाया। बीजगणित में भारत और यूनान दोनों का योगदान रहा है, परंतु पश्चिम यूरोप में उसका ज्ञान यूनान से नहीं बल्कि अरब से मिला, जिसे अरब ने भारत से प्राप्त किया था।

हड़प्पा में बनी ईंट की इमारतों से प्रकट होता है कि पश्चिमोत्तर भारत में लोगों को मापन और ज्यामिति का अच्छा ज्ञान था। बाद में वैदिक लोगों ने इस ज्ञान से लाभ उठाया होगा, जो ईसा-पूर्व पाँचवीं सदी के आसपास के शुल्वसूत्रों में दिखाई देता है। ईसा-पूर्व दूसरी सदी में राजाओं के उपयुक्त यज्ञवेदी बनाने के लिए आपस्तंब ने व्यावहारिक ज्यामिति की रचना की। इसमें न्यूनकोण, अधिककोण और समकोण का वर्णन किया गया है। आर्यभट ने त्रिभुज का क्षेत्रफल जानने का नियम निकाला जिसके फलस्वरूप त्रिकोणमिति का जन्म हुआ। इस काल की सबसे प्रसिद्ध पुस्तक है *सूर्यसिद्धांत*। समकालीन प्राचीन पूरब में इस तरह की कोई दूसरी कृति नहीं पाई गई है।

खगोलशास्त्र में आर्यभट और वराहमिहिर दो महान विद्वान हुए। आर्यभट पाँचवी सदी में हुए और वराहमिहिर छठी सदी में। आर्यभट ने बेबिलोनियाई विधि से ग्रह-स्थिति की गणना की। उसने चंद्रग्रहण और सूर्यग्रहण के कारणों का पता लगाया। उसने अनुमान के आधार पर पृथ्वी की परिधि का मान निकाला जो आज भी शुद्ध माना जाता है। उसने बताया कि सूर्य स्थिर है, पृथ्वी घूमती है। आर्यभट की पुस्तक का नाम *आर्यभटीय* है।

वराहमिहिर की सुविख्यात कृति है *वृहत्संहिता*। यह ईसा की छठी सदी की है। वराहमिहिर ने बताया कि चंद्र पृथ्वी का चक्कर लगाता है और पृथ्वी सूर्य का चक्कर लगाती है। उसने ग्रहों के संचार और अन्य खगोलीय समस्याओं के अध्ययन में यूनानियों की अनेक कृतियों का सहारा लिया। यद्यपि भारतीय खगोलशास्त्रियों ने यूनानियों के ज्ञान से लाभ उठाया, तथापि उन्होंने इस ज्ञान को आगे बढ़ाया और ग्रहों की गति के अवलोकन में इस ज्ञान का प्रयोग किया।

प्रायोगिक क्षेत्र में, भारतीय शिल्पियों ने रसायनशास्त्र की प्रगति में बहुत योगदान किया। भारतीय रंगरेजों ने टिकाऊ रंगों का विकास किया तथा नीला रंग ढूँढ़ निकाला। पहले बताया जा चुका है कि किस प्रकार भारतीय लोहारों ने दुनिया में इस्पात का सर्वप्रथम निर्माण किया।

आयुर्विज्ञान

प्राचीन भारत में वैद्यों ने शरीर रचना विज्ञान (एनेटॉमी) का अध्ययन किया। उन्होंने रोगों के निदान की विधियाँ बनाईं और इलाज के लिए औषधि (दवा) बताई। औषधों का उल्लेख सबसे पहले *अथर्ववेद* में मिलता है। परंतु अन्य प्राचीन समाजों की भाँति, बताए गए उपचारों में जादू-टोना और तंत्र-मंत्र भी भर गए और आयुर्विज्ञान का विकास वैज्ञानिक रीति से नहीं हुआ।

ईसा की दूसरी सदी में भारत में आयुर्वेद के दो महान विद्वान उत्पन्न हुए–सुश्रुत और चरक। अपनी *सुश्रुतसंहिता* में सुश्रुत ने मोतियाबिंद, पथरी तथा और कई रोगों का शल्योपचार बताया है। उन्होंने शल्य-क्रिया के 121 उपकरणों का उल्लेख किया है। चरक की *चरकसंहिता* भारतीय चिकित्साशास्त्र का विश्वकोश है। इसमें ज्वर, कुष्ठ, मिरगी और यक्ष्मा के अनेक भेदोपभेदों का वर्णन है। शायद चरक यह नहीं जानते थे कि इनमें कुछ बीमारियाँ छूत से भी फैलती हैं। इनकी पुस्तक में भारी संख्या में उन पेड़-पौधों का वर्णन है जिनका प्रयोग दवा के रूप में होता है। इस प्रकार यह पुस्तक न केवल भारतीय आयुर्विज्ञान के अध्ययन के लिए, बल्कि प्राचीन भारत के वनस्पति और रसायनशास्त्र के अध्ययन के लिए भी उपयोगी है। बाद की सदियों में भारत में आयुर्विज्ञान का विकास चरक के बताए मार्ग पर होता रहा।

भूगोल

भूगोल के अध्ययन में भी प्राचीन भारत के लोगों का कुछ योगदान है। उन्हें भारत से बाहर की दुनिया का भौगोलिक ज्ञान अत्यल्प था, परंतु देश के विभिन्न प्रदेशों की नदियों, पर्वतों और तीर्थस्थलों का विशद वर्णन *रामायण*, *महाभारत* और पुराणों में मिलता है। यद्यपि भारत के लोग चीन और पश्चिमी देशों के बारे में कुछ-कुछ जानते थे, पर उन्हें इस बात का कोई विशेष ज्ञान नहीं था कि ये देश कहाँ और भारत से कितनी दूर हैं।

पूर्वकाल में प्राचीन भारतीयों को समुद्रयात्रा का कुछ ज्ञान प्राप्त हुआ और उन्होंने जहाज़ बनाने की कला में कुछ योगदान किया। परंतु चूँकि बड़ी-बड़ी राजनीतिक शक्तियों के केंद्रस्थल समुद्रतट से बहुत दूर थे और समुद्र की ओर से कोई खतरा नहीं था, इसलिए प्राचीन भारत के राजाओं ने नौपरिवहन की ओर विशेष ध्यान नहीं दिया।

कला और साहित्य

प्राचीन भारत के राजमिस्त्री और शिल्पी सुंदर-सुंदर कलाकृतियाँ बनाते थे। अशोक द्वारा बनवाए गए अखंड प्रस्तर के स्तंभ अपनी चमकदार पालिश के लिए प्रसिद्ध हैं

और उनकी पालिश की तुलना उत्तरी काले पालिशदार मृद्भांड (एन० बी० पी० डब्ल्यू०) की पालिश से की जा सकती है। यह अब भी रहस्य बना हुआ है कि शिल्पकारों ने स्तंभों और मृद्भांडों पर कैसे इस तरह की पालिश की। मौर्यकालीन पालिशदार स्तंभों के शीर्ष पर पशुओं विशेषकर सिंहों की मूर्तियाँ हैं। सिंह की मूर्ति वाले स्तंभशीर्ष को भारत सरकार ने राष्ट्रीय चिह्न स्वीकार किया है। अजंता के गुहा-मंदिरों और विख्यात चित्रों का उल्लेख यहाँ गौरव के साथ किया जा सकता है, जो ईसवी सन् के आरंभकाल के हैं। एक प्रकार से अजंता एशियाई कला का जन्मस्थान है। वहाँ ईसा-पूर्व दूसरी और ईसा की सातवीं सदियों के बीच अनेक गुहा-मंदिर बने जिनकी संख्या 30 तक है। चित्रों की रचना ईसा की दूसरी सदी में शुरू हुई। अधिकतर चित्र गुप्तकाल के बने हैं। उनके विषय जातक कथाओं और प्राचीन साहित्यों से लिए गए हैं। अजंता के चित्रकारों की उपलब्धियों की सराहना सभी कला-मर्मज्ञों ने मुक्त कंठ से की है। अजंता की रेखाएँ और रंग पुनर्जागरण के पहले संसार भर में कहीं नहीं पाई गई हैं। इतना ही नहीं, भारतीय कला भारत के भीतर ही नहीं समाई रही, वह एक ओर मध्य एशिया और चीन तक तथा दूसरी ओर दक्षिण-पूर्व एशिया तक फैल गई। अफगानिस्तान और मध्य एशिया के पड़ोसी भाग में भारतीय कला के प्रसार का केंद्रबिंदु गंधार था। भारतीय कला और यूनानी कला दोनों के तत्त्वों के सम्मिश्रण से नई कला शैली का जन्म हुआ जो गांधार शैली के नाम से प्रसिद्ध है। बुद्ध की पहली प्रतिमा इसी शैली में बनी है। उनके नाक-नक्श तो भारतीय हैं, लेकिन उनके आकार में तथा सिर की रचना और वस्त्र-विन्यास में यूनानी प्रभाव दिखाई देता है। इसी प्रकार दक्षिण भारत में बने मंदिर तो दक्षिण-पूर्व एशिया में मंदिर निर्माण के आदर्श ही बन गए। हम कंपूचिया में अंकोरवट के मंदिर और जावा में बोरोबुदुर के मंदिर की चर्चा कर चुके हैं।

शिक्षा के क्षेत्र में नालंदा का बौद्ध महाविहार उल्लेखनीय है। वहाँ न केवल भारत के विभिन्न भागों से, बल्कि तिब्बत और चीन से भी बौद्ध छात्र पढ़ने के लिए आते थे। परीक्षा का मानदंड कड़ा था। इसमें प्रवेश केवल उन्हीं का होता था जो द्वारपंडित द्वारा ली गई परीक्षा में उत्तीर्ण होते थे। नालंदा का महाविहार आवासीय-सह-शिक्षण संस्थान का सबसे प्राचीन उदाहरण है। यहाँ विद्या, दर्शन और ध्यान के प्रति समर्पित हज़ारों भिक्षु रहते थे।

साहित्य के क्षेत्र में प्राचीन भारतीयों ने *ऋग्वेद* की रचना की है जो हिंद-आर्य साहित्य की सबसे पुरानी कृति है और जिसके आधार पर आर्य संस्कृति का स्वरूप बनाने की चेष्टा की गई है। गुप्तकाल में हम कालिदास की कृतियाँ पाते हैं। कालिदास के नाटक *अभिज्ञानशाकुंतलम्* का अनुवाद विश्व की सभी प्रमुख भाषाओं में हुआ है।

कालक्रम

छठी शताब्दी ई० पू०	चार्वाक का लोकायत अथवा भौतिकवादी दर्शन।
580 ई० पू०	कपिल अथवा सांख्य मत के जनक की जन्मतिथि।
पाँचवीं शताब्दी ई० पू०	शुल्वसूत्रों में मापन और ज्यामिति का वर्णन है।
450 ई० पू०	पाणिनि ने संस्कृत व्यकरण *अष्टाध्यायी* की रचना की।
तीसरी शताब्दी ई० पू०	गणित, खगोलशास्त्र और आयुर्विज्ञान का स्वतंत्र विकास। अशोक के अभिलेखों में प्रयुक्त भारतीय अंक, अंग्रेजी में अरबी अंक कहे जाते हैं, लेकिन अरबों के द्वारा हिंदसा कहे जाते हैं।
द्वितीय शताब्दी ई० पू०	शून्य का आविष्कार। यज्ञवेदी के निर्माण के लिए आपस्तंब के द्वारा व्यावहारिक ज्यामिति की रचना।
पहली शताब्दी ई०	ईसाई धर्म का आगमन।
द्वितीय शताब्दी ई०	सुश्रुत और चरक का काल।
पाँचवीं शताब्दी ई०	दशमलव के प्रयोग का अभिलेखीय साक्ष्य।
476–540 ई०	*आर्यभटीय* के रचयिता आर्यभट की तिथि।
छठी शताब्दी ई०	वराहमिहिर और उनकी प्रसिद्ध कृति *वृहत्संहिता* की तिथि।
873 ई०	अरब में शून्य के प्रयोग की प्राचीनतम तिथि।

ग्रंथ-सूची
(BIBLIOGRAPHY)

General and Survey Books

Aiyangar, Rangaswami K.V., *Some Aspects of Ancient Indian Polity*, Patna, Eastern Book House, 1988.

Antonova, K., G. Bongard-Levin, *A History of India,* 2 Books, Moscow, Progress and G. Kotovsky Publishers, 1979.

Basham, A.L., *The Wonder that was India* (A survey of the history and culture of the Indian subcontinent before the coming of the Muslims), 3rd edn., Canberra, Sidgwick and Jackson, 1967.

Basham, A.L., ed. *A Cultural History of India,* Oxford, Clarendon Press, 1975.

Bongard-Levin, G.M. *Ancient Indian Civilisation*, New Delhi, Arnold Associates, 1996.

Dhavalikar, M.K., *Historical Archaeology of India*, New Delhi, Books and Books, 1999.

Durant, Will, *The Story of Civilisation,* vol. 1, Our Oriental Series, New York, Simon and Schuster, 1942.

Dutta, N.K., *Origin and Growth of Caste in India,* vols 1 and 2, 1st combined reprint edition, Calcutta, K.L. Mukhopadhyaya, 1986.

Dutt, Romesh Chander, *A History of Civilisation in Ancient India*, 2 vols., New Delhi, Cosmo Publication, 2000.

Filliozat, J., *Political History of India from the Earliest Times to the 7th Century A.D.,* Calcutta, Susil Gupta (India) Ltd, 1957.

Ghosh, A., ed. *An Encyclopaedia of Indian Archaeology*, 2 vols., New Delhi, Munshiram Manoharlal, 1989.

Ghoshal, U.N., *A History of Indian Political Ideas,* Bombay, Oxford University Press, 1959.

Gluckman, M., *Politics, Law and Ritual in Tribal Society,* Oxford, Basil Blackwell, 1971.

Godelier, M., *Perspectives in Marxist Anthropology,* Cambridge, Cambridge University Press, 1977.

Gonda, J., *Change and Continuity in Indian Religion*, New Delhi, Munshiram Manoharlal, 1997.

Goody, Jack, *The Oriental, the ancient and the primitive systems of marriage and the family in the pre-industrial societies of Eurasia,* Cambridge, Cambridge University Press, 1990.

Heidrich, Joachim, ed. *Indian Culture: Continuity and Discontinuity,* In Memory of Hiltrud Rustau and Walter Ruben (1899-1982), Berlin, trafo Diathelm Weidemann verlag, 2002.

Herrmann, J. and E. Ziircher, ed. *History of Humanity, Scientific and Cultural Development,* vol. 3, *From the Seventh Century BC to the Seventh Century AD,* Paris, UNESCO, 1996.

Huttan, J.H., *Caste in India,* 4th edn., London, Oxford University Press, 1963.

Jaiswal, Suvira, *Caste: Origin, Function and Dimensions of Change*, New Delhi, Manohar, 1998.

Jha, D.N., ed. *Society and Ideology in India: Essays in Honour of R.S. Sharma*, New Delhi, Munshiram Manoharlal, 1996.

________, *Ancient India in Historical Outline,* New Delhi, Manohar, 1998.

Kapadia, K. M., *Marriage and Family in India*, 3rd edn., Calcutta, Oxford University Press, 1966.

Karve, Iravati, *Hindu Society An Interpretation*, Pune, Deshmukh Prakashan, 1968.

Kosambi, D.D., *An Introduction to the Study of Indian History*, Bombay, Popular Prakashan, 1956.

________, *The Culture and Civilisation of Ancient India in Historical Outline*, New Delhi, Vikas Publishing House Pvt. Ltd., 4th Impression, 1976.

________, *Combined Method in Indology and Other Writings*, ed. B.D. Chattopadhyaya, New Delhi, Oxford University Press, 2002.

Kulke, Hermann and Dietmar Rothermund, *A History of India,* 3rd edn., London, Routledge, 1988.

Majumdar, R.C., H.C. Raychaudhuri and K. K. Datta, *An Advanced History of India,* 3rd edn., Delhi, Macmillan India, 1974.

Mauss, Marcel, *The Gift Forms and Functions of Exchange in Monarchic Societies,* London, Cohen and West Ltd, 1970.

Morgan, L.H., *Ancient Society,* New York, Holt and Co., 1877.

Nilakanta Sastri, K. A., *History of India,* part 1, *Ancient India,* Madras, S. Vishwanathan, 1950.

Rai, G.K., *Involuntary Labour in Ancient India,* Allahabad, Chaitanya Publishing House, 1981.

Rapson, E.J., ed. *The Cambridge History of India,* vol. 1, *Ancient India,* Cambridge, Cambridge University Press, 1922; 1st Indian reprint, Delhi, S. Chand & Co., 1966.

Ray, Niharranjan, *An Approach to Indian Art,* Chandigarh, Panjab University, 1974.

Raychaudhuri, Hemachandra, *Political History of Ancient India* with a Commentary of B. N. Mukherjee, New Delhi, Oxford University Press, 1996.

Renfrew, C. and P. Bahn, *Archaeology Theory, Methods and Practice,* London, Thames and Hudson, 1991.

Roberts, J.M., *The Penguin History of the World,* 3rd edn., Harmondsworth, Penguin, 1995.

Settar, S. and Ravi Korisettar, ed. *Indian Archaeology in Retrospect,* 4 vols., New Delhi, Indian Council of Historical Research and Manohar, 2002.

Sharma, R.S., *Perspectives in Social and Economic History of Early India,* Paperback edn., New Delhi, Munshiram Manoharlal, 2003.

________, *Aspects of Political Ideas and Institutions in Ancient India,* 4th revised edn., Delhi, Motilal Banarsidass, 1996.

________, *Sudras in Ancient India,* A social history of the lower order down to *circa* A. D. 600, Delhi, Motilal Banarsidass, 2002.

________, and V. Jha, ed. *Indian Society: Historical Probings, D. D. Kosambi Volume,* New Delhi, People's Publishing House, 1974.

Sircar, D.C., ed. *Select Inscriptions bearing on Indian History and Civilisation,* vol.1, *From the Sixth Century B.C. to the Sixth Century A.D.,* 2nd edn., Calcutta, University of Calcutta, 1965; vol.2, *From the Sixth Century to the Eighteenth Century A.D.,* Delhi, Motilal Banarsidass, 1983.

Subbarao, B., *The Personality of India,* 2nd edn., Baroda, The University of Baroda, 1958.

Thapar, B.K., *Recent Archaeological Discoveries in India,* Paris/Tokyo, UNESCO/The Centre for East Asian Cultural Studies, 1985.

Thapar, Romila, *Ancient Indian Social History*, Hyderabad, Orient Longman Limited, 1978.

________, ed. *Recent Perspectives of Early Indian History,* Bombay, Popular Prakashan, 1995.

________, *Cultural Past Essays in Early Indian History, N*ew Delhi, Oxford University Press, 2000.

________, *Early India From the Origins to AD 1300,* New Delhi, Penguin, 2001.

Tripathi, R.S., *History of Ancient India,* Delhi, Motilal Banarsidass, 1967.

Von, Herausgegeben, Joachim Herrmann and Jens Kohn, ed. *Familie, Staat and Gesellschaftsformation Family, State and the Formation of Society*, Berlin, Akademie-Verlag, 1988.

अध्याय 1: प्राचीन भारतीय इतिहास का महत्त्व

अध्याय 2: प्राचीन भारतीय इतिहास के आधुनिक लेखक

अध्याय 3: स्रोतों के प्रकार और इतिहास का निर्माण

Secondary Sources

Agrawal, D.P., *The Archaeology of India,* New Delhi, Select Book Service Syndicate, 1984.

Altekar, A.S., *State and Government in Ancient India,* Delhi, Motilal Banarsidass Publishers Pvt. Ltd, 1996.

Basham, A.L., *The Wonder that was India, op. cit.*

Beal, Samuel, *Si-Yu-Ki, Buddhist Records of the Western World,* translated from the Chinese Hieuen Tsang (A.D. 629), London, Trubner and Co., 1884, reprinted, Delhi, Oriental Books Reprint Corporation, 1969.

Bentley, Michael, ed. *Companion to Historiography,* 1st edn., London/ New York, Routledge, 1997.

Bhandarkar, R.G., *Vaishnavism, Shaivism and Minor Religious Sects,* reprinted, Varanasi, Indological Book House, 1965.

Binford, S.R. and L.R. Binford, ed. *New Perspectives in Archaeology,* Chicago, Aldine, 1968.

Binford, Lewis R., *An Archaeological Perspective,* New York, Seminar Press, 1972.

Block, Marc, *The Historian's Craft,* Manchester, Manchester University Press, 1954.

Bottomore, T.B., *Sociology a guide to problems and literature,* 2nd edn., London, George Allen and Unwin Ltd, 1971.

Braudel, Fernand, *On History,* tr. Sarah Mattews, Weidenfield and Nicolson, London, University of Chicago, 1980.

Bury, J.B., *Ancient Greek Historians,* New York, Dover Publication, 1958.

Butterfield, Herbert, *Man on His Past*, London, Cambridge University Press, 1955.

Carr, E.H., *What is History?* Harmondsworth, Pelican Books, 1964.

Chattopadhyaya, Brajadulal, *Representing the Other? Sanskrit Sources and Muslims*, New Delhi, Manohar, 1998.

_________, *Studying Early India* Archaeology, Texts and Historical Issues, New Delhi, Permanent Black, 2003.

Childe, V. Gordon, *History,* London, Cobbet Press, 1947.

Collingwood, R.G., *The Idea of History*, New York, Oxford University Press, 1966.

Crook, Negel, ed. *The Transmission of Knowledge in South Asia Essays on Education, Religion, History and Politics,* New Delhi, Oxford University Press, 1996.

Evans, John G., *An Introduction to Environmental Archaeology,* Ithaca, New York, Cornell University Press, 1975.

Farquhar, J.N., *An Outline of Hindu Religious Literature,* Oxford, Oxford University Press, 1919.

Filliozat, J., *op.cit.*

Finley, M.I., *The Use and Abuse of History,* London, Chatto and Windus, 1975.

Ghosh, A., *op. cit.*

Ghoshal, U.N., *Studies in Indian History and Culture*, 2nd revised edn., New Delhi, Orient Longman, 1965.

________, *A History of Indian Public Life,* Bombay, Oxford University Press, 1966.

Giles, Herbert Alen, tr. *The Travels of Fa-hsien (399-414) or Record of the Buddhistic Kigndoms*, Cambridge, The Cambridge University Press, 1923.

Gopal, S. and Romila Thapar, *Problems of Historical Writings in India,* New Delhi, India International Centre, 1963.

Gottlof, Michael, ed. *Historical Thinking in South Asia*, New Delhi, Oxford University Press, 2003.

Goyal, Shankar, *Recent Historiography of Ancient India,* Jodhpur, Kusumanjali Prakashan, 1997.

Gupta, Parmeshwari Lal, *Coins,* 2nd revised edn., New Delhi, National Book Trust, India, 1979.

Habib, Irfan, *Essays in Indian History Towards a Marxist Perception,* New Delhi, Tulika, 1995.

Herodotus, *The Histories,* Harmandsworth (Middlesex), Penguin Books Ltd., 1954.

Hodder, L., *Reading the Past,* Cambridge, The Cambridge University Press, 1986.

Jain, Jyoti Prasad, *The Jaina Sources of the History of Ancient India,* New Delhi, Munshiram Manoharlal, 1964.

Jain, Rekha, *Ancient Indian Coinage: A Systematic Study of Money Economy from the Janapadas to the Early Medieval Period (600 BC to AD 1200)*, New Delhi, D.K. Print World, 1995.

Jayaswal, K.P., *Hindu Polity, A Constitutional History of India in Hindu Times,* parts 1 and 2, Patna, Eastern Bank House, 1988.

Kane, P.V., *History of Dharmasastra,* 5 vols, 2nd edn., Poona, Bhandarkar Oriental Research Institute, 1968-77.

Kosambi, D.D., *An Introduction to the Study of Indian History, op. cit.*

________, *Myth and Reality, Studies in the Formation of Indian Culture,* Bombay, Popular Prakashan, 1962.

________, *The Culture and Civilisation of Ancient India in Historical Outline, op.cit.*

Majumdar, R.C., *Classical Accounts of India,* Calcutta, Firma K.L. Mukhopadhyay, 1960.

McCrindle, J.W., *Ancient India as described by Ptolemy,* reprinted, New Delhi, Today and Tomorrow's Printers and Publishers, 1885.

________, *Ancient India as described in Classical Literature,* reprinted, New Delhi, Oriental Books Reprint Co., 1979.

________, *Ancient India as described by the Commerce and Navigation of the Erythrean Sea and Ancient India as described by Kteslas the Knidian,* Patna, Eastern Book House, 1987.

Muir, J., *Original Sanskrit Texts,* 5 vols, 1872; reprinted, Delhi, Oriental Publishers, 1976.

Nilkanta Sastri, K.A., *History of India,* part 1, *Ancient India, op. cit.*

________, *Sources of Indian History with Special Reference to South India,* New Delhi, Asia Publishing House, 1964.

________, *Aspects of India's History and Culture,* Delhi, Oriental Publishers, 1974.

Pathak, V.S., *Ancient Historians of India: A Study in Historical Biographies,* Bombay, Asia Publishing House, 1966; 2nd Impression, Gorakhpur, Purva Sansthana, 1984.

Phillips, C.H., ed. *Historians of India, Pakistan and Ceylon,* London, Oxford University Press & SOAS, 1961.

Puri, B.N., *Ancient Indian Historiography,* Delhi, Atma Ram and Sons, 1994.

Rajwade, Vishwanath Kashinath, *Bharatiya Vivah Samstha Ka Itihas,* New Delhi, Peoples Publishing House, 1986. Tr. by Kamla Bhawe into Hindi from Marathi edn., Pune, Pragatik Pustak Prakashan, 1926.

Rapson, E.J., ed. *The Cambridge History of India*, vol. 1. *Ancient India, op.cit.*

Rawlinson, H.G., *A Concise History of the Indian People,* 2nd edn., London, Oxford University Press, 1950.

Ray, Niharranjan, ed. *A Sourcebook of Indian Civilisation,* Hyderabad, Orient Longman Ltd., 2004.

Raychaudhuri, Hemachandra, *Political History of Ancient India, op. cit.*

Schiffer, Michael B., ed. *Archaeological Method and Theory,* Tueson, University of Arizona Press, 1992.

Schoff, Wilfred H., *The Periplus of the Erythraean Sea,* Travel and Trade in the Indian Ocean by a Merchant of the First Century, 2nd edn., New Delhi, Oriental Books Reprint Corporation, 1974; originally published New York, Longmans Green & Co., 1912.

Settar, S. and Ravi Korisettar, ed. *Indian Archaeology in Retrospect,* 4 volumes, New Delhi, ICHR and Manohar, 2002.

Sharma, R.S., ed. *A Survey of Research in the Social and Economic History of India,* New Delhi, Indian Council of Historical Research and Ajanta Press, 1986.

Shrimali, K.M., ed. *Reason and Archaeology,* Delhi, Association for the Study of History and Archaeology, 1998.

________, ed. *Indian Archaeology Since Independence,* Delhi, Association for the Study of History and Archaeology, 1996.

Spriggs, Mathew, ed. *Marxist Perspectives in Archaeology,* Cambridge, Cambridge University Press, 1984.

Tewari, S.P., *Contributions of Sanskrit Inscriptions to Lexicograpy*, Delhi, Agam Kala Prakashan, 1987.

Thapar, Romila, *Time as a Metaphor of India: Early India,* New Delhi, Oxford University Press, 1996.

________, *Early India, op. cit.*

Warder, A.K., *An Introduction to Indian Historiography,* Bombay, Popular Prakashan, 1972.

Watters, T., *On Yuan Chwang's Travels in India,* ed. T. Rhys Davids and S. Bushell, London, 1904-05; Indian reprint, New Delhi, Munshiram Manoharlal, 1974.

Webster, John C.B., *An Introduction to History,* 2nd edn., Delhi, Macmillan, 1981.

Wells, Spencer, *The Journey of Man A Genetic Odyssey*, New Jersey, Princeton and Oxford, 2002.

Wheeler, R.E.M., *Archaeology from the Earth,* A Pelican Book, 1956.

Winternitz, Maurice, *A History of Indian Literature,* vol. 1, 1905; tr. from German by Srinivasa Sarma, Delhi, Motilal Banarsidass, 1981.

Winks, Robin W., ed. *The Historian as Detective: Essays on Evidence,* New York, Harper and Row, 1968.

अध्याय 4: भौगोलिक ढाँचा

अध्याय 5: पारिस्थितिकी और पर्यावरण

Secondary Sources

Agrawal, D.P., *Man and Environment in India Through the Ages,* New Delhi, Books and Books, 1992.

Allaby, Michael, *Oxford Dictionary of Ecology*, paperback 2nd edn., Oxford, Oxford University Press, 1998.

Bennet, John W., *Human Ecology as Human Behaviour,* New Brunswick, Transaction Publishers, 1996.

Bharadwaj, O.P., *Studies in the Historical Geography of Ancient India,* Delhi, Sandeep Prakashan, 1986.

Bhattacharya, D.K., *Ecology and Social Formation in Ancient History,* Calcutta, K.P. Bagachi & Company, 1990.

Bultzer, Karl W., *Environment and Archaeology: An Ecological Approach to Prehistory,* Chicago, Aldine, 1971.

________, *Archaeology as Human Ecology,* Cambridge, Cambridge University Press, 1982.

Dalfes, H.N., G. Kukla and H. Weiss, ed. *Third Millennium BC Climate Change and Old World Collapse,* Berlin, Springer, 1997.

Dey, Nundo Lal, *The Geographical Dictionary of Ancient and Medieaval India*, 3rd edn., New Delhi, Oriental Books Reprint Corporation, 1971.

Dhavalikar, M.K., *Environment and Culture A Historical Perspective,* Pune, Bhandarkar Oriental Research Institute, 2002.

Fairbridge, R.W., ed. *Encyclopaedia of Geomorphology,* New York, Reinhold Book Corp., 1968.

Gadgil, M. and R. Guha, ed. *The Fissured Land: An Ecological History of India,* New Delhi, Oxford University Press, 1992.

Grove, Richard H., Vinita Damodaran and Satpal Sangwan, *Nature and the Orient,* New Delhi, Oxford University Press, 1998.

Hagget, Peter, *Geography A Modern Synthesis,* revised 3rd edn., New York, Harper and Row, 1979.

Hughes, J.D., *Ecology in Ancient Civilisations,* Albuquerque, University of New Mexico Press, 1975.

Lamb, H.H., *Climate-Past, Present and Future*, vol. 1, London, Methuen & Co. Ltd., 1972.

________, *Climate-Past, Present and Future,* vol. 2, London, Methuen & Co. Ltd., 1977.

Law, B.C., *Historical Geography of Ancient India,* reprinted, New Delhi, Oriental Books Reprint Corporation, 1984.

Mathur, S.M., *Physical Geology of India,* New Delhi, National Book Trust, India, 1986.

Schwartzberg, Joseph E., *Historical Atlas of South Asia,* Chicago, The University of Chicago Press, 1978.

Spate, O.H.K. and A.T.H. Learmonth, *India and Pakistan: A General and Regional Geography,* London, Methuen & Co. Ltd, 1967.

Wadia, M.D.N., *Geology of India,* New Delhi, Tata Mcgraw Hill Publishing Co., 1978.

________, *Minerals of India,* 4th edn., New Delhi, National Book Trust, India, 1983.

Whyte, Ian D., *Climate Change and Human Society,* London, Arnold, 1995.

अध्याय 6: भाषाई ढाँचा

Secondary Sources

Andronov, M.S., *Dravidian Language,* Moscow, 'Nauka' Publishing House, 1970.

________, *The Brahui Language,* Moscow, 'Nauka' Publishing House, 1980.

Basham, A.L., ed. *A Cultural History of India, op. cit.*

Beveniste, E., *Indo-European Language and Society,* London, Faber and Faber, 1973.

Buck, C.D., *A Dictionary of Selected Synonyms in the Principal Indo-European Languages,* Chicago, University of Chicago Press, 1949.

Burrow, T., *The Sanskrit Language,* London, Faber and Faber, 1955.

Grierson, G.A., Compiled and ed. *Linguistic Survey of India*, Introductory vol. 1, part 1, Govt of India, 1st edn., 1927; reprinted, Delhi, Motilal Banarsidass, 1967.

Hoffmann, Rev John and Rev Arthur Van Emelen, *Encyclopaedia Mundwica,* Patna, Supdt., Govt Printing (Bihar), 1950.

Macdonell, A.A., *A History of Sanskrit Literature,* 1899; reprinted, New Delhi, Munshiram Manoharlal, 1972.

Mallory, J.P., *In Search of the Indo-Europeans Language, Archaeology and Myth,* 1st edn., London, Thames and Hudson, 1991.

Singh, K.S. and S. Manoharan, *Language and Scripts,* People of India, vol. 9, New Delhi, Oxford University Press, 1993.

Turner, R.L., *A Comparative Dictionary of the Indo-Aryan Languages,* London, Oxford University Press, 1966.

Vidyarthi, L. P. and Binay Kumar Rai, *The Tribal Culture of India,* New Delhi, Concept Publishing Company, 1976.

Zide, Norman H., ed. *Current Trends in Linguistics,* vol. 5, *Linguistics in South Asia,* The Hague, Mouton, 1969.

अध्याय 7: मानव का उद्भव और विकासः प्राचीन प्रस्तर युग

अध्याय 8: नवपाषाण युगः प्रथम खाद्य उत्पादक एवं पशुपालक

अध्याय 9: ताम्रपाषाण कृषक संस्कृतियाँ

Secondary Sources

Allchin, Raymond and Bridget, *The Rise of Civilisation in India and Pakistan,* New Delhi, Cambridge University Press, 1982.

________ , *Origins of a Civilisation The Prehistory and Early Archaeology of South Asia,* 1st edn., New Delhi, Penguin, 1997.

Balasubramanian, D. and N. Appaji Rao, *The Indian Human Heritage,* Hyderabad, Universities Press (India) Ltd, 1998.

Bhan, Suraj, 'The Sequence and Spread of Prehistoric Cultures in the Upper Sarasvati Basin' in D.P. Agrawal and A. Ghosh ed. *Radiocarbon and Indian Archaeology,* Bombay, The Institute of Fundamental Research, 1973, pp. 252-63.

Bhattacharya, D.K., *An Outline of Indian Prehistory,* 4th edn., Delhi, Palaka Prakashan, 1994.

Chakrabarti, D.K., *India An Archaeological History Palaeolithic Beginnings to Early Historic Foundations,* New Delhi, Oxford University Press, 1999.

Childe, V. Gordon, *Man Makes Himself,* London, Watt, 1948.

DeLaet, S.J., ed. *History of Humanity,* vol. 1, *Prehistory and the Beginning of Civilisation,* Paris, UNESCO, 1996.

Farooqui, Amar, *Early Social Formations,* New Delhi, Manak, 2001.

Ghosh, A., ed. *op. cit.*

Gupta, S.P., *Archaeology of Soviet Central Asia and the Indian Borderlands,* vol. 1 (Prehistory) and vol. 2 (Protohistory), Delhi, B.R. Publishing Corporation, 1979.

Habib, Irfan, *Prehistory,* New Delhi, Aligarh Historians Society & Tulika, 2001.

Jain, K.C., *Prehistory and Protohistory of India,* 1st edn., New Delhi, Agam Kala Prakashan, 1979.

Jayaswal, Vidula, *Palaeohistory of India A Study of the Prepared Core Technique,* Delhi, Agam Kala Prakashan, 1978.

Joshi, R.V., *Stone Age Cultures of Central India,* Poona, Deccan College, 1979.

Narayan, Basudeo, *Prehistoric Archaeology of Bihar,* Patna, K.P. Jayaswal Research Institute, 1996.

Piggot, S., *Prehistoric India,* Harmondsworth, Penguin Books Ltd, 1950.

Raikes, Robert, *Water, Weather and Prehistory,* London, John Baker, 1968.

Ray, Reba, *Ancient Settlement Patterns of Eastern India, Prehistoric Period,* Calcutta, Pearl Publishers, 1987.

Roberts, J.M., *History of the World,* London, Penguin, 1995.

Sahu, B.P., *From Hunters to Breeders* (*Faunal Background of Early India*), Delhi, Anamika Prakashan, 1988.

Sankalia, H.D., *Prehistory and Protohistory of India and Pakistan,* 2nd edn., Poona, Deccan College Postgraduate and Research Institute, 1974.

Settar, S. and Ravi Korisettar, ed. *Indian Archaeology in Retrospect,* vol. 1, *Prehistory, Archaeology of South Asia;* vol. 3, *Archaeology and Interactive Disciplines, op. cit.*

Sharma, G.R., V.D. Mishra, D. Mandal, B.B. Misra and J.N. Pal, *Beginnings of Agriculture (Epi-Palaeolithic to Neolithic:Excavations at Chopani-Mando, Mahadaha and Mahagara),* Allahabad, Abinash Prakashan, 1980.

Stacul, Giorgio, *Prehistoric and Protohistoric Swat, Pakistan (C. 3000-1400 BC)*, Rome, ISMEO, 1987.

White, Leslie, *Evolution of Culture,* New York, McGrew Hill, 1959.

अध्याय 10: हड़प्पा संस्कृतिः कांस्ययुगीन नगरीकरण

Original Sources

Archaeology and Inscriptions

Allchin, F.R. and J.P. Joshi, *Excavations at Malvan,* New Delhi, Archaeological Survey of India, 1995.

Bhan, Suraj, *Excavation at Mitathal (1968) and other Explorations in the Sutlaj-Yamuna Divide*, Kurushetra, Kurushetra University, 1975.

Bisht, R.S., 'Dholavira: New Horizons of the Indus Civilisation' in *Puratattva,* no. 20, 1989-90, pp. 71-82.

Joshi, J.P., *Excavation of Surkotada and Exploration in Kutch,* New Delhi, Archaeological Survey of India, 1990.

________, *Excavation at Bhagwanpura 1975-76 and other Explorations 1975-81 in Haryana, Jammu & Kashmir and Punjab*, New Delhi, Archaeological Survey of India, 1993.

Marshall, J., ed. *Mohenjo-Daro and the Indus Civilisation,* 3 vols., London, Arthur Probsthain, 41 Great Russel Street, 1931.

Meadow, R.H., ed. *Harappa Excavation (1986-1990),* Madison, Wisconsin, Prehistory Press, 1991.

Nath, Amarendra, 'Rakhigarhi: A Harappa Metropolis in the Saraswati-Drishadavati Divide' in *Purattava,* no. 28, 1997-98, pp. 39-45.

________, 'Further Excavations at Rakhigarhi' in *Purattava*, no. 29, 1998-99, pp. 46-49.

Parpola, Asko, *Corpus of Indus Seals and Inscriptions,* vol. 1 *Collections in India* (with J.P. Joshi) and vol. 2 *Collections in Pakistan* (with S.G.M. Shah), Helsinki, Suomalainen Tiedeakatemia, 1987 and 1991.

Vats, Madho Sarup, *Excavations at Harappa,* vol. 1, New Delhi, Archaeological Survey of India, 1999.

Secondary Sources

Allchin, B. and R. Allchin, *The Rise of Civilisations in India and Pakistan, op. cit.*

Allchin, Raymond and Bridget, *The Birth of Indian Civilisation,* New Delhi, Penguin Books India Pvt. Ltd, 1993.

Banerjee, Arundhati, *Early Indian Terracotta Art, Circa 2000-300 BC (Northern and Western India)*, New Delhi, Harman Publishing House, 1994.

Bisht, R.S., 'Secrets of the water fort (Dholavira)' in *Down to Earth*, May 15, 1994, pp. 25-31.

Chakrabarti, D.K., *The External Trade of the Harappans,* New Delhi, Munshiram Manoharlal, 1990.

DeLaet, S.J., ed. *History of Humanity,* vol. 2, *From the Third Millennium to the Seventh Century BC,* Paris, UNESCO, 1996.

Dhavalikar, M.K., *Cultural Imperialism Indus Civilisation in Western India,* 1st edn., New Delhi, Books and Books, 1995.

Fairservis, (Jr.) A. Walter, *The Roots of Ancient India,* New York, George Allan and Unwin, 1971.

Ghosh, A., ed. *op. cit.*

Gupta, S.P., ed. *The 'Lost' Sarasvati and the Indus Civilisation,* Jodhpur, Kusumanjali Publishers, 1995.

Habib, Irfan, *The Indus Civilisation,* New Delhi, Aligarh Historians Society and Tulika, 2002.

Joshi, Jagat Pati and R.S. Bisht, *India and the Indus Civilisation*, New Delhi, National Museum Institute, 1994.

Kenoyer, Jonathan Mark, *Ancient Cities of the Indus Valley Civilisation,* New York, Oxford University Press, 1998.

Lal, B. B. and S.P. Gupta, ed. *Frontiers of Indus Civilisation-Mortimer Wheeler Commemoration Volume,* New Delhi, Books and Books, 1984.

Mackay, Ernest, *Early Indus Civilisation*, London, Clay and Sons, 1935; 2nd enlarged and revd edn., edited by D. Mackay, London, Luzac, 1948 and Delhi, Indological Book Corporation, 1976.

Mahadevan, I., *The Indus Script: Text, Concordance and Tables,* New Delhi, ASI, MASI 77, 1977.

Mishra, Madhusudan, *From Indus to Sanskrit,* Delhi, Yugank Publishers, 1996.

Mughal, M.R., 'Recent Archaeological Research in the Cholistan Desert' in G.L. Possehl ed. *Harappan Civilisation: A Comparative Perspective,* New Delhi, Oxford and IBH, 1982, pp. 107-24.

Parpola, Asko, *Deciphering the Indus Script,* 1st edn., Cambridge, Cambridge University Press, 1994.

Possehl, Gregory L., ed. *Ancient Cities of the Indus*, New Delhi, Vikas Publishing House, 1979.

________ , *Indus Valley Civilisation in Saurashtra,* New Delhi, B.R. Publishing Corporation, 1980.

________ , ed. *Harappan Civilization: A Comparative Perspective, op. cit.*

Raikes, Robert, 'The Mohenjodaro floods' in *Antiquity,* 39, 1965, pp. 126-203.

________ , 'Kalibangan-Death from natural causes' in *Antiquity,* 42, 1968, pp. 286-91.

Rao, S.R., *Lothal and the Indus Civilisation,* New Delhi, Asia Publishing House, 1973.

________ , *The Dawn and Devolution of the Indus Civilisation*, New Delhi, Aditya Prakashan, 1991.

Ratnagar, Shereen, *Encounters: The Westerly Trade of the Harappans,* New Delhi, Oxford University Press, 1981.

________ , *Enquiries into the Political Organisation of Harappan Society,* Pune, Ravish, 1991.

________ , *The End of the Great Harappan Tradition*, 1st edn., New Delhi, Manohar, 2000.

________ , Understanding Harappa, New Delhi, Tulika, 2001.

Settar, S. and Ravi Korisettar, ed. *Indian Archaeology in Retrospect,* vol. 2, *Protohistory, Archaeology of the Harappan Civilisation, op. cit.*

Sharma, R.S., 'Issues in the Identity of the Harappan Culture' in Joachim Heidrich, Hiltrud Riistau and Diethelm Weidemarm ed *Indian Culture: Continuity and Discontinuity, op. cit.,* pp. 33-38.

Subbarayappa, B.V., *Indus Script Its Nature and Structure,* Chennai, New Era Publications, 1996.

Thakran, R.C., *Dynamics of Settlement Archaeology (Haryana)*, New Delhi, Gyan Publishing House, 2000.

Weber, S.A., *Plants and Harappan Subsistence,* New Delhi, Oxford University Press.

Wheeler, R.E.M., *Early India and Pakistan,* London, Thames and Hudson, 1966.

________, *The Indus Civilisation*, 3rd edn., London, Cambridge University Press, Bentley House, 1968.

अध्याय 11: आर्य संस्कृति की पहचान

अध्याय 12: ऋग्वैदिक युग

अध्याय 13: उत्तर वैदिक अवस्था: राज्य और वर्णव्यवस्था की ओर

Original Sources

Texts and Translations

Aitareya Aranyaka, ed. & tr. by A.B. Keith, 1909, London, Oxford University Press, 1969.

Aitareya Brahmana, ed. R.R. Agashe, 2 parts, Poona, Anandasram, 1977-79.

The Atharvaveda, ed. by Devi Chand, tr. R.T.H. Griffith, 2 vols, reprinted, Varanasi, Chawkhamba Sanskrit Series Office, 1968; ed. Vishva Bandhu, Hoshiarpur, Vishveshvaranand Vedic Research Institute, 1960-62.

Brhadaranyaka Upanisad, ed. & tr. S.C. Vasu, Allahabad, The Panini Office, 1933.

Chandogya Upanisad, ed. & tr. Swami Gambhiranand, Calcutta, Advaita Ashrama, 1983.

Gopatha Brahmana, ed. Rajendra Lal Mitra, reprinted, Delhi, Indological House, 1972.

Jaiminiya Brahmana, ed. Raghu Vira and Lokesh Chandra, Nagpur, Sarasvati Vihar, 1954.

Kausitaki Brahmana, ed. B. Lindner, Jena, 1887; Eng. tr. A.B. Keith *Rigveda Brahmanas: The Aitareya and Kausitaki Brahmanas of the Rigveda,* Harvard University Press; 1st Indian rpt. edn., Delhi, Motilal Banarsidass, 1970.

Kathaka Samhita, ed. Leopold Von Schroder, Leipzig, F.A. Brockhaus, 1900-10.

Mahabharata, Text as Constituted in its Critical Edition, ed. Various hands, Poona, Bhandarkar Oriental Research Institute, 1927-1966.

Maitrayani Samhita, ed. Leopold Von Schroder, Leipzig, Otto Harrassowitz, 1923.

Pancavimsa Brahmana, (*Tandya Mahabrahmana*, part I), ed. A.C. Sastri, Benaras, Chawkhamba Sanskrit Series Office, 1935; (part II), Benaras, Jay Krishna Das-Haridas Gupta, 1936.

Ramayana, Gorakhpur, Gita Press, Vikram Samvat 2023.

Rigveda Samhita, with the commentary of Sayana, 5 vols, Pune, Vaidik Samshodhan Mandal, 1933-35; tr. under the title *The Hymns of the Rigveda*, Ralph T.H. Griffith, reprinted, Delhi, Motilal Banarsidass, 1986; tr. in German by R.F. Geldner as *Der Rigveda,* Harvard Oriental Series, nos. 33-5, Cambridge, Massachusetts, Harvard University Press, 1951-57.

Samaveda, Hymns of the Samaveda, tr. R.T.H. Griffith, New Delhi, Munshiram Manoharlal Pub. Pvt. Ltd, 1986.

Santi Parvan, In The Mahabharata as Constituted in its Critical Edition, vol. 3, Poona, Bhandarkar Oriental Research Institute, 1974.

Satapatha Brahmana, ed. Albrecht Weber, 1855, reprinted, Varanasi, Chawkhamba Sanskrit Series Office, 1964; tr. J. Eggeling, *Sacred Books of the East Series*. 12, 26, 41, 44 and 45, reprinted, Delhi, Motilal Banarsidass, 1963.

Srimadvalmikiya Ramayana, with Hindi tr., Janakinath Sharma, Gorakhpur, Gita Press, Vikrama Samvat 2033.

Taittiriya Aranyaka, Of the Black Yajur Veda with the Commentary of Sayanacarya, ed. R.L. Mitra, Calcutta, Bibliotheca Indica, 1872.

Taittiriya Brahmana, ed. A.N. Apte, Bombay, Anandasarama Sankrit Series, No. 37, 1898.

Taittiriya Samhita, tr. A.B. Keith, 2 vols, Cambridge, Harvard University Press, 1969; ed. T. N. Dharmadhikari, 2 vols, Poona, Vaidika Samsodhana Mandala, 1981.

The Zend Avesta, part 1, *The Vendidad,* tr. James Darmesteter; *Sacred Books of the East,* vol. 4, reprinted, Delhi, Motilal Banarsidass, 1992; part 2, *Sacred Books of the East,* vol. 23, reprinted, Delhi, Motilal Banarsidass, 1988; part 3, tr. L.H. Mills, *Sacred Books of the East,* vol. 31, reprinted, Delhi, Motilal Banarsidass, 1988.

Archaeology

Lal, B.B., 'Excavations at Hastinapur and other Explorations in the Upper Ganga and Satlej Basins 1950-52' in *Ancient India, nos.* 10-11 (1954-55), pp. 5-151.

Secondary Sources

Altekar, A.S., *The Position of Women in Hindu Civilisation,* Delhi, Motilal Banarsidass, 1965.

Basu, Jogiraj, *India of the Age of the Brahmanas Ancient Indian Culture and Civilisation as Revealed in the Brahmanas,* Calcutta, Sanskrit Pustak Bhandar, 1969.

Bhattacharji, Sukumari, *Literature in the Vedic Age,* vol. 1, *The Samhitas,* Calcutta, K.P. Bagchi & Company, 1984.

_________ , *Literature in the Vedic Age,* vol. 2, *Brahmanas, Aranyakas, Upanisadas and Sutras,* Calcutta, K.P. Bagchi & Company, 1986.

Bongard-Levin, G.M., *The Origin of Aryans From Scythis to India,* New Delhi, Arnold-Heinemann Publishers (India) Pvt. Ltd, 1980.

Bryant, Edwin, *The Quest for the Origins of Vedic Culture The Indo-Aryan Migration Debate,* Delhi, Oxford University Press, 2001.

Chattopadhyaya, *Studies in Vedic and Indo-Iranian Literature,* vol. 2, Kshetresh Chandra Varanasi, Bhartiya Vidya Prakashan, 1978.

Chawla, Jyotsna, *The Rgvedic Deities and Their Iconic Forms,* New Delhi, Munshiram Manoharlal, 1990.

Choudhary, B.K., *From Kinship to Social Hierarchy, The Vedic Experience,* Patna, K.P. Jayaswal Research Institute, 1999.

Claessen, H.J.M. and P. Skalnik, *The Early State,* The Hague, Mouton, 1978.

Cohen, Ronald and Elman R. Service, ed. *Origins of the State The Anthropology of Political Evolution,* Philadelphia, Institute for the Study of Human Issues, 1978.

Dandekar, R. N., *Vedic Bibliography,* vol. 5, Pune, Bhandarkar Oriental Research Institute, 1993.

Dange, S.A., *Cultural Sources from the Vedas,* Bombay, Bharatiya Vidhya Bhawan, 1977.

Dani, A.H. and V. M. Masson, ed. *History of Civilisations of Central Asia,* vol. 1, Paris, UNESCO Publishing, 1992.

Deshpande, Madhav M. and Peter Edwin Hook, ed *Aryan and Non Aryan in India,* Ann Arbor, University of Michigan Press, 1979.

Drekmeir, C., *Kingship and Community in Early India,* Bombay, Oxford University Press, 1962.

Erdosy, George, ed. *The Indo-Aryans of Ancient South Asia Language, Material Culture Ethnicity,* Berlin, Walter de Gruyter and Co., 1995; 1st Indian edn., New Delhi, Munshiram Manoharlal, 1997.

Gamkrelidge, T.V. and V.V. Ivanov, *Indo-European and the Indo-Europeans,* pt. 1, The Text, New York, Mouton de Gruyter, 1995.

Ghosh, A., ed. *op. cit.*

Ghurye, G.S., *Vedic India,* Bombay, Popular Prakashan, 1979.

Habib, Irfan, ed. *A Shared Heritage: The Growth of Civilisations in India and Iran,* New Delhi, Tulika Books, 2002.

Heesterman, J.C., *The Ancient Indian Royal Consecration,* The Hague, Mouton and Co., 1957.

Jha, D.N., *The Myth of the Holy Cow,* London/New York, Verso, 2002.

Jones, Grant D. and Robert R. Kautz, ed. *The Transition to Statehood in the New World,* Cambridge, Cambridge University Press, 1981.

Keith, A.B., *Religion and Philosophy of the Vedas,* London, Oxford University Press, 1925.

Kenoyer, J.M., ed. *Old Problems and New Perspectives of the Archaeology of South Asia,* vol. 2, Madison, Wisconsin Archaeological Reports, 1989.

Kochhar, Rajesh, *The Vedic People: Their History and Geography,* reprinted, Delhi, Orient Longman, 2000.

Kuiper, F.B.J., *Aryans in the Rigveda,* Amesterdam, Atlanta, G.A, Rodopi B.V., 1991.

Lincoln, Bruce, *Priest, Warriors and Cattle,* Berkeley and Los Angeles, University of California Press, 1982.

Macdonell, A.A., *The Vedic Mythology,* reprinted, Varanasi, Indological Book House, 1963.

________ and A.B. Keith, *Vedic Index of Names and Subjects,* 2 vols., Delhi, Motilal Banarsidass, reprint, 1982.

Majumdar, R.C., ed.*The History and Culture of the Indian People,* vol. 1, *The Vedic Age,* Bombay, Bharatiya Vidya Bhawan, 1951.

Mallory, J.P., *In Search of the Indo-Europeans, Language, Archaeology and Myth,* London, Thames and Hudson, 1989.

Mauss, Marcel, *The Gift Forms and Functions of Exchange in Archaic Societies, op. cit.*

Max Muller, F., *Biographies of the Words and the Home of the Aryans*, London, Longmans, Green & Co., 1888.

Nandi, Ramendra Nath, *Aryan Revisited,* New Delhi, Munshiram Manoharlal Pub. Pvt. Ltd, 2001.

Pandey, Rajbali, *Hindu Samskaras: Socio-Religious Study of the Hindu Sacraments,* Delhi, Motilal Banarsidass, 1987.

Parpola, Asko, 'The Coming of the Aryans to Iran and India and the Cultural and Ethnic Identity of the Dasas' in *International Journal of Dravidian Linguistics*, vol. 17, no. 2, 1988, pp. 85-229.

Radhakrishnan, S., *The Principal Upanisads,* Centenary edn., New Delhi, Oxford University Press, 1989.

Renou, Louis, *Vedic India,* Classical India, vol. 3, tr. from the French by Philip Spratt, Calcutta, 1957.

Renfrew, C., *Archaeology and Language The Puzzle of Indo-European Origins,* Harmondsworth, Penguin, 1989.

Richards, J.F., ed. *Kingship and Authority in South Asia,* New Delhi, Oxford University Press, 1998.

Roy, Brajdeo Prasad,*The Later Vedic Economy,* Patna, Janaki Prakashan, 1984.

Roy, K., *The Emergence of Monarchy in North India,* New Delhi, Oxford University Press, 1994.

________, ed. *Women in Early Indian Societies*, New Delhi, Manohar, 1999.

Sarkar, S.C., *Some Aspects of the Earliest Social History of India,* reprinted, Patna, Janaki Prakashan, 1985.

Sastri, S.R., *Women in the Vedic Age,* Bombay, Bharatiya Vidya Bhawan, 1969.

Sethna, K.D., *The Problem of Aryan Origin from an Indian Perspective,* Calcutta, S. & S. Publishers, 1980.

Sharma, R.S., *Material Culture and Social Formations in Ancient India,* Delhi, Macmillan, 1983.

________, *Aspects of Political Ideas and Institutions in Ancient India, op.cit.*

________, *Sudras in Ancient India, op. cit.*

________, *Perspectives in Social and Economic History of India, op. cit.*

________, *Looking for the Aryans,* Madras, Orient Longman, 1995.

________, *Advent of the Aryans in India, N*ew Delhi, Manohar, 1999.

Shastri, Viswabandhu, *Vedic Padanukrama Kosa,* 5 vols subdivided into 14 parts, Lahore, V. R. R. Institute, 1944.

Shende, N.J., *Religion and Philosophy of the Atharvaveda,* reprinted, Poona, Bhandarkar Oriental Research Institute, 1985.

Singh, Sarva Daman, *Ancient Indian Warfare With Special Reference to the Vedic Period,* Leiden, E. J. Brill, 1965.

Thapar, Romila, *From Lineage to State,* New Delhi, Oxford University Press, 1984.

________, *Early India, op. cit.*

Thite, G.U., *Sacrifice in the Brahmana Texts,* Poona, University of Poona, 1975.

Trautmann, Thomas R., ed. *Kinship and History in South Asia*, Michigen, Ann Arbor, 1974.

________, *Aryans and British India,* New Delhi, Vistaar Publication, 1997.

Tripathi, Vibha, *The Painted Grey Ware An Iron Age Culture of Northern India,* Delhi, Concept Publishing, 1976.

________, *The Age of Iron in South Asia Legacy and Tradition*, New Delhi, Aryan Book International, 2001.

Witzel, Michael, 'Languages in Old Indo-Aryans (Rigvedic, Middle and Later Vedic) in *Electronic Journal of Vedic Studies,* vol. 5 (1999), issue 1 (September); visit at http://www.nautiles.shore.net/~india/ejvs.

________, 'Autochthonous Aryans? The Evidence from Old Indian and Iranina Texts' in *Electronic Journal of Vedic Studies*, vol. 7 (2001), issue 3 (May 25); visit at http://www.nautiles.shore.net/~india/ejvs.

अध्याय 14: जैन और बौद्ध धर्म

अध्याय 17: बुद्धकाल में राज्य और वर्ण-समाज

Original Sources

Texts and Translations

Anguttara Nikaya, ed. Bhikku J. Kashyap, 4 vols, Devangari-Pali Series, Nalanda, Pali Publication Board (Government of Bihar), 1960.

Apastamba Dharmasutra, ed. G. Buhler, Bombay, 1932; Eng. tr. G. Buhler, *Sacred Books of the East,* 2, Oxford, 1879.

Asvalayana Grhyasutra, Anandasramasamskrtagranthavali, 105, new edn., Poona, 1979; Eng. tr. H. Oldenberg, *Sacred Books of the East,* 29, Oxford, 1886.

Asvalayana Srautasutra, Anandasramasamskrtagranthavali, 81, Poona, 1917. *Avasyakacurni of Jinadasagani,* 2 vols, Ratlam, 1928.

Baudhayana Dharmasutra, ed. E. Hultzsch, Leipzig, 1884; Eng. tr. G. Buhler, *Sacred Books of the East,* 14, Oxford, 1882.

Baudhayana Grhyasutra, ed. R. Shama Sastry, 2nd edn., Mysore Oriental Library Publications, 1920.

Bauddhayana Srautasutr, ed. W. Caland, 3 vols, Calcutta, Bibliotheca Indica, 1904, belonging to the *Taittiriya Samhita,* 24.

Dhammapadam (with a gloss), ed. Shri Satkari Sharma Vangiya and Hindi tr. Kancchedilal Gupta, 4th edn., Varanasi, Chowkhamba Vidya Bhawan, 1960.

Digha Nikaya, ed. by T.W. Rhys Davids and J. E. Carpenter, 3 vols, London, 1890-1911; tr. by T.W. Rhys Davids, 3 vols, London, 1889-1921.

Gautama Dharmasutra, ed. Adolf Friedrich Stenzler, London, Sanskrit Text Society, 1876; Eng. tr. G. Buhler, *Sacred Books of the East,* Oxford, 1879.

Gobhila Grhyasutra, ed. Chintamani Bhattacharya, Calcutta, Calcutta Sanskrit Series no. 17, 1936; Eng. tr. H. Oldenberg, *Sacred Books of the East,* Oxford, 1886; text with Hindi tr., Thakur Udaya Narain Singh, Delhi, Chowkhamba Sanskrit Pratisthan, 1992.

Kalpa Sutra, Eng. tr. H. Jacobi, *Sacred Books of the East,* 22, Oxford, 1884.

Mahaviracarita, ed. with Hindi tr. Rampratapa Tripathi Shastri, Allahabad, Lok Bharati Prakashan, 1973.

Majjhima Nikaya, ed. P.V. Bapat, vol. 1; Rahul Sankrityayana, vols 2-3, Devanagari-Pali Series, Nalanda, Pali Publication Board (Government of Bihar), 1958.

Nisitha Curni, ed. Kavi Amar Mani Upadhyaya and Muni Kanhaiyalal *(Nisitha Visesa Curni)* of Agra, 1957-60 Jinadasagani (with commentary).

Samyutta Nikaya, ed. Bhikku Jagdish Kashyap, Devanagari-Pali Series, 4 vols., Nalanda, Pali Publication Board (Government of Bihar), 1959.

Sankhayayana Srautasutra, ed. Alfred Hillerbrandt, Calcutta, Bibliotheca Indica, 1888.

Srautakosa, vols. 1 and 2 (English Section), Poona, Vaidik Samsodhana Mandala, 1962.

Sutta Nipata, Text and Hindi tr. Bhikku Dharmaratna, Varanasi, Mahabodhi Sabha, 1960.

Vaikhanasa Grhyasutra, ed. W. Caland, Calcutta, Bibliotheca Indica, 1927; text and tr., Calcutta, Asiatic Society, 1927-29.

Vasistha Dharmasutra and *(Srivasisthadharmasastram),* ed. Alois Anton Fuhrer, Bombay, Bombay Sanskrit Prakrit Series 23, 1883; Eng. tr., G. Buhler, *Sacred Books of the East,* 14, Oxford, 1882.

Vinaya Pitaka, Eng. tr. T.W. Rhys Davids and H. Oldenberg, *Vinaya Texts, Sacred Books of the East,* 13, 17 and 20, Oxford, 1822-25; Hindi tr. Rahul Sankrityayana, Sarnath (Benaras), Mahabodhi Sabha, 1935.

Archaeology

Altekar, A.S. and V.K. Mishra, *Report on Kumrahar excavations (1951-53),* Patna, K.P. Jayaswal Research Institute, 1959.

Lal, B.B., *Excavations at Sririgaverapura (1977-86)*, vol 1, New Delhi, Archaeological Survey of India, 1993.

Narain, A.K. and T.N. Roy, *Excavations at Rajghat,* part 2, Varanasi, Banaras Hindu University, 1977.

Sharma, G.R., *The Excavations at Kausambi (1957-59),* Allahabad, Department of Ancient Indian History, Culture and Archaeology, University of Allahabad, 1960.

Sinha, B.P. and S.R. Roy, *Vaisali Excavations, 1958-62,* Patna, Directorate of Archaeology and Museums (Bihar), 1969.

Sinha, K.K., *Excavations at Sravasti: 1959,* Varanasi, Banares Hindu University, 1967.

Srivastava, K.M., *Excavations at Piprahwa and Ganwaria,* New Delhi, Archaeological Survey of India, 1996.

Secondary Sources

Adams, R.M., *The Evolution of Urban Society,* Chicago, University of Chicago Press, 1966.

Allchin, F.R., *The Archaeology of Early Historic South Asia, The Emergence of Cities and States,* 1st edn., Cambridge, Cambridge University Press, 1995.

Banerjee, N.R., *The Iron Age in India,* New Delhi, Munshiram Manoharlal, 1965.

Basham, A.L., *History and Doctrines of the Ajivikas, A Vanished Indian Religion,* London, Luzac & Company Ltd, 1951.

Bechert, H., *The Date of the Historical Buddha, Symposium Zur Buddhismus forschung,* 2 vols, 4 Gottingen, Vandenhoek and Ruprecht, 1991.

________, ed. *When did the Buddha Live? The Commentary on the Dating of Historical Buddha,* Delhi, Sri Satguru Publications, 1995.

Bhaskar, Bhagchandra Jain, *Jainism in Buddhist Literature,* Nagpur, Alok Prakashan, 1972.

Bhattacharyya, D.C., *Buddhist Shrines,* New Delhi, Publication Division, Ministry of Information and Broadcasting, Govt of India, 1987.

Bose, A.N., *Social and Rural Economy of Northern India,* 2 vols, Calcutta, K.L. Mukhopadhyay, 1942-45.

Chakravarti, Uma, *The Social Dimensions of Early Buddhism,* New Delhi, Oxford University Press, 1987.

Chanana, D.R., *Slavery in Ancient India,* Delhi, People's Publishing House, 1960.

Cowell, E.B., tr. *Buddhist Mahayana Texts, Sacred Books of the East,* 49, reprinted, Delhi, Motilal Banarsidass, 1978.

Davids, Rhys, *Buddhist India*, reprinted, Delhi, Motilal Banarsidass, 1971.

________, *Buddhist Sutras, Sacred Books of the East,* 2, reprinted, New Delhi, Motilal Banarsidass, 1980.

Dumont, Louis, *Homo Hierarchicus: The Caste System and its Implications,* New Delhi, Vikas Publication, 1970.

Erdosy, George, *Urbanisation in Early Historic India,* BAR International Service, 430, Oxford, 1988.

Fick, Richard, *The Social Organisation in North-West India in Buddha's Time,* Calcutta, 1920; reprinted, Delhi, Indological Book House, 1972.

Ghosh, A., *The City in Early Historical India,* Simla, Indian Institute of Advanced Study, 1973.

________, ed. *op. cit.*

Gopal, Ram, *India of Vedic Kalpasutra,* Delhi, National Publishing House, 1959.

Jain, Jagdish Chandra, *Life in Ancient India as Depicted in Jain Canon and Commentaries,* 2nd edn., New Delhi, Munshiram Manoharlal, 1984.

Jaiswal, Suvira, *Caste: Origin, Function and Dimensions of Change, op. cit.*

Jha, Satyendra Kumar, *Beginnings of Urbanization in Early Historic India, A Study of the Gangetic Plains,* Patna, Novelty & Co., 1998.

Kane, P.V., *op. cit.*

Lal, M., *Settlement History and the Rise of Civilisation in the Ganga-Yamuna Doab from 1500 BC-300AD,* Delhi, B.R. Publishing, 1984.

Law, B.C., *A Study of the Mahavastu,* Delhi, Bharatiya Publishing House, 1978.

Lewellen, Ted C., *Political Anthropology An Introduction*, Massachusetts, Bergin and Garvey Publishers, Inc., 1983.

Narain, A.K., ed. *Studies in Pali and Buddhism,* Delhi, B.R. Publishing Corporation, 1979.

Nath, Vijay, *Dana: Gift System in Ancient India,* New Delhi, Munshiram Manoharlal, 1987

Raychaudhuri, Hemchandra, *Political History of Ancient India, op. cit.*

Rockhill, W.W., *The Life of the Buddha,* London, Trubner Oriental Series, 1907.

Roy, T.N., *The Ganges Civilisation*, Delhi, Ramanand Vidya Bhawan, 1983.

Sarao, K.T.S., *The Origin and Nature of Ancient Indian Buddhism,* Delhi, Eastern Book Linkers, 1989.

________, *Urban Centres and Urbanisation as Reflected in the Pali Vinaya and Sutta Pitakas,* Delhi, Vidyanidhi, 1990.

Sen, B.C., *Studies in the Buddhist Jatakas,* Calcutta, Saraswat Library, 1974.

Sen, Madhu, *A Critical Study of the Nisitha Curni,* Amritsar, Sohanlal Jaindharma Pracharak Samiti, 1975.

Sharma, J.P., *Republics in Ancient India (c. 1500 B.C.- 500 B.C.),* Leiden, E.J. Brill, 1968.

Sharma, R.S., *Material Culture and Social Formation in Ancient India, op.cit.*

________ , *The State and Varna Formations in the Mid-Ganga Plains An Ethnoarchaeological View,* New Delhi, Manohar, 1996.

Singh, Madan Mohan, *Life in North-Eastern India in Pre-Mauryan India with special reference to C. 600 B.C. – 325 B.C.,* Delhi, Motilal Banarsidass, 1967.

Singh, R.B.P., *Jainism in Early Medieval Karnataka,* Delhi, Motilal Banarsidass, 1975.

Sinha, B.P., ed. *Potteries in Ancient India,* Patna, Patna University, 1969.

Sircar, D.C., ed. *Religion and Culture of the Jains,* Calcutta, University of Calcutta, 1973.

Srivastava, K.M., *Discovery of Kapilavastu,* New Delhi, Books and Books, 1986.

Stevenson, Mrs. Sinclair, *The Heart of Jainism,* London, Oxford University Press, 1915; New Delhi, Munshiram Manoharlal, 1970.

Thakur, Vijay Kumar, *Urbanisation in Ancient India,* New Delhi, Abhinav, 1981.

Thapar, Romila, *Ancient Indian Social History, op. cit.*

________ , *Early India, op. cit.*

Upreti, G.B., *The Early Buddhist World Outlook in Historical Perspective,* New Delhi, Manohar, 1997.

Wagle, Narendra, *Society at the time of the Buddha,* Bombay, Popular Prakashan, 1966.

Ward, C.H.S., *Buddhism,* vol. 1, *Hinayana,* revised edn., London, The Epworth Press, 1947.

________ , *Buddhism,* vol. 2, *Mahayana,* London, The Epworth Press, 1952.

Warder, A.K., *Pali Metre A Contribution to the History of Indian Literature*, London, Luzac and Company Ltd, 1967.

________ , *Indian Buddhism,* Delhi, Motilal Banarsidass, 1970.

अध्याय 15: जनपद राज्य और प्रथम मगध साम्राज्य

अध्याय 16: ईरानी और मकदूनियाई आक्रमण

Original Sources

Texts and Translations

Alexandri Anabasis, A.G. Roos, Leipzig, 1907; tr. J.W. McCrindle, *The Invasion of India by Alexander the Great,* 2nd edn., Westminister, 1896.

Anguttara Nikaya, ed. *op. cit.*

Bhagvati Sutra, ed. with Abhayadeva's Commentary, Bombay, Agamodaya Samiti, 1921.

Firdausi-Shah-namah, ed. J.A. Vullers and S. Landauer, Leiyden, 1877-84; Eng. tr. G. and E. Warner, London, 1905-15.

Mc Crindle, J.W., *Ancient India as described by Megasthenes and Arrian,* ed. R.C. Jain, New Delhi, International Books and Periodicals Supply Service, 1972.

Strabo-Geographica, ed. A. Meineke, Leipzig, 1854-57; Eng. tr. H.C. Hamilton and W. Falconer, London, 1854-57.

Inscriptions

Sircar, Dinesh Chandra, ed. *Select Inscriptions bearing on Indian History and Civilization,* vol. 1, *op. cit.*

Secondary Sources

Basham, A.L., *The Wonder that was India, op. cit.*

Bosworth, A.B., *A Historical Commentary on Arrian's History of Alexander,* Oxford, 1995.

Ghirshman, R., *Iran From the Earliest Times to the Islamic Conquest,* Harmondsworth, Penguin, 1954.

Ghosh, A., ed. *op. cit.*

Filliozat, J., *op. cit.*

Habib, Irfan, ed. *A Shared Heritage: The Growth of Civilizations in India and Iran,* New Delhi, Tulika Books, 2002.

Jha, D.N., *Ancient India in Historical Outline,* Delhi, Manohar, 1998.

Kosambi, D.D., *The Culture and Civilisation of Ancient India in Historical Outline, op. cit.*

Majumdar, R.C., ed. *The History and Culture of the Indian People,* vol. 2, The Age of the Imperial Unity, Bombay, Bharatiya Vidya Bhawan, 1951.

Mehta, R.N., *Pre-Buddhist India,* Bombay, Examiner Press, 1939.

Narain, A.K., *From Alexander to Kanishka,* Varanasi, Banaras Hindu University, 1967.

Nilakanta Sastri, K.A., ed. *Age of the Nanda and Mauryas,* 2nd edn., Delhi, Motilal Banarsidass, 1967.

Rapson, E.J., ed. *The Cambridge History of India,* vol 1, *Ancient India, op. cit.*

Raychaudhuri, Hemchandra, *Political History of Ancient India, op. cit.*

Scharfe, H., *The State in Indian Tradition,* Leiden, Koln, 1992.

Sharma, R.S., *The State and Varna Formations in the Mid-Ganga Plains, op.cit.*

Shrimali, K.M., *History of Pancala to C. A.D. 500,* vols 1 & 2, New Delhi, Munshiram Manoharlal, 1985.

Smith, V.A., *The Early History of India from 600 B.C. to the Muhammadan Conquest,* 4th edn., Oxford, Clarendon Press, 1957.

Thapar, Romila, *Early India, op. cit.*

अध्याय 18: मौर्य युग
अध्याय 19: मौर्य शासन का महत्त्व

Original Sources

Texts and Translations

Mudraraksasa by Visakhadatta, ed. Alfred Hillebrandt, part 1, Text, Breslau, M. and H. Marcus, 1912.

Divyavadana, ed. by E.B. Cowell and R.A. Neil, Cambridge, The Cambridge University Press, 1886.

Kautilya Arthasastra, 3 parts, ed., tr. and a study, R.P. Kangle, Bombay, University of Bombay, 1960-65.

Mahabhasya of Patanjali, ed. F. Keilhorn, 3 vols, Sanskrit and Prakrit Series, nos. 28-30, Bombay, The Department of Public Instruction, 1892-1909.

Mc Crindle, J.W., *Ancient India as Described by Megasthenes and Arrian,* Calcutta, Chukerverity, Chatterjee Co., 1926.

Milindapanho, ed. V. Trenckner, London, 1928; Eng. tr. T.W. Rhys Davids, *The Questions of King Milinda,* New Delhi, Atlantic Publishers and Distributors, 1990.

Panini-Sutra-Patha and *Parisista* with Word Index, Compiled by S. Pathak and S. Chitrao, Poona, Bhandarkar Oriental Research Institute, 1935.

Archaeology and Inscriptions

Altekar, A.S. and V.K. Mishra, *Report on Kumrahar Excavations (1952-1953),* Patna, K.P. Jayaswal Research Institute, 1959.

Hultzsch, E., *Corpus Inscriptionum Indicarum,* vol. 1, *Inscriptions of Asoka, Oxford, 1925.*

Sinha, B.P. and L.A. Narain, *Pataliputra Excavation:1955-56,* Patna, Directorate of Archaeology and Museums, 1970.

Sircar, D.C., ed. *Select Inscriptions bearing on Indian History and Civilization,* vol. 1, *op.cit.*

Waddel, L.A., *Report on the Excavations at Pataliputra (Patna),* Calcutta, Bengal Secretariat Press, 1903.

Secondary Sources

Agrawala, V.S., *Indian Art,* Varanasi, Prithivi Prakashan, 1965.

Altekar, A.S., *The Position of Women in Hindu Civilisation, op. cit.*

Barua, B.M., *Asoka and His Inscriptions,* parts 1 and 2, Calcutta, New Age Publishers, 1955.

Basak, Radhagovinda, ed. *Asokan Inscriptions,* Calcutta, Progressive Publishers, 1959.

Bhandarkar, D.R., *Ashoka,* Delhi, S. Chand & Co., 1964.

Bongard-Levin, G.M., *Mauryan India,* New Delhi, Sterling Publishers Private Ltd., 1985.

Chakrabarti, D.K., *The Archaeology of Ancient Indian Cities,* New Delhi, Oxford University, Press, 1995.

Dikshitar, V.R. Ramchandra, *The Mauryan Polity,* Delhi, Motilal Banarsidass Publishers Pvt. Ltd, 1993.

Ghosh, A., ed. *op. cit.*

Ghoshal, U.N., *Contributions to the History of the Hindu Revenue System,* 2nd edn., Calcutta, Saraswat Library, 1972.

Gupta, Chitrarekha, *The Brahmanas of India: A Study Based on Inscriptions,* New Delhi, Sundeep Prakashan, 1993.

Gupta, Parmeshwari Lal, *Coins, op. cit.*

Gupta, S.P., *The Roots of Indian Art,* A Detailed Study of the Formative Period of Indian Art and Architecture: Third and Second Centuries B.C.-Mauryan and Late Mauryan, Delhi, B. R. Publishing Corporation, 1980.

Jain, Rekha, *op. cit.*

Jolly, Julius, *Hindu Law and Custom,* Varanasi/Delhi, Bhartiya Publishing House, 1975.

Kher, N.N., *Agrarian and Fiscal Economy in the Mauryan and Post Mauryan Age,* New Delhi, Munshiram Manoharlal, 1973.

Majumdar, R.C., ed. *The History and Culture of the Indian People,* vol. 2, *op. cit.*

Mishra, S.C., *Evolution of Kautilya's Arthasastra, An Inscriptional Approach,* Delhi, Anamika, 1997.

Misra, Yogendra, *Ashoka* (in Hindi), Patna, Granthamala-Karyalaya, 1965.

Mookherji, Radhakumud, *Asoka,* Delhi, Motilal Banarsidass Publishers Pvt. Ltd, 1995.

Nilakanta Sastri, K.A., ed. *Age of the Nanda and Mauryas, op. cit.*

________, ed. *A Comprehensive History of India,* vol. 2, *The Mauryas and Satavahanas, 325 B.C.-A.D. 300*, New Delhi, People's Publishing House, 1987.

Parasher, Aloka, *Mlecchas in Early India* A Study in Attitudes towards outsiders up to A.D. 600, New Delhi, Munshiram Manoharlal, 1991.

Rangrajan, L.N., *Kautilya: The Arthasastra,* New Delhi, Penguin Books, 1992.

Ray, Niharranjan, *Maurya and Post-Maurya Art, a study in social and formal contrasts,* New Delhi, Indian Council of Historical Research, 1975.

Raychaudhuri, Hemchandra, *Political History of Ancient India, op. cit.*

Rowland, Benjamin, *The Art and Architecture of India-Buddhist, Hindu, Jain,* 3rd edn., Harmondsworth, Penguin Books, 1967.

Sarkar, H.B., *Studies in Early Buddhist Architecture,* New Delhi, Munshiram Manoharlal, 1966.

Sarasvati, S.K., *A Survey of Indian Sculpture,* 2nd edn., New Delhi, Munshiram Manoharlal, 1975.

Sircar, D.C., *Inscriptions of Asoka,* 3rd edn., New Delhi, Publication Division, Ministry of Information and Broadcasting, Govt. of India, 1975.

Smith, Vincent A., *Emperor Ashok,* Indian edn., Bulandshahr (UP), Wisdom Publications, 1981.

Thakur, Upendra, *Mints and Minting in Ancient India,* Varanasi, The Chowkhamba Sanskrit Series Office, 1972.

Thapar Romila, *Ancient Indian Social History, op. cit.*

________, *Asoka and the Decline of the Mauryas,* New Delhi, Oxford University Press, Fourth impression, 2000.

________, *Early India, op. cit.*

अध्याय 20: मध्य एशिया से संपर्क और उनके परिणाम
अध्याय 23: शिल्प, व्यापार और नगरों का विकास

Original Sources
Texts and Translations

Ancient India as described by Ptolemy, ed. S.N. Majumdar, Calcutta, 1927.
Anguttara Nikaya, op. cit.

Buddhacarita of Asvaghosa, ed. and tr. by Johnson, Calcutta, Punjabi University & Oriental Publications, 1935-36.

Charaka Samhita, ed. A.C. Kaviratna & P.S. Kavibhushan, Calcutta, 1890-1911.

Digha Nikaya, ed. T.W. Rhys Davids and J.E. Carpenter, *op. cit.* tr. T.W. Rhys Davids, *op. cit.*

Divyavadana, ed. E.B. Cowell and R.A. Neil, Cambridge, 1886.

Gatha Saptasati of Hala, Leipzig, 1881.

Horasastra of Prthuyasas (Son of Varahamihira) ed. and tr. P.V. Subraihmanya Sastri, Bangalore, 1949. , Huntingford, G.W.B. ed. and tr. *The Periplus of the Erythraean Sea,* London, The Hakluyt Society, 1980.

Kamasutra of Vatsyayana, with commentary of *Jaymangala* of Yashodhara, ed. Goswami Damodar Shastri, Banaras, 1929; tr. Sir Richard Burton, New Delhi, Penguin Book (P) Ltd, 1993.

Lankavatarasutra, ed. Bunyiu Nanjio, Kyoto, 1923; tr. D.T. Suzuki, Routledge, 1932.

Mahabhasya of Patanjali, ed. F. Kielhorn, 3 vols, Bombay Sanskrit and Prakrit Series, nos. 28-30, Bombay, The Department of Public Instruction, 1892-1909.

Mahavastu, ed. E. Senart, 3 vols, Paris, A.L. Impremerie National (Societe Asiatique Series, no. 2), 1882-97.

Malavikagnimitra of Kalidasa, Bombay, 1907.

Manu Smriti or *Manava,* ed. S. N. Mandlik, Bombay, Ganpat Krishnaji's Press, *Dharmasastra,* 1886; tr. G. Buhler, Oxford, *Sacred Books of the East,* 33, 1886.

Milindapanho, ed. V. Trenckner, London, 1928; tr. bearing the title *The Questions of King Milinda,* reprint, New Delhi, Atlantic Publishers and Distributors, 1990.

Saundarananda of Asvaghosa, Critically ed. with notes and tr., E. H. Johnston, 2 vols., London, 1932; ed. H.P. Sastri, Calcutta, Bibliotheca Indica, 1910.

Silappadikaram with commentary, ed. V.S. Iyer, Madras, 1920; Eng. tr. V.R.R. Dikshitar, *of Adiyarkkunattar*, Oxford, 1939.

Sumangala Vilasini, ed. T.W. Rhys Davids and others, 3 vols, London, Pali *(Commentary to Digha Nikaya)*, Pali Text Society, 1886-1932.

Sushruta Samhita, Varanasi, Chaukhamba Sanskrit Series 30, 4 vols, 1963-64.

Sutta Nipata, ed. V. Fausboll, 2 vols, London, Pali Text Society, 1885-94.

Vinaya Pitaka, ed. H. Oldenberg, 5 vols, London, Pali Text Society, 1879-83; *The Book of Discipline,* tr. I. B. Horner, 5 parts, London, *Sacred Books of the Buddhists,* 1938-52.

Archaeology, Coins & Inscriptions

Gardner, P., *The Coins of the Greek and Scythic Kings of India of Bactria and India in the British Museum,* reprinted, Chicago, Argonaut, 1970.

Hartel, H., ' Some Results of the Excavation at Sonkh' in *German Scholars on India,* 2, New Delhi, 1976.

Konow, Sten, *Corpus Inscriptionum Indicarum,* vol. 2, part 1, *Kharosthi Inscriptions with the Exception of those of Asoka,* Calcutta, Central Publication Branch, Government of India, 1929.

Lahiri, A.N., *Corpus of Indo Greek Coins,* Calcutta, Poddar Publications, 1965.

Luders, H., *Mathura Inscriptions,* ed. K.L. Janert, Gottingeri, 1961.

Marshall, J.H., *Taxila, an Illustrated Account of Archaeological Excavations,* Cambridge, Cambridge University Press, 1951.

Sharma, G.R., *The Excavations at Kausambi (1957-59), op. cit.*

Sircar, D.C., ed. *Select Inscriptions bearing on Indian History and Civilization,* vol. 1, *op. cit.*

Wheeler, R.E.M., *Charsada, A Metropolis of the North-West Frontier,* Oxford, Oxford University Press, 1962.

Secondary Sources

Adhya, G.L., *Early Indian Economics– Studies in the Economic Life of Northern and Western India (C. 200 B.C.-300 A.D.)*, New Delhi, Asia Publishing House, 1966.

Bagchi, P.C., *India and Central Asia,* Calcutta, National Council of Education Research, 1955.

Basham, A.L., ed. *A Cultural History of India, op. cit.*

Boulnois, L. *The Silk Road,* London, George Allen and Unwin Ltd, 1966.

Chakraberti, Kanchan, *Society, Religion and Art of the Kushana India,* Calcutta, K.P. Bagchi and Company, 1981.

Charlesworth, Martin P., *Trade-Routes and Commerce of the Roman Empire,* Cambridge, Cambridge University Press, 1926.

Chattopadhyay, Bhaskar, *The Age of the Kushans, a Numismatic Study,* Calcutta, Punthi Pustak, 1967.

________ , *Kushana State and Indian Society,* A Study in Post-Mauryan Polity and Society, Calcutta, Punthi Pustak, 1975.

Chattopadhyaya, Sudhakar, *The Sakas in India,* 2nd edn., Santiniketan, Visva Bharati, 1967.

________, *Early History of North India (From the fall of the Mauryas to the Death of Harsa)*, 3rd edn., Delhi, Motilal Banarsidass, 1976.

Ghosh, A., ed. *op. cit.*

Guha, Amalendu, ed. *Central Asia: Movement of People and Ideas from Times Prehistoric to Modern*, New Delhi, Indian Council for Cultural Relations, 1970.

Gupta, P.L., *Roman Coins from Andhra Pradesh,* Hyderabad, The Government of Andhra Pradesh, 1965.

Habib, Irfan, ed. *A Shared Heritage: The Growth of Civilizations in India and Iran, op. cit.*

Jain, Rekha, *op. cit.*

Jayaswal, Vidula, *Kushana Clay Art of Ganga Plains,* Delhi, Agam Kala Prakashan, 1991.

Joshi, N.P., *Life in Ancient Uttarapatha* (Material Civilisation of Northern India from C. 200 B.C. to C. 300 A.D. as revealed by the Sculptures, Terracottas and Coins), Varanasi, BHU, 1967.

Lahiri, A.N., *The Archaeology of Indian Trade Routes up to C. 200 B.C.,* Delhi, Oxford University Press, 1992.

Liu, Xinru, *Ancient India and Ancient China: Trade and Religious Exchanges A.D. 1-600,* Delhi, Oxford University Press, 1988.

Lohuizen-de Leeu, J.E. Van., *The 'Scythian' Period, an Approach to the History, Art, Epigraphy and Palaeography of North India from the First Century to the Third Century AD,* Leiden, E. J. Brill, 1949.

Motichandra, *Trade and Trade Routes in Ancient India,* New Delhi, Abhinav Publications, 1977.

Mukherjee, B.N., *The Disintegration of the Kushana Empire,* Varanasi, Banaras Hindu University, 1976.

________ , *Kushana Silver Coinage,* Calcutta, Indian Museum, 1982.

________ , *The Rise and Fall of the Kushan Empire,* Calcutta, Firma K.L.M Pvt. Ltd., 1989.

Narain, A.K., *The Indo-Greeks*, London, Oxford University Press, 1957.

_______, *From Alexander to Kanishka, op. cit.*

Nilakanta Sastri, K.A., ed. *A Comprehensive History of India, vol. 2, op. cit.*

Prasad, Kameshwar, *Cities, Crafts and Commerce Under the Kusanas*, Delhi, Agam Kala Prakashan, 1984.

Puri, B.N., *India Under the Kushans*, Bombay, Bharatiya Vidya Bhawan, 1965.

_______, *India in the Time of Patanjali*, 2nd edn., Bombay, Bharatiya Vidya Bhawan, 1968.

_______, *Kusanā Bibliography*, Calcutta, Naya Prokash, 1977.

Ray, Himanshu Prabha and Jean-Francois Salles, ed. *Tradition and Archaeology Early Maritime Contacts in the Indian Ocean*, New Delhi, Manohar, 1996.

Raychaudhuri, Hemchandra, *Political History of Ancient India, op. cit.*

Romani, F.D. and A. Tchernia, ed. *Crossings Early Mediterranean Contacts with India*, New Delhi, Manohar, 1997.

Rosenfield, John M., *The Dynastic Arts of the Kushans*, California, University of California Press, 1967.

Rydh, Hanna, *Rang Mahal: The Swedish Archaeological Expedition to India (1952-54)*, Lund, 1959.

Sagar, Krishna Chandra, *Foreign Influence on Ancient India*, New Delhi, Northern Book Centre, 1992.

Sahay, Sachidanand, *Indian Costume, Coiffure and Ornament*, New Delhi, Munshiram Manoharlal, 1975.

Sharma, G.R., ed. *Kushana Studies*, Allahabad, University of Allahabad, 1968.

Shastri, Ajay Mitra, *Mitra Coins and Early Indian Economy*, Varanasi, The Numismatic Society of India, 1976.

Singh, Ajay Kumar, *Indo-Roman Trade An Archaeological Perspective*, Patna/New Delhi, Janaki Prakashan, 1988.

Singh, Ravindra, *Ancient Indian Glass Archaeology and Technology*, Delhi, Parimal Publications, 1989.

Tam, W.W., *The Greeks in Bactria and India*, 2nd edn., Cambridge, Cambridge University Press, 1951.

Thakur, Upendra, *op. cit.*

Thakur, Vijay Kumar, *Urbanisation in Ancient India, op. cit.*

Thapar, Romila, *Early India, op. cit.*

Turner, Paula J., *Roman Coins from India*, London, Royal Numismatic Society, 1989.

Warmington, E.H., *The Commerce between the Roman Empire and India*, 2nd revised and enlarged edn., Indian edn., Delhi, Vikas Publishing House Ltd., 1974.

अध्याय 21: सातवाहन युग
अध्याय 22: सुदूर दक्षिण में इतिहास का आरंभ
अध्याय 28: प्रायद्वीप में नए राज्यों के गठन और ग्राम-विस्तार

Original Sources
Texts and Translations

Silappadikaram, op.cit.

Gathasaptasati of Hala, Leipzig, 1881.

Manimekalai, ed. U.V. Caminata Iyer, 5th edn., 1956.

Tirukkural or *Tiruvalluvar*, Tamil Text and Eng. tr. with Notes and Comments by K.M. Balasubramaniam Tiruvachakamani, Madras, 1962.

Archaeology and Inscriptions

Mirashi, V.V., *Corpus Inscriptionum Indicarum,* vol 5, *Inscriptions of Vakatakas,* Ooctacamund, Department of Archaeology (India), 1955.

Sircar, D.C., ed. *Select Inscriptions bearing on Indian History and Civilization,* vols. 1 & 2, *op. cit.*

Wheeler, R.E.M., 'Arikamedu: An Indo-Roman Trading-Station on the East Coast of India' in *Ancient India,* no. 2, 1946, pp. 17-124.

Secondary Sources

Aiyangar, P.T.S., *History of the Tamils to 600 A.D.,* Madras, 1929.

Aravamuthan, T.G., *The Kaveri, the Maukharis and the Sangam Age,* Madras, 1925.

Ayyar, C.V.N., *Origin and Early History of Saivism in South India,* Madras, 1936.

Champakalakshmi, R., *Trade, Ideology and Urbanization South India 300 BC to AD 1300,* Delhi, Oxford University Press, 1996.

________ , Kesavan Veluthat and T. R. Venugopalan *State and Society in Pre-Modern South India,* Thrissur (Kerala), Cosmobooks, 2002.

Chattopadhyay, B.D., *Coins and Currency System in South India,* New Delhi, Munshiram Manoharlal, 1977.

Desai, P.B., *Jainism in South India,* Sholapur, 1957.

Desikachari, T., *South Indian Coins,* Trichinapally, 1933.

Dikshitar, V.R.R., *Studies in Tamil Literature and History,* Madras, 1936.

Ganguly, D.C., *The Eastern Chalukyas,* Benares, 1937.

Ghosh, A., *ed.. op.cit.*

Gupta, Chitrarekha, *The Brahmanas of India, op. cit.*

Gopalan, B., *History of the Pallavas of Kanchi,* Madras, 1928.

Hultzch, E., *South Indian Inscriptions,* Mysore, Archaeological Survey of India; reprint, Varanasi, Indological Book House, 1972.

Jha, D.N., *Revenue System in the Post-Maurya and Gupta Times,* Calcutta, Punthi Pustak, 1967.

Jonveau-Dubreuil, G., *Ancient History of the Deccan,* tr. from the French by V.S. Swaminathan Dikshitar, Pondicherry, 1920.

Kramrisch, Stella, *A Survey of Painting in the Deccan,* London, 1937.

Kuppuswami, T.V., *Sangam Chieftains and Their Times,* Thanjavur, T.V.K. Felicitation Committee, 1984.

Margabhandu, C., *Archaeology of the Satavahana-Kshatrapa Times,* New Delhi, Sundeep Prakashan, 1985.

Majumdar, R.C. and A.S. Altekar ed. *The Vakataka-Gupta Age,* Delhi, Motilal Banarsidass, 1946.

Majumdar, R.C., ed. *A Comprehensive History of India,* vol. 3, *A.D. 300-985,* parts 1 and 2, New Delhi, People's Publishing House, 1981 and 1982.

Moraes, G.M., *The Kadamba Kula,* Bombay, 1931.

Nandi, Ramendra Nath, *Social Roots of Religion in Ancient India,* Calcutta, K.P. Bagchi & Company, 1986.

Narayanan, M.G.S., *Foundations of South Indian Society and Culture,* Delhi, Bharatiya Book Corporation, 1994.

Nilakanta Sastri, K.A., *The Pandyan Kingdom,* London, Luzac & Co., 1929.

________ , *The Cholas,* 2 vols, 2nd edn., Madras, University of Madras, 1955.

________, *A History of South India, From the Earliest Times to Vijayanagar,* 4th edn., Madras, Oxford University Press, 1976.

________, ed. *A Comprehensive History of India,* vol. 2, *op. cit.*

Pillay, K.K., *A Social History of Tamils,* Madras, University of Madras, 1975.

Parashar-Sen, Aloka, ed. *Social and Economic History of Early Deccan: Some Interpretations*, New Delhi, Manohar, 1993.

Prakash, V., *Coinage of South India (An Introductory Survey)*, Varanasi, 1968.

Raychaudhuri, Hemchandra, *Political History of Ancient India, op. cit.*

Prasad, O.P., *Decay and Revival of Urban Centres in Medieval South India,* New Delhi, Commonwealth, 1986.

Ramkrishna, G., Gayathri and Debiprasad Chattopadhyaya, *An Encyclopaedia of South Indian Culture,* Delhi, K.P.Bagchi & Co., 1983.

Rao, B.V.K., *Early Dynasties of Andhradesa (200-625 A. D.)*, Madras, 1942.

Rao, M.V.K., *The Gangas of Talkad,* Madras, 1936.

Roy, Sita Ram, *Suvarnavarnavadana,* Patna, K.P. Jayaswal Research Institute, 1976.

Sahu, B.P., ed. *Land System and Rural Society in Early India,* New Delhi, Manohar, 1997.

Sarkar, H. and S. P.Nainar, *Amaravati,* New Delhi, 1972.

________ and B.N. Misra, *Nagarjunakonda,* New Delhi, 1972.

Settar, S. and G.D. Sontheimer, *Memorial Stones: A Study of their Origin, Significance and Variety,* Dharwad, Karnataka University, 1982.

Sharma, R.S., *Urban Decay in India (C. 300-C. 1000)*, New Delhi, Munshiram Manoharlal, 1987.

________, *Aspects of Political Ideas and Institutions in Ancient India, op.cit.*

Shastri, A.M., *Early History of the Deccan, Problems and Perspectives*, Delhi, Sundeep Prakashan, 1987.

________, ed. *The Age of the Vakatakas,* New Delhi, Harman Publishing House, 1992.

Shrimali, K.M., ed. *Agrarian Structure in Central India and the Northern Deccan A Study in Vakataka Inscriptions,* New Delhi, Munshiram Manoharlal, 1987.

Sircar, D.C., *The Early Pallavas,* Lahore, 1935.

________, *The Successors of the Satavahanas in the lower Deccan,* Calcutta, 1939.

Srinivasan, K.R., *Cave Temples of the Pallavas*, New Delhi, 1964.

________, *Temples of South India,* 3rd edn., New Delhi, National Book Trust, India, 1985.

Thapar, Romila, *Early India, op. cit.*

Varadarajan, Mu., *A History of Tamil Literature,* tr. from Tamil by E. Sa. Viswanathan, Delhi, Sahitya Akademi, 1988.

Venkataramanayya, N., *The Eastern Chalukyas of Vengi*, Madras, 1950.

Yazdani, G., ed. *The Early History of the Deccan,* London, Oxford University Press, 1960.

अध्याय 24: गुप्त साम्राज्य का उद्‌भव और विकास

अध्याय 25: गुप्तकालीन जीवन

Original Sources

Texts and Translations

Abhijnanasakuntalam, ed. and tr. C.R. Devadhar, Delhi, 1966.

Amarakosa, ed. H.D. Sharma and N.G. Sardesai, Poona, Oriental Book Agency, 1941.

Aryabhatiya of Aryabhata, Critically ed., with translation and notes, by K.S. Shukla and K.V. Sharma, New Delhi, Indian National Science Academy, 1976.

Beal, Samuel, tr. *Travels of Fa-hien and Sung-Yun,* London, 1869; Indian reprint, New Delhi, Oriental Publication, 1971.

Bhagvadgita, Sanskrit text with English translation, Annie Besant and Bhagvan Das, Benaras, 1905.

Bhagavata Purana, ed. J.L. Shastri, Delhi, Motilal Banarsidass, 1983.

Brahmanda Purana, ed. ________, Delhi, Motilal Banarsidass, 1973.

Brhaspati Smrti, ed. K.V. Rangasvami Aiyangar, 85, Baroda, Gaekvad Oriental Series, 1941.

Brhat Samhita of Varahamihira, ed. with Hindi tr., Achyutanand Jha Sharma, Varanasi, Chowkhamba Vidyabhavan, 1917.

Giles, Herbert Alen, tr. *The Travels of Fa-hsien (399-414), op. cit.*

Kamandaka Nitisara, Trivandrum, Trivandrum Sanskrit Series, 1912.

Katyayana Smrti on *Vyavahara,* ed. with reconstituted text, translation, notes and (Law and Procedure), introduction by P. V. Kane, Bombay, 1933.

Mahabharata, op. cit.

Manu Smrti or *Manava, Dharmasastra*, with the Commentary of Kulluka Bhatta, ed. Pandit Kesava Prasad Sharma Dvivedi, Venkatesvara Steam Press, Bombay, Saka Samvat 1826.

Mrcchakatika of Sudraka, ed. and tr. R.D. Karmakar, Poona, 1937; tr. R.P. Oliver, Illinois, 1938.

Narada Smriti, ed. and tr. Richard W. Lariviere, part 1 (text), part 2 (translation), Philadelphia, University of Pennysylvania, 1989.

Ramayana, Gorakhpur, Gita Press, Vikrama Samvat, 2023.

Vayu Purana, ed. R.L. Mitra, 2 vols, Calcutta, Bibliotheca Indica, 1880.

Visnu Purana, Gorakhpur, Gita Press edn., tr. H.H. Wilson, 5 vols, London, 1864-70.

Visnu Smrti or *Vaisnava, Dharmasastra,* with extracts from the Commentary of Nanda Pandita, ed. J. Jolly, Calcutta, Bibliotheca Indica, 1881.

Coins and Inscriptions

Altekar, Anant Sadashiv, *The Coinage of the Gupta Empire,* vol. 4, *Corpus of Indian Coins,* Varanasi, Numismatic Society of India, 1957.

Diskalkar, D.B., *Selections From Sanskrit Inscriptions (2nd cent. to 8th cent. A.D.)*, New Delhi, Classical Publishers, 1977.

Fleet, J.F., *Corpus Inscriptionum Indicarum,* vol. 3, *Inscriptions of the Early Gupta Kings and their Successors,* Calcutta, Government of India, 1888; revised by D.R. Bhandarkar, New Delhi, Archaeological Survey of India, 1981.

Secondary Sources

Agrawala, V.S., *Indian Art, op. cit.*

Agrawala, Prithvi Kumar, *Gupta Temple Architecture,* Varanasi, Prithivi Prakashan, 1981.

Altekar, A.S., *The Position of Women in Hindu Civilisation, op. cit.*

Asher, F.M., *The Art of Eastern India (300-800),* edn. for South Asia, Delhi, Oxford University Press, 1980.

Banerjea, Jitendra Nath, *The Development of Hindu Iconography,* 4th edn., New Delhi, Munshiram Manoharlal, 1985.

Banerji, Rakhal Das, *The Age of the Imperial Guptas,* Varanasi, Banaras Hindu University, 1933.

Basak, Radhagovinda, *The History of North-Eastrn India Extending from the Foundation of the Gupta Empire to the Rise of the Pala Dynasty of Bengal* (C. 320-760 A.D.), London, Kegan Paul, Trench, Trubner and Co. Ltd, 1934.

Basham, A.L., *The Origins and Developments of Classical Hinduism,* New Delhi, Oxford University Press, 1990.

Charkrabarti, D.K., The Archaeology of Ancient Indian Citites, *op.cit.*

Chakraborti, Haripada, *India as reflected in the Inscriptions of the Gupta Period,* New Delhi, Munshiram Manoharlal, 1978.

Chattopadhyaya, Sudhakar, *Early History of North India, op. cit.*

Dasgupta, Kalyan Kumar, *A Tribal History of Ancient India,* A Numismatic Approach, Calcutta, Nababharat Publishers, 1974.

Deva, Krishna, *Temples of North India,* 3rd edn., New Delhi, National Book Trust, India, 1997.

Dutt, Nalinaksha, *Early Monastic Buddhism,* Calcutta, Firma K.L. Mukhopadhyay, 1971.

Eliot, Charles N.E., *Hinduism and Buddhism,* reprinted, London, Routledge and Kegan Paul Ltd., 1962.

Ghosh, A., *ed. op.cit.*

Ghoshal, U.N., *Contributions to the History of the Hindu Revenue System, op. cit.*

Goyal, S.R., *A History of the Imperial Guptas,* Allahabad, Central Book Depot, 1967.

________, and Shankar Goyal ed. *Indian Art of the Gupta Age From Pre-Classical Roots to the Emergence of Medieval Trends,* Jodhpur, Kusamanjali Book World, 2000.

Gupta, Chitrarekha, *The Brahmanas of India, op. cit.*

________, *The Kayasthas: A Study in the Formation and Early History of a Caste,* Calcutta, K. P. Bagachi, 1996.

Gupta, P.L., *The Imperial Guptas,* 2 vols, Varanasi, Vishwavidayalaya Prakashan, 1974-79.

Harle, J.C., *Gupta Sculpture: Indian Sculpture from the Fourth to the Sixth Centuries A.D.*, Oxford, Oxford University Press, 1974.

Hazara, R.C., *Studies in Upapuranas,* 2, Calcutta, Sanskrit College, 1971.

________, *Studies in the Puranic Records on Hindu Rites and Customs*, 1st edn., Dacca, Dacca University, 1940; 2nd edn., Delhi, Motilal Banarsidass, 1975.

Jain, K.C., *Kalidasa and his times,* Delhi, Agam Kala Prakashan, 1990.

Jaiswal, Suvira, *Origin and Development of Vaisnavism,* 2nd edn., New Delhi, Munshiram Manoharlal, 1981.

Jha, D.N., *Revenue System in the Post-Maurya and Gupta Times, op. cit.*

Lingat, Robert, *The Classical Law of India,* tr. and with additions by J. Duncan M. Derrett, California, University of California Press, 1973.

Maity, S.K., *Economic Life of Northern India in the Gupta Period, C. AD 300-550,* Calcutta, The World Press, 1957.

________ , *The Imperial Guptas and their Times* (Cir. A.D. 300-550) New Delhi, Munshiram Manoharlal, 1975.

Majumdar, R.C. and A.S. Altekar, ed. *The Vakataka-Gupta Age,* Delhi, Motilal Banarsidass, 1946.

Majumdar, R.C., ed. *The History and Culture of the Indian People,* vol. 3, *The Classical Age,* Bombay, Bharatiya Vidya Bhawan, 1954.

________, ed. *A Comprehensive History of India,* vol. 3, *A.D. 300-985*, parts 1 and 2, New Delhi, People's Publishing House, 1981 and 1982.

Mookerji, R.K., *Ancient Indian Education: Brahmanical and Buddhist,* 3rd edn., Delhi, Motilal Banarsidass, 1960.

Motichandra, *op. cit.*

Nath, Vijay, *Dana: Gift System in Ancient India,* New Delhi, Munshiram Manoharlal, 1987.

Nìgam, Shyamsunder, *Economic Organisation in Ancient India,* New Delhi, Munshiram Manoharlal, 1975.

Parasher, Aloka, *Mlecchas in Early India,* A Study in Attitudes towards Outsiders up to A.D. 600, *op. cit.*

Pargiter, F.E., *The Purana Text of the Dynasties of the Kali Age*, Oxford, 1913; Indian reprint, Benaras, Chowkhamba Sanskrit Series, 1962.

Rai, Jaimal, *The Rural-Urban Economy and Social Changes iṇ Ancient India* (300 B.C. to 600 A.D.), Varanasi/Delhi, Bharatiya Vidya Prakashan, 1974.

Raychaudhuri, Hemchandra, *Political History of Ancient India, op. cit.*

Rowland, Benjamin, *The Art and Architecture of India-Buddhist, Hindu, Jain, op. cit.*

Roy, S.N., *Historical and Cultural Studies in the Puranas,* Allahabad, Puranic Publications, 1978.

Sarasvati, S. K., *op. cit.*

Sharma, R.S., *Urban Decay in India, op. cit.*

________ , *Sudras in Ancient India, op. cit.*

Shrimali, K.M., *History of Pancala to C. A.D. 500, op. cit.*

________ , *Agrarian Structure in Central India and the Northern Deccan A Study in Vakataka Inscriptions,* New Delhi, Munshiram Manoharlal, 1987.

Sinha, B.P., *The Decline of the Kingdom of Magadha,* Patna, Motilal Banarsidass, 1954.

Thakur, Upendra, *op. cit.*

Thapar, Romila, *Early India, op. cit.*

Vettam, Mani, *Puranic Encyclopaedia,* reprinted, Delhi, Motilal Banarsidass, 1984.

अध्याय 26: पूर्वी भारत में सभ्यता का प्रसार
अध्याय 31: प्राचीन से मध्यकाल की ओर

Original Sources

Texts and translations

Beal, Samuel, tr. *Travels of Fa-hien and Sung-Yun, op. cit.*

________ , *Si-Yu-Ki, op. cit.*

Lingat, Robert, *The Classical Law of India,* tr. and with additions by J. Duncan M. Derrett, California, University of California, 1973.

Mudraraksasa by Visakhadatta, ed. Alfred Hillebrandt, part 1, Breslau, M. and H. Marcus, 1912.

Narada Smriti, ed., tr. and Commentary by Richard W. Lariviere, Philadelphia, University of Pennsylvania, 1989.

Subhasitaratnakosa by Vidyakara, ed. D.D. Kosambi and V.V. Gokhale, Massachusetts, Harvard University Press, 1957.

Visnudharmottara Purana, Bombay, Venkatesvara Press, 1912.

Vyavaharamayukha of Bhatta Nilakantha, ed. P.V. Kane, Poona, Bhandarkar Oriental Research Institute, 1926.

Inscriptions

Mirashi, V.V., *Corpus Inscriptionum Indicarum, Inscriptions of Kalachuri Cedi Era,* vol. 4, 2 parts, Ooctacamund, Department of Archaeology (India), 1929 and 1955.

________ , *Corpus Inscriptionum Indicarum,* vol. 5, *Inscriptions of Vakatakas,* Ooctacamund, Department of Archaeology (India), 1955.

Mukherjee, R. and S.K. Maity, *Corpus of Bengal Inscriptions Bearing on the History and Civilization of Bengal,* Calcutta, K.L. Mukhopadhyaya, 1967.

Sarma, Dimbeswar, ed. *Kamarupasasanavali,* Gauhati, Publication Board, 1981.

Sircar, D.C., ed. *Select Inscriptions bearing on Indian History and Civilization,* 2 vols, *op. cit.*

Tripathi, Snigdha, *Inscriptions of Orissa (Circa Fifth-Eighth Centuries AD)*, vol. 1, Delhi, Motilal Banarsidass, 1977.

Secondary Sources

Anderson, Perry, *Passages from Antiquity to Feudalism,* London, New Left Books, 1974.

Bagchi, P.C., *Studies in the Tantras,* part 1, Calcutta, University of Calcutta, 1939.

Banerjea, J.N., *Puranic and Tantric Religion*, Calcutta, University of Calcutta, 1966.

Banerjee, R.D., *History of Orissa,* 2 vols, Calcutta, 1930-31.

Barua, K.L., *Early History of Kamarupa,* vol. 1, Shilong, 1933.

Basham, A.L., ed. *A Cultural History of India, op. cit.*

Bhattacharya, Batuknath, *The Kalivarjyas*, Calcutta, University of Calcutta, 1943.

Bhattacharya, N.N., *History of the Tantric Religion,* New Delhi, Manohar, 1982.

Chakrabarti, Kumud, *Religious Process: The Puranas and the Making of Regional Tradition,* New Delhi, Oxford University Press, 2001.

Chakravarty, Chintaharan, *The Tantras: Studies on their Religion and Literature,* Calcutta, Punthi Pustak, 1963.

Chand, Mohan, *Jain Sanskrit Mahakavyon mein Bhartiya Samaj,* New Delhi, Eastern Book Linkers, 1989.

Chattopadhyaya, Annapurna, *The People and Culture of Bengal A Study in Origins*, vol. 1, parts 1 and 2, Kolkata, Firma KLM Pvt. Ltd, 2002.

Chattopadhyaya, Brajadulal, *Aspects of Rural Settlements and Rural Society in Early Medieval India*, Calcutta/ New Delhi, K. P. Bagchi, 1990.

________, *The Making of Early Medieval India,* New Delhi, Oxford University Press, 1994.

Chattopadhya, K.P., *The Ancient Indian Culture, Contacts and Migrations,* Calcutta, Firma K. L. Mukhopadhyay, 1970.

Choudhury, P.C., *History of Civilization of the People of Assam to the 12th Century A.D.,* Gauhati, 1959.

Chowdhari, T., 'Paryayamuktavali' in *Journal of the Bihar Research Society,* vol. 31; 1945, Appendix, pp. 1-53; 'Index to Paryayamuktavali', vol. 32, 1946, Appendix, pp. 54-134.

Datta, Swati, *Migrant Brahmanas in Northern India: Their Settlements and General Impact, C. AD 475-1030*, Delhi, Motilal Banarsidass, 1989.

Desai, Devangana, *Erotic Sculptures of India: A Socio-Cultural Study*, 2nd edn., New Delhi, Munshiram Manoharlal, 1985.

Deyell, J.S., *Living Without Silver: The Monetary History of Early Medieval North India,* New Delhi, Oxford University Press, 1990.

Gopal, Lallanji, *The Economic Life of Northrn India (C. A.D. 700-1200),* Delhi, Motilal Banarsidass, 1965.

Hindess, Barry and Paul Q. Hirst, *Pre-Capitalist Modes of Production*, London, Macmillan, 1975.

Jha, D.N., ed. *Feudal Order State, Society and Ideology in Early Medieval India,* New Delhi, Manohar, 2000.

Jha, Vishwa Mohan, 'The Artless Pirennion' in *Indian Historical Review,* vol. 18, nos. 1-2, July 1991-January 1992, pp. 92-103.

________, 'Settlement, Society and Polity in Early Medieval Rural India' in *Social Science Probings*, vols 11 and 12, Special Issue, March 1994-December 1995, pp. 35-65.

Jain, K.C., *Madhya Pradesh through the Ages (From the Earliest Times to 1305 A. D. A Study of Culture and Civilization),* vol. 1, New Delhi, D.K. Publishers, 1997.

Krader, Lawrence, *The Asiatic Mode of Production*, The Netherlands, B.V. Assen, Van Gorcum & Co. 1975.

Leach, Edmund, S.N. Mukherjee and John Ward, ed. *Feudalism: Comparative Studies,* no. 2, Sydney, The Sydney Association for Studies in Society and Culture, 1985.

Mahtab, H., *The History of Orissa,* Lucknow, 1949.

Majumdar, R.C., *History of Ancient Bengal,* Calcutta, G. Bhardwaj and Co., 1971.

Nandi, Ramendra Nath, *Religious Institutions and Cults in the Deccan (C.A.D.600-A.D. 1000),* Delhi, Motilal Banarsidass, 1973.

________ , *State Formation, Agrarian Growth and Social Changes in Feudal South India C. A.D. 600-1200,* New Delhi, Manohar, 2000.

Nath, Vijay, *Puranas* and *Acculturation A Historico-Anthropological Perspective*, New Delhi, Munshiram Manoharlal, 2001.

O' Leary, Brendan, *The Asiatic Mode of Production: Oriental Despotism, Historical Materialism and Indian History,* Oxford, Basil Blackwell, 1989.

Ray, Niharranjan, *History of the Bengali People (Ancient Period),* tr. from the Bengali, John H. Hood, Calcutta, Orient Longman, 1994.

Sah, Ayodhya Prasad, *Life in Medieval Orissa (C. AD 600-1200),* Varanasi, Chaukhamba Orientalia, 1978.

Sen, Madhu, *op. cit.*

Sharma, A.K., *Evidence for Early Cultures in Northeast India,* Delhi, Aryan Books International, 1995.

Sharma, B.N., *Social Life in Northern India (AD 600-1000),* New Delhi, Munshiram Manoharlal, 1966.

Sharma, R.S., *Indian Feudalism,* 2nd edn., Delhi, Macmillan, 1980.

________ , *Early Medieval Indian Society: A Study in Feudalisation, 2nd edn.,* Kolkata, Orient Longman Pvt. Ltd., 2003.

Shrimali, K.M., 'Money, Market and Indian Feudalism AD 600-1200' in A.K. Bagchi ed. *Money and Credit in Indian History from Early Medieval Times,* New Delhi, Tulika Books, 2002, pp. 1-39.

Sircar, D.C., *Land System and Feudalism in Ancient India,* Calcutta, University of Calcutta, 1966.

________, *The Sakti Cult and Tara,* Calcutta, University of Calcutta,1967.

________ , *Landlordism and Tenancy in Ancient and Medieval India as Revealed* in Epigraphical Records, Lucknow, University of Lucknow, 1969.

________ , *Studies in the Political and Administrative Systems in Ancient and Medieval India*, Delhi, Motilal Banarsidass, 1974.

________ , *Studies in the Religious Life of Ancient and Medieval India*, Delhi, Motilal Banarsidass, 1971.

Tambiah, S.J., 'From Vama to Caste Through Mixed Unions' in Jack Goody ed. *The Character of Kinship,* Cambridge, Cambridge University Press, 1973, pp. 191-229.

Thakur, V.K., *Historiography of Indian Feudalism, Towards a Model of Medieval Economy,* C. A.D. 600-1000, Patna/New Delhi, Janaki Prakashan, 1989.

Veluthat, Kesavan, *The Political Structure of Early Medieval South India,* New Delhi, Orient Longman, 1993.

Warder, A.K., *Indian Kavya Literature,* vol. 3, *The Early Medieval Period (Sudraka to Visakhadatta), 2nd revised edn.,* Delhi, Motilal Banarsidass, 1990; vol. 4, *The Ways of Originality (Bana to Domodaragupta),* Delhi, Motilal Banarsidass, 1983.

White (Jr.), Lynn, *Medieval Religion and Technology,* London, University of California Press Ltd, 1978.

Woodroffe, Sir John, *Principles of Tantras,* Madras, 1952.

Yadava, B.N.S., 'The Accounts of the Kali Age and the Social Transition from Antiquity to the Middle Ages' in *Indian Historical Review*, vol. 5, nos. 1 and 2, 1978, pp. 31-63.

अध्याय 27: हर्ष और उसका काल

Original Sources

Texts and Translations

Beal, Samuel, *Si-Yu-Ki, op. cit.*

Harsacarita, (with the commentary of Sankara), ed. K.P. Parab, 5th edn., Bombay, Nirnaya Sagar Press, 1925.

Parasara Smrti, with the Commentary of Manohara, Benaras, Sanskrit Series, 1907.

Takakusu, T., tr. *A Record of the Buddhist Religion as Practised in India and the Malay by I-tsing*, Oxford, Oxford University Press, 1886.

Inscriptions

Sircar, D.C., ed. *Selected Inscriptions bearing on Indian History and Civilization,* vol. 2, *op. cit.*

Thaplyal, Kiran Kumar, *Inscriptions of the Maukharis, Later Guptas, Puspabhutis and Yasovarman of Kanauj,* Delhi/New Delhi, Agam Prakashan/ Indian Council of Historical Research, 1985.

Secondary Sources

Chattopadhyaya, Sudhakar, *op. cit.*

Devahuti, D., *Harsha- A Political Study*, 2nd edn., New Delhi, Oxford University Press, 1980.

Ghosh, A., ed. *op.cit.*
Majumdar, R.C. , ed. *The History and Culture of the Indian People,* vol. 4, *The Age of Imperial Kanauj,* Bombay, Bharatiya Vidya Bhawan, 1955.
Pires, Edward A., *The Maukharis,* Madras, B.G. Paul, 1934.
Ray, H.C., *Dynastic History of Northern India,* vol. 1, 2nd edn., New Delhi, Munshiram Manoharlal, 1973.
Sharma, Baijnath, *Harsa and His Times,* Varanasi, Sushma Prakashan, 1970.
Srivastava, B.N., 'History of the Maukharis of Kanauj During the Seventh Century A.D.', *Bulletin of the U.P. Historical Society*, no. 1, Lucknow, U. P. Historical Society, 1958.
________, 'Sasanka, King of Gauda', *Bulletin of the U. P. Historical Society,* no. 3, Lucknow, U. P. Historical Society, 1965.
Thapar, Romila, *Early India, op. cit.*
Tripathi, R.S., *History of Kanauj,* Delhi, Motilal Banarsidass, 1964.

अध्याय 29: दर्शन का विकास
अध्याय 33: विज्ञान भारत की विरासत

Secondary Sources

Bag, A.K., ed. *History of Technology in India,* vol. 1, *From Antiquity to C. 1200 A. D.,* New Delhi, Indian National Science Academy, 1997.
Belvalkar, S.K. and R.K. Ranade, *History of Indian Philosophy, The Creative Period,* Poona Bilva-Kunja Publishing House, 1927.
Bhishagacarya, G.M., *History of Indian Medicine,* 2 vols, Calcutta, 1923-26.
Bose, D.M., S.N. Sen and B.V. Subbrayappa, ed. *A Concise History of Science in India,* New Delhi, National Science Academy, 1971.
Chattopadhyaya, D.P., *Lokayata: a Study in Ancient Indian Materialism,* New Delhi, People's Publishing House, 1959.
________, *What is Living and What is Dead in Indian Philosophy,* New Delhi, People's Publishing House, 1976.
________, ed. *Studies in the History of Indian Philosophy,* 3 vols, Calcutta, K.P. Bagchi & Company, 1978.
________, *Science and Society in Ancient India,* Calcutta, Research India Publishing, 1977.
________, *History of Science and Technology in Ancient India, The Beginnings,* Calcutta, Firma KLM Pvt. Ltd, 1986.
________, ed. *Studies in the History of Science in India,* 2 vols, New Delhi, Editorial Enterprises, 1982.
Dasgupta, Surendra Nath, *A History of Indian Philosophy,* 5 vols, Cambridge, Cambridge University Press, 1923-49; reprinted, Delhi, Motilal Banarsidass, 1975.

Datta, B. and A.N. Singh, *History of Hindu Mathematics,* 2 parts in one volume, Bombay and London, 1962.

Datta, D.M., *Six Ways of Knowing,* 2nd edn., Calcutta, 1960.

Ghosh, A., ed. *op.cit.*

Hegde, K.T.M., *An Introduction to Indian Metallurgy,* Banglore, Geological Survey of India, 1991.

Hiriyanna, M., *Outlines of Indian Philosophy*, London, 1970.

Keith, A.B., *Indian Logic and Atomism,* Oxford, 1921.

Max Muller, F., *Six Systems of Indian Philosophy,* reprinted, London, 1919.

Menon, C.P.S., *Ancient Astronomy and Cosmology,* London, 1931.

Radhakrishnan, S., *Indian Philosophy,* 2 vols, London, 1958.

________, and C.A. More, *A Source Book of Indian Philosophy, Princeton, 1957.*

Singerist, H.E., *History of Medicine,* vol. 2, *Early Greek, Hindu and Persian Medicine*, Oxford, 1962.

Takakusu, J., *Essentials of Buddhist Philosophy,* Honolulu, 1947.

Thakur, V.K. and K.K. Mandal, ed. *Science, Technology and Medicine in Indian History,* Patna/New Delhi, Janaki Prakashan, 2000.

Zimmer, H., *Philosophies of India,* ed. by J. Campbeu, London, 1953.

अध्याय 30: भारत का एशियाई देशों से सांस्कृतिक संपर्क

Secondary Sources

Basham, A.L., ed. *A Cultural History of India, op. cit.*

Coedes, George, *The Indianized States of South East Asia,* Honolulu, East-West Centre Press, 1968.

Gombrich, Richard, *Theravada Buddhism: A Social History from Ancient Benares to Modern Colombo,* London and New York, Routledge and Kegan Paul Ltd, 1988.

Hall, D.G.E., *A History of South East Asia,* 3rd edn., London, 1968.

Le May, R., *The Culture of South-East Asia,* London, 1954.

Majumdar, R.C., *Ancient Indian Colonies in the Far East,* vol. 1, *Champa,* Lahore, 1927; Vol. 2, *Suvarnadvipa,* 2 parts, Dacca, 1937-38.

________, *Kambujadesa*, Madras, 1944.

________, *Hindu Colonies in the Far East,* Calcutta, 1963.

________, *History of the Hindu Colonization and Hindu Culture in South-East Asia,* Jabalpur, University of Jabalpur, 1970.

Mendis, G.C., *Early History of Ceylon,* London, 1883.

Nilakanta Sastri, K.A., *South Indian Influences in the Far East,* Bombay, 1949.

Sarkar, H.B., *Indian Influences on the Literature of Java and Bali,* Calcutta, 1934.

Wales, H.G.Q., *The Making of Greater India,* London, 1951.

Dictionaries

Allen, Robert, ed. *Encarta World English Dictionary,* Special Indian edn., Chennai, Macmillan India Limited, 1999.

Bottomore, T.B., ed. *A Dictionary of Marxist Thought,* Blackwell Reference, Oxford, Basil Balckwell, 1983.

Bray, Warwick and David Trump, *Dictionary of Archaeology,* 2nd edn., Harmondsworth,

Middlesex, England, Penguin Books Ltd, 1982.

Crystal, David, ed. *The Cambridge Paperback Encyclopedia,* New Delhi, Foundation Books, 2000.

Dikshitar, V.R.R., *Puranic Index* (incomplete), Madras, 1952.

Ehrich, Robert W., *Chronologies in Old World Archaeology,* vol. 1, 3rd edn., Chicago, University of Chicago Press, 1992.

Ghosh, A., ed. *An Encyclopaedia of Indian Archaeology,* 2 vols, New Delhi, Munshiram Manoharlal, 1989.

Hoffmann, Rev John and Rev Arthur Van Emelen, *Encyclopaedia Mundrica,* Patna, Supdt., Govt. Printing (Bihar), 1950.

Joshi, Laxmanshastri, ed. *Dharmakosa,* parts 1-3, Wai, Dist. Satara, Prajna Pathasala Mandala, 1937-41.

Macdonnel, A.A. and A.B. Keith, *Vedic Index of Names and Subjects,* 2 vols., London, Indian Text Series, 1922.

Malalasekere, G.P., *Dictionary of Pali Proper Names,* London, John Murray, 1937.

Monier-Williams, Monier, *A Sanskrit-English Dictionary,* Oxford University Press, 1899; Indian reprint, Delhi, Motilal Banarsidass, 1986.

Pearsall, Judy and Bill Trumble, ed. *The Oxford English Reference Dictionary,* Oxford, Oxford University Press, 1995.

Rhys Davids, T.W. and W. Stede, Pa*li-English Dictionary,* London, Pali Text Society, 1921.

Robinson, Mairi and George Robinson, *Chambers 21st Century Dictionary,* New Delhi, Allied Chambers (India) Limited, 1997.

Shastri, Visvabandhu, *Vedic Padnukrama Kosa,* in 5 vols subdivided into 14 parts, Lahore, V.R.R. Institute, 1944.

Shaw, Ian and Rombert Jameson, *A Dictionary of Archaeology,* paperback edn., Kundli, Blackwell Publishing Company, 2002.

Sircar, D.C., *Indian Epigraphical Glossary,* Delhi, Motilal Banarsidass, 1966.

Turner, R.L., *A Comparative Dictionary of the Indo-Aryan Languages, London,* Oxford University Press, 1966.

Journals and Periodical Publications

Annals of the Bhandarkar Oriental Research Institute, Pune.

Antiquity, Avenel, New Jersey, United States of America.

Electronic Journal of Vedic Studies, Harvard.

Epigraphica India, New Delhi.

Indian Archaeology-A Review, New Delhi.

Indian Epigraphy, New Delhi.

Indian Historical Review, New Delhi.

Journal of the American Oriental Society, Baltimore.

Journal of the Asiatic Society, Kolkata.

Journal of the Bihar and Orissa Research Society, Patna.

Journal of the Bombay Asiatic Society, Mumbai.

Journal of the Indian History, Trivandrum.

Journal of the Numismatic Society of India, Varanasi.

Journal of the Peasant Studies, London.

Journal of the Royal Asiatic Society of Great Britain and Ireland, London.

Journal of the Social and Economic History of the Orient, Leiden.

Proceedings of the Indian History Congress, New Delhi.

Puratattva, New Delhi.

Social Science Probings, New Delhi.

Social Scientist, New Delhi.

South Asian Archaeology, Toronto.

अनुक्रमणिका
(INDEX)

बौद्ध धर्म 45, 132, 133, 134, 136, 137, 138, 139, 140, 141, 142, 143, 144, 145, 175, 176, 177, 179, 188, 288, 289
बौद्ध कला 138, 144, 145, 201, 250
बौद्ध भिक्षु 141, 142, 143, 146, 175, 177, 184, 185, 188, 199, 209, 210, 225, 227, 256, 266, 278, 286
बौद्ध विहार 141, 144, 238, 254, 258, 266, 273, 286, 292
बोरी 51, 52
बोरोबुदुर 287, 289, 315
बोगरा 186, 256
बाट-माप 87, 182
बसदि 137
बसाढ़ 135, 147, 154